上海政法学院
SHANGHAI UNIVERSITY OF POLITICAL SCIENCE AND LAW

中国-上海合作组织国际司法交流合作培训基地学术文库

"一带一路"经贸规则研究：
现状及范本建设

殷 敏 ◎著

中国政法大学出版社

2023·北京

声　　明　　1. 版权所有，侵权必究。
　　　　　　2. 如有缺页、倒装问题，由出版社负责退换。

图书在版编目（CIP）数据

"一带一路"经贸规则研究：现状及范本建设/殷敏著. —北京：中国政法大学出版社，2023.10
　　ISBN 978-7-5764-1173-7

Ⅰ.①一… Ⅱ.①殷… Ⅲ.①"一带一路"－经贸合作－研究 Ⅳ.①F125

中国国家版本馆CIP数据核字(2023)第212937号

出 版 者	中国政法大学出版社
地　　址	北京市海淀区西土城路25号
邮寄地址	北京100088 信箱8034分箱　邮编100088
网　　址	http://www.cuplpress.com（网络实名：中国政法大学出版社）
电　　话	010-58908285(总编室) 58908433（编辑部） 58908334(邮购部)
承　　印	固安华明印业有限公司
开　　本	720mm×960 mm　1/16
印　　张	37.75
字　　数	623千字
版　　次	2023年10月第1版
印　　次	2023年10月第1次印刷
定　　价	165.00元

序 言 PREFACE

"一带一路"倡议作为21世纪第二个十年开始中国规划的国际经济贸易体系,在过去十年间发挥了重要的作用,对于中国的经济社会发展、共建国家的经济生产水平和生活水平都起到了很大的带动作用。"一带一路"不仅是一个经济贸易发展的架构,也是一个法律制度成长的体系和进程。如果按照罗萨琳·希金斯所理解的,国际法是一种体系和进程,那么"一带一路"的法律体系,就是国际法体系和进程中的小体系、小进程。对于"一带一路"相关规范,有必要置于国际法的宏观整体结构之中去理解,有必要在国际经济制度的大框架下去认识,有必要在国际法建设和发展的结构中去观察和评论。

当前,在中国知网上,能够检索到的标题中含有"一带一路"的文献已经有五万四千余篇,如果再加上四千余篇研讨丝绸之路经济带、三千余篇研讨海上丝绸之路、二百余篇研讨冰上丝绸之路的文献,相关文献已经超过六万篇。这些文献从政治、经济、文化、社会等不同视角出发进行分析,也有一些研究探索了相关的国际法问题。这些研究或者从宏观的立场出发,或者从微观的视角切入,对于我们认知"一带一路"的法律事务形成了初步的信息与观点平台,当然也就促动着"一带一路"的法律知识结构不断完善。

殷敏的这部著作对于"一带一路"的探讨,就可以理解为是一个将"一带一路"的相关规范置于区域国际经济法的大框架中去剖析认知和比较的重要行动,也是"一带一路"研究领域的一个新成果。进一步引申"一带一路"的研究,可以视为是在中国式现代化的思想指导之下去探讨涉外法治问题的尝试。这种研究具有鲜明的时代意识,同时也体现了对于中国自身文化和文明价值的追求，体现了在自主知识体系方面的探索。

研究"一带一路"的规范和实践问题，既可以进行法律规范的展示，也可以进行价值分析和比较研究。众所周知，"一带一路"作为一个在一定程度上具有自发性的法律机制，由于不存在宏观整体的框架性条约或者基础性条约，法律规范在很大程度上具有不成体系的性质。所以对"一带一路"的研究很多都是基于国别，也就是对"一带一路"共建国家的法律规范进行列举和阐释。但是这样一来，"一带一路"的法律研究就不是真正意义上的国际法，而是国别法或者比较法。这就要求我们从更高的层面去看待和探讨"一带一路"的问题。

本书没有拘泥于国别研究和比较研究的基本格式，而是采取了更为高层次的方式。具体而言，就是将"一带一路"所涉及的区域性条约架构进行汇集，分别阐述其各自的内容和特征，探讨形成妥善的框架式理解的方式。尤其是在下编中，作者将"一带一路"可能涉及的相关规范分门别类地进行了列举和梳理。这种体例的探索具有一定的创新性。也就是，虽然法律规范的相关内容条目没有本质的差异和提升，但是在法律规范的框架结构上，作者进行了深入的思考和精心的设计，这显然有利于对这一问题的深度理解。

我们现在越来越多地强调各个领域逐渐的积累、完善，形成自己的学科体系、学术体系和话语体系，并且在人文社会科学方面搭建起自主知识体系。所有的这些要求都建立在一个非常关键的基础之上，那就是要对事实有着认真和清晰的把握。如果没有在事实层面清晰明确的认知，那么相关的评价和论断就很有可能是模糊不清、模棱两可，甚至是无法确立的。另外，自主知识体系在很大程度上也要求我们在体系这个层面下功夫。具体而言，就是要认真考虑如何更加有效地协调相关的知识，使之更加完整有机地组合在一起，让我们能够更顺畅地去认识、了解、把握并且应用。在法律的各个部门、各个领域，对于自主知识和自主体系的要求，会更加迫切。本书就是在事实和体系方面，对于"一带一路"的实践予以澄清和梳理的一种有效尝试。

本书的作者殷敏教授是一位在线上线下的教学活动中都得到学生广泛欢迎的国际经济法教师，同时也是一位在国际经济法领域笔耕不辍的优秀学者。她不仅研究相关国家、区域组织的投资制度、经济贸易领域的安排，尤其是争端解决，而且还注重跨境民商法关系的处理。这些研究都做到了言之有物、言之有理。从我个人的阅读经验来看，这是非常值得认可和赞许的研究方式。这种研究进路既不至于拘泥于事实而缺乏理论的深化，也不至于空泛地探讨理论而没有实证的基础。本书显然是这种研究思路的一个体现，相信必然对学术研究和相关实践有助推意义。期待殷敏教授能够在这一研究领域继续深入探索，再接再厉、推陈出新，为中国国际经济法领域的自主知识和自主体系作出更多更大的贡献。

何志鹏

2023 年 7 月 于吉林大学

导言 INTRODUCTION

一、"一带一路"简介

为了既契合区域贸易协定发展的国际趋势,又发展出中国特色的自贸区道路,中国提出了"一带一路"倡议。"一带一路"从规划走向实践,从愿景变为行动,朋友圈越来越广,合作伙伴越来越多。中国于2023年主办的第三届"一带一路"国际合作高峰论坛,是今年中国最重要的主场外交。有来自151个国家、41个国际组织的代表踊跃与会,包括有关国家领导人、国际组织负责人、部长级官员及工商界、学术机构、民间组织等各界人士,注册人数超过1万人。国家主席习近平发表重要讲话强调,共建"一带一路"坚持共商共建共享,跨越不同文明、文化、社会制度、发展阶段差异,开辟了各国交往的新路径,搭建起国际合作的新框架,汇集着人类共同发展的最大公约数。在该次高峰论坛上中方宣布支持高质量共建"一带一路"的八项行动,包括构建"一带一路"立体互联互通网络、支持建设开放型世界经济、开展务实合作、促进绿色发展、推动科技创新、支持民间交往、建设廉洁之路、完善"一带一路"国际合作机制。在本次论坛上中方同各方一道,为新时期高质量共建"一带一路"擘画新蓝图。

"一带一路"是世界上跨度最长的经济大走廊,发端于中国,贯通中亚、东南亚、南亚、西亚乃至欧洲部分区域,东牵亚太经济圈,西系欧洲经济圈。从传统的地理意义上讲,"一带一路"涉及的主要国家有:(1)印度尼西亚、马来西亚、菲律宾、新加坡、泰国、文莱、越南、老挝、缅甸、柬埔寨等东南亚国家;(2)印度、巴基斯坦、孟加拉国、阿富汗、斯里兰卡、马尔代夫、尼泊尔和不丹等南亚国家；（3）哈萨克斯坦、乌兹别克斯坦、土库曼斯坦、塔吉克斯坦和吉尔吉斯斯坦等中亚国家；（4）伊朗、伊拉克、土耳其、叙利亚、约旦、黎巴嫩、以色列、巴勒斯坦、沙特阿拉伯、也门、阿曼、阿联酋、卡塔尔、科威特、巴林、希腊、塞浦路斯等西亚国家；（5）波兰、立陶宛、爱沙尼亚、拉脱维亚、捷克、斯洛伐克、匈牙利、斯洛文尼亚、克罗地亚、波黑、黑山、塞尔维亚、阿尔巴尼亚、罗马尼亚、保加利亚和马其顿等中东欧国家；（6）俄罗斯、乌克兰、白俄罗斯、格鲁吉亚、阿塞拜疆、亚美尼亚和摩尔多瓦等独联体国家以及蒙古国、埃及等65国。[1]但是随着"一带一路"倡议的深入发展，"一带一路"共建国家还将逐渐增多，以第三次"一带一路"国际合作高峰论坛成果为例，中国政府与洪都拉斯签署共建"一带一路"谅解备忘录，与阿根廷、毛里塔尼亚、格鲁吉亚、塞尔维亚、埃及等国政府签署关于共建"一带一路"的合作规划或行动计划。

"一带一路"倡议的提出有其重要的经济动因。涉及众多国家和中国省份，其中有经济高度发达的中国沿海省份，也有经济高度发达的欧洲国家和经济相对发达的东南亚国家。在中国沿海省份及东南亚国家与欧盟之间有大量的欠发达国家或地区，但这些欠发达国家和地区有着巨大的市场潜力和资源优势，这些优势恰恰可以弥补经济高度发达国家或地区的劣势。而经济高度发达国家的技术优势、人才优势、资金优势又是经济欠发达国家或地区的劣势。"一带一路"倡议的实施符合沿线不同国家或地区的利益诉求，可以为共建国家及中国沿线省份带来经济利益，实现整个区域利益共赢和资源互通有无，建立经济利益共同体。

二、"一带一路"经贸规则的现状

党的十九届五中全会指出"当今世界正经历百年未有之大变局。"同样，世界贸易组织和全球多边治理体系也面临重大变局，突出表现为区域贸易协定的迅猛发展。"一带一路"本身并不是一种紧密型的区域贸易协定，中国与各共建国家的贸易仍然以遵从WTO多边贸易规则、双边贸易协定为主。而在

---

[1] 参见"新华丝路网"，载 http://silkroad.news.cn/2017/1225/76186.shtml，最后访问日期：2019年10月11日。

沿线国中,目前仍有很多国家尚未正式加入WTO,其外贸政策将会对货物的自由流通产生一定负面效应。在双边自由贸易协定方面,中国目前只与少数沿线国家签订了自由贸易协定。基于此,"一带一路"经贸规则的构建应提上重要议事日程。

(一) 理论研究现状

梳理涉及"一带一路"经贸规则的文献,主要集中在以下三个方面:(1) 刘敬东等提出要利用"一带一路"参与国际经贸规则重构,认为中国需探索合理且科学的实践路径;(2) 李西霞、许培源等对"一带一路"自由贸易协定网络构建进行了研究;(3) 曾文革等对"一带一路"具体经贸规则进行了研究,具体包括国际货币金融、政府间国际贸易、国际投资等领域的经贸规则。

上述文献探寻了中国在国际经贸规则重构的风云变幻中前进的道路,指出应借鉴现有高标准国际经贸规则,利用自由贸易协定(FTA)构建中国主导的"一带一路"自由贸易区网络,奠定了本书对"一带一路"具体经贸规则深入研究的基础。但目前研究中提出借鉴现有高标准经贸规则时,多对《跨太平洋伙伴关系协议》(TPP)、《跨大西洋贸易与投资伙伴关系协定》(TTIP)等规则进行了研究,对借鉴《全面与进步跨太平洋伙伴关系协定》(CPTPP)和《区域全面经济伙伴关系协定》(RCEP)规则中的经验分析较少。且现有研究集中于"一带一路"经贸规则某一方面的问题,对形成一个整体"一带一路"经贸规则范本的研究较少。

(二) 实践现状

自中国2013年提出"一带一路"倡议10年以来,得到越来越多国家的积极响应。截至目前,中国与五大洲的150多个国家、30多个国际组织签署了200多份共建"一带一路"合作文件,形成一大批标志性项目。"一带一路"共建国家基础设施联通不断深化,国际互联互通水平持续提升,一大批合作项目落地生根。其中,不少项目已成为当地标志性工程,比如希腊的比雷埃夫斯港、匈牙利的考波什堡100兆瓦光伏电站、肯尼亚的蒙内铁路、埃塞俄比亚的亚吉铁路、莫桑比克的马普托大桥等。可以说,"一带一路"已经成为范围最广、规模最大的国际合作平台和最受欢迎的国际公共产品。

三、"一带一路"经贸规则范本建设

"一带一路"倡议是中国发展区域经济合作的重要体现，它的发展历程蕴含了众多中国元素，始终彰显中国担当和世界情怀，能为世界进一步构建人类命运共同体贡献中国智慧。在"一带一路"经贸规则范本建设中，中国理应成为"一带一路"经贸规则的缔造者，而不是被动的接受者。

本书主要采取比较研究方法，选取了中国FTA、上海合作组织、RCEP、CPTPP、《美国-墨西哥-加拿大协议》（以下简称USMCA或《美墨加协定》）等为比较研究对象，对货物贸易、服务贸易、竞争政策、电子商务与数字贸易、争端解决等五方面进行具体规则的比较。本书认为，"一带一路"经贸规则范本建设之初至少应具备以下内涵：

1. 货物贸易：包含市场准入、原产地规则、海关管理与贸易便利化、非关税措施、卫生与植物卫生措施、贸易救济等内容；

2. 服务贸易：包含一般义务、具体承诺、机构条款、正面清单模式或负面清单模式等内容；

3. 竞争政策：包含竞争法与主管机关和限制竞争商业行为、针对反竞争行为的适当措施、竞争执法中的程序公正、合作、消费者保护、透明度等内容；

4. 电子商务与数字贸易：包含贸易便利化、创造有利环境、促进跨境电商等内容；

5. 争端解决：包含磋商、专家组的设立与组成、专家组审理程序、程序的中止与终止、执行审查程序等内容。

本书分上、下两编。上编介绍中国FTA、上海合作组织、RCEP、CPTPP、USMCA的具体规则。下编分别就中国FTA、上海合作组织、RCEP、CPTPP、USMCA的货物贸易、服务贸易、竞争政策、电子商务与数字贸易、争端解决等五方面进行比较。通过比较，在下编的每个部分都分析出三方面条款：（1）共同条款——可直接纳入范本；（2）特殊条款——经分析后确定是否纳入范本；（3）示范条款——形成涵盖货物贸易、服务贸易、竞争政策、电子商务与数字贸易、争端解决五大部分内容的"'一带一路'经贸规则范本"。

  本书的框架由我负责搭建，资料的搜集、初稿由我带教的 2020 级硕士研究生完成。徐杨柳负责第一章；应佳豪负责第二章；黎安琪负责第三章；赵婕好负责第四章；黎虹辛负责第五章；葛琛、赵婕好共同负责第六章；桑万宁负责第七章；葛琛负责第八章；鲍丹妮负责第九章；周欣雨负责第十章。最终内容由我统一修改、审核、定稿。相信本书的出版对"一带一路"理论界与实务界都会有相当的促进作用，文中如有疏漏和不足之处，敬请批评指正。

2023 年 5 月 8 日

目 录 CONTENTS

上 编

第一章 自由贸易协定与"一带一路"经贸规则构建 …………… 003
  第一节 开放型经济新体制——中国自由贸易协定概述 …………… 004
  第二节 中国 FTA 与"一带一路"经贸规则的协同创新发展 …………… 016
  第三节 "一带一路"经贸规则构建下可供借鉴的 FTA 相关规则 …………… 020

第二章 上海合作组织与"一带一路"经贸规则构建 …………… 045
  第一节 上海合作组织在国际组织法上的地位 …………… 045
  第二节 上海合作组织与"一带一路"交互发展 …………… 052
  第三节 上海合作组织经贸合作对构建"一带一路"经贸规则的启示 ……… 061

第三章 CPTPP 与"一带一路"经贸规则构建 …………… 076
  第一节 CPTPP 的概况 …………… 076
  第二节 货物贸易规则 …………… 089
  第三节 服务贸易规则 …………… 104
  第四节 竞争政策 …………… 107
  第五节 电子商务与数字贸易规则 …………… 112
  第六节 争端解决 …………… 115

第四章　RCEP 与"一带一路"经贸规则构建······124

- 第一节　RCEP 的历史演进与现状 ······124
- 第二节　RCEP 货物贸易规则 ······138
- 第三节　RCEP 服务贸易规则 ······153
- 第四节　RCEP 电子商务 ······155
- 第五节　RCEP 竞争政策 ······156
- 第六节　RCEP 争端解决 ······158
- 第七节　最不发达国家缔约方的特殊和差别待遇 ······163

第五章　USMCA 与"一带一路"经贸规则构建 ······164

- 第一节　USMCA 概况 ······164
- 第二节　USMCA 特色条款——"毒丸"条款 ······177
- 第三节　"一带一路"经贸规则构建下可供借鉴的 USMCA 相关规则 ······180

下　编

第六章　货物贸易 ······197

- 第一节　货物的国民待遇与市场准入 ······197
- 第二节　原产地规则及相关实施程序 ······218
- 第三节　海关程序和贸易便利化 ······273
- 第四节　卫生与植物卫生措施 ······292
- 第五节　技术性贸易壁垒（TBT） ······303
- 第六节　贸易救济 ······320
- 第七节　农产品与农业协定 ······337
- 第八节　与贸易有关的投资措施（TRIMS） ······343

第七章　服务贸易 ······347

- 第一节　国民待遇 ······348

第二节	市场准入	353
第三节	最惠国待遇	356
第四节	具体承诺表	360
第五节	透明度	364
第六节	国内监管	368
第七节	承　认	375

第八章　竞争政策 381

第一节	目　标	382
第二节	基本原则	384
第三节	定　义	385
第四节	竞争法和竞争机构	390
第五节	执法原则	393
第六节	透明度	399
第七节	合　作	403
第八节	信息保密	406
第九节	技术合作	408
第十节	竞争机构的独立性	410
第十一节	私人诉权	411
第十二节	消费者保护	413
第十三节	争端解决	415
第十四节	磋　商	417

第九章　电子商务与数字贸易 419

第一节	全球数字贸易规则发展现状	419
第二节	无纸化贸易	432
第三节	国内监管框架	435

    第四节　电子认证与电子签名 …………………………………… 437

    第五节　线上消费者保护 ………………………………………… 439

    第六节　个人信息保护 …………………………………………… 442

    第七节　网络安全 ………………………………………………… 445

    第八节　计算设施的位置 ………………………………………… 448

    第九节　通过电子方式跨境传输信息 …………………………… 449

    第十节　非应邀商业电子信息 …………………………………… 451

    第十一节　海关关税 ……………………………………………… 452

第十章　争端解决 ……………………………………………………… 453

    第一节　缔约方之间经贸争端解决机制 ………………………… 453

    第二节　投资争端解决机制 ……………………………………… 511

示范文本

"一带一路"经贸规则范本 …………………………………………… 517

    第一章　货物贸易 ………………………………………………… 517

    第二章　服务贸易 ………………………………………………… 557

    第三章　竞争政策 ………………………………………………… 564

    第四章　电子商务与数字贸易 …………………………………… 569

    第五章　争端解决 ………………………………………………… 576

致　谢 …………………………………………………………………… 592

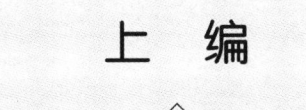

上 编

CHAPTER 1 第一章

自由贸易协定与"一带一路"经贸规则构建

近年来,我国在扩大对外开放、签署并升级自由贸易协定、构建高标准自贸区网络方面取得一系列的成绩。当前我国已与26个国家和地区签署了19个自贸协定,形成我国自有的基础自贸框架。[1]未来将继续提升自贸区建设水平,加紧形成一个立足周边国家、辐射"一带一路"沿线、面向全球的高标准自由贸易区网络。[2]

作为开放型经济新体制的重要组成部分,自由贸易协定(Free Trade Agreement,本章简称FTA)与"一带一路"经贸规则存在紧密的内在联系。将我国现已签署的自由贸易协定作为"一带一路"经贸规则构建的参考,既顺应当前全球经贸秩序重塑、把握制定规则主动权的趋势,也符合中国开放型经济的现实需要与"一带一路"共建国家或地区的发展要求。

故本章将在介绍自由贸易协定概况的基础上,分析"一带一路"经贸规则构建下借鉴我国已签署的自由贸易协定的必要性和可行性,进而剖析货物贸易、服务贸易、竞争政策、数字贸易以及争端解决五个重点领域规则,为

---

[1] 截至2023年11月11日,中国已签订的19个自由贸易协定为《区域全面经济伙伴关系协定》、《内地与港澳更紧密经贸关系安排》、中国—东盟FTA、中国—智利FTA、中国—巴基斯坦FTA、中国—新西兰FTA、中国—新加坡FTA、中国—秘鲁FTA、中国—哥斯达黎加FTA、中国—冰岛FTA、中国—瑞士FTA、中国—韩国FTA、中国—澳大利亚FTA、中国—格鲁吉亚FTA、中国—毛里求斯FTA、中国—马尔代夫FTA、中国—柬埔寨FTA、中国—厄瓜多尔FTA、中国—尼加拉瓜FTA,以及5个升级自由贸易协定中国—东盟10+1升级、中国—新西兰升级、中国—新加坡升级、中国—智利升级、中国—巴基斯坦第二阶段。参见"中国自由贸易区服务网",载http://fta.mofcom.gov.cn/index.shtml,最后访问日期:2023年11月11日。

[2] 参见李春顶、张瀚文:"实施自贸区提升战略,助推全面开放新格局",载http://www.21jingji.com/article/20210823/herald/81e43c33da49bb279e6772ca828c994f.html,最后访问日期:2021年12月1日。

下篇具体示范文本的出具奠定基础。

第一节 开放型经济新体制——中国自由贸易协定概述

一、自由贸易协定的概念及理论基础

（一）自由贸易协定的概念

区域经贸合作按合作程度由高到低可分为自由贸易区（Free Trade Area）、关税同盟（Customs Union）、共同市场（Common Market）以及经济联盟（Economic Union）等不同形式。自由贸易区内的成员为消除彼此之间的贸易壁垒，通过协议方式约定允许自由贸易区内的货物自由流通，从而实现区域内的自由贸易，而其对区域外的国家和地区仍制定有各不相同的保护政策。关税同盟既使得各成员国可以在同盟中进行自由贸易，又消除了对外贸易政策的差异，对联盟外国家实施共同的保护措施。共同市场允许生产要素在各个成员国家中完全的自由流通。经济联盟这种合作形式则意味着所有成员的包括货币、包括财政福利在内的各种经济政策通过协调的方法达成一致，这是区域经贸合作的最高形式。

自由贸易协定（Free Trade Agreement，以下简称FTA）是自由贸易区——区域经济一体化的初级形态得以建立的制度基础。具体而言，FTA是指两个以上的经济体为了撤除现有的贸易壁垒，推动贸易效率和提升自由贸易的协定，[1]是以国家协议为基础设立的国际区域经济合作形式。[2]其目的在于进一步开放市场，消除贸易壁垒，从而促进资源合理配置与经济一体化。具体来说，即通过逐步消除商品包括关税在内的各种形式的贸易壁垒，落实贸易自由化，提升服务、技术、资本、商品、人员等各类生产要素的自由流通。

随着近几年自贸协定的不断发展和成熟，其内容也在不断拓展，呈现出包括货物、服务贸易自由化，政府采购、投资以及在保护知识产权和环境等在内的更多领域的相互承诺。[3]目前FTA已经发展成为两个以上的经济体以撤除现

---

[1] 参见刘昌黎：《东亚双边自由贸易研究》，东北财经大学出版社2007年版，第2~3页。
[2] 参见汤碧：《两种区域经济一体化发展趋势比较研究》，中国财政经济出版社2004年版，第15~17页。
[3] 参见［英］彼得·罗布森：《国际一体化经济学》，戴炳然等译，上海译文出版社2001年版，第43页。

存的贸易壁垒为目的，推动贸易效率和贸易自由提升的协定的特殊制度安排，同时兼具着服务贸易自由化、投资便利与一体化、知识产权保护等方面的多元含义。

（二）自由贸易协定的理论基础

1. FTA的政治学基础

地区主义是FTA产生的政治学基础。地区主义（Regionalism）是通过地缘关系形成的各区域经济体以达成共同利益为追求，从社会文化、经济、政治三个方面的制度安排来合作的理论与实践。[1]现实主义的霸权合作论、新自由制度主义、建构主义作为国际政治中的三大理论，均与地区主义紧密相关。

其中，新自由制度是通过交易的成本与制度的功效等角度解释制度机制促进区域合作、区域经济一体化的成因。该观点为国际制度是保障国际合作的有效机制提供了有力支撑，通过国际制度这种形式能够达成有效降低国与国之间的交易成本和提升信息流通以及调整博弈效用结构，让行为体相互之间期望趋同，形成有效国际经贸合作的目的。[2]

该种理论还认为，在无政府的国际关系博弈中，国家间只有通过趋利避害，才能从更加广阔的层面上达成合作，以达成帕累托最优的正和结局。因此，各经济体以某种方式让各方之间实现互利共赢，而区域经济一体化促成了该种利益关系。

2. FTA的经济学基础

FTA的经济学基础应归结于古典经济学与关税同盟理论。古典经济学家亚当·斯密（Adam Smith）、大卫·李嘉图（David Ricardo）和麦卡洛克（John Ramsay McCulloch）三人曾先后论述关税互惠条款对两国福祉的影响，从而为国际经济一体化理论的形成奠定了思想基础。

后雅各布·维纳提出关税同盟理论，认为关税同盟能够给成员国与非成员国带来静态效应与动态效应。静态效应主要指贸易创造效应和贸易转移效应，关税同盟的总效应取决于两者之和。动态效应主要指规模经济效应、竞争强化效应、投资扩大效应和技术进步效应等。[3]

---

[1] 参见卢静："全球治理：地区主义与其治理的视角"，载《教学与研究》2008年第4期。
[2] 参见秦亚青：《权力·制度·文化：国际关系理论与方法研究文集》，北京大学出版社2005年版，第100页。
[3] See Jacob Viner, *The Customs Union Issue*, Carnegie Endowment for International Peace, 1950, pp. 51-102.

罗布森在该理论的基础上提出了系统的自由贸易区理论，认为自贸区的原产地规则无法消除间接贸易偏转的影响，在静态经济效益方面关税同盟次优于自由贸易区。通过消除区内贸易壁垒能够实现成员国之间的贸易自由化。[1]

上述古典经济学与关税同盟理论的产生和发展共同构成了区域经济一体化理论体系的核心。

3. FTA 的法理基础

FTA 是世界贸易组织（World Trade Organization，以下简称 WTO）关于最惠国待遇规定的例外情形。《关税与贸易总协定》1994（General Agreement on Tariffs and Trade 1994，以下简称 GATT 1994）第 24 条和授权条款第 2（c）段和服务贸易总协定（General Agreement on Trade in Services，以下简称 GATS）第 5 条明确赋予了成员之间缔结互惠性质的贸易协定的权利，FTA 正是以此作为其合法性来源。[2]

GATT1994 第 24 条是世界贸易组织规定的双边 FTA 规则的基础和核心，也是 GATT/WTO 中被引用最多、影响最大的例外条款之一。[3]第 24 条第 4 款和第 5 款[4]对于 FTA 的建立作出原则性规定，第 24 条第 7 款对建立或者加入关税同盟或者自由贸易区作出程序性规定。

而后乌拉圭回合达成的《关于解释 GATT1994 第 24 条的谅解》（以下简称《谅解》）进一步建立 FTA 的相关标准，阐释 GATT1994 中的歧义条款。该《谅解》重申，FTA 应促进成员方之间的贸易，不应增加非成员方的贸易壁垒。[5]

GATS 第 5 条对服务贸易领域的区域合作问题提出两个实质性的要求，规定服务贸易自由化在不违背 GATS 关于取消区域贸易协定范围内的贸易限制，且不对协定外的国家造成负面影响的情况下，发展中国家可以构建包含服务

---

[1] 参见［英］彼得·罗布森：《国际一体化经济学》，戴炳然等译，上海译文出版社 2001 年版，第 27 页。

[2] 参见刘昌黎：《东亚双边贸易研究》，东北财经大学出版社 2007 年版，第 2~3 页。

[3] 参见钟立国："GATT1994 第 24 条的历史与法律分析"，载《法学评论》2003 年第 6 期。

[4] "各缔约国认为，通过自愿签订协定发展各国之间经济的一体化，以扩大贸易的自由化有好处的。缔约国还认为，成立关税同盟和自由贸易区的目的，应为便利组成同盟或自由贸易区的领土之间的贸易，但对其他缔约国与这些领土之间进行的贸易，不得提高壁垒。因此，本协定的各项规定，不得阻止缔约各国在其领土之间建立关税同盟或自由贸易区，或为建立关税同盟或自由贸易区的需要采取某种临时协定……"

[5] See John H. Jackson, *The Jurisprudence of GATT, the WTO: Insightes on Treaty Law and Economic Relations*, Cambridge University Press, 2000, p. 105.

贸易内容的自贸协定。[1]

GATT 东京回合达成《1979 年关于特殊和更优惠待遇、互惠和发展中国家全面参与的决定》（以下简称《决定》）规定了贸易关税的特殊待遇，即在签署双边或区域贸易协定时，发展中国家可以采取低于非成员方的进口关税。这是为了减少因世界各地经济发展水平参差，发展中国家的经贸水平给区域经济一体化所造成的影响。

综上，GATT1994 第 24 条及其《谅解》、GATS 第 5 条以及 1979 年东京回合所达成的《决定》共同构成了 FTA 的法律依据。

二、中国 FTA 的历史发展与现状[2]

（一）中国 FTA 的发展历程

1. 中国 FTA 的产生

由于多边主义进程曲折，逆全球化思潮涌动，各国经贸摩擦呈现政治化倾向，进而直接导致各主要经济体纷纷把区域贸易协定作为国家间区域合作的新平台。各经济体将发展的目光投向贸易协定，通过签署双边 FTA 促进贸易和投资自由化，作为贸易大国的我国亦不例外。加入《曼谷协定》、加入世贸组织以及与东盟签署《框架协议》成为我国 FTA 产生的三个关键节点。

2001 年 5 月 23 日，中国正式加入《曼谷协定》——我国加入的首个区域性多边贸易组织，自此我国拉开发展自由贸易协定的序幕。[3]2001 年 12 月 11 日，我国正式加入世界贸易组织，成为 WTO 的第 143 位成员，标志着我国融入经济全球化进程、对外开放与现代化建设进入新的阶段。

我国 FTA 虽起步较晚，但发展迅速。2002 年，为消除东盟对于自身经济利益可能会遭受影响的担忧，中国主动提出与东盟建立自由贸易区以促进双方经贸往来。该提议受到东盟各国的欢迎，于是双方正式签署《中华人民共和国和东南亚国家联盟全面经济合作框架协议货物贸易协定》（以下简称《框

---

[1] 第一个要求是取消区域贸易协定范围内的贸易限制；第二个要求是禁止对区域贸易协定外部的贸易进行限制。

[2] 由于本书主要关注的是中国对外签署的 FTA，故《内地与香港关于建立更紧密经贸关系的安排》《内地与澳门关于建立更紧密经贸关系的安排》不在本书讨论范围内。另，由于《中国-马尔代夫自由贸易协定》的正式公开文本尚未公开，故《中国-马尔代夫自由贸易协定》亦不在本书讨论范围内。

[3] 2006 年 7 月 1 日改名为《亚太贸易协定》。

架协议》）——我国首个自贸协定。此后，我国发展双边 FTA 的步伐进一步加快，我国也逐渐从规则被动接受者转变为规则的主导者，所获成果显著，平均一年签署一个双边自由贸易区协定。

2. 中国 FTA 的发展现状

目前，自贸协定已成为中国对外开放的新形式和新起点，也是中国与其他国家实现互利共赢的新平台。截至 2023 年 11 月，中国已签署并实施 19 个自贸协定[1]，涉及 26 个国家和地区，正在谈判中的协定有 10 个[2]，正在研究中的协定 8 个[3]，立足周边国家和地区、覆盖全球的自由贸易区网络已初具规模。如表 1-1、表 1-2 所示。

表 1-1 我国已经签署的自由贸易协定现状统计[4]

阶段	FTA 名称	签署时间	生效实施时间
已签协议	中国-东盟[5]	2002 年 11 月 4 日	2003 年 7 月 1 日
	中国-智利[6]	2005 年 11 月 18 日	2006 年 10 月 1 日

---

[1] 已签署的协定包括《区域全面经济伙伴关系协定》、《内地与港澳更紧密经贸关系安排》、中国-东盟 FTA、中国-智利 FTA、中国-巴基斯坦 FTA、中国-新西兰 FTA、中国-新加坡 FTA、中国-秘鲁 FTA、中国-哥斯达黎加 FTA、中国-冰岛 FTA、中国-瑞士 FTA、中国-韩国 FTA、中国-澳大利亚 FTA、中国-格鲁吉亚 FTA、中国-毛里求斯 FTA、中国-马尔代夫 FTA、中国-柬埔寨 FTA、中国-厄瓜多尔 FTA、中国-尼加拉瓜 FTA，以及 5 个升级自由贸易协定中国-东盟 10+1 升级、中国-新西兰升级、中国-新加坡升级、中国-智利升级、中国-巴基斯坦第二阶段。

[2] 正在谈判中的协定包括中国-海合会、中日韩、中国-斯里兰卡、中国-以色列、中国-挪威、中国-摩尔多瓦、中国-巴拿马、中国-韩国第二阶段、中国-巴勒斯坦、中国-秘鲁升级。

[3] 正在研究中的协定包括加拿大、瑞士（升级）、巴新、哥伦比亚、孟加拉国、蒙古国、斐济和尼泊尔。

[4] 参见"中国自由贸易区服务网"，载 http://fta.mofcom.gov.cn/index.shtml，最后访问日期：2023 年 11 月 11 日。

[5] 2002 年 11 月 4 日，我国与东南亚国家联盟在柬埔寨金边签署了《中华人民共和国与东南亚国家联盟全面经济合作框架协议》，该《框架协议》于 2003 年 7 月 1 日生效，并于 2003 年、2006 年、2012 年和 2015 年修订。此后双方于 2004 年、2007 年和 2009 年分别签署了《货物贸易协议》、《争端解决机制协议》、《服务贸易协议》以及《投资协议》。《框架协议》的生效标志建设中国-东盟自由贸易区（CAFTA）的进程正式启动。它不仅是我国第一个对外双边自由贸易协定的法律文件，同时也是中国在机制性的区域合作方面迈出的具有实质意义的一步。

[6]《中华人民共和国政府和智利共和国政府自由贸易协定》于 2005 年 11 月签署，并于 2006 年 10 月 1 日实施，主要覆盖货物贸易和经济技术合作等内容，是我国与拉美国家签署的第一个自贸协定。为进一步促进两国在服务和投资领域的合作，双方于 2008 年 4 月签署了《中华人民共和国政府和智利共和国政府自由贸易协定关于服务贸易的补充协定》，该协议于 2010 年 8 月 1 日实施。2012 年 9 月，双方又签署了《中华人民共和国政府与智利共和国政府自由贸易协定中关于投资的补充协议》，标

第一章 自由贸易协定与"一带一路"经贸规则构建

续表

阶段	FTA 名称	签署时间	生效实施时间
已签协议	中国-巴基斯坦[1]	2006年11月24日	2007年7月1日
	中国-新西兰[2]	2008年4月7日	2008年10月1日
	中国-新加坡[3]	2008年10月23日	2009年1月1日
	中国-秘鲁[4]	2009年4月28日	2010年3月1日
	中国-哥斯达黎加[5]	2010年4月8日	2011年8月1日
	中国-冰岛[6]	2013年4月15日	2014年7月1日

(接上页)志着中国-智利自由贸易区建设全面完成。2015年5月25日，中智两国共同签署了《中华人民共和国商务部和智利共和国外交部关于中国-智利自由贸易协定升级的谅解备忘录》，开始计划对中国-智利自由贸易区进行升级。2016年11月，中智双方启动自贸协定升级谈判，并于2017年11月签署《议定书》。这是我国继中国-东盟自贸区升级后实施的第二个自贸区升级协定，也是我国与拉美国家签署的第一个自贸区升级协定。

[1]《中华人民共和国政府和巴基斯坦伊斯兰共和国政府自由贸易协定》于2006年11月24日签署，双方又于2008年和2009年签订了《中国-巴基斯坦自由贸易协定补充议定书》《中国-巴基斯坦自由贸易区服务贸易协定》，这是我国与南亚国家签署的第一个自贸协定，也是当时两国各自对外国开放程度最高、内容最为全面的自贸区服务贸易协定。

[2]《中华人民共和国政府和新西兰政府自由贸易协定》于2008年4月7日签署并于同年10月1日生效。这是我国与发达国家签署的第一个自贸协定。2016年11月，双方启动自贸协定升级谈判。2019年11月，双方宣布完成升级谈判，并于2021年1月26日正式签署《中华人民共和国政府与新西兰政府关于升级〈中华人民共和国政府与新西兰政府自由贸易协定〉的议定书》，实现了中新自贸关系在《区域全面经济伙伴关系协定》(RCEP)基础上进一步提质增效。

[3]《中华人民共和国政府和新加坡共和国政府自由贸易协定》于2008年10月23日签署，同时签署《中华人民共和国政府和新加坡共和国政府关于双边劳务合作的谅解备忘录》。2011年7月27日又签署了《关于修改〈中华人民共和国政府和新加坡共和国政府自由贸易协定〉的议定书》。2018年11月签署《中华人民共和国政府和新加坡共和国政府关于升级〈自由贸易协定〉的议定书》，并于2019年10月生效。

[4]《中华人民共和国政府和秘鲁共和国政府自由贸易协定》于2009年4月28日签署，于2010年3月1日起实施，成为我国达成并实施的第八项自贸协定（含内地与港澳CEPA），同时这也是我国与拉美国家签订的第一个一揽子式自由贸易协定。中国和秘鲁在金融危机的背景下谈判并签署自贸协定，又在后危机时代经济恢复初期开始实施自贸协定，为中秘战略伙伴关系进一步增添实质性内涵。

[5]《中华人民共和国政府和哥斯达黎加共和国政府自由贸易协定》于2010年4月8日签署，是中国与中美洲国家签署的第一个一揽子的自由贸易协定，是中国与哥斯达黎加关系发展史上新的里程碑。

[6]《中华人民共和国政府和冰岛政府自由贸易协定》于2013年4月15日签署，这是我国同欧洲国家签署的第一个自由贸易协定，涵盖货物贸易、服务贸易、投资等诸多领域。该协议于2014年7月1日生效实施。

续表

阶段	FTA 名称	签署时间	生效实施时间
已签协议	中国-瑞士[1]	2013年7月6日	2014年7月1日
	中国-韩国[2]	2015年6月1日	2015年12月20日
	中国-澳大利亚[3]	2015年6月17日	2015年12月20日
	中国-格鲁吉亚[4]	2017年5月13日	2018年1月1日
	中国-毛里求斯[5]	2019年10月17日	2021年1月1日
	中国-柬埔寨[6]	2020年10月12日	2022年1月1日
	中国-马尔代夫[7]	2017年12月7日	2018年8月1日
	中国-厄瓜多尔[8]	2023年5月11日	

[1]《中华人民共和国政府和瑞士联邦政府自由贸易协定》于2013年7月签署，是当时中国对外达成的水平最高、最为全面的自贸协定之一，也是中国与欧洲大陆国家签订的第一个自由贸易协定，对中瑞双方都有着重要的意义。

[2]《中华人民共和国政府和大韩民国政府自由贸易协定》于2015年6月1日正式签署，于2015年12月20日正式生效并第一次降税。这是当时我国签订的覆盖议题最广、涉及进出口贸易额最大的自由贸易协定，中韩自贸区作为整个东北亚地区的第一个自贸区，为推进中日韩自贸区乃至未来亚太自贸区，走出了重要一步。同时，中韩自贸区也是中国"一带一路"倡议和韩国"欧亚倡议"构想的重要连接点，对两国携手推动"一带一路"建设和欧亚大陆经济融合具有重要的推动作用。

[3]《中华人民共和国政府和澳大利亚政府自由贸易协定》于2015年6月17日正式签署，并于2015年12月20日正式生效并第一次降税，2016年1月1日第二次降税。这是我国与经济总量较大的西方发达经济体签订的第一个自由贸易协定，也是当时我国已签订的贸易投资自由化水平较高的自由贸易协定之一。中澳同为亚太地区大国和全球重要经济体，为亚太地区务实推进经济一体化进程，实现持久稳定与繁荣发挥积极的促进作用。

[4]《中华人民共和国政府和格鲁吉亚政府自由贸易协定》于2017年5月正式签署，2018年1月1日正式生效。格鲁吉亚地处"一带一路"重要节点，是欧亚地区第一个与我国商签自贸协定的国家。

[5]《中华人民共和国政府和毛里求斯共和国政府自由贸易协定》于2019年10月正式签署，2021年1月1日正式生效。这是我国与非洲国家签署的第一个自贸协定，此协定的生效将进一步提升中毛两国互利合作水平，促进中非合作，为推动构建更加紧密的中非命运共同体做出贡献。

[6]《中华人民共和国政府和柬埔寨王国政府自由贸易协定》于2020年10月12日正式签署，于2022年1月1日正式生效。目前中柬双方各自履行国内法律审批程序，推动协定早日生效实施。协定的签署标志着双方全面战略合作伙伴关系、共建中柬命运共同体和"一带一路"合作进入新时期，是双边经贸关系发展中新的里程碑。

[7]《中华人民共和国政府和马尔代夫共和国政府自由贸易协定》于2017年12月7日签署，是我国商签的第16个自贸协定，也是马尔代夫对外签署的首个双边自贸协定。

[8]《中华人民共和国政府和厄瓜多尔共和国政府自由贸易协定》（以下简称中厄自贸协定），于2023年5月11日签署，是继智利、秘鲁、哥斯达黎加之后中国在拉美地区的第4个自贸伙伴。

续表

阶段	FTA 名称	签署时间	生效实施时间
	《区域全面经济伙伴关系协定》[1]	2020年11月15日	2023年6月2日（全面生效）
	《内地与港澳更紧密经贸关系安排》[2]	2003年6月29日（香港）	2004年1月1日
		2003年10月17日（澳门）	2004年1月1日
升级FTA	中国-新加坡升级	2018年11月12日	2019年10月16日
	中国-智利升级	2017年11月11日	2019年3月1日
	中国-巴基斯坦第二阶段	2019年4月28日	2019年12月1日
	中国-东盟（"10+1"）升级[3]	2015年11月22日	2019年10月22日
	中国-新西兰升级	2021年1月26日	2022年4月7日

表1-2 我国正在谈判、正在研究的自由贸易协定现状统计[4]

阶段	FTA 名称	进 展
正在谈判	中日韩	2013年3月6日，开始谈判
	中国-斯里兰卡	2014年9月16日，开始谈判

---

[1]《区域全面经济伙伴关系协定》于2020年11月15日签署，2023年6月2日正式全面生效。RCEP是目前涵盖人口最多、经济规模最大、最具潜力的自由贸易区，RCEP的15个成员国共同代表着22.7亿人口，其国内生产总值达到26.2万亿美元，总出口额为5.2万亿美元，约占全球的30%。RCEP已于2023年6月2日对15个成员国全面生效，这个涵盖全球近1/3的人口规模、经济总量和贸易总额，世界上最大的自由贸易区正式成为现实。

[2]《关于建立更紧密经贸关系的安排》（以下简称"CEPA"，2003年，内地与香港、澳门特区政府分别签署并于2004年1月1日生效。2004年、2005年、2006年又分别签署了《补充协议》、《补充协议二》和《补充协议三》。CEPA是"一国两制"原则的成功实践，是内地与港澳制度性合作的新路径，是内地与港澳经贸交流与合作的重要里程碑，是我国家主体与香港、澳门单独关税区之间签署的自由贸易协议，也是内地第一个全面实施的自由贸易协议。

[3] 2016年7月1日率先对中国和越南生效，2016年10月22日，升级《议定书》对所有协定成员全面生效。

[4] 参见"中国自由贸易区服务网"，载 http://fta.mofcom.gov.cn/index.shtml，最后访问日期：2021年12月1日。

续表

阶段	FTA 名称	进 展
正在谈判	中国-以色列	2013 年,启动谈判
	中国-挪威	2007 年 6 月 19 日至 20 日,召开中挪自贸区可行性研究第一次会议,目前已进行到第十六轮谈判
	中国-摩尔多瓦	2017 年 12 月 28 日,正式启动中摩自贸协定谈判
	中国-巴拿马	2018 年 7 月 9 日,中国-巴拿马自贸协定第一轮谈判
	中国-韩国自贸协定第二阶段谈判	2017 年 12 月 14 日,谈判正式启动
	中国-巴勒斯坦	2018 年 10 月 23 日,正式启动中巴自贸协定谈判
	中国-秘鲁自贸协定升级谈判	2019 年 8 月 23 日,第三轮谈判顺利完成
正在研究	中国-哥伦比亚	2012 年 5 月 9 日,正式启动两国自贸区联合可行性研究
	中国-斐济	2015 年 11 月 4 日至 5 日,举行中国和斐济自贸协定联合可研第一次工作组会议
	中国-尼泊尔	2016 年 3 月 21 日,中国与尼泊尔启动自贸协定联合可行性研究并签署谅解备忘录
	中国-巴新	2020 年 8 月 6 日,首届中国-巴布亚新几内亚经贸联委会以视频会议形式召开
	中国-加拿大	2017 年 9 月 12 日,中国-加拿大自贸协定联合可行性研究暨探索性讨论第四次会议在渥太华举行
	中国-孟加拉国	2018 年 6 月 20 日,举行首次自贸协定工作会议
	中国-蒙古国	2017 年 5 月 12 日,启动自贸协定联合可行性研究
	中国-瑞士自贸协定升级综合研究	2017 年 5 月 18 日,举行中国-瑞士自贸区升级联合研究第一次会议暨产业研讨会

(二) 中国 FTA 的特点分析

1. 签署战略上发展方向日益明晰

中国 FTA 的发展方向日益明晰,内涵也不断丰富。中国共产党于 2007 年 10 月提出"实施自由贸易区战略,加强双边多边经贸合作"的构想,这是新中国成立以来第一次将自贸区战略定位为国家战略。党的十八大对自由贸易协定战略的推进提出速度方面的要求,要求"加快实施自由贸易区战略,推动同周边国家互联互通"。2013 年 11 月,十八届三中全会通过《中共中央关于全面深化改革若干重大问题的决定》，其中第 25 条对"加快自由贸易区建设"提出了更多要求。2015 年，国务院对中国自由贸易区的建立布局规划了更加明确的发展方向：首先要提升周边自贸区发展的速度，其次要积极促进"一带一路"沿线自由贸易区建设与发展，最后要逐渐搭建全球自贸区的网络。2017 年 10 月，中国共产党第十九次全国代表大会报告指出，"中国支持多边贸易体制，促进自由贸易区建设，推动建设开放型世界经济"。可见，落实自贸区的提升战略，建设世界高标准自贸区网络，已成为国家基本战略规划的一部分。

在"一带一路"经贸规则构建的过程中，以上一系列的政策部署不仅是成为我国自贸区建设的"方向靶"和推动 FTA 签订的"加速器"，[1]还是"一带一路"经贸规则构建的重要政策保障。顺应政策导向，加快构建"一带一路"经贸规则，实现进一步开放，是加快构建开放型经济新体制的重要途径。

2. 协议形式多样且呈现阶段性特征

我国 FTA 在形式上呈现合作模式的多样化与阶段性特征。在我国探索 FTA 实践初期，中国-东盟自由贸易协定是我国对外商谈的第一个自贸协定，也是发展中国家间最大的自由贸易区。不同于一揽子协议，中国-东盟自由贸易协定采用了分布式协议，先达成框架协议，并在框架协议的基础上分别就货物贸易、服务贸易、投资以及争端解决等方面签订协议。中国-智利 FTA、中国-巴基斯坦 FTA 也同样采取这种分布签订补充协议的形式来逐渐提高开放程度。在此之后所签订的 FTA 多采用标准的一揽子协议形式。表明在 FTA 规则制定的过程中具有阶段性、渐进性特点。

在"一带一路"经贸规则构建的过程中，我国应当适时注意到此类特点。在探索"一带一路"经贸规则初期，尚无经验可供借鉴的情况下，分别向各共建国家提出与各国情况相适应的分布式协议，待条件成熟，再提出标准的一揽子协议，进一步深化经济合作，扩大各方经济利益。

3. 协议内容上标准日益提高

我国 FTA 呈现出内容提升至更高标准的趋势。在丰富和深化区域经济一体化内涵和功能的大趋势下，我国不再满足于制定仅涉及传统范畴议题的

---

[1] 参见李春顶、张瀚文："实施自贸区提升战略，助推全面开放新格局"，载 http://www.21jingji.com/article/20210823/herald/81e43c33da49bb279e6772ca828c994f.html，最后访问日期：2021 年 12 月 1 日。

FTA，而是逐步在协定中引入交叉问题和新兴贸易议题：从最初的货物贸易规则辅以少数服务贸易规则，到完善协议过程中更大规模的服务贸易开放，再到投资便利化、安全标准、竞争政策、知识产权保护、政府采购以及进一步探索争端解决和劳动关系等方面内容。

在构建"一带一路"经贸规则的过程中，我国应当考虑在内容方面拓展谈判领域，增加上述交叉问题和新兴贸易议题的规定，逐步完善优化贸易协定内容和结构。"一带一路"经贸规则作为重要的对外开放平台，需要承载起我国引领国际经济体系变革与规则制定的功能。

4. 签署对象上范围不断拓展

我国FTA签署对象分布广泛且发展水平各不相同。截至2023年11月，我国已签署并实施19项自贸协定。

从签订FTA的国家的分布上来看，中国FTA已在世界各地签署，包括亚洲、欧洲、美洲和大洋洲，涉及26个国家和地区。在亚洲已签署7个自由贸易协定，包括19个国家与地区；并与2个欧洲国家即瑞士与冰岛签订自贸协定；且与美洲的厄瓜多尔、秘鲁、哥斯达黎加与智利签订；和大洋洲的澳大利亚与新西兰签订自贸协定。与中国签订自贸协定的国家既有冰岛、澳大利亚等发达国家，同时也包括巴基斯坦、秘鲁等发展中国家。上述国家与我国签订自贸协定具有强大的战略意义，彼此可以在经济发展方面互补，推动双方政治经济协同发展。

在构建"一带一路"经贸规则过程中，我国应重视以地缘为主要因素、将能源、政治、经济各方面的协同互补作为次要因素考虑，优先考虑具有上述因素的国家，其次选择阿拉伯国家以及"一带一路"倡议的国家，未来将欧洲及部分非洲国家纳入我国"一带一路"经贸规则的合作地图。

（三）中国FTA的瓶颈阻碍

1. 积极意义

我国签订FTA展现了我国坚定发展自由贸易与推进经济全球化，维护以WTO为领导核心的多边贸易体制，推动贸易自由便利化，坚持开放、践行开放的信念。实践亦表明，FTA在释放我国积极主动对外开放信号，进一步发展经贸合作潜力，助益贸易伙伴更多分享中国市场红利的同时，对中国自身的外向型经济发展起到了助推作用，为我国与其他国家和地区间的经贸合作带来积极意义。

国际方面,一是坚定地提升我国在国际贸易规则制定中的话语权。在多边贸易规则谈判停滞不前、发达国家占据规则制定主动权的当下,中国从被动的规则参与者转变为主动的规则制定者,提出更多适应自身实际情况的"中国FTA方案",全方位参与经济全球化和国际分工进程,能够避免贸易自由化进程中被边缘化;二是落实缔约各方的合作关系,树立规模差异国家之间的合作标杆。以中国-智利FTA为例,自双边协定以来,双边贸易额在2001年~2020年保持高速发展的势头,增长了近22倍。[1]今后,我国会继续推进中日韩自贸协定谈判、以色列、挪威等国谈判,考虑积极加入《全面与进步跨太平洋伙伴关系协定》(Comprehensive and Progressive Agreement for Trans-Pacific Partnership,以下简称CPTPP),争取能够与更多的贸易伙伴签署双边协定或多边协定,扩展自贸的"朋友圈"。

国内方面,一是减少贸易摩擦带来的冲击和不确定性,为产业链和供应链稳定带来积极意义。外贸企业可受益于中国的自贸协定,符合条件的产品即可获得优惠原产地签证,进而享受关税减免优惠。二是通过高水平的开放反向推进改革,促进体制机制的创新发展。我国与发达国家在FTA规则制定方面仍存在差距,通过对FTA商签与升级的研究,对发达国家FTA加以借鉴,可以构建我国更高开放水平的FTA,为全面巩固和优化未来中国经营环境的市场化、法制化、国际化水平奠定坚实的制度基础。

2. 不足之处

尽管FTA极大地促进了我国外向型经济发展,然而,要建立一个真正意义上的高质量自贸协定网络,还有很长的路要走。诸如实施效果、制度层面的泛化性等问题仍然困扰着FTA更好地发展。

国际方面,一是合作伙伴国以发展中以及中等经济体为主,尚未与美国、欧盟等经济发展水平高、监管标准严格、全球经济影响力大的国家展开实质性的自贸协定谈判。FTA虽取得了一定的发展成果,但由于发展中国家的产业结构大同小异,主要是初级产品,难以获得较大的发展空间。二是目前协议的谈判领域较为局限,开放程度相对较低。

国内方面,一是受限于我国企业对自贸协定认识与重视程度不足,我国

---

[1] 根据联合国商品贸易统计数据库(UN COMTRADE)数据计算。

FTA 的利用率仍处于较低水平。企业对 FTA 的利用程度直接关系到我国 FTA 战略的实施效果，需要进一步提高。二是在扩大市场开放的过程中，国内进口优势产业将受到廉价进口产品的冲击。

第二节 中国 FTA 与"一带一路"经贸规则的协同创新发展

一、"一带一路"经贸规则构建下借鉴中国 FTA 的必要性

在当前多边贸易体系受阻，国际经贸规则重塑，现有的经贸条款无法满足发展需要的大背景下，作为"一带一路"倡议的发起者，中国应抓住此次参与全球经济治理和国际经贸规则重塑的重大机遇，合理借鉴 FTA 已有经验，主动制定更加完善的"一带一路"经贸规则，构建一系列配套的经贸规则保障倡议，提升我国在全球治理体系中的话语权和影响力，同时助力地区和世界经济增长。

（一）国际经贸规则重塑下的挑战

当今国际规则正在发生深刻变化，特别是在国际贸易领域，随着贸易保护主义抬头，逆全球化趋势显著，多边贸易体制受挫，越来越多的国家致力于寻求国家间区域合作的新平台。以自由贸易协定为代表的区域经贸合作得到了世界各国的普遍认可。

与此同时，国际经贸规则多由欧美等发达国家主导。即使是自贸协定这种"次优"选择，发达国家也掌握着规则制定的主动权，发展中国家只能被动接受，导致中国在内的新兴国家在国际经贸规则中越来越被"边缘化"，面临着日益增多的经贸壁垒和不利规则。

因此，我国亟需尽快发展同"一带一路"共建国家的贸易投资合作，制定适应自身需求的区域经贸规则，共同提升在全球治理体系中的话语权和影响力，并让"一带一路"经贸规则成为我国重塑区域经贸规则、参与全球经贸规则谈判的重要支撑。

（二）现有"一带一路"经贸规则的缺失

当前所签署的"一带一路"经贸规则不能很好地满足推进"一带一路"倡议、协调共建国家贸易冲突的现实需要。该种共建"一带一路"谅解备忘录更多是一种彰显贸易合作伙伴情谊、表明政治立场的宣示性规定，属于不

具有约束力的"软法"。

出现此类情况的根本原因在于"一带一路"共建国家多为新兴国家,各国发展水平相对偏低,国与国间的经贸规则建设各不相同且相对滞后,在传统领域内尚未形成统一标准和跨部门规则,更难就非传统领域达成高标准、高质量的规则。

现有"一带一路"经贸规则通过协商手段解决争端,虽然在短期内不会消减贸易合作伙伴的参与热情,但从长期来看,随着共建国家贸易往来日益频繁,缺乏强有力的制裁手段势必影响贸易伙伴间的彼此信赖。由于各国经济发展水平、区域合作目标以及社会利益诉求方面存在较大差异,要对不同经济发展程度经济体的自贸区建设实施差异化战略。故构建适合共建国家利益需求的"一带一路"经贸规则与相应的争端解决机制,弥补现有规则的不足已成为当务之急。

(三)中国肩负牵头发起的责任

2013年,习近平主席在访问中亚和东南亚国家期间,相继提出共同建设"丝绸之路经济带"和"21世纪海上丝绸之路"的重大倡议。2015年3月28日中国正式发布《推动共建丝绸之路经济带和21世纪海上丝绸之路的愿景与行动》,将"一带一路"倡议作为中国对外开放和参与区域经济合作的重点。[1]截至目前,已有140多个国家和31个国际组织先后加入"一带一路"倡议,中国与上述国家取得了丰硕的合作成果。[2]这表明"一带一路"倡议由我国率先发起,旨在分享发展机遇,携手共同发展。

作为"一带一路"的首倡国家,一方面,在推进"一带一路"建设的过程中,中国一定会对共建国家的经贸交流和制度建设有更深刻的认识,能够更好地考虑各国情况以构建起适合各国利益需求的"一带一路"经贸规则联结成为紧密的利益共同体,真正实现"一带一路"中各国之间的长久合作与共同发展;另一方面,中国负有带动周边国家、实现协同发展的重任。既已

---

[1] 参见国家发改委、外交部、商务部:"推动共建丝绸之路经济带和21世纪海上丝绸之路的愿景与行动",载 http://www.sdpc.gov.cn/gzdt/201503/t20150328_669091.html,最后访问日期:2021年10月3日。

[2] 参见驻圣多美和普林西比使馆:"驻圣多美和普林西比大使徐迎真同圣普外长滕朱瓦共同签署'一带一路'协议",载 http://new.fmprc.gov.cn/zwbd_673032/wshd_673034/202112/t20211210_10466048.shtml,最后访问日期:2021年10月3日。

将各国联结起来，理应主动扮演东道主的角色，主动引领制定"一带一路"经贸规则，为统一新兴国家间的国际经贸规则贡献力量，这也是中国构建更高水平开放型经济新体系的精髓所在。

综上，中国牵头发起构建"一带一路"经贸规则是必然并且应当的。

二、"一带一路"经贸规则构建下借鉴中国FTA的可行性

在当前"一带一路"与中国FTA相互促进、共同发展的大背景下，作为"一带一路"倡议发起者，中国可以利用其独特的政治和制度优势、坚实的经济基础以及现有FTA实践经验，形成与"一带一路"倡议下各共建国家经济、政治发展状况相适应的条款，以此逐步融通"一带一路"经贸制度脉络，探索出构建"一带一路"经贸规则的可行之路。

（一）中国FTA与"一带一路"倡议联结紧密

中国FTA与"一带一路"经贸规则均以地缘和制度作为核心要素，是我国构建更高水平开放型经济新体制的重要组成部分，具有高度的相似性。可以说，中国FTA支撑"一带一路"建设，"一带一路"引领加速中国FTA发展。

从地缘层面来看，中国FTA的商签国在某种程度上与"一带一路"共建国家具有相似的发展状况，更易于达成利益平衡点。考察已与我国缔结FTA的各个国家，绝大部分为发展中国家，贸易自由化发展程度相差不大，具有广泛坚实的物质与文化基础，且在共建"一带一路"倡议上已达成共识，更容易找到利益平衡点，以达成统一的经贸规则条款。

从制度层面来看，推进FTA战略与推进"一带一路"倡议是我国对外开放新格局下的重要举措，呈现联通对接的同步倾向。"一带一路"的核心含义是通过"走出去"开拓市场空间，实现中国经济转型升级和再平衡，并通过构建发达的交通网络，深化沿线经贸合作，努力构建以"一带一路"倡议为载体的自由贸易区网络。

从功能作用来看，中国FTA旨在消除贸易壁垒、降低贸易门槛、推进贸易自由、提升贸易便利，与"一带一路"倡议一道，共同增进我国对外经贸、扩大对外开放水平。

（二）中国FTA自身特色与经验总结

中国FTA自2002年发展至今已经历经22个年头，在参与制定贸易协定

的过程中积累了诸多的实践经验。

我国从最初对中国区域经济一体化未来趋势的重要性缺乏高度认识,未能建立一整套明晰、立足于长远发展需要的区域多边和双边制度性合作制度,发展到如今的充分了解并掌握 FTA 的规律与特点,成功签署并实施 10 余项自贸协定,发展成果显著。构建"一带一路"经贸规则的过程中要发挥我国在 FTA 层面积累的宝贵经验。

考虑沿线区域国际战略情势和经济发展状况,将构建思路从短时间内形成完全一体化的"一带一路"经贸规则转变为先行通过 FTA 过渡再逐步迈向一体化"一带一路"经贸规则,既更加符合"一带一路"现状,也是中国 FTA 与"一带一路"经贸规则的协同创新发展的可行之路。

因此,我国应着力于同"一带一路"共建国家签署并升级 FTA,利用过去 FTA 的经贸规则与实践,通过居间衔接、援引创新和红利共享等方式破除"一带一路"中的法律体制障碍,逐步融通"一带一路"经贸制度脉络,形成更加符合"一带一路"倡议下各共建国家经济、政治发展状况的条款。

(三) 中国具备牵头发起的实力

当前"逆全球化"趋势大行其道、疫情防控态势严峻、全球经济严重下滑等各种冲击深刻影响着世界经济,为倡导"一带一路"、重新建构世界贸易规则带来了机遇。与此同时,中国已成为世界领先的经济体与贸易国,同时拥有最大的外汇储备和资本来源,综合国力与国际竞争力与过去不可同日而语。

中国在发展过程中积极应用国际经贸规则,经济影响力显著提升,积累大量宝贵经验,具体表现为经济、文化、社会、外交等四个方面:[1]

经济方面,对内改革开放迈出重要步伐,供给侧结构性改革继续深化,不断增强发展活力与原生动力,新兴产业持续壮大,传统产业不断升级,经济总量突破百万亿元。一带一路建设取得新成就,落实海南自贸港等重大举措,推动签署构建区域经济伙伴关系的协定,确保各产业供应链的稳定性,不断提升国际贸易与外资利用的占比。

文化方面,大力促进科技创新,加快对于产业的转型升级的节奏。促成首批国家实验室落地,专注于核心技术的突破。大力支持科学技术的转化应

---

[1] 参见"中央人民政府网",载 http://www.gov.cn/premier/2020-05/29/content_5516072.htm,最后访问日期:2021 年 12 月 1 日。

用，盘活各类企业的融通与创新。保证产业数字化智能化改造，保持各类战略产业特别是新兴产业的发展动力。

社会方面，三大攻坚战取得关键进展，全面建成小康社会取得了关键性成就。人民生活稳定祥和，社会安定和谐。

外交方面，特色大国外交卓有成效。我国积极参与国际治理体系建设，始终推动构建人类命运共同体。支持国际抗疫合作，是维持世界和平与发展的主要角色。

综上，在新发展格局下，作为疫情下唯一实现经济增长的国家，中国有中国特色社会主义制度，有坚实的经济基础，有丰富的市场资源潜力，有勤劳辛苦的人民，已初步具备牵头发起"一带一路"经贸规则的实力，理应顺应时代机遇，主动迎接挑战。

第三节 "一带一路"经贸规则构建下可供借鉴的FTA相关规则

一、货物贸易

在货物贸易中，对进入市场构成障碍的通常是关税，此外还有包括数量限制等在内的非关税壁垒。

分析比较中国已经签署的FTA协定中货物贸易规则的具体内容可以看出，货物贸易规则的具体内容主要包含以下六个方面：（1）国民待遇和货物市场准入；（2）原产地规则及其操作程序；（3）海关程序与合作；（4）贸易救济；（5）技术性贸易壁垒（TBT）；（6）卫生与植物卫生措施（SPS）。虽然在已签署的FTA协定中，货物贸易规则的内容名称各有不同，但总体来看，以上六个方面可以涵盖货物贸易规则的具体内容。以下就我国缔结的FTA货物贸易机制展开如下评述。

（一）货物的国民待遇与市场准入

国民待遇规则是指一缔约方与另一缔约方的公民、企业在本国境内享受的待遇与本国公民、企业等同。[1]市场准入是指一国是否允许以及以何种程

---

[1] 参见王毅：《WTO国民待遇的法律规则及其在中国的适用》，中国社会科学出版社、人民法院出版社2005年版，第2~3页。

度允许他国的货物或服务等进入本国市场。[1]我国各 FTA 对于国民待遇和货物市场准入的规定，主要包括范围、国民待遇、关税的取消与减让、数量限制和非关税措施、行政费用及手续、农产品出口补贴、国营贸易企业的条款、消费者保护、农产品特殊保障以及争议解决条款。

1. 关税的减让与消除

缔约方之间的关税减让，以关税减让表为依据，逐步实现关税的减让与消除。关税减让表的内容作为缔约国之间关税减让或消除的实施依据，是缔约国之间共同谈判的结果。对于关税减让的方式，我国 FTA 开始采用"逐项方式"，由该商品的主要进口国间逐项进行磋商，达成减让协议，适用于所有成员方。后来改用"一揽子方式"，即对各类商品按照同一百分比减税，然后分年度分阶段实施。以下列举三个典型的 FTA：

中国-东盟 FTA 就国民待遇和货物市场准入主要规定在《中国-东盟全面经济合作框架协议货物贸易协议》。该协议将产品分为即快速减税（早期收获）产品、敏感产品和正常类产品，对配额外农产品的适用税率进行单独谈判，实行逐年降税模式。《框架协议》下的早期收获计划是由东盟方面先提出的，目的是使双方尽早享受自由贸易区降税带来的利益。早期收获计划于 2004 年 1 月 1 日起实施，涵盖范围有 600 多种产品，其中包含出于贸易利益平衡考虑而增加的 30 多种特定产品。

中国-新加坡 FTA 在上述《框架协议》的基础上有所发展。新加坡将从 2009 年 1 月 1 日起，取消所有原产于中国的进口产品关税；中国将在 2010 年 1 月 1 日前取消 97.1% 原产于新加坡进口产品关税，其中 87.5% 的产品从《协定》（《中国-新加坡自由贸易协定》）生效时起即实现零关税。双方还就加速取消关税达成协议。

中国-新西兰 FTA 规定将逐步取消中国向新西兰出口货物的全部关税。中国向新西兰 70% 以上的出口货物的关税将在 2013 年前实现免税，剩余中国进口货物关税将在 2019 年 1 月 1 日前逐步取消。新西兰进口自中国的产品全部关税将在 2016 年之前逐步取消。与此同时，将逐步取消新西兰目前向中国 96% 的出口商品的关税，协定生效之日起，从新西兰进口的 35% 的货物将实

---

[1] 参见石静霞、陈卫东：《WTO 国际服务贸易成案研究（1996-2005）》，北京大学出版社 2005 年版，第 64 页。

行零关税。在逐步取消关税的期限结束时,所有货物关税均将取消。

2. 数量限制

数量限制和非关税措施方面,中国-新加坡 FTA 中,双方承诺在 WTO 之外在任何时候不能保留任何数量限制措施和采取或维持非关税措施。各方应该确保 WTO 框架下保留的数量限制和非关税措施透明化。中国-新西兰 FTA 特别保留了中国对原产于新西兰的 11 个税则号列项下的农产品实施特殊保障措施[1],主要集中于乳制品领域。此外,根据《协定》(《中国-新西兰自由贸易协定》)附件 4 的相关规定,自 2009 年起,中国在现有全球羊毛和毛条关税配额总量以外,为新西兰进口羊毛和毛条专设一定量的羊毛和毛条国别配额,国别配额内享受零关税待遇,超过配额的部分也将享受最惠国待遇。

(二)原产地规则及相关实施程序

1. 原产地认定标准和特点

原产地规则是指货物获得原产地资格的实体性判定标准,具体分为完全获得标准、实质性改变标准和补充标准三种。

第一种,完全获得标准。完全获得标准是判定货物是否在一个国家(地区)完全获得或生产的规则。具体而言,完全在一个国家(地区)获得的货物,以该国(地区)为原产地。[2] 关于"完全在一个国家(地区)获得的货物",非优惠原产地规则与优惠原产地规则均通过分类列举的方式予以明确,但各国在适用该标准时不可避免地存在差异。以中国水产品原产地完全获得标准为例,虽均以"水域或海底提取或得到的矿物产品"为依据,但在认定船舶国籍时,各 FTA 的规则有着较大差别:中国-智利 FTA、中国-秘鲁 FTA 规定,只要满足船旗国条件(悬挂该方国旗)就能获得原产地资格;中国-东盟 FTA、中国-新加坡 FTA、中国-巴基斯坦 FTA 规定,只要满足船旗国条件和注册条件之一即可获得原产地资格。除此之外的 FTA 对于影响原产地认定的船舶国籍的条件要求较为严格,需同时满足船旗国条件并注册条件时,才能够获得水产品的原产地资格。

第二种,实质性改变标准。实质性改变标准要求含有非原产原材料或零部件(包括产地不明的原材料或零部件)的产品在一国内经过实质性改变或

---

[1]《中国-新西兰自由贸易协定》第 2 章第 13 条及附件 2。
[2]《中华人民共和国进出口货物原产地条例》第 3 条。

者充分加工，方能获得该国原产资格。[1]实质性改变标准具体包括从价百分比标准、税则归类改变标准、加工工序标准混合标准。此前我国 FTA 判定实质性改变的标准主要方法是从价百分比标准。后由于相比之下税则归类改变标准更为简便，后来逐渐采用以税则归类标准为主的产品原产地标准。

（1）从价百分比标准。从价百分比标准要求产品生产过程中的区域价值成分必须达到产品价格一定比例，以此判定产品发生了实质性改变。从价百分比标准根据各种产品的不同特征，适用增值价值不同。中国-东盟 FTA 中，由于各成员方发展水平相差较大，即便同样的产品、生产过程在不同成员方生产时，原材料、员工费等要素价格有巨大差异，可能造成根据同一原产地规则判定的结果不同，故选择以将从价百分比标准作为判定原产地的主要实质性改变标准：产品源自任何缔约方的成分应不少于40%或该产品最后一道加工工序在缔约方境域内完成条件下，只有源自非缔约方的原材料、零件及生产品的总价值不超过该产品离岸价的60%，才会被认定为原产地，而作为计算增值价值的方法则采用了排除法和"非原产地材料低于特定比率"的进口含量。中国-新加坡 FTA 中，从价百分比标准被也被作为确认实质性改变的主要标准。原产于缔约一方的成分在产品中不少于40%，该产品应视为该方原产。增值价值的计算方法采用了排除法。完全在中国/新加坡获得的或区域价值含量增值超过40%或满足累积原则与特定产品规则规定的产品应当视为中国/新加坡原产货物，并应享受优惠关税减让待遇。中国-新西兰 FTA 中，从价百分比标准不是主要实质性改变标准，而是税则归类改变标准的补充标准。其中，从价百分比标准独自适用的产品限于4种产品，主要与税则归类改变标准混合适用或选择性适用。

（2）税则归类改变标准。中国-东盟 FTA 规定，税则归类改变标准是从价百分比标准的补充标准；中国-新西兰 FTA 首次以税则归类改变标准作为实质性改变标准的基础，在部分产品中还采用了税则归类改变标准与从价百分比标准的选择标准和组合标准；中国-秘鲁 FTA、中国-哥斯达黎加 FTA 的原产地规则类似，在产品特定原产地规则中的表上按照 HS 编码顺序列出 HS 2 位数级、4 位数级、6 位数级的税则归类改变标准，并采用了税则归类改变标

---

[1] 参见邹锐锐："优惠原产地规则研究"，载 http://www.ccpit-fta.com/mjzl-detail.html? id = 27，最后访问日期：2021年12月1日。

准与从价百分比标准的组合标准。

（3）加工工序标准。除中国-巴基斯坦 FTA 和中国-智利 FTA 外，其他中国 FTA 均适用加工工序标准来认定原产地。例如，中国-东盟 FTA 的加工工序标准适用于纺织品（HS52 类）和服装类（HS60 类~63 类）的产品；中国-新西兰 FTA 中，加工工序标准主要出现于与 HS2 位数级税则归类改变标准混合使用的方法。这样的方法主要体现在胶卷等摄像材料（HS37 类）和服装产品（HS61 类~63 类），关于认定原产地的主要加工工序和范围在产品特定原产地规则中说明了详细内容。

第三种，补充标准。为增加原产地规则的弹性、明确适用原产地规则，特引入补充标准。首先，除中国-东盟 FTA 和中国-巴基斯坦 FTA 外，其他 FTA 原产地规则均采用微小含量标准。基于微小含量标准，中国-智利 FTA 中非原产材料的价值不足该产品价值 8% 时可认定原产地，而中国-新西兰、中国-新加坡、中国-秘鲁、中国-哥斯达黎加、中国-冰岛及中国-瑞士的 FTA 允许占 10% 以下。值得注意的是，在中国-东盟 FTA 原产地规则中，对微小加工标准的说明较为简单，而其他 FTA 则对于微小加工进行了详细列举，更加明确地指出了微小加工的范围。其次，中国签订的所有 FTA 均实行双边累积标准。以中国-东盟 FTA 为例，因实际参与东盟 FTA 的成员方仅 11 个，具有多边 FTA 性质，所以采用完全累积原则。即中国与东盟 10 国生产的产品在其他缔约国成为最终产品的原材料时，发生该生产工序的国家被认为原产地。

最后，中国签订的 FTA 原产地规则对直接运输、转运条款、运输用包装材料和容器的规定、有关附件、备件、工具的条款均实行了类似的规定。关于境外加工的条款，中国签订的 FTA 均未采用。

2. 原产地确认制度

海关总署应对法律、行政法规规定的有权签发出口货物原产地证书的机构（以下简称签证机构）是否依照规定签发优惠贸易协定项下出口货物原产地证书进行监督和检查。根据签发者不同，原产地证书可分为两种，一是由商会（如中国国际贸易促进委员会）签发的一般原产地证书，二是由中华人民共和国检验检疫局签发的普惠制原产地证书。在中国签订的 FTA 中，均采用机构证明制度确认原产地，即原产地证书应当仅由出口方的授权机构签发。

原产地核查程序，除中国-秘鲁、中国-哥斯达黎加 FTA 外，其他 FTA 均采用间接核查原产地证书方法。为确定从另一方境内向一方境内进口的货物是否具备原产货物资格,进口方海关可通过以下方式对关税优惠申请进行核实:(1)书面要求进口商提供补充信息;(2)书面要求出口方境内的出口商或生产商提供补充信息;(3)要求出口方主管机关对货物原产地进行核查;(4)双方海关共同商定其他程序。中国-秘鲁、中国-哥斯达黎加 FTA 明确指出直接核查原产地证书方法。如果上述第 1 项至第 3 项要求未能消除进口方关注,进口方主管机构可派员访问出口方境内出口商或生产商所在地,对出口方主管机构核查程序进行实地考察。中国与东盟、巴基斯坦及新加坡 FTA 没有规定出口方主管机关向进口方海关提供答复的期限,而其他 FTA 要求 6 个月以内(中国-秘鲁 FTA 为 150 天内)给予答复,如果出口方在 6 个月内没有答复或答复内容不充分,进口方海关可以拒绝给予关税优惠。此外,中澳 FTA 特别同意,在一批次原产货物的完税价格低于限额时,出口方可以不用提交原产地证书或原产地声明并能享受优惠关税待遇,这种程序的简化将大大降低时间成本,给出口商带来极大便利。

此外,还包含有各国在微小加工或处理条款、直接运输条款、中性成分条款等方面内容。

(三)海关程序与合作

1. 定义、范围、目标与原则

为实现海关程序的简化,确保货物和运输工具的高效通关,促进贸易的便利化,各 FTA 多设有海关程序与合作专章。在该章的首部或尾部一般有协定中海关当局、海关手续、海关法、《海关估价协定》《关于实施〈1994 年关税与贸易总协定〉第七条的协定》和运输工具的定义条款。海关程序章节的内容不得与缔约国双方国内的海关法、贸易法以及相关当局制定的规章和管理规定相违背。其后条款确立了海关程序和货物贸易的便利化、一致性和公开透明的基本原则,其中值得关注的是透明度的规定。大多数有关透明度的条款旨在确保公众能够充分了解海关方面的法律法规和相关信息,中国-新加坡 FTA、中国-秘鲁 FTA 等还特别规定有咨询点,以处理海关事务相关人士的咨询。

2. 实体规则

实体规则部分主要包括海关估价、税则归类、海关合作、风险管理、信息技术的应用和货物放行等内容。关于海关估价,各 FTA 普遍规定缔约双方应根据关税及贸易总协定(GATT)1994 第 7 条以及《海关估价协定》的规定对双方贸易货物进行海关估价。关于税则归类,指的是缔约双方应以相关的国际公约和协定简化条文规定的内容,对双方货物贸易适用《商品名称及编码协调制度的国际公约》。这不仅是条文制定的法律基础,也为相关实践提供了法律依据。关于风险管理,缔约方海关当局应以风险管理为基础对货物的通关进行风险查验、监管以及交流风险技术。关于信息技术的应用,各FTA均注重鼓励各方海关发展信息技术、使用电子方式处理信息以加快货物放行,如中国-澳大利亚FTA规定双方充分利用互联网向公众提供关于海关事务、货物贸易相关的法律法规及其草案等信息。关于货物放行条款,各FTA一般规定有内容相近的货物放行条款,近期的FTA相较于早期的FTA有了一定的发展。我国FTA对货物放行规定了具体的时间限制,一般应在货物在抵达后48小时内放行。[1]此外,部分FTA还在货物放行时允许各成员在提供足够的担保的情况下提取货物,但需要满足一定的情况,一般要求满足国内的法律法规。

3. 程序规则

程序规则部分主要包括预裁定、复议与诉讼、处罚、磋商以及海关程序与贸易便利化委员会等内容。条文叙述多以列举的方式规定程序部分的具体内容,详细明确地规定了进口商、出口商或任何受决定影响的其他人如何实现申请复议与诉讼的权利以及各缔约方海关当局能就哪些具体事项进行预裁决、如何进行预裁决等程序内容。

关于复议与诉讼,我国各FTA均规定有该条款,大多仅以原则性的规定赋予双方复议和诉讼的权利,未明确规定具体的特殊要求与程序。特别的,中国-韩国FTA要求如果一方生产商或出口商应要求向行政复议方提供信息,可以请求对提供信息之保密。关于预裁定,是指在货物进口前的合理时间内,一方根据各国内法,对在本国海关注册的进、出口商或有正当理由的人所提出的包含必要信息的书面申请,作出的有约束力的书面裁定。若申请的事实或情形正在进行复议与诉讼,一缔约方可以拒绝预裁定。中国-新西兰FTA首次规定了预裁定条款,其后所有FTA均规定了预裁定。部分FTA的预裁定

---

[1]《中国-新西兰自由贸易协定》第5章第57条:"各方应当采取程序,使得货物在抵达后48小时内放行。"但也存在例外情况,如"(一)进口商无法在初次进口时提交进口方要求的信息;(二)进口方主管当局适用风险管理技术,选取该货物做进一步查验;(三)货物将接受进口方国内立法授权的、除主管当局以外的机构的检查;或者(四)未完成所有必要的海关手续或因不可抗力原因延误了货物放行"。

范围较为狭窄，如中国-新加坡 FTA 仅规定对原产地内容进行预裁定，而后其他 FTA（如中国-新西兰 FTA）在范围上进行扩大，将预裁定的范围延伸到税则归类，更进一步者（如中国-澳大利亚 FTA）规定了兜底条款，将"缔约双方可能同意的其他事项"加入预裁定的范围。关于处罚，是指允许对违反海关法律法规的行为进行行政或刑事处罚。

（四）卫生与植物卫生（SPS）

卫生与植物卫生的规定充分体现了对于 WTO 协定内容的继承和发展，但未完全照搬 WTO 协定中 SPS 的规定。主要内容包括 SPS 涉及的目标、适用范围、定义、等效性、协调性、边境措施、透明度及信息交换、合作、联系点等条款。卫生与植物卫生章节强调双方在 SPS 协定下的权利和义务以及成员方在国内立法方面的权利，同时规定缔约双方应致力于信息交换，成立卫生和植物卫生事务委员会。此外还规定基于 SPS 产生的任何争端，不适用于一般的争端解决途径。但总体而言较为笼统，并不能很好地解决实践中的问题，并没有对标准、等效性、透明度、行政程序等问题进行突破性规定。

（五）技术性贸易壁垒（TBT）

对于技术性贸易壁垒的规定，在阐述本章目标、范围和相关定义之后，重申了双方确认各自在《技术性贸易壁垒协定》下的权利和义务，加入了符合双方利益和具有现实可操作性的规定。具体内容包括 TBT 涉及的领域和范围、国际标准、贸易便利化、技术法规的等效性、合格评定、透明度、技术合作、技术性贸易壁垒委员及信息交流等方面。总体而言，我国 FTA 致力于协调技术标准或尝试采用国际标准以及相互认证等方案和对策以解决缔约国间技术标准不同的现实问题，但未有实质性的突破。

（六）小结

在构建"一带一路"经贸规则的过程中，货物国民待遇与市场准入方面，重点关注关税减让方式与特殊保障机制。关税减让方式可参考 FTA 使用"一揽子方式"，对各类商品按照同一百分比分年度分阶段实施减税，同时关注到类似于中国-新西兰 FTA 的农产品特殊保障措施一定程度上保护了本国的农产品生态，但该措施其实亦是一种贸易保护政策。特殊保障措施不应该成为规则之常态，应审慎地设置此类条款。原产地规则方面，中国应坚持进口、出口并重,合理设计原产地规则。海关程序与合作方面,中国应与"一带一路"伙伴国加强海关合作,推进电子联网,简化通关手续,协调原产地管理,加强标准互认,建立相应机制协调货物和人员流动中遇到的障碍。TBT与SPS条款方面,中国应根据不同的签约对象国制定不同的方案,争取在标准、技术法规以及合格评定方面有更多互认,以促进贸易的健康发展。

二、服务贸易

分析比较中国已经签署的自FTA协定中服务贸易规则可以看出,服务贸易规则的具体内容主要包含以下方面:(1)范围和定义;(2)国民待遇规则;(3)市场准入制度;(4)资格承认制度。虽然在已签署的FTA协定中,服务贸易规则的内容名称各有不同,但总体来看,以上四个方面可以涵盖服务贸易规则的具体内容。以下就我国缔结的FTA服务贸易机制展开如下评述。

(一)范围和定义

我国FTA均包含"适用范围"或"覆盖范围"条款,虽在细节上存在差异,但大体上可分为两类:一类条款援引GATS第1条规定的适用范围,为一方采取或维持的影响服务贸易的措施;另一类则明确规定了具体的适用范围。例如,中国-智利FTA规定,协定适用于包括与服务生产、分销、销售和交付相关的措施;购买、使用或支付服务等措施。[1]同时,服务贸易规则也包含排他性条款,部分排他性条款直接来源于GATS,有些则是根据缔约方间的具体需要制定的。具体包括:(1)GAT排除的措施;(2)非为进行商业转售或为商业销售而在服务过程中使用的政府购买;(3)一缔约方提供的补贴或者补助;(4)航权与行使航行权直接有关的服务;(5)影响寻求进入一方就业市场的自然人,或公民身份、居住或永久就业的措施等。

(二)国民待遇规则

由于FTA属于GATS下的区域经济贸易协定,我国FTA中的国民待遇规则反映出对GATS的遵守,在结构和内容上也很大程度上模仿了GATS。

FTA的服务承诺列表包括"肯定列表"、"否定列表"与"混合列表"三

---

[1]《中国-智利自由贸易协定关于服务贸易的补充协定》第1条。

种。"肯定列表"是指为完全列举经贸协定所有的必要内容进行适用规定的部门，协议内有关规定仅适用于列明的服务部门及服务提供方式；"否定列表"是指详细列明协定适用的服务部门除外情形，若协议中的某服务部门及服务提供方式没有被否定列表列明，则对于该服务部门及服务提供方式协议能够当然适用。

当前，我国在"混合列表"兼具上述两者的内容，服务贸易的承诺中更多的是使用"肯定列表"模式，并且列明服务贸易承诺减让表，满足所列条件时才允许进入相应的市场。中国-澳大利亚 FTA 采用"否定列表"模式，澳大利亚是第一且唯一一个对我国在服务与投资领域使用"负面清单"的国家，它列出了实施不符合措施的 35 个部门或活动，并且对 21 个部门或活动施加限制性措施。[1]中国企业则能够准入所有不在不符措施清单上的市场。[2]"否定列表"作为一种高透明度以及高自由化的承诺方式，这种趋势表明我国的贸易自由化正不断向前发展。

（三）市场准入制度

服务贸易领域的市场准入，是指允许他国的服务或服务提供者进入和参与本国市场，并对其进入和参与程度进行规定，是一国政府行使自由裁量权、允许他国服务或服务提供者进入本国市场的政策工具。[3]我国各 FTA 中均将市场准入制度作为一项重要条款予以规定，并在开放广度上对多边服务贸易安排作出了改进。我国 FTA 集中开放的服务部门包括商业、通信、建筑、销售、教育、环境、金融、旅游、娱乐和运输服务等，其中医疗和教育服务、建筑、保险、旅行社和飞机修理部门有监管要求的限制；建筑、教育、环境、旅游和娱乐服务部门的开放数量较为稳定，而商业、通信、分销、金融这些部门的分部门开放数量整体趋势上呈上升趋势。

同时，根据各缔约国不同的情况，对各服务部门是否给予市场准入以及给予什么样的限制，将在具体承诺表中进行差异化规定。以中国-东盟 FTA 为例，中国-东盟 FTA 中的承诺比 WTO 更为开放，涵盖的行业更多，提供的优惠也更多。[4]随后中新 FTA 在服务贸易方面的承诺高于中国-东盟服务贸易

---

[1] 《中国-澳大利亚自由贸易协定》第 8 章第 4~5 条。
[2] 《中国-澳大利亚自由贸易协定》第 8 章第 4 条。
[3] 参见汪尧田、周汉民主编：《世界贸易组织总论》，上海远东出版社 1995 年版，第 81 页。
[4] 《中国-东盟全面经济合作框架协议服务贸易协议》第 18 条。

协议承诺的内容，两国将推进服务市场的进一步开放。[1]此外，中巴 FTA 和中澳 FTA 在附件 9 基础上加入"与健康相关的服务和社会服务"[2]；中智 FTA 减少了"金融服务"和"通信服务"，[3]与上述两国相比开放部门最少。可见，各国的开放水平呈现梯度化特点。

（四）资格承认制度

限制市场准入最高效的方式即否认或者限制外国服务提供者的从业资质，如果没有境外提供者的资格、教育背景、经验等，且获得成员方的承认，则服务提供者将无法提供服务。[4]所以，市场准入条件与资格承认是息息相关的。

我国 FTA 对资格承认的规定具有范式性，大部分的 FTA 在服务贸易中的资格承认大体一致：其一是对缔约国之间的服务从业资格承认进行规范。首先，总括性地对资格承认进行描述，就是通过服务提供者取得资格的授权、许可的标准全部或部分的实施，成员方一方则能鼓励或承认相关部门承认对方的经历、教育或授予的准入证书。该条款表明所有关于资格承认的活动都必须遵循非歧视原则，资格承认可根据两国各自的管理制度由相关的政府部门或者行业协会实施；其二是对是否承诺上述资格承认依据最惠国待遇自动给予双方的另一缔约方的问题。部分 FTA 认为在缔约方的要求下另一方应为其提供充分的条件与机会，从而证明缔约一方获得的经历、教育或证书能够得到承认。而中国-韩国 FTA 明确对最惠国待遇中的搭便车行为给予了限制。[5]

其二是对资格承认合作在具体操作方面的规定，加强各成员方内负责资格与专业发放机构的合作关系，探索互相承认专业与职业资格的可能。比如中国-新西兰 FTA 则规定了成员国之间应当支持中国-新西兰的教育联合工作组深入研究落实对双方学历与资格的互相认定协同合作，包括中国社会保障机构与负责职业、专业资格发放的相关机构将与新西兰的资格认证局构建合作工作组来加强合作。[6]特别的，中国-新加坡 FTA 对双方资格承认限制于

---

[1]《中国-新加坡自由贸易协定》第 8 章第 61 条。

[2]《中国-巴基斯坦自由贸易区服务贸易协定》第 14 条、《中国-澳大利亚自由贸易协定》第 8 章第 6、11 条。

[3]《中国-智利自由贸易协定关于服务贸易的补充协定》第 3 条。

[4] 参见王贵国：《世界贸易组织法》，法律出版社 2003 年版，第 161 页。

[5]《中国-韩国自由贸易协定》第 8 章第 8.9 条。

[6]《中国-新西兰自由贸易协定》第 9 章第 112~113 条。

会计和审计领域,这是基于两国充分考虑和衡量了彼此服务业的发展水平和竞争力,认为在会计、审计这两个执业标准较容易统一和对接的领域先进行资格承认而作出的决定。[1]

(五)小结

综上,我国的服务贸易规则较电子商务、服务外包等新兴服务部门创新速度而言相对滞后,很多领域还存在着不同程度的服务贸易壁垒。这些贸易壁垒对国与国之间的服务贸易建设增加了难度,也给服务提供者带来了诸多不便,阻碍了服务贸易自由化的进程。

构建"一带一路"经贸规则应尽可能将服务贸易提升到与货物贸易同等重要的地位,前瞻性地扩展我国的服务贸易开放广度。在国民待遇规则方面,由于服务贸易存在特殊性,经贸规则难以运用常规的国民待遇约束国籍歧视,需要进一步完善附件和承诺时间表,根据各国情况谈判决定承诺减让表采用的模式;在市场准入制度方面,应兼顾服务业投资与新兴服务部门,有序开放更多的服务业部门,消除规则滞后为我国服务业发展带来的不利影响。首先考虑保护国内不成熟行业和涉及国家安全的行业,并且推动优势行业积极参与竞争;自然人流动方面,应抓住我国劳动力优势,推进自然人流动的自由化的同时充分考虑到自然人流动的内容,尽可能地对相关人员及其配偶、子女等家属往来和停留提供人性化的便利,在制度构建时倡导人性化的关怀。

三、竞争政策

竞争政策是指政府或国家使用的意在实现保护和促进竞争,防止企业出现卡特尔、垄断以及建立市场竞争规则和规制企业的反竞争行为[2]等目的的一系列措施和手段。我国参与的含有竞争政策的 FTA 有 10 个[3]。

最先签署的 FTA 并没有专章规定的竞争政策,其竞争政策分布在序言、

---

[1]《中国-新加坡自由贸易协定》第 8 章第 66~67 条。
[2] 参见苏华:"WTO 与自贸协定框架下竞争政策协调的新趋势——兼论中国的经验和应对措施",载《国际经济合作》2015 年第 9 期。
[3]《中国-毛里求斯自由贸易协定》《中国-新西兰自由贸易协定》《中国-秘鲁自由贸易协定》《中国-哥斯达黎加自由贸易协定》《中国-冰岛自由贸易协定》《中国-瑞士自由贸易协定》《中国-澳大利亚自由贸易协定》《中国-韩国自由贸易协定》《中国-智利自由贸易协定》《中国-格鲁吉亚自由贸易协定》。

知识产权和服务贸易合作三个章节之中：序言中规定需进一步完善自贸区内的有关公平竞争的政策以促进双方自由贸易的发展，如中国-新西兰FTA第2条中明确规定协定的目标包括改善自贸区内的公平竞争条件[1]；知识产权章节中，竞争政策仅表现为对双方在与知识产权有关的国际协定所做承诺进行重申的原则性的规定；在服务贸易合作章节，主要是对垄断和专营服务提供者的规定，禁止其滥用垄断地位。后随着我国竞争法规体系不断完善，竞争政策不断地发展与丰富，并逐渐产生了竞争政策的专章规定，框架上逐渐完善，内容上也不断深化。

分析比较中国已经签署协定的自贸协定中竞争政策规则可以看出，竞争政策规则的具体内容主要包含以下方面：（1）目标；（2）定义；（3）制定或保留竞争法；（4）竞争执法原则；（5）竞争适用：豁免、除外；（6）指定垄断企业和国有企业；（7）补贴或国家援助；（8）竞争合作与协调；（9）争端解决措施。这些类型的条款在FTA中呈现多种组合，上述条款依据协定缔约各方的不同情况，重要性也有所不同，且不是政策条款的必要部分。以下就我国缔结的FTA货物贸易机制展开评述[2]。

（一）目的与定义

目的条款中，多数FTA在章节起始阐明竞争政策的目的。其在内容上可分为维护贸易自由化利益、提高经济效率和消费者福利、防止策略性的反垄断执法、废除贸易防御措施等。[3]我国FTA中，各目标条款不仅强调保护贸易自由化成果与提高经济效率（"禁止反竞争行为会对贸易不利影响，妨碍协定实施"），还规定有竞争政策的更广泛经济目标（"经济效率和消费者福利"）。目的条款有利于明晰缔约各方对于竞争政策目的预期，减少竞争执法

---

[1]《中国-新西兰自由贸易协定》第1章第2条。

[2] 由于《中国-冰岛自由贸易协定》《中国-瑞士自由贸易协定》签署较早，内容大致相同，主要包括：（1）双方认识到反竞争行为会对协定已产生的效益造成较大损害，因此需适用各自的竞争法对反竞争行为进行规制；（2）竞争政策的内容具有普遍适用性，即适用于成员方的所有经营者；（3）竞争政策的适用不具有法律约束力，不得干预各成员方竞争执法机构的独立性，但双方可以通过积极地合作与交流消除反竞争行为；（4）关于竞争政策所产生的争端应以协商为主，不适用协定的争端解决机制。故展开评述中不再介绍。

[3]《中国-格鲁吉亚自由贸易协定》第10章第1条、《中国-韩国自由贸易协定》第14章第1条、《中国-毛里求斯自由贸易协定》第9章第1条、《中国-新加坡自由贸易协定（升级）》第16章第2条。

中由于执法目标、价值理念分歧所导致的争端。

定义条款其形式应当服从于内容,当其内容仅仅是宣誓性质竞争合作时,定义条款应当采取拆分形式,不必采用竞争专条,而较深层次合作时,定义条款形式上采取专条应是适宜的做法。专条的定义条款主要是对其他条款概念范围的框定和再次声明,一般容易出现分歧的是竞争法、反竞争活动、指定、垄断、歧视等概念。中国-格鲁吉亚 FTA、中国-毛里求斯 FTA、中国-新加坡 FTA 仅对反商业竞争行为、竞争法的概念进行了界定,中国-韩国 FTA 还就消费者保护法和经营者作出了定义。[1]

(二) 制定或保留竞争法

采用或维持竞争法的条款规定,缔约方应制定或保留竞争法,禁止反竞争商业做法,并要求一个或多个竞争主管机构负责执行本国竞争法,这是竞争政策的重要内容,也是缔约方应尽之义务。

(三) 竞争执法原则

就执法原则而言,我国 FTA 在竞争执法原则条款方面较为完备,在国际实践中较为常见的透明度、非歧视、程序公正(公平),乃至给予非本方相对人同等待遇,尊重辩护权、复审、复议、诉讼权利以及强调竞争执法机构的独立性等条款在我国 FTA 中有所体现。

(四) 竞争合作与协调

竞争合作与协调主要包括透明度、执法合作以及独立性三个方面。

就透明度而言,强调各成员方应按要求披露竞争政策的相关法律法规、指南等相关规则和调查程序,竞争处罚结果应以书面形式列出,但商业秘密信息或依法不宜披露的除外。

就竞争执法合作而言,竞争执法合作主要包括通报、磋商、信息交换和技术合作。竞争合作与协调条款在此前协定中和国际实践中都相当普遍,我国此前在信息交流机制、技术援助等方面进行了有益的探索,在中国-韩国

---

[1] 《中国-格鲁吉亚自由贸易协定》第 10 章第 2 条、《中国-韩国自由贸易协定》第 14 章第 14.13 条、《中国-毛里求斯自由贸易协定》第 9 章第 9 条、《中国-新加坡自由贸易协定(升级)》第 16 章第 2 条。

FTA 中还强调开展消费者保护法相关的合作。[1]

就独立性而言,各成员方应确保不干预竞争执法机构决策的独立性以及各成员方执行本国竞争法的独立性。

（五）竞争适用及豁免

竞争适用及豁免条款,仅中国-韩国 FTA、中国-新加坡 FTA 有所涉及。[2]中韩 FTA 中是竞争的普遍适用和附加目的限制的豁免,而中新 FTA 则是竞争并非普遍适用和附加公共目的限制的透明豁免。从两个协定来看,我国正在探索将竞争执法全面适用于指定垄断企业和国有企业。[3]

（六）争端解决

争端解决上,依我国此前实践和国际普遍实践,明确表明由竞争政策产生的任何争议事项,不适用协议项下一般争端解决机制。中国-韩国 FTA、中国-格鲁吉亚 FTA 特别规定竞争政策项下的争端可通过缔约方之间的磋商解决。[4]

（七）小结

综上,当前我国 FTA 竞争政策中的基本原则和宣誓性条款已基本完善,缔约国间已就竞争政策议题达成初步共识,但仍面临如何升级发展的难题。参考我国此前协定实践,"一带一路"经贸规则的竞争政策应单独成章,并具备目标、定义、竞争合作与协调、竞争适用与豁免、争端解决措施等条款。

具体到各个条款而言,规则应进一步补充定义,目标除维护贸易自由化利益、经济效率和消费者福利外,还可拓展至改善投资环境、促进市场竞争、支持经济发展等；在竞争合作与协调方面,细化竞争"程序",完善信息交流机制、保密细则、透明度和通知情景、消极礼让程序及类型；在竞争适用与豁免方面尽快实现竞争的普遍适用和附条件（基于公共目的）的透明的豁

---

[1]《中国-韩国自由贸易协定》第 14 章第 14.4~14.11 条。

[2]《中国-韩国自由贸易协定》第 14 章第 14.5 条、《中国-新加坡自由贸易协定（升级）》第 16 章第 4 条。

[3] 参见王之宇:"自由贸易协定中的竞争政策条款研究——基于 179 个协定分析",重庆工商大学 2021 年硕士学位论文。

[4]《中国-格鲁吉亚自由贸易协定》第 10 章第 10 条、《中国-韩国自由贸易协定》第 14 章第 14.12 条。

免；此外，还应尝试发展指定垄断和国有企业条款（SOEs）、补贴或国家援助条款，着力破解争端解决机制简单化的问题，增加实质性内容，避免沦为形式条款。

四、数字贸易

数字贸易是指数字技术发挥重要作用的贸易形式，贸易方式数字化和贸易对象数字化是其与传统贸易最大的区别。[1]

我国参与的含有数字贸易规则的 FTA 有 7 个，其中中国-格鲁吉亚 FTA 仅在第 12 章第 2 条规定鼓励双方就电子商务问题进行合作，但并未签署其他有约束力的条款。中国-韩国 FTA、中国-澳大利亚 FTA 首次制定了"电子商务"章节，标志着中国真正开启了与他国签署自贸协定数字贸易规则的进程。中国-毛里求斯 FTA、中国-柬埔寨 FTA 亦有专门关于电子商务的章节，中国-新加坡、中国-智利 FTA 升级议定书中新增了电子商务的相关内容。中国签署的其他 FTA 由于签署时间较早，未涵盖电子商务甚至数字贸易内容。

分析比较中国已经签署的自贸协定中的竞争政策规则可以看出，竞争政策规则的具体内容主要包含以下方面：（1）目的和目标；（2）定义；（3）范围和总则；（4）海关关税；（5）电子签名和数字证书；（6）无纸化交易；（7）线上消费者保护；（8）个人信息保护；（9）电子商务合作；（10）争端解决措施。此外，有的还规定有透明度、国内监管框架、网络设备等条款，但在数字产品的非歧视性待遇、跨境数据流、数据本地化和源代码等方面没有规定。以下从数字贸易市场准入、数字贸易便利化、在线权益保护三个方面就我国 FTA 的数字贸易机制展开叙述。

（一）数字贸易市场准入

1. 海关关税

除中国-智利升级 FTA 未对关税进行规定外，中韩 FTA、中澳 FTA、中柬埔寨 FTA、中毛 FTA、中国-新加坡升级 FTA 的各关税条款均根据 WTO 部长《关于电子商务的工作计划》第 5 条，维持不对双方之间的电子交易征收关

---

[1] 参见中国信息通信研究院："数字贸易发展白皮书（2020）"，载 http://www.caict.ac.cn/kxyj/qwfb/bps/202012/t20201216_366251.htm，最后访问日期：2021 年 12 月 1 日。

税,仍然保留调整税收的权利。[1]即我国各FTA对于数字贸易免征数字税,但仍保留修改权利。

2. 数字产品的非歧视待遇

将WTO的国民待遇原则和最惠国待遇原则延伸到数字产品领域,构成了数字产品非歧视待遇条款。有的条款还附带具体承诺表、不符措施清单或禁止给予数字产品非歧视待遇的附加文本。由于完全不歧视地对待数字产品可能会造成文化入侵和意识形态风险,我国对该条款持保守态度,各FTA中尚未规定此项内容。

(二) 数字贸易便利化

1. 电子签名和数字证书

电子签名和数字证书在网络交易验证、实现数字贸易便利化方面发挥着关键作用。首先,多数FTA对电子签名的法律效力予以确认,要求除一方法律另有规定外不能仅因以电子形式签署就否定签署的法律效力。其次,明确电子交易当事人有权共同决定认证方式,赋予电子认证机构向司法或行政机构证明其电子交易符合法律规定的权利,鼓励促进缔约国之间互认互用电子认证和电子签名。特别的,中国-韩国FTA规定政府有权为认证技术制定性能要求。[2]

2. 无纸贸易

无纸贸易是指以数字格式提供贸易管理文件,并允许进口商和出口商以电子方式提交此类文件的过程。在我国FTA对无纸化贸易所作的承诺中,主要内容涉及:其一,接受以电子方式提交的贸易管理文件,认可其与纸质文件具有同等法律效力;其二,公开所有贸易管理文件的电子版。其中,不同FTA的承诺类型有所区别:中国-澳大利亚FTA和中国-毛里求斯FTA采用"应接受"一词,同时规定了两种例外情况:一是存在相反的国际国内法要求,二是降低贸易管理程序的效率,表明承诺具有约束力,为"硬承诺"。[3]而其他FTA往往使用了"应努力""应接受""探求……的可能性"等措辞,为

---

[1]《中国-韩国自由贸易协定》第13章第13.3条、《中国-澳大利亚自由贸易协定》第12章第3条、《中国-柬埔寨自由贸易协定》第10章第3条、《中国-毛里求斯自由贸易协定》第11章第3条、《中国-新加坡自由贸易协定(升级)》第15章第5条。

[2]《中国-韩国自由贸易协定》第13章第13.4.2条脚注。

[3]《中国-澳大利亚自由贸易协定》第12章第9条、《中国-毛里求斯自由贸易协定》第11章第8条。

"软承诺",不具有约束力。

特别的,中国-澳大利亚 FTA 和中国-毛里求斯 FTA 还载有为提升对贸易管理文件电子版本的接受程度在双边和国际论坛上进行合作、无纸化贸易倡议应考虑国际组织已经达成一致的方式等内容。中国-智利 FTA 还鼓励双方根据国际标准要求特定证书提供电子签名以及发展政府单一窗口。[1]

(三) 在线权益保护

1. 在线消费者保护

除中国-新加坡 FTA 升级有关于认识到保护措施以及消费者保护机构保护职能重要性的要求,[2] 各 FTA 仅对消费者保护作出唯一承诺,也就是说,缔约各方应为使用电子商务的消费者提供保护,保护方式至少与法律法规为其他商业形式的消费者提供的保护相当。该条款指出对参与电子商务活动的线上消费者的最低保护限度。

2. 个人信息保护

中国-韩国 FTA、中国-新加坡 FTA 升级、中国-智利 FTA 升级、中国-澳大利亚 FTA、中国-毛里求斯 FTA、中国-柬埔寨 FTA 对于个人信息保护进行了规定。[3] 从协议文本上看,中国-智利 FTA 升级仅要求协定各方认识到保护个人信息措施的重要性并采取合适的措施。在此基础上,中国-韩国 FTA、中国-新加坡 FTA 升级规定个人信息保护方面进行信息交换,中国-澳大利亚 FTA、中国-毛里求斯 FTA 进一步规定制定个人信息保护措施尽可能考虑国际标准或国际组织标准,以提升兼容性。

(四) 小结

综上,当前我国 FTA 的数字贸易规则内容规定较为原则,大多以倡导、鼓励性质的"软承诺"为主,缺失关键重点问题上的规制。此种做法虽给缔约双方留下一定的政策变动空间,但显然不利于示范规则的形成。就"一带一路"经贸规则而言,我国应当正面解决争议问题,提出数字贸易规则改革

---

[1] 《中国-智利自由贸易协定》第 4 章第 56 条。
[2] 《中国-新加坡自由贸易协定(升级)》第 15 章第 7 条。
[3] 《中国-韩国自由贸易协定》第 13 章第 13.7 条、《中国-澳大利亚自由贸易协定》第 12 章第 9 条、《中国-柬埔寨自由贸易协定》第 10 章第 5 条、《中国-毛里求斯自由贸易协定》第 11 章第 6 条、《中国-智利自由贸易协定》第 4 章第 54 条、《中国-新加坡自由贸易协定(升级)》第 15 章第 7 条。

方案。不仅是要将数字贸易市场准入、贸易便利化、数据流动与数据安全、电子商务用户权益保护等规则进行细化,还应就数字贸易投资与金融规则、电子商务平台监管、跨境电商纠纷解决等作出回应。

五、争端解决

争端解决机制包括争端适用范围、程序规则等在内的一整套法律制度。[1] 本节所称的争端解决机制是指缔约方之间经贸争端解决机制,即当一方在自贸协定项下发生经贸争端时,根据其协定项下的争端解决条款或争端各方共同缔结的其他协定,采取一定的具体方法或程序规则,以利于争端的解决。[2]

我国缔结的 FTA 争端解决机制是一个不断发展的过程,经历从无到有、从单一解决到多元解决、从简单程序到丰富程序的转变。随着我国缔结 FTA 数量的增加,新一代的 FTA 争端解决机制也随之不断发展与完善。我国当前已签订的自贸协定中,少数仅规定原则性的争端解决条款,但也不乏部分已初步构建起较为完整的争端解决机制的协定,如中国-智利 FTA、中国-澳大利亚 FTA、中国-韩国 FTA 等。

以下将从争端解决的适用范围、机构设置以及争端解决程序三个方面就我国的 FTA 争端解决机制展开叙述。

(一) 适用范围

适用范围方面,除协定另有规定,争端适用范围包括以下三项内容:(1) 适用于解决双方关于本协议的实施、解释和适用的争议;(2) 任何一方认为另一方的措施不符合其在本协议项下的义务;(3) 当一方认为另一方未能履行本协议项下的义务时。部分 FTA 对于上述三项均有规定,也有部分 FTA 中仅规定其中一项至两项,如中国-东盟 FTA 第 11 条仅规定第一项,中国-冰岛 FTA 第 11 章第 106 条、中国-瑞士 FTA 第 15 章第 15.1 条仅规定第二项,中国-格鲁吉亚 FTA 第 15 章第 2 条仅规定第三项,中国-柬埔寨 FTA 第 14 章第 2 条仅规定第二、三项,中国-秘鲁第 15 章第 174 条仅规定第一、三项。

---

[1] 参见高永富:"中国参与制定区域贸易协定争端解决机制初探",载《世界经济研究》2008 年第 7 期。

[2] FTA 中所涉及的投资争端解决机制不在本节讨论范围内。

其中，中国-新西兰FTA、中国-柬埔寨FTA、中国-新加坡FTA对争议解决的适用范围作出了特别规定：中国-新西兰FTA第16章第184条就争端解决机制对于第14章合作章节的适用以及避免第59条一方海关当局与另一方海关当局就在海关程序与合作章节的执行或实施中发生的问题进行磋商。[1]中国-柬埔寨FTA规定"本协定的争端解决规定可以因缔约方地方政府或当局采取的影响其合规性的措施而被适用"。[2]中国-新加坡FTA规定"双方一致同意后，可制定关于争端解决的特别或附加规则与程序，适用于本章"。[3]

此外，对于涉及双方自贸协定项下事项的争议，以及涉及双方共同参加的其他贸易协定或国际条约项下事项的争议，我国自贸协定的争端解决条款一般规定适用替代方式。一旦起诉方选择了争端解决机构，该机构将获得专属管辖权。

（二）机构设置

机构设置方面，我国FTA虽然未规定设置争端解决的常设机构，但有规定采取争端解决方法或是程序开展的主体（多为临时性的机构）。由于各FTA对于争端解决的机构命名各不相同，常见表述为仲裁小组、仲裁庭或专家组。以下统一以仲裁庭指称争端解决机构。以下对仲裁庭的设立、人员组成与任命、职能规定进行介绍。

1. 仲裁庭的设立及组成

仲裁庭于磋商超过期限未能解决争端时，由成员方请求设立。具体设立时间为起诉方递交书面请求之日或被诉方收到书面请求之日。仲裁庭为临时机构，通常由三人组成，在法定或双方约定期限内由争端双方分别指定一名仲裁员，另一人由双方指定为仲裁主任或首席仲裁员。如仲裁主席未在规定期限内商定第三名仲裁员的由世贸组织总干事选举或任命，这是目前各国FTA常用做法。

对于仲裁庭成员，有专业知识、判断能力以及独立性等任职方面的要求。对于仲裁主席，进一步要求其不能是该协定任一成员方的国民、不能在任一

---

[1]《中国-新西兰自由贸易协定》第16章第184条：本章应当适用于避免或解决除第14章（合作）外本协定项下有关双方权利义务的争端。……根据第五十九条及第六十五条第三款采取的行动，不得影响本章项下双方的权利和义务。

[2]《中国-柬埔寨自由贸易协定》第14章第2条第2款。

[3]《中国-新加坡自由贸易协定》第12章第92条第2款。

成员方境内任职或有固定住所,也不曾以其他任何身份参与过此案件相关的其他事项。

2. 仲裁的职能

仲裁应对争端双方的争议进行全面审查,并作出中立客观的评价,其审查事项包括对争议事实、FTA适用、采取的措施是否与协议一致等。如果经审查发现一方当事人的措施与协议项下的义务不一致,仲裁庭不仅可以向被告提出建设性意见,还可以建议起诉方变更措施。仲裁裁决和建议不得与本协议相冲突,也不得增加或减少本协议项下的权利和义务。部分FTA还赋予仲裁庭定期磋商、作出终局性裁决的职能。

(三) 争端解决程序

我国FTA的争端解决大多采取"三步走"程序:第一,磋商。第二,斡旋、调解和调停。第三,仲裁。

1. 磋商程序

根据奥本海国际法,磋商是一项讨论,包括对存有疑问的情况交换信息或者对此交换看法。[1]布莱克法律字典认为磋商是国与国之间为了防止争端发生或者解决争议所使用的一种互动方式。[2]在我国FTA中,协商程序是双方启动其他争端解决程序的首要先决程序。

(1) 磋商请求

任一缔约方可以就符合其共同缔结的FTA项下争端适用范围向另一方提出请求进行磋商。从程序角度来看,除中国-秘鲁FTA未要求书面提出磋商请求外[3],其他FTA均规定请求方应以书面方式提起磋商请求。从实体规范来看,说明了纠纷涉及的具体措施、起诉的事实和法律依据。

(2) 磋商时限

为提高争端解决效率、减少或避免损失,各FTA明确规定了作出书面答复以及进行磋商的期限。被请求方在收到磋商请求后,应在规定时间内作出书面答复并展开磋商程序,尽可能在规定期限内消除争议、弥合纠纷。

---

[1] See Jennings, R. & Watts, A. ed., *Oppenheim's International Law*, 9th ed., Long-man, 1996, p. 1181.

[2] See Garner, BA. *Black's Law Dictionary*, 7th ed., St Paul. Minn: West Group. 1999, p. 510.

[3] 《中国-秘鲁自由贸易协定》第176条第2款。

各 FTA 根据紧急案件（包括涉及易腐货物的案件）和一般案件等案件紧急情况的不同，对答复磋商请求和进行磋商期限界定亦不同，举例而言，中国-新西兰 FTA 规定，被请求方应在接到要求的 10 日内做出书面回复，并在 15 日内对易腐货物、30 日内对其他任何事项举行磋商若未及时答复磋商请求或进行磋商，则请求方可以直接请求设立仲裁庭、仲裁小组或专家组，从而避免一方恶意迟延磋商。[1]

（3）磋商的其他事项

争议各方应尽最大努力通过协商达成双方都满意的解决办法。一方面，双方应提供充分的信息，以充分考虑措施或其他事项如何影响本协议的执行；另一方面，磋商应保密且不应影响任何一方在后续诉讼中的权利。[2]即磋商过程中双方应遵循保密原则，且不得损害任何一方在进一步或者其他诉讼程序中的权利。此外，中国-智利 FTA 中还提及，在磋商程序中，一缔约方可以要求另一方保证其机构中有专门知识的人员参加。[3]

2. 斡旋、调解和调停程序

斡旋指第三方作为斡旋方提出建议或者转达当事方的建议以促成争端当事方开始谈判或重开谈判的行为，但不直接加入谈判；调解是指由若干人组成的委员会查明争端当事方提交的争端事实，提出争端解决建议以促成当事方达成和解；调停是指第三方作为调停者参与争端双方的谈判过程，在提出谈判方案的基础上调和、折中争端当事方的分歧，以促使争端当事方达成协议。[4]部分 FTA 中规定有斡旋、调解和调停程序。斡旋、调解和调停为选择性适用，无强制约束力，亦无时间限制，具有灵活性。

各 FTA 中规定该种程序允许任何一方在任何时间提起。该程序可在任何时间开始，在任何时间终结。该程序的进行不得影响其他程序的进行，且各方负有保密义务，不得损害双方在任何进一步诉讼或其他诉讼中的权利。

特别的，中国-韩国 FTA[5]与中国-格鲁吉亚 FTA 还规定在一方认为措

---

[1]《中国-澳大利亚自由贸易协定》第 16 章 186 条。
[2]《中国-新加坡自由贸易协定》第 12 章 94 条第 4 款。
[3]《中国-智利自由贸易协定》第 82 条第 4 款。
[4] 参见石杰："WTO 争端解决机制：斡旋、调解、调停"，载《国际商报》2002 年 8 月 8 日，第 7 版。
[5]《中国-韩国自由贸易协定》第 20 章第 20.5 条。

施对贸易造成负面影响且该措施受到协议约束时，鼓励双方进行调解。中国-新西兰FTA[1]、中国-智利FTA[2]规定，经双方同意，斡旋、调解和调停也可请求自贸区联合委员会协助进行。

3. 仲裁程序

仲裁是指争端各方达成协议同意将争议提交自己选定的仲裁员来裁决并承诺服从其裁决的一种争议解决方式。仲裁在本质上是"自愿管辖"，但对争议各方具有约束力。[3]仲裁因其具有中立性、自治性、专业性、保密性与灵活性等突出特点而成为争端解决中较为常用的程序。

(1) 仲裁程序规则

仲裁程序规则包括常规的仲裁程序规则以及特定的保密规则、禁止单方面联络规则、程序的中止或终止规则、专家和技术意见规则等。

我国FTA所规定的常规仲裁程序为"第一次书面陈述-举行听证会-补充书面陈述-发布初步报告-书面评论-发布最终报告-执行解决方案"。仲裁庭应制定仲裁程序时间表，为争议双方准备书面陈述提供充足的时间。在仲裁庭设立后一定期限内，起诉方应当提交第一次书面陈述；在起诉方提交初步陈述后一定期限内，被诉方应当提交书面辩驳陈述，此为第一次书面陈述。随后仲裁庭举行听证会，给予争端各方对报告发表意见的机会。听证会后继续接收双方的补充书面陈述，此为补充书面陈述。仲裁庭报告分为初步报告和最终报告。初步报告包括争议事实的认定、对争议措施是否遵守本协定项下义务作出的结论、争端解决的建议及办法。在法定期限内，缔约任何一方可向仲裁庭作出书面评论，仲裁庭可对报告作出进一步审查。若尚未达成一致的意见，仲裁庭可提出建议。在提交初步报告法定或者缔约方约定期限内，仲裁庭对争端事实进行全面调查并依据争端各方提交的书面资料向缔约双方提交最终报告。仲裁庭最终裁决报告的作出依少数服从多数原则。该最终报告具有约束力，且为终局裁定。费用一般由缔约双方平均分担。

保密规则是指仲裁庭一般为非公开性的书面审理，无论是仲裁庭成员还是争端各方均应保护保密信息，不得泄露指定为保密信息的任何信息。

---

[1] 《中国-新西兰自由贸易协定》第16章第187条。

[2] 《中国-智利自由贸易协定》第10章第83条。

[3] See Regina Vargo, "Multilateral System and Free Trade Agreement: What is Strategy", *The International Lawyer*, Vol. 37, 2003, pp. 3-4.

禁止单方面联络是指争端各方与仲裁庭的会见与联系应在各方均在场的情况下进行，禁止全部或部分仲裁庭成员与争端一方的单独联系，禁止争端一方或双方与部分仲裁庭成员的单独联系，禁止争端双方于仲裁庭成员不在场时的单独联系。

程序的中止是指仲裁程序经双方同意可随时中止，但中止不得超过规定的期限。否则，应视为终止，并组成新的仲裁庭。

专家和技术意见规则是指在缔约双方不反对前提下，仲裁庭可自行或应一方要求，允许在诉讼程序中向请求人认为适当的人士或机构寻求资料或技术咨询意见。

（2）仲裁执行规则

仲裁执行规则包括最终报告的执行、合理期限、一致性审查、中止减让或其他义务、私人权利五个方面。

最终报告的执行规定，虽然仲裁庭的最终裁决具有终局性且对争端各方都具有约束力，但仲裁庭不得作出强制命令要求缔约方采取何种措施。仲裁庭认定被诉方未能遵守本协定项下的义务，被诉方收到仲裁小组的最终报告后，应立即或在合理期限内去执行最终报告的建议。

合理期限应由争端各方协商确定。如果合理期限内仍无法执行裁决，则被诉方应与胜诉方进行补偿谈判，就违反协定项下义务造成的损失达成补偿协议。

一致性审查是指起诉方与被诉方就"是否不再实施或取消与协定不相符的措施"或"该措施是否与协定一致"的问题存在分歧，争议双方应将该事项提交仲裁庭，仲裁庭应向争议双方提交审查报告。

中止减让或利益是对被诉方实施的一种临时性惩罚措施。被诉方未在合理期限内执行仲裁庭的裁决建议、书面表示将不执行裁决建议或者未能在法定期限就补偿达成一致，由起诉方中止减让或其他义务。中止减让或其他义务仅为促成解决方案执行的次优方法，故其应满足比例性原则，应当与起诉方的损失相当，且在被诉方消除不符之处后立即停止。

私人权利是指任何一方都不得以对方的措施与本协议不一致为由，提供其国内法下的诉讼权利。

（四）小结

综上，我国FTA争端解决机制仍有很大的进步空间：

在适用范围方面，FTA 所规定的范围较为笼统，仅适用于缔约方之间的争端情形[1]，而未将自然人或法人纳入争端解决机制。对此，在构建"一带一路"经贸规则时，应当适度扩展争端解决适用范围，如可以考虑设置听证程序，邀请企业法人和相关的自然人参与有利害关系的争端解决。同时，政府在参与争端解决的同时，也应当以开放的态度接受来自企业和私人贸易商的信息，以调整在相关问题中的策略和方案，寻求最佳解决办法。

在机构设置方面，仲裁庭的设立具有临时性，不稳定的解决机制会使得争端解决程序缺乏操作性。我国的 FTA 未常设争端解决机构，大多是针对特定案件临时组成协定委员会、专家组、仲裁庭等，待争端解决后即解散，这可能会影响裁决的公正性与合理性。因此，"一带一路"经贸规则应考虑设置长期性的争端解决机构，任命高资质、有经验的法官或仲裁员，设立上诉机构，对争端的裁决程序及其裁决结果与执行实行有效的监督。对不履行裁决的败诉方采取强制性措施或惩罚手段。

在争端解决程序方面，多数 FTA 都规定了争端解决采用磋商、斡旋、调解和调停等政治性手段，磋商一般是前置程序。值得肯定的是，协定项下产生的争端，各当事方经磋商达不成一致时才能启动下一步争端解决程序，或裁或诉。但仍然存在表决机制、上诉机制、执行机制不够完善等问题，影响争端之有效解决。其一是表决机制。当争端解决机制引入第三方、第三方与争端双方意见均不一致时，可能会出现决策失灵的情形。其二是上诉机制。仲裁具有一裁终局性，可能会由于缺乏相应的纠正或复核程序而出现裁决有失偏颇或存在片面性的情况。其三是执行机制。目前尚无有效的强制措施保障被诉方执行仲裁庭最终报告的解决方案，仲裁的执行更多依靠缔约国的自觉。这不仅难以保障胜诉方利益，加剧争端双方之间的矛盾，还使仲裁庭的权威受到挑战。因此，在构建"一带一路"经贸规则的过程中，有条件的情况下应当设立专门的解决争端机构，比如设立常设性质的仲裁庭，同时设立特殊意义程序、加强执行程序。常设性仲裁庭可以为经常性的投资、贸易纠纷提供一个稳定的解决机构，特殊异议程序能够避免不公正的一裁终局的局面产生，保障其得到及时有效解决。

---

[1] (1) 适用于双方关于执行、解释和适用本协定的争端的解决；(2) 当一方认为另一方的措施与其在本协定项下的义务不符；(3) 当一方认为另一方未能履行本协定项下的义务。

CHAPTER 2 第二章

上海合作组织与"一带一路"经贸规则构建

上海合作组织与"一带一路"作为中国参与区域乃至全球经济治理的重要机制,相互影响和促进。上海合作组织成立近20年来在经贸合作方面形成了可供参考的经验,在全球经济治理及参与上,上海合作组织作为区域性国际组织存在优势和劣势,在推动构建"一带一路"经贸规则的过程中,我们应利用上海合作组织已有的经验来探索其对"一带一路"经贸规则构建的建议。

第一节 上海合作组织在国际组织法上的地位

一、国际组织的来源与发展

国际组织法是现代国际法的新分支,国际组织是国与国之间进行双边或多边合作的常见形态。关于国际组织是什么?目前的理论和研究还未形成统一或完善的概念和性质,尚未有一个统一的定论。梁西教授在他的《国际组织法(总论)》[1]中提到:国际组织法是指用以调整国际组织内部及其对外关系的各种法律规范(包括有关国际组织建立、存在与活动的一切有约束力的原则、规范和制度)的总体。现代意义的国际组织起源于法国大革命之后的欧洲[2],1969年的《维也纳条约法公约》对国际组织作出的概括为:"称'国际组织'者,谓政府间之组织。"即各个国家或政府以条约形式建立的各种常设机构。

---

[1] 参见梁西:《国际组织法(总论)》,武汉大学出版社2001年版,第7页。
[2] 参见饶戈平:"试论国际组织与国际组织法的关系",载《中外法学》1999年第1期。

最早的国际组织出现于 19 世纪初,随着国家间交往的密切以及资本主义经济的发展,国家间为了共同利益而开展广泛的合作,并将之固定化。进入 20 世纪后,国际关系的内容相比 19 世纪更丰富,第一次世界大战后,历史上出现了第一个综合性世界国际组织——国际联盟。国际联盟是根据 1919 年巴黎和会所通过的《国际联盟盟约》成立的,至 1946 年 4 月正式解散,前后历时 26 年。《国际联盟盟约》是《凡尔赛和约》的第一部分,一共经过了 26 次修改,于 1920 年 1 月 10 日正式生效,确定了国际联盟的组织机构、职能、原则和会员国的义务。国际联盟的宗旨是减少武器数量、平息国际纠纷、提高民众生活水平以及促进国际合作与国际贸易。它的出现进一步完善和丰富了当时国际组织的结构模式,一方面反映了"一战"期间各国和平运动思潮的影响,另一方面表明,它在本质上是英、法等战胜国用来推行战后政策的一个工具。[1]因此,国际联盟在实践中并没有起到维护和平的作用,它只是帮助大国重新划分势力范围,巩固战后世界体系,第二次世界大战结束后,随着国际矛盾的发展与激化,国联不可避免地走向消亡。

到第二次世界大战爆发前夕,国际组织的数量达到了 500 多个。"二战"结束时,历史上第二个世界性国际组织——联合国出现了。联合国的成立是国际组织发展的新阶段,是世界反法西斯战争的结果,联合国的创始国之间签订了《联合国宪章》,各会员国均受《联合国宪章》各项原则的约束,之后,世界上绝大多数其他国家都逐渐加入进来。联合国的首要目标是维护世界和平与安全。目前,联合国的五大常任理事国:中国、美国、俄罗斯、法国、英国。宪章赋予安理会行使维护国际和平与安全的神圣职责。当五大国都投赞成票支持某项决议时,那么安理会有权作出强制性决议,全体会员国都有义务接受该项决议并且执行。

二、国际组织的分类及上海合作组织的特征

目前,划分国际组织最主要的方法是按照其主体构成情况和成员方的法律地位,分为政府间国际组织和非政府间国际组织。政府间国际组织代表主权政府国家,往往有成员国的支持和授权,而后者往往是民间的社会、宗教、经济等组织的国际联盟。

---

[1] 参见张贵洪主编:《国际组织与国际关系》,浙江大学出版社 2004 年版,第 40~43 页。

关于国际组织的定义和性质,一般来说国际组织是一种国家联盟或国家结合体,往往由两个以上的主权国家组成。成员国一般签订双边或多边的符合国际法的条约或协定,组织内部会设置一套组织架构。[1]例如,为人们所熟知的联合国、欧盟、北大西洋公约组织等。它们的成立是为谋求成员国共同的利益。政府间国际组织的建立,既能够满足成员国在某些领域开展国际合作的需要,履行成员国赋予的国际职能,也能对成员国内外政策产生影响。但这不表明政府间国际组织是一个国家,它只是一个国际法主体,享受国际权利和履行国际义务。据资料记载,非政府间国际组织发端于西方,迄今已有200多年的历史,它具有两个显著特点:成员的非官方性与活动领域的广泛性。它们往往是自发成立的私人或者民间团体建立的联合体,在民间社会领域发挥了重要的作用。如国际保护动物组织、国际足球联盟等。虽然非政府间国际组织不是经过政府间官方协议而成立的,但并不排斥各国政府参与其活动。其活动领域较为广泛,主要集中在文化、经济、技术、环保、人道、体育、宗教等方面。[2]

除了上述最为常见的国际组织分类外,关于国际组织的分类还有许多。比如国联和上海合作组织分别为全球性、区域性国际组织。全球性国际组织开放包容程度较高,而不论地理位置的远近。区域性国际组织是指由某一地区的成员组成,这些成员国的疆域往往毗邻,开展双边或多边的合作较为方便。按照组成成员的构成范围、基本性质和职能范围来划分,还有多种不同的分类,在此不做详细介绍。

区域性国际组织由来已久,特别是在第二次世界大战后发展迅猛。它们一般具有三个特征:(1)地域性。区域性国际组织成员国往往疆域毗邻,是特定地域内的主权国家。(2)相似性。在历史、文化和语言上相近,并往往有相同的政治及经济利益诉求。(3)集团性。成立区域性国际组织的目的往往是凭借集团的力量参与国际交往,以维护本地区的安全或参与构建国际经济政治新秩序。上海合作组织作为中国主动参与国际组织的典型代表,除了具有区域性国际组织所具有的特点外,还属于政府间国际组织,2016年上海合作组织成员国元首理事会上,各成员国重申支持建设"丝绸之路经济带",

---

[1] 参见饶戈平主编:《国际组织法》,北京大学出版社1996年版,第14页。
[2] 参见王勇、方建伟:"非政府间国际组织略探",载《当代法学》2002年第7期。

并将落实该倡议推动区域经济合作写入峰会宣言。上海合作组织成为中国"丝绸之路经济带"与各成员国发展战略对接的主要平台,上海合作组织在近几年的发展中融合了"一带一路"特色,呈现出以下新的特点。

(一)区域经济一体化

上海合作组织作为近几年发展势头较好的区域性国际组织,在实现区域经济一体化中发挥了独特的引领作用。但由于各国经济水平发展速度不一,会导致在经贸合作过程中的经济利益诉求也不一。从表2-1可以看出,中国的GDP增长率保持稳定且超过其他大多数成员国国家。在2020年全球新冠疫情的影响下,俄罗斯和吉尔吉斯斯坦的GDP呈现负增长的态势,且所有的成员国的GDP增速同比减少。

表2-1 2016年~2020年部分上海合作组织各成员国GDP增长率[1]

单位:%

年份 国别	2016	2017	2018	2019	2020
中国	6.8	6.9	6.8	6.0	2.3
俄罗斯	0.2	1.8	2.8	2.0	-2.9
塔吉克斯坦	6.9	7.1	7.6	7.4	4.5
乌兹别克斯坦	6.1	4.5	5.4	5.8	1.6
吉尔吉斯斯坦	4.3	4.7	3.8	4.6	-8.6

实现区域经济一体化是上海合作组织的目标,也是发展的特点。区域经济一体化势头加快,有利于构建"一带一路"建设过程中关于贸易规则与合作机制的部分。但是就目前情况来看,由于成员国之间的国情、经济总量、贸易需求及产业机构都存在很大区别。特别是2020年,受新冠疫情的影响,各国贸易萎缩,经济不景气,各国的经济复苏呈现不稳定的特点。实现经济一体化的目标更是有很长一段路要走。借鉴上海合作组织的经验,区域经济一体化有利于构建"一带一路"经贸规则,特别是以部分欧洲国家为代表的"一带一路"共建国家主张期待的基础设施投资原则制定能够与具体项目同步

---

[1] 资料来源:世界银行WDI数据库,http://data.worldbank.org/。

推进。通过签订区域贸易协定，加速区域经济一体化，上述国家在参与"一带一路"过程中的诉求可在一定程度上被有针对性地满足，从长远看有利于"一带一路"倡议的推进。

（二）组织内双边贸易发展不平衡

尽管中国与成员国总体贸易呈现积极的发展态势，但受内外多重因素影响，中国与各成员方双边贸易发展水平参差不齐，其中中俄的进出口商品总值仍然远远高于中国与其他成员方。据2019年《中国海关统计月报》显示，中国与俄罗斯的进出口商品总值远高于中国与其他上海合作组织成员国，而与哈萨克斯坦、吉尔吉斯斯坦、塔吉克斯坦和乌兹别克斯坦等国的进出口商品总值相比之下较低。

表2-2 2019年中国与部分上海合作组织成员国进出口商品总值表（单位：万元人民币）[1]

进口原产国（地）出口最终目的国（地）	进出口	出口	进口	进出口累计比去年同期±%
俄罗斯	76,413,949	34,337,033	42,076,916	7.9
塔吉克斯坦	1,158,156	1,099,748	58,408	16.2
乌兹别克斯坦	4,973,307	3,472,955	1,500,353	20.0
吉尔吉斯斯坦	4,391,992	4,346,211	45,781	18.4
哈萨克斯坦	15,179,151	8,799,820	6,379,331	15.5

因为经济发展步调的不一致，各成员国往往从自身利益出发寻求合作，这为区域经济合作增加了难度，也是上海合作组织内双边贸易不平衡的根本原因。2020年受新冠疫情的冲击，全球贸易呈疲软和萎缩的态势，各国GDP增长率显著下滑，双边贸易受到强烈冲击，不仅如此，一些成员国的疫情防控和经济复苏面对严峻的考验，这是上海合作组织成立近20年来面对的最大考验。

---

[1] 参见中华人民共和国海关总署官网："2019年进出口商品国别（地区）总值表"，载http://www.customs.gov.cn/，最后访问日期：2021年12月1日。

(三) 投资及贸易成果丰硕

在"一带一路"倡议推动下，中国对上海合作组织成员国投资规模不断扩大。从总体上看，中国和上海合作组织贸易总量扩大。截至2020年年底，中国对成员国直接投资280亿美元，其中俄罗斯是中国在上海合作组织成员国内的第一大投资对象国，印度排第二。根据《2020年度中国对外直接投资统计公报》，2020年全年中国对俄罗斯直接投资存量达120.7亿美元。中国基本处于顺差状态，俄罗斯和印度占我国对上海合作组织成员国贸易总值的比重近八成。上海合作组织贸易活力指数呈起伏状态，贸易竞争力指数总体呈上升趋势。中国和上海合作组织产业内贸易水平发展不平衡，有跌有升，其中俄罗斯、印度和巴基斯坦等大国呈上升趋势，其他国家减弱的趋势。上海合作组织成员国服务贸易指数总体不高，除个别国家外，其他国家处在较低水平，但具有较大的发展潜力。截至2021年7月月底，我国对上海合作组织成员国各类投资总额超过700亿美元，同期我国企业在上海合作组织成员国承包工程超过2900亿美元。

(四) 互联互通效果显著

区域要谋求共同发展，那么实现互联互通至关重要。"一带一路"倡议提出以来，不断被广大中亚乃至欧洲的国家接受和欢迎，原因之一就是互联互通、合作共赢的理念。2019年11月上海合作组织第十八次会议中各代表团团长表示在以《联合国宪章》为核心的国际法准则基础上，推动建设相互尊重、公平正义、合作共赢的新型国际关系，确立构建人类命运共同体的共同理念十分重要。应进一步加强设施、贸易、资金、人文、数字、能源等领域互联互通，在欧亚地区构建广泛、开放、互利、共赢、平等的合作空间，保障可持续发展。

而要做到互联互通实现合作，道路、铁路及油气等基础设施的联通是基础。尽管对于交通便利化，各国的实际需求不一致。目前，上海合作组织国家间初步构建了公路、铁路和油气网络。上海合作组织成立至今，在交通基础设施领域建设方面做出了努力，成果丰硕。其中最重要的是《上海合作组织成员国政府间国际道路运输便利化协定》的签署，该协定是重要的政府间的协定，共列出了6条国际线路，除了这个关于互联互通的多边协议，各成员国之间签署的双边协议也不断为实现互联互通而努力，这包括了公路运、铁路运输及航空运输等，如1992年中国与哈萨克斯坦签署的《中哈铁路运输协定》、中国与俄罗斯签署的《中俄汽车运输协定》《中俄民用航空运输协定》等。2020年，中欧班列开行12 400列，运送113万标箱，有力地稳定了区产业链及供应链。业已建成的上海合作组织示范区多式联运中心也必将会成为上海合作组织国家面向亚太市场的重要物流枢纽。对于我国而言，互联互通的实现将极大地促进与中亚、西亚乃至欧洲各国的联系，有利于我国企业对外投资和产能输出，有利于构建"一带一路"共建国的经贸规则。

三、中国与国际组织关系的演变

（一）中国与国际组织

新中国成立以来，中国与国际组织的关系演变特征总体可以概括为：从被动到主动；新中国成立之初，为了改变被孤立、隔绝的状况，中国开始主动寻求加入国际组织。20世纪70年代，随着中国参与国际事务越来越频繁，中国与国际组织的关系也不断深化。一直以来，中国奉行独立自主和平的外交政策，到如今提出共建"人类命运共同体"。表明中国在国际社会地位的提高，崛起中的中国需要发展，这不仅需要和平稳定的国际大环境，同时，与周边国家（地区）开展并保持合作也十分重要。中国与区域性国际组织的关系经历了由之前的消极联系变为有意识、有选择地主动应对及塑造的过程。区域组织与国际组织相比，区域组织的成员国往往领土接壤、疆域相邻，且培育了某种共同意识，在历史和文化等方面具有相对密切的联系。其中，中国加入上海合作组织是具有重大国际影响力的事件。

（二）中国与上海合作组织

上海合作组织作为区域性国际组织，体现了中国积极参与区域治理的外交方式。上海合作组织不仅由中国牵头发起设立，而且在中国境内宣布成立、以中国城市命名。从"边界谈判"到"上海五国"再到上海合作组织的成立、发展、扩大息息相关。中国在上海合作组织的框架下与成员发展多边合作，对欧亚及整个世界产生重大影响，中国与上海合作组织成员国、观察员国之间合作交流加深，不仅有利于扩大中国周边的稳定而且有利于中国实现构建和谐地区的愿望，也充分表明中国对上海合作组织合作的重视。

上海合作组织已逐步发展出一套维护中亚地区安全与稳定，促进成员国共同发展的合作机制。在上海合作组织内，各成员国在处理相互间的关系过程中显现了区域治理的新规则雏形，比如结伴而不结盟、合作而不谋求霸权、大小国平等而无强权等。中国作为上海合作组织的发起设立国，与成员国保持双边或多边的良好关系，经贸合作持续推进。美国学界对上海合作组织的态度经历从忽视到关注的转变，但是正式表态频率并不高。2010年，美国国务院副国务卿斯坦伯格（J. Steinberg）提出："与上海合作组织保持互动对美国而言是重要的，存在以非成员国身份进行沟通的途径"。

2021年是上海合作组织成立的20周年，从2001年至2021年，中国与上海合作组织成员国经济合作呈现繁荣景象。首先是贸易额的增长，2001年中国与上海合作组织成员国贸易额为120亿美元，到2020年达2450亿美元，20年间增长20倍。2021年1月~7月，中国与上海合作组织成员国贸易额1806亿美元，增幅高达41%；第二是投融资额的增长，截至2021年7月月底，中国对上海合作组织成员国各类投资总额超过700亿美元，在上海合作组织银联体框架内发放贷款超过1500亿美元，面向上海合作组织国家设立总规模50亿美元的"中国-欧亚经济合作基金"，支持了一大批油气、电力、化工、农业和民生项目建设；第三是互联互通惠及民生的项目，截至2021年7月月底，中国企业在上海合作组织成员国承包工程超过2900亿美元，建设了中国-中亚天然气管道、中吉乌公路、中俄同江铁路桥和黑河公路桥等基础设施互联互通项目。上海合作组织区域还是中欧班列的必经之路，2021年前8个月中欧班列开行破万列，同比增长32%，有力保障全球产业链供应链稳定。目前，上海合作组织内的经贸合作已经较为成熟与稳定。在"一带一路"倡议的提出下，上海合作组织框架内的经贸合作可以为构建"一带一路"经贸规则带去有益参考和借鉴。

第二节 上海合作组织与"一带一路"交互发展

一、上海合作组织历史发展与现状

（一）上海合作组织发展沿革

1. 上海合作组织的成立

2001年，中国与俄罗斯、哈萨克斯坦、吉尔吉斯斯坦、塔吉克斯坦五国签署了《上海合作组织成立宣言》，宣布成立上海合作组织，这个欧亚大陆区域性国家间政府组织将总部设在中国，秉持开放、合作、包容的"上海精神"，并以"上海"这个中国城市为之命名，其首要目的是满足成员国的共同利益诉求。

上海合作组织最早源于"上海五国"会晤机制。中国是"上海五国"会晤机制的成员之一，中国、俄罗斯、哈萨克斯坦、吉尔吉斯斯坦、塔吉克斯坦五国为加强彼此间的友好和睦关系、解决边境及裁军问题进行磋商。同时，经济全球化的进程加速推进，新地区合作机制逐渐取代冷战时期以"欧洲一体化"为代表的旧地区主义。上海合作组织的发展进程符合新地区主义的界定。新地区主义是指在既定地理区域内的国家基于共同利益开展持续性多边合作的理念与实践进程，旨在实现多个领域的共同目标[1]。此后，便初步形成了五国的会晤机制，会晤内容从最初的加强边境地区信任逐步扩大到国家间合作的各个领域。"上海五国"会晤机制为上海合作组织的成立奠定了基础。上海合作组织遵循以"不干涉成员国内政"为基本原则，即确保成员国主权完整和政权稳定，在此基础上谋求区域间的安全稳定与展开经贸合作。

成立并且加入上海合作组织是中国周边以及外交关系中的一件大事[2]，从中国的角度出发，有两层重要含义：第一是处理与邻国的关系，对于苏联解体后中国的周边国家关系发生的微妙变化；第二是探索新时期中国主动参与的外交理念关系。

经过近20年的发展，上海合作组织的机制不断完善，成员国的扩展以及合作的深化都给这个组织带来了新的变化。如今，上海合作组织已逐渐成为全球重要的区域性合作组织之一，2017年，印度和巴基斯坦正式加入上海合作组织，上海合作组织的成员国已经多达8个。目前，上海合作组织已有8个成员国、4个观察员国及6个对话伙伴国。在维护和平与稳定，促进成员国经济繁荣与发展等方面贡献了重要力量。2020年全球新冠疫情爆发，[3]在面临这场百年未有之大变局的背景下，上海合作组织充分发挥"上海精神"，积极团结协作抗击疫情。成员国间分享疫情防控动态和抗击疫情经验以及救援物资的互相流动为国际社会"疫情面前无国界"这个统一战线的形成凝聚了

---

[1] 参见朱锋："东亚需要什么样的区域主义？——兼析区域主义的基本理论"，载《太平洋学报》1997年第3期；耿协峰：《新地区主义与亚太地区结构变动》，北京大学出版社2003年版，第37页。

[2] 参见张蕴岭："上海合作组织：探索新时代的相处之道"，载《世界知识》2020年第14期。

[3] 参见李遥远："上合组织为全球合作注入正能量"，载《经济日报》2021年1月29日，第4版。

共识，注入了正能量，充分展示了作为当前人口基数最多、综合性最广的国际性组织的责任与担当。

2. 上海合作组织历次会议与机制变革

（1）2002年圣彼得堡峰会。2002年上海合作组织召开了圣彼得堡峰会，会议通过并签署了《上海合作组织宪章》，该文件搭建了上海合作组织成员国间合作的基本法律框架。根据该框架，上海合作组织本着加强成员国间的相互信任和睦邻友好的基本原则和目标宗旨，开展多领域协作和交流，包括但不限于经贸、金融、国防、能源、交通、教育等领域，致力于维护地区和国家间的安全和稳定，构建和谐、稳定、合理的国际政治经济秩序。

（2）2007年比什凯克峰会。在比什凯克峰会上，上海合作组织成员国元首签署了《上海合作组织成员国长期睦邻友好合作条约》，这具有里程碑式的意义，是继《上海合作组织宪章》之后，又以条约文本形式表达了成员国"世代友好，永保和平"的愿望，为成员国间的友好合作关系奠定了政治基础和基本原则，体现了各国对于上海合作组织合作的良好意愿，也为今后上海合作组织签署其他文件和开展合作打下了基础。

（3）2012年北京峰会。在上海合作组织发展到第二个十年之际，北京峰会召开。时任主席胡锦涛主持了会议，会议精神为上海合作组织继续为和平、合作、发展而富有成效地开展工作，践行了互信、互利、平等、协商、尊重多样文明、谋求共同发展的"上海精神"，推动建立了友好合作的国家关系有效模式。

（4）2015年乌法峰会。在俄罗斯乌法举办的乌法峰会批准了《上海合作组织至2025年发展战略》，除了出台这一发展战略外，还有三个亮点分别是：启动巴基斯坦和印度加入上海合作组织的程序，这一补充新鲜血液有利于深化合作，有效增强面对三股势力和贩毒等能力，安全合作是上海合作组织成立的初衷，也是上海合作组织历次峰会的主要议题；此次峰会上发表的《上海合作组织成员国元首关于世界反法西斯战争暨第二次世界大战胜利70周年的声明》，体现了上海合作组织反对战争、维护二战成果、缅怀先烈的主张。

（5）2017年阿斯塔纳峰会。在哈萨克斯坦首都阿斯塔纳峰会上，上海合作组织完成首次扩员，印度和巴基斯坦成为上海合作组织正式成员国，上海合作组织成为世界上人口最多、面积最大的地区合作组织。与此同时，接纳印度和巴基斯坦为正式的成员国也对上海合作组织也存在负面影响：如成员国之间的异质化可能会降低整个组织的凝聚力，且不同国家的经济发展水平、发展需求不一致。目前，扩员产生的潜在影响还没显现，但是上海合作组织也发生了一些新的变化，即上海合作组织的跨区域性特征凸显，上海合作组织前秘书长拉希德·阿利莫夫强调，随着上海合作组织将南亚最具影响力的印度和巴基斯坦纳入成员国，上海合作组织的版图东西横跨太平洋与波罗的海，南北延伸至北冰洋与印度洋，这使得该组织能够用全新的视角来审视大欧亚地区的合作[1]。同时，上海合作组织的格局也以由中俄主导开始逐渐转变，上海合作组织内部的合作格局开始变得复杂，不再是原先"大国引领，中小国平等参与"的格局，而是转变为由"以中亚为重心、南亚为重要延伸"的新格局[2]。

上海合作组织以平等互信为基础，以互利共赢为原则，以对话协商为手段，以共同发展为目标，全面推进各领域合作发展，确立了长期睦邻友好合作关系，以实际行动开创了结伴而不结盟的国际关系新模式，成为国际秩序健康发展的建设性力量。

（二）上海合作组织合作重点逐渐转移

1. 安全合作是传统议题

上海合作组织成立之初便将"安全合作"置于各国合作的首要位置。维护地区乃至世界的和平，打击恐怖主义，构建合理、公平的国际政治经济新秩序是上海合作组织制度形成和谋求发展的根本。上海合作组织历年峰会中，多边安全合作为其核心内容。从上海合作组织成立以来，已经签署了11份包括公约、协定、声明、宣言在内的各类安全文件，包括但不限于《上海合作组织成立宣言》、《上海合作组织宪章》和《上海合作组织成员国长期睦邻友好合作条约》等纲领性文件，这些文件的出台为上海合作组织成员国安全合作搭建了反恐法制框架。

2019年6月14日，比什凯克峰会召开。尽管会议围绕社会经济发展方面的新议题进行诸多的探讨，但是多边安全合作仍然是重要议题[3]。维护地区安全与稳定是上海合作组织成立来的首要目标，尽管近些年上海合作组织成员国周边地区秩序总体趋于稳定，但是恐怖主义和极端主义问题仍然不容忽

---

[1] 参见拉·阿利莫夫："上合组织内多维度合作拓宽了跨地区合作范围"，载http://chn.sectsco.org/news/20180917/466312.html，最后访问日期：2022年2月28日。

[2] 参见李孝天："上海合作组织扩员后的地区定位与合作格局"，载《国际展望》2021年第3期。

[3] 参见肖斌："多边安全合作是上合组织持久发展的制度动力"，载《世界知识》2019年第13期。

视。针对有些成员国国内恐怖主义势力回流、克什米尔问题等，比什凯克峰会决定在落实《上海合作组织反极端主义公约》和《联合国全球反恐战略》的前提下，大力打击恐怖主义及其思想；继续落实《上海合作组织成员国元首致青年寄语》及其实施纲要；打击通过互联网传播恐怖主义、分裂主义和极端主义思想的行径；举办上海合作组织成员国主管机关"萨雷阿尔卡-反恐-2019"联合反恐演习、"团结协作·2019-2021"联合边防行动。

上海合作组织已经走过近20年的历程，作为维护地区安全的重要国际性组织，在维护中亚及东亚地区安全方面，无疑上海合作组织贡献了重要的力量。随着上海合作组织将地区反恐怖机构设为常设机构并且不断扩员，今后加强上海合作组织自身制度建设是应对各种威胁的重要举措，除此之外，继续坚持和发扬"上海精神"，作为上海合作组织的精神核心，要将其融入多边主义框架中。

2. 经贸合作逐渐成为上海合作组织合作的重点

虽然安全合作是上海合作组织合作的基础，但是不容忽视的是，经贸合作在上海合作组织的重要性程度在不断上升。从2001年成立初期成员国签署《上海合作组织成员国政府间关于开展区域经济合作的基本目标和方向及启动贸易和投资便利化进程的备忘录》，表明上海合作组织自成立之初便启动了区域经济合作。2003年，六国又签署了《上海合作组织成员国多边经贸合作纲要》，这是上海合作组织区域经济合作的第一个纲领性文件，明确了在2020年以前区域经济分三步走的目标。2004年~2017年是上海合作组织经贸合作快速发展的阶段，成员国相继签了《"丝绸之路经济带"建设与"光明之路"新经济政策对接合作规划》和《中哈产能合作规划》等一系列对接合作文件，大力发展互联互通和产能合作，开展境外经贸合作园区建设，推动了中哈原油管道、中俄原油管道和中国—中亚天然气管道等大型跨国能源项目建设，极大地促进了区域整体繁荣和各成员国经济发展。随着经济交流的日益深入，经济全球化推进，地处欧亚板块中心的上海合作组织也不例外。2018年至今，上海合作组织的区域合作发展驶入快速车道，区域经济规模相比以前明显扩大，双边经济合作向多边发展的特征明显。习近平主席在以视频方式出席2020年11月10日举行的上海合作组织元首理事会第二十次会议时发表重要讲话，提出要构建四个共同体，除安全共同体以外，卫生健康共同体、发展共同体和人文共同体同样具有实践意义。2020年11月15日，《区域全面经济伙伴关系协定》（以下简称 RCEP）第四次领导人会议顺利举行，中国、日本、韩国、澳大利亚、新西兰及东盟十国的贸易部长共同签署这一协定。至此，涵盖 15 个国家、23 亿人口、25 万亿美元 GDP 和 30% 世界贸易总量的全球最大自由贸易区正式诞生。RCEP 作为中国加入的最大自由贸易区，对上海合作组织的发展既具有借鉴意义，也在一定程度上构成了挑战。

经过近 20 年的发展，上海合作组织的经贸合作领域取得的成就主要可以概括为三个方面[1]：第一是会晤决策机制的建立和完善，第二是法律保障机制的搭建，第三是成员国间贸易总量的提升。

（1）目前，上海合作组织的会晤决策机制主要包括元首理事会（最高决策机构），其次为政府首脑（总理）理事会，除此之外，还有每年举行的外长会议、国防部长会议等部门间会议。

（2）保障经贸合作的法律规范文件的一系列出台，主要有两个方面：第一是上海合作组织的基础性文件，主要是指《上海合作组织宪章》以及历年元首、政府首脑理事会公布的宣言和公报。第二是具体法律法规文件的出台增进成员国间的贸易发展和往来，主要包括 2001 年签订的《上海合作组织成员国间关于区域经济合作的基本目标和方向及启动贸易和投资便利化进程的备忘录》、2003 年签署的《上海合作组织成员国多边经贸合作纲要》、2008 年通过的《上海合作组织成员国元首关于贸易便利化的联合声明》等，这些法规政策是在宪章的基础上进一步细化经贸合作。

（3）第三个方面是成员国间贸易量和各成员国内经济总量的提升。2018 年，上海合作组织将印度和巴基斯坦纳入成员国后，整体 GDP 总量达到 16 万亿美元，上海合作组织成员国经济总量占到全球 GDP 总量逐年提升，从最初 2003 年成立起的 5.64% 提升至如今的 22.5%，这些数据表明上海合作组织的经贸合作显示威力。

经贸合作具体涵盖的类型包括能源合作、贸易合作、自贸区建设、金融合作、投资合作以及交通和运输合作等。

2020 年年初，全球新冠疫情爆发，上海合作组织成员国乃至全球经贸合作面临巨大冲击，但是在上海合作组织出台了一系列文件支持中小企业的发

---

[1] 参见陈亚州、罗金："上海合作组织命运共同体的内涵及其贸易动力研究"，载《复旦国际关系评论》2020 年第 1 期。

展,例如,《促进中小微企业合作备忘录落实行动计划》《2021-2025年多边经贸合作纲要落实行动计划》等,恢复了地区经济活力。从传统的国际贸易发展开始,上海合作组织的经贸合作已经向新领域推开,包括人工智能、新型科技等,使得地区经济恢复活力。

二、上海合作组织合作与"一带一路"发展实现对接

上海合作组织自从2001年成立以来以安全合作为主旨,但随着成员国间经济发展的需要,相互间的经贸合作越来越密切。而"一带一路"共建国家与上海合作组织多有重合,且两者的价值、原则多有重合之处,比如两者均致力推进构建国际经济新秩序,营造稳定及安全的经济环境,这为两者实现融合和对接提供了可能。

(一) 内外部条件

1. 理念的契合:"上海精神"体现国际战略新思维

冷战后,国际的政治局势发生了剧烈的转变。欧亚大陆的中心地带一直以来就是首大国博弈的关键地区,部分大国在该地区进行激烈的争夺。局势的不安定使得该地区成为"三股势力"的温床,这些势力严重威胁了中亚各国的安全与稳定。为应对冷战后带来的这些变化和维护自身及周边地区安全,在中俄两国的推动下,中国、俄罗斯、哈萨克斯坦、吉尔吉斯斯坦、塔吉克斯坦和乌兹别克斯坦决定通过建立地区性国际组织来协调行动,共同寻求安全。

在上海合作组织机制发展过程中逐步"上海精神",核心内容便是"互信、互利、平等、协商、尊重多样文明、谋求共同发展",这是五国首脑会晤机制得以延续并发展壮大为上海合作组织这一地区国际组织的关键所在。可以说,上海精神是上海合作组织的灵魂。上海精神体现了中国第三代领导集团的国际战略新思维。

为什么在构建"一带一路"经贸规则的过程中,上海合作组织现有的经验可以被参考呢?首先,上海合作组织和"一带一路"都具有中国元素,中国在不管在上海合作组织还是推动"一带一路"建设方面,都发挥着重要作用。前文中已介绍上海合作组织的前身是"上海五国",为解决中国与苏联在边境互信和划界等问题,从上海合作组织以中国城市来命名中可以窥见中国在上海合作组织中扮演的重要角色。"一带一路"的倡议是由中国提出来的,

其对外开放和合作水平更高。两者都是体现中国从被动外交走向主动，扩大对外开放合作水平的产物。"一带一路"倡导的理念和上海合作组织的精神内核——"上海精神"有着内在的一致性。两者都体现了中国的治理主张和发展理念。"上海精神"超越意识形态，摒弃冷战思维，符合时代潮流，反映了成员国之间的友好互利关系和良好的合作准则，为新时期中国践行多边外交，实行多边治理，构建和平、安全、繁荣、开放的世界提供了有益的启示，为国际社会探索新型安全观、新型区域治理模式和新型国际关系提供了宝贵的经验。

2. 目标的一致性：均致力于构建命运共同体

上海合作组织与"一带一路"的终极目标都是实现人类命运共同体，命运共同体是你中有我、我中有你的相互依存关系。上海合作组织自成立以来，就推动维护地区和平与稳定并致力于构建成员国间的经济利益共同体，并将此写入文件确定为组织的长期目标，不仅如此，上海合作组织是作为构建区域命运共同体的试验田。2017年的《阿斯塔纳宣言》首次提出"在世界政治和经济发生深刻变革背景下，成员国指出，应以相互尊重、考虑彼此利益、合作共赢、不冲突、不对抗、平等和不可分割安全等国际法原则和准则为基础，构建更加公正合理、符合各国共同及各自利益的多极世界格局，推动构建人类命运共同体"。[1]2018年的青岛峰会上对此再次作出确认，自从"一带一路"的倡议提出以来，上海合作组织成员国积极响应，并努力使本国发展战略同"一带一路"的丝绸之路经济带发展倡议相契合。上海合作组织的成立宣言明确指出：上海合作组织坚持对外开放合作，不结盟以及不针对第三方的国家或地区。而"一带一路"秉持共商共建共享的原则，不设门槛且坚持扩大开放，如2018年4月的博鳌论坛上，习近平指出"共建'一带一路'倡议源于中国，但机会和成果属于世界，中国不打地缘博弈的小算盘，不搞封闭排他小圈子……把'一带一路'打造成为顺应经济全球化潮流的最广泛国际合作平台……"。由此可见，上海合作组织和"一带一路"均坚持对外开放，反对贸易单边主义和贸易保护主义。

尤其是2015年乌法峰会召开期间，上海合作组织成员国接受并就建设"一带一路"达成共识，这标志着上海合作组织经贸合作与"一带一路"融

---

[1] "上海合作组织成员国元首阿斯塔纳宣言（全文）"，载 https://www.fmprc.gov.cn/web/gjhdq_676201/gjhdqzz_681964/lhg_683094/zywj_683106/t1469140.shtml，最后访问日期：2022年2月28日。

合发展进入新阶段。

(二) 上海合作组织与"一带一路"互为推动力

上海合作组织和"一带一路"的发展是相互促进、相互补充的。上海合作组织已经成立多年，其平台和合作成果是"一带一路"倡议提出的重要支撑，而"一带一路"的发展又可以为上海合作组织注入新动力。两者各有优势和短板，相互补充和协调才能发挥最大的合作效益。

1. 上海合作组织的优势

"一带一路"的发展需要平台和良好的基础环境，由于上海合作组织经过多年的发展，并且以传统安全为最初成立的原则和目标，打击"三股势力"以及毒品等犯罪，在这方面有丰富的经验和合作成果，而这恰好是"一带一路"的短板，因此上海合作组织可以为"一带一路"的合作提供平台和经验支持。目前，"一带一路"共建国家安全形势并不乐观，极端主义、恐怖主义等猖獗，若没有一个安全稳定的环境，"一带一路"等的顺利推进恐受阻挠。在阿斯塔纳峰会上，各成员国签署的《上海合作组织反极端主义公约》等文件不失为安全领域合作的重要文本，这加强了各国对于地区间对维护安全的意识，也可以为"一带一路"的建设提供安全保障借鉴。除此之外，上海合作组织的机制建设比较成熟，形成了比较完备的会晤机制，而"一带一路"只是一个倡议，主要机制是中方主导的两年一次的国际合作高峰论坛。

2. "一带一路"的优势

"一带一路"的合作是泛一体化合作平台，延续古丝绸之路的传统，同时面向所有国家开放，相比上海合作组织的开放程度更高。正因此如此，中国才能够与150多个国家及国际组织签署"一带一路"的合作文件，包括远在南美的智利。上海合作组织是地区性国际组织，继续扩员的难度显然比较大，协调各方利益的难度大于"一带一路"，因此，"一带一路"具有上海合作组织没有的优势，比如"一带一路"框架下的合作多以双边合作为主，更具有效率。

"一带一路"的建设增进上海合作组织发展动力。上海合作组织成员国在经济发展需求、发展阶段以及经济体量等方面存在较大差距，导致上海合作组织多边经济合作相对滞后。"一带一路"建设的过程中，共建国家之间有关经济、金融、科技和能源新型领域的合作，会给上海合作组织的发展带来活力，上海合作组织的合作从最初的政治和安全领域合作，逐渐向社会热点、新型领域倾斜发展,而"一带一路"建设无疑会给上海合作组织带来新的发展思路,这有利于上海合作组织机制变革和职能优化。"一带一路"经济带建设过程中衍生的亚投行、丝路基金等可以给上海合作组织提供资金等支持,随着"一带一路"建设的推进,将会给上海合作组织带来包括新的理念以及其他方面的支持,上海合作组织合作将会呈现新的面貌。

上海合作组织与"一带一路"互推互助,在相互融合中和促进彼此中发展,当然两者也存在竞争关系。上海合作组织成立较早,机构组织效率较低,很多文件签署后只是停留在纸面,并没有落实到实处;上海合作组织开发银行和专门账户谈而无果,融资渠道欠缺;上海合作组织并没有建立相应的自贸区制度安排规划,这些漏洞表明上海合作组织没有发挥相应的经济功能,而一旦经贸领域和合作弱化,也就失去了吸引力,这对于上海合作组织的扩员极为不利。未来,"一带一路"的经济合作会给上海合作组织经济合作带来更多灵感,也会"迫使"上海合作组织发挥其经济功能,如此上海合作组织和"一带一路"建设将会给各国人民带来越来越多的获得感。

第三节 上海合作组织经贸合作对构建"一带一路"经贸规则的启示

一、上海合作组织经贸合作与"一带一路"推进中经验总结

自上海合作组织成立以来,不断发展壮大,20 年来,上海合作组织已跻身具有威望和影响力的区域国际组织。随着上海合作组织成员国经贸合作的逐渐推进,上海合作组织内的经贸合作可以总结出一些较为成熟的经验,但是与此同时,也有不足和缺陷,在汲取可借鉴的经验外,将一些不足之处加以归纳,结合"一带一路"发展的趋势和特点,这在为构建"一带一路"经贸规则的过程中,或许有许多启发可供参考。

(一) 区域经济一体化不平衡

当今世界经济发展的两大趋势是经济全球化和区域经济一体化。面对竞争激烈的市场,实现资源互补、合作共赢是各国追求的目标。推进乃至实现区域经济一体化是上海合作组织发展的必然要求。同理,"一带一路"经贸规则的构建需要将规则适用于绝大多数"一带一路"合作伙伴,因此,若区域经济发展不平衡势必影响规则的生效和实践。对于像上海合作组织这样区域

性较明显的组织来说,成员国间实现区域经济前文中已经提到,上海合作组织各个成员国经济发展水平不均衡,中国和俄罗斯之间的贸易总量和密度远超中国与其他成员国,所以区域内想出台一些通行的双边或多边贸易规则往往比较困难。目前,"一带一路"共建国家与上海合作组织成员国多有重合,以东亚、中亚的国家居多,同样,在推进"一带一路"经贸规则建设过程中也会遇到这些问题。

纵观世界各国发展历史,区域发展不平衡是一个普遍存在的现象。解决区域经济发展不平衡更是一个漫长的过程。以美国为例,美国为解决区域经济发展不平衡,花了近百年的时间,实施"西部大开发"战略并构建了全美交通运输一体化系统,并制定了确保产品、服务和生产要素自由流动的一系列相关政策。

"一带一路"共建国家中,既包括国土面积世界第一的俄罗斯,也有国土面积不到700平方公里的新加坡,各国之间GDP生产总值差异巨大,总体来说,经济总值较低的国家占比较高。经济发展步调的不一致也导致许多国家企业在对外投资的过程中不会优先选择经济实力发达或者产业结构丰富的国家。根据《2020年中国对外直接投资统计公报》显示,中国2020年对外直接投资流量前10位的国家(地区)分别是中国香港、开曼群岛、英属维尔京群岛、美国、新加坡、荷兰、印度尼西亚、瑞典、泰国及越南。由此可以看出,中国企业在直接对外投资中,会有限选择实力较为强劲额国家(地区),或是该国家(地区)可以为中国企业提供优惠的税收政策,降低交易成本,比如开曼群岛和英属维尔京群岛等。因此,区域经济一体化不平衡是构建"一带一路"经贸规则中首先要解决的问题。

(二)相关税收协定待被利用和完善

上海合作组织成立以来,关税及非关税贸易壁垒就一直被提及。同样,在推进"一带一路"经贸规则建设的过程中,税务问题是对外投资必须面对的一个问题。尽管我国绝大多数与"一带一路"共建国家和地区签订双边税收协定,但是很多条款并未被实际利用。一方面,企业存在法律意识欠缺的情况,在对外投资活动中并未意识到东道国与我国签订了双边税收协定,有些虽知晓与东道国签订了双边税收协定,但并未很好的解读,这些种种因素导致了这些税收优惠政策被束之高阁,尽管出台,但是在实际中并未被重视和利用。

表 2-3 中国与"一带一路"国家处理相关税务情况表[1]

协定类型	项目	国家或地区	相关依据
空运	1. 互征企业所得税	税款不超过总收入的 1.5%：菲律宾	避免双重征税协定
	2. 互免企业所得税	除项目 1 所列国家外其他所有与我国有税收协定的国家或地区	避免双重征税协定
		土库曼斯坦、叙利亚、黎巴嫩、阿富汗、文莱	航空协定税收条款
	3. 互免个人所得税	越南、蒙古国、老挝、科威特、孟加拉国、阿曼、文莱、乌克兰、哈萨克斯坦、马尔代夫、乌兹别克斯坦、土库曼斯坦、黎巴嫩、吉尔吉斯斯坦、白俄罗斯	航空协定税收条款
		韩国	税收协定议定书
	4. 互免间接税	法国、巴林	双边专项国际运输互免协议
		日本、新加坡、阿联酋、韩国、印度、斯洛文尼亚、以色列、乌克兰、马来西亚	避免双重征税协定
		越南、乌兹别克斯坦、乌克兰、土库曼斯坦、叙利亚、阿曼、黎巴嫩、吉尔吉斯斯坦、科威特、哈萨克斯坦、以色列、文莱、比利时、白俄罗斯	航空协定税收条款
		法国、泰国、土耳其、荷兰、新加坡、斯里兰卡、巴林、波兰	互免国际运输收入税收协议或换函

[1] 参见"国家税务总局网"，载 http://www.chinatax.gov.cn/，最后访问日期：2022 年 2 月 28 日。

续表

协定类型	项目	国家或地区	相关依据
海运	1. 互征企业所得税	减半征收：泰国、马来西亚、孟加拉国、印度尼西亚、斯里兰卡；税款不超过总收入的1.5%：菲律宾	避免双重征税协定
	2. 互免企业所得税	除项目1所列国家外其他所有与我国有税收协定的国家或地区	避免双重征税协定
		黎巴嫩	海运协定税收条款
	3. 互免个人所得税	克罗地亚、希腊、黎巴嫩	海运协定税收条款
		韩国	税收协定议定书
	4. 互免间接税	日本、新加坡、阿联酋、韩国、印度、斯洛文尼亚、以色列、乌克兰、马来西亚	避免双重征税协定
		日本、比利时、德国、荷兰、保加利亚、巴基斯坦、塞浦路斯、罗马尼亚、克罗地亚、越南、乌克兰、希腊、格鲁吉亚、阿尔及利亚、意大利	海运协定税收条款
		俄罗斯、老挝、波兰、斯里兰卡、意大利	互免国际运输收入税收协议或换函

除了相关税收协定存在未被知晓和利用的情况，有些"一带一路"共建国家既没有和中国签订双边税收协定也没有相关国际税收处理安排，如柬埔寨、不丹、肯尼亚等。这些国家往往经济水平比较落后。"一带一路"经贸规则的构建，是惠及共建国家的好规则，而对外投资中的税收优惠对企业FDI重大利好，尽快落实与这些国家签订相关税收协定重要性不言而喻。同时，部分双边税收协定签订时间过早，如果不加以及时更新，则不能适应现阶段经济发展的要求。

（三）互联互通的水平还需提高

前文中已经提到，互联互通的程度加深，将极大地促进与中亚、西亚乃至欧洲各国的联系，有利于我国企业对外投资和产能输出。以道路联通为例，道路联通包括铁路、公路、水路以及海关边防等交通基础设施的联通以及有关制度的推行，交通基础设施是硬件和基础，制度是使这些硬件基础设施发挥作用的保证。

上海合作组织成立至今，在交通基础设施领域建设方面做出了努力，成果丰硕。上文已经提到各成员国间的《上海合作组织成员国政府间国际道路运输便利化协定》（以下简称协定）的签署，除了这个关于互联互通的多边协议，各成员国之间的双边协议也不断完善，这包括了公路运、铁路运输及航空运输等，如1992年中国与哈萨克斯坦签署的《中哈铁路运输协定》、中国与俄罗斯签署的《中俄汽车运输协定》《中俄民用航空运输协定》等。在以上这些协定的成果基础上，还有国际通道规划的推进，如目前已有三条路径的第二亚欧大陆桥，这条亚欧大陆桥连接着欧亚大陆，联通了所有上海合作组织成员国，是重要的海上运输枢纽。在口岸建设方面，我国因与大部分成员国领土接壤，在边境设立了口岸，如中俄边境的满洲里口岸，是对俄最大的边境口岸，可同时进行木材、矿粉、煤炭、化肥、化工、机械、建材和日用百货等进出口货物的换装工作。

尽管在互联互通上，上海合作组织成员国经过多年的努力，交通基础设施及制度建设已较为成熟，但是应该看到，互联互通的水平其实还不高。首先是《协定》还缺乏具体的实施细则，目前较为宽泛，难以对合作方向、不同国家的适用作出明确的规定。此外，基础交通设施建设的不完善，对成员国之间内部的互联互通造成了影响，尽管在《协定》确定了六条通道的联通，但是在实践中，很多道路因为地质灾害频发、路面破损严重等原因无法达到顺畅交通，如中塔公路、中吉公路等。还有不同国家之间对轨道标准的选择不同，中国采用标轨，而独联体国家往往使用宽轨，使得口岸处换装时间增加，降低了列车运输的效率。

二、上海合作组织经贸合作对构建"一带一路"经贸规则的启示

（一）求同存异，优势互补

上海合作组织的发展经历了曲折和繁荣，有上海合作组织经贸合作的经验教训，我们有理由对构建"一带一路"经贸规则充满信心。尽管前文提到，

各国的经济体量、利益诉求、产业结构、法律制度等存在很大差异，但是可以肯定的是，各国的目标都是谋求合作发展，促进本国的经济繁荣发展。所以在秉承合作实现共赢的理念下，加深"一带一路"共建国家之间的经贸合作，充分利用"一带一路"的政策效应，促进区域经济深度发展并有望构建起一套经贸规则。比如借鉴北美自由贸易区的垂直分工合作，一些共建国家拥有丰富的石油储量和产量，能源的互补可以带动经贸合作。因此加强贸易联系，改善贸易结构，有利于促进贸易发展和构建贸易规则。"一带一路"贸易规则的构建可借鉴上海合作组织在上文中已经提到的：上海合作组织是实体组织，而"一带一路"是源自中国的一个倡议，两者各有优势和短板。而上海合作组织因为成立时间比较早，已经形成了相对比较完善的经贸合作平台和成果。目前，中国与上海合作组织成员国之间，业已形成油气矿产资源输入和产出互补、轻工业品产出和输入互补、基础设施设计和建造产能输出和输入互补、投融资互补等，共同的利益，使各方连接更为紧密。这为各方共同发展交通运输合作、实现可持续发展奠定了良好的基础。

上海合作组织与"一带一路"经济带建设有着天然的密切联系，上海合作组织的影响扩大为合作提供更大的发展空间，成立20年来，成为国际政府间合作的典范。上海合作组织的典范影响为"一带一路"的构建带去良好的效应。上海合作组织的六个成员国、五个观察员国和三个对话伙伴国均位于"一带一路"经济带沿线，地缘政治位置的相近，使上海合作组织内丰富的经贸合作经验有借鉴给"一带一路"经贸规则构建的可能。不仅如此，上海合作组织和"一带一路"的目标都是致力于推动区域经济贸易发展以及构建新的国际政治经济新秩序，远期来看，两者都致力于构建人类命运共同体。在对外合作关系上，上海合作组织坚持不结盟及非排他的政策，而"一带一路"是一个开放程度高、不设门槛的合作平台，都反对贸易保护主义。所以说，不管是地缘因素的考虑，还是两者相近的目标和结构，"一带一路"都不是无中生有和另起炉灶，而是在上海合作组织基础上的补充和对接。

北美自贸区多年来坚持求同存异的发展理念，虽然成员国之间的经济实力也相差较大，但是优势互补的理念推动了自贸区的合作发展。比如可供借鉴的美加之间的"水平合作形态"，美墨、加墨之间的"垂直合作形态"。因此，求同存异，优势互补是推动"一带一路"共建国家经贸往来的启示，也是合作的根本。

(二) 弘扬"上海精神",推动构建"一带一路"经贸规则

中国自 2001 年加入世贸组织、2003 年与成员国共同成立上海合作组织后,中国与成员国之间的双边及多边贸易不断深化。在过去的 10 多年中,中方一直探索新的经贸合作领域,提升了合作的广度和深度,在促进国内生产总值不断提升的同时,也为上海合作组织的区域经济合作乃至世界的经贸发展做出了贡献。中方作为上海合作组织的发起国,应当继续发挥在上海合作组织区域经济合作中的引领作用,推动建立更加开放、门槛更低、成果惠及更多国家的欧亚经济命运共同体。毫无疑问,在过去十几年的发展历程中,中方无论在上海合作组织还是丝绸之路经济带建设中,都扮演着重要的角色。未来中国应继续主动适应国内、国际形势的发展变化,抓住"一带一路"建设发展的红利,带动周边国家实现经济的快速增长。

在经济全球化和贸易多边化的背景下,推动构建"一带一路"经贸规则必须扩大开放,增强与其他国际组织和国家的联系。2019 年 10 月 25 日,《中国与欧亚经济联盟经贸合作协定》(以下简称《协定》)正式生效,欧亚经济联盟成立于 2014 年,目前的成员国包括俄罗斯、哈萨克斯坦、白俄罗斯、亚美尼亚和吉尔吉斯斯坦,这五个欧亚经济联盟成员国均是中国"一带一路"建设的重要合作伙伴,有极强的经贸合作潜力。该《协定》尽管不涉及关税减让,但对于推动中国与欧亚经济联盟成员国的贸易投资便利化意义非凡。中国与上述的联盟五国均是 WTO 成员方,因此在双方经贸合作过程中,WTO 的规则对双方有普遍的约束力,中国应当积极推动与欧亚经济联盟五国的经贸规则建立、贸易救济等,这不仅有利于推进中国-欧亚经济联盟贸易投资的便利化和自由化,也有利于构建"一带一路"经贸规则。

上海合作组织是体现中国智慧和胸襟的区域性国际组织,随着中国扩大开放和"一带一路"倡议的提出,上海合作组织肩负着更为全面的一体化使命,秉持着"团结互信、安危共担、互利共赢、包容互鉴"的发展精神,努力将成员国所在的欧亚区域打造成为政治互信、相互支持、利益汇合的"上海精神"典范。在以上海合作组织的框架下,构建"一带一路"经贸规则,则要使上海合作组织根据区域发展特点,适时调整发展战略,比如考虑不同合作国家的具体情况制定不同的双边经贸合作规则,深入调研"一带一路"共建国家及欧亚经济联盟成员国的国情。"一带一路"倡议的灵感源自古丝绸

之路，上海合作组织成员国和欧亚经济联盟成员大多在沿线，因此，推动构建"一带一路"经贸规则，首先需要区域整体和平及稳定的环境，上海合作组织参与当代丝路之路沿线治理就要做好以下三方面的工作：（1）加强上海合作组织与"一带一路"倡议及欧亚经济联盟的对接。上海合作组织与"一带一路"的关系自不必多说，两者相互推进和互补；欧亚经济联盟成员均位于中国倡议的"一带一路"建设沿线，欧亚经济联盟具有巨大的经济合作潜力。不仅如此，中国与欧亚经济联盟有深厚的合作基础，其中包括政治、经济和法律三个方面。在政治上，苏联解体后，中国一直与苏联国家保持着紧密联系。自20世纪90年代中国与哈萨克斯坦、白俄罗斯、吉尔吉斯斯坦和亚美尼亚建交以来，不断加强政治互信，保持着良好的外交关系，且哈萨克斯坦和吉尔吉斯斯坦同是上海合作组织成员国，而中国与俄罗斯的外交关系更是被誉为大国交往的典范。在经济上，中国与欧亚经济联盟的进出口结构互补性较强，能够产生良好的国际贸易效果[1]。根据2013年BP世界能源统计年鉴显示，哈萨克斯坦的石油可采储量比中国丰富，中国天然气的可采储量比哈萨克斯坦丰富。但整体上哈萨克斯坦油气供过于求而中国油气供不应求。俄罗斯和哈萨克斯坦作为主要的能源出口国，能够源源不断地满足中国持续增长的能源需求，而中国出口的机电、轻工业及通讯设备等商品，也正是欧亚经济联盟国家所需。在法律上，中国与欧亚经济联盟成员国签署了诸多睦邻友好合作条约，同时前文中也提到中国与欧亚经济联盟均是WTO成员方，WTO规则对中国与欧亚经济联盟成员国间的经贸合作具有普遍约束力，并不断指导着欧亚经济联盟内部法律制度的构建。中国想要构建适用欧亚的"一带一路"经贸规则，与经济联盟加强合作必不可少。2020年5月20日，最高欧亚经济理事会批准《2020-2021年欧亚经济联盟国家宏观经济政策主要目标》，其中指出联盟经济政策的中期目标是保持宏观经济稳定和维持居民生活水平，为加快经济发展奠定基础。欧亚经济联盟的终极目标是实现商品、服务、资本和劳动力的自由流动。这一系列目标与中国"一带一路"倡导的政策沟通、设施联通、贸易畅通、资金融通、民心相通等"五通"有高度重合之处，能够对中国"一带一路"建设起到很好的助推作用。但"一带一路"

---

[1] 参见孙长龙："中国与欧亚经济联盟经贸合作的前景、阻碍与法律建议"，载《国际经贸探索》2019年第8期。

只是倡议，没有普遍约束力的规则。因此在双方深化经贸合作过程中，要强化规则建立，进而为将来自贸区谈判奠定基础。（2）在经贸规则指定过程中努力消除政治军事因素带来的影响。比如对于西方极力拉拢的乌克兰，与欧亚经济联盟呈敌对状态，尽管其与中国的贸易往来较为密切，若不能消除乌克兰危机带来的不利影响，势必制约经贸合作的推进，因此上海合作组织要将乌克兰纳入目标范围，努力使其国内政策更加多边化，削弱西方军事、经济组织的异化干扰作用，进一步增强该国际区域经济社会结构的稳定性。

（三）充分利用中国-中亚-西亚经济走廊对接欧亚经济联盟

中国-中亚-西亚经济走廊是我国提出的六大经济走廊带之一，是"丝绸之路经济带"的重要组成部分。在中国所规划的"一带一路"建设总体布局中，中国—中亚—西亚经济走廊建设，涉及国家最多，地域空间最大，工程项目最繁杂，任务也最艰巨。外高加索[1]自古就是丝绸之路上连接亚洲与欧洲的重要区域，中国和该地区阿塞拜疆、格鲁吉亚、亚美尼亚三国合作潜力很大，要做的事情很多。各方应加强沟通协调，扩大和深化各领域合作，共同为建成中国—中亚-西亚经济走廊做出不懈努力。前文已经介绍，上海合作组织成员国大多位于"一带一路"沿线，利用好这条经济走廊，将使"一带一路"共建国家收益，因为此条走廊覆盖的区域面积大，路线从中国东部向西直到阿拉伯半岛，路线经过5个中亚国家，10余个西亚国家。建设好此经济走廊，有利于促进经济一体化发展，并有望与其他经济组织开展深入的合作。

2018年中国与欧亚经济联盟成员国代表签署《中华人民共和国与欧亚经济联盟经贸合作协定》，该协定涵盖海关合作、贸易便利化知识产权、部门合作以及政府采购等13个章节，包含了电子商务和竞争等新议题。不仅仅是中国，上海合作组织影响力的扩大将为成员国带来更多的合作机会，经济走廊的建设加上协定的出台，相信"一带一路"合作伙伴之间的经贸合作将会更加密切。近几年中俄会谈的关注重点也是促进"一带一路经济带"与"欧亚

---

[1] 外高加索又称为南高加索，大约指高加索山脉以南格鲁吉亚、亚美尼亚、阿塞拜疆三国所在地区。外高加索地区位于欧亚大陆腹地，北面属于俄罗斯联邦北高加索地区，石油和天然气资源丰富。山地为主，五分之三地区海拔600米以上。黑海沿岸低地为亚热带气候，年降水量达2 500毫米（巴统）；里海沿岸气候干燥，仅200~300毫米。主要河流有库拉河、因古里河和里奥尼河，水力资源丰富。矿藏有石油、煤、锰、铜等。参见孙壮志："外高加索三国1993年政治形势浅析"，载《东欧中亚研究》1994年第2期。

经济联盟"的对接，表明区域经济组织寻求扩大开放的决心。

（四）借助DEPA，构建"一带一路"经贸规则

2021年11月1日，中国申请加入《数字经济伙伴关系协定》（Digital Economy Partnership Agreement，以下简称DEPA）。协定由13个主题模块构成，包括商业和贸易便利化、处理数字产品及相关问题、数据问题、更广阔的信任环境、商业和消费者信任、数字身份、新兴趋势和技术、创新和数字经济、中小企业合作、数字包容、透明度和争端解决等。根据国家商务部国际经贸关系司发布的文本，重要条款内容解读如表2-4：

表2-4 DEPA文本中重要条款解读[1]

序号	模块	内容概要
1	数字身份（Digital Identity）	DEPA明确认识到数字身份是数字经济的重要组成部分，并要求各国促进在个人和公司数字身份方面的合作，同时确保它们的安全性。数字身份方面的合作以互认数字身份为目标，以增强区域和全球的连通性为导向，这有助于促进各个体系之间的互操作性。DEPA要求未来的各国将致力于有关数字身份的政策和法规、技术实施和安全标准方面的专业合作，从而为数字身份领域的跨境合作打下坚实基础。
2	无纸化贸易（Paperless Trade）	DEPA通过要求缔约方提供电子版本的贸易管理文件来促进无纸化贸易，从而提升贸易管理程序的有效性。在大多数情况下，电子版本的贸易管理文件的效力与纸质文件相同。通过DEPA，新加坡，智利和新西兰的海关当局将通过连接各自国家的单一窗口并启用可互操作的跨境网络，从而履行WTO《贸易便利化协定》项下义务。DEPA还将促进海关清关电子贸易文件（如电子原产地证明书，卫生和植物检疫证书）和B2B交易（如电子提单）的使用并实现交换。

[1] 参见中华人民共和国商务部网站，《数字经济伙伴关系协定》《DEPA》中英文本，载http://gjs.mofcom.gov.cn/article/wj/ftar/202111/20211103216433.shtml，最后访问日期：2022年2月28日；周念利、吴希贤、焦婕："基于DEPA探究亚太地区数字贸易治理前景"，载《长安大学学报（社会科学版）》2022年第2期；赵旸頔、彭德雷："全球数字经贸规则的最新发展与比较——基于对《数字经济伙伴关系协定》的考察"，载《亚太经济》2020年第4期。

续表

序号	模块	内容概要
3	电子发票 (E-Invoicing)	DEPA要求缔约方在电子发票系统内进行合作，从而促进了DEPA协定地区跨境使用电子发票。DEPA鼓励各国对其国内电子发票系统采用类似Peppol（Pan-EuropeanPublic Procurement On-Line）的国际标准。这将使从事国际业务的企业能够通过跨境的互操作系统更轻松地进行交易。企业可以期望缩短发票处理时间并可能更快地付款，并通过数字化节省大量成本，从而提升商业交易的效率、准确性和可靠性。随着越来越多的国家采用类似的标准，这将促进跨境互操作性并简化买卖双方之间的处理付款请求的程序。
4	金融科技和电子支付 (Fintechand E-Payment)	DEPA认识到支付技术正在发展，因此要求各国及时公布电子支付的法规，考虑国际公认的电子支付标准，从而促进透明度和公平的竞争环境。DEPA协定同意促进金融科技领域公司之间的合作，促进针对商业领域的金融科技解决方案的开发，并鼓励缔约方在金融科技领域进行创业人才的合作。 DEPA还同意通过提出非歧视、透明和促进性的规则（如开放的应用程序接口），为金融科技的发展创造一个有利的环境。 同时，支付系统的信任和安全也很重要，因此DEPA协定允许在特殊情况下进行监管，以应对国际收支危机。
5	数字产品 (Digital Products)	DEPA的数字产品模块基本承袭了CPTPP协定（《全面与进步跨太平洋伙伴关系协定》）的所有内容，并进一步确认了DEPA缔约方在处理数字产品和相关问题方面的承诺水平，例如，承诺电子传输和以电子传输的内容在协定缔约方将不会面临关税。随着数字经济继续扩展到尚未想象到的领域，对数字产品的非歧视原则可能对企业至关重要。DEPA协定确认企业将不会面临数字产品的歧视问题，并承诺保障数字产品的国民待遇和最惠国待遇，从而增加了确定性，降低了风险。

续表

序号	模　块	内容概要
6	个人信息保护 (Personal Information Protection)	DEPA 下的个人信息是指"包括数据在内的有关已识别或可识别自然人的任何信息"。随着企业跨境进行电子交易，个人数据正在作为交易的一部分进行传输，但是各国在处理此类数据方面有不同的政策和法规，例如，某些国家的个人数据保护法要求企业在允许特定数据离开国界之前满足某些要求。 DEPA 强调了关于个人信息保护的重要性，DEPA 还制定了加强保护个人信息的框架与原则，包括透明度、目的规范、使用限制、收集限制、个人参与、数据质量和问责制等。DEPA 要求缔约方在国内建立一个与这些原则相匹配的框架。DEPA 缔约方将建立机制，以促进各国保护个人信息法律之间的兼容性和互操作性，比如对企业采取数据信任标记和认证框架，从而向消费者表明该企业已经制定了良好的数据管理规范并且值得信赖。
7	跨境数据流动 (Cross-border Data Flows)	DEPA 认识到数据支持社会福利和推动企业创新的潜力，DEPA 将允许在新加坡、智利和新西兰开展业务的企业跨边界更无缝地传输信息，并确保它们符合必要的法规。DEPA 成员坚持他们现有的 CPTPP 承诺，允许数据跨边界自由流动。DEPA 有利于营造一个良好的营商环境，使企业无论身在何处都可以为客户提供服务，尤其是通过新的业务模型（如软件即服务，software-as-a-service）以及数字产品和服务（如在线游戏和视频流）。
8	政府数据公开 (Open Government Data)	DEPA 展望数据创新的未来，为数据共享项目的未来工作设定框架。DEPA 缔约方可以探索扩大访问和使用公开政府数据的方式，从而为企业（尤其是中小企业）创造新的机会。这包括共同确定可使用开放数据集（尤其是具有全球价值的数据集）以促进技术转让，人才培养和部门的创新。DEPA 各方应努力实现政府数据的公开，鼓励基于开放数据集开发新产品和服务。DEPA 同样鼓励以在线可用的标准化公共许可证形式使用和开发开放数据许可模型，并允许所有人出于法律允许的目的自由访问、使用修改和共享开放数据。

续表

序号	模块	内容概要
9	数据创新和监管沙盒（Data Innovation and Regulatory Sandboxes）	DEPA通过促进跨境数据驱动型创新以促进新产品和服务的开发。例如，监管沙盒是政府和行业合作的机制，在数据沙盒中将根据各国国内法律在企业间分享包括个人信息在内的数据，从而支持私营部门数据创新并弥补政策差距，同时与技术和商业模式的新发展保持同步。通过DEPA，新加坡、智利和新西兰将致力于在数据监管沙盒上进行协作，以创建安全的环境，企业可以在与政府协商后进行创新。金融科技监管沙盒使金融机构和金融科技参与者能够在可信的数据共享环境中，在明确的空间和持续时间内，尝试创新的金融产品或服务，从而促进竞争和高效地开放市场。
10	人工智能（AI）	DEPA促进采用道德规范的"AI治理框架"，该框架以各国同意为原则，要求人工智能应该透明、公正和可解释，并具有以人为本的价值观。这将有助于各国就AI治理和道德原则达成共识，并建立对跨境使用AI系统的信任。DEPA还将确保缔约方的"AI治理框架"在国际上保持一致，并促进各国在司法管辖区合理采用和使用AI技术。
11	网络安全（Cyber Security）	DEPA包括一项关于网络安全的条款，即促进安全的数字贸易以实现全球繁荣，并提高计算机安全事件的响应能力，识别和减轻电子网络的恶意入侵或传播恶意代码带来的影响，促进网络安全领域的劳动力发展。虽然DEPA在网络安全问题上没有具体的规则，但DEPA缔约方将随着新领域的出现继续考虑这一问题，并要求各国政府相互合作。
12	数字包容性（Digital Inclusivity）	DEPA承认包容性在数字经济中的重要性，希望扩大和促进数字经济机会，并致力于确保所有人，包括妇女、原住民、穷人和残疾人都能参与数字经济并从中受益。DEPA通过共享最佳实践和制定促进数字参与的联合计划，改善和消除其参与数字经济的障碍，加强文化和民间联系，并促进与数字包容性相关的合作。

续表

序号	模　块	内容概要
13	争端解决 (Dispute Settlement)	DEPA 还包含争端解决条款，以应对数字贸易领域争端解决条款普遍不适用的问题，DEPA 致力于为解决政府间的争端提供有效、公平和透明的程序，争端解决的程序细节已经加入了正式签署的文本，争端解决条款包括三个层次：协商、调解和仲裁程序，有效缓解了数字经济领域争端解决程序缺失的现状。DEPA 为亚太合作开辟了新领域，在全球经贸舞台乌云密布的当下，中国的加入必将推动 DEPA 路线图的加速落实，促进成员间在货物贸易、服务贸易、知识产权以及投资等领域的深度合作与长足发展。

我国不仅是全球货物贸易第一大国、服务贸易第二大国，也是全球数字经济数一数二的大国。截至 2020 年，我国数字经济对 GDP 的贡献率超过 38.6%，数字经济对我国 GDP 的贡献率超过传统三大产业。后疫情时代，数字经济和数字贸易发展成为经济增长新动力，因此，积极推动全球数字贸易发展并参与规则制定，促进数据安全保护、支持数据跨境流动、推进数字贸易发展对我国都具有重要意义。DEPA 具有创新性、开放性、包容性和专业性等特点。各国可根据本国数字经济、数字贸易发展阶段与实际情况选择要加入相应模块或整体。由于 DEPA 兼具开放包容创新等特性，目前韩国和加拿大等有意加入。DEPA 作为首个专门的数字贸易协定，会对全球数字贸易产生重要而深远影响。从双多边自贸协定看，RCEP 专门有电子商务章节，涵盖无纸贸易、信息保护等。CPTPP 包括电子商务章节，并在电信等领域有监管一致性要求。USMCA（《美加墨协定》）也涵盖了数字贸易规则内容，体现美国的数字贸易治理模式。2018 年东盟十国签署完成《东盟电子商务协定》，2019 年美日签署数字贸易协定，2020 年澳新签署数字经济协定。近年来签定的双多边自贸协定或多或少包含电子商务等一些数字经济、数字贸易内容，但 DEPA 是首个专门用于规范各国间数字经济领域的协定，致力于便利化无缝连接端到端的数字贸易，允许可信任的数据流动，致力于构建数字系统的信任体系。在人工智能、金融科技、金融监管、网络安全及信息保护等都作了明确规定。与 WTO、RCEP、USMCA、CPTPP 及美日数字经济协定相比，

DEPA 具有创新性、开放性、包容性和专业性等特点。各国可根据本国数字经济、数字贸易发展阶段与实际情况选择要加入相应模块或整体。由于 DEPA 兼具开放包容创新等特性，日前韩国和加拿大等有意加入。DEPA 作为首个专门的数字贸易协定，会对全球数字贸易产生重要而深远影响。

在数字贸易国际博弈中，要赢得先机和主动，就需要积极参与到数字贸易的规则制定当中。在数字经济时代，数据是最重要的资产，中国如果加入 DEPA，将有助于推动数字贸易的规范与发展，完善数字经济时代的国际经贸规则。加入 DEPA 的终极目标是 16 个模块都加入，这需要循序渐进，更需要以此为动力来激发数字贸易全面变革，使之成为我国加速将数字经济转变为经济增长的重要新动力的新机遇。

加入 DEPA，需要迅速整体提升我国数字化进程，加快数字产业化和产业数字化进程，加快传统产业数字转型升级。加入 DEPA，需要加快数字贸易进程，为我国数字贸易赋能和提高能效。据统计，2014 年处理贸易文件的成本高达货物转移成本的 20%。而发展无纸化的数字贸易，将大幅减少货物周转和清关时间，将提升跨境贸易的效能，并将增加中小企业参与跨境贸易机会。通过 DEPA，可以让参与成员国通过单一窗口来连接跨境网络，落实 WTO 下的贸易便利化协定内容。促进包括电子原产地证书、检疫证书等海关清关电子贸易文件及电子提单的实现。在数字经济飞速发展的今天，掌握数字贸易及规则无疑占得先机，有助于企业提升供应链的系统优势。

我国在数据跨境流动、数据本地化存储、数据知识产权方面还有不少工作要做。要加入 DEPA，不仅要谙熟其内容，还要完善其规则。参与国际贸易的市场主体需要第一时间掌握 DEPA 内容，并通过参与数字贸易的规则完善与制定，在数字贸易中走在前列，为我国在数字经济时代，构建以国内大循环为主体、国内国际双循环相互促进的新发展格局，培育竞争新优势，在积极参与数字贸易规则的制定中赢得主动和先机。

多极世界的竞争让各国意识到加强区域互助与合作才是适应发展的潮流，相信上海合作组织近 20 年发展出的经贸合作以及数字贸易化不断发展的经验为"一带一路"的经贸规则的构建带去成熟的借鉴。

CPTPP 与"一带一路"经贸规则构建

《全面与进步跨太平洋伙伴关系协定》(Comprehensive and Progressive Agreement for Trans-Pacific Partnership,以下简称 CPTPP)是由日本、加拿大、澳大利亚、智利、新西兰、新加坡、文莱、马来西亚、越南、墨西哥和秘鲁共 11 个会员国于 2018 年 3 月 8 日在智利首都圣地亚哥签署并于 2018 年 12 月 30 日正式生效的,以加速区域贸易自由化、扩大市场开放和增加世界贸易为主旨的多边国际自由贸易协定。作为亚太地区首个巨型区域自由贸易协定,其正式生效对我国在经济、战略和规则等各方面的发展均产生了不同程度的影响,尤其对我国"一带一路"的经贸规则的构建具有较大的研究和参考价值。因此本章将在介绍其概况的基础上,分析其对我国"一带一路"倡议产生的影响,进而分别对其五个重点规则领域进行剖析,为下篇形成具体示范文本提供参考。

第一节 CPTPP 的概况

CPTPP 并非由其现有的 12 个成员国直接草拟而成,其雏形最早可追溯到 2005 年新加坡、智利、新西兰和文莱四国签订的"跨太平洋战略经济伙伴关系协定"(Trans-Pacific Strategic Economic Partnership Agreement,以下简称 TPSEP 或 P4),而后该协定又经历了扩充为 8 个缔约方(俗称 P8)到 12 个缔约方(俗称 P12),P12 再更名为《跨太平洋伙伴关系协定》(Trans-Pacific Partnership Agreement,以下简称 TPP)的过程。以下将对 CPTPP 的历史发展沿革、现状、前景以及文本特点做具体阐述。

一、历史演进

（一）从 P4 到 P8 到 P12

20 世纪末是全球区域经济一体化的起步阶段，亚太经合组织（APEC）的产生为各类双边及多边自由贸易协定的签订起到了巨大的推动作用。到 21 世纪初，全球区域经济一体化的进程加快，FTA 迅速发展，中日韩以及东盟等国家分别成功签订了 FTA 使得亚太地区逐渐成为全球区域自由贸易协定的中心。[1]在此背景下，2002 年，新西兰、智利、新加坡三国以 2001 年 1 月生效的《新西兰-新加坡自由贸易协定》（ANZSCEP）为蓝本[2]，发起跨太平洋自由贸易协定的谈判。2005 年，文莱宣布加入谈判，四国于当年完成了"跨太平洋战略经济伙伴关系协定"（TPSEP）的谈判和签署工作，标志着 CPTPP 雏形的形成。

2008 年，美国爆发了国际金融危机，为了解决危机重振经济，时任总统奥巴马正式宣布加入 TPP 的谈判。2009 年年底，在美国的主导下，《跨太平洋战略经济伙伴关系协定》（TPSEP）更名为《跨太平洋伙伴关系协定》（TPP），与此同时，秘鲁、澳大利亚和越南也宣布加入。至此，P4 变成 P8。

随后，在美国的大力推动下，TPP 进入加速扩容时期。马来西亚和日本分别于 2010 年和 2011 年加入 TPP，2012 年墨西哥和加拿大也先后成为 TPP 的成员国。到 2015 年 10 月 4 日，12 个成员国经过长期且艰辛的谈判，终于就各广泛领域的统一规范问题基本达成一致，并于 2016 年 2 月 4 日在新西兰奥克兰正式签署 TPP。[3]

（二）从 TPP 到 CPTPP

TPP 的正式签署意味着占据全球 GDP 总量约 40%的最大的全球自由贸易区即将形成。但签署不意味生效。根据 TPP 文本，其生效条件简单概括起来

---

[1] 参见潘月星、赵军："TPP 国际贸易规则的谈判及对中国的挑战"，载《对外经贸实务》2015 年第 12 期。

[2] 参见竺彩华："亚太区域合作新变化及其对中国的启示"，载《国际经济合作》2012 年第 2 期。

[3] 参见白洁、苏庆义："CPTPP 的规则、影响及中国对策：基于和 TPP 对比的分析"，载《国际经济评论》2019 年第 1 期。

有两个：一是批准的成员国不少于 6 个；二是批准的成员国的经济总量至少占 TPP 所有成员国经济总量的 85%。[1] 以 2013 的 GDP 为例，美国占 12 个成员国经济总量 60.4%，日本占 17.6%。故根据第二个条件，若 TPP 在美国和日本无法得到批准，将直接导致 TPP 无法生效的结果。其中，日本方面积极推动 TPP 批准的国内程序，并于 2017 年 12 月日本政府的内阁会议上正式批准 TPP，成为 12 个成员国中首个完成国内程序的国家。而美国国内对此的争议较大，奥巴马在位期间迟迟无法通过。直至 2016 年美国总统大选，特朗普竞选时明确发表其对 TPP 的反对态度，并在 2017 年 1 月 23 日，特朗普当选新总统后入职的第二天，签署行政命令，宣布美国正式退出 TPP。

美国的退出使得各成员国欲借助 TPP 推动国内经济发展的美好愿景成为泡影，TPP 面临无法生效的僵局。而对于原先欲借助美国主导的 TPP 牵制中国在亚太地区经济一体化主导地位的日本而言，影响更为重大。对此，2017 年 11 月，日本副首相对外明确表示将继续推动美国退出的 TPP 继续发展的态度。作为剩余 11 个成员国中经济总量最大的国家，日本挑起主导大旗，一方面极力劝说特朗普政府重返 TPP，另一方面也做好前者失败的准备，积极游说其余 10 个成员国继续推动 TPP，试图将 TPP 在最小改动的基础上，变为另外一个可生效的贸易协定。在日本的主导下，2017 年 3 月，TPP11 国第一次部长级会议于智利召开，联合发表了继续推进 TPP 发展的声明。同年 5 月，上述 11 国在越南召开贸易部长会议，再次明确了 TPP 的战略意义并对新的 TPP 方案进行了讨论与谈判。此后的几个月召开了 4 次部长会议推进 TPP 新方案的形成。2017 年 11 月，经过前面几个月的艰辛谈判，在越南召开的 APEC 会议期间，TPP 的 11 位成员国终于就修订后的"TPP"框架内容达成基本一致，并称之为《全面与进步跨太平洋伙伴关系协定》，即 CPTPP。2018 年 3 月，TPP 所有成员国于智利圣地亚哥正式签署 CPTPP。[2]

相较于 TPP，CPTPP 的生效条件更为宽松，不再有经济总量占比的要求，满足 6 个成员国或半数签署方其一批准即可。经过 9 个月的时间，日本、墨西哥、新加坡、加拿大、新西兰和澳大利亚 6 个签署国完成了国内程序，

---

[1] TPP 第 30.5 条。
[2] 参见常思纯："日本主导 CPTPP 的战略、动因、影响及前景"，载《东北亚学刊》2019 年第 3 期。

CPTPP 依约于 2018 年 12 月 30 日正式生效，标志着亚太地区首个也是最大的一个自由贸易区的形成。

（三）现状及前景

目前，CPTPP 生效已好几年，对于其运作成效，参考表 3-1[1]：

表 3-1　CPTPP 成员国 2019 年贸易、投资和经济增长情况[2]

国家	指标	贸易		国际投资		GDP
		出口	进口	利用外资	对外投资	
澳大利亚	总额（百万美元）	272 368.00	223 792.00	30 162.4	591	1 042 754
	增长率（%）	5.67	-5.55	-42.63	-96.42	-1.35
	增长率变化（百分点）	-5.49	-12.56	-73.38	-331.44	-3.43
文莱	总额（百万美元）	5 410.49	3 517.21	—	—	9923
	增长率（%）	2.87	4.67			-1.41
	增长率变化（百分点）	-15.41	-26.35			-14.01
加拿大	总额（百万美元）	448 313.00	462 103.00	36 060.3	53 658	1 293 692
	增长率（%）	-0.77	-1.40	15.67	25.10	-0.05
	增长率变化（百分点）	-7.47	-7.30	-29.45	57.58	-5.94
智利	总额（百万美元）	69 853.50	68 795.20	9474.86	6320	213 811
	增长率（%）	-7.42	-8.28	97.96	799.00	-4.36
	增长率变化（百分点）	-16.41	-23.38	84.18	882.71	-15.38
日本	总额（百万美元）	706 391.00	721 635.00	28 942	197 747	3 826 003
	增长率（%）	-3.78	-2.81	39.95	68.24	1.91
	增长率变化（百分点）	-8.94	-13.41	-40.24	80.46	-1.11
马来西亚	总额（百万美元）	237 120.00	203 349.00	7028.06	5227	269 617
	增长率（%）	-4.14	-6.49	23.99	57.87	0.71
	增长率变化（百分点）	-17.76	-18.16	54.13	98.13	-14.33
墨西哥	总额（百万美元）	454 982.00	444 578.00	22 668.2	5151	944 116
	增长率（%）	0.98	-4.24	-26.57	-53.07	2.48
	增长率变化（百分点）	-9.08	-14.69	-43.00	-2349.80	-3.87
新西兰	总额（百万美元）	39 614.40	42 329.10	2831.56	-2081	153 986
	增长率（%）	-0.15	-3.34	1982.61	471.70	-1.13
	增长率变化（百分点）	-4.38	-12.48	2069.37	679.08	-3.86
秘鲁	总额（百万美元）	46 298.20	41 044.70	5553.47	1103	169 588
	增长率（%）	-5.64	-1.97	-2.62	81.41	1.60
	增长率变化（百分点）	-14.93	-10.10	-32.38	122.27	-4.79
新加坡	总额（百万美元）	388 515.00	355 863.00	89 771	28 394	272 667
	增长率（%）	-5.65	-3.95	43.03	14.97	-0.53
	增长率变化（百分点）	-15.97	-17.02	55.51	41.08	-10.25
越南	总额（百万美元）	273 512.00	273 512.00	11 270	408	—
	增长率（%）	12.23	12.23	6.22	-5.34	
	增长率变化（百分点）	-1.05	-2.17	1.59	-25.06	

从表 3-1 中我们可以看出：CPTPP 生效后的 1 年多里，日本、马来西亚、墨西哥和秘鲁四个国家均有小幅度增长，虽大多数成员方的进出口贸易总量

---

[1] 参见张宇："CPTPP 的成效、前景与中国的对策"，载《国际贸易》2020 年第 5 期。
[2] 资料来源：根据 www.ceicdata.com 以及国际货币基金组织 IFS 数据库整理。

成轻微下滑趋势，表面上没有给其成员国带来预期的显著性贸易增长。然而，一个大型区域自贸协定所带来的影响并非一蹴而就的，不管是贸易转移还是投资转移都是循序渐进的变化过程。

事实上，CPTPP 生效至今 4 年多已有多个国家表示了加入意愿，包括英国、印度尼西亚、泰国、韩国、哥伦比亚和中国等。其中，2021 年 1 月 31 日，英国正式申请加入 CPTPP，并于 2023 年 3 月 31 日获准加入，成为 CPTPP 的第 12 个成员国，同时也是仅次日本的第二大经济体。而我国也于 2021 年 9 月 16 日提交了正式申请加入 CPTPP 的书面信函，目前正在和相关成员进行接触、沟通和磋商。故此，CPTPP 正在呈扩张趋势，拥有良好的扩容前景，对于其成员国数量不足，经济规模小以及缺乏大国力量这一问题在未来也是完全能够得到解决的。另外，作为目前亚太地区水平最高的自贸协定，CPTPP 的规则标准远超 RCEP 和其他自由贸易协定，符合各国对国际市场自由贸易的呼声，顺应了世界经济一体化的潮流，未来或将改变亚太地区经济发展的格局，成为亚太地区经济发展的新的推动力。

二、内容概览

CPTPP 是在 TPP 文本的基础上修订而成的，其主要内容和相对 TPP 的修订情况如表 3-2：

表 3-2 CPTPP 对比 TPP 的修订情况

未更改条款			
章节	主要内容	章节	主要内容
1	初始条款和一般定义	17	国有企业和指定垄断
2	货物的国民待遇和市场准入	19	劳工
3	原产地规则和原产地程序	21	合作和能力建设
4	纺织品和服装	22	竞争力和商务便利化
6	贸易救济	23	发展
7	卫生和植物卫生措施	24	中小企业

续表

未更改条款			
章节	主要内容	章节	主要内容
8	技术性贸易壁垒	25	监管一致性
12	商务人员临时入境	27	管理和机构条款
14	电子商务	28	争端解决
16	竞争政策	29	例外和总则

更改条款		
章节	主要内容	更改内容
11	金融服务	11.2 范围：减小第 9 章 B 节投资者-国家争端解决在本章适用的范围，即取消缔约方违反第 9.6 条最低待遇标准的适用性
15	政府采购	15.24 进一步谈判：进一步谈判日期从不迟于协定生效之日后 3 年内改为 5 年内
20	环境	20.17 保护和贸易：对野生动植物保护法律适用范围取消"其他适用法律"
30	最终条款	修改退出、加入和生效条款

冻结条款		
章节	主要内容	冻结内容
5	海关管理和贸易便利化	5.7 快运货物：冻结定期审议不计征关税固定数额条款
9	投资	9.1 定义：冻结投资协定和投资授权条款 9.19 各缔约方对终裁的同意、9.22 仲裁的进行、9.25 对附件的解释及附件 9-L 投资协议：冻结关于投资协定和投资授权的条款
10	跨境服务贸易	附录 10-B 快递服务：冻结邮政垄断所涵盖的服务提供者不得进行交叉补贴条款；冻结邮政垄断所涵盖的服务提供者不得违反国民待遇或滥用垄断地位条款
11	金融服务	附件 11-E：冻结
13	电信	13.21 电信争端解决机制：冻结复议条款
15	政府采购	15.8 参加条件：冻结劳工权力条件

续表

冻结条款		
章节	主要内容	冻结内容
18	知识产权	18.8 国民待遇：冻结对作品、表演以及录音制品的明确说明 18.37 可授予专利的客体：冻结已知产品授予专利条款；冻结授予植物专利的特例条款冻结如下条款： 18.46 因专利局的延迟而调整专利保护期 18.48 因不合理缩短而调整专利保护期 18.50 保护为披露试验或其他数据 18.51 生物制剂 18.63 版权和相关权利的保护期 18.68 技术保护措施（TPMs） 18.69 权利管理信息（RMI） 18.79 对载有加密节目的卫星和有线电视信号的保护 18.82 法律救济和安全港 附件 18-E 互联网服务提供商（ISPs）附件 附件 18-F 互联网服务提供商（ISPs）附件
26	透明度和反腐败	附件 26-A 药品和医疗器械的透明度及程序公正：冻结程序公正条款

资料来源：新西兰政府网站。

从表 3-2 我们可知，CPTPP 在 TPP 的文本基础上搁置了 20 项内容，修订了 2 项内容。其中，暂停的 20 项内容中有 11 项与知识产权有关，主要涉及专利、生物制药数据、技术及市场等的保护、产品技术的开发、互联网服务提供者的法律责任等。这些条款的冻结在一定程度上降低了对区域内知识产权者的权利保护，赋予了政府更大的自主裁量，是基于各成员方国情和利益的考量作出的权衡结果。此外在海关管理与贸易便利化、投资、跨境服务贸易、金融服务等领域也冻结了少数条款。上述冻结条款均是争议较大，标准较高，成员方之间难以达成合意的内容。除此之外，CPTPP 的其余文本内容与 TPP 保持高度一致，仍然是一份高标准的国际贸易协定。

就框架而言，CPTPP 共有 30 章，除去首尾章的初始条款和最终条款和第 29 章规定的例外和总则，CPTPP 对 27 个具体领域作出了规定，不仅涵盖了货物贸易、服务贸易、争端解决等传统领域的议题，还纳入了电子商务、竞争政策、知识产权、国有企业、劳工保护和环境保护等新领域的议题。

三、文本特点

相较于 TPP，CPTPP 的标准有所降低，贸易涉及的范围也相对较窄。但相比其他的双边或多边自贸协定，总体上而言 CPTPP 的内容具有以下三个特点。

（一）"全面性"和"进步性"

不同于主要为了降低交易成本的一般自贸协定，CPTPP 坚持"全面与进步"的原则。其全面性主要体现在税收优惠、原产地规则以及投资便利上。其中，将"全面性"体现得淋漓尽致的当属"零关税"条款，该条款规定了接近 100% 货物自由贸易的标准，不但统一了区域内各成员方的关税取消规则，根据最惠国待遇原则[1]，任一成员方的关税减让的优惠政策还将自动惠及其余成员方。

CPTPP 的进步性则主要体现在其涵盖了电子数据规则等新领域，其不仅保留了 TPP 中关于国有企业、劳工和环境等核心领域的高水平规则体系，于投资等领域各部门采用了高度开放的准入规范，还保留了 TPP 中关于市场准入承诺的规定。[2]因此，即便 CPTPP 相比 TPP 而言内容有所减少，也不影响其本质上是一个高水平且高标准的自由贸易协定。

（二）影响范围广

根据世界银行发布的数据，2017 年，CPTPP 的成员国人口数量达 5.05 亿人，经济总量占全球的 13.1%。[3]且其成员国均为亚太地区具有良好经济发展趋势和发展潜力的国家，包括经济规模大，经济实力强的日本以及对外开放程度颇高的加拿大、澳大利亚和新西兰等发达国家，为其经济影响力之广奠定了良好的基础。

（三）扩容前景乐观

CPTPP 内容的高水平、高标准及其相对而言广泛的影响范围为其扩容做

---

[1] 参见冯巧根："CPTPP 的核心条款及其对企业利益的影响——会计角度的观察"，载《财会通讯》2020 年第 21 期。

[2] 参见樊莹："CPTPP 的特点、影响及中国的应对之策"，载《当代世界》2018 年第 9 期。

[3] 参见樊莹："CPTPP 的特点、影响及中国的应对之策"，载《当代世界》2018 年第 9 期。

了充足的铺垫。同时，CPTPP 在序言中明确表示欢迎其他国家或单独关税区的加入。[1]日本 CPTPP 首席谈判官梅本和义也在 CPTPP 生效前表示"CPTPP 生效后，如果任何国家有兴趣并且愿意遵守规则，那么我们可以讨论加入事宜"，而目前 CPTPP 已经生效，且英国、韩国等多个国家均表明了加入意愿，CPTPP 成员国数目的扩大指日可待。

四、CPTPP 对全球经贸体系的影响

CPTPP 不仅改变了亚太地区的经贸格局，对整个世界的经贸体系也有其特殊的作用。我国"一带一路"倡议的提出是为改革开放这一基本国策所服务的，而改革开放的最终目的是走向世界，因此探讨 CPTPP 对世界经贸规则体系的影响也有相当的必要性。CPTPP 作为目前区域自由贸易协定的最高标准，其对全球经贸规则体系的影响具体表现在以下几个方面。

（一）全球经贸格局愈加区域化、集团化

在 CPTPP 未生效前，世界贸易规则体系主要呈现为以下几种形式：WTO 主导下的世界经贸规则；双边自由贸易协定；区域自由贸易协定。[2]CPTPP 属于最后一类，虽然并非以一种新的形式呈现，但先前的区域贸易协定主要分布在欧美地区，CPTPP 的生效使得亚太地区也具有一个大型的区域经济一体化协定。和欧盟、北美的自贸区一起，覆盖了全球经贸的主要贸易地区，加剧了世界经贸格局区域化的趋势。

另一方面，在全球经济一体化的潮流下，国家之间的贸易壁垒逐渐被攻破。双边贸易协定（FTA）不再满足贸易多边化的要求。WTO 则由于其自身体制的局限性，在促进区域经济一体化的进程中屡受阻碍，贸易谈判过程也并不顺畅，总体上无法适应全球贸易自由化发展的新情境。而在世界经贸规则统一化的进程中，逐个区域自由贸易区的建成，即区域经济一体化是其中的必经阶段。CPTPP 的生效既顺应了这个趋势，也是全球经贸格局区域化的新发展。

---

[1] CPTPP 序言。
[2] 参见冯巧根："国际贸易规则重塑下的权益维护与会计对策——以 CPTPP 为例"，载《财会通讯》2020 年第 7 期。

(二) 推进全球价值链的重塑

全球价值链[1]的发展受区域贸易协定的指引和影响。CPTPP 作为亚太地区目前最大的区域贸易协定，其生效能够促进技术、资本、能源等生产资源在区域内的优化配置，带来"贸易转移"和"投资转移"，活跃成员方的内部市场，使原本流向区域外的价值链转向区域内流动，从而在总体上推进全球价值链"国家——区域——全球"的前半段"国家——区域"这一进程。[2]由于全球价值链最终需要的是统一的经贸规则，而非区域性规则，所以当不同自由贸易区的不同规则相互交叉重叠但不相统一时，在短期内实际上并不利于资源在全球范围的优化以及全球贸易自由化的实现。但随着区域贸易协定，尤其是 CPTPP 这种高标准的多边自由贸易协定的发展和扩容，长远来看对全球价值链的重塑仍然能起到巨大的推动作用。

(三) 加速全球经贸规则的改革

CPTPP 作为目前全球最高标准的多边自贸协定，适应全球价值链流动及各国企业跨国贸易发展的新要求，在传统自由贸易协定的基础上进行深化、大幅度消减关税壁垒，不仅在标准上提升了不少，还涉足数字贸易等新兴领域，或成为 21 世纪国际经贸规则的新标杆。除了成员方为缔约该协定对本国制度改革已经作出的努力外，CPTPP 的这些特点也将推动非成员方进行制度改革从而推动新型全球经贸规则的构建。CPTPP 的生效反向迫使非成员方向着贸易自由、中立、公平这些理念对本国的制度规则进行改革，提高国家竞争力。因为只有这样，各国才能在本国企业走出去，外国企业走进来的道路上受到最小的阻拦；才能在激烈的全球市场竞争下占据一席之地；才能顺应国际贸易规则潮流发展而得以最终受惠。

五、CPTPP 对中国"一带一路"倡议的影响

虽然美国退出后的 CPTPP 的经济总量占比减少了近 27%，相比 TPP 的影

---

[1] 根据联合国工业发展组织的定义，全球价值链指在全球范围内为实现商品或服务价值而连接生产、销售和回收处理等过程的全球性跨企业网络组织，涉及从原料采集和运输、半成品和成品的生产和分销、直至最终消费和回收处理的过程。

[2] 参见刘滢泉：《后 TPP 时代原产地规则与全球价值链的互构》，载《哈尔滨工业大学学报 (社会科学版)》2019 年第 5 期。

响削弱了不少。但其作为亚太地区最大的区域贸易协定仍然在其成员国与我国的贸易往来中产生了不同程度的影响。尤其是对于同时作为CPTPP成员国和我国"一带一路"合作伙伴的马来西亚和越南,在CPTPP生效后,势必对这两个国家原本与我国在"一带一路"中的贸易往来有所影响,具体体现在经济、经贸规则和战略三个领域。

(一) 给我国各经济领域带来负面影响

经济上主要表现为贸易转移和投资转移对我国产生的负面影响。在货物贸易板块,纺织品的原产地规则对我国的影响较大。根据CPTPP关于原产地规则的规定,纺织品贸易的原产地规则适用较为严格的"纱后原则"。[1]我国作为全球最大的纺织品服装出口国,出口的主要是中间产品和最终的纺织成品。而越南作为CPTPP的成员国,同时又是纺织产品出口大国,可以说是CPTPP原产地规则的最大受益者。CPTPP区域内成员方为了获取协定中规定的关税优惠,原本向中国进口纺织服装品的CPTPP缔约国将逐渐转向越南等协定内较大的纺织品出口国进口,从而挤占中国在全球,尤其是在亚太地区的纺织品出口贸易份额,[2]长远来看必将给我国的纺织业带来较大的挑战。

在服务贸易方面,不同于以往的区域贸易协定,CPTPP将国民待遇原则规定为一项普遍适用的义务,一般对所有服务部门均适用,并且保留了TPP采取的完全单一的负面清单模式,大大提高了区域内服务贸易的开放度和自由度,促进服务贸易在区域内的流动,也会导致贸易转移的发生。

而在投资领域,CPTPP的投资自由化条款为缔约国创立了一个稳定、透明且具有可预见性的保护框架,并赋予了外国投资者更大的权利。[3]这样一来不仅有助于改善区域内的投资环境,还有利于缔约国吸引外国投资和增加对外投资,带动区域内经济增长,形成投资转移的效应。CPTPP的投资规则一方面能够提高我国向CPTPP缔约国投资的质量,但同时也会对我国在吸引国外投资这方面带来一定的冲击,从而在一定程度上阻碍我国"一带一路"

---

[1] 指在纺织品生产过程中选取中间的产纱环节,根据纱线的生产国(地区)来确定原产国(地区)的原则。

[2] 参见金中夏、李良松:"TPP原产地规则对中国的影响及对策——基于全球价值链角度",载《国际金融研究》2014年第12期。

[3] 参见孙秀娟、吴一鸣:"CPTPP的规则、影响及中国对策:基于和TPP对比的分析",载《法制与社会》2020年第19期。

倡议的推进。

（二）推动我国现行经贸规则的改革

CPTPP的生效意味着一套高标准贸易规则在全球贸易领域的确立，其对我国的经贸规则影响表现为两个方面。一方面是对我国现行的经贸规则提出了不小的挑战。就我国目前的情况而言，在国有企业、劳工保护、知识产权和原产地规则等领域都与CPTPP的标准存在一定的差距，若未作出相应的规则改进，长期以往我国将可能被排除在高标准经贸规则体系之外，影响我国的国际经济地位乃至政治影响力。

另一方面正是由于高标准规则施加的压力，CPTPP对我国"一带一路"经贸规则的构建也有巨大的积极意义。我国目前仍处于"一带一路"倡议的推进发展阶段，与共建国家的贸易往来更多的是依靠FTA而非区域贸易协定，即区域内统一的贸易规则暂未形成。作为"一带一路"倡议的发起者，为沿线国家在贸易往来中提供统一适用的规则不仅在微观上有利于提高区域内的贸易效率和贸易稳定，更在宏观上有助于更好地更快地发展和贯彻"一带一路"倡议，吸引更多的国家加入。而CPTPP中高标准的规则文本正好可以为此提供导向与参考，对我国构建"一带一路"经贸规则有很大的借鉴意义。这也是本书将CPTPP作为一章讨论的目的所在。

（三）对我国自贸区战略提出挑战

自20世纪90年代WTO的多边贸易规则谈判陷入困境后，双边自由贸易协定的签订和自由贸易区的建立逐渐成为推动全球经济一体化的主流方式。我国也因此在2012年党的十八大上提出加快自由贸易区战略，并在2013年正式启动自贸区的建设[1]，体现为上海自由贸易港试验区的建设以及近年来与各国双边自由贸易协定的签订等。此外，"一带一路"倡议也是我国自贸区战略的又一重要体现。而CPTPP的生效对应的是一个更高标准的自贸区的建立，必将对我国吸引海外投资以及对外投资形成压力。如仅仅作为旁观者，我国自贸区战略将面临被边缘化的危机。

对此，我国需要更加积极地推进并适当调整自贸区战略以应对CPTPP带

---

[1] 参见"中央人民政府网"，载http://www.gov.cn/jrzg/2013-11/15/content_2528179.htm，最后访问日期：2021年12月1日。

来的贸易和投资转移效应,以追求参与者、领者的角色。首先是积极加入大型国际自贸协定。目前,我国已于2021年3月22日通过全球最大的自贸协定——RCEP的国内批准手续,这将在很大程度上抵消CPTPP带来的负面影响;其次,我国应该更好地利用"一带一路"这个平台,以共建国家为基础,往外延申以构建大型自由贸易区网络、拓宽国际贸易范围,争取在国际经贸规则制定上的话语权;另外,我国还应主动推进与CPTPP成员国中未与我国签订FTA国家的自贸区的建设,从而应对这些国家在签订CPTPP后产生的贸易转移效应。

六、中国应适时加入CPTPP

面对上述影响,本书认为,中国应当适时加入CPTPP。加入CPTPP将给我国带来多方面利好。首先,CPTPP的许多规则实质上代表了国际经贸规则的未来发展趋势。加入CPTPP意味着我国进一步与国际规则接轨,顺应时代潮流的同时推动我国经贸规则的完善与改进、我国改革开放的进程。此外,成为CPTPP的一员还有利于提升中国在国际社会中的地位、加快获得国际经贸规则的制定主导权,便于我国未来加入其他更高标准的自由贸易协定。

实际上,我国已于2021年9月16日提交了正式申请加入CPTPP的书面信函。虽CPTPP中关于国企制度、数字贸易、数据流通、政府采购的规定与我国现有规定尚有一段距离,故真正成为CPTPP的一员仍需时日。但我国的国情现状与CPTPP文本标准的差距正在日益缩小,加入CPTPP指日可待。

不论从协定所体现的理念亦或协定的文本,中国加入CPTPP都具有很强的可行性。从协定的目的和宗旨上看,CPTPP高度开放的经贸规则,在本质上符我国坚持对外开放的态度和对外开放的基本国策,其"自由贸易""可持续发展""公平竞争"等理念也与我国"建设人类命运共同体""支持全球化"的理念相一致,[1]我国近年来不论在经济上的发展还是制度上的改革都在逐步向CPTPP所规定的文本标准靠拢,表现为出台《中华人民共和国外商投资法》,全面采用负面清单制度,创建自由贸易港,坚持推动贸易自由等。

从具体文本的要求上看,CPTPP近8成条款已为我国国情所满足,包括

---

[1] 参见中国法学会WTO法研究会CPTPP课题组:"加入CPTPP,中国需要做什么",载《武大国际法评论》2021年第5期。

但不限于贸易便利化、技术性贸易壁垒以及许多商品的市场准入规定。这些条款与中国与韩国签订的 FTA 类同[1]，表明中国已能满足多数条款的要求。

而对于其他尚有一定差距的条款，中国也有相应的举措并正在逐步贯彻和落实。

比如 CPTPP 的劳工规定，是超出中韩 FTA 范围的对企业提出的更高要求。而目前，我国劳动保障的相关规定虽少于美国，却是高于 CPTPP 成员国平均水平的，随着我国社会保障体系的完善，适用更多的国际劳工规则也将势在必行。[2]

至于最具挑战性的国企条款以及政府采购规则，我国也正在推进国有企业混合所有制改革政策，逐步增大市场化国企的比例、减少国家对国有企业的干预、规范对国企的政策性补贴方式并加大国企信息的公开透明度，以落实中立竞争及公平贸易的理念。

当然，除了以上概括探讨外，知悉 CPTPP 重点领域的具体规则是我国加入 CPTPP 以及推动"一带一路"经贸规则构建的必要条件。故以下五节将分别解析 CPTPP 在货物贸易、服务贸易、竞争政策、数字贸易及争端解决五大领域的规则。

第二节　货物贸易规则

货物贸易规则占据了 CPTPP 文本的很大篇幅，规定于其中第 2 章至第 8 章，从国民待遇原则与市场准入、货物的原产地规则和特殊货物的规则、实施程序到救济途径都作了较为具体和详尽的规定。

一、货物的国民待遇与市场准入

货物的国民待遇与市场准入规定于第 2 章，共 4 节 32 个条款，A 节是对定义与范围的规范，主体内容在后三节：国民待遇与市场准入、农业和关税配额管理。

---

[1] 参见胡若涵："CPTPP 国企条款对我国国企的挑战"，载《经济师》2020 年第 8 期。
[2] 参见刘斌、于济民："中国加入 CPTPP 的可行性与路径选择"，载《亚太经济》2019 年第 5 期。

(一) 国民待遇与市场准入

此节共 18 个条款。CPTPP 吸收了 WTO 的国民待遇原则，除附件 2-A 中列明的措施外，成员国应当将其他成员国的货物视为本国货物同等对待。

在市场准入方面，首先是对"零关税"的规定，各成员方应依据附件 2-D 的关税承诺逐步取消关税，且不得对原产货物提高关税。如有需要，成员方之间可通过协商达成加快取消关税的速度的协议，该协议应取代附件 2-D 的相应规定。同时有以下几点规定需要注意：

1. CPTPP 下的关税免除是不附条件的，任一成员方均不得附带其他不合理要求，比如实绩要求，作为免除关税的条件；[1]

2. 对于临时出口至另一成员方领土进行修理和改造后再入境的货物，各成员方不得征收关税；[2]

3. 对于价值可忽略的商业样品和印刷广告材料的入境，各成员方不得征收关税，但可对样品的形式等做合理要求；[3]

此外，CPTPP 采用正面列举的方式规定了对特定货物的临时入境实行免税准许入境待遇[4]，以及允许成员方附加的要求及其他具体程序规定。

其次是关于货物的进口和出口问题，CPTPP 将 1994 年的 GATT 第 11 条及其相关解释仅做稍微修改后纳入其文本，除非满足该条款的规定，原则上各成员方不得对源自另一成员方领土的货物的进口或运送至另一成员方领土的货物采取禁止或限制措施，前述货物也包括再制造货物。对于进口许可程序，成员方应当遵守《进口许可程序协定》的规定，并依协定将其国内现行进口许可程序通知其余成员方。对于通知的内容、形式、程序和相关期限，CPTPP 同样作了具体规定[5]，以便具体操作。

再次是关于透明度的要求[6]，除了前述内容要求作出有关通知外，每一成员方还应当及时公布有关信息，包括进出口程序所需表格和文件、海关估价规则、税率以及有关法律规定等以便利害关系方知晓。

---

[1] CPTPP 第 2.5 条。
[2] CPTPP 第 2.8 条第 1 款。
[3] CPTPP 第 2.7 条。
[4] CPTPP 第 2.8 条第 1 款。
[5] CPTPP 第 2.12 条。
[6] CPTPP 第 2.13 条。

最后，为方便货物贸易这一章下有关事项的处理，CPTPP 特此设立了由各成员方派代表组成的货物贸易委员会[1]，其职能具体包括促进磋商、处理货物贸易壁垒、审议和修正有关的协调的制度等。这一组织大大增强了货物贸易章节下有关规定的实操性，更好地监督和促进货物贸易的自由化。

(二) 农业

此节共 9 个条款，对应的是 WTO 的《农业协定》。由于农产品相对于其他普通货物有不同的原产地规则判断标准，CPTPP 将农产品作为特殊货物，对农产品贸易相关的措施作了特殊规定，这一规定同时也体现了农产品进出口对一国贸易进出口的重要性。首先，为了各国农业出口竞争的公平和自由，CPTPP 要求各成员方取消农产品出口补贴[2]，且不得以其他任何方式变相给予补贴。

其次是对粮食安全方面的规定[3]，在粮食即将或已经严重短缺的情况下，一成员方可以对粮食临时实施原本禁止或限制的措施，但需满足《农业协定》第 12 条所列条件，并且该措施的实施需要在规定的期限内履行通知义务并符合一系列具体程序规定，但在有其他可替代措施的情况下是不得实施禁止或限制措施的。

再次，与普通货物贸易类似，为保证农产品贸易有关措施的落实，CPTPP 也特此成立由每一成员方代表组成的农业贸易委员会[4]，承担监督和促进农产品贸易、磋商、协调等工作。

最后值得一提的是关于现代生物技术产品贸易的规定，这是超出 WTO《农业协定》的内容，反映了 CPTPP 的进步性。这部分内容要求成员方在一般情况下应当公开现代生物技术产品的批准申请的任何文件要求、安全评估摘要以及已获批的现代生物技术产品清单。另外为防止低水平混杂（LLP）[5]

---

[1] CPTPP 第 2.18 条。
[2] CPTPP 第 2.21 条第 2 款。
[3] CPTPP 第 2.24 条。
[4] CPTPP 第 2.27 条。
[5] "低水平混杂"指在装载的植物或植物产品中出现非故意性的某种转基因作物成分的低水平存在，属于药品或医疗产品的植物或植物产品除外，该转基因作物成分至少在一国已获批准使用，但在该进口国中未获批准，且如已获批准食用，则已根据国际食品法典委员会《重组 DNA 植物食品安全性评估导则》（CAC/GL 45—2003）开展食品安全评估。

问题的出现也规定了具体防范和应对措施。[1]

(三) 关税配额管理

这一节共 5 个条款，内容主要是为了促使各成员方建立或维持一套公平合理的关税配额管理程序，以使进口商获得充分使用关税配额量的机会。首先，一般情况下，各成员方应以附件 2-D 关税减让表规定的条件和资格要求为限，不得另外增设其他条件。[2]其次，在分配管理关税配额的情况下，每一成员方应满足不将配额分配给生产商集团；每份配额达到商业运作的合理装载量；配额内进口的分配使用管理制度内的任何税目等保证公平合理分配关税配额的要求[3]最后是透明度要求，不论是关税配额的分配、退还、再分配的机制都应满足透明的要求。[4]，即要求在指定的网站及时公开，同时各成员方应当确定机构以负责管理关税配额，以及在配额用完时应当遵守的其他程序规定。

二、原产地规则及其实施程序

原产地规则规定于 CPTPP 第 3 章，共 32 个条款，由 3 小节（原产地规则、原产地实施程序和其他事项）和 3 个附件组成。作为货物来源地的确认规则，原产地规则与货物的税收密切相关，能够有效防止第三国货物"搭便车"从而免于纳税的行为，是自由贸易协定中必要且非常重要的组成部分。

所谓原产地规则，是指一地区根据地区法律或国际协定确定的原则指定并实施的，以确定生产或制造货物的地区的具体规定。[5]原产地规则的核心内容是原产地标准，对于原产地标准有几种不同的分类，但现有的自由贸易协定对此的标准包括"完全获得""区域价值成分""税目改变""加工程序"

---

[1] CPTPP 第 2.27 条。
[2] CPTPP 第 2.28 条第 1 款。
[3] CPTPP 第 2.30 条。
[4] CPTPP 第 2.32 条。
[5] 参见金中夏、李良松："TPP 原产地规则对中国的影响及对策——基于全球价值链角度"，载《国际金融研究》2014 年第 12 期。

"累积原则""微小加工""微小含量"及混合标准等[1]多种[2]。其中,完全获得是最为严格的一种原产地确认标准,而 CPTPP 作为以高标准著称的区域自由贸易协定,对普通货物以及农产品、纺织品等特殊货物的原产地也规定了较为严格的判断标准。

对于原产地原则,CPTPP 规定了对于普通货物和农产品的原产地确认规则及具体计算方法。对于普通货物,确立以"完全获得"作为确定原产地的主要规则,同时兼采"区域价值成分""累积原则""微小含量"的方法。对于每种方法对应的货物类型及每种方法的具体计算方法和计算公式,CPTPP 均作了详细的规定[3],对于农产品,则以"完全获得"作为原产地判断标准。

对于原产地程序,CPTPP 围绕促进贸易自由化、便利化的主旨,规定了关于原产地证书以及具体进出口有关提供原产地证书的具体形式和程序等要求,尽可能在减少实质上满足要求的货物在程序上的阻碍。比如,对于原产地证书,成员国不得做形式上的强制要求;合理扩大原产地证书的适用情形;不得因原产地证书内容中的微小错误而拒收;特定情形下不得要求提供原产地证书。另外还规定了进出口时进出口商提起优惠关税待遇请求的程序及相应的义务以及如何核查原产地的详细方式。[4]

而关于其他事项(仅一条),系是对设立原产地规则和原产地程序委员会

---

[1] "完全获得"指一种产品完全在自贸协定成员一方境内获得或制造;"税目改变"主要用于加工产品,要求成员一方从自非成员国(地区)进口某章(2 位税目)、品目(4 位税目)或子目(6 位税目)的商品,经过加工制成的商品,所属的章、品目或子目的税号发生了改变,则认定该加工品为该成员一方的原产商品;"区域价值成分(RVC)"是指成员一方全部或部分利用进口原料或组合零件生产出的商品必须达到一定的增值百分比,比例需要通过谈判确定;"加工工序"是指成员一方的加工产品必须符合特定的生产和加工工序才能认定原产;"累积规则"是指成员一方原产的货物或材料在另一方构成最终产品的组成部分时,在计算该最终产品的增值百分比时,把该货物或材料视为原产于该另一方;"微小加工"是指简单混合、稀释、重新包装、活动物屠宰等各种未使进口商品产生实质性;改变的加工行为,只进行微小加工的货物不能视为原产商品;"微小含量"是指,如果构成最终产品的某种成分在最终产品中的价值比例小于特定水平,则不改变该最终产品的原产地属性;混合标准即混合使用上述 2 种或 2 种以上标准。

[2] 参见刘艺卓、赵晶:"CPTPP 农产品原产地规则与我国应对的谈判策略",载《中国外资》2020 年第 3 期。

[3] CPTPP 第 3 章 A 节。

[4] CPTPP 第 3 章 B 节。

的规定[1],与货物贸易委员会类似,仍由各成员方派代表组成,以促进该章事项的落实和协助该章项下产生的问题的解决。

对于纺织品,CPTPP 将纺织品和服装作为独立一章规定,共 9 个条款,体现了纺织品在原产地规则确认上的特殊性,也体现了纺织品行业对于各成员国进出口贸易的重要性和敏感性。由于其内容本质也属于原产地规则的范畴,此处不再另起一点阐述。

纺织品行业的原产地规则按生产环节可分为纤维后原则、纱后原则、布后原则以及剪裁和缝制原则,认定标准也从极其严格到较为宽松。CPTPP 中对于纺织品行业原则上采用较为严格的纱后原则,确立具体的判断标准,另外为了回应成员国中诸如越南这类暂时还不能完全适应纱后原则的国家的需求,还规定了一系列协调制度,比如短缺供给清单(列举的一系列临时适用的非原产材料在 5 年内可视为原产材料)、关税优惠配额、成套货物的待遇以及特定手工和民俗商品的待遇。

但需要注意的是,CPTPP 并未阻止成员国在他国纺织品对本国的纺织品产业造成严重损害或严重损害实际威胁时在特定条件下采取紧急行动。[2]此外,在纺织品和服装这章还规定了包括合作、监督、审核和机密性等鼓励性及常规的程序性条款。与普通货物和农产品一样,CPTPP 还成立了由每一成员国代表组成的纺织品与服装贸易问题委员会,[3]以推动该章包括合作、审议、改进等规定的实施以及解决该章项下的产生的问题。

(一) 海关管理与贸易便利化

在货物贸易规则中,确立各类进出口货物的原产地规则是首要的一个在实体上须予以讨论的议题。但除此之外,为了最终实现消除关税贸易壁垒达到零关税的目的,在程序上,尤其是在海关手续的简化上的规定也不可或缺。CPTPP 将海关管理与贸易便利化规定于第 5 章,作为一个独立的章节,凸显其重要性。

这一章共 12 个条款,主要包括了海关合作、预裁定、自动化、快运货物、处罚、货物放行等事项的规定。

---

[1] CPTPP 第 3.32 条。
[2] CPTPP 第 4.3 条。
[3] CPTPP 第 4.8 条。

（二）海关合作

关于"合作"规定在CPTPP中有不少，几乎每个章节都有，但海关合作的规定却显得更为重要，直接决定了货物在海关放行的效率和相关程序的落实。

对此，CPTPP作出的重要规定包括：（1）各成员方之间应就货物贸易的重要海关事务进行合作；[1]（2）在重要的法律法规及相关措施作出重大修改和变更时应当尽量提前向其他成员方作出通知；[2]（3）特定条件下一成员方可向另一成员方请求提供与货物进出口相关的机密信息，但该请求须以书面形式作出并列明信息使用的目的以及提供相关具体的信息以便另一成员方寻找该信息；[3]（4）收到信息提供请求的成员方应当努力提供信息并可向请求提供信息方寻求提供技术性的建议或协助，以简化和加强海关通关程序、提高海关人员的专业技能等。[4]

（三）预裁定

预裁定是指一成员方的出口商、生产商或另一成员方的进口商在货物进口至另一成员方的领土前向其提出预裁定的书面请求，另一成员方对该货物的税则归类、《海关估价协定》的适用、是否为原产地货物的判断以及其他事项作出的书面预裁定。[5]这一条款对促进海关的公正执法、货物通关的可预见性发挥了重要的作用。

对此，CPTPP具体规定了收到预裁定申请成员方作出裁定的时间（收到请求后150天）、裁定的有效期（至少3年）、作出裁定应考虑的因素（相关事实和情况）、拒绝作出预裁定的情形（属司法复议或司法审查对象）以及拒绝裁定应履行的程序（及时的书面通知）。在作出预裁定后，若存在裁定错误或者修改或撤销的理由时也可对该裁定进行相应调整，但该调整不溯及既往，不得对相对人之前的货物进口处活动有不利影响。另外，各成员方应对预裁定请求方申请行政复议的权利予以保证。

---

[1] CPTPP第5.2条第1款第（a）项。
[2] CPTPP第5.2条第1款第（b）项。
[3] CPTPP第5.2条第3款。
[4] CPTPP第5.2条第8款。
[5] CPTPP第5.3条。

（四）自动化

在经济一体化、世界贸易体量不断增加的 21 世纪，自动化的海关程序对货物的通关的便捷和效率起到了非常大的帮助作用。

CPTPP 对此的具体规定主要体现在标准化和电子化的要求上。在标准化上重点规定了：（1）CPTPP 要求各成员方应努力适用关于货物放行程序的国际标准；（2）按照世界海关组织标准尽可能对进出口贸易数据采用一致的标准；（3）酌情考虑世界海关组织或亚太经合组织开发的标准或建议书等；（4）努力研发一套可以共享的以世界海关组织标准数据模型等为基础的共同数据项。在电子化上，CPTPP 要求各成员方应采用电子系统以供海关用户使用并采用电子化系统对风险进行分析和定向。[1]另外，各成员方应努力提供相关设施使得进出口商可在单一接入点以电子方式完成标准化的进出口要求。[2]

（五）快运货物

快运货物，即快速运送货物，体现了对货物通关时间的高要求。CPTPP 要求各成员方设立快速的海关程序[3]，具体包括：（1）规定快运货物抵达、处理及通行所需的相关信息；（2）允许一次性提交所有快运货物的信息；（3）尽可能规定特定货物放心量的最少件数；（4）原则上快运货物应在抵达后 6 小时放行等规定。如一成员方无法对所有货物提供上述待遇，也应至少设立对"快运货物"的上述相关程序。[4]

（六）处罚

处罚条款主要规定了在促进货物通关便利化的原则上，不排除各成员方对违法通关行为进行惩罚的权利。但在具体规定上，CPTPP 倾向设立一个公开、公平、公正惩罚程序，以保证违法行为人的合法权利不受侵犯。[5]具体体现：（1）处罚仅针对存在违法行为且应对承担法律责任的人；（2）处罚措施应与违法行为的严重程度相适应；（3）采取避免在收缴罚金和关税时出现

---

[1] CPTPP 第 5.6 条第 1 款。
[2] CPTPP 第 5.6 条第 2 款。
[3] CPTPP 第 5.7 条第 1 款。
[4] CPTPP 第 5.7 条第 2 款。
[5] CPTPP 第 5.8 条。

利益冲突的措施；(4) 作出处罚应提供书面说明并列明具体违法性质、处罚金额及法律依据；(5) 违法行为提前自愿认错的，应对纳入考虑适当减轻处罚；(6) 原则上应对海关当局作出处罚的时间期限予以明确规定。

（七）货物放行

货物放行与快运货物一样，旨在简化海关程序以使货物快速通关，但其适用范围更广，对非快运货物同样适用。[1] 主要内容包括：(1) 除另有规定，尽可能在货物抵达后 48 小时内放行；(2) 货物抵达前通过电子方式处理海关资料以加快通关速度；(3) 非必要不将抵达的货物转移至临时仓库等存放地点；(4) 若在关税等税收在货物抵达时未能确定，允许进口商在上述费用最终确定前现行放行货物（前提为货物符合放行条件）。若货物凭担保放行，该进口成员方应当保证担保金额不超出货物进口总应付金额、保证在进口商的义务得到履行时及时解除担保并允许进口商适用非现金的方式进行担保。

（八）其他事项

其他事项的规定主要包括要求收到一成员方相关建议信息的另一成员方应对该建议或信息请求作出及时的答复[2]；每一成员方应保证管理海关的行政机关对其所作决定的相对人保留行政复议并规定公正、合理的救济程序[3]；对高风险货物设立进行评估的定向风险管理制度以提高普通货物的通关效率[4]；尽可能使用英语公布进出口有关的一些法律法规程序和指南[5]；任一成员方对于另一成员方依规定指定为机密的信息应予以保密[6]等。

三、贸易救济

贸易救济规定于 CPTPP 的第 6 章，包括 2 节内容（A 节保障措施和 B 节反倾销和反补贴税共 8 个条款）和 1 个附件。此章的规定实际上平衡贸易自

---

[1] CPTPP 第 5.10 条。
[2] CPTPP 第 5.4 条。
[3] CPTPP 第 5.5 条。
[4] CPTPP 第 5.9 条。
[5] CPTPP 第 5.11 条。
[6] CPTPP 第 5.12 条。

由化和贸易保护的结果，CPTPP 的重要目的之一就是促进区域贸易自由化，但同时，无限制的自由化贸易势必会对其成员国的国内产业造成不同程度的损害，尤其是 CPTPP 的成员国之间发展差异较大，故为了尽可能降低这种负面影响，CPTPP 也纳入了 WTO 和 GATT 规定的保障措施，同时规定了不影响成员方于 GATT 项下权利和义务的履行。保障措施作为一种合法的救济措施，在允许成员方实施的同时也应当为了避免滥用导致本末倒置而予以适当限制以实现最大限度的公平贸易。

在 A 节关于保障措施的规定中，首先，保障措施是指当不可预见的发展导致一货物的国内产业造成严重损害或严重损害威胁时，进口成员方可以在非歧视原则的基础上对该货物的进口实施限制。[1]其次关于过渡性保障措施，即双边保障措施的实施，若出现了"绝对数量增加或占比的过分增大导致一进口成员方国内产业严重损害或威胁造成损害"的情形，无论是基于一成员方的原产货物还是两个及以上的成员方原产货物的合并计算，该进口成员方均可实施保障措施。[2]保障措施具体包括中止关税税率的削减或提高该货物的关税税率，但提高关税税率的水平不得超过当时最惠国实施的税率以及 CPTPP 对该进口成员方生效前一天实施的最惠国税率，这一规定体现了非歧视原则。另外值得注意的是 CPTPP 下的过渡性保障措施不包括关税配额和数量限制。

此外，CPTPP 还对过渡性保障措施的标准、调查程序、透明度要求、通知和磋商以及补偿等方面作了较严格和具体的规定[3]，其中较为重要的规定包括：实施期限原则上不超过 2 年；对同一货物实施不得超过一次；遵守《保障措施协定》的相关要求；发起实施调查应以书面形式及时通知其他成员方；决定实施的通知应包括对该过渡性保障措施的精确描述；实施一方经与其余成员方磋商应提供贸易自由化补偿以达到具有实质相等的贸易效果的减让或等于预计该过渡性保障措施所导致的关税减让的价值。

在 B 节关于反倾销和反补贴税的规定，主要是保留各成员方在 GATT1994 第 6 条、《反倾销协定》和《补贴与反补贴措施协定》中的权利和义务。另外

---

[1] 参见王传丽主编：《国际贸易法》，法律出版社 2012 年版，第 322 页。
[2] CPTPP 第 6.3 条。
[3] CPTPP 第 6.4~6.7 条。

值得注意的是，关于贸易救济这章的规定项下产生的任何争端不适用第 28 章规定的争端解决机制。[1]

四、卫生与植物卫生措施（SPS）

SPS 规则规定于 CPTPP 第 7 章，系在 WTO《卫生与植物卫生措施协定》（以下简称《SPS 协定》）的基础上追求更强的实操性、更高的透明度以及更自由、公平的贸易制定而成的。SPS 的规定系为了保护区域领土内的人类和动植物的生活健康，同时寻求解决卫生与植物卫生问题的多种方式以促进贸易的便利化和扩大。[2]

该章共 18 个条款和 1 个附件（附件 A），基本涵盖了 WTO《SPS 协定》包括非疫区和低度流行区、等效、风险评估、透明度、非歧视与磋商和争端解决等主要内容。[3] 同时充分尊重《SPS 协定》，明确了该章的具体规定不阻碍成员方对《SPS 协定》规定下权利与义务的履行。

（一）适应地区条件

适应地区条件包括非疫区和低度流行区的条件的确定，对此，CPTPP 要求[4]：

（1）各成员方考虑 WTO 或 SPS 委员会的国际标准及相关指导和建议；（2）进口成员方在收到出口成员方关于确定区域条件的请求并确认该信息充分时，应在合理期限内启动评估程序。若出口成员方请求，应说明区域条件的确定流程并告知评估情况；（3）若进口成员方采取措施承认出口成员方的特定区域条件，应当予以书面告知；（4）鼓励承认区域条件的两成员方将结果报告至委员会；（5）若进口成员方无法作出承认病虫害非疫区或低流行区的确定，应当告知理由；（6）在承认区域条件的确定被修改或撤销时，所涉成员方应当展开合作以评估是否可恢复。

---

[1] CPTPP 第 6.8 条。
[2] CPTPP 第 7.2 条。
[3] 参见郝洁："后 TPP 时代卫生和植物卫生措施相关规则对我国影响的对策"，载《中国经贸导刊》2017 年第 9 期。
[4] CPTPP 第 7.7 条。

(二) 等效

卫生与植物卫生措施的等效性是促进贸易便利化的重要方法,指的是在可行的范围内,成员方应当对一组措施或体系基础上实施等效。[1]具体规定包括:(1)在确定等效性时应当考虑 WTO 或 SPS 委员会的相关国际标准、指导和建议,同时应当考虑可获得的信息、相关经验和出口成员方的监督和管理能力;(2)如出口成员方请求,进口成员方应当说明卫生或植物卫生措施的目标和理由并说明该措施的潜在风险;(3)在开始等效评估后,如出口成员方请求,进口成员方应当及时说明确定等效性的流程和计划;(4)若出口成员方能够向进口成员方证明其采取的卫生或植物卫生措施可实现和进口成员方措施差不多的保护水平或者达到进口成员方采取的措施的类似效果,则进口成员方应当承认该措施;(5)如进口成员方作出了承认另一成员方卫生或植物卫生措施的决定,应当及时书面告知并在合理期限内实施该措施,若拒绝承认,应书面告知理由;(6)如果双方同意,鼓励等效性确定所涉成员方向委员会报告结果。

(三) 风险评估和非歧视原则

卫生与植物卫生措施须在科学的风险评估的基础上作出,并考虑 WTO 或 SPS 委员会的相关国际标准和指导建议。非歧视原则体现为在情形相同或相似时,一成员方的卫生与植物卫生措施不得在包括该成员方领土的所有成员方之间构成任何不合理或歧视。具体要求[2]包括:(1)考虑可合理取得的有关科学数据;(2)考虑技术和经济上的可行性,对贸易的限制作用不得超出成员方已确定的具有适当保护水平的风险管理选项;(3)若一出口成员方请求,进口成员方应当告知风险评估所需信息、进行的具体情况并告知过程中可能发生的任何延迟;(4)若风险评估的结果允许进口成员方开始或恢复一卫生或植物卫生措施,则应当在合理期限内实施该措施;(5)原则上任何成员方不得仅因卫生或植物卫生措施正在开展而停止进口另一成员方的货物。

(四) 审查与进口检查

审查是指对一出口成员方提供的满足进口成员方卫生与植物卫生措施要

---

[1] CPTPP 第 7.8 条。
[2] CPTPP 第 7.9 条。

求的能力的审查,目的为检查出口成员方主管机关管理体系的有效性。进口成员方在实施审查时,应做到[1]:(1)考虑 WTO 或 SPS 委员会的相关国际标准和指导建议;(2)实施审查前,所涉成员方应当讨论审查目标、范围、要求以及审查的流程安排;(3)对于审查结果应当出局书面报告并予所涉出口成员方对审查结果发表评论的机会;(4)审查费用原则上谁审查谁承担;(5)审查过程涉及机密信息的应当设立相应程序予以保密。

进口检查是对进口货物的各种信息的检查,成员方可以通过进口检查积累的有益经验进而调整进口检查的频率。进口成员方实施进口检查时应做到[2]:(1)向另一成员方提供有固安检测货物的方法、程序和设施的信息;(2)保证对检测过程进行记录并保证检查结果系科学的、合理的;(3)若依检查结果阻止货物的进口,应当至少告知进口商或其代理、出口商、生产商或出口成员方其中之一;(4)拒绝货物进口的通知应于决定作出后 7 日内告知,内容应当包括充分理由、法律依据、受影响货物的信息(如适当,包括处置信息);(5)允许出口成员方在合理期限内对检查结果请求复审等。

(五) 透明度

透明度原则贯穿了整个 CPTPP 文本的规定,之所以在多数章节另起一标题是为了细化每一议题下透明度的不同的具体的要求。在卫生与植物卫生措施下的透明度要求[3]包括:对拟议卫生与植物卫生措施的公开、最终措施的公开、内容的具体要求、需要向交易成员方通知的有关事项的列举等。

(六) 联合技术磋商

由于卫生与植物卫生措施涉及的技术性较强,所以 CPTPP 对此议题规定了联合技术磋商。[4]在一成员方提出技术磋商请求时,另外一个或多个成员方可与该成员方启动联合技术磋商,以讨论可能对请求方贸易造成不利影响的有关卫生与植物卫生措施。此外,联合技术磋商也是援引第 28 章争端解决制度解决此章项下产生的问题的前置要求。

---

[1] CPTPP 第 7.10 条。
[2] CPTPP 第 7.11 条。
[3] CPTPP 第 7.13 条。
[4] CPTPP 第 7.17 条。

（七）其他事项

其他事项包括认证，指的是对符合一进口成员方卫生与植物卫生措施所必要的证明过程。在一进口成员方对一出口成员方进口的货物进行认证的要求基本同上述审查与进口检查的规定，主要系为保证程序公正、透明所作的一系列规定。故此处不再细述。[1] 其他重要规定还有：设立由各成员方派代表组成的卫生与植物卫生措施委员会以解决该章事项产生的问题以及促进该章规定的落实；[2] 设立卫生与植物卫生方面的主管机关和联络点并确立首席代表；[3] 各成员方之间应当就卫生与植物卫生措施方面的工作展开合作和必要的信息交流；原则上此章适用第 28 章争端解决制度，但对于特定条款有适用期限的限制[4]，另外涉技术问题的争端，专家组应当寻求各争端方选定的专家的意见。

五、技术性贸易壁垒（TBT）

TBT 规则规定于 CPTPP 的第 8 章，包括 13 个正文条款及 7 个附件。CPTPP 的 TBT 规则旨在取消不必要的技术贸易壁垒以促进贸易便利。其文本以 WTO《技术性贸易壁垒协定》（以下简称《TBT 协定》）为基础（第 8.4 条以正面列举的方式直接将《TBT 协定》的特定条款纳入 CPTPP 文本），并加以改进，形成透明度更高、实操性更强、合格评定责任更严格具有 CPTPP 特色的 TBT 规则。

正文条款中包括合格评定、透明度、合作与信息交流以及其他事项的规定。

（一）合格评定

相比《TBT 协定》，CPTPP 在合格评定上对其成员国提出了更高的要求[5]：（1）非歧视原则，每一成员方须对包括其在内的所有成员方领土内

---

[1] CPTPP 第 7.12 条。
[2] CPTPP 第 7.5 条。
[3] CPTPP 第 7.6 条。
[4] CPTPP 第 7.18 条。
[5] CPTPP 第 8.6 条。

的合格评定机构相同的待遇；（2）任一成员方不得要求对进口到其领土内的产品进行检测的合格评定机构其位于自己领土内或强加其他不合理要求；（3）若一成员方开始进行合格评定，在《TBT协定》规定的基础上，应另一成员方请求应当说明所要求信息对评定合格及费用确定的必需原因、保证所要求信息机密性的措施以及对合格评定程序的纠正和救济措施；（4）在《TBT协定》的基础上，任一成员方不得因一合格评定机构在拥有其他任何认可机构的一成员方领土内经营、属于非政府机构或位于未设立承认任何机构程序的另一成员方领土内但获得国际认可而拒绝接受该机构的合格评定结果效果的行动；（5）尽量采用电子方式公布认可、批准或承认一合格评定机构的条件；（6）其他在《TBT协定》特定条款基础上作出的更加严格的要求。

（二）透明度

在透明度原则上，CPTPP同样在《TBT协定》文本的基础上提出了更高的要求，作出了更加具体、实操性更强的规定，主要是针对合格评定制定到认可的一系列相关程序和信息的公开。包括期限、通知、信息公开的方式等。[1]比如，鼓励每一成员方在合格评定程序的制定过程中提供额外透明度的（如通过电子工具、公众宣传或磋商等的方式）；通过电子方式公开可能对贸易产生重大影响的所有新技术法律规定、提案以及最终修正文本等并保证可通过刊物或官方网站获得上述信息等。

（三）合作与信息交流

此部分包括合作和贸易便利化以及信息交流和技术讨论。主要是鼓励各成员方针对技术贸易壁垒的问题开展合作和交流，以互惠互利，促进统一的监管协调机制的形成。

合作和贸易便利化的主要内容[2]包括：（1）在《TBT协定》第5、6、9条的基础上，鼓励所有成员方对各自领土内的合格评定程序结果的相互承认；（2）承认合格评定机构和认可机构的现行区域和国际相互安排；就实践经验和监管方法互相交流；（3）尽量使国家标准向国际标准靠拢、促进更多适用国际标准作为合格评定程序的依据；（4）鼓励各成员方之间负责标准化、合

---

[1] CPTPP第8.7条。
[2] CPTPP第8.9条。

格评定等的机构互相提供技术援助或就其他有关事项进行合作。

信息交流和技术的主要内容包括一成员方应当应另一成员方请求在合理期限内提供本章项下产生的任何信息并尽量以电子方式提供；一成员方可请求与另一成员方进行本章项下产生的问题的技术讨论，另一成员方原则上应在60日内予以回应；上述讨论过程不得损害所涉成员方参与的其他国际协定项下的权利和义务等。[1]

(四) 其他事项

其他事项主要包括设立由各成员方派代表组成的技术性贸易壁垒委员会以促进本章项下规定的落实及有关问题的解决；[2]就技术性贸易壁垒指定并通知一联络点负责信息的通知、交流和协调。

另外，本章所附的7个附件分别是对特定类别货物关于消除技术性贸易壁垒的具体要求，特定类别的货物分别为葡萄酒和蒸馏酒、信息和通信技术产品、药品、化妆品、医疗设备、预包装食品和食品添加剂的专有配方以及有机产品。

第三节 服务贸易规则

服务贸易作为贸易的一大组成成分，属于多数自由贸易协定中通常会涵盖的传统议题。而CPTPP秉承着促进服务贸易自由化，提高服务市场开放程度的主旨，在承诺方式、重点部门的服务自由化推动、监管制度等方面的规定都有所创新和突破，体现了其全面性和进步性，同时也预示了跨境服务贸易未来的发展方向。

服务贸易作为一个大板块，在CPTPP中并不仅指跨境服务贸易，还包括规定于第11章的"金融服务"和分散于其他章节的有关规定，包括第9章的"投资"、第12章"商务人员临时入境"以及第13章"电信"中的相关规定。本节重点探讨第10章"跨境服务贸易"的相关内容。

跨境服务贸易规则规定在CPTPP的第10章，共13个条款以及3个附件(专业服务、快递服务、不符措施棘轮机制)。前两个条款分别是定义该章主

---

[1] CPTPP第8.10条。
[2] CPTPP第8.11条。

要的名词和界定适用范围和不适用情形。其中，需要明确的是，CPTPP 下的"跨境服务贸易"特指以下三种提供服务的情形：（1）从一成员国领土向另一成员国领土；（2）在一成员国领土内向另一成员国的个人；（3）一成员国的个人向另一成员国的个人。

本节将重点从以下 6 个方面阐述分析其中具体的规定。

一、国民待遇及最惠国待遇

同货物贸易规则一样，服务贸易规则也规定了国民待遇原则。[1]值得注意的是，在服务贸易中，CPTPP 的国民待遇原则不是一般义务，而是普遍适用的一般义务[2]，这与其规定的负面清单的承诺方式相适应，原则上对所有服务部门都适用，包括未知的服务部门，实行准入前国民待遇。

在最惠国待遇原则方面，CPTPP 作为一个区域自由贸易协定，其规定的最惠国待遇原则显然是有条件的，仅对其成员国做要求。[3]具体而言，CPTPP 的最惠国待遇原则要求每一成员国向其他成员国或者非成员国提供的有关服务贸易的优惠政策应惠及其余所有成员国。

二、市场准入和当地存在

在市场准入方面，为扩大服务市场开放程度，破除贸易壁垒，CPTPP 严格要求每一成员国根据客观、合理和透明的标准来管理一系列措施，禁止采取过多的或不必要的限制措施[4]，包括限制或要求服务提供者的数量、服务交易或资产总值、服务形式、业务总数、服务产出总量、可雇佣人数以及要求以何种法律实体来提供服务。

此外，成员方也不得有"当地存在"的要求[5]，即每一成员方均不得要求服务贸易提供者在其领土内设立法律实体或成为该国居民作为提供跨境服务的条件。

---

〔1〕 CPTPP 第 10.3 条。
〔2〕 参见倪月菊："TPP 与国际服务贸易新规则及中国的应对策略"，载《深圳大学学报（人文社会科学版）》2016 年第 1 期。
〔3〕 CPTPP 第 10.4 条。
〔4〕 CPTPP 第 10.5 条。
〔5〕 CPTPP 第 10.6 条。

三、具体承诺（不符措施）

不同于采取以正面清单为主的 GATS，CPTPP 在具体承诺中仅采用负面清单的模式来规定市场准入、当地存在、国民待遇原则和最惠国待遇原则适用的限制领域或行业，这一规定充分体现了 CPTPP 文本的高标准和进步性，增强了实践操作的可行性和高效性，对促进服务部门的自由化起到了立竿见影的效果。

具体而言，CPTPP 的负面清单以其附件 2 不符措施清单所列部门、分部门及其他措施为准。该附件对各成员方不适用"国民待遇、最惠国待遇、市场准入及当地存在"这些原则和规则的具体领域或事项做了正面列举，尊重各国根据其国情作出相应的特殊限制。但除了所列明的领域和事项之外，其余服务部门均适用上述原则和规则。另外，不符措施还包括一成员方的中央一级政府和地区一级政府依附件 1 维持的现行不符措施以及对该措施和合理的修改。[1]但如一成员方认为另一成员方的地区一级政府依附件 1 采取或维持的不符措施对其跨境服务贸易造成实质性阻碍时，可请求与另一成员方进行磋商。另一成员方应就此进行措施并充分考虑磋商请求方的建议，进而考虑是否对相关措施进行调整。

四、国内监管

为保证各成员国采取的服务贸易相关措施的良好实施，CPTPP 还规定了相应的监督程序，强调每一成员方均应以公正、合理且客观的方式实施。同时，每一成员方还需设立对另一成员方专业人士能力的评估程序。

若一成员方要求对某项服务提供进行批准程序，则该成员方需保证其相应主管机关做到[2]：

(1) 合理时间内审查并告知决定；
(2) 对批准的各项具体程序设定相应期限；
(3) 拒绝批准应告知理由；
(4) 应申请人请求及时告知申请状态；
(5) 给予申请人适当指引和对申请文件的纠错机会；

---

[1] CPTPP 第 10.7 条。
[2] CPTPP 第 10.8 条。

(6) 适宜情况下可用副本文件代替正本文件；

(7) 如有批准费用，应公开、合理且透明；

(8) 如有设立许可或资格要求的考试，考试的相关安排需合理。

五、承认

由于服务贸易市场诸多行业存在需要通过各国领土内资格考试以获得行政许可或确认，然而这些认证大部分不具有国际性，故为方便在这些服务领域进行跨国贸易，CPTPP 设定了承认这一制度，即成员方之间可通过协议、协调、自主给予或其他可行的方式来互相承认服务提供者在各自国内取得的相应证明。如有一成员方请求，另一成员方应给予充分机会进行双方之间关于承认有关经历或资质证明的协议等的协商。

但是，这一规定不得与最惠国原则相抵触，也即，成员方之间给予承认的方式或标准等不得对成员方与非成员方之间签订的有关协定造成歧视或者形成变相限制。

有关承认的更多规定还体现于附件一"专业服务"[1]中，该附件对工程师、建筑师、律师等专业技术人民的相关资质的认定的标准作了相关规定，旨在尽可能降低标准为专业技术人员提供跨境服务创造条件。

六、透明度

CPTPP 在跨境服务贸易这一节在透明度原则上还作了具体规定[2]，要求成员方根据本公约的相关规定，在利害关系人就服务贸易相关条款提出咨询时，应提供事先通知和评议的机会，如未能提供，也应书面通知该利害关系人说明理由。

第四节 竞争政策

竞争政策指的是一切与竞争有关的国家政策，不仅包括一国国内的竞争

---

[1] CPTPP 第 10.9 条。
[2] CPTPP 第 10.11 条。

法内容，还包括反垄断法、对国有企业的宏观调控政策等。[1]在经济一体化的潮流下，跨国贸易增多，与国际贸易争议同理，若各国之间适用其国内法来规制跨国企业之间的"不正当竞争"显然无法满足双方当事人的意愿，对"不正当竞争"的界定也会有不同的标准，因此，竞争政策逐渐出现于各种区域性自由贸易协定。此外，区域内相对统一的竞争政策能够促进各国建立公平、有效的竞争法，促进各国企业之间自由和公平地竞争，最终受益的不仅是各国企业，也能惠及每个消费者。

由于各国国情不同，CPTPP 又是以美国为主导制定的 TPP 为基础，因此 CPTPP 的竞争政策带有浓厚的发达国家的烙印，即鼓励自由竞争、公平竞争，限制各国政府对国有企业的保护，以促进美国私有企业在走出去，减少这个过程中被他国国家政策限制、受到不公平的对待。[2]也因此，对于倾向于保护本国国有企业的大多数发展中国家，CPTPP 竞争政策中的相关规定过于"严格"，暂时无法跟上，否则将对本国经济利益造成严重的负面影响。但总体上而言，竞争政策的目标是更加自由、公平和高效的竞争，也是全球经济一体化的必要要求。正因其中许多规定与我国目前国情相差较大，我们才更有必要在剖析其中规定的基础上，加快促进我国相关制度，尤其国有企业的改革进程，尽早实现竞争政策的高标准，从而维护我国私有企业的有效竞争，营造公平的竞争环境。

在 CPTPP 制定之前，国际上已有多个自由贸易协定纳入竞争政策的内容。而 CPTPP 在竞争政策上的规定与 CPTPP 整个协定追求全面、进步的特点相符，同样呈现出其内容的高标准和全面性。值得注意的是，竞争政策本意主要是对国有企业的规制，但 CPTPP 对国有企业与指定垄断企业单独列为一章进行更加全面而详细的规定。

就内容而言，CPTPP 的竞争政策规定在第 16 章，共 9 个条款，主要包括有效的竞争法、执法程序、私人诉权、合作信息、消费者保护、透明度原则和争端解决这七个方面的内容。

---

[1] 参见孙晋、钟瑛嫦："竞争政策的理论解构及其实施机制"，载《竞争政策研究》2015 年第 3 期。

[2] 参见李玫："CPTPP 中竞争政策规则及其对我国的借鉴研究"，江西财经大学 2018 年硕士学位论文。

一、目标和有效的竞争法

明确竞争政策的目的对具体内容的约定及适用有非常大的指导意义。从文本中可以直观地看出 CPTPP 中竞争政策的目的系维护有效竞争限制、提高经济效率和消费者福利，本质上是为了保护公平、自由的竞争秩序从而给予各国市场主体同等的竞争机会。为实现此目标，CPTPP 还另外规定要求其成员国制定有效的竞争法、设立相应的竞争主管机关及其执行政策[1]，并且要求在执行程序中贯彻国民待遇原则。

二、执法中的程序公正

实体目的的实现离不开一套公正的执行程序。CPTPP 对于各国竞争法的执行程序规定了具体的要求。主要是各国对于认定为违反该国竞争法内容的他国市场主体进行处罚或救济时应当遵守的一系列程序：

1. 应当给予其抗辩、提交证据并可由律师代理的机会；
2. 设立相应的程序据此作出处罚决定；
3. 向其提供寻求处罚或救济进行审查的机会；
4. 应当授权竞争主管机关，经该机关和行为相对人同意，允许该行为相对人自行解决违法行为；
5. 竞争主管机关承担对其认为的违反竞争法主体的举证责任；

此外，执法中的程序公正还包括每一成员方应当设立开展国家竞争法调查的程序并规定相应时限；[2] 当竞争主管机关发布公告或披露未决一项未决调查时不应暗示行为相对人已经违反竞争法以及调查竞争违法行为过程中获取的商业秘密应当予以保护。

三、私人诉权

CPTPP 中的私人诉权指的是个人因违反国家竞争法行为所致的损失所享有的独立或根据竞争主管机关作出的调查向法院或其他独立仲裁庭寻求补偿，

---

[1] CPTPP 第 16.1 条。
[2] CPTPP 第 16.2 条。

包括禁令、金钱或其他救济的权利。

作为国家竞争法公共执行的补充措施，为保障这一权利的行为，首先各成员方应规定或维持相应的法律或措施；[1]若没有，则至少应当做到，允许该当事人向竞争主管机关申请对涉嫌违反竞争法的行为进行调查，并且允许其根据竞争主管机关作出的违法调查结果向法院或独立仲裁庭寻求救济的。此外，国民待遇原则应当贯彻于这一程序中，具体标准可由各成员方自行制定，合理即可。

四、合作信息

对于合作上的一般规定，为建立有效的竞争法执行制度，各成员方应相互承认各国国内竞争主管机关的重要性。[2]对此，要求各国竞争主管机关之间互相交流促进竞争政策的相关信息并在合适的情况下就竞争政策的执行问题进行合作，包括但不限于订立双边合作协定等形式。此外，各成员方同意各国竞争主管机关在遵守该国法律法规和其他国家重大利益的前提下进行合作。

对于技术合作而言，承认各成员方可通过分享其在发展、适用和执行竞争法或竞争政策上的不同经验而获益。[3]具体包括提供相关培训项目或建议、交换有关信息或经验以及帮助一成员方实施其新的国家竞争法。

五、消费者保护

竞争政策的主旨就是提高竞争市场的效率以提高消费者的福利。因此，CPTPP要求其成员方承认消费者保护政策的重要性，还需设立或维持保护消费者的有关法律规定以禁止欺骗性商业行为。

"欺骗性商业行为"指的是对消费者造成实际损害或者不予制止会产生该损害的威胁性行为，包括对重要事实作出虚假陈述误导消费者消费的行为、收取消费者费用后未提供商品或服务的行为以及未经同意对消费者账户和电话进行收费或借记金钱等行为。

---

[1] CPTPP 第 16.3 条。
[2] CPTPP 第 16.4 条。
[3] CPTPP 第 16.5 条。

此外，前述合作信息的有关规定也适用于消费者保护，各成员方应当认识到交流合作的重要性，并且在合适的情况下开展交流合作以促进消费者保护相关法律的执行。同样的，各成员方同意以遵守该国法律法规和其他国家重大利益作为合作的前提。[1]

六、透明度原则

CPTPP在竞争政策中的一个突破性规定就是在竞争政策贯彻严格的透明度原则，要求各成员方在实施和执行竞争政策做到透明和公开。[2]首先，在一成员方的要求下，另一成员方应当公开其本国的竞争法执法政策和实践以及对其本国竞争法的适用与责任豁免情形。其次，每成员方关于违反竞争法行为的最终决定必须以书面形式作出且应列明事实依据及法律依据。最后，除了依据该国法律应予以保密的信息外，前述决定及其相关补充文件应当公开或至少让利益相关方知悉。

七、争端解决

CPTPP第28章规定的争端解决制度有其限定的争议范围，而因竞争政策引起的争议不属于该章的适用范围，故不得援引该章条款进行处理。对于解决竞争政策相关的争议，成员方应当进行积极的磋商。如有一方基于此发出请求，并在请求中说明事项及影响，另一成员方应当对此予以积极和充分的考虑。[3]而竞争政策议题不适用争端解决机制，并非CPTPP的特有规定，此前绝大多数贸易投资协定均作了相同规定[4]，认为竞争政策与执法更适用通过合作与协商的方式解决，不应采取强制性措施。但以往的贸易协定除了《北美自由贸易协定》之外几乎都将国有企业纳入竞争政策章节，而CPTPP下国有企业及垄断企业独为一章，说明了国有企业仍然受强制性争端解决制度的约束，这实际上体现了CPTPP对国有企业更强力度的规制，于我国的国

---

[1] CPTPP第16.6条。
[2] CPTPP第16.7条。
[3] CPTPP第16.8条、第16.9条。
[4] 参见张久琴："竞争政策与竞争中立规则的演变及中国对策"，载《国际贸易》2019年第10期。

企混改制度的进行而言则是更大的挑战。

第五节 电子商务与数字贸易规则

20世纪90年起，随着互联网在全球化的普及与经济全球化的趋势，电子商务概念初现，如今已成为数字贸易的一个重要表现方式。根据经济发展与合作组织发布的《电子商务的经济与社会影响》，电子商务指的是在互联网上发生的一切商业交易形式。[1]此前多数FTA并未将电子商务纳入协议范围内，更别提单独作为一个章节来规定。而以减少贸易壁垒，提高经济效率并最终惠及每个消费者为主旨的CPTPP将电子商务单独作为一个章节[2]来规定，其内容可以说是全球数字贸易发展至今成果的缩影。

CPTPP的数字贸易规则主要规定于14章——电子商务，主要包括互联网访问与使用规则、源代码本地化、电子认证与电子签名、在线消费者与个人信息保护以及电子传输关税几大方面的内容。

一、互联网访问和使用规则

跨境互联网的访问是电子商务交易的前提，因此，CPTPP要求各成员方应当认识到这一点，并做到：

1. 允许电子数据的跨境传输，包括服务提供者与消费者之间的信息传输以及服务提供者之间的谈判数据传输；

2. 给予另一成员方国民访问和使用其国内互联网的相关服务和应用；

3. 在消费者选择的终端用户设备不危及其国内网络安全时应允许其接入；

4. 不得设置类似要求使用其领土内计算设施作为开展电子商务业务前提条件的条款；

5. 允许消费者获得互联网接入服务提供者的相关网络管理信息。

但CPTPP并不阻止各成员国对其国内的电子数据传输进行监管[3]，只

---

[1] See OECD, "The Economic and Social Impact of Electronic Commerce", *OECD Digital Economy Papers*, No. 40, 1999, p. 9.

[2] 参见王娟："论CPTPP数字贸易规则及对中国的影响"，山东大学2020年硕士学位论文。

[3] CPTPP第14.2条、第14.3条。

要该监管措施是为了实现合法的公共利益,且不构成对电子商务的服务提供者和消费者的变相歧视和不合理限制即可。

二、源代码本地化

CPTPP 禁止其成员方将源代码本地化,任一成员方均不得以获得、转移另一成员国国民的软件作为在其领土内进口、分销、销售或者使用的前置条件。[1]但同样的,这不意味着对个人之间的商业合同内容作限制,个人之间的商业谈判合同依然可以将与源代码有关的条款和条件纳入其中;也不意味着对专利申请和授予有关的要求作限制,各国对专利争议发布的命令不受此处规定的影响。同时,任一成员方也可基于其本国的相关法律规定,在不违背 CPTPP 的前提下,要求对软件的源代码提出必要的修改要求。

另外需要注意的是,上述软件不包含用于基础设施相关的软件,因为基础设施往往关系到一个国家的利益,故在这一点上允许各国有不同的立法或政策。

三、电子认证与电子签名

由于数字贸易主要是借助互联网技术实现跨境数据流动的过程,其中部分信息是以电子信息的形式呈现并流通的,这就必然涉及一国的电子信息在另一国家的认可度,带来电子认证与电子签名的问题。CPTPP 下的电子认证指的是验证电子通信的一方或交易的一方的身份并保证电子通信完整性的过程或行为。[2]

为使跨境电子商务的进行更加自由,减少不必要的限制和阻碍,CPTPP 鼓励使用可互相操作的电子认证[3],要求其成员方不得仅仅因一签名为电子形式就否认其效力,除非其国内法有另外规定。此外,成员方不得禁止电子商务交易中当事人确定合适的认证方法或者阻止当事人就电子认证事项行使司法救济权利。但成员方可以确立合理的、一定的认证标准要求交易当事人遵守,或者设立法律授权一机构作为认证机构。

---

[1] CPTPP 第 14.17 条。
[2] CPTPP 第 14.1 条。
[3] CPTPP 第 14.6 条。

四、在线消费者与个人信息保护

CPTPP 在竞争政策一章中专门就"消费者保护"作出了规定,但出于电子商务交易的特殊性,本章中还对在线消费者的保护作出了延伸规定。[1]要求成员方在认识到保护在线消费者免受商业欺诈侵害的重要性的基础上,采取或维持禁止商业欺诈行为的措施。同时,鼓励成员方国家级的消费者保护机构之间根据第 16.6 条(竞争政策中关于合作的规定)积极寻求诸如在线商业活动的合作。

另外,在电子商务交易中,个人信息的保护也至关重要,直接影响消费者对电子商务这一贸易形式的信任程度。为此,各成员方应当做到:在考虑相关国际机构规定的基础上,建立或维持电子商务中个人信息保护的法律框架;尽全力避免在其管辖范围内的电子商务用户在个人信息保护方面受到歧视对待;向电子商务用户公布包括个人寻求救济的方法、企业合规应的方法等关于保护个人信息的信息。

同时,由于各成员国可能采取不一样的保护机制,这将使跨国电子商务用户的保护变得不统一且不便利。因此,CPTPP 鼓励各成员方通过合作与发展来促进个人信息保护机制的兼容性和协调性[2],包括但不限于通过信息交换、自动给予、签订双边协议或者更广泛的国际框架等方法。

五、电子传输关税

为鼓励电子商务贸易的发展,CPTPP 在电子商务方面直接规定了零关税[3],即每一成员方均不得对成员方之间发生的跨境电子数据传输征收关税。但 CPTPP 并不阻止成员方在不违背该协定的前提下征收有关的国内税或其他费用。

---

[1] CPTPP 第 14.7 条。
[2] CPTPP 第 14.8 条。
[3] CPTPP 第 14.11 条。

六、其他规则

在电子商务这一节中其他较为重要的规则还有数字产品的非歧视待遇[1]，主要是国民待遇原则在电子商务数字产品中的具体应用；维持国内电子交易框架，这是在尊重各成员国国情的基础上为创设统一的跨境电子交易规则所作出的妥协结果，每一成员方均应遵守框架内的规则并且不得对电子交易采取不必要的监管负担；鼓励成员方在加强电子交易中个人信息保护、电子通信安全、统一电子交易规则上努力进行合作与交流；以及关于特殊成员方依其国情附条件的不适用CPTPP第28章规定的争端解决机制等。

第六节 争端解决

争端解决制度规定在CPTPP的第28章，共23个具体条款，主体为前21条，最后2条是对国内程序和个人商事解决的代替性争端解决方式，也属于CPTPP在争端解决制度上的特色，即追求多元化、高效率地解决争端。CPTPP争端解决制度的大部分内容源于WTO的争端解决机制，主要包括磋商、专家组审理和执行这三大程序。但CPTPP在争端解决的透明度和效率等方面上作出了突破性和创新性规定，[2]对于构建"一带一路"经贸规则具有很大的借鉴意义。

一、原则及其他前置规定

CPTPP在争端解决问题上坚持的原则是争端方应自主进行合作和磋商，并尽最大的努力在对CPTPP的适用和运用问题上达成一致，找到双方满意的解决方法。[3]这是原则同时也是必经的前置程序，即争端方在发生争议时必须首先进行友好磋商。

其他前置规定包括适用范围以及争端解决场所的选择。

---

[1] CPTPP第14.4条。
[2] 参见张茜："CPTPP争端解决机制比较研究——以WTO争端解决机制改革为视角"，载《大连海事大学学报（社会科学版）》2018年第6期。
[3] CPTPP第28.2条。

在适用范围上，CPTPP 的争端解决制度适用于以下三种类型的争端：（1）成员方之间基于本协定解释和适用问题上引起的所有争议；（2）一成员方认为另一成员方采取的措施（包括实际措施和拟议措施）与本协定不符，或认为其未按本协定规定履行义务的；（3）一成员方认为其在本协定规定的第2、3、4、5、8、10、15 章（分别规定了货物的国民待遇、原产地规则和原产地程序、纺织品和服装、海关管理和便利化、技术性贸易壁垒、跨境贸易服务和政府采购）下所应当获得的利益因另一成员方未按本协定履行义务而被剥夺或被损害的。[1]其中，值得注意的是，由（2）给出的正面列举可知，并非 CPTPP 所有章节项下规定引起的争端都适用该机制。另外，若两个或以上的成员方之间因缔结了其他协定而影响其他成员方履行在本协定项下规定的义务时，只要没有明确排除，仍可适用本协定的争端解决机制。[2]这一条主要是针对 WTO《关于争端解决规则和程序的谅解》（Understanding on Rules and Procedures Governing the Settlement of Disputes，以下简称 DSU）规定的，由于 CPTPP 的缔约国均为 WTO 成员方，故当 WTO 的相关规定阻碍了 CPTPP 成员方依协定履行义务时，仍可适用 CPTPP 的争端解决机制[3]，即鼓励争端方优先适用 CPTPP 而排除适用 DSU。

在争端解决的场所选择上，CPTPP 尊重当事人的意思自治，任何出于 CPTPP 发生的争端，争端方可自行选择争端解决的场所。但存在一种例外情形[4]，如起诉方已根据规定请求设立专家组或者向专家组或法庭提交某一事项，则争端解决场所就只能限定于该选定场所而不能另外选择其他场所。

二、磋商程序

磋商机制是第 28.6 条 CPTPP 在争端解决机制中非常重要的一环，规定在第 28 章的第 28.5 条（磋商）和第 28.6 条（斡旋、调解和调停）两个条款。这部分内容的规定集中体现了 CPTPP 在争端解决快捷性和高效性上的追求。

---

[1] CPTPP 第 28.3 条。
[2] CPTPP 第 28.3 条。
[3] 参见龚薪晔："WTO 与 TPP 争端解决机制之比较研究"，载《黑龙江生态工程职业学院学报》2016 年第 4 期。
[4] CPTPP 第 28.4 条。

就磋商程序[1]而言：

任一成员方均可就规定范围内的事项请求另一成员方进行磋商，该请求需以书面形式作出，内容应包含提出请求的依据以及对实际措施和拟议措施的确认等。另外，其他与该争端事项具有实质性利益关系的成员方也可请求加入磋商程序，但也应提交书面请求并说明具体理由。

在磋商的方式上，CPTPP鼓励多元化方式解决争端，既可面对面也可通过网络或其他可行的方式，但如以面对面的方式进行磋商，原则上应在被请求磋商方国家的首都进行，磋商各方另有约定除外。

为保证磋商的良好进行以及争端的实质性解决，CPTPP还要求各磋商方提供充分的信息以审查实际措施或拟议措施对CPTPP适用和运用上的影响。任一磋商方可请求其他磋商方申请政府或专业知识认识提供协助。

磋商程序应当保密，且不得损害任何成员方在任何其他程序上的权利。但请求方应将磋商请求根据规定的联络点在发送给被请求方的同时散发其他成员方[2]，此条规定也是CPTPP争端解决机制具有透明性特点的体现。

值得注意的是，不论是原被请求磋商方还是其他请求加入磋商程序的第三成员方，均应在受到磋商请求或磋商请求散发后7日内作出答复或提出磋商请求。其次，对于实际进行磋商的时间，原则上各方应在收到请求后30日内进行磋商，对于易腐食品则为15日内进行磋商。这些时间规定相对较短，均为CPTPP为高效快捷解决争端所作出的制度设计。

另外，斡旋、调解和调停也是CPTPP争端解决机制多元化的表现，争端各方可自愿选择其他代替性争端解决方式，包括斡旋、调解和调停。与磋商相同的是，这些方式的进行也应当是保密的且不得损害任何成员方在任何其他程序中的权利。此外，贯彻自愿原则，争端各方不但可以选择在任何时间暂停或终止这些程序，也可以选择在专家组设立之前，争端程序进行的同时进行斡旋、调解和调停。

三、专家组程序

专家组程序主要规定在CPTPP第28章的第28.7条至第28.21条，作为

---

[1] CPTPP第28.5条。
[2] CPTPP第28.6条。

争端解决的主体程序,该部分内容占据该章的大部分篇幅,主要包括专家组的设立、组成、资格与名册、审理、中止或终止、及专家组作出的初步报告和最终报告、第三方参与几大方面的内容。以 DSU 为基础,CPTPP 在专家组程序在具体、透明、快捷等方面进行了更多的创新和改进。

(一)专家组的设立

在设立上,在磋商请求送达至被请求方之日后的 60 日内(易腐货物为 30 日)或各磋商方同意的其他期限内,磋商请求方可以书面的形式向被请求磋商方发出设立专家组的请求,专家组自递交之日即成立。[1]与磋商相同,此请求也应陈述争议事项、理由和相关依据,并且应依规定的联络点同时散发其他成员方。

(二)专家组的组成

在组成上,CPTPP 对专家组作了非常具体、更加稳定、实操作性更强的规定。

首先,专家组成员数量原则上为 3 名。

其次,在具体的组成程序上,在专家组请求发出后 20 日内,起诉方和应诉方应各自任命一名专家组成员并将指定人选互相通知。若起诉方未在上述期限内指定,则期限届满之日为争端解决程序终止之日;若应诉方未在上述期限内指定,则由起诉方在规定的专家组成员名册、名单中指定。对于专家组主席的任命,以各争端方协商一致为原则,各方无法达成一致时,由已任命的两名专家组成员协商一致从名册中指定专家组主席;若上述两名专家组在专家组设立请求之日起 43 天内仍无法达成合意选出主席,则主席的任命还应经各争端方同意;若在专家组设立请求之日起 55 天内仍无法指定主席人选,则应在该日起 5 天内在上述名册随机挑选出主席人选或者一争端方可请求选择任一独立的第三方,让其从名册中任命主席。但需满足以下条件:(1)该请求须得到其他争端方的一致同意;(2)请求由独立第三方任命主席的争端方与该独立第三方之间的所有后续通讯信息均应通知其他争端方;(3)任何争端方均不得影响独立第三方任命程序的公正性;(4)任命有关的费用需由上述作出选择的争端方负担。再若独立第三方无法或者不愿意在专家组请求

---

[1] CPTPP 第 28.7 条。

散发后 60 日内按请求作出任命，则主席的任命应在 5 天内根据上述所列程序随机选择。

在根据上述规定选择的专家组成员无法任职时，各争端方应以相同方式在得知该情况后 7 天内另选一名专家组成员，争端各方另有约定除外。若在 7 天内未依前述规定完成再次任命，则各争端方应在得知专家组成员无法任职的情况后 15 天内在名册中随机挑选人选作为专家组成员。

若专家组名册尚未建立，则上述相关内容中的"名册"改为"候选人"，其他条件不变。

最后，对于因劳工、环境、透明度和反腐败三个章节的内容发生的争端，除专家组主席外的成员应具备相应法律专业知识或实务经验。

其他的常规规定包括：不得为审查拟议措施而成立专家组；专家组的职权范围应当限于请求所指事项；所作初步报告应附相应理由；专家组主席原则上不得为任一争端方或第三方的国民；专家组的组成应当尽量选择具备相关专门或经验的成员；任一专家组成员被任一争端方认为违反第 28 章相关行为准则时应当被撤换并依上述程序再次选任等。

由上述规定而知，CPTPP 的争端解决机制在专家组组成上的程序[1]规定得可以说是面面俱到，几乎所有可能发生的情形均已罗列出来，每一情形也相应附上具体期限，在最大程度上保证了操作的可行、高效和稳定，尤其值得借鉴于我国"一带一路"经贸规则中争端解决机制的构建。

（三）专家组成员的资格和专家组名册

作为 CPTPP 争端解决机制的专家组成员需具备以下条件：（1）具备相关争议事项的专门知识或经验；（2）在处理争议时能保证客观性、可靠性和具有合理判断力；（3）具有独立性，不偏倚任一方。此外，为保证争端解决过程的公正性，个人根据规定的其他代替性争端解决方式已参与一争端的，不得再担任该争端的专家组成员。

与专家组成员资格紧密相关的是规定的专家组主席名册和成员方特定名单。原则上，在 CPTPP 生效后 120 天内，成员方中已履行完毕相应批准或生效手续的，应当建立专家组主席名册以供争端方挑选主席。若前述情形未满

---

[1] CPTPP 第 28.9 条。

足,则由自贸协定委员会在CPTPP生效后最迟180天内建立名册。具体的名册人员确定以各成员方协商一致为原则,除成员方另有合意,名册由15人组成。其中,每一成员方可最多任命两人,并可包括最多一人为该成员方的国民。依前述规定建立的名册有效期至少保持3年或者直至成员方建立了新名册。此外,名册中的人选是可重新指定的,若名册任一成员不愿或不再能够任职,成员方可随时指定代替人选。

对于成员方的特定指示性名单[1],是指任一成员方可随时成立的任意数量的有相应能力且有意愿担任专家组成员的名单,可包括该成员方国民或非国民。另外,出于透明度的要求,该名单也应尽快散发至其余成员方。

(四) 专家组的审理

专家组的审理程序主要指专家组的议事规则。专家组应对提交争议事项进行客观的评估、审查事实以及CPTPP相关内容的适用性和一致性,并在此基础上作出相应报告、决定或者建议;原则上专家组应当共同作出结论,否则以多数投票表决的结论为准。

具体而言,专家组应满足以下八个具体要求:(1)保证各争端方参与至少一次专家组听证会并享有在会上表达观点的权利;(2)基于透明度的要求,除非另有约定,听证会向公众公开进行;(3)每一争端方均分别有一次最初和反驳的书面陈述;(4)每一争端方应在其书面陈述及其相关文件提交后及时向公众公开,尚未发布的文件应在最终报告作出时公开;(5)专家组应当审议一成员方领土内的非政府主体的请求并对其中与争端解决相关的观点提供相应书面答复;(6)保护机密信息;(7)原则上使用英语作为书面陈述和口头辩论的语言;(8)听证会地点原则上在应诉方的首都。

(五) 专家组的职能和作用

专家组应对提交争议事项进行客观的评估、审查事实以及CPTPP相关内容的适用性和一致性,并在此基础上作出相应报告、决定或者建议[2];原则上专家组应当共同作出结论,否则以多数投票表决的结论为准。

此外,在各争端方同意且不违背其约定的其他条款的前提下,专家组可

---

[1] CPTPP 第28.11条。

[2] CPTPP 第28.12条。

依一争端方的请求或主动向其认为的合适的人或机构寻求信息或技术建议。各争端方对上述信息或技术建议有发表评论的权利。

（六）初步报告和最终报告

专家组应根据各争端方的陈述以及相关证据综合审议并作出报告，包括初步报告和最终包裹。对初步报告的要求[1]包括：时间上，原则上专家组应在其所有成员选定后150天内应作出初步报告（易腐货物则缩短为120天），如有特殊情况，可在通知各争端方后再延迟最多30天；内容上，初步报告应当包事实调查结果、对争议的判断、争议解决的建议（如争端方请求）以及相应的理由，同时不得披露具体专家组成员所持少数或多数意见（最终报告也有同样要求）；条件上，初步报告应当由专家组在各方不在场时独立作出。

对于专家组作出的初步报告，各争端方可对其中不同意的事项提出单独意见并在初步报告作出后15天内提交书面评论。专家组根据各争端方提交的书面评论对初步报告进行修改或审查，并在初步报告作出后30天内作出最终报告。

不论对最终报告是否仍存异议，各争端方均应在最终报告作出后15天内向社会公开最终报告。[2]

四、执行程序

执行程序的重要性毋庸置疑，只有最终报告得到执行，争议事项方能真正被解决。CPTPP争端解决机制的执行程序包括一般执行程序、不执行时的补偿以及执行的监督与审查。

（一）一般执行程序

最终报告的内容可能与争端提起方的请求相一致也可能相反，当专家组在最终报告中明确某一争端方未履行其在CPTPP下的义务、某一争议措施有违CPTPP的相关规定或者造成其他成员方利益减损或丧失，则应诉方应尽可能消除这些错误行为或不利后果；原则上最终报告下有义务的一方应及时执行，无法及时执行的，则应在一段合理时间内执行。

---

[1] CPTPP第28.17条。
[2] CPTPP第28.18条。

关于合理期限的确定[1]，各争端方于最终报告做出后 45 天内协商不成的，应在最终报告做出后 60 天内将此事项提交仲裁以确定合理期限；主席应在受到该请求后 90 天内确定合理期限，该期限原则上不超过最终报告提交后的 15 个月；即使专家组主席确定了某一期限，各争端方仍可通过合意改变该期限。

（二）不执行时的补偿

当应诉方通知起诉方其将不履行或者各方在合理期限届满后无法就应诉方已履行其义务仍存争议时，应诉方应在受到起诉方的谈判请求后 15 天内进行谈判以商讨补偿事宜。

启动补偿谈判后 30 天内对补偿无法协商一致或对补偿达成一致但相关起诉方认为被诉方违背约定的相关条款的，起诉方可以书面通知的方式中止同等利益；通知需包括利益的等级；起诉方可在通知发出后 30 天内开始实施。

对于起诉方可以中止何种利益，应当依次遵循以下规则：同一事项的利益；不同事项（附理由）。同时应将专家组认定的不符之处以及相关的经济后果纳入考虑。

若应诉方对利益中止事项不满的可在起诉方提交中止利益请求后的 30 天内请求专家组重新审议该事项。专家组应尽快重新审议[2]（不迟于请求提交后 90 天）。

（三）执行的监督与审查

应诉方在消除专家组认定的不符之处或利益损失后可书面通知起诉方并提交至专家组，由专家组在该通知提交后 90 天内对应诉方的执行情况作出审查报告。[3]如专家组的报告对应诉方的履行予以肯定，则应诉方应当恢复其依据上述中止利益条款中止的利益。

五、其他程序

除了上述常规事项，CPTPP 在争端解决机制还规定了第三方参与、程序

---

[1] CPTPP 第 28.19 条。
[2] CPTPP 第 28.20 条。
[3] CPTPP 第 28.21 条。

的中止或终止以及国内程序和个人争议解决等事项。

（一）第三方参与

与争议事项具有利害关系的第三方有权在书面形式告知各争端方后参与听证会、提交书面陈述等程序，但该第三方的通知应在专家组成立后 10 天内作出。[1]

（二）程序的中止或终止

专家组可应起诉方的请求随时中止争端解决程序，但中止时间不得连续超过 12 个月。若请求中止程序的为被诉方，则专家组应当中止程序；中止后相关程序的期限应当相应延长。程序终止的原因[2]有两个：一为中止时间超过 12 个月（各争端方另有约定除外）；二为各争端方请求程序终止。

（三）国内程序与个人争议解决

基于公平原则，CPTPP 不允许某一成员方将 CPTPP 争议解决机制范围内的争议事项通过该成员方的国内法程序解决。[3]但鼓励各成员方利用其他诸如商事仲裁庭的代替性争议解决方式来解决自贸区内私人之间的商事争议，并要求成员方规定相应程序以保证结果的承认和执行。

---

[1] CPTPP 第 28.14 条。
[2] CPTPP 第 28.16 条。
[3] CPTPP 第 28.22 条、第 28.23 条。

第四章 RCEP 与"一带一路"经贸规则构建

第一节 RCEP 的历史演进与现状

《区域全面经济伙伴关系协定》(Regional Comprehensive Economic Partnership，以下简称RCEP) 是在2012年由东盟发起，历经8年、4次领导人会议、23次部长级会议、31轮正式谈判，于2020年11月15日以视频方式召开的RCEP第四次领导人会议，在东盟十国及中、日、韩、澳、新（新西兰）15国领导人的共同见证下，由各国贸易部长签署的区域自由贸易协定。中国国务院原总理李克强出席会议，商务部原部长钟山代表中国签署协定。已于2022年1月1日起正式生效。

RCEP15个成员国涵盖了22.7亿人口，国内生产总值合计26.2万亿美元、总出口额5.2万亿美元，均占全球的约30%。此次签署标志着当今世界上人口最多、经贸规模最大、最具有发展潜力的自由贸易区正式启航。[1]

一、RCEP发展历程

RCEP的发展与中国、东盟以及其他成员国近40年的经济发展都密切相关，其中既包含国家间的合作与竞争，也受当时各国经济发展策略及世界经济发展形势的影响与掣肘，经过各方反复权衡与谈判，RCEP才最终成型落地，各成员方都期待RCEP能为自己国家及世界经济都注入新的活力与动力。

---

[1] 参见"钟山部长《人民日报》刊文：开创全球开放合作新局面"，载http://fta.mofcom.gov.cn/article/zhengwugk/202011/43719_1.html，最后访问日期：2021年12月2日。

（一）中国与东盟的协同发展

20世纪80年代末，冷战逐渐告一段落，世界开始了以美国为首的经济全球化、贸易投资自由化和区域一体化浪潮。同时，由于亚洲四小龙以及中国改革开放在经济发展方面的卓越表现，亚洲地区经济在世界经济中的比重也逐年上升。1989年，澳大利亚在美国和日本的支持下，发起了亚太经济合作组织（APEC）[1]谈判，意图跨越太平洋共享并加强开放多边贸易体制，减少区域贸易和投资壁垒，也就是说，APEC的建立是为了防止东亚区域经济一体化使东亚与西方发达经济体的经济交流产生障碍。APEC虽包含了东亚区域经济一体化的大部分国家，但历史经验表明，地理距离太远的国家无法真正参与并成为东亚区域经济一体化进程的核心。[2]东亚复杂的历史与政治因素，是无法仅凭经济联系就能平衡东亚各国的地缘影响力的，只能由东亚各国自身的紧密合作与开放交流保持其繁荣与稳定。

经济全球化的浪潮以及APEC的发起也给予了东亚各国加强合作交流的有力外部推动力。1990年12月，时任马来西亚总理马哈蒂尔提出建立"东亚经济共同体"构想（"10+3"前身）。[3]这一构想在1997年亚洲金融危机后再次吸引东亚各国目光。在此之前，东亚国家更倾向于寻求区域外部强有力的贸易伙伴加速经济发展。但在经历了金融危机后，东亚各国纷纷意识到高回报意味着高风险，于是转而寻求区域经济伙伴，在提升和发展自身的情况下加强把控与应对风险的能力。1997年12月，东盟与中日韩三国的"10+3"合作机制正式启动。中国更是积极与东盟构建"10+1"自由贸易区，并开启了"早期收获模式"，始终坚定支持东盟在东亚经济合作交流中发挥主导作用。

---

[1] 截至目前APEC包含21个成员（其中包含7个东盟国家：菲、马、泰、文、印尼、越、新加坡和中、日、韩、澳、新西兰，以及中国香港、中国台北、加、智、墨、秘、巴布亚新几内亚、俄、美），3个观察员（东盟秘书处、太平洋经济合作理事会和太平洋岛国论坛秘书处）。

[2] 参见杨攻研、谭予婷："RCEP的起源、内容特征与经济影响评估"，载《日本研究》2020年第4期。

[3] 包括了东盟十国和中日韩三国。

表 4-1 中国与东盟合作进程

时间（年）	中国与东盟合作进程
1991	开启对话
2001	约定十年内建立中国-东盟自由贸易区
2003	中国加入东盟主导的《东南亚友好合作条约》
2010	2010年全面建成中国-东盟自由贸易区

中国与东盟的合作进程如表 4-1 所示，自 2010 年自贸区建成后，中国即成为东盟第一大贸易伙伴。

2009 年奥巴马政府宣布推出由美国主导并参与的《跨太平洋伙伴关系协定》（Trans-Pacific Partnership Agreement，以下简称 TPP），引起了亚太周边国家的密切关注。而因其高标准严要求，东盟国家中只有 4 个国家有资格加入谈判，其余六国则与其无缘。中日韩三国也在同时段建立了"10+3"框架外的三国领导人峰会。这都使得东盟感受到其在东亚区域经济合作中的主导地位可能将受到威胁，于是，东盟于 2012 年发起了 RCEP，意欲夺回其在东亚经济合作中的主导权，主导建立由日本提出的东盟十国和中日韩以及新西兰、澳、印，即"10+6"模式的方案为基础的自由贸易区，获得各国普遍看好与支持，中国也积极响应并努力推进。但因各国分歧较大，谈判所涉问题复杂多样，使得谈判进程异常缓慢。[1] 直至 2017 年，RCEP 谈判的推进有了新的动力。特朗普就任美国总统 3 天即宣布美国退出 TPP，开启了美国以不停地"退群"、毁约、经济制裁与政治威胁来争取美国优先利益的逆全球化与贸易保护主义、单边主义的一意孤行。为了应对美国的经济制裁与其带来的各种不利影响，RCEP 各方开始积极推动谈判并逐渐达成谅解。但印度因与其他成员分歧较大，以及其国内政治因素的影响，于 2019 年退出谈判，其余各国于 2019 年 11 月发布联合声明结束谈判，并于 2020 年 11 月 15 日正式签署 RCEP。随着东盟秘书处宣布已达到协定生效门槛，RCEP 将于 2022 年 1 月 1 日起对已完成核准程序的缔约方生效。

---

[1] 参见肖琬君、冼国明："RCEP 发展历程：各方利益博弈与中国的战略选择"，载《国际经济合作》2020 年第 2 期。

(二) 中日韩的合作与博弈

1999年中、日、韩三国首次在东盟"10+3"框架内开启三国非正式首脑会晤机制，并在此框架内举行多次领导人非正式会谈。2004年韩国率先提出在东盟"10+3"框架外举行三国领导人会议，2008年12月，三国首次脱离东盟框架举行领导人会议，每年轮流举办，连续举办5年后间断举行会议。2011年9月中日韩三国合作秘书处成立，这是唯一一个中日韩三国的政府间国际组织，旨在为三国之间的合作提供便利，以进一步增进合作关系。[1] 2012年日本政府提出钓鱼岛"国有化"，侵犯中国领土主权，于是中日关系陷入僵局，三国领导人会议中断举行。2013年3月，中日韩自贸区进行第一次谈判，截至2020年年底共进行16轮谈判，仍未结束。2016年韩国部署"萨德"反导系统，中韩关系降温，中日韩自贸区谈判搁置。2019年年底，中日韩三国领导人峰会发表了《中日韩未来合作十年展望》，三国一致同意从战略和长远角度正视历史，开辟未来，视对方为发展机遇，并获得"中日韩+X"以及"中日韩合作基金"等成果。[2] 自2020年新冠肺炎疫情爆发后，中日韩三国互相帮助，于2020年6月以视频方式举行"10+3"抗击新冠肺炎疫情经贸部长特别会议，就加强抗疫合作，增进贸易投资合作，持续推进区域经济一体化进程等达成共识。

中日韩三国文化联系紧密，历史渊源深远，政治关系复杂，因此三国间在经贸往来方面虽彼此需要产业互补，但很容易因为历史遗留问题等产生摩擦，对经济合作造成影响。如中日间：钓鱼岛争端、日本领导人参拜靖国神社；日韩间：独岛（日称：竹岛）争端、慰安妇和劳工问题，2019年7月日本对韩国采取半导体材料制裁措施并随后取消对韩国的贸易优惠政策且韩方给予反制；中韩间：韩国部署"萨德"反导系统等事件，都曾使三国领导人会议间断，甚至曾因中日关系恶化，中国领导人自2011年起中断访日达7年之久，直至2018年两国领导人才恢复正式互访。

---

[1] 参见"中华人民共和国政府、日本国政府和大韩民国政府关于建立三国合作秘书处的协议（译文）"，载 https://www.fmprc.gov.cn/web/gjhdq_676201/gjhdqzz_681964/zrhhz_682590/zywj_682602/t842353.shtml，最后访问日期：2021年4月15日。

[2] 参见周永生："中日韩自由贸易的现实障碍与前景展望"，载《人民论坛·学术前沿》2020年第18期。

当然，这些摩擦产生与爆发的背后也不乏美国的"小心思"。美国一直想通过日韩两国对中国在各个方面进行"围堵"、设置"障碍"，阻碍并防备中国发展，同时意图实行"重返亚太"战略将亚洲各国的发展进程尽数掌控在其手中。但在特朗普政府执政后的美国，行事风格一改往日，更是不可预期，极不诚信也无大国担当，高举"以美国利益至上"为原则的旗帜使其摘下了最后的"善良"面纱，既对外令世界对美国的信任程度大打折扣，对内也应对疫情不利，对其本国生命财产造成巨大损失，可谓"损人不利己"。

RCEP 的成功签订，是中国首次与日本达成自由贸易协定，既对中国加入 CPTPP 有帮助，同时也对中日韩自由贸易协定（Free Trade Agreement，以下简称中日韩 FTA）的发展有巨大的推进作用。中日韩 FTA 谈判间敏感的农产品、电子产品等货物贸易问题，政府采购问题以及知识产权问题等，都在 RCEP 中达成了共识。因此中日韩三国更应把握当今世界处于百年未有之大变局的时机，借 RCEP 的谈判共识大力推进中日韩 FTA 早日签订，真真切切地为本国、为本国国民的发展谋未来。三国产业链互补，经济交往密切，只有中日韩三国合作并举，才能实现区域和平稳定，经济共同繁荣的美好局面，才能在长期敏感的艰难中冲出一条道路，管控分歧，着眼长远。有所为，有所不为，友好协商，循序渐进，才是大势所趋。

（三）"10+6"模式的起源与发展

在 1999 年东盟与中日韩三国正式启动"10+3"模式后，各国积极探索这种新的区域经济发展模式。2001 年，"东亚展望小组"[1]提出了建立"东亚共同体"的报告，报告选择以"10+3"模式建立东亚自贸区，2004 年年底，中国牵头在"10+3"领导人会议上启动东亚自贸区的可行性研究，这引起了日本的警惕。因担心中国在东亚自贸区以及区域经济一体化建设中的话语权与影响力进一步增强，日本于 2006 年否决了这一方案，转而邀请印度、澳大利亚和新西兰一同加入自由贸易区，提议建立"10+6"模式。[2]这一模式大大扩展了东亚自贸区的规模也提升了层次。但因当时时任日本首相小泉纯一郎年年参拜靖国神社使中日关系陷入僵局，东盟各国也更注重自身的发展，

---

[1] 由参加"10+3"会议的东亚 13 国（东盟 10 国、中、日、韩）专家组成。
[2] 参见肖琬君、冼国明："RCEP 发展历程：各方利益博弈与中国的战略选择"，载《国际经济合作》2020 年第 2 期。

并没有立即响应研究这个方案，直至东盟推出 RCEP，才又将"10+6"模式加入讨论议程，并于 2013 年 5 月开启了以"10+6"模式为方案的第一轮 RCEP 谈判，虽因谈判国家众多且经济发展水平差距较大使谈判推进异常缓慢与艰难，但"10+6"模式已成为 RCEP 参与各国的共识，也表现出了东亚区域经济一体化的广阔构想。

二、RCEP 情况概览

（一）成员国的基本情况

RCEP 的成员国包括东盟十国（菲、老挝、马、缅、泰、文、印尼、越、柬、新加坡），中，日，韩，澳和新西兰。各国（包含已退出谈判未签署的印度）的基本情况如下。

1. 东盟对 RCEP 的主导作用

东盟是指东南亚国家联盟（Association of Southeast Asian Nations，以下简称 ASEAN），包括 10 个成员国、1 个观察员国和 10 个对话伙伴，[1]是一个以经济合作为基础的，政治、经济、安全一体化的十国集团。

东盟在设立之初是为了与西方保持战略关系维护区域安全利益，只具有经济、文化交往的功能，后逐渐加强了政治、军事领域的合作，并开始推行确实有效的经济发展战略，于 20 世纪 90 年代初发起区域合作进程。先后与 RCEP 谈判成员国（包含印度）签订了 5 个"10+1"自由贸易协定。[2]东盟在区域合作进程中虽然占据主导权，但东盟整体经济发展水平较低，各国经济发展水平差距较大，在经济全球化的进程中各国国情差异导致各成员国在参与跨区域经贸协定时水平参差不齐。2009 年美国奥巴马政府主导的《跨太平洋伙伴关系协定》（TPP），因其"门槛"较高，只有新加坡、文莱、越南和马来西亚加入了谈判，这使得东盟内部向心力不足，面临分化危机。因此东盟需要一个有吸引力的、可以覆盖 10 个成员国的、多边的、有一定水平标准但可以接受且适应稍落后些国家的、具有弹性、充满信任的自由贸易协定，

---

[1] 东盟有 10 个成员国：菲律宾、老挝、马来西亚、缅甸、泰国、文莱、印度尼西亚、越南、新加坡、柬埔寨；有一个观察员国：巴布亚新几内亚；10 个对话伙伴：中国、日本、韩国、澳大利亚、新西兰、印度、美国、俄罗斯、欧盟、加拿大。

[2] 与澳大利亚和新西兰共同签订了一个自由贸易协定。

达到在凝聚内部向心力的同时带动区域经济发展的目的。东盟希望这个多边自由贸易协定由其主导，使利益风险可控可防，同时也能凝聚十国，有效对冲其他自由贸易协定对其内部的影响。缘此，RCEP应运而生。

2. 中国对 RCEP 的积极推进

中国以1991年加入APEC作为与东盟开展区域经济对话合作的开端。自此中国一直坚定支持东盟在东亚区域合作中的主导地位，并积极推动东亚区域经济合作的发展，为东亚地区的繁荣与稳定做出了巨大贡献。近年来中国领导人多次在重要场合强调，中国将持续扩大对外开放，推动更加开放的国内国际双循环，因此中国对RCEP一直保持着积极参与，努力推进的态度。

中国拥有非常完整的工业体系，制造业各门类齐全，是全世界唯一拥有全部工业门类的国家，这使得我国与其他RCEP谈判国家贸易互补优势突出。通过RCEP，可以将国内过剩的产能和有竞争力的制造业进行转移，为国内转向高端制造业优化产业结构提供空间。虽然中国在服务贸易和农产品出口技术水平以及金融市场开放程度方面比发达国家水平依旧较低，但可以通过加入稍高标准的RCEP，倒逼中国国内深化改革，更加大力度地扩大和开放市场。

与此同时，中国加入RCEP也为中国提出的"一带一路"倡议保驾护航，截至2021年12月1日，中国已同144个国家和32个国际组织签署了200余份共建"一带一路"合作文件。[1]

3. 日本对加入 RCEP 的反复权衡

日本是一个高度发达的资本主义国家，是世界第三大经济体，自然资源匮乏，极度依赖进口，国民经济的支柱为发达的制造业。

第二次世界大战后，日本经济在美国的扶持下迅速完成了经济复苏，并从20世纪50年代以贸易立国，获得经济高速增长，于1968年超过西德成为世界第二大经济体。后接替美国扶持韩国经济，推动其本国劳动密集型产业向东南亚地区转移，逐渐引领东亚区域经济发展，后自1973年全球第一次石油危机后进入经济低速成长时代并伴随不稳定的泡沫经济，直至20世纪90年代，泡沫经济破裂，日本经济陷入长期低迷。

---

〔1〕 参见"已同中国签订共建'一带一路'合作文件的国家一览"，载https://www.yidaiyilu.gov.cn/xwzx/roll/77298.htm，最后访问日期：2021年12月8日。

而在日本经济增速放缓的时期，中国改革开放带来的经济与政治的影响力使日本感受到了危机，并且在中国积极参与东亚区域经济发展后，日本在东亚地区的经济影响力受到极大冲击，逐渐失去主导权。1997年亚洲金融危机后，东亚各国都在寻找风险可控的区域经济合作机制，"10+3"模式的成功落地使各国看到了新的发展方向。但日本担心"10+3"国家中东盟各国体量太小，日韩无法平衡中国，中国势必获得更大的地缘影响力，于是提出邀请印度、澳大利亚和新西兰加入，创建"10+6"模式，[1]以此来制衡中国。

日本对TPP的期望要远高于RCEP。TPP的高标准，使得日本对其在贸易、投资、知识产权等方面的表现都充满兴趣；而RCEP因为参与国家经济水平差距较大，需要考虑稍落后国家的接受程度，协议水平和标准比TPP还是较低。所以日本在开始参与RCEP谈判时并不积极，甚至有些倨傲，其参与RCEP的主要原因是不愿意放弃在东亚区域经济一体化发展进程中的话语权和广大的东亚市场，以及制衡中国在东亚的话语权。但TPP因美国退出使其后日本主导的CPTPP谈判影响力下降太多，日本需要RCEP这一潜在的广袤的对外贸易市场，于是最终还是选择加入RCEP。

4. 韩国对RCEP的额外期望

韩国也是发达的资本主义国家。自20世纪60年代经济起步，先由美国援助，后美国削减援助转而由日本扶持，直到韩国经济自立成为"亚洲四小龙"之一，创造了"汉江奇迹"，1997年金融危机之后经济进入中速增长期，国内产业以制造业和服务业为主。

韩国在东亚经济一体化进程中一般坚持中间立场，积极参与但不直接争夺主导权，通过推动区域制度化平衡大国影响力。同时，韩国将与其他国家签订自由贸易协定（FTA）作为有效的经济手段，是世界上最积极签订FTA的国家之一。[2]

---

[1] 参见肖琬君、冼国明："RCEP发展历程：各方利益博弈与中国的战略选择"，载《国际经济合作》2020年第2期。

[2] 参见肖琬君、冼国明："RCEP发展历程：各方利益博弈与中国的战略选择"，载《国际经济合作》2020年第2期。

表 4-2 韩国与东盟合作进程

时间（年）	韩国与东盟合作进程
1989	建立对话关系
2005	启动韩国-东盟自由贸易区
2009	从"全面合作伙伴关系"提升为"战略伙伴关系"

韩国与东盟的合作进程如表 4-2 所示，2019 年文在寅政府提出"新南方政策"，突破了此前韩国传统的"东北亚"外交政策，将与东盟的对话合作关系，又提升到了一个新的高度。[1]

虽然韩国很容易因为地缘政治与当时推进的邻国政治经济合作政策的态度发生反复，比如韩日间"慰安妇"、独岛（竹岛）之争、二战劳工问题，韩中"萨德"部署等摩擦，都曾导致韩国态度发生变化。但加入 RCEP 对韩国而言，战略布局利益远大于经济利益，一方面是对于文在寅政府"新南方政策"发展的有力支撑，另一方面则是既可以利用本国优势在东亚区域经济一体化进程中获得经济发展利益，又可以寻找更多新的发展市场，通过扩大与新发展市场国家的贸易顺差来抵抗与日本长久的贸易逆差影响，一举多得。

5. 印度与 RCEP 的巨大分歧

印度是南亚次大陆最大的国家，世界人口第二大国，既是世界上发展最快的国家之一，也是社会财富分配极度不平衡的发展中国家。印度经济以耕种、现代农业、现代手工业以及服务业为支柱产业，2/3 的人口仍直接或间接依靠农业为生，1/4 的人口无法温饱，是实行民主政治的同时实行社会主义的联邦制国家。

由 2006 年日本提出的"10+6"模式被东盟采用后加入 RCEP 谈判，因古印度为四大文明古国之一，印度一直以"大国"理念为其政治信仰，致力于追求与维护其在亚洲的影响力，认为加入 RCEP 有助于其实现和维护在东亚"世界大国"的身份目标。[2] 但因印度自身经济发展特点，制造业发展较为薄弱，印度对于降低市场准入门槛和关税削减等都抱有警惕心理，在 RCEP 谈判初级阶段较为抗拒，并不积极。莫迪政府上台后，期望通过 RCEP 发挥

---

[1] 参见吕春燕："试论韩国文在寅政府的东南亚外交"，载《和平与发展》2020 年第 4 期。

[2] 参见蒋芳菲："认知变化与印度对 RCEP 的政策演变"，载《南亚研究》2020 年第 4 期。

印度服务贸易方面的优势，以及为印度国内深化政治经济体制改革创造机遇，逐渐转变态度开始积极参与谈判。但因 RCEP 主要期望在货物贸易方面取得低市场准入门槛和低关税，与印度想要扩大其本国服务贸易优势的期望不太相符，且印度自身货物贸易水平低，抗风险能力弱，使印度国内对加入 RCEP 的前景以及获得的利益与风险是否相称充满质疑，为莫迪政府掣肘。

印度的需求与谈判目标与其他国家分歧较大，提出的主张也与 RCEP 建立初衷背道而驰，最终于 2020 年 7 月宣布退出了 RCEP 谈判。

6. 澳大利亚和新西兰对 RCEP 的普遍看好

澳大利亚是世界上唯一一个国土覆盖所在大洲完整大陆的国家，是一个高度发达的资本主义国家，农牧业和采矿为其传统产业，旅游业、服务业和高科技产业也迅速发展。

新西兰是被世界银行列为世界上最方便营商的国家之一的岛国，以农牧业出口为主，在工业化市场经济方面有较强的国际竞争力，是一个高度发达的资本主义国家。

澳大利亚和新西兰加入 RCEP 更多的是考虑经济因素，更关注提高与其他 RCEP 成员国之间的贸易和投资自由化水平，同时防止被排除在东亚区域经济一体化进程所推进的区域自由贸易协定之外，而造成经济损失，加入 RCEP 有利于扩大两国在东亚地区的经济福利。并且，澳、新两国在货物贸易、服务贸易等方面实力都很强，两国的加入对提升 RCEP 的协议水平和区域影响力都有好处。

（二）RCEP 生效条件

RCEP 于 2020 年 11 月 15 日正式签订，协议中写明生效条件为：由各签署方按照其国内法律程序核准、接受、批准协定，后将其核准书、接受书或审批书交存保管方；需要至少 9 个成员国批准。

也就是说，需要至少 6 个东盟成员国和 3 个非东盟成员国向保管方交存核准书等之日起的 60 天后，RCEP 才能生效。在协定生效后交存核准书等的签署国，自交存之日起 60 天后对该签署国生效。[1]

2021 年 4 月 15 日，中国向保管方——东盟秘书处交存核准书，标志着中

---

[1]《区域全面经济伙伴关系协定》（RCEP）第 20 章第 6 条。

国已完成国内核准程序。[1]

2021年11月12日东盟秘书处发布通知，表示交存核准书数量已满足协定生效门槛，RCEP已在2022年1月1日起对已递交核准书的10个缔约国（文莱、柬埔寨、老挝、新加坡、泰国、越南、中国、日本、新西兰、澳大利亚）生效。[2]并分别于2022年2月1日起对韩国生效、2022年3月18日起对马来西亚生效、2023年1月2日起对印度尼西亚生效。另外，2023年2月21日，菲律宾宣布正式加入RCEP成为RCEP生效后，第一个加入的非创始成员国。

（三）RCEP基本内容

RCEP是在《WTO协定》框架下的《1994年关税与贸易总协定》（GATT1994）第24条区域贸易协定和《服务贸易总协定》（GATS）第5条经济一体化相一致的基础上建立的自由贸易协定，[3]共包括20个章节和4个附件，如表4-3：

表4-3 RCEP基本内容

序号	章节名	序号	章节名
	序言	第13章	竞争
第1章	初始条款和一般定义	第14章	中小企业
第2章	货物贸易	第15章	经济技术合作
第3章	原产地规则	第16章	政府采购
第4章	海关和贸易便利化	第17章	一般条款和例外
第5章	卫生与植物卫生措施	第18章	机构条款
第6章	标准、技术法规和合格评定程序	第19章	争端解决
第7章	贸易救济	第20章	最终条款

---

[1] 参见"中国向东盟秘书长正式交存《区域全面经济伙伴关系协定》（RCEP）核准书"，载http://fta.mofcom.gov.cn/article/zhengwugk/202104/44880_1.html，最后访问日期：2021年12月8日。

[2] 参见"《区域全面经济伙伴关系协定》（RCEP）于2022年1月1日生效"，载http://fta.mofcom.gov.cn/article/zhengwugk/202111/46057_1.html，最后访问日期：2021年12月8日。

[3]《区域全面经济伙伴关系协定》（RCEP）第1章第1条。

续表

序号	章节名	序号	章节名
第8章	服务贸易	附件一	关税承诺表
第9章	自然人临时移动	附件二	服务具体承诺表
第10章	投资	附件三	服务和投资保留及不符措施承诺表
第11章	知识产权	附件四	自然人临时移动具体承诺表
第12章	电子商务		

RCEP 第一章是初始条款和一般定义章节，明确各名词在 RCEP 中的准确含义，并写明 RCEP 的目标。

1. 货物贸易

RCEP 第 2 章为货物贸易。缔约方之间的货物贸易适用 GATT1994 中与 RCEP 一致及经必要修改后纳入协定的内容。RCEP 所有 15 方签署国将通过双边两两出价的方式对货物贸易自由化做出安排，根据附件一关税承诺表中的各国承诺逐步实现关税自由化，给予优惠的市场准入；在 GATT1994 第 5 条第 3 款货物过境自由的基础上规定了特定货物的临时准入规则，[1]取消了农业出口补贴；并从 WTO 原有规定基础上对普遍取消数量限制和进口许可程序中的进出口规费和手续等非关税措施提出了进一步要求。协定生效后，区域内 90% 以上的货物贸易将通过立刻降税到零和 10 年内降税到零，最终实现零关税。

第 3 章为原产地规则，详细规定了在 RCEP 中有资格享受优惠关税待遇的原产货物认定规则和与其相关的操作认证程序，明确各缔约国货物适用原产成分累积规则，通过直接运输和背对背原产地证明提升贸易效率，简洁、灵活且限制性低，是 RCEP 特色章节。本章包含两个附件：产品特定原产地规则和最低信息要求。

第 4 章为海关程序与贸易便利化，是通过要求缔约方保证其海关法律法规适用的可预见性、一致性和透明度，使缔约国海关程序进行简化，促进其海关有效管理和货物快速通关，以便利贸易，加强全球和区域供应链衔接环

---

[1]《区域全面经济伙伴关系协定》（RCEP）第 2 章第 9 条。

境，本章包含一个附件：执行承诺的期限。

第 5 章为卫生与植物卫生措施，与《WTO 协定》框架下的《卫生与植物卫生措施协定》（Agreement of Sanitary and Phytosanitary Measures，简称《SPS 协定》）等效，通过加强在病虫害非疫区和低度流行区的相关规定，在保护人类、动物植物的生命及健康的基础上，尽量对贸易不造成限制，并在等效性、适应地区条件、风险分析等方面作出了更为详尽的规定。

第 6 章为标准、技术法规和合格评定程序，通过明确标准、技术法规、合格评定程序和透明度等，加强《技术性贸易壁垒协定》（TBT 协定）的实施，并且明确规定当 TBT 协定与 RCEP 中的相关规定冲突时，适用 RCEP 的具体规定。

第 7 章为贸易救济，包括"保障措施"和"反倾销和反补贴"两部分内容，其中在"保障措施"部分制订了过渡性保障措施制度，使缔约方贸易救济条款在实际实施时更为具体可行，包含一个附件：反倾销和反补贴调查相关的做法。

2. 服务贸易

RCEP 第 8 章为服务贸易，各国在 RCEP 中对本章的承诺比《WTO 协定》框架下的《服务贸易总协定》（GATS）各国的正面清单承诺市场自由化的程度更高。7 个国家[1]采用负面清单模式对服务贸易市场准入作出承诺，我国等其余八国[2]采用正面清单模式，并将于协定生效后 6 年内转化为负面清单模式。本章包含三个附件：金融服务附件、电信服务附件和专业服务附件。

第 9 章为自然人临时移动，是 RCEP 特色章节，规定了自然人临时移动的条件和程序，并附有列明具体承诺的自然人临时移动具体承诺表。

3. 投资

RCEP 第 10 章为投资，是我国首次在自由贸易协定项下以负面清单形式对投资领域进行市场准入承诺，该承诺同时适用棘轮机制，确保各缔约国未来的投资自由化水平只能提升不可倒退。适用范围不包括政府采购、补贴补助、服务贸易领域以及自然人临时流动等。

---

〔1〕 文莱、印度尼西亚、日本、韩国、澳大利亚、新加坡采用负面清单方式对服务贸易市场准入作出承诺。

〔2〕 中国、新西兰、韩国、菲律宾、老挝、缅甸、泰国、越南、柬埔寨采用正面清单模式。

4. 知识产权

RCEP 第 11 章为知识产权，是 RCEP 内容最多、篇幅最长的章节。适用范围包括商标、工业设计和专利、地理标志、集成电路布图设计（拓扑图）、保护植物品种以及未披露信息等，除对以上的内容保护外还包括民事救济、边境措施、刑事救济以及数字环境下的执法的规定，整体保护水平较《WTO 协定》框架下的《与贸易有关的知识产权协定》（TRIPS）有所加强，是迄今为止我国签署承诺最全面的知识产权章节，共包含 83 个条款 2 个附件：特定缔约方过渡期和技术援助请求清单。

5. 电子商务

RCEP 第 12 章为电子商务，主要是通过要求缔约方为电子商务提供便利的贸易环境，制定有利于跨境电子商务的措施，使缔约方之间在开展贸易交流时更广泛地应用电子商务，并加强促进缔约方在电子商务发展方面的合作。

6. 竞争

RCEP 第 13 章是竞争政策，包括针对反竞争行为的适当措施、合作、信息保密、技术合作和能力建设以及消费者保护等规定，搭建了竞争政策和法律方面的合作框架，促进市场竞争。包含四个附件，分别是针对文莱、柬埔寨、老挝和缅甸关于第 13 章第 3 条（针对反竞争行为的适当措施）和第 4 条（合作）的适用。

7. 中小企业

RCEP 第 14 章关于中小企业，是 RCEP 特色章节，体现区域经济一体化进程中中小企业的巨大作用，通过规定信息共享，加强合作，设立联络点等方式鼓励并便利中小企业参与本协定，为中小企业利用本协定创造的良好经贸机会提供支持，将其纳入区域供应链的主流之中，期待中小企业为经济增长、就业和创新做出更大贡献。

8. 经济技术合作

RCEP 第 15 章为经济与技术合作，列明缔约方将在 RCEP 的绝大部分事项以及缔约方一致同意的其他事项开展经济技术合作活动，并特别指出将优先考虑东盟成员国中最不发达国家缔约方所面临的特定限制并为其提供必要援助，为实现 RCEP 缔约各国的共同发展提供了框架。

9. 政府采购

RECP 第 16 章为政府采购，目前包含透明度、合作、设立联络点等规定，还包括审议条款,旨在未来完善,以促进政府采购对区域经济一体化发展的推动作用。这是我国首次在多边协定中纳入与政府相关的规则。

10. 一般条款和例外

RCEP 第 17 章为一般条款与例外,直接援引了《WTO 协定》框架下 GATT1994 与 GATS 中的一般例外及安全例外条款内容。本章节适用于整个 RCEP,包括对缔约方建立审查和上诉的行政程序、信息披露、保密、反腐败措施、税收措施以及审查机制和争端解决等方面进行了规定,明确各方可在其认为需要保护本国安全利益的情况下采取必要的行动或措施,以使各缔约国在透明、安全的前提下进行深度合作。

11. 机构

RCEP 第 18 章为机构条款,包括设立 RCEP 中各章节需要的部长会议、委员会以及附属机构及联络点的规则及其职能等,包含一个附件:RCEP 联合委员会的附属机构的职能。

12. 争端解决

RCEP 第 19 章为争端解决条款,包括磋商、请求成立专家组、专家组设立及审理、程序的中止与终止、补偿和中止减让或其他义务和最不发达国家缔约方的特殊和差别待遇等,为解决 RCEP 项下产生的争端提供有效、高效和透明的规则与程序。其中,由于 RCEP 内容与 WTO 协定内容的相近性,RCEP 的争端解决机制中特别提到了专家组成员及专家组主席均可来自 WTO 专家组和上诉机构成员,并可请求 WTO 总干事协助任命专家组成员等。

13. 最终条款

RCEP 第 20 章为最终条款,包括对附件、附录和脚注、修正、保管方、一般性审查、加入、生效和退出等一般文本性及程序性规定。

第二节 RCEP 货物贸易规则

RCEP 的货物贸易规则包括:货物贸易,[1]原产地规则,[2]海关程序和

---

[1]《区域全面经济伙伴关系协定》(RCEP)第 2 章。
[2]《区域全面经济伙伴关系协定》(RCEP)第 3 章。

贸易便利化,[1]卫生与植物卫生措施,[2]标准、技术法规和合格评定程序[3]以及贸易救济[4]6个章节。

一、货物贸易

在 RCEP 货物贸易项下,15 方签署国将根据各国声明的关税承诺,待协定生效后,通过立刻降税到零和 10 年内降税到零两种方式,分产品、分阶段地实现区域中货物贸易零关税,逐步实现关税自由化。并规定了市场准入、非关税措施等内容便利贸易。

(一) 市场准入

RCEP 直接援引了 GATT1994 第 3 条,要求给予缔约国货物国民待遇,[5]并通过削减或取消关税,加速关税承诺,给予缔约国优惠的市场准入。比起 WTO 原有货物贸易规定,RCEP 的货物贸易关税更低,并且通过允许加速关税承诺鼓励各缔约方在进行区域货物贸易时可根据具体情况灵活调整关税以促进贸易进行。在国民待遇和最惠国待遇方面,RCEP 在最惠国待遇项下进一步明确,对于未在进口时提出适用第三国低税率请求的进口商,也应当可以申请退还其多缴关税。[6]

各缔约方在附件一(关税承诺表)中明确承诺了对将其他缔约方在各品类货物项下削减或取消的关税。并且,缔约方之间达成共识后,可以对关税承诺表中的关税承诺的加速或改进进行磋商。[7]

缔约方可在任何时间单方面加速或改进关税承诺表中所列承诺,可以提高其优惠关税水平,但不得超过其承诺表中该年度的优惠关税水平,此类修改均应扩展至所有缔约国,并应当在新的优惠关税税率生效前尽早通知其他缔约方。[8]根据附件一关税承诺表中所列,各缔约方在 RCEP 生效后,区域

---

[1]《区域全面经济伙伴关系协定》(RCEP)第 4 章。
[2]《区域全面经济伙伴关系协定》(RCEP)第 5 章。
[3]《区域全面经济伙伴关系协定》(RCEP)第 6 章。
[4]《区域全面经济伙伴关系协定》(RCEP)第 7 章。
[5]《区域全面经济伙伴关系协定》(RCEP)第 2 章第 3 条。
[6]《区域全面经济伙伴关系协定》(RCEP)第 2 章第 4 条。
[7]《区域全面经济伙伴关系协定》(RCEP)第 2 章第 5 条第 2 款。
[8]《区域全面经济伙伴关系协定》(RCEP)第 2 章第 5 条。

内超过90%的货物贸易将通过立即降税到零和10年内降税到零两种方式,最终实现零关税。

另外,RCEP在GATT1994第5条第3款和《贸易便利化协定》的基础上规定了特定货物、集装箱和托盘的临时准入,为区域货物贸易中过境货物的运输提供清关便利。[1]特定货物包括:为特定目的运入关税区的货物;计划在特定期限内重新出口的以及除了因为使用所造成的正常折旧和磨损外没发生任何改变的货物,均可以依据缔约国的法律法规允许其有条件的全部或部分免进口关税和国内税。[2]

(二)非关税措施

RCEP中关于非关税措施的相关条款,规定缔约国只能根据其在WTO或者RCEP项下的权利义务采取或维持非关税措施,并在实施时应当保证透明度的同时,不得对与其他缔约方之间的贸易造成不必要的障碍,或以对与其他缔约方之间的贸易造成障碍为目的。除此之外不得采取或维持任何非关税措施。[3]

协议规定了普遍取消数量限制、非关税措施的技术磋商、进口许可程序以及进出口规费和手续等非关税措施。

1. 普遍取消数量限制

RCEP在普遍取消数量限制的规定吸收纳入了GATT1994第11条,并在此之上进一步拓展,给予缔约国更弹性灵活的选择:如果缔约方为防止或缓和其本国必需品的严重缺乏而临时对该货物实施禁止进出口或限制出口时,[4]经其他缔约方请求,应当通知或公布此类禁止或限制的原因、性质和预期期限,并向可能受到严重影响的其他缔约方提供对此类禁止或限制进行磋商的合理机会。[5]

2. 非关税措施的技术磋商

为了促进缔约国之间货物贸易的顺利进行,加强交流,RCEP规定一缔约

---

[1]《区域全面经济伙伴关系协定》(RCEP)第2章第9条。
[2]《区域全面经济伙伴关系协定》(RCEP)第2章第10条第1款。
[3]《区域全面经济伙伴关系协定》(RCEP)第2章第16条。
[4]《关税与贸易总协定》(GATT1994)第11条第2款第1项。
[5]《区域全面经济伙伴关系协定》(RCEP)第2章第17条。

国可请求与另一缔约国就其认为对其贸易产生不利影响的非关税措施进行技术磋商。

在请求方提出书面申请后，被请求方应在收到书面申请后60天内进行回复，除非另有决定，双方期望在提出请求后180天内以任何缔约方同意的方式达成解决方案，如遇易腐货物或事项紧急时期限可以更短；同时，磋商申请应当散发给所有缔约方，其他缔约方也可申请参与磋商，各缔约方在此项下进行的技术磋商，均需向货物贸易委员会提交使用本条项下技术磋商的年度通报，通报中应包含磋商进展和结果的摘要。[1]

3. 进口许可程序

RCEP直接援引了《进口许可程序协定》，要求各缔约方应当确保以透明和可预测的方式实施所有自动和非自动进口许可程序。[2]要求在RCEP对缔约方生效后，该缔约方应当迅速将其任何现行的进口许可程序通报其他缔约方；[3]且应尽可能在新的或修改的进口许可程序生效前30天通报其他缔约方，最迟不得迟于公告之日后60天。同时，为表示与《进口许可程序协定》的一致性，RCEP的通报程序规定，如果缔约方根据《进口许可程序协定》向WTO进口许可程序委员会通报新的或修改进口许可程序，也视为遵守RCEP进口许可通报程序。[4]

基于世界互联网技术的普及与革新，使提升协定内容透明度与可预测性更为方便。因此缔约方应在实施新的或修改的进口许可程序前在官方网站上公布许可程序，如果可能，应在生效前至少21天公布；且在通报中应明确任何程序中是否有许可条件对产品所允许的最终用户有限制，或者对产品的进口许可设定了资格条件。[5]

缔约方应在可能的范围内，对另一缔约方关于各方许可机构采用的授权或拒绝进口许可的标准的所有合理咨询在60天内进行答复；[6]缔约方不得因文件有轻微但不改变文件所包含基础数据的错误而驳回许可申请；[7]如一缔

---

[1]《区域全面经济伙伴关系协定》（RCEP）第2章第18条。
[2]《区域全面经济伙伴关系协定》（RCEP）第2章第19条第1款。
[3]《区域全面经济伙伴关系协定》（RCEP）第2章第19条第2款。
[4]《区域全面经济伙伴关系协定》（RCEP）第2章第19条第3款。
[5]《区域全面经济伙伴关系协定》（RCEP）第2章第19条第4款。
[6]《区域全面经济伙伴关系协定》（RCEP）第2章第19条第7款。
[7]《区域全面经济伙伴关系协定》（RCEP）第2章第19条第8款。

约方拒绝另一缔约方的某一进口许可申请,经申请人申请,被申请方应在合理时间内向申请人解释理由。[1]

4. 进口和出口规费和手续

RCEP 对进出口规费和手续的规定延续了 GATT1994 第 8 条,但强调缔约方收费应限于提供服务的近似成本,且不能构成对其国内货物的间接保护或以财政为目的的进出口征税;[2]既不得要求进口缔约方海外代表等为其任何货物提供的海关单证背书、认证等领事事务,也不得收取相关费用;[3]并应迅速在互联网上公布其征收的与进出口有关的费用细节,保证透明度。[4]

二、原产地规则

对 RCEP 缔约方来说,原产地规则的适用是指满足 RCEP 原产地规则的货物进入 RCEP 成员国市场时可享受关税优惠和通关便利化的政策。[5]即,确定缔约国企业进出口货物属于 RCEP 规定适用范围,满足 RCEP 原产地标准、运输标准以及程序标准后,即可适用优惠待遇。

(一) 原产地规则

RCEP 详细述明了缔约方有资格享受优惠关税待遇的原产货物的认定规则:将在一缔约方完全获得或者生产、一缔约方仅使用缔约方原产材料生产和使用非原产材料生产但符合第三章附件一中规定产品特定原产地规则所列要求的货物,认定为原产货物,[6]享受优惠关税待遇;规定适用原产成分累积规则,将任何缔约方在产品中体现的价值成分根据协定所列公式及条款进行累积计算,并以此判断货物是否满足原产货物要求,从而适用优惠关税。[7]

---

[1]《区域全面经济伙伴关系协定》(RCEP) 第 2 章第 19 条第 9 款。
[2]《区域全面经济伙伴关系协定》(RCEP) 第 2 章第 20 条第 1 款。
[3]《区域全面经济伙伴关系协定》(RCEP) 第 2 章第 20 条第 3 款。
[4]《区域全面经济伙伴关系协定》(RCEP) 第 2 章第 20 条第 2 款。
[5] 参见韩剑、杨凯、邹锐锐:"自由贸易区提升战略下 RCEP 原产地规则利用研究",载《国际贸易》2021 年第 3 期。
[6]《区域全面经济伙伴关系协定》(RCEP) 第 3 章第 2 条。
[7]《区域全面经济伙伴关系协定》(RCEP) 第 3 章第 4 条。

(二) 签证操作程序

RCEP 签证操作程序：规定了原产地证明、原产地声明、背对背原产地证明等的申请程序、具体要求与其证明作用等；规定了出口商的资格核准要求、进口商申请享受优惠关税待遇的流程以及若进口商进口货物为原产货物，可在各缔约方法律法规的规定期限内，向进口国海关提交证明申请退还其未享受优惠关税待遇而多缴的税款或保证金。[1]

协定也规定了进口缔约方对进口原产货物的核查程序，对于货物不符合原产货物要求的、货物进出口及生产商未遵守协议本章关于获得优惠关税规定的进口缔约方海关可以拒绝给予优惠关税待遇；[2]对于进口缔约方未收到足以判定货物具备原产资格信息的、出口缔约方的出口商、生产商或主管部门未在核查程序中对书面要求做出答复的以及进口缔约方提出核查请求被拒绝的情况，进口缔约方海关可以直接确定为货物不符合原产货物资格，并对该货物拒绝给予优惠关税待遇。[3]对此决定和理由，进口方海关应对进出口商或生产商书面说明。[4]

因此，缔约方的货物只有在满足 RCEP 原产地标准、运输标准，程序标准，即提交原产地证明及其他文件、优惠关税待遇申请，由进口方海关进行核查及其他程序后，符合优惠待遇，才能享受 RCEP 缔约方承诺的优惠关税。

三、海关程序与贸易便利化

RCEP 的海关程序与贸易便利化规则全面对接了 WTO《贸易便利化协定》（2017 年 2 月 22 日生效），规定了缔约方应保证其海关法律与法规的一致性与透明度，简化海关程序以便利贸易及部分海关程序与贸易便利化的具体规则。强调海关法律法规适用的可预见性、一致性和透明度，以促进海关有效管理和货物快速通关、便利贸易。

RCEP 要求各缔约国海关为便利贸易，对其本国海关程序进行审查：[5]

---

[1]《区域全面经济伙伴关系协定》（RCEP）第 3 章第 23 条。
[2]《区域全面经济伙伴关系协定》（RCEP）第 3 章第 25 条第 1 款。
[3]《区域全面经济伙伴关系协定》（RCEP）第 3 章第 25 条第 3 款。
[4]《区域全面经济伙伴关系协定》（RCEP）第 3 章第 25 条第 4 款。
[5]《区域全面经济伙伴关系协定》（RCEP）第 4 章第 7 条第 3 款。

为保证货物的快速通关与缔约国海关的有效管理,缔约国不得要求与税则归类和海关估价相关的装运前检验对货物通关进行阻碍;[1]应当设立程序允许进口商等在适当情况下以电子格式提交货物进口所需文件及信息,以便进口方海关在货物抵达前开始处理,抵达后加快货物放行效率;[2]应当在缔约国货物进口至其领土前对提交书面申请的进口商等作出预裁定,以便后续程序进行;[3]尽量在货物抵达并提交所有所需信息后48小时内放行;[4]对满足标准的经营者提供额外的贸易便利化措施并推进对经认证的经营者的互相承认;[5]允许通过航空货运设施入境的货物加快通关;要求缔约国在设计和实施风险管理和后续稽查时不应构成歧视;并应设立审查和上诉程序、进行海关合作、请求磋商以及指定联络点等。

（一）预裁定

预裁定是海关有效管理提升货物通关速度的重要程序。因此,对于缔约方预裁定的要求、程序以及结果都需透明公开,保证缔约方海关程序的可预见性、一致性以及透明度,以便利其他缔约方货物快速通关,便利贸易。

RCEP对预裁定的要求包括:缔约方应当公布申请预裁定的要求、作出预裁定的期限及预裁定的有效期,使货物所属方对于预裁定的依据及通关时间有可预见性。[6]

并且,缔约方海关需要在另一缔约方货物进口至其领土前,对于该货物的税则归类、是否为原产货物、确定完税价格的方法、标准和适用情况以及其他缔约方可能同意的事项,以书面形式向提交申请的进、出口商或其他任何合理的代表作出预裁定。[7]

同时,预裁定应在合理的规定期限内以规定方式作出,且应在收到申请前规定并公布期限,以尽可能在90天内向申请人作出,若海关在收到申请后

---

[1] 《区域全面经济伙伴关系协定》（RCEP）第4章第8条第1款。
[2] 《区域全面经济伙伴关系协定》（RCEP）第4章第9条。
[3] 《区域全面经济伙伴关系协定》（RCEP）第4章第10条第1款。
[4] 《区域全面经济伙伴关系协定》（RCEP）第4章第11条第2款。
[5] 《区域全面经济伙伴关系协定》（RCEP）第4章第13条。
[6] 《区域全面经济伙伴关系协定》（RCEP）第4章第10条第11款。
[7] 《区域全面经济伙伴关系协定》（RCEP）第4章第10条第1款。

确有理由需超期作出预裁定的,应在规定期限届满前将延迟理由通报申请人。[1]

若构成预裁定基础的事实等为行政复议或司法审查的对象、或要求申请方以书面形式提交的补充信息未能在确定的合理期限内提交,缔约方可拒绝作出预裁定或拒绝预裁定的申请;[2]

预裁定有效期至少应当为3年,自作出之日或裁定明确的另一日期起生效。[3]一缔约方因法律法规变动、提供错误信息或隐瞒相关信息、据以作出预裁定的重要事实、情况发生变动或者预裁定有错误时,可以撤销、修改或废止该项预裁定,并应迅速向申请人提供书面通知;[4]对于具有追溯效力的预裁定,缔约方只能在作出预裁定基于不完整、不正确、虚假或误导的情况下方可对其撤销、修改或废止;[5]预裁定对申请预裁定的缔约方有拘束力。[6]

(二) 对经认证的经营者的贸易便利化措施

为充分考虑贸易通关便利,最大限度支持区域贸易的供应链成型,RCEP决定对经认证的经营者提供进出口过境手续或程序之外,额外的贸易便利化措施。[7]

对于此类经营者的认证,由缔约方国内法律法规确定并公布标准,主要包括对缔约方法律、法规或程序所规定的要求或提供此种认证可能造成的供应链风险所需的要求。但此种标准不得造成不合理的歧视或限制中小企业的参与等效果,违背公平便利贸易目的。[8]

缔约方对经认证的经营者提供的贸易便利措施应是实实在在的,以鼓励经营者积极认证并扩大贸易。缔约方可据本国实际情况参考国际标准与其他

---

[1]《区域全面经济伙伴关系协定》(RCEP)第4章第10条第4款。
[2]《区域全面经济伙伴关系协定》(RCEP)第4章第10条第5款。
[3]《区域全面经济伙伴关系协定》(RCEP)第4章第10条第7款。
[4]《区域全面经济伙伴关系协定》(RCEP)第4章第10条第8款。
[5]《区域全面经济伙伴关系协定》(RCEP)第4章第10条第9款。
[6]《区域全面经济伙伴关系协定》(RCEP)第4章第10条第10款。
[7]《区域全面经济伙伴关系协定》(RCEP)第4章第13条第1款。
[8]《区域全面经济伙伴关系协定》(RCEP)第4章第13条第2款。

缔约方通过谈判相互承认经认证的经营者计划的可能性,[1]并适当运用联络点进行积极合作。[2]

四、卫生与植物卫生措施

RCEP 卫生与植物卫生措施适用 WTO 框架下《实施卫生与植物卫生措施协定》(《SPS 协定》) 附件一的定义。缔约方均需依照 SPS 协议,同时考虑 WTO 卫生与植物卫生措施委员会(就是 WTO 的 SPS 委员会)的相关决定和国际标准、指南和建议加强等效性和透明度。RCEP 在等效性、适应地区条件、加强风险分析、进行审核、认证、进口检查、适用紧急措施、进行合作和能力建设、技术磋商、设立联络点和主管机关等措施比 SPS 协定作出了更加细致具体的规定。[3]

再次强调各缔约国在适应地区条件实施卫生与植物卫生措施时,应在保证科学性的同时要求措施采取时的非歧视性与必要性。

（一）等效性

如果一出口缔约方可以客观地证明其 SPS 措施与进口缔约方的措施达到了相同的保护水平,或者其措施可与进口缔约方措施在实现进口缔约方措施目标上可达到相同效果,进口缔约方即应当认定这项措施的等效性。此类等效性的承认可以是一项单独措施也可以是一组措施或制度性的措施,应经缔约方请求进行磋商达成具体等效性承认的双边互认安排。

经出口缔约方请求,进口缔约方应解释并提供措施的理由、目标以及措施意在解决的特定风险;出口缔约方也应提供必要信息,以便进口缔约方进行等效性评估;如进口缔约方承认措施的等效性,应当以书面形式告知决定,并在合理期限内实施。[4]

（二）紧急措施

如果一缔约方为保护人类、动物或植物生命健康必须采取可能影响贸易

---

[1]《区域全面经济伙伴关系协定》(RCEP) 第 4 章第 13 条第 5 款。
[2]《区域全面经济伙伴关系协定》(RCEP) 第 4 章第 13 条第 6 款。
[3]《区域全面经济伙伴关系协定》(RCEP) 第 5 章第 2 条。
[4]《区域全面经济伙伴关系协定》(RCEP) 第 5 章第 5 条。

的紧急措施,应立即通过协议设定的联络点或缔约方已建立的沟通渠道,对相关出口缔约方进行书面通报。

相关出口缔约方应在可行的范围内与紧急措施缔约方尽快进行讨论;采取紧急措施的缔约方应在合理期限内自行或应缔约方请求定期审查措施,如有请求应当说明其维持紧急措施的理由。[1]

（三）透明度

各缔约方应通过在线 WTO 的 SPS 通报提交系统、指定联络点或缔约方已建立的沟通渠道,对可能对贸易产生影响的拟议措施或措施的变动进行通报,除非出现紧急情况或威胁或措施具有贸易便利性,应当至少给予其他缔约方 60 天时间提出书面意见;应请求方请求,被请求的缔约方应在请求提出后 30 天内向请求方提供英文版文件或文件摘要;应请求方请求,被请求的缔约方应在合理期限内向请求方提供任何关于措施的相关信息和澄清,包括适用于进口特定产品的卫生或植物卫生要求、请求方申请的状态以及批准特定产品进口的程序。

出口缔约方对于可能影响贸易的动物或植物卫生状态或食品安全的重大变化应通过指定联络点等向相关缔约方提供及时适当的信息;若已确定出口了可能与卫生或植物卫生重大风险相关的货物,出口缔约方应尽可能并且尽快地向进口缔约方提供信息。[2]

（四）联络点

每一缔约方应在 RCEP 对其生效之日起 30 天内指定一个或多个联络点,并将联络点的联络方式通报其他缔约方,如缔约方指定一个以上的联络点,则需明确其中一个联络点作为专用联络点。[3]

（五）争端解决

RCEP 卫生与植物卫生措施的相关规定,在 RCEP 生效时,不适用 RCEP 争端解决规则,但关于其不适用争端解决规则的此项事项,将在 RCEP 生效

---

[1]《区域全面经济伙伴关系协定》(RCEP) 第 5 章第 11 条。
[2]《区域全面经济伙伴关系协定》(RCEP) 第 5 章第 12 条。
[3]《区域全面经济伙伴关系协定》(RCEP) 第 5 章第 15 条。

之日起2年后再次进行审议,并在生效之日起3年内审议完成。[1]也就是说,RCEP的争端解决规则在其生效之日起2年内均不可解决RCEP项下的卫生与植物卫生措施相关的争议,直至缔约各国重新审议后才能再次确定。

五、标准、技术法规和合格评定程序

技术性贸易措施是指,为了维护国家安全、保护人类健康和安全、保护动植物的生命和健康、保护环境、保证产品质量、防止欺诈行为而实施的技术法规、标准、合格评定程序与卫生与植物卫生措施。[2]

RCEP标准、技术法规和合格评定程序适用WTO《技术性贸易壁垒协定》(《TBT协定》)附件一中的定义,[3]将《TBT协定》中的权利义务进行确认,且将部分条款经必要修改后作出更详尽的规定并入RCEP。[4]适用范围包括中央、地方政府及非政府机构的执行,但不适用于卫生与植物卫生措施以及政府采购相关内容。[5]

当RCEP本章节内容规定与《TBT协定》规定出现冲突时,以RCEP规定内容为准。[6]

（一）标准

标准是指经公认机构批准的、规定非强制执行的、供通用或重复使用的产品或相关工艺和生产方法的规则、指南或特性的文件。该文件还可包括或专门关于适用于产品、工艺或生产方法的专门术语、符号、包装、标志或标签要求。[7]RCEP中的标准仅涉及产品而不涉及服务,强调自愿非强制,并且不强调各缔约国协商一致,但鼓励各缔约方标准化机构之间就交换标准、标准制定程序相关的信息以及在有共同利益的领域进行国际标准化活动进行合作。[8]

---

[1]《区域全面经济伙伴关系协定》(RCEP)第5章第17条。
[2] 参见王传丽主编:《国际经济法》,中国政法大学出版社2015年版,第169页。
[3]《区域全面经济伙伴关系协定》(RCEP)第6章第1条。
[4]《区域全面经济伙伴关系协定》(RCEP)第6章第4条。
[5]《区域全面经济伙伴关系协定》(RCEP)第6章第3条。
[6]《区域全面经济伙伴关系协定》(RCEP)第6章第4条第2款。
[7]《技术性贸易壁垒协定》(《TBT协定》)附件一第2条。
[8]《区域全面经济伙伴关系协定》(RCEP)第6章第6条。

（二）技术法规

技术法规是指规定强制执行的产品特性或其相关工艺和生产方法、包括适用的管理规定在内的文件。[1]技术法规是强制性的，标准只有被技术法规引用后才具有强制性。

RCEP关于技术法规的规定要求，在一缔约方未采取《TBT协定》范围内使用国际标准、不接受另一缔约方技术法规为其等效法规或非按照产品性能而是按设计或描述特征制定技术法规的，应另一缔约方请求应当解释原因；缔约方应在另一缔约方技术法规与己不同，但确信足以实现相同目标时积极考虑作为等效条款加以接受；除紧急情况外，缔约方应允许在技术法规公布和生效间存在合理时间间隔（不少于6个月），以予出口缔约方充足时间使产品及生产方法适应要求。[2]

（三）合格评定程序

合格评定程序是指，任何直接或间接用以确定是否满足技术法规或标准中的相关要求的程序，包括：抽样、检验和检查；评估、验证和合格保证；注册、认可和批准以及各项的组合。[3]

RCEP合格评定程序要求，除非在缔约方指出因国际安全要求；防止欺诈行为；保护人类、动物或植物的生命或健康，或保护环境；基本气候因素或其他地理因素；基本技术问题或基础设施问题不适用国际标准的，每一缔约方都应保证中央政府机构使用相关国际标准。缔约方间应尽可能保证接受另一缔约方的合格评定程序结果，并推进相关合格评定程序结果的互认及机构间合作安排，进行信息交流或经验共享。[4]

六、贸易救济

RCEP直接援引了WTO协定框架下的《保障措施协定》、《反倾销协定》与《补贴与反补贴措施协定》，并在此基础上对过渡性保障措施和临时性保障

---

[1]《技术性贸易壁垒协定》（《TBT协定》）附件一第1条。
[2]《区域全面经济伙伴关系协定》（RCEP）第6章第7条。
[3]《技术性贸易壁垒协定》（《TBT协定》）附件一第3条。
[4]《区域全面经济伙伴关系协定》（RCEP）第6章第8条。

措施及贸易救济透明度措施等作出了具体安排。

(一) 保障措施

保障措施是指当一成员发生了不能预见的情况以及因承担关税减让义务造成进口产品大量增加,以至于对该成员境内生产同类产品的产业造成严重损害或严重损害威胁,则该成员可以实施临时性进口限制措施,以保护国内相关产业。[1]

RCEP 保障措施规则的最大特色就是其规定的过渡性保障措施及临时保障措施。

1. RCEP 过渡性保障措施

在经过缔约方主管部门的调查程序之后,如果是因为依据 RCEP 削减或者取消关税导致一缔约方国内因从其他缔约方进口的原产货物与其本国生产相比绝对或相对数量增加情况严重,对生产同类产品或直接竞争产品的国内产业造成严重损害或严重损害威胁,进口缔约国可以在防止或补救其本国产业所受严重损害并便利国内产业调整所必需的限度内实施:中止按照 RCEP 进一步削减此原产货物关税或者提高此原产货物关税税率,但水平不超过在实施 RCEP 保障措施时正在实施的最惠国关税税率或 RCEP 对该进口缔约国生效之日前一日正在实施的最惠国关税税率中较低的关税税率。[2]

RCEP 过渡性保障措施只能在防止或救济严重损害并便利国内产业调整所必需的限度内实施;在有特殊情况确有必要且有证据证明该国内产业正在调整时已实施超过 3 年的,实施期限可延长不超过 1 年,但总实施期不得超过 4 年,最不发达国家缔约方可在此之上再延长 1 年;过渡保障期期满后任何缔约方不得实施 RCEP 过渡性保障措施。[3]

自 RCEP 对某一原产货物开始削减关税或取消关税承诺生效的第一年,不得对该原产货物的进口采取 RCEP 过渡性保障措施。[4]

如果一项 RCEP 过渡性保障措施的预计期限超过一年,则实施措施的缔

---

[1] 参见王传丽主编:《国际经济法》,中国政法大学出版社 2015 年版,第 161 页。
[2] 《区域全面经济伙伴关系协定》(RCEP) 第 7 章第 2 条。
[3] 《区域全面经济伙伴关系协定》(RCEP) 第 7 章第 5 条第 1 款。
[4] 《区域全面经济伙伴关系协定》(RCEP) 第 7 章第 5 条第 2 款。

约方应在实施期内按照固定时间检核逐步放宽该措施。[1]

当缔约方终止一项 RCEP 过渡性保障措施时，该措施所涉原产货物应采取该缔约方在关税承诺表的关税减让表中承诺在没有该措施时本应实施的关税税率。[2]

已经接受过 RCEP 过渡性保障措施的原产货物，在实施期限或实施期限届满后一年中较长期限相等的时间内，不得对其再次实施 RCEP 过渡性保障措施。[3]

缔约方不得对来自任何最不发达国家缔约方的原产货物实施临时性或过渡性 RCEP 保障措施。[4]

为快速有效解决矛盾，提出实施或延长过渡性保障措施的进口缔约方应与将受措施影响的出口缔约方进行磋商，并提供双方同意的具有实质相等贸易效果的减让或与该措施预计所导致的额外关税价值相当的适当贸易补偿，实施过渡性保障措施的缔约方应自实施之日起 30 天内向将受此措施影响的缔约方提供磋商机会；[5]若在磋商开始后 30 天内未能达成贸易补偿协议，原产货物被实施措施的缔约国可对实施措施的缔约方的贸易中止实施实质相等的减让，[6]但应在中止减让至少 30 天前书面通知实施措施的缔约方；[7]以上贸易补偿与中止减让均随 RCEP 过渡性措施的终止而终止；[8]如果 RCEP 过渡性保障措施是在进口绝对增加并且符合 RCEP 规定的情况下实施的，那么在措施生效的前三年不得实施中止减让；[9]如果是最不发达国家实施或延长某项 RCEP 过渡性保障措施，受影响的缔约方不得要求其做出任何补偿。[10]

2. RCEP 临时保障措施

当处于延迟会对进口缔约国国内产业造成难以补救的紧急情况下，且缔约国主管机关初步裁定认定有证据证明，是由于依据 RCEP 削减或者取消关

---

[1]《区域全面经济伙伴关系协定》（RCEP）第 7 章第 5 条第 3 款。
[2]《区域全面经济伙伴关系协定》（RCEP）第 7 章第 5 条第 4 款。
[3]《区域全面经济伙伴关系协定》（RCEP）第 7 章第 5 条第 5 款。
[4]《区域全面经济伙伴关系协定》（RCEP）第 7 章第 6 条第 2 款。
[5]《区域全面经济伙伴关系协定》（RCEP）第 7 章第 7 条第 1 款。
[6]《区域全面经济伙伴关系协定》（RCEP）第 7 章第 7 条第 2 款。
[7]《区域全面经济伙伴关系协定》（RCEP）第 7 章第 7 条第 3 款。
[8]《区域全面经济伙伴关系协定》（RCEP）第 7 章第 7 条第 4 款。
[9]《区域全面经济伙伴关系协定》（RCEP）第 7 章第 7 条第 5 款。
[10]《区域全面经济伙伴关系协定》（RCEP）第 7 章第 7 条第 6 款。

税导致一缔约方国内因从其他缔约方的进口对生产同类产品或直接竞争产品的国内产业已经或正在造成严重损害或严重损害威胁,缔约国可在通知该其他缔约国后实施 RCEP 临时保障措施,即中止按照 RCEP 进一步削减此原产货物关税或者提高此原产货物关税税率,但水平不超过在实施 RCEP 保障措施时正在实施的最惠国关税税率或 RCEP 对该进口缔约国生效之日前一日正在实施的最惠国关税税率中较低的关税税率;受实质利益影响的其他缔约方应当在措施实施后与其进行立即磋商;临时保障措施期限不得超过 200 天,此期间将一并计入整个保障措施的总实施期。[1]

任何缔约方不得同时针对同一货物实施双重保障措施,即既实施 RCEP 临时或过渡性保障措施也实施 GATT1994 第 19 条和《保障措施协定》中的保障措施。[2]

在发起调查程序、作出调查结果、实施、延长或决定修改(包括逐步放宽)RCEP 过渡性保障措施时缔约方应当立即书面通知其他缔约方。

(二) 反倾销和反补贴措施

RCEP 的反倾销反补贴税措施建立在 GATT1994、《反倾销协定》和《补贴与反补贴措施协定》权利义务的基础上。

在任何调查程序中,当一缔约方调查机关决定对一应诉方提供的与计算反倾销税幅度和可诉补贴水平的信息进行实地调查,应当迅速将其调查意向通知该应诉方,并且在不会对调查造成不必要迟延的情况下,应当努力至少提前 7 日向该应诉方提供将要开展实地调查的日期,并在实地调查前至少提前 7 日向应诉方提供应诉方应准备作出回应的题目,及需要提供审核的证明文件的类型的文件;同时,调查机关应当为每一调查和复审案件设立单独的非机密案卷,[3] 以便管理与查证。

当一缔约方主管机关收到针对另一缔约国进口产品附有适当证明文件的反倾销申请后,应当在发起调查至少 7 天前,将其收到申请书面通知另一缔约国;当一缔约方主管机关收到针对另一缔约国进口产品附有适当证明文件的反补贴税申请后,并且在其发起调查至少 20 天前,应当将其收到申请书面

---

[1] 《区域全面经济伙伴关系协定》(RCEP) 第 7 章第 8 条。
[2] 《区域全面经济伙伴关系协定》(RCEP) 第 7 章第 9 条。
[3] 《区域全面经济伙伴关系协定》(RCEP) 第 7 章第 11 条。

通知另一缔约国,并邀请另一缔约国就该申请进行磋商,调查方应在调查开始前,经被调查方申请,向其提供申请的非机密文本,同时应当提供充分机会,在合理合法合规的程序下,提出评论并提交额外信息或文件。[1]

在不违反相关规定前提下,每一缔约方应在可能的限度内,在作出最终裁定至少 10 天前以书面形式,披露所有正在考虑中、构成是否实施措施决定依据的基本事实,并给予利害各方充分的时间提出意见,在时限内收到的意见,应在最终裁定中加以考虑。[2]

第三节　RCEP 服务贸易规则

RCEP 服务贸易规则包括三个部分:服务贸易[3]、自然人临时移动以及投资中关于服务投资保护的规则。

本章所附附件二《服务具体承诺表》是采取正面清单模式确定市场准入的国家所作出的承诺,附件三《服务和投资保留及不符措施承诺表》则是以负面清单模式国家对 RCEP 服务贸易市场准入所作出承诺。日、韩、澳、新加坡、文、马、印尼采用负面清单方式承诺,我国与菲、老、缅、泰、越、柬、新西兰采用正面清单模式,并承诺将于协定生效后 6 年内将其转化为负面清单模式。

一、服务贸易

(一) 正面清单模式

1. 市场准入限制

RCEP 中在服务贸易领域对市场准入的限制包括,不得在缔约国部分或全部领土内采取或维持:(1)限制服务提供者数量;(2)限制服务交易或资产

---

[1]《区域全面经济伙伴关系协定》(RCEP) 第 7 章第 12 条。
[2]《区域全面经济伙伴关系协定》(RCEP) 第 7 章第 14 条。
[3] 服务贸易在 RCEP 中是指,根据第 8 章第 1 条第 18 款规定的:从一缔约方领土向其他缔约方领土内提供服务(跨境提供);一缔约方在其领土内为其他缔约方的服务消费者提供服务(境外消费);一缔约方的服务提供者通过其他缔约方领土内的商业存在提供服务(商业存在);一缔约方的服务提供者通过在其他缔约方领土内的该缔约国的自然人存在提供服务(自然人移动)。

总值;(3) 限制服务业务总数;(4) 限制雇用提供具体服务所必需且直接相关的自然人总数;(5) 限制或要求通过特定法律实体提供服务;(6) 限制外国资本参与。[1]

2. 国民待遇

RCEP服务贸易领域中的国民待遇是指在各缔约方基于附件二和附件三中所做的承诺,将以灵活方式,对可能影响服务提供的任何措施都向其他任何缔约方提供不低于本国同类服务及服务提供者的待遇。[2]

3. 最惠国待遇

RCEP服务贸易领域中的最惠国待遇也是在各缔约方基于附件二以及附件三作出的承诺;缔约方应向遵守其中所列条件和资质的缔约方提供的待遇不得低于任何其他缔约方或非缔约方服务及服务提供者的待遇;缔约方可保留依照已生效或在RCEP生效前签署的多边或双边协定给予其他缔约方或非缔约方服务及服务提供者不同待遇。[3]

(二) 负面清单模式

RCEP服务贸易领域的负面清单模式表现在附件三中,根据第8章第11条本地存在的规定:根据不符承诺表作出承诺的缔约方,不得要求其他缔约方的服务提供者只有在其领土内建立或维持代表处、分支机构或其他任何形式的法人,或成为其领土内的居民,作为服务提供者在该缔约国以跨境提供、境外消费及自然人移动方式提供服务的条件。

二、自然人临时移动

RCEP中规定的自然人临时移动规则是《WTO协定》中未有的内容。是缔约国允许为从事货物贸易、提供服务或进行投资的自然人临时入境和临时居留所作的承诺;包括商务访问者、公司内部流动人员、合同服务提供者、安装和服务人员,[4]并且部分缔约国承诺对相关人员的配偶及家属可以获得

---

[1] 《区域全面经济伙伴关系协定》(RCEP) 第8章第5条。
[2] 《区域全面经济伙伴关系协定》(RCEP) 第8章第4条。
[3] 《区域全面经济伙伴关系协定》(RCEP) 第8章第6条。
[4] 《区域全面经济伙伴关系协定》(RCEP) 第9章第2条。

相同停留期限的签证。[1]

三、服务投资保护规则

当服务贸易中一缔约方的服务提供者通过其他缔约方领土内的商业存在提供服务即商业存在的模式进行投资时，适用 RCEP 投资章节中关于投资保护的条款，即缔约方依据习惯国际法中的外国人最低待遇标准给予其投资公平公正待遇；不得对商业存在的高管国籍设定要求；RCEP 要求缔约方允许与投资相关的自由转移且无迟延地进出境内；并由缔约方对因武装冲突、内乱或国家紧急状态造成的投资损失进行补偿；承认涵盖投资的任何权利或诉请的代为或转让；以及不得对投资进行直接征收或国有化。[2]

第四节 RCEP 电子商务

一、贸易便利化

RCEP 电子商务章节要求：各国应努力增强对电子版本的贸易管理文件的接受程度；[3]应当认可电子认证和电子签名的法律效力，确定适当的电子认证技术和电子交易实施模式，并且不对电子认证技术和电子交易实施模式进行限制。缔约方可以要求，在针对特定种类的电子交易时，需要遵照某些标准进行认证或由授权的机构认证；鼓励适用可交互操作的电子认证，以推进缔约国之间无纸化贸易及推广电子认证与电子签名。[4]通过推进区域电子商务的广泛接受与应用，促进缔约国之间的贸易便利化。

二、创造有利环境

RCEP 电子商务通过规定要求缔约方：为保护线上个人信息制定法律框架，并为线上消费者提供法律法规的保护；对非应邀商业电子信息进行监管；

---

[1]《区域全面经济伙伴关系协定》（RCEP）第 9 章第 3 条。
[2]《区域全面经济伙伴关系协定》（RCEP）第 10 章第 5 条、第 7 条、第 9 条、第 11 条、第 12 条、第 13 条。
[3]《区域全面经济伙伴关系协定》（RCEP）第 12 章第 5 条。
[4]《区域全面经济伙伴关系协定》（RCEP）第 12 章第 6 条。

应当维持不对缔约方之间的电子传输征收关税,但可根据世贸组织部长会议的决定而调整;及时公布相关措施信息;并注重网络安全。[1]以此,为电子商务的发展创造更有利的环境。

三、促进跨境电子商务

RCEP 规定缔约国原则上不得限制计算机设施位置,也不得限制通过电子方式跨境传输信息,但允许两种例外情形:

1. 缔约方可以基于其对通信安全和保密要求对计算设施的使用或者位置有各国自己的规定措施,但此种措施必须出于实现其合法的公共政策或保护国家基本安全利益所必要的,并且不得构成对其他缔约国贸易的任意或不合理的限制,也不得要求必须将计算机设施置于该缔约方领土内或只能使用该缔约方领土内的计算设施,才能在该缔约方进行商业行为。[2]

2. RCEP 允许缔约方对通过电子方式传输信息有各自的监管要求,但缔约方除非出于认为是实现其合法公共政策目标所必要的,并且不构成任意或不合理的歧视或变相的贸易限制;或出于保护基本安全利益所必要的目的,不得阻止涵盖的人通过电子方式跨境传输信息进行商业行为。[3]

RCEP 充分考虑了各缔约方之间的国内环境发展与电子技术差异,对部分有技术要求的条款,允许对部分不发达国家延迟生效,以保证制度弹性、灵活性,以及对最不发达国家的优惠照顾。

第五节 RCEP 竞争政策

一、针对反竞争行为的适当措施

RCEP 规定可针对反竞争行为的适当措施条款:缔约方应当为禁止反竞争活动制定竞争法律法规并执行;建立一个或多个有效实施该法律法规的主管机关并保持其决策独立性;该竞争法律法规的适用不得以基于国际进行歧视

---

[1] 《区域全面经济伙伴关系协定》(RCEP)第12章第7条、第8条、第9条、第10条、第11条、第12条、第13条。

[2] 《区域全面经济伙伴关系协定》(RCEP)第12章第14条。

[3] 《区域全面经济伙伴关系协定》(RCEP)第12章第15条。

的方式实施；不得考虑从事商业活动的实体在适用竞争法律法规时的所有权；每一缔约方对其竞争法律的排除或豁免适用只能基于其公共政策或公共利益的理由并保持透明，实施竞争法律法规的指南应当可公开获得，但内部操作程序除外；除了出于法律法规规定、保护保密信息或公共政策、公共利益的理由，缔约方应当公开其竞争法律法规项下作出的处罚或救济的最终决定或命令的理由及任何基于此提出的上诉；每一缔约方应当保证在尽可能的情况下为违反其竞争法律法规将受处罚或救济的任何人或实体提供书面的关于违反该法律法规而受到指控的原因，并为其提供听取其意见及提交证据的公平机会，并使其可以获得对该处罚或救济的单独审查或上诉。[1]

二、合作

RCEP 竞争章节提出，缔约方之间应当就其竞争主管机关之间进行合作来促进有效的竞争执法。在某一缔约方的竞争执法活动可能对另一缔约方的重大利益造成实质影响的情况下，应尽快向其通报；应缔约方请求，缔约方之间可就对缔约方在重大利益有实质影响的任何与竞争执法相关的事项进行讨论；应缔约方请求，缔约方之间可就交换信息或对相同或相关的反竞争行为采取执法行动等进行合作以增进谅解或便利有效竞争执法。[2]

三、信息保密

RCEP 竞争章节特别强调信息保密。缔约方不得以调查竞争为由，要求其他缔约方共享与其法律法规和重大利益相抵触的信息。如果缔约国要求在竞争章节项下请求提供保密信息，则需向被请求方通报请求目的、预期用途以及请求方可能影响信息保密的法律法规或可能要求将信息用于被请求方为统一的目的的法律法规；缔约方之间对保密信息的共享与使用应基于同意与保密，接受保密信息的缔约方应当对收到的信息保密，除非得到提供方另行授权，则仅能用于请求时披露的目的，除非应接受信息的缔约方请求，以外交渠道或根据有关缔约方法律法规规定的其他渠道为了在刑事诉讼中使用而提供，不得在法院或法官进行的刑事诉讼中使用收到的保密信息作为证据；未

---

[1]《区域全面经济伙伴关系协定》（RCEP）第 13 章第 3 条。
[2]《区域全面经济伙伴关系协定》（RCEP）第 13 章第 4 条。

经提供方授权,不得向其他授权以外的任何其他机关、实体或个人披露保密信息,并且应遵守提供方要求的任何其他条件。[1]

四、消费者权益保护

RCEP 竞争章节同时也体现了对消费者权益的保护。规定缔约方应当制定法律法规禁止贸易中使用误导性做法或虚假、误导性描述;加强对消费者投诉机制的认识和利用;并积极鼓励缔约方之间在具有共同利益的消费者保护相关的事项上进行合作。[2]

第六节 RCEP 争端解决

RCEP 与 WTO 争端解决机制都鼓励争端各方在每个阶段都尽一切努力通过合作和协商达成共识解决争端,不同的是:RCEP 虽设置了更加紧凑的时间表,但经争端各方同意后,本章规定的任何期限均可在不损害第三方利益的情况下进行修改,争端各方可在任何时候自愿选择采取斡旋、调解或调停等替代方式解决争端,同样将磋商作为专家组审理的前置程序但不设置上诉程序。

一、磋商

和 WTO 争端解决程序一样,RCEP 同样强调磋商的重要性,将磋商作为争端解决程序的开始,是提交专家组审理的必要前置程序,并且允许有实质利益关系的第三方加入磋商。争端各方可就任何事项提出磋商请求,并向其他缔约方散发磋商请求副本。被诉方应当在不迟于起诉方提出磋商请求之日后 7 天对磋商请求作出答复,并且应当在不迟于请求后 30 天,在某些紧急情况下应当不迟于请求后 15 天进行善意磋商。

磋商应保密,以尽一切努力在磋商阶段达成争端各方共同同意的解决方式。对于争端方以外的认为自己在磋商中具有实质利益的任何缔约方(第三方),也可以参加磋商,需在收到磋商请求副本的 7 天内,向争端各方通报其

---

[1]《区域全面经济伙伴关系协定》(RCEP)第 13 章第 5 条。
[2]《区域全面经济伙伴关系协定》(RCEP)第 13 章第 7 条。

参加磋商的请求，经争端各方同意后加入磋商。[1]

除时间表比WTO争端解决程序中规定的更短外，当第三方要求加入磋商时，RCEP规定只需通报争端方即可，WTO要求通知将进行磋商的成员和WTO争端解决机构。

二、请求成立专家组

若被诉方未及时答复或未及时进行磋商，或磋商未能在自起诉方提出磋商请求之日起60天（紧急情况下20天）内解决争端，起诉方就可以向被诉方通报请求设立专家组，以审查争议事项，并向其他缔约方提供副本。被诉方应立即通报确认收到设立专家组的请求并指明日期，否则以提出请求日期作为收到日期计算。[2]

WTO争端解决程序则是通过起诉方向争端解决机构提出申请，经会议决定是否设立。[3]

三、专家组的设立

除约定外，专家组应由3名专家组成员组成。自收到设立专家组请求10日内磋商确定专家组组成程序。若自收到设立专家组请求20日内未达成同意，争端方可通报另一方适用5~7款程序，即，通报之日起10日内起诉方任命一名，20日内被诉方任命一名，第三名共同同意为专家组主席。若通报之日起35天仍未任命任何专家组成员，争端方可请求WTO总干事协助任命余下专家组成员；若WTO总干事通报其不能履行或在期限（请求之日起30天）内仍未任命，可请求常设仲裁法院秘书长迅速任命。专家组的设立日期为最后一名专家组成员被任命的日期。

当进行执行审查或补偿和中止减让或其他义务程序时，专家组就需重新召集，最好由原专家组成员组成专家组，若不可行，则由原来组成专家组的方式任命替换的专家组。专家组成员辞职或不能履行职责时，由原专家组任命方式任命继任专家组成员，在未任命继任专家组成员前，专家组工作和专

---

[1]《区域全面经济伙伴关系协定》(RCEP)第19章第6条。
[2]《区域全面经济伙伴关系协定》(RCEP)第19章第8条。
[3]《关于争端解决规则与程序的谅解》第6条第1款。

家组程序相关期限都应当中止。[1]

其中，专家组成员可以来自WTO专家组、秘书处人员或上诉机构，专家组主席尽可能来自WTO专家组或WTO上诉机构。因为RCEP争端解决规则与WTO争端解决规则内容的相似性较高，且RCEP纳入了部分WTO条款，来自上述机构的专家对于RCEP条款的熟悉程度也较高，使裁决更容易。

四、专家组审理

专家组需对案件事实、本协定条款的适用以及履行协定义务情况进行客观评估，并在专家组的报告中列明争端各方及第三方描述，案件事实，对本协定条款适用和履行协定义务情况的裁定、决定以及理由。专家组通过协商一致或多数投票进行表决，专家组成员可提出单独或不同意见，应在报告中匿名发表；审议应当保密，并且各争端方不得就专家组正在审查的事项与其进行单方面的沟通。[2]

RCEP与WTO争端解决程序的时间表略有不同。如表4-4所示：

表4-4　RCEP与WTO争端解决程序时间表

程序	RCEP争端解决机制	WTO争端解决机制
专家组确定时间表	专家组设立后的15天内	确定专家组组成及职权范围后的7天内
专家组审理期限	7个月	6个月，紧急情况3个月，最长9个月
中期报告	专家组设立之日起150天内，紧急情况下90天内发布	无规定
最终报告	中期报告发出后30天内发布	无规定
最终报告的通过	由专家组裁定和决定	由争端解决机构审议通过（反向协商一致）
上诉审议	不能上诉，无上诉机构	最终报告发布后的20~60天内可向WTO常设上诉机构提起上诉

---

〔1〕《区域全面经济伙伴关系协定》（RCEP）第19章第11条。
〔2〕《区域全面经济伙伴关系协定》（RCEP）第19章第12条。

RCEP 要求专家组在设立后的 15 天内即确定整个专家组程序的时间表，整个程序自专家组设立之日起，至提交最终报告，一般不得超过 7 个月。[1] WTO 的专家组则需在与争端各方磋商后，确定专家组组成以及职权范围后的 7 天内确定时间表，整个程序期间一般要求为 6 个月，涉及易腐货物的 3 个月，最长不应超过 9 个月。[2]

RCEP 专家组自设立之日起 150 天内应提交中期报告（紧急情况下 90 天），有例外可迟延，但迟延不得超过 30 天；[3] 争端方可在收到中期报告 15 天内提交书面意见；[4] 最终报告应在中期报告发出 30 天内发布，[5] 其他缔约方需等专家组在向争端方发布最终报告之日后 7 天内才能得到最终报告，此后，争端方可在保护保密信息的情况下向公众公开最终报告。[6]

WTO 争端解决程序并未直接规定具体提交报告等程序需遵守的日期，均由个案设立的专家组根据争端方磋商情况确定。最终报告由争端解决机构在最终报告发布的 20 天后反向协商一致通过，即除非全部缔约方协商一致不通过，否则报告通过。但争端方可在报告发布后的 20 天至 60 天时间段内向 WTO 常设上诉机构提出上诉，在已告知争端解决机构其将提起上诉的，争端解决机构将不审议通过该专家组最终报告。[7]

RCEP 不设上诉机构，专家组的裁定和决定是终局的，不得上诉。[8] 争端方需就是否遵守最终报告中所列义务进行通报，并可要求合理期限进行调整。如果争端方对最终报告的执行仍有分歧，可要求召集执行审查专家组按程序在规定时间内解决争端。[9]

五、程序的中止与终止

RCEP 专家组程序可中止，可终止。此规定与 WTO 争端解决程序类似。

---

[1]《区域全面经济伙伴关系协定》（RCEP）第 19 章第 13 条第 4 款。
[2]《关于争端解决规则与程序的谅解》第 12 条第 8 款、第 9 款。
[3]《区域全面经济伙伴关系协定》（RCEP）第 19 章第 13 条第 14 款。
[4]《区域全面经济伙伴关系协定》（RCEP）第 19 章第 13 条第 16 款。
[5]《区域全面经济伙伴关系协定》（RCEP）第 19 章第 13 条第 17 款。
[6]《区域全面经济伙伴关系协定》（RCEP）第 19 章第 13 条第 18 款。
[7]《关于争端解决规则与程序的谅解》第 16 条第 4 款。
[8]《区域全面经济伙伴关系协定》（RCEP）第 19 章第 15 条第 1 款。
[9]《区域全面经济伙伴关系协定》（RCEP）第 19 章第 16 条第 1 款。

争端各方可随时同意专家组中止工作,期限不得超过 12 个月,任何争端方可随时请求恢复,连续中止超过 12 个月,除约定外,应当终止;[1]当争端各方另外达成合意的解决方法时,可同意终止专家组程序。[2]给予争端各方充分协商,以快速、高效解决争端的平台与机会。

六、补偿和中止减让或其他义务

补偿和中止减让或其他义务,是被诉方未在合理期限内遵守专家组的裁定和决定时起诉方可采取适用的临时措施,[3]即,在专家组作出决定认为争议措施不符合 RCEP 义务或被诉方未能履行 RCEP 义务后,未在合理期限内使该措施符合本协定或未履行义务的情况下,可以适用的临时措施。

(一)补偿

当被诉方通报起诉方,表示其不准备遵守专家组最终报告中应履行的义务,或执行审查专家组确定其未履行义务时,或者被诉方未向起诉方通报,或未在合理期限内向起诉方通报,其是否愿意执行专家组最终报告时,经起诉方请求,被诉方应与其谈判达成合意的补偿,[4]但补偿是自愿的,而非强制的。

(二)中止减让或其他义务

若未能在提出请求 30 天内就补偿达成同意,或同意补偿但未遵守,起诉方可在随后任何时间通报打算中止减让或其他义务,并有权在收到通报之日后 30 天开始实施;起诉方应先中止其在 RCEP 中未履行义务的一个或多个部门的减让或其他义务,若认为不可行或实施无效,可以跨部门中止其他部门的减让或其他义务。中止减让或其他义务应遵循对等原则,实施程度应与其利益丧失或减损的程度相当。[5]

被诉方如反对可能实行的中止水平或对于实施中止的原则有异议,或认

---

[1]《区域全面经济伙伴关系协定》(RCEP)第 19 章第 14 条第 1 款。
[2]《区域全面经济伙伴关系协定》(RCEP)第 19 章第 14 条第 2 款。
[3]《区域全面经济伙伴关系协定》(RCEP)第 19 章第 17 条第 1 款。
[4]《区域全面经济伙伴关系协定》(RCEP)第 19 章第 17 条第 2 款。
[5]《区域全面经济伙伴关系协定》(RCEP)第 19 章第 17 条第 3 款。

为其已经遵守了补偿协议的要求,则可以在收到中止减让或其他义务通报30天内以通报方式请求起诉方重新召集专家组审查事项。[1]

第七节 最不发达国家缔约方的特殊和差别待遇

RCEP争端解决机制和WTO争端解决机制都特别考虑了最不发达国家缔约方在争端解决中可能遇到的特殊情况,均提出了争端解决程序中若提出的争议事项涉及最不发达国家缔约方时,其他缔约方应当保持适当的克制,以表示对最不发达缔约方的特殊和差别待遇。[2]

另外,RCEP要求专家组报告在最不发达国家缔约方为任何争端方时,明确表明为其在争端解决程序过程中考虑了关于特殊和差别待遇,并有所体现。[3]

而在WTO争端解决程序中对最不发达国家的照顾,主要体现在磋商中以及设立专家组之前:应最不发达国家成员请求,由WTO总干事或者争端解决机构主席进行斡旋、调解和调停,以达成磋商中未能找到的令人满意的解决方法。[4]

---

[1]《区域全面经济伙伴关系协定》(RCEP)第19章第17条第8款。
[2]《区域全面经济伙伴关系协定》(RCEP)第19章第18条第1款。
[3]《区域全面经济伙伴关系协定》(RCEP)第19章第18条第2款。
[4]《关于争端解决规则与程序的谅解》第24条。

第五章 USMCA 与"一带一路"经贸规则构建

第一节 USMCA 概况

《美国-墨西哥-加拿大协定》(U.S.-Mexico-Canada Agreement,以下简称 USMCA 或《美墨加协定》)[1]是由美国、加拿大和墨西哥达成的三方贸易协议。该项协定于 2020 年 7 月 1 日正式生效,取代了于 1994 年生效、业已运行 25 年的《北美自由贸易协定》(North American Free Trade Agreement,以下简称 NAFTA 或北美自贸协定)[2],这一新的自由贸易协定开启了北美地区乃至世界范围内的贸易新时代。美墨加三国达成的该项协议实现了 NAFTA 的现代化,继而成为 21 世纪的高标准版协定。新的美墨加协定将支持互惠贸易,促进北美市场的自由、贸易的公平和强劲的经济增长。USMCA 引入了在贸易协定中不常见的歧视性条款,文本中有关非市场经济国家的规定指向性明显,这给我国在国际贸易领域的发展带来不可忽视的影响。本章将在介绍 USMCA 概况的基础上,分别对其五个重点规则领域进行剖析,重点关注该协定的特色条款解读,进而分析其对我国"一带一路"倡议产生的影响以及对国际经贸规则产生的冲击,为下篇形成具体示范文本提供参考。

---

[1] 参见"United States-Mexico-Canada Agreement | United States Trade Representative",载 https://ustr.gov/,最后访问日期:2021 年 6 月 15 日。

[2] 参见"United States-Mexico-Canada Agreement | United States Trade Representative",载 https://ustr.gov/,最后访问日期:2021 年 6 月 16 日。

第五章 USMCA 与"一带一路"经贸规则构建 ❖

一、历史演进与发展现状

USMCA 是美国主导下的北美区域贸易协定，也是前任美国总统特朗普上台后缔结的第一个区域性多边贸易协定，取得了重要贸易协定谈判成果。

自 2017 年 8 月起，美国、加拿大和墨西哥先后进行了 7 轮谈判，但因各方对协定内容始终存在分歧而未能达成一致。2018 年 7 月，美国和墨西哥持续展开了 5 周的双边会谈，终于在 8 月 27 日"握手言和"，宣布初步达成《美墨加协定》。美、加两国在经过激烈博弈后也达成一致意见。2018 年 9 月 30 日，由美墨加三国参与谈判的《北美自由贸易协定》（NAFTA）正式更名为《美国-墨西哥-加拿大协定》（USMCA）。新版 USMCA 于 2018 年 11 月 30 日正式签署，取代了 NAFTA。2020 年 7 月 1 日，USMCA 正式生效。其在提升国际贸易规则水平和标准的基础上，还呈现出一些文本新特征，如体现美式单边主义盛行、"美国优先"理念先行、强化区域价值链等。

（一）从 NAFTA 到 USMCA

《美墨加协定》此前的旧版协定是《北美自贸协定》。[1] NAFTA 是关于美国、墨西哥和加拿大三国间的全面贸易协定，由美国、加拿大和墨西哥于 1992 年 8 月 12 日签署，于 1994 年 1 月 1 日正式生效。NAFTA 签订后，北美自由贸易区成为世界最大的自由贸易区。[2] NAFTA 的主要目标在于逐步降低、消除美墨加三国间的关税壁垒，消除非关税贸易障碍以及建立保障公平市场竞争的规范，是一个超 WTO 的区域自由贸易协定。

1. NAFTA 取得一定成就

在 2018 年被 USMCA 取代前，NAFTA 涵盖的人口数量多达 4.9 亿，国民生产总值约 24.8 兆美元，经济实力和市场规模都超越欧盟，为当时全球最大的自由贸易区。NAFTA 显著地促进了区域内成员国之间的贸易增长。过去 20 年，墨西哥和加拿大一直与中国一同被美国列为前三大贸易伙伴，其中墨西哥在 1994 年之后取代日本成为美国的第二大贸易伙伴，直到 2003 年后才被

---

[1] 参见"美国农业部"，载 https://www.fas.usda.gov/topics/us-mexico-canada-agreement-usmca，最后访问日期：2021 年 6 月 15 日。

[2] 参见李馥伊："美墨加贸易协定（USMCA）内容及特点分析"，载《中国经贸导刊》2018 年第 34 期。

中国超越。

NAFTA 的成功签订使自由贸易区得以设立，在 NAFTA 实施过程中，实现了贸易、投资等全方位发展，进而推动了整个北美地区经济贸易发展的进程。从其运行 20 多年的历程来看，其在给美墨加三国带来巨大经济利益的同时，也为南北国家合作开了先河，进而给世界带来强烈的示范效应。

2. 对 NAFTA 的质疑推动协议重谈

在三个缔约国中，墨西哥主要向美国和加拿大输入劳动密集型产品制成品。该自贸协定成立后，美国对加、墨两国的贸易逆差显著增长，大量制造业向墨西哥转移，这导致美国工人的就业受到严重影响。针对 NAFTA 的重谈由特朗普政府发起，美国所关注的焦点在于显著的贸易逆差和就业机会流失问题。[1]

美国前任总统特朗普在总统竞选中曾公开称"NAFTA 为美国有史以来最糟糕的协定"，其在正式就任总统之后对 NAFTA 开启重谈。[2]至 2018 年 7 月，美、墨、加三方已经历 8 轮协议重谈。2018 年 8 月，美国和墨西哥谈判取得突破性进展，率先形成双边自由贸易协议。2018 年 9 月 30 日，美国与加拿大达成一致，与墨西哥一起达成新的《北美自由贸易协定》，更名为《美墨加协定》，并于 2018 年 11 月 30 日签署。[3]缔约国的谈判成功使这份有将近 25 年历史的三边贸易协定得以延续。

2019 年 6 月 19 日，墨西哥首先批准通过了新协定 USMCA。时任美国总统的特朗普意图加快速度通过新协定，但由于美国众议院对 USMCA 中的劳工、环境、钢铁等条款规定内容持有异议，新协定始终未通过批准程序。与此同时，加拿大总理贾斯廷·特鲁多（Justin Trudeau）表示该国对新协定的批准进程将与美国保持一致。此后，在美国国内民主党的推动下，美墨加三国针对 USMCA 进行了数次谈判和修订讨论，最终于 2019 年 12 月 10 日签署了该协定，USMCA 于 2020 年 7 月 1 日正式生效。

---

[1] 参见 The Office of the U. S. Trade Representative（USTR）："Opening Statement of USTR Robert Lighthizer at the First Round of NAFTA Renegotiations"，载 https://ustr.gov/about-us/policy-offices/press-office/press-releases/2017/august，最后访问日期：2021 年 8 月 2 日。

[2] 参见李馥伊："美墨加贸易协定（USMCA）内容及特点分析"，载《中国经贸导刊》2018 年第 34 期。

[3] 参见白洁、苏庆义："《美墨加协定》：特征、影响及中国应对"，载《国际经济评论》2020 年第 6 期。

（二）USMCA 生效背景

1. 美国对经贸规则重构的新诉求

美国的一系列单边主义行径包括单方面退出多边及区域协定、对中国启动 301 调查并挑起贸易争端等表现出其对旧有 WTO 多边体制的否定和抛弃。其重启与墨西哥、加拿大有关协定的谈判，使得 USMCA 在内容和领域上涵盖更加广泛，同时也表现出美国对当下经贸规则重构的新诉求，同时可能对世界经贸规则的重构产生深远的影响。美国政府推动《美墨加协定》在较短时间内完成谈判并生效，有其特殊的考量，因为这是美国政府为了构建国际贸易新规则所做的一次突破。

美国前任总统特朗普意图调整全球贸易规则，这一点众所周知。加拿大和墨西哥两个国家都与美国在经济贸易领域联系密切，且已经形成了深度的依赖性，因而是非常合适的协议方。这为美国调整全球经贸规则提供了时机。正因为如此，在 USMCA 的整体谈判进程中，尽管墨、加两国实际上始终持有不赞同的意见或者怀有不满的态度，但两国仍然在较短时间内就完成了 USMCA 的签署，从而使该协定最终生效，付诸实施。

2. 国际经贸规则从多边走向碎片化

当前，世界百年未有之大变局加速演进。新冠肺炎疫情对各地区、国家经济发展的负面影响仍未消除，国际力量对比深刻调整，WTO 多边规则实施面临巨大挑战，世界经济进入经贸规则重构的关键期。在单边主义与贸易保护主义层出不穷的复杂形势下，国际经贸规则从多边走向了碎片化，新的国际经贸规则呈现出区域性、高标准化的趋势，这一特征在新协定 USMCA 中同样有所体现。

从 USMCA 的文本内容中可以看出，其已经突破了 WTO 框架下的多边规则。从协定的名称上即可合理推知其并未将区域经济一体化作为协定签署的宗旨，因此 USMCA 并非区域性的自由贸易协定，而是三个缔约国之间的相互妥协和让步。在国际法上，USMCA 的地位应定位为国家间协定，而非区域经济一体化协定。[1] 究其原因，这是由于美国意图抛弃不符合美国利益诉求的 WTO 多边体系并始终坚持单边主义原则。

---

[1] 参见欧阳俊、邱琼："《美墨加协定》的目标、原则和治理机制分析"，载《拉丁美洲研究》2019 年第 1 期。

最惠国待遇原则和国民待遇原则作为 WTO 多边体制的基石，在其成立之初就已经确立。由于大部分成员方为发展中国家，因而 WTO 多边规则下的目标在于维护大多数利益，最惠国待遇原则和国民待遇原则构成的非歧视原则在实际实施中仅对占 WTO 约 1/4 的发达经济体成员生效。面对贸易逆差问题和就业机会严峻竞争形势，美国政府推行的举措即推行"美国优先"理念，试图让制造业实现回流，缓解就业受到冲击的现状。[1]美国在 USMCA 签订中所表现的单方意图为寻求公平化、但非自由化的经贸发展趋势，但特朗普政府认为 WTO 项下的多边规则不利于这一目标的实现，因而不支持签订区域化贸易协定，而是更倾向于展开一对一的双边谈判。

二、USMCA 对 NAFTA 的承继与革新

USMCA 内容丰富详尽，共计 35 章，涵盖关税、农业、原产地规则、纺织品、海关与贸易便利化、投资、电信、金融服务、数字贸易、知识产权、竞争政策、国有企业、劳工、环境、中小企业、反腐败等诸多内容，还包括美墨、美加就部分问题达成的附加双边协议，文本长达 1812 页，具有"现代化"和"高标准化"的特点。

NAFTA 作为一种制度安排，总体上反映了 20 世纪 90 年代初期的整体认知。此后数年，经过 GATT 的乌拉圭回合谈判、WTO 的多哈回合谈判，以及此前奥巴马政府 TPP 的尝试，有关全球经济贸易发展的理论和实践都产生了认知转变。实际上，NAFTA 中包括透明度、贸易救济、数字贸易规则等在内的诸多条款都需要进行重新调整，以适应当今时代的需要。

尽管在名称表述上舍弃了原本的"北美自由贸易协定"，但客观上，USMCA 并未突破旧协定的整体框架和结构，而是承继多于变革。具体而言，与旧协定 NAFTA 相比较，USMCA 的变化主要表现：在知识产权方面加强对生产者的保护、重视环境与劳工保护、新增有关 USMCA 有效期的日落条款，以及专章规定汇率与货币政策。除此之外，在原产地规则、产品市场准入、数字贸易以及争端解决机制方面也有一些新规定。

---

[1] 参见魏红霞："《美墨加协定》谈判中的各方利益博弈"，载《拉丁美洲研究》2019 年第 2 期。

(一) 在知识产权方面加强对生产者的保护

美国、墨西哥和加拿大三个缔约国在知识产权领域达成了一系列区域性的高标准规定，旨在进一步在该领域提供保护。USMCA 在版权及专利权方面实行全面的国民待遇，延长作品最低版权的保护期至作者终生及其去世后 70 年[1]。此前，美国和欧盟采取的保护期为作者终生及其去世后 70 年，而加拿大则采取的是作者终生及其去世后 70 年。"终身加 70 年"这一国际标准规定于《伯尔尼公约》。因此，USMCA 文本中有关版权保护期延长的这一变化代表加拿大必须通过修改其国内著作权法的方式，从而符合 USMCA 的相关要求。USMCA 在文本中也作出了相应规定，为加拿大设定了两年半的"履约过渡期"[2]。

此外，为制药和农业创新者提供强有力的保护；并通过技术措施为数字音乐、电影和书籍等作品提供保护。在互联网服务方面，建立版权安全港的通知和删除系统。针对商标权，USMCA 尤其针对驰名商标提供保护，并为新地理标志的确认提供程序方面的保障。此外，USMCA 对生物制药进行 10 年期间的数据保护并对受保护的产品范围进行扩大。[3]在知识产权执法层面，USMCA 规定了广泛的执法合作条款，包括强化执法人员的法定职权、对窃取商业秘密的行为规定反制措施等。

(二) 重视环境与劳工保护

美国民众对于环境问题、劳工问题高度关切，环境保护组织和劳工组织在美国有着巨大的政治影响力。在国内压力下，美国政府必须在环境和劳工保护问题上寻求国际合作。[4]USMCA 协议在劳工、环境方面做出了较大改变。仅在序言部分，USMCA 就有 5 处内容涉及环境和劳工保护方面，在表述上相较 NAFTA 而言更为详细具体。

在保护劳工利益方面，USMCA 三个缔约国已经将劳工义务纳入协议文

---

[1] USMCA 第 20.63 条。
[2] USMCA 第 20.90 (4) 条。
[3] 参见李馥伊："美墨加贸易协定（USMCA）内容及特点分析"，载《中国经贸导刊》2018 年第 34 期。
[4] 参见欧阳俊、邱琼："《美墨加协定》的目标、原则和治理机制分析"，载《拉丁美洲研究》2019 年第 1 期。

本，并增列了与劳工谈判相关的附件文件，以确保墨西哥按照国际劳工组织规定的劳工权利准则维护劳工利益。USMCA 序言部分第 14 款要求缔约方促进劳工权利保护、推动劳动条件改善并加强在劳工问题上的合作[1]；第 18 款要求缔约方保障妇女机会均等[2]。相比之下，NAFTA 仅要求保护工人基本权利。[3]

在环境保护方面，美墨加三国达成了已有自贸协定中较为严格的环境保护条款，包括禁止在特殊情况下进行渔业补贴，对含有野生动植物的货物进行加强化的海关检查，承诺缔约方共同保护海洋栖息地、改善空气质量、减少海洋垃圾等。USMCA 序言部分第 9 款约定允许缔约方将环境保护列为立法和管制优先事项[4]，而 NAFTA 仅笼统约定允许缔约方保留捍卫公共福利的权利。[5] USMCA 序言部分第 11 款约定将保护人类、动植物生命健康作为缔约各方努力的目标，并致力于发展基于科学决策的贸易，而 NAFTA 并无这方面的具体约定。[6] USMCA 序言部分第 13 款要求缔约方通过加强环境执法以及环境合作，进而促进高水平的环境保护，通过相互支持的环境政策与实践进一步深化可持续发展目标，[7] 而 NAFTA 只是原则性地表示缔约方应致力于环境保护和可持续发展。

现今，环境和劳工保护已经成为 USMCA 的核心目标，这与其在 WTO 中日益边缘化的现状形成了非常鲜明的对比。

（三）新增日落条款

NAFTA 文本并无有关于协定有效期的相关规定，有关自贸协定有效期的规定在 NAFTA 文本中并无体现，也即在协定缔约国不主动终止或退出的情况下，该协定始终保持有效。与 NAFTA 不同的是，USMCA 在有效期方面作出了相应规定。

USMCA 第 34.7 条规定，该协定自生效之日起 16 年后终止，除非缔约国

---

[1] USMCA 序言第 14 款。
[2] USMCA 序言第 18 款。
[3] NAFTA 序言第 15 款。
[4] USMCA 序言第 9 款。
[5] NAFTA 序言第 12 款。
[6] USMCA 序言第 11 款。
[7] USMCA 序言第 13 款。

一致同意再将协定续展16年。此即所谓的"日落条款"[1]（sunset clause）。具体而言，USMCA 该条款为美墨加三国设定了联合审查的环节，即在该协定生效6年后，缔约国共同将对协定的实施落实情况进行审查，并以书面方式确认各自是否同意再对 USMCA 进行续展。[2]简而言之，USMCA 在续展方面以16年为单位对其有效期进行续展，最终的续展情况取决于至少每6年开展一次的缔约国三方联合审查。

（四）专章规定汇率与货币政策

在汇率与货币政策方面，USMCA 在第33章专章规定了"宏观经济政策和汇率问题"，首次在自贸协定文本中规定了汇率操纵相关条款。[3]该章节再度强调了《国际货币基金协定》文本中提出的要求，即"禁止缔约国通过操纵汇率、国际货币制度的方式干扰国际收支调整的有效性，或导致形成对协定其他缔约国不公平的竞争优势"[4]。此外，该章节规定 USMCA 三个缔约方在建立汇率体制时需依据市场形势作出决定，且禁止通过干预外汇市场等方式实施竞争性贬值。[5]USMCA 第33章规定缔约方不得出于获取不公平竞争优势的目的操纵汇率或设定目标汇率，干预汇率市场。在汇率和货币政策层面，USMCA 第33章还规定了详细的透明度要求和缔约国的报告义务[6]，要求缔约方确保货币政策的透明，每月披露外汇储备及政府针对现货及期货市场的干预措施；[7]若有违反者，可诉诸该协定第31章规定的国家间争端解决机制部分相关内容。

（五）小结

综上所述，USMCA 是目前世界上涵盖面最广的贸易协定，除了在原有的如劳工、环境等议题上取得突破，还包含了一些在21世纪才进行研讨范围的新议题，如数字贸易、国有企业、中小企业等，并且前所未有地增加了宏观

---

[1] "日落条款"，又称落日条款，指的是法律或合约中规定部分或全部条文的终止生效日期。
[2] USMCA 第34.7条。
[3] USMCA 第33章。
[4] 《国际货币基金协定》第4.1条。
[5] USMCA 第33.4条。
[6] USMCA 第33.5条。
[7] USMCA 第33.8条。

政策与汇率事项的章节，[1]总体上实现了超越旧版协定NAFTA的目标，具备高标准化的特征。

三、文本特征

尽管并非如美国前任总统特朗普所宣称的，USMCA为美国"缔结过的最重要的贸易协定""对我们国家是真正的历史性消息"、对NAFTA进行了颠覆性的变革[2]，但作为美国所设想的"未来贸易协定样板"[3]，该协定所反映出的某些变化和革新，尤其是美国在经贸规则谈判和构建中日益强化的"美国优先"立场和单边主义理念，以及强化区域价值链等趋势应当得到重视。从USMCA的文本内容及其架构特点可以看出，该协定具有下列文本特征。

(一) 美式单边主义盛行

当下新冠肺炎疫情在全球范围内的冲击尚未消退，在这一特殊形势之下，美国依然奉行其在经贸规则谈判和构建中一贯坚持的单边主义，这一点在已经生效的USMCA中就有所体现。

USMCA不仅是美国与邻国墨西哥、加拿大所签署的一个贸易协定，而且是一个贸易、经济和政治三位一体的战略性协定。USMCA进一步推动了国际贸易规则的水平和标准的提升，体现了实体与程序的交叉融汇，同时也体现了美国政府的单边主义特征。

USMCA主要的特点是美国利益导向，表现为USMCA相较于此前的旧协定，去除了名称中的"自由贸易"部分，且在结构设计上体现出明显符合美国自身利益的分配模式。[4]这一细节变动在客观上反映出，美国政府对国际贸易所持态度更倾向于"公平"和"互惠"，而非"自由"。近年来，随着国际

---

[1] 参见曹廷："取代NAFTA USMCA影响几何？"，载《经济》2018年第22期。

[2] 参见Michelle Moons: "Trump Declares USMCA $ 1.2T Deal Biggest in U.S. History"，载 https://www.breitbart.com，最后访问日期：2021年8月1日。

[3] See David J. Lynch, "Canada Agrees to Join Trade accord with U.S. and Mexico, Sending New NAFTA Deal to Congress"，载 https://www.washingtonpost.com/business/economy，最后访问日期：2021年7月5日。

[4] 参见周密："从NAFTA到USMCA：看点在哪儿"，载《世界知识》2018年第20期。

形势、国内环境的变化,美国在国际贸易公平性上投入的关注度更多了。[1]其单边主义的最终目标是重塑全球经贸规则,实现符合美国利益和需求的新一代"全球化"。

具体而言,在 USMCA 对汽车原产地规则的更新规定中,一方面,北美地区的零部件比重显著提高,可以明显反映出促使工作岗位从域外回流的意图;另一方面,将最低工资规定为每小时 16 美元的标准,则表明了美国为了推动本国汽车工人就业的坚定态度。

长期以来,美国奉行单边主义,与世界脱轨,也由此波及了中美关系,并且进一步严重危害全球安全。

(二)"美国优先"理念先行

与 NAFTA、TPP 相比,USMCA 在原产地规则、劳工标准等方面均有所提高,其主要特点在于体现了"美国优先"的理念。"美国优先"这一理念最早来源于美国 20 世纪 30 年代的民族主义和保护主义思潮。时任美国总统特朗普在当时的就职演说中将该理念重提。特朗普在演说中指出,"美国优先"这一愿景将会有利于美国,即政府在贸易、税收、移民和外交事务上作出的每一个决定都将有利于美国工人和美国家庭。特朗普上任后,在"美国优先"这一基本理念指导下,进行了一系列改革,如在多边贸易领域退出 TPP,同时积极推进 USMCA 谈判,争取调整乃至删除一切不利于美国的协定条款。

"国家优先"原则在 USMCA 协议文本中得以充分体现。[2]首先,该协议被命名为"美墨加协定"而非"新北美自由贸易协定",国际法地位弱化为国家间协定而非区域协定。其次,区域经济一体化没有被明确列为 USMCA 的目标。[3]在确立协定目标的序言中,USMCA 文本中并未提及一体化。截然相反的情况是,TPP 文本中序言部分第 1 段就明确将推进区域经济一体化作为各缔约国的首要目标。

---

[1] 参见廖凡:"从《美墨加协定》看美式单边主义及其应对",载《拉丁美洲研究》2019 年第 1 期。

[2] 参见欧阳俊、邱琼:"《美墨加协定》的目标、原则和治理机制分析",载《拉丁美洲研究》2019 年第 1 期。

[3] 在对待北美区域一体化问题上,各方意见并不一致。譬如,墨西哥总统在阿根廷签署协定时表示,USMCA 将有助于推进北美经济一体化。即使美国内部也存在不同声音,美国贸易谈判代表建议委员会明确表示要进一步推进北美经济一体化。

美国优先是美国政府的具体行动指南，在该原则的指导下，单边主义是实践和践行美国优先原则的具体体现之一。在当前全球的严峻形势下，美国政府不仅没有承担起当今大国所应肩负的抗疫责任，反而顽固地坚持"美国优先"的理念，无视其他国家和国际组织的正当性利益。

（三）强化区域价值链

美国试图通过 USMCA 的签订和实施来达到其建立区域性贸易壁垒和对外贸易壁垒的目的，进而实现重建以美国为中心的北美区域价值链这一目标。[1]但是，USMCA 在文本呈现中涉及了数量庞大的国际贸易规则，且该协定在涉及领域方面也十分广泛，这说明其能够在一定程度上反映未来国际经贸规则发展的最新趋势。

在 TPP 的文本中有许多条款体现出了全球价值链对规则的诉求，例如，有关大幅度降低关税和重视缔约国能力培养等条款内容，旨在实现进一步的经济增长。但是，USMCA 并未在 TPP 的基础上进一步推动全球价值链进行分工，反而通过畸高的原产地标准将全球价值链进行割裂，[2]使得这一分工体系的发展趋势逐渐转向区域价值链。

四、USMCA 对我国"一带一路"倡议的影响

当今国际经贸领域形势变幻莫测，在 WTO 面临改革的背景下形成的新协定 USMCA，其条款规定及具体实施将对中国经济发展产生一系列影响。从 NAFTA 到 USMCA，美国通过打造高标准国际贸易规则，意图将辐射范围从北美地区扩展至全球范围。

（一）给我国在国际经贸规则重构进程中带来挑战

1. 限制我国自由贸易谈判权

该协定有可能较大程度地削弱我国的对外贸易优势，对我国企业在境外发展产生巨大影响，最终不利于中国加速融入全球化进程。

---

[1] 参见李馥伊："美墨加贸易协定（USMCA）内容及特点分析"，载《中国经贸导刊》2018 年第 34 期。

[2] 参见白洁、苏庆义：《美墨加协定》：特征、影响及中国应对"，载《国际经济评论》2020年第 6 期。

美国政府在看待国内就业形势时,始终认为造成制造业受到冲击的根源在于中美贸易失衡带来的显著的贸易逆差。基于上述认识,美国在 2018 年发动了中美贸易战,对中国出口到美国的有关产品大幅加征关税,借此改变中美贸易失衡的现状。虽然美国方面声称发动贸易战的目的在于遏制中美贸易失衡的局面,但事实上美国的最终目的就是要对中国的整体发展进行封锁和遏制。因此,美国不仅把 USMCA 作为与欧盟、日本等国进行自贸协定谈判的范本,更希望将该协定相关条款上升为区域自贸协定条款和国际经贸新规则,以便充分发挥美国等发达国家在技术等方面优势,削弱中国对外贸易优势。

2. 约束我国全球经济治理参与程度

随着 USMCA 的生效及实施落地,其产生的后续效应可能约束我国参与全球经济治理。一方面,USMCA 让中国面临再次入世的危机。USMCA 签订生效以及美国将协定的核心内容作为与欧盟、日本自贸谈判的基础,使得美国意图主导全球经贸规则进行重构的决心更强。USMCA 将使占全球经济总量 55%的国家采取新的标准,并在很大程度上架空 WTO 多边规则,进而使中国加入 WTO 后所做的各种努力和尝试都归为无效。另一方面,USMCA 加剧了中国重点领域改革的紧迫性。最为突出的就是 USMCA 中关于国有企业的条款,其文本在表述上更加具体和严格。中国国有企业在国内受到的优待如在贷款方面的优势将成为美国限制中国企业进入其国内市场的借口,严重影响西方国家对中国市场经济地位的认可。另外,USMCA 中有超过一半的条款如劳工标准、环境问题等都是中国自贸协定战略中从未涉及的,很多都突破了中国经济发展水平范畴。如此一来,中国不得不进一步加快相关重点领域改革步伐,以提高对新标准的适应能力。

3. 抑制我国有效实施贸易政策

USMCA 文本体现出单边主义盛行和遏制中国发展的经贸理念,能够很大程度上抑制我国有效实施贸易政策。比如,USMCA 文本中的贸易救济和争端解决中的单边主义条款旨在削弱 WTO 框架下的争端解决能力,这使得美国在实施贸易霸凌行为方面更加不受限制,虽不具有直接针对性,但很可能间接对中方合理和正当利益造成损害。[1]"非市场经济国家条款"通过限制中国

---

[1] USMCA 第 10 章、第 31 章。

的贸易谈判权,进而有效约束其与加拿大、墨西哥进行 FTA 的签订。[1]此外,投资章节中的"小毒丸条款"明显体现出了对中国企业的歧视,削弱了中国在 USMCA 缔约国的投资企业的争端解决能力。

(二) 为我国完善现行经贸规则提供重要参照

USMCA 文本呈现出了高标准化的国际贸易新规则,为我国完善现行经贸规则提供了重要参照。与 NAFTA 和原 TPP 相比,USMCA 中部分章节如海关管理与贸易便利化、卫生和植物卫生措施、跨境服务贸易、金融服务、电信服务、政府采购、环境、良好监管实践、中小企业、行业部分附件等,在实体性规则上体现出了更高的水平和标准,在程序性规则上得到了丰富和完善,同时在规则设计中实体性规则和程序性规则实现了深度融合。

相关规则在某种程度上体现出美国对于国际经贸治理的先进理念,从中也能看到美国对推动高水平国际贸易新规则的形成所作的贡献。

由于各缔约方对这些规则的认同程度较高,多边化阻力较小,因此在美国的助推下将会成为未来高标准国际贸易规则的模板,并成为我国国际经贸规则努力对接的方向。

(三) 对我国发展进程的影响

1. 对我国外部发展环境的封锁和遏制

美墨加三国针对 USMCA 开展相关谈判之际,中美两国在贸易领域产生激烈摩擦导致贸易战等形式的冲突。这一背景下所谈判形成的 USMCA 文本明确体现了其与传统 FTA 不同的战略意图,即对中国的发展环境进行封锁和遏制。在前期准备方面,美国制定更高标准的经贸规则彰显了其遏制中国发展的意图。美国试图通过拉拢盟国的方式进一步影响中国经贸发展的外部环境,这一点可以体现在 USMCA 的文本中,具体表现为相关条款如汇率与宏观经济政策事宜等与 WTO 改革背景下《美日欧联合声明》的关键内容相一致。[2]此外,USMCA 在文本构建上借由非市场经济国家条款和投资章节中的"小毒丸"条款对其他缔约国与中国缔结协约方面产生负面影响,为第三国附加义

---

[1] USMCA 第 14 章。
[2] 参见白洁、苏庆义:"《美墨加协定》:特征、影响及中国应对",载《国际经济评论》2020 年第 6 期。

务，最终达到封锁、遏制中国经贸发展的目的。

2. 产业转移效应对经济发展产生负面影响

USMCA 的生效和实施会导致一定的贸易转移效应产生，进而对中国向北美的出口产生抑制作用。美国签署 USMCA 的最主要目标为保护其已经失去比较优势的制造业，以及促进相关产业从外域（尤其是亚洲国家）回流。USMCA 的原产地标准比 NAFTA 和 TPP 的相关标准更为严格。USMCA 旨在保护美国已经失去比较优势的制造业，USMCA 的原产地规则会促进钢铝、汽车等传统制造业部分回流至北美，进而对中国的投资和就业产生相应的负面影响。

作为美墨加三国重要的进口国之一，USMCA 所导致的产业转移效应将对中国经济发展产生一定的负面影响。首先，中国是零部件的生产大国，新协定 USMCA 降低了非原产地货物的比例，进而会对中国大量通过组装进入市场的产品产生影响。即如果非原产地货物的比例超过 7%，则该产品在定义上不属于原产于北美地区的产品范围，进而不具备享受 USMCA 缔约方之间关税优惠的资格。因此，缔约国为了享受 USMCA 规定的相关优惠政策，对零部件的采购更多选择了在缔约国内部进行，这一举措对中国向美墨加三国的零部件出口市场造成了严重冲击。

其次，作为北美地区汽车出口增加值的最大自贸区外供应国，中国对美墨加三国在汽车产业领域的增加值贡献度均超过了 5%。[1] USMCA 提高了汽车原产地规则的标准，包括汽车部件、钢、铝的比例以及工资要求。文本相关变化将在一定程度上抑制中国对北美地区的产品出口。此外，为了有效保留产品的利润空间，生产者会将价格提高，商品的部分成本被转嫁给消费者，从而间接地对中国生产者和消费者产生负面影响。

第二节　USMCA 特色条款——"毒丸"条款

一、条款文本概述

"毒丸"条款即 USMCA 文本中的"非市场经济国家"条款，规定于 USMCA 第 32.10 条，规定若缔约方与非市场经济国家签署自贸协定，这一条

---

[1] 参见洪超伟、崔凡："《美墨加协定》对全球经贸格局的影响：北美区域价值链的视角"，载《拉丁美洲研究》2019 年第 2 期。

件形成即触发导致 USMCA 终止的结果。USMCA 该条款赋予了缔约国以对非市场经济体的界定权，美国、墨西哥和加拿大可以依据其国内法从而认定第三方为或者不为非市场经济国家。具体而言，USMCA 将非市场经济体定义为"在 USMCA 签署之日，协定任一缔约方根据其贸易救济法而被认定为不具有市场经济地位，并且与任何缔约方均未签署自贸协定的经济体"。

根据 USMCA 第 32 章第 10 条规定，若美墨加任何一个缔约国有意与非市场经济国家谈判签署自贸协定，需至少在谈判前提前 3 个月告知其他所有缔约国。其他缔约方有权在该国与该非市场经济体签署任何协议前对内容进行审查。其他缔约国在提前 6 个月通知的情况下，可以终止该份第三国与 USMCA 缔约国签署的协定并以新的双边协定加以取代。[1] USMCA 中这一"毒丸"条款的目的在于限制协定缔约国的缔约自主权，[2] 进而防止非市场经济国家通过与任一缔约国签署自贸协定的方式分享 USMCA 的红利。

此外，在 USMCA 第 14 章的投资相关内容中也存在针对"非市场经济国家"的歧视性规定，具体内容位于 USMCA 附件 14-D，称其为"小毒丸条款"。该条款规定了美国和墨西哥之间的 ISDS 机制。该附件针对合格投资者规定了界定标准，具体而言，若缔约方依据贸易救济法认定第三方为非市场经济国家，并且缔约方未与其签署自贸协定，则该第三方所拥有或控制的投资者不符合合格申请人的标准，应予排除在外。[3] 即如果来自非市场经济国家的投资者控制了 USMCA 缔约国的某企业，若该企业与 USMCA 另一缔约国产生投资方面的争议，则该企业被禁止运用 ISDS 机制实现救济。[4] 据此规定，中国企业或个人所拥有或控制的墨西哥企业将丧失对美国提起 ISDS 仲裁的条件和资格。

USMCA 该条款为三个缔约方设立了两项具体义务，即通知义务和告知义务。具体而言，缔约方若意图与非市场经济主体签订自贸协定，则需要提前 3 个月通知其他缔约方；并且将其与非市场经济国家之间有关贸易协定的内容

---

〔1〕 USMCA 第 32.10 条。

〔2〕 参见廖凡："从《美墨加协定》看美式单边主义及其应对"，载《拉丁美洲研究》2019 年第 1 期。

〔3〕 USMCA 附件 14-D 第 14.D.1 条。

〔4〕 参见白洁、苏庆义："《美墨加协定》：特征、影响及中国应对"，载《国际经济评论》2020 年第 6 期。

进行告知。该条款还规定了一项退出通知的义务,即由于该 USMCA 缔约方与非市场经济国家签订了自贸协定,则其他缔约方在提前 6 个月进行通知后即有权退出。

从 USMCA 文本内容来看,USMCA 该条款给予了缔约方与非市场经济国开展条约谈判的条件。但是实际上,该条款给予了一缔约方对其他缔约方签署协定的否决权,[1]这实际上突破了当前的贸易谈判实践。

二、非市场经济国家条款不具备合法性

从 USMCA 文本中可以看出,该协定规定了诸多针对非市场经济国的特殊规则,明显超过了现有以 WTO 协定为中心的多边贸易规则体系所限定的范围。根据"非市场经济国家"条款内容来看,该条款不仅为第三国创设了义务,而且限制了第三国与协定的缔约方进行贸易谈判的权利,违反了国际法的相关规定。

首先,缔约方若有意愿与非市场经济国家签订自贸协定,则需提前 3 个月就将该意愿告知其他缔约方,这导致了主权国家在缔约方面的不自由和受限制。美国、墨西哥和加拿大这三个 USMCA 协定的缔约国成员,其作为主权国家的缔约自由这一基本权利,在该协定项下严重受到影响。这也给第三方附加了一定义务,即第三方一旦被认定为非市场经济体,将无法与美墨加三方自由地缔结贸易协定。

其次,缔约方要将与非市场经济主体之间的贸易协定内容告知其他缔约方,则为该缔约方增加了信息披露的义务,同样也是对非市场经济体与缔约方自由贸易在谈判方面的约束。

最后,若缔约方与非市场经济体谈判成功,协定生效,其他缔约方可享有 6 个月通知后的自由退出权,这相当于一个威胁条款,中国作为世界主要经济体,具有庞大的经济体量,对加拿大和墨西哥来说也是重要的经济合作伙伴,但美国是加拿大、墨西哥的第一大贸易伙伴,也即美国给予墨西哥、加拿大成员方以选择权,不过这是一道单选题,美国依据此条款成功阻碍了中国与墨西哥、加拿大两国缔结贸易协定的谈判,若后续美国将此条款推广到与其他国家的贸易协定中,中国将很难与其他国家进行贸易谈判,美国就达到了孤立中国的目的。

---

[1] USMCA 第 32.10 条。

三、非市场经济国家条款违反相关规则

通过对 USMCA 第 32 章第 10 条的文本内容涉及规则进行分析,可以得出如下结论,即该条款内容为 USMCA 缔约国设定了针对非市场经济国家的界定权,给第三方成员设定了相关义务,这一规定实际上违背了条约法以及 WTO 框架下有关缔约自由的多边规则。[1]根据《维也纳条约法公约》相关规定,USMCA 非市场经济国家条款违反相关规则具体体现为该条款为缔约方以外的第三方设定了额外的义务。具体而言,该条款在缔约国与非市场经济国家开展条约谈判方面产生了极大的限制作用。

首先,根据 USMCA 规定,美墨加三国在界定是否为非市场经济国家时均有权根据其国内法相关规定进行判断,因此第三方在这一认定环节中,实际上需要全面符合上述三个国家的市场经济标准,才有与任一缔约国进行缔约的资格。USMCA 这一条款为第三国设置了额外的证明义务,即证明自身为市场经济体,这一条款显然违反了条约法中不得为第三国创设义务的原则。

其次,USMCA 缔约方有权对其他缔约方与第三国的贸易协定内容进行审查。举例说明,若某第三国与墨西哥缔结贸易协定,则美国和加拿大作为另外的缔约方,有权对谈判中的该贸易协定文本进行审查,这一权利的授予无疑是对 USMCA 缔约国发挥自身影响力的强化,甚至可能对该贸易协定谈判产生至关重要的外来作用。

USMCA 中非市场经济国家条款的设定,违背了 WTO 多边体系,对多边规则发出了强力挑战,[2]彰显了美国始终坚持单边主义立场、意图在孤立和遏制中国的背景下开展自由贸易的重要一步。

第三节 "一带一路"经贸规则构建下可供借鉴的 USMCA 相关规则

一、货物贸易规则

货物贸易规则占据了 USMCA 文本的较大篇幅,包括商品的国民待遇原则

---

[1] USMCA 第 32.10 条。
[2] 参见翁民国、宋丽:"《美墨加协定》对国际经贸规则的影响及中国之因应——以 NAFTA 与 CPTPP 为比较视角",载《浙江社会科学》2020 年第 8 期。

与市场准入、货物的原产地规则、原产地程序等,规定较为具体和详尽。

(一) 国民待遇与市场准入

商品的货物贸易与市场准入相关内容规定于 USMCA 第 2 章。关于国民待遇,各缔约方应根据 1994 年关贸总协定中的第 3 条及其解释性说明,对另一方的货物给予国民待遇,也即,1994 年关贸总协定第 3 条及其解释性说明被纳入并成为本协定的一部分。[1]缔约方根据第 1 款应给予的待遇意味着,待遇不低于区域一级政府对任何类似的、直接竞争的或可替代的货物所给予的最优惠待遇。[2]

对于海关关税的处理,USMCA 规定除非本协议另有规定,任何一方不得对原产货物增加任何现有的关税,或采用任何新的关税。除非本协议另有规定,各方应根据其附件 2-B 的附表对原产货物征收关税。[3]此外,缔约国一方可在任何时候单方面加快取消附件 2-B(关税承诺)附表中规定的关税。

(二) 农业

USMCA 第 3 章就农业国际合作、出口竞争、粮食安全、农业协商、农业特别保障、农业生物技术等作出了具体规定。[4]缔约方应在世贸组织共同努力,促进提高透明度,改善和进一步发展有关市场准入、国内支持和出口竞争的多边学科,其目标是大幅逐步减少支持和保护,从而导致根本性改革。

USMCA 规定,若缔约一方认为另一缔约方所给予的出口融资支持可能对双方贸易产生扭曲效应,或认为另一方正在就农产品给予出口补贴,则可要求与另一方展开商议。[5]此外,USMCA 还在农业专项保障方面作出了规定,在优惠关税待遇下贸易的原始农产品不受进口方根据《农业协定》采取的特别保障所适用的任何关税的约束。[6]

在本章的 B 节部分,USMCA 对农业生物技术领域做出了相关定义[7],

---

[1] USMCA 第 2.3 条第 1 款。
[2] USMCA 第 2.3 条第 2 款。
[3] USMCA 第 2.4 条。
[4] USMCA 第 3.3 条。
[5] USMCA 地 3.4 条。
[6] USMCA 第 3.9 条。
[7] USMCA 第 3.12 条。

农业生物技术是指用于蓄意操纵生物体以引入、去除或修改一种农业和水产养殖产品的一种或多种遗传特性，而不是用于传统育种和选择的技术；农业生物技术产品是指使用农业生物技术开发的《商品名称及编码协调制度》（以下简称《协调制度》）第3章所涵盖的农产品或鱼类产品，但不包括药品或医疗产品；现代生物技术产品是指使用现代生物技术开发的农产品，或协调系统第3章所涵盖的鱼类或鱼类产品，但不包括药品或医疗产品。

在这一方面，美墨加三国首次制定了包括基因编辑等新技术在内的相关农业生物技术标准,,且墨、加两国同意与美国在农业生物技术贸易相关领域加强信息交流与合作，以期进一步推动农业的转型与升级。

（三）原产地规则及程序

原产地规则规定于 USMCA 第 4 章，原产地程序则规定于 USMCA 第 5 章，除此之外，还包括一些附件内容。原产地规则是自由贸易协定的核心，与自贸区内各成员国的经济利益紧密相关。作为自由贸易协定中的重要规则，其为一项隐秘的贸易保护措施，在防止区域外国家实行迂回贸易和保障区域内成员国利益上都具有重大意义，"自由贸易协定下的自由化程度取决于它的原产地规则"[1]。原产地规则主要包括原产地标准、直接运输原则和证明文件等,[2]其中原产地标准是核心。

在国际贸易领域，货物的原产地经常被比喻为货物的"经济国籍"。对货物原产地的确定并不简单，除了其原料和最终品实际生产所处的地理位置，还掺杂一些错综复杂的政治经济因素，如贸易保护、配额、倾销与反倾销、补贴与反补贴、保障措施等。而随着国际合作水平的发展，货物的生产加工制造所涉及的原材料来源地越来越多样化；随着工业科技水平的发展，货物的加工工序的复杂程度也日益增加。[3]原产地规则正是在这种背景下应运而生，越来越多的国家出于进出口贸易统计和征税的需要，开始制定一些原产地标准，来判定货物的原产地。

---

〔1〕 [英]伯纳德·霍克曼、迈克尔·考斯泰基：《世界贸易体制的政治经济学：从美贸总协定到世界贸易组织》，刘平等译，法律出版社 1999 年版，第 333 页。

〔2〕 参见何蓉等："美墨加协定（USMCA）对原产地规则的修订及其影响分析"，载《区域与全球发展》2019 年第 6 期。

〔3〕 参见沈静之："基于原产地规则的《美墨加协议》对中国产品出口美国影响研究"，载《海关与经贸研究》2019 年第 3 期。

USMCA对基本概念作了定义和范围划界,如非原产货物或非原产材料为不符合本章(第4章)要求的货物或材料;自生产材料是指由商品生产者生产并用于该商品生产的材料;运输和包装成本是指包装货物和将货物从直接装运到买方所发生的成本,不包括准备货物和包装给零售货物的费用[1];等等。

关于关税优惠待遇,USMCA规定,各方应规定,进口商可根据出口商、生产商或进口商完成的原产地证明,提出优惠关税待遇的索赔,以证明从一方领土出口到另一方领土的货物属于原产地货物。[2]并且,各缔约方应提供原产地证明:(1)无需遵循规定格式;(2)包含附件5-A中规定的一套最低数据要素,表明货物为原产地且符合本章要求;(3)可在发票或任何其他文件中提供;(4)足够详细描述原产地货物以进行识别;(5)符合《统一法规》规定的要求。[3]

针对原产地规则的变动主要表现为汽车和纺织业与服装领域的变动。汽车方面,美墨加三国针对新的原产地规则开展了讨论,包括乘用车、轻型卡车和汽车零部件的产品规则,规定车企若想获得北美区内的零关税优惠待遇,则来自北美的零配件占整车的比例必须由NAFTA规定的62.5%大幅提高至75%,与此同时,还规定至少70%的汽车用钢材来源于USMCA缔约方三国,凭借通过提高汽车生产的区域价值含量进而促使供应链逐步转移至美国、墨西哥和加拿大三国。

USMCA在第4章原产地规则增加了对劳动价值含量(Labor Value Content,LVC)的新规定,要求40%(乘用车)至45%(轻型和重型卡车)的汽车零部件必须由时薪不少于16美元的工人制造。这条规定将严重削弱墨西哥汽车制造业的劳动力成本优势,使更多的汽车企业和就业岗位回流至美国和加拿大。

美国每年分别给予两国260万辆乘用车的出口配额,在配额内的出口汽车免受232条款关税措施影响。与此同时,美国每年对自加拿大进口的不超过324亿美元的汽车零部件、自墨西哥进口的不超过1080亿美元的汽车零部

---

[1] USMCA第4.1条。
[2] USMCA第5.2条第1款。
[3] USMCA第5.2条第3款。

件以及进口自加拿大和墨西哥的轻型卡车均予以豁免。若加墨两国对美出口超过上述限额,加拿大和墨西哥则允许美国以保护国家安全为由启动232条款,对超过配额的进口汽车加征25%的关税。劳工薪酬方面,USMCA规定,享受零关税汽车的零部件中40%~45%的部分必须由时薪16美元以上的工人生产制造。

比较NAFTA,汽车原产地规则在USMCA中存在规定层面的更新。在众多事项中,汽车原产地规则一直是美墨加协定谈判的焦点,其在实施方面也受到了各方关注。在新的贸易协定项下,相较于此前的NAFTA,对于汽车行业的原产地要求有了显著提高,包括:

1. 更高比例的区域价值含量,其中轿车/轻型车为75%,重型车为70%。
2. 车辆使用的钢材和铝材其70%的量需来自北美区域。
3. 乘用车40%及轻/重型45%的成本需要由时薪不低16美元的人员生产。
4. 汽车配件的核心件、主要件和辅助件也有较高的不同比例的区域含量要求。

(四)纺织品与服装

有关纺织品与服装的内容规定于USMCA第6章。USMCA首先规定,除本章另有规定外,第4章(原产地规则)和第5章(原产地程序)适用于纺织品和服装产品相关内容。[1] USMCA对手工制品、传统民俗制品或土著手工艺品作出了规定,进口方和出口方可以确定双方同意的特定纺织品或服装产品,即(1)家庭手工业的手工装饰面料;(2)手工制作的手工制品;(3)传统民间工艺品;(4)本土手工艺品。[2] 并且,只要满足进出口方同意的任何要求,根据第1款确定的货物应符合进口方的免税待遇。

为了促进各缔约方在纺织品与服装领域的合作,USMCA规定双方应通过第7.25条(区域和双边执法合作)、第7.26条(具体保密信息交换)、第7.27条(海关合规核查请求)和第7.28条(双方保密)规定的信息共享和其他活动进行合作。[3]

---

[1] USMCA第6.1条。
[2] USMCA第6.2条。
[3] USMCA第6.5条。

二、海关管理与贸易便利化

海关管理和贸易便利化规定于 USMCA 第 7 章,包括 A 节的贸易便利化,以及 B 节的合作与执行两部分内容。

(一) 贸易便利化

在推动贸易便利化方面,为了尽量减少贸易商通过进口、出口或过境货物而产生的费用,任一缔约方应以便利货物进口、出口或过境的方式管理其海关程序,并支持遵守其法律。[1]

在与贸易商的沟通方面,每个缔约方都应尽可能依法提前实现公布其拟通过的有关贸易和海关事项的一般适用条例,并应在通过该条例前提供发表意见的机会。[2]此外,缔约方应定期与境内的贸易商就货物进口、出口和过境有关的程序进行沟通。

(二) 预裁定

关于提前作出裁决,USCMA 规定缔约方应就下列事项作出事先裁决:

1. 关税分类;
2. 根据《海关估价协定》对特定案件适用海关估价标准;
3. 货物的来源,包括货物是否符合本协议条款规定的原始货物;
4. 商品是否受配额或关税配额的限制;
5. 缔约方可能同意的其他事项。[3]

此外,各缔约方应对其海关管理进行规定。缔约方可以在申请对预先裁定事宜进行评估期间的任意时间,要求请求作出裁定者提供补充资料或预先裁定的货物样本。在作出事先裁决时,应根据请求作出裁决者所提供的事实进行考虑。裁决需尽快作出,不得晚于申请裁决者提供完毕必要资料的 120 日期间。[4]提前裁定后,发布裁决所依据的法律、事实、情况发生变化,或

---

[1] USMCA 第 7.1 条第 2 款。
[2] USMCA 第 7.3 条。
[3] USMCA 第 7.5 条第 4 款。
[4] USMCA 第 7.5 条第 6 款。

者裁定信息不准确、虚假、错误的,可以修改或者撤销提前裁定。[1]但相关调整作出后,一般情况不得追溯适用,[2]否则可能对请求方造成不利后果。

(三) 货物放行

USMCA 中对货物放行的有关规定,旨在通过使缔约方采取简化的海关程序,以便有效放行货物,从而便利双方之间的贸易。[3]主要内容包括:(1) 在收到报关单后立即放行货物;(2) 在货物到达之前通过电子方式对文件和数据进行(包括舱单)处理,以便在货物到达时加快放行速度;(3) 允许货物一到达即经放行,无需临时移转至仓库;(4) 若存在缔约方未及时放行的情况,需通知进口商有关原因以及作出该决定的主体信息。

(四) 快运货物

USMCA 要求各缔约国设立具体的、快速的海关程序,进行相应的海关管制。[4]具体规定包括:(1) 规定需提供所需的信息和资料;(2) 允许一次性提交信息,尽可能通过电子方式进行提交;(3) 尽可能根据所需的基本资料加快货物的放行;(4) 一般情况下货物到达即可放行;(5) 规定在正常情况下,在进出口办理正式入境手续时无需征收关税。

(五) 海关程序的透明性、可预测性和一致性

USMCA 规定了缔约国与货物进口、出口和过境有关的海关程序需在全境保持透明性、可预测性和一致性的适用。若缔约方已经持有相关文件的原始纸质版本,则该缔约方不得要求对方另外提交相同文件。[5]缔约方在制定与货物进口、出口和过境有关的海关程序时,应当适当将有关国际标准和国际贸易文书纳入考虑范围。

1. 风险管理

风险管理系统的建立旨在便于进行评估和确定目标,从而使海关管理部门和参与跨境贸易进程的其他机构能够将检查活动集中于高风险货物,并简

---

[1] USMCA 第 7.5 条第 10 款。
[2] USMCA 第 7.5 条第 12 款。
[3] USMCA 第 7.7 条第 2 款。
[4] USMCA 第 7.8 条第 1 款。
[5] USMCA 第 7.11 条。

化低风险货物的放行程序。USMCA 规定缔约方应避免任意变相限制国际贸易的方式设计和实施风险管理措施。[1]此外，各缔约方应定期审查并更新其风险管理制度。

2. 处罚

缔约方海关当局有权对违反其海关相关法律、条例或程序的行为进行处罚，具体事项涉及包括关税分类、海关估价、过境程序、原籍国以及优惠待遇。[2]缔约方应确保其海关当局仅对实施违法行为的合格责任人施加处罚，[3]且相关处罚的做出应基于下列情况的判断：具体的事实、接受处罚者以往是否存在违法行为的情况，以及此次违法行为的严重程度。[4]

3. 海关合作与执行

USMCA 鼓励缔约方之间就有关货物贸易的海关问题进行合作。若存在重大行政变更、相关法律或条例的修改等情况，缔约方应尽量提前通知相关方。此外，缔约方应当采取适当的措施，如立法、行政或司法活动，加强海关管理与机构协调，促进双方合作。[5]针对海关违法犯罪事项，缔约方应当在可行的情况下，在遵守法律法规的范围内向另一方提供其认为有助于侦查、预防或处理海关犯罪，以及包括逃税、走私和类似违法行为的相关信息。

三、卫生与植物卫生措施（SPS）

关于卫生与植物卫生措施的内容规定于 USMCA 第 9 章。USMCA 对相关国际组织作了明确解释，其是指根据第 9.17 条设立的卫生和植物卫生措施委员会、世界动物卫生组织、国际植物保护措施委员会决定的卫生和植物卫生措施委员会、国际植物保护公约和其他国际组织。[6]此外，相关国际标准、指南或建议系指 SPS 协议附件 A 第 3（a）至（c）段中定义的，以及 SPS 委员会决定的其他国际组织的标准、指南或建议；WTO 的 SPS 委员会是指根据《SPS 协定》第 12 条设立的 WTO 卫生和植物卫生措施委员会。

---

[1] USMCA 第 7.12 条。
[2] USMCA 第 7.18 条第 1 款。
[3] USMCA 第 7.18 条第 2 款。
[4] USMCA 第 7.18 条第 3 款。
[5] USMCA 第 7.25 条。
[6] USMCA 第 9.1 条。

USMCA 第 9 章的目标在于：（1）在促进双方领土之间贸易的同时保护人类、动物或植物的生命或健康；（2）加强和建立 SPS 协议；（3）加强双方之间的沟通、协商和合作，特别是双方主管当局之间的合作；（4）确保一方实施的卫生或植物卫生措施不会造成不必要的贸易壁垒；（5）提高各方卫生和植物卫生措施实施的透明度和理解；（6）鼓励制定和采用以科学为基础的国际标准、准则和建议，并促进缔约方予以执行；（7）适当提高卫生或植物卫生措施的兼容性；（8）推进以科学为基础的决策。[1]

（一）贸易救济

贸易救济相关内容规定于 USMCA 第 10 章。就紧急行动程序方面，USMCA 规定各缔约方应将在紧急行动程序中对严重伤害或其威胁的决定委托给主管调查当局，并在国内法规定的范围内接受司法或行政法庭的审查[2]，且根据国内法授权进行此类程序的主管调查机构应提供必要的资源，使其能够履行其职责。

在本章 B 节有关反倾销税和反补贴税中，USMCA 解释保密信息是指在保密基础上提供给调查机构的、保密的信息（例如，其披露对竞争对手具有重大竞争优势，或其披露对提供信息的人或从其获取信息的人产生重大不利影响），[3]无论是原始形式还是最初提供的形式；调查机关是指一方进行反倾销或反补贴税程序的任何机关。

（二）技术性贸易壁垒

技术性贸易壁垒相关内容规定于 USMCA 第 11 章。首先，USMCA 指出，TBT 协定指世界贸易组织协定附件 1A 规定的技术性贸易壁垒协定。[4]USMCA 第 11 章适用于中央各级政府机构的标准、技术法规、合格评定程序的制定、通过和实施，这可能会影响双方之间的货物贸易。但本章不适用于：政府机构为政府机构的生产或消费要求编制的技术规范或卫生或植物卫生措施。[5]国际标准、指南和建议在支持监管协调和良好的监管做法，以及在减

---

[1] USMCA 第 9.3 条。
[2] USMCA 第 10.3 条。
[3] USMCA 第 10.4 条。
[4] USMCA 第 11.1 条。
[5] USMCA 第 11.2 条。

少不必要的贸易壁垒方面可以发挥的重要作用。

关于合格评定方面，每一方应给予另一方领土内的合格评定机构的待遇，不得低于给予其本国或另一方领土内的合格评定机构的待遇。除 TBT 协定第 6.4 条外，如果一方保持第 1 款规定的程序、标准或其他条件，并要求合格评定结果，包括测试结果、认证、技术报告或检验，作为产品符合技术法规或标准的积极保证[1]，其应：(1) 不要求合格评定机构位于其领土内；(2) 不有效要求合格评定机构在其领土内经营办事处；(3) 允许其他方地区的合格评定机构向该方或其认可或批准的任何机构申请，以确定其符合其认为合格或批准对产品进行测试或进行检验的任何程序、标准或其他条件。

四、服务贸易规则

USMCA 中关于服务贸易规则的内容规定于第 15 章至 18 章中。包括跨境服务贸易、电信服务、金融服务和临时入境。

（一）跨境服务贸易

跨境贸易服务或跨境提供服务：(1) 从一方的领土到另一方的领土；(2) 在一方的领土内由该一方的人员交给另一方；(3) 由一方在另一方领土内的国民提供，[2]但不包括由担保投资在一方领土内提供服务。

USMCA 第 15 章在适用方面，适用于一方采取或维持的措施与另一方的跨境贸易服务供应商的服务[3]，包括相关措施：(1) 生产、分销、营销、销售或交付服务；(2) 购买或使用，或付款，服务；(3) 访问或使用分销、运输或电信网络或服务与服务的供应；(4) 存在的另一方的服务供应商；(5) 提供债券或其他形式的金融担保或作为提供服务的条件。

USMCA 对国民待遇作出规定，每一方应给予另一方服务或服务供应商的待遇不低于在类似情况下给予自己服务和服务供应商的待遇。并且，此处所提到的待遇是否在"类似情况"下给予，取决于整个情况，包括有关待遇是否根据合法的公共福利目标区分服务或服务提供者。[4]关于最惠国待遇，每

---

[1] USMCA 第 11.6 条。
[2] USMCA 第 15.1 条。
[3] USMCA 第 15.2 条。
[4] USMCA 第 15.3 条。

一方应给予另一方的服务或服务供应商的待遇不低于其在类似情况下给予另一方或非一方的服务或服务供应商的待遇；当事一方据此应给予的待遇意味着，对于中央一级以外的政府，不低于该政府对另一方或非缔约方的服务和服务提供者给予的最优惠待遇的待遇。[1]本地存在方面，任何一方不得要求另一方的服务供应商在其领土内建立或维持一个代表处或一个企业，或作为其居民，以作为跨境提供服务的条件。[2]

（二）电信服务

USMCA 第 18 章适用于影响电信服务贸易的措施，包括：（1）是与获取和使用公共电信网络或服务有关的措施；（2）是有关公共电信服务供应商义务的措施；（3）是与提供增值服务有关的措施；以及（4）与公共电信网络或服务有关的任何其他措施。[3]本章不用于有关广播或有线电视分发广播或电视节目的措施，除了确保企业经营广播电台或有线系统继续访问和使用公共电信网络和服务。

在访问和适用方面，缔约方应确保允许另一方的任何企业：（1）购买或租赁，并附加与公共电信网络接口的终端或其他设备；（2）通过租赁或拥有的电路向个人或多个最终用户提供服务；（3）将租赁或拥有的电路与公共电信网络和服务或与其他企业租赁或拥有的电路连接；（4）执行交换、信令、处理和转换功能；（5）使用其所选择的操作协议。[4]此外，每一方应确保另一方的任何企业可以使用公共电信网络或服务进行信息在其境内或跨境的移动，包括公司内通信，并访问数据库中或以机器可读形式存储的信息。

（三）金融服务

国民待遇方面，在金融机构的设立、收购、扩张、管理、行为、经营、出售或其他处置以及境内金融机构的投资方面，给予另一方投资者不低于给予自身投资者的优惠待遇；在金融机构和投资的设立、收购、扩张、管理、经营、出售或其他处置方面，各方应给予另一方的金融机构和金融机构的投

---

[1] USMCA 第 15.4 条。
[2] USMCA 第 15.6 条。
[3] USMCA 第 18.2 条。
[4] USMCA 第 18.3 条。

资对金融机构的优惠待遇。[1]在最惠国待遇方面，缔约方应当给予：（1）另一方的投资者，在类似情况下不低于给予任何其他一方或非当事方投资者的优惠待遇；（2）另一方的金融机构，在类似情况下不低于给予另一方或非一方金融机构的待遇；（3）另一方投资者在金融机构的投资，不低于给予任何其他一方或非当事方投资者在金融机构的投资的优惠待遇；（4）另一方的金融服务或跨国金融服务供应商，其优惠待遇不低于给予任何另一方或非一方的金融服务和跨国金融服务供应商的待遇。[2]

（四）临时入境

商人是指从事货物贸易、提供服务或者进行投资活动的一方的公民；临时进入是指另一方的商人无意设立永久住所而进入另一方的领土。USMCA 第 16 章适用于影响一方的业务人员临时进入另一方领土的措施；不适用于影响寻求进入另一方就业市场的自然人的措施，也不适用于有关公民身份、国籍、居住或永久就业的措施；[3]本协议没有任何规定不得妨碍一方采取措施规范另一方的自然人进入或暂时进入其领土，包括保护自然人的完整性和确保自然人有序跨越其边界的必要措施，但这些措施不得废除或损害本章下任何当事方获得的利益。

关于临时进入的授予，各方应根据本章，包括附件 16-A（商人临时入境），给予根据其有关公共卫生、安全和国家安全的措施有其他进入资格的商人临时入境。各方应将处理商人临时入境申请的任何费用限制为所提供服务的大致费用。[4]一方根据本章授予另一方的商人临时进入这一唯一事实并不免除该商人满足任何适用的许可或其他要求，包括任何强制性的行为准则，从事职业或以其他方式从事商业活动。

五、数字贸易规则

USMCA 中有关数字贸易内容规定于第 19 章。数字产品是指计算机程序，文本，视频，图像，声音记录或其他经过数字编码，生产用于商业销售或发

---

[1] USMCA 第 17.3 条。
[2] USMCA 第 17.4 条。
[3] USMCA 第 16.2 条。
[4] USMCA 第 16.4 条。

行并可以通过电子方式传输的产品。为了更加确定，数字产品不包括金融工具的数字化表示形式，包括金钱。[1] USMCA 认识到数字贸易所带来的经济增长和机遇，以及建立框架的重要性，以此增强消费者对数字贸易的信心，并避免对其设置影响使用和发展的不必要障碍。USMCA 第 19 章适用于缔约方采取或维持的通过电子手段影响贸易的措施。

在关税方面，任何一方不得在一个缔约方的人与另一缔约方的人之间对以电子方式传输的数字产品的进口或出口征收关税，费用或其他费用。[2] 关于电子认证和电子签名，除本国法律规定的情况外，当事方不得仅以电子形式的签字为由否认签字的合法性。此外，任何一方均不得采取或维持电子认证和电子签名措施，以满足以下要求：(1) 禁止电子交易各方相互确定该交易的适当认证方法或电子签名；(2) 防止电子交易的各方有机会向司法或行政当局确定其交易符合有关认证或电子签名的任何法律要求。[3] 关于消费者在线保护方面，缔约方认识到必须采取透明的有效措施，以保护消费者在从事数字贸易时不受第 21.4.2 条（消费者保护）中所述的欺诈或欺骗性商业活动的影响；各方应通过或维持消费者保护法，禁止对从事在线商业活动的消费者造成损害或潜在损害的欺诈性和欺骗性商业活动；缔约方认识到各自国家消费者保护机构或其他有关机构之间在与跨境数字贸易有关的活动中进行合作以提高消费者福利的重要性和公共利益。[4] 为此，缔约双方确认，根据第 21.4.3 至 21.4.5 条（消费者保护）进行的合作包括与在线商业活动有关的合作。

六、争端解决

USMCA 中争端解决相关内容规定于第 31 章。在法院的选择方面，如果根据本协议和争议方参与的另一个国际贸易协定，包括 WTO 协议，申诉方可以选择解决争端的法院。[5] 在磋商方面，提出协商请求的一方应以书面形式提出，并应说明提出协商请求的理由，包括确定具体措施或其他争议事项，

---

[1] USMCA 第 17.1 条。
[2] USMCA 第 19.3 条。
[3] USMCA 第 19.6 条。
[4] USMCA 第 19.7 条。
[5] USMCA 第 31.3 条。

并表明投诉的法律依据。此外，咨询各方应尽力根据本条或本协议的其他协商条款，通过协商达成双方都满意的解决办法。为此目的：（1）各咨询方应提供足够的信息，以便能够全面审查实际或拟议的措施或其他争议事项可能如何影响本协议的运作或应用；（2）参与协商的一方应将协商过程中交换的信息与提供信息的一方一样视为保密；（3）咨询方应设法避免对本协议项下另一方利益产生不利影响的决议。咨询可以亲自进行，或通过咨询方提供的技术手段进行。[1]如果协商是亲自进行的，应当在提出协商请求的一方的首都举行，但协商双方另有决定的除外。

关于专家小组的成立，如果咨询方未能解决以下问题：（1）在一缔约方根据第31.4条（协商）就易腐货物问题提出协商请求后30天；（2）缔约方根据第31.4条提出协商请求后75天；（3）在咨询双方可能决定的另一个时期；咨询方可通过其秘书处科向答复方发出书面通知，要求设立一个小组。申诉方应在要求设立小组的请求中包括对争议措施或其他事项的识别，以及所申诉的法律基础的简要摘要，以清楚地提出问题。在请求提交后，该小组即成立。除非争议各方另有决定，否则该小组的成立应按照本章和议事规则的方式建立并履行其职能。[2]如果已就某一事项设立了一个小组，而另一缔约方要求就同一事项设立一个小组，则应酌情设立一个小组来审查这些申诉。

---

[1] USMCA 第31.4条。
[2] USMCA 第31.6条。

下 编

CHAPTER 6 第六章

货物贸易

第一节 货物的国民待遇与市场准入

"货物的国民待遇与市场准入"在我国与"一带一路"相关国家签订的所有自由贸易协定、RCEP 和 CPTPP 均以成章方式出现,但是不同协定中对应的具体名称有所不同,大多集中在"货物贸易"或"货物的国民待遇与市场准入"章节中,如表 6-1。

表 6-1 相关自由贸易协定之货物的国民待遇与市场准入表

自由贸易协定	涉及货物的国民待遇与市场准入章节
中国-柬埔寨	第二章:货物贸易
中国-马尔代夫	协定暂未公布
中国-格鲁吉亚	第二章:货物贸易
中国-韩国	第二章:国民待遇与市场准入 　　第一节:通用条款 　　第二节:国民待遇 　　第三节:关税减让或消除 　　第四节:特别机制 　　第五节:非关税措施 　　第六节:机制条款
中国-瑞士	第二章:货物贸易
中国-哥斯达黎加	第三章:货物贸易的国民待遇和市场准入

续表

自由贸易协定	涉及货物的国民待遇与市场准入章节
中国-秘鲁	第二章：货物的国民待遇和市场准入 　　第一节 国民待遇 　　第二节 关税减让 　　第三节 特别机制 　　第四节 非关税措施 　　第五节 其他措施 　　第六节 农业 　　第七节 机构条款 　　第八节 定义
中国-新西兰	第三章：货物贸易
中国-新加坡	第三章：货物贸易
	升级后：（未修改的条款仍然有效） 第三章：货物贸易
中国-智利	第三章：货物的国民待遇和市场准入
	升级后：（未修改的条款仍然有效） 第一章：货物的国民待遇和市场准入
中国-巴基斯坦	第三章：货物的国民待遇和市场准入
	第二阶段：（未修改的条款仍然有效） 　　第1条 消除关税 　　第2条 审评和修改 　　第3条 保障国际收支平衡的措施
中国-东盟	《中国-东盟全面经济合作框架协议》： 　　第一部分 第3条 货物贸易 《中国-东盟全面经济合作框架协议货物贸易协议》 《中国-东盟全面经济合作框架协议货物贸易协议》 第二议定书
中国-东盟 （"10+1"）升级	《关于修订〈中国-东盟全面经济合作框架协议〉 及项下部分协议的议定书》（本节中简称 《中国-东盟自贸协定（"10+1"）升级》）： 第一章：对《货物贸易协议》的修订
RCEP	第二章：货物贸易 　　第一节 总则和货物市场准入 　　第二节 非关税措施

续表

自由贸易协定	涉及货物的国民待遇与市场准入章节
CPTPP	第二章：货物的国民待遇和市场准入 　　A 节　定义和范围 　　B 节　货物的国民待遇和市场准入 　　C 节　农业 　　D 节　关税配额管理 　　附件 2-A 国民待遇及进口和出口限制 　　附件 2-B 再制造货物 　　附件 2-C 出口税、国内税或其他费用 　　附件 2-D 关税承诺 　　A 节　　关税取消和削减 　　B 节　　关税差异

数据来源：http://fta.mofcom.gov.cn/georgia/georgia_ agreementText.shtml，最后访问日期：2021 年 12 月 10 日。

一、共同性条款

（一）总则和货物市场准入

1. 领域和范围

"领域和范围"条款在我们比对的协定中基本均有单独规定，并且它们规定的内容也几乎没有差异，均指如果在协定中没有特殊规定的情况下，本章的适用范围是缔约方之间的货物贸易。[1]

2. 定义

"定义"条款在我们比对的协定中虽然不是均有单独条款规定，例如《中国-瑞士自由贸易协定》《中国-新西兰自由贸易协定》《中国-新加坡自由贸

---

[1]《中国-柬埔寨自由贸易协定》第 2 章第 1 条；《中国-格鲁吉亚自由贸易协定》第 2 章第 1 条；《中国-韩国自由贸易协定》第 2 章第 1 节第 2.1 条；《中国-瑞士自由贸易协定》第 2 章第 2.1 条第 1 款；《中国-哥斯达黎加自由贸易协定》第 3 章第 7 条；《中国-秘鲁自由贸易协定》第 2 章第 6 条；《中国-新西兰自由贸易协定》第 3 章第 5 条；《中国-新加坡自由贸易协定（升级）》第 3 章第 4 条；《中国-智利自由贸易协定（升级）》第 3 章第 6 条；《中国-巴基斯坦自由贸易协定》第 3 章第 6 条；RCEP 第 2 章第 1 节第 2 条；CPTPP 第 2 章 A 节第 2.2 条。

易协定（升级）》《中国-巴基斯坦自由贸易协定》没有该条款，但是我们仍将其放入共同性条款的理由是该条款的单独设立有利于货物贸易章节的实施，并且我们对比的协定中已有超过一半的协定对此有单独规定。通过分析协定中的"定义"条款，我们不难发现，该条款是对相关名词进行解释和说明。具体的相关名词如下：

(1)《进口许可程序协定》

《进口许可程序协定》的定义存在于《中国-格鲁吉亚自由贸易协定》和CPTPP中，这两份协定对《进口许可程序协定》的定义没有差异，均是指《马拉喀什建立世界贸易组织协定》附件1A中的《进口许可程序协定》。[1]

(2) 关税

"定义"条款中对关税进行解释的协定只有《中国-柬埔寨自由贸易协定》《中国-格鲁吉亚自由贸易协定》和RCEP，但是我们和瑞士以及新加坡的协定单独设有"海关进口关税"条款。其中《中国-瑞士自由贸易协定》规定得更加详细全面。它的内容涵盖《中国-格鲁吉亚自由贸易协定》和《中国-新加坡自由贸易协定（升级）》中对应的条款内容。其内容主要包括三个方面：

第一，关税的定义。关税是货物进口时被征收的任何海关关税或进口税和任何种类的费用。[2]第二，关税的构成。协定中不但规定了关税包括任何形式的附加税或附加费，还规定了其不包括的三种费用，即不包括按照《1994年关税与贸易总协定》第3条第2款征收的等同于国内税的费用；不包括按照《1994年关税与贸易总协定》第6条、《反倾销协定》和《补贴与反补贴措施协定》实施的任何反倾销或者反补贴税；不包括按照《1994年关税与贸易总协定》第8条规定征收的特定费用。[3]第三，关税的适用。主要是指在协定生效之日起各缔约方需要遵守对应附件中关于取消或者削减原产货物的关税，并且各缔约方不能违反对应附件规定的关税，也不能随意修改或者提高现有关税。[4]

---

[1]《中国-格鲁吉亚自由贸易协定》第2章第2条；CPTPP第2章A节第2.1条。
[2]《中国-柬埔寨自由贸易协定》第2章第2条；《中国-格鲁吉亚自由贸易协定》第2章第2条；《中国-瑞士自由贸易协定》第2章第2.3条；RCEP第2章第1节第1条。
[3]《中国-柬埔寨自由贸易协定》第2章第2条；《中国-格鲁吉亚自由贸易协定》第2章第2条；《中国-瑞士自由贸易协定》第2章第2.3条；RCEP第2章第1节第1条。
[4]《中国-瑞士自由贸易协定》第2章第2.3条；《中国-新加坡自由贸易协定（升级）》第3章第6条；RCEP第2章第1节第1条。

第六章　货物贸易

（3）领事交易

领事交易的定义存在于我们与瑞士、哥斯达黎加、智利、秘鲁签订的协定，以及 RCEP 和 CPTPP 中，其中《中国-瑞士自由贸易协定》是在第 4 章"海关手续和贸易便利化"中对领事交易有所规定。其内容基本上没有差异，均是指缔约一方打算出口至另一缔约方领土的货物，需要先满足进口国在出口国指定机构的监管要求，从而获得与进口有关的海关文件，例如托运人出口报关单、商业发票、原产地证明等。[1]

（4）免税

《中国-哥斯达黎加自由贸易协定》、《中国-韩国自由贸易协定》、《中国-秘鲁自由贸易协定》、RCEP 和 CPTPP 对免税有定义，并且内容相同，均是指免除海关关税。[2]

（5）出口补贴

出口补贴的单独定义被规定在《中国-哥斯达黎加自由贸易协定》、《中国-智利自由贸易协定》和《中国-秘鲁自由贸易协定》中，其内容没有差别，均是指 WTO《农业协定》对出口补贴的解释。[3]也有一些协定对"农业出口补贴"有单独条款形式的规定，我们将在下文详细介绍。

（6）以展示、展出为目的的货物

以展示、展出为目的的货物的定义出现在《中国-哥斯达黎加自由贸易协定》、《中国-韩国自由贸易协定》、《中国-秘鲁自由贸易协定》和 CPTPP 中。其内容也基本上没有差异，主要是指用于展示、展出的货物，包括它的部件、辅助装置和附件。[4]

---

[1]《中国-哥斯达黎加自由贸易协定》第 3 章第 8 节第 19 条；《中国-智利自由贸易协定（升级）》第 3 章第 14 条；《中国-秘鲁自由贸易协定》第 2 章第 8 节第 21 条；RCEP 第 2 章第 1 节第 1 条；CPTPP 第 2 章 A 节第 2.1 条。

[2]《中国-哥斯达黎加自由贸易协定》第 3 章第 8 节第 19 条；《中国-韩国自由贸易协定》第 2 章第 1 节第 2.2 条；《中国-秘鲁自由贸易协定》第 2 章第 8 节第 21 条；RCEP 第 2 章第 1 节第 1 条；CPTPP 第 2 章 A 节第 2.1 条。

[3]《中国-哥斯达黎加自由贸易协定》第 3 章第 8 节第 19 条；《中国-智利自由贸易协定》第 3 章第 14 条；《中国-秘鲁自由贸易协定》第 2 章第 8 节第 21 条。

[4]《中国-哥斯达黎加自由贸易协定》第 3 章第 8 节第 19 条；《中国-韩国自由贸易协定》第 2 章第 1 节第 2.2 条；《中国-秘鲁自由贸易协定》第 2 章第 8 节第 21 条；CPTPP 第 2 章 A 节第 2.1 条。

(7) 进口许可

我们与哥斯达黎加、韩国、秘鲁签订的协定以及 RCEP 和 CPTPP 对进口许可进行了定义，其内容也基本相同，均是指进口至进口缔约方境内的前提条件，具体是指进口商需要满足向进口国境内的指定机构提交特定的文件，这些文件不是我们通常所指的通过必要文件。[1]

(8) 消费

消费的定义在我们与韩国、秘鲁签订的协定以及 CPTPP 中有具体规定。这些条款的对应内容基本一致，均包含两种类型：第一，实际消费；第二，经过进一步加工发生货物的实质性改变或者在生产其他货物过程中的加工。[2]

(9) 分销商

《中国-韩国自由贸易协定》对分销商单独进行了定义，规定缔约方的人在该缔约方境内作为另一缔约方货物的商业分销、代理、特许或代表。[3]

(10) 用于体育目的的临时准许入境货物

用于体育目的的临时准许入境货物在《中国-韩国自由贸易协定》和 CPTPP 中有规定，这两个协定对于用于体育目的的临时准许入境货物的定义完全一致，均是指被准许进入缔约一方境内并且在其境内以体育竞赛、表演或培训为目的的体育必需品。[4]

(11) 实绩要求

我们与韩国、秘鲁签订的自由贸易协定以及 CPTPP 对实绩要求有明确定义。其内容也基本相同，同时它们采取的定义方式也相同，均是列举方式，主要包括五种正面列举和四种反面列举，因为它们的内容没有差异，所以在此我们不再一一列举，直接将九种示例放入示范文本。

(12) 反倾销协定和补贴与反补贴措施协定

反倾销协定和反补贴措施协定的具体解释在各个协定中所处的位置有所不同，但其内容在各协定中没有差异，反倾销协定是指 WTO《关于实施〈1994

---

[1] 《中国-哥斯达黎加自由贸易协定》第 3 章第 8 节第 19 条；《中国-韩国自由贸易协定》第 2 章第 1 节第 2.2 条；《中国-秘鲁自由贸易协定》第 2 章第 8 节第 21 条；RCEP 第 2 章第 1 节第 1 条；CPTPP 第 2 章 A 节第 2.1 条。

[2] 《中国-韩国自由贸易协定》第 2 章第 1 节第 2.2 条；《中国-秘鲁自由贸易协定》第 2 章第 8 节第 21 条；CPTPP 第 2 章 A 节第 2.1 条。

[3] 《中国-韩国自由贸易协定》第 2 章第 1 节第 2.2 条。

[4] 《中国-韩国自由贸易协定》第 2 章第 1 节第 2.2 条；CPTPP 第 2 章 A 节第 2.1 条。

年关税与贸易总协定〉第六条的协定》，补贴与反补贴措施协定是指 WTO《关于补贴和反补贴措施的协定》。[1]

3. 国民待遇

国民待遇条款在我们比对的协定中均有单独规定，并且内容也没有差异，均是指《1994年关税与贸易总协定》第 3 条规定的国民待遇原则。[2]

4. 关税减让或消除

关税减让或消除条款主要是针对我们在前面"定义"中关税适用部分的延伸，但是各个协定具体的规定有所不同，主要是根据各自的关税承诺表附件，同时，由于我们构建的"一带一路"经贸规则具有示范意义，因此不再讨论这部分的差异性内容。针对共同性内容，主要包括我们前文所归纳的：在协定生效之日起各缔约方需要遵守对应附件中关于取消或者削减原产货物的关税，并且各缔约方不能违反对应附件规定的关税，也不能随意修改或者提高现有关税。[3]

5. 加速关税承诺

"加速关税承诺"条款也是针对对应关税减让表的附件进行规定的，因为我们目前无法形成一个统一的关税减让表，因此对于加速关税承诺的条款内容我们不将其纳入示范文本。

6. 商品归类

虽然"商品归类"条款只存在于《中国-格鲁吉亚自由贸易协定》和

---

[1]《中国-秘鲁自由贸易协定》第 2 章第 8 节第 21 条第 1 款。

[2]《中国-柬埔寨自由贸易协定》第 2 章第 3 节；《中国-格鲁吉亚自由贸易协定》第 2 章第 3 条；《中国-韩国自由贸易协定》第 2 章第 2 节第 2.3 条；《中国-瑞士自由贸易协定》第 2 章第 2.2 条；《中国-哥斯达黎加自由贸易协定》第 3 章第 1 节第 8 条；《中国-秘鲁自由贸易协定》第 2 章第 1 节第 7 条；《中国-新西兰自由贸易协定》第 3 章第 6 条；《中国-新加坡自由贸易协定（升级）》第 3 章第 5 条；《中国-智利自由贸易协定（升级）》第 3 章第 7 条；《中国-巴基斯坦自由贸易协定》第 3 章第 7 条；《中国-东盟自贸协定（"10+1"）升级》第 2 条；RCEP 第 2 章第 1 节第 3 条；CPTPP 第 2 章 B 节第 2.3 条第 1 款。

[3]《中国-柬埔寨自由贸易协定》第 2 章第 4 条；《中国-格鲁吉亚自由贸易协定》第 2 章第 4 条；《中国-韩国自由贸易协定》第 2 章第 2 节第 2.4 条；《中国-瑞士自由贸易协定》第 2 章第 2.3 条；《中国-哥斯达黎加自由贸易协定》第 3 章第 2 节第 9 条；《中国-秘鲁自由贸易协定》第 2 章第 1 节第 8 条；《中国-新西兰自由贸易协定》第 3 章第 7 条；《中国-新加坡自由贸易协定（升级）》第 3 章第 6 条；《中国-智利自由贸易协定（升级）》第 3 章第 8 条；《中国-巴基斯坦自由贸易协定》第 3 章第 8 条；《中国-东盟自贸协定（"10+1"）升级》第 3 条；RCEP 第 2 章第 1 节第 4 条；CPTPP 第 2 章 B 节第 2.4 条。

RCEP中，但是我们都知道商品归类是货物进出口规定中必不可少的一个内容，因此我们选择将其纳入示范文本。同时它的内容也没有可争议性，均按照协调制度进行归类。

7. 海关估价

"海关估价"条款与"商品归类"条款一样，也不是每个协定均有单独规定，其只存在于RCEP中，但是它与商品归类一样，也是进出口环节一个必要的部分，因此我们也将其纳入"一带一路"经贸规则。

（二）非关税措施

1. 进口和出口限制

除了我们与智利、巴基斯坦签订的协定外，其余协定对"进口和出口限制"均有对应条款规定，但可能具体的名称有所不同，例如，《中国-格鲁吉亚自由贸易协定》对应的条款名称为"非关税措施"，《中国-柬埔寨自由贸易协定》和《中国-新加坡自由贸易协定（升级）》对应的名称为"数量限制和非关税措施"，《中国-东盟自贸协定（"10+1"）升级》对应的名称为"数量限制和非关税壁垒"，RCEP对应条款的名称为"非关税措施的适用"，然而它们的具体内容并没有因为对应名称不同而有所差异，具体如下：

对于具体内容，均是以《1994年关税与贸易总协定》第11条为依据，其中《中国-韩国自由贸易协定》和CPTPP规定得最为详细。但是我们认为对于具有示范意义的"一带一路"经贸规则，"进口和出口限制"条款不需要规定得特别具体，还是要根据各个国家的具体情况有所调整，我们在此主要是将其原则性宗旨纳入，即第一，如果不是根据本协定的规定或者《1994年关税与贸易总协定》的规定，任何缔约方不能实施或者保持任何非关税措施，从而限制出口；[1]第二，对于《1994年关税与贸易总协定》第11条及其解释性说明，本协定虽然没有具体规定其内容，但协定将它的内容也包含

---

[1]《中国-柬埔寨自由贸易协定》第2章第6条；《中国-格鲁吉亚自由贸易协定》第2章第6条；《中国-韩国自由贸易协定》第2章第5节第2.8条第1款；《中国-哥斯达黎加自由贸易协定》第3章第4节第11条第1款；《中国-秘鲁自由贸易协定》第2章第4节第11条第1款；《中国-新西兰自由贸易协定》第3章第11条第1款；《中国-新加坡自由贸易协定（升级）》第3章第8条；《中国-东盟自贸协定（"10+1"）升级》第8条第1款；RCEP第2章第2节第16条；CPTPP第2章B节第2.10条第1款。

在内。[1]

此外，还有一些并不是每个协定均有规定的内容也可以纳入共同性条款。例如，透明度原则在非关税措施上的体现。[2]具体包括：如果缔约方根据《1994 年关税与贸易总协定》采取禁止或限制出口的措施，那么也要符合相应的程序性规定：第一，将具体决定的原因等告知其他缔约方；第二，向受到严重影响的其他缔约方提供磋商的机会。[3]

2. 进口许可

《中国-柬埔寨自由贸易协定》、《中国-格鲁吉亚自由贸易协定》、《中国-韩国自由贸易协定》、《中国-哥斯达黎加自由贸易协定》、《中国-秘鲁自由贸易协定》、RCEP 和 CPTPP 对"进口许可"有单独条款规定，其中前五个协定的内容基本相同，RCEP 和 CPTPP 规定得更详细具体，其内容也是以 WTO《进口许可程序协定》为基础。主要包括：

第一，缔约方不能实施不符合《进口许可程序协定》的措施；第二，缔约方实施与进口许可有关的措施需要符合透明度原则；第三，本协定生效后，每一缔约方应当立即将其国内现行的进口许可程序通报给其他缔约方，同时通报也要符合《进口许可程序协定》第 5 条的规定；第四，如果缔约方对国内的进口许可程序作出任何修改，需要在规定时间内公布和在规定时间内通报给其他缔约方。对于这两个具体的时间，各个协定的规定大都一致，主要是每一缔约方尽可能在生效前至少 21 天公布其修改的新程序，以及在生效前 30 天尽可能将其新程序通报给其他缔约方，最长不能超过公告之日后 60 天通报。[4]

此外，RCEP 和 CPTPP 还规定了其他内容：第一，对通报的任何程序的

---

[1] 《中国-柬埔寨自由贸易协定》第 2 章第 6 条；《中国-格鲁吉亚自由贸易协定》第 2 章第 6 条；《中国-韩国自由贸易协定》第 2 章第 5 节第 2.8 条第 1 款；《中国-瑞士自由贸易协定》第 2 章第 2.5 条；《中国-哥斯达黎加自由贸易协定》第 3 章第 4 节第 11 条第 1 款；《中国-秘鲁自由贸易协定》第 3 章第 4 节第 11 条第 1 款；CPTPP 第 2 章 B 节第 2.10 条第 1 款。

[2] 《中国-柬埔寨自由贸易协定》第 2 章第 6 条；《中国-新西兰自由贸易协定》第 3 章第 11 条；《中国-新加坡自由贸易协定（升级）》第 3 章第 8 条第 3 款；《中国-东盟自贸协定（"10+1"）升级》第 8 条第 3 款；RCEP 第 2 章第 2 节第 16 条第 2 款。

[3] RCEP 第 2 章第 2 节第 17 条。

[4] 《中国-柬埔寨自由贸易协定》第 2 章第 7 条；《中国-格鲁吉亚自由贸易协定》第 2 章第 7 条；《中国-韩国自由贸易协定》第 2 章第 5 节第 2.9 条；《中国-哥斯达黎加自由贸易协定》第 3 章第 4 节第 12 条；《中国-秘鲁自由贸易协定》第 2 章第 4 节第 12 条；RCEP 第 2 章第 2 节第 19 条；CPTPP 第 2 章 B 节第 2.12 条。

要求。主要集中在 RCEP 第 2 章第 2 节第 19 条和 CPTPP 第 2 章 B 节第 2.12 条,我们认为目前对于"一带一路"相关国家来说,可能还无法接受,所以该内容将不被纳入示范文本;第二,缔约方应在规定时间内答复进口许可相关标准的合理咨询;第三,在被拒绝的申请人请求下,缔约方有义务在将其决定拒绝的理由向申请人说明。[1]我们认为除第一个内容外,第二和第三均可纳入示范文本,因为第二和第三均符合透明度原则。

3. 行政费用和手续

除我们与瑞士、新加坡升级、东盟升级签订的协定外,其他协定对"行政费用和手续"均有单独条款规定,其内容是以《1994 年关税与贸易总协定》第 8 条第 1 款为基础,主要包括:第一,各缔约方应确保对进出口征收的所有相关费用符合《1994 年关税与贸易总协定》第 8 条第 1 款及其解释性说明;第二,虽然有第一内容的存在,但是仍有一些特定费用排除在外,特定费用包括进口或出口关税、等同于国内税的费用或其他符合《1994 年关税与贸易总协定》第 3 条第 2 款的国内费用以及反倾销税和反补贴税;第三,透明度原则。主要是指各缔约方需要在网上公开其征收的特定费用;[2]第四,与特定领事交易有关。特定领事交易是指与货物进口有关的相关费用,同时缔约方没有权利要求其他缔约方提交该特定领事交易。[3]

二、特殊性条款

(一)总则和货物市场准入

1. 货物的暂准进口

"货物的暂准进口"条款被规定在《中国-韩国自由贸易协定》、《中国-哥斯达黎加自由贸易协定》、《中国-秘鲁自由贸易协定》、RCEP 以及 CPTPP。

---

[1] RCEP 第 2 章第 2 节第 19 条;CPTPP 第 2 章 B 节第 2.12 条。
[2] 《中国-格鲁吉亚自由贸易协定》第 2 章第 8 条;《中国-韩国自由贸易协定》第 2 章第 5 节第 2.10 条;《中国-哥斯达黎加自由贸易协定》第 3 章第 4 节第 13 条;《中国-秘鲁自由贸易协定》第 2 章第 4 节第 13 条;《中国-新西兰自由贸易协定》第 3 章第 9 条;《中国-智利自由贸易协定(升级)》第 3 章第 9 条;《中国-巴基斯坦自由贸易协定》第 3 章第 9 条;RCEP 第 2 章第 2 节第 20 条;CPTPP 第 2 章 B 节 2.14 条。
[3] 《中国-柬埔寨自由贸易协定》第 2 章第 9 条;《中国-哥斯达黎加自由贸易协定》第 3 在 4 节第 13 条;《中国-秘鲁自由贸易协定》第 2 章第 4 节第 13 条;《中国-智利自由贸易协定(升级)》第 3 章第 9 条;RCEP 第 2 章第 2 节第 20 条;CPTPP 第 2 章 B 节 2.14 条。

其中，前三个协定对该条款的规定基本上没有差别，差异主要集中在 RCEP 和 CPTPP。但是它们对货物的暂准进口条款规定的形式大致相同，均是由五部分构成：

（1）可以享受免税临时入境待遇的货物。《中国-韩国自由贸易协定》、《中国-哥斯达黎加自由贸易协定》、《中国-秘鲁自由贸易协定》和 CPTPP 均规定四种货物可以享受免税临时入境的待遇，包括：第一，进口缔约方法规规定有资格的人员所需要的专业设备，包括用于科学研究、教学、医疗活动等；[1]第二，用于特殊活动的货物，主要是展览会、交易会上进行陈列或展示的货物；[2]第三，商业样品；[3]第四，被认可的特定货物，这些货物主要是用于体育活动。[4]

（2）各缔约方履行该条款义务的例外。该内容是指缔约方原则上不能够对可以享受临时入境待遇的货物另外附加额外的条件，但是存在例外情况，例外情况主要包括七种：第一，设定另一缔约方的国民用于其本人的商业、贸易、专业或体育活动；[5]第二，不在进口缔约方境内销售或出租；[6]第三，缴纳金额的限制以及保证金需在货物出口时予以返还；[7]第四，在出口

---

[1]《中国-韩国自由贸易协定》第 2 章第 4 节第 2.6 条第 1 款第 1 项；《中国-哥斯达黎加自由贸易协定》第 3 章第 3 节第 10 条第 1 款第 1 项；《中国-秘鲁自由贸易协定》第 2 章第 3 节第 10 条第 1 款第 1 项；CPTPP 第 2 章 B 节第 2.8 条第 1 款第 1 项。

[2]《中国-韩国自由贸易协定》第 2 章第 4 节第 2.6 条第 1 款第 2 项；《中国-哥斯达黎加自由贸易协定》第 3 章第 3 节第 10 条第 1 款第 2 项；《中国-秘鲁自由贸易协定》第 2 章第 3 节第 10 条第 1 款第 2 项；CPTPP 第 2 章 B 节第 2.8 条第 1 款第 2 项。

[3]《中国-韩国自由贸易协定》第 2 章第 4 节第 2.6 条第 1 款第 3 项；《中国-哥斯达黎加自由贸易协定》第 3 章第 3 节第 10 条第 1 款第 3 项；《中国-秘鲁自由贸易协定》第 2 章第 3 节第 10 条第 1 款第 3 项；CPTPP 第 2 章 B 节第 2.8 条第 1 款第 3 项。

[4]《中国-韩国自由贸易协定》第 2 章第 4 节第 2.6 条第 1 款第 4 项；《中国-哥斯达黎加自由贸易协定》第 3 章第 3 节第 10 条第 1 款第 4 项；《中国-秘鲁自由贸易协定》第 2 章第 3 节第 10 条第 1 款第 4 项；CPTPP 第 2 章 B 节第 2.8 条第 1 款第 4 项。

[5]《中国-韩国自由贸易协定》第 2 章第 4 节第 2.6 条第 3 款第 1 项；《中国-哥斯达黎加自由贸易协定》第 3 章第 3 节第 10 条第 3 款第 1 项；《中国-秘鲁自由贸易协定》第 2 章第 3 节第 10 条第 3 款第 1 项；RCEP 第 2 章第 1 节第 10 条第 3 款第 1 项；CPTPP 第 2 章 B 节第 2.8 条第 3 款第 1 项。

[6]《中国-韩国自由贸易协定》第 2 章第 4 节第 2.6 条第 3 款第 2 项；《中国-哥斯达黎加自由贸易协定》第 3 章第 3 节第 10 条第 3 款第 2 项；《中国-秘鲁自由贸易协定》第 2 章第 3 节第 10 条第 3 款第 2 项；RCEP 第 2 章第 1 节第 10 条第 3 款第 2 项；CPTPP 第 2 章 B 节第 2.8 条第 3 款第 2 项。

[7]《中国-韩国自由贸易协定》第 2 章第 4 节第 2.6 条第 3 款第 3 项；《中国-哥斯达黎加自由贸易协定》第 3 章第 3 节第 10 条第 3 款第 3 项；《中国-秘鲁自由贸易协定》第 2 章第 3 节第 10 条第 3 款第 3 项；RCEP 第 2 章第 1 节第 10 条第 3 款第 3 项；CPTPP 第 2 章 B 节第 2.8 条第 3 款第 3 项。

时可以识别。[1]该种情况在 RCEP 和 CPTPP 中有所不同,它们规定的是在出口或进口时可以识别确认。[2]我们认为 RCEP 和 CPTPP 的标准和其余三个协定相比,它们二者的标准更低,因为只需要满足进口或出口其中之一可以识别确认即可,而另外三个协定只认可出口时需要满足可以识别的条件。我们认为应该选择 RCEP 和 CPTPP 的规定,因为其规定得更加全面、灵活和便利;第五,临时入境的时间限制。我们与韩国、哥斯达黎加、秘鲁签订的协定中规定的时间相同,均为 6 个月。[3]RCEP 没有规定明确的时间,CPTPP 规定的是 1 年。[4]我们认为时间限制的选择需要根据具体的缔约国来分别确定,因此我们在此不能准确限制到应该是规定几个月或几年,而是采取 RCEP 更加灵活的规定方式;第六,数量限制。主要是指进口不能超过其预先申报的数量。[5]第七,其他符合缔约方法律的情况。[6]其为兜底条款,因此不进行分析。

(3) 货物违反该条款规定条件的法律后果。对于该内容,各条款规定的基本没有差别,主要是指如果货物没有满足前面我们提到的条件,缔约方可以对其征收关税或者其他任何费用,包括法律规定的其他费用、罚款。[7]

(4) 何种情况下货物可以享受更长的暂准进口时间。各协定对该内容规

---

[1] 《中国-韩国自由贸易协定》第 2 章第 4 节第 2.6 条第 3 款第 4 项;《中国-哥斯达黎加自由贸易协定》第 3 章第 3 节第 10 条第 3 款第 4 项;《中国-秘鲁自由贸易协定》第 2 章第 3 节第 10 条第 3 款第 4 项;RCEP 第 2 章第 1 节第 10 条第 3 款第 4 项;CPTPP 第 2 章 B 节第 2.8 条第 3 款第 4 项。

[2] RCEP 第 2 章第 1 节第 10 条第 3 款第 4 项;CPTPP 第 2 章 B 节第 2.8 条第 3 款第 4 项。

[3] 《中国-韩国自由贸易协定》第 2 章第 4 节第 2.6 条第 3 款第 5 项;《中国-哥斯达黎加自由贸易协定》第 3 章第 3 节第 10 条第 3 款第 5 项;《中国-秘鲁自由贸易协定》第 2 章第 3 节第 10 条第 3 款第 5 项。

[4] CPTPP 第 2 章 B 节第 2.8 条第 3 款第 5 项。

[5] 《中国-韩国自由贸易协定》第 2 章第 4 节第 2.6 条第 3 款第 6 项;《中国-哥斯达黎加自由贸易协定》第 3 章第 3 节第 10 条第 3 款第 6 项;《中国-秘鲁自由贸易协定》第 2 章第 3 节第 10 条第 3 款第 6 项;RCEP 第 2 章第 1 节第 10 条第 3 款第 6 项;CPTPP 第 2 章 B 节第 2.8 条第 3 款第 6 项。

[6] 《中国-韩国自由贸易协定》第 2 章第 4 节第 2.6 条第 3 款第 7 项;《中国-哥斯达黎加自由贸易协定》第 3 章第 3 节第 10 条第 3 款第 7 项;《中国-秘鲁自由贸易协定》第 2 章第 3 节第 10 条第 3 款第 7 项;RCEP 第 2 章第 1 节第 10 条第 3 款第 7 项;CPTPP 第 2 章 B 节第 2.8 条第 3 款第 7 项。

[7] 《中国-韩国自由贸易协定》第 2 章第 4 节第 2.6 条第 4 款;《中国-哥斯达黎加自由贸易协定》第 3 章第 3 节第 10 条第 4 款;《中国-秘鲁自由贸易协定》第 2 章第 3 节第 10 条第 4 款;RCEP 第 2 章第 1 节第 10 条第 4 款;CPTPP 第 2 章 B 节第 2.8 条第 5 款。

定得基本一致，均是指相关人员请求并且海关认定申请延长临时入境时限的理由是合法的，那么这种情况下货物可以享受更长的暂准进口时间。[1]

（5）复运出境的海关。五个协定对复运出境海关的要求均是可以不是暂准入境的海关，也就是说，货物复运出境的海关与之前暂准入境的海关可以不一致。[2]

（6）进口商或对货物负责的其他人的免责情况。该内容虽然在 RCEP 中没有规定，但在其余四个协定均有相同的规定，免责情形均是指进口商或者对货物负责的其他人能够提交货物是由于不可抗力原因而被毁损的证明。[3]

除了以上六部分是五个协定均有的共同性内容外，还有的特殊性内容主要集中在 CPTPP 第 2 章 B 节第 2.8 条第 4 款、第 6 款、第 9 款以及 RCEP 第 11 条，它们主要是针对"集装箱和托盘的临时准入"，通过分析 CPTPP 和 RCEP 的条款，它们的内容基本上相同，均是对符合临时准入的集装箱和托盘进行定义，我们认为它的规定对于我们"一带一路"经贸规则来说，目前还无法接受，因此，我们在此不再过多分析。

2. 无商业价值的广告品或货样免税入境

虽然"无商业价值的广告品或货样免税入境"条款只存在于《中国-韩国自由贸易协定》、RCEP 和 CPTPP 中，但是我们认为该条款也应该被纳入"一带一路"经贸规则，因为在现实中无商业价值的广告品或货样入境的情况越来越多，将它提前规定在协定中，必定更加便利其免税入境。《中国-韩国自由贸易协定》和 RCEP 对于其内容规定的相对简单，而 CPTPP 的规定较为复杂，同时它的标准也更高，主要表现：CPTPP 规定了无商业价值样品免税

---

[1]《中国-韩国自由贸易协定》第 2 章第 4 节第 2.6 条第 2 款；《中国-哥斯达黎加自由贸易协定》第 3 章第 3 节第 10 条第 2 款；《中国-秘鲁自由贸易协定》第 2 章第 3 节第 10 条第 2 款；RCEP 第 2 章第 1 节第 10 条第 2 款；CPTPP 第 2 章 B 节第 2.8 条第 2 款。

[2]《中国-韩国自由贸易协定》第 2 章第 4 节第 2.6 条第 5 款；《中国-哥斯达黎加自由贸易协定》第 3 章第 3 节第 10 条第 5 款；《中国-秘鲁自由贸易协定》第 2 章第 3 节第 10 条第 5 款；RCEP 第 2 章第 1 节第 10 条第 5 款；CPTPP 第 2 章 B 节第 2.8 条第 7 款。

[3]《中国-韩国自由贸易协定》第 2 章第 4 节第 2.6 条第 6 款；《中国-哥斯达黎加自由贸易协定》第 3 章第 3 节第 10 条第 6 款；《中国-秘鲁自由贸易协定》第 2 章第 3 节第 10 条第 6 款；CPTPP 第 2 章 B 节第 2.8 条第 8 款。

入境的例外。[1]我们认为例外情形的标准比较高,不适合我们目前构建的"一带一路"经贸规则。

3. 过境货物

"过境货物"条款只被 RCEP 单独规定,其内容主要是为该种类型的货物给予通关便利,主要是根据《1994 年关税与贸易总协定》第 5 条第 3 款以及《贸易便利化协定》。[2]我们认为该条款可以纳入示范文本,因为其是以《1994 年关税与贸易总协定》和《贸易便利化协定》为基本原则,它并没有存在高标准的要求。

4. 货物经修理和改造后再入境

CPTPP 对"货物经修理和改造后再入境"进行了单独规定,我们认为该条款目前可以先不放入"一带一路"经贸规则,因为我们国家签订的自贸协定都没有将其纳入,对于我们来说还没有普遍适用。

5. 农业出口补贴

"农业出口补贴"条款存在于我们与哥斯达黎加、秘鲁、新西兰、智利签订的协定,以及 RCEP 和 CPTPP 中,本条款将在第 7 节"农产品和农业协定"中详细述明,在此不赘述。

6. 农产品的国内支持

我们与哥斯达黎加和秘鲁签订的协定中对"农产品的国内支持"有单独条款规定,同"农业出口补贴"条款一样,将在第 7 节"农产品和农业协定"中详细述明,在此不赘述。

7. 货物贸易委员会

我国与"一带一路"合作伙伴中韩国、哥斯达黎加、秘鲁、新西兰、智利和巴基斯坦签订的协定,以及 CPTPP 中均单独设定了"货物贸易委员会"条款。我们认为虽然不是每个我们比对的协定都对其有单独规定,但是货物贸易委员会的设立会有利于货物贸易相关的规则的实施、修改以及其他问题的解决,因此我们选择将其纳入示范文本。

"货物贸易委员会"条款主要包括三部分内容:

(1) 货物贸易委员会的设立和组成。主要是指在协定项下专门设立一个货

---

[1] CPTPP 第 2 章 B 节第 2.7 条。
[2] RCEP 第 2 章第 1 节第 9 条。

物贸易委员会,各个缔约方代表组成该委员会。[1]

(2) 货物贸易委员会的会议召开。首先是会议举行的时间,大多数协定规定的均是每年至少举行一次会议;[2]其次是会议考虑的问题范围,该内容各个协定规定的略有不同,大多数协定规定的均是会议研究本章、原产地规则相关章节以及海关程序相关章节所引起的任何问题[3],但《中国-韩国自由贸易协定》规定的是本章项下出现的事项。[4]我们将在下一章原产地规则的部分提到"原产地规则委员会"是主要负责解决与原产地相对应章节的问题,如果规定货物贸易委员会也要解决原产地规则相关章节的问题,那么它们二者的职能可能会有重合,但是原产地规则很大一部分与货物贸易密切相关,如果单单采用货物贸易委员会只能处理本章项下出现的事项的规定方式,会显得有些分离,因此我们认为采用CPTPP规定的方式最为合理。其规定的是货物贸易委员会召开会议以审议本章下产生的问题,委员会在处理与本协定项下设立的其他委员会相关问题时,应酌情与这些委员会进行磋商。[5]采用此种方式,既能表达货物贸易委员会和原产地规则委员会的职能分工,也能显示出货物贸易章节与原产地规则的联系。

(3) 货物贸易委员会的职能。协定承认的共同性职能有两点:第一,促进缔约方之间的货物贸易;[6]第二,解决货物贸易壁垒的问题,重点提到非

---

[1]《中国-韩国自由贸易协定》第2章第6节第2.16条第1款;《中国-哥斯达黎加自由贸易协定》第3章第7节第18条第1款;《中国-秘鲁自由贸易协定》第2章第1节第20条第1款;《中国-新西兰自由贸易协定》第3章第16条第1款;《中国-智利自由贸易协定(升级)》第3章第13条第1款;《中国-巴基斯坦自由贸易协定》第3章第11条第1款;CPTPP第2章B节第2.18条第1款。

[2]《中国-韩国自由贸易协定》第2章第6节第2.16条第2款;《中国-哥斯达黎加自由贸易协定》第3章第7节第18条第4款;《中国-秘鲁自由贸易协定》第2章第1节第20条第5款;CPTPP第2章B节第2.18条第2款。

[3]《中国-哥斯达黎加自由贸易协定》第3章第7节第18条第2款;《中国-秘鲁自由贸易协定》第2章第1节第20条第2款;《中国-新西兰自由贸易协定》第3章第16条第2款;《中国-智利自由贸易协定(升级)》第3章第13条第2款;《中国-巴基斯坦自由贸易协定》第3章第11条第2款。

[4]《中国-韩国自由贸易协定》第2章第6节第2.16条第2款。

[5] CPTPP第2章B节第2.18条第2款和第4款。

[6]《中国-韩国自由贸易协定》第2章第6节第2.16条第3款第1项;《中国-哥斯达黎加自由贸易协定》第3章第7节第18条第3款第1项;《中国-秘鲁自由贸易协定》第2章第7节第20条第4款第1项;《中国-新西兰自由贸易协定》第3章第16条第3款第1项;《中国-智利自由贸易协定(升级)》第3章第13条第3款第1项;《中国-巴基斯坦自由贸易协定》第3章第11条第3款第1项;CPTPP第2章B节第2.18条第3款第1项。

关税措施[1];还有一些职能虽然不是每个协定均有规定,但是也可以纳入,例如,第一,审议未来对协调制度 HS 的修正,以保证本协定规定的缔约方的义务不变;[2]我们认为该职能也可以纳入共同性职能,因为其并没有增加每一缔约方的义务;第二,磋商并尽力解决任何出现在缔约方之间与协调制度规定的产品分类问题相关的分歧;[3]我们认为其也可以纳入共同性职能,因为解决该问题其实也是与共同性职能的基本原则相符,均是为了促进缔约方之间的货物贸易。

(二)非关税措施

1. 非关税措施的技术磋商

"非关税措施的技术磋商"条款只存在于 RCEP,我们认为该条款可以不纳入示范文本,因为该条款的核心内容主要是:如果缔约方认为其他缔约方采取的措施不利于其贸易,该缔约方可以进行技术磋商。我们认为其主要内容与我们上文提到的货物贸易委员会的主要职能存在重合,因为货物贸易委员会主要职能是解决本章产生的不利于货物贸易的各种问题。

2. 国营贸易企业

"国营贸易企业"条款被单独规定在我们与韩国、瑞士、秘鲁、新加坡签订的协定中,而且它们的内容没有大的差别,主要是指缔约方的规定不能阻碍一方根据《1994 年关税与贸易总协定》第 17 条维持或建立一个国营贸易企业[4]。我们认为该条款的内容可以放入示范文本,因为其内容是基于

---

[1]《中国-韩国自由贸易协定》第 2 章第 6 节第 2.16 条第 3 款第 2 项;《中国-哥斯达黎加自由贸易协定》第 3 章第 7 节第 18 条第 3 款第 2 项;《中国-秘鲁自由贸易协定》第 2 章第 7 节第 20 条第 4 款第 2 项;《中国-新西兰自由贸易协定》第 3 章第 16 条第 3 款第 2 项;《中国-智利自由贸易协定(升级)》第 3 章第 13 条第 3 款第 2 项;《中国-巴基斯坦自由贸易协定》第 3 章第 11 条第 3 款第 2 项;CPTPP 第 2 章 B 节第 2.18 条第 3 章第 3 款第 2 项。

[2]《中国-哥斯达黎加自由贸易协定》第 3 章第 7 节第 18 条第 3 款第 3 项;《中国-秘鲁自由贸易协定》第 2 章第 7 节第 20 条第 4 款第 3 项;CPTPP 第 2 章 B 节第 2.18 条第 3 章第 3 款第 3 项。

[3]《中国-哥斯达黎加自由贸易协定》第 3 章第 7 节第 18 条第 3 款第 4 项;《中国-秘鲁自由贸易协定》第 2 章第 7 节第 20 条第 4 款第 4 项;CPTPP 第 2 章 B 节第 2.18 条第 3 章第 3 款第 4 项。

[4]《中国-韩国自由贸易协定》第 2 章第 5 节第 2.11 条第 1 款;《中国-瑞士自由贸易协定》第 2 章第 2.6 款;《中国-秘鲁自由贸易协定》第 2 章第 6 节第 17 条;《中国-新加坡自由贸易协定(升级)》第 3 章第 9 条。

《1994年关税与贸易总协定》进行展开和延伸,没有违反基本原则。

三、示范文本

第一部分 总则和货物市场准入

第一条 领域和范围

除本协定另有规定外,本章应当适用于缔约方之间的货物贸易。

第二条 定义

就本章而言:

(一)《进口许可程序协定》是指《马拉喀什建立世界贸易组织协定》附件1A中的《进口许可程序协定》;

(二)《反倾销协定》是指《马拉喀什建立世界贸易组织协定》附件1A中的《关于实施〈1994年关税与贸易总协定〉第六条的协定》;

(三)《补贴与反补贴措施协定》是指《马拉喀什建立世界贸易组织协定》附件1A中的《关于补贴和反补贴措施的协定》;

(四)关税是指针对货物进口征收的任何海关关税或进口税和任何种类的费用,包括任何形式的附加税或附加费,但不包括任何:

1. 对于一方的同类货物、直接竞争或可替代货物,或对用于制造或生产进口货物的全部或部分货物所征收的、与《1994年关税与贸易总协定》第三条第二款的规定相一致且等于一国内税的费用;

2. 一方依据其法律,并以与《1994年关税与贸易总协定》第六条、《反倾销协定》和《补贴与反补贴措施协定》的规定相一致的方式实施的任何反倾销或反补贴税;或者

3. 与所提供服务的成本相当的规费或其他费用;

(五)免税指免除海关关税;

(六)领事事务指一缔约方拟向另一缔约方领土出口的货物必须首先提交该进口缔约方在出口缔约方领土内的领事机构进行监管的要求,以获得商业发票、原产地证书、舱单、货主出口声明,或进口要求的或与进口相关的任何其他海关文件的领事发票或领事签证;

（七）出口补贴的界定应当与世界贸易组织《农业协定》第一条第（五）项关于出口补贴的涵义及对该条的任何修改相同；

（八）以展示、展出为目的的货物包括其部件、辅助装置和附件；

（九）进口许可指要求向相关管理机构提交申请或其他文件（除通常清关所要求的文件外），以作为进口货物进入进口方境内的前提条件的一种行政管理程序；

（十）消费是指

1. 实际消费；或

2. 进一步加工或制造从而形成货物价值、外形、用途的实质性改变或用于生产其他货物；

（十一）分销商是指一缔约方的人士在该缔约方境内负责另一缔约方货物的商业分销、代理、特许或代表；

（十二）用于体育目的的临时准许入境货物是指被准许进入一缔约方境内，在该缔约方境内用于体育竞赛、表演或培训的体育必需品；

（十三）业绩要求是指要求：

1. 一定水平或比例的货物或服务，应被用于出口；

2. 给予免除关税或进口许可的缔约方的国内货物或服务，应替代进口货物；

3. 免除关税或进口许可的受益人应采购给予免除关税或进口许可的缔约方境内的其他货物或服务，或对该缔约方国内生产货物给予优先待遇；

4. 免除关税或进口许可的受益人在给予免除关税或进口许可的缔约方境内，生产货物或提供服务，应达到一定水平或比例的国产成分；或

5. 通过任何方式，将进口数量或价值与出口数量或价值，或与外汇流入数量挂钩；

但不包括要求一进口货物应：

6. 随后出口；

7. 用作生产其他随后出口的货物的材料；

8. 被相同或类似的用作生产出口货物原料的货物替代；或者

9. 被随后出口的相同或相似货物替代。

第三条 国民待遇

每一缔约方应根据《1994年关税与贸易总协定》第三条给予另一方的货物国民待遇。为此，《1994年关税与贸易总协定》第三条经必要修正后纳入本协定，构成本协定的一部分。

第四条 关税减让或消除

一、除非本协定另有规定，缔约双方应自本协定生效之日起根据本协定附件一中减让表取消原产自另一方的原产货物（定义见对应条款）的关税。

二、除非根据本协定，任何一方不得对进口自另一方的原产货物提高任何现行关税或新设关税。

第五条 商品归类

缔约方之间的货物贸易商品归类应符合协调制度。

第六条 海关估价

为确定缔约方之间贸易货物的完税价格，《1994年关税与贸易总协定》第七条的规定以及《海关估价协定》的第一部分和附件一解释性说明的规定经必要修改后应当适用。

第七条 货物的暂准进口

一、任一缔约方应给予下述货物以临时免税入境，无论其原产地来源：

（一）专业设备，如根据进口缔约方有关法律规定有资格暂时进境的人员用于科学研究、教学或医疗活动、新闻出版或电视以及电影所需的设备；

（二）在展览会、交易会、会议或类似活动上陈列或展示的货物；

（三）商业样品；以及

（四）被认可用于体育活动的货物。

二、应相关人员请求且基于其海关认定的合法原因，一缔约方应延长原先根据其国内法律确定的临时入境的时限。

三、任一缔约方不得对第一款中所述货物的临时免税入境设置条件，除非要求该货物：

（一）仅限于另一缔约方的国民或居民使用于或在其个人监督之下用于该人员的商业、贸易、专业或体育活动；

（二）不在该方境内出售或租赁；

(三) 缴纳金额不超过在其它情况下入境或最终进口应付税费的保证金，保证金在该货物出口时返还；

(四) 出口时可识别；

(五) 除非延期，否则应在第一款所述人员离境时，或在该缔约方可确定的与其临时入境目的相关的其他期限内出口；

(六) 进口不得超过其预定用途的合理数量；以及

(七) 符合该缔约方法律规定的可入境的其他情况。

四、如果一缔约方在第三款中所规定的任何条件未得到满足，该缔约方可以对该货物征收正常应缴的关税或任何其他费用，以及其法律规定的其他费用或罚款。

五、缔约方，根据本条款规定，应允许由某一海关口岸暂准入境的货物可由不同海关口岸复运出境。

六、各缔约方应规定其海关或其他主管部门应免除进口者或某一货物在本条款项下许可进口的其他责任人由于货物无法复出口所产生的任何责任，若提交的关于该货物由于不可抗力原因已经损毁的证明得到进口方海关认可。

第八条　无商业价值的广告品或货样免税入境

各方应根据其法律法规，对无商业价值的广告品和货样准许免税入境。

第九条　过境货物

每一缔约方应根据GATT1994第五条第三款以及《贸易便利化协定》的有关规定，继续为来自或运往其他缔约方的过境货物提供清关便利。

第十条　国营贸易企业

本协定的任何规定不得阻碍一方根据《1994年关税与贸易总协定》第十七条维持或建立一个国营贸易企业。

第十一条　货物贸易委员会

一、缔约双方特此成立由各缔约方代表组成的货物贸易委员会（下简称委员会）。

二、该委员会每年至少召开一次会议研究本章项下出现的事项，当出现特殊情况时，缔约双方应在协定规定下应任一缔约方要求随时举行会议。

三、委员会在处理与本协定项下设立的其他委员会相关的问题时，应酌情与这些委员会进行磋商。

四、委员会的职能尤其包括：

（一）促进缔约双方之间的货物贸易，包括就本协定项下的加速削减或取消关税及其他有关问题进行磋商；

（二）处理缔约双方之间的货物贸易壁垒，特别是与实施非关税措施相关的壁垒；

（三）审议未来对协调制度（HS）的修正，以保证本协定规定的缔约双方义务不变；

（四）磋商并尽力解决任何出现在缔约方间，与协调制度（HS）规定的产品分类问题相关的分歧。

第二部分　非关税措施

第十二条　进口和出口限制

一、除非本协定另有规定，任一缔约方不得对自另一缔约方进口的货物或出口至另一缔约方境内的货物实施或保持任何禁止或限制措施，但符合《1994年关税与贸易总协定》第十一条及其解释性说明的措施的除外。为此，《1994年关税与贸易总协定》第十一条及其解释性说明经必要修改后应纳入本协定并构成本协定的一部分。

二、每一缔约方应当保证第一款所允许的非关税措施的透明度，并且应当保证任何此类措施的制定、采取或实施不以对缔约方之间的贸易造成不必要的障碍为目的，或产生此种效果。

第十三条　进口许可

一、每一缔约方应当确保所有自动和非自动进口许可程序以透明和可预测的方式实施，并且根据《进口许可程序协定》实施。任何缔约方不得采取或维持与《进口许可程序协定》不一致的措施。

二、在本协定对该缔约方生效后，每一缔约方应当迅速将任何现行的进口许可程序通报其他缔约方。该通报应当包括《进口许可程序协定》第五条规定的信息。

三、每一缔约方应当尽可能在生效前 30 天，将其任何新的进口许可程序以及对现行进口许可程序所做的任何修改通报其他缔约方。在任何情况下，一缔约方不得迟于公告之日后 60 天提供该通报。本款项下规定的通报应当包括《进口许可程序协定》第五条中规定的信息。

四、在实施任何新的或修改的进口许可程序前，一缔约方应当在官方政府网站上公布新程序或者对程序的修改。在可能的情况下，该缔约方应当在新程序或对程序的修改生效前至少 21 天公布。

五、第二款和第三款要求的通报不影响进口许可程序是否与本协定一致。

六、在可能的范围内，每一缔约方应当在 60 天内答复另一缔约方关于各自许可机构采用的授予或拒绝进口许可的标准的所有合理咨询。该进口缔约方应当公布足够的信息，以便其他缔约方和贸易商了解授予或分发进口许可的依据。

七、如一缔约方拒绝另一缔约方某一货物的进口许可申请，应申请人的请求，该缔约方应当在收到该申请后的一段合理时间内向申请人解释拒绝的理由。

第十四条 行政费用和手续

一、每一缔约方应当根据 GATT1994 第八条第一款，确保对进口或出口征收的或与进口或出口有关的所有任何性质的规费和费用（除了进口或出口关税、等同于国内税的费用或其他符合 GATT1994 第三条第二款的国内费用以及反倾销税和反补贴税）的数额限于所提供服务的近似成本，并且不构成对国内货物的间接保护，也不构成为财政目的对进口或出口征收的一种国内税。

二、每一缔约方应当迅速公布其征收的与进口或出口有关的规费和费用的细节，并且应当在互联网上提供此类信息。

三、任何缔约方不得要求与另一缔约方某一货物的进口相关的领事事务，包括相关的规费和费用。

第二节 原产地规则及相关实施程序

"原产地规则及相关实施程序"在我国与"一带一路"相关国家签订的所有自由贸易协定、RCEP 和 CPTPP 均以成章方式出现，其内容可分为两部分:原产地规则和其相关的实施程序。如表6-2,"原产地规则及相关实施程序"均集中在"原产地规则"(不同协定中对应的具体名称略有不同)一个章节中,其中专门将其分为两部分的自由贸易协定有:《中国-柬埔寨自由贸易协定》、《中国-格鲁吉亚自由贸易协定》、《中国-韩国自由贸易协定》、《中国-瑞士自由贸易协定》、《中国-哥斯达黎加有贸易协定》、《中国-秘鲁自由贸易协定》、《中国-新西兰自由贸易协定》、《中国-东盟自贸协定("10+1")升级》、RCEP、CPTPP。

表6-2 相关自由贸易协定之原产地规则及相关实施程序表

自由贸易协定	涉及原产地规则及相关实施程序章节
中国-柬埔寨	第三章:原产地规则 第一节 第1条~第16条 第二节 规则1~规则24
中国-马尔代夫	协定暂未公布
中国-格鲁吉亚	第三章:原产地规则 第一节 原产地规则 第二节 原产地实施程序
中国-韩国	第三章:原产地规则和实施程序 第一节 原产地规则 第二节 原产地实施程序
中国-瑞士	第三章:原产地规则和实施程序 第一节 原产地规则 第二节 实施程序
中国-哥斯达黎加	第四章:原产地规则及相关操作程序 第一节 原产地规则 第二节 相关操作程序
中国-秘鲁	第三章:原产地规则及与原产地相关的操作程序 第一节 原产地规则 第二节 与原产地相关的操作程序
中国-新西兰	第四章:原产地规则及操作程序 第一节 原产地规则 第二节 操作程序

续表

自由贸易协定	涉及原产地规则及相关实施程序章节
中国–新加坡	第四章：原产地规则 第五章：海关程序（也有些原产地规则的内容） 　　第 27 条 原产地证书 　　第 28 条 声明获得优惠待遇 　　第 29 条 原产地核查 　　第 30 条 原产地证书的免除 　　第 31 条 记录保存要求 　　第 32 条 预裁定 　　第 33 条 处罚 　　第 34 条 复议和申诉 　　第 35 条 保密 　　第 36 条 第三方发票
	升级后：（未修改的条款仍然有效） 附录 1 新第四章：原产地规则（将原来的第五章里面的原产地内容划到了新第四章中）
中国–智利	第四章：原产地规则 第五章：与原产地规则相关的程序
	升级后：（未修改的条款仍然有效） 第二章：原产地规则
中国–巴基斯坦	第四章：原产地规则
	第二阶段：（未修改的条款仍然有效） 第二章：原产地规则
中国–东盟	《中国–东盟全面经济合作框架协议货物贸易协议》附件三 中国–东盟自贸区原产地规则 《中国–东盟全面经济合作框架协议货物贸易协议》第二议定书：附录 A 经修订的中国–东盟自贸区原产规则签证操作程序
中国–东盟（"10+1"）升级	《关于修订〈中国–东盟全面经济合作框架协议〉及项下部分协议的议定书》（本节中简称《中国–东盟自贸协定（"10+1"）升级》）： 附件一 原产地规则（替代《货物贸易协议》关于原产地规则的附件三） 附录 A 经修订的中国–东盟自贸区原产地规则操作认证程序

续表

自由贸易协定	涉及原产地规则及相关实施程序章节
RCEP	第三章：原产地规则 第一节 原产地规则 第二节 签证操作程序
CPTPP	第三章：原产地规则和原产地程序 A 节 原产地规则 B 节 原产地程序

数据来源：http://fta.mofcom.gov.cn/georgia/georgia_agreementText.shtml，最后访问日期：2021年12月10日。

一、共同性条款

（一）原产地实体规则

1. 定义

"定义"在我们比对的自由贸易协定中均放在原产地章节中第1条的位置，其内容主要是对与原产地规则相关的名词进行解释。主要包括以下名词：

（1）海关价格或成交价格。对海关价格或成交价格的定义出现在我们与格鲁吉亚和瑞士签订的协定，以及CPTPP中，这三个协定对其解释基本一致，均是指GATT1994中海关估价协定所确定的价格。[1]

（2）出厂价格。对出厂价格的定义也是出现在《中国－格鲁吉亚自由贸易协定》和《中国－瑞士自由贸易协定》中，它们对出厂价格的定义也是完全相同，具体可见脚注中列明的条款，在此不再分析。[2]

（3）可互换材料。《中国－柬埔寨自由贸易协定》、《中国－格鲁吉亚自由贸易协定》、《中国－韩国自由贸易协定》、《中国－哥斯达黎加自由贸易协定》、《中国－秘鲁自由贸易协定》、《中国－新加坡自由贸易协定（升级）》、《中

---

[1] 《中国－格鲁吉亚自由贸易协定》第3章第1节第1条；《中国－瑞士自由贸易协定》第3章第1节第3.1条；CPTPP第3章A节第3.1条。

[2] 《中国－格鲁吉亚自由贸易协定》第3章第1节第1条；《中国－瑞士自由贸易协定》第3章第1节第3.1条。

国-东盟自贸协定（"10+1"）升级》、RCEP、CPTPP对可互换材料均作出了定义。其中《中国-哥斯达黎加自由贸易协定》、《中国-秘鲁自由贸易协定》、RCEP、CPTPP对应的具体名称为"可互换材料或货物"，虽然名称不大相同，但表达的是同一名词。以上协定规定满足可互换材料的条件通常包括两点：第一是出于商业目的的替换，第二是性质实质相同。[1]此外，一些协定在这两个条件基础上还额外规定了可互换材料只依靠视觉观察无法区分。

（4）公认会计原则。公认会计原则在我们与柬埔寨、格鲁吉亚、韩国、哥斯达黎加、秘鲁、新西兰、新加坡、智利、东盟升级签订的协定，以及RCEP、CPTPP中均有出现，它们对公认会计原则的解释也相同，均是指一些特定的会计准则，这些会计准则详情可见脚注列明的条款，在此不再分析。[2]

（5）货物。货物的定义集中在《中国-柬埔寨自由贸易协定》、《中国-格鲁吉亚自由贸易协定》、《中国-韩国自由贸易协定》、《中国-哥斯达黎加自由贸易协定》、《中国-东盟自贸协定（"10+1"）升级》、RCEP和CPTPP中。它们对于货物的解释基本相同，基本都是指任何商品、产品、物件，或者材料。[3]

（6）产品。产品的定义只出现在《中国-格鲁吉亚自由贸易协定》，是指

---

[1]《中国-柬埔寨自由贸易协定》第3章第1节第1条；《中国-格鲁吉亚自由贸易协定》第3章第1节第1条；《中国-韩国自由贸易协定》第3章第1节第3.1条；《中国-哥斯达黎加自由贸易协定》第4章第1节第20条；《中国-秘鲁自由贸易协定》第3章第1节第22条；《中国-新加坡自由贸易协定（升级）》附录1第4章第1条；《中国-东盟自贸协定（"10+1"）升级》附件1第1条；RCEP第3章第1节第1条；CPTPP第3章A节第3.1条。

[2]《中国-柬埔寨自由贸易协定》第3章第1节第1条；《中国-格鲁吉亚自由贸易协定》第3章第1节第1条；《中国-韩国自由贸易协定》第3章第1节第3.1条；《中国-哥斯达黎加自由贸易协定》第4章第1节第20条；《中国-秘鲁自由贸易协定》第3章第1节第22条；《中国-新西兰自由贸易协定》第4章第1节第17条；《中国-新加坡自由贸易协定（升级）》附录1第4章第1条；《中国-智利自由贸易协定（升级）》第2章第2条；《中国-东盟自贸协定（"10+1"）升级》附件1第1条；RCEP第3章第1节第1条；CPTPP第3章A节第3.1条。

[3]《中国-柬埔寨自由贸易协定》第3章第1节第1条；《中国-格鲁吉亚自由贸易协定》第3章第1节第1条；《中国-韩国自由贸易协定》第3章第1节第3.1条；《中国-哥斯达黎加自由贸易协定》第4章第1节第20条；《中国-东盟自贸协定（"10+1"）升级》附件1第1条；RCEP第3章第1节第1条；CPTPP第3章A节第3.1条。

被生产的产品,即使是为了在另一个生产操作后续使用。[1]因为它只出现在《中国-格鲁吉亚自由贸易协定》中,所以它的实际运用并不常见,或者我们也可以理解为不需要专门对产品进行一个定义,因此我们不将其纳入示范文本。

(7)材料。我们对比的协定对材料的定义均有规定,并且无差异,主要是指用于生产另一货物的货物,具体内容可见脚注中列明的条款。[2]

(8)生产。生产的定义出现在我们比对的所有协定中。它们定义基本一致,均是指获得货物的任何方法,其次各协定列举了许多种方法。因为没有差异,我们在此不再分析,具体内容也可见脚注中列明的条款。[3]

(9)原产材料或原产货物。除我们与秘鲁签订的协定外,其余协定对原产材料均作出了解释。是指满足其对应的原产地相关章节而具备原产资格的材料或货物。[4]

(10)协调制度。协调制度的定义出现在《中国-柬埔寨自由贸易协定》《中国-格鲁吉亚自由贸易协定》《中国-韩国自由贸易协定》《中国-瑞士自由

---

[1]《中国-格鲁吉亚自由贸易协定》第3章第1节第1条。

[2]《中国-柬埔寨自由贸易协定》第3章第1节第1条;《中国-格鲁吉亚自由贸易协定》第3章第1节第1条;《中国-韩国自由贸易协定》第3章第1节第3.1条;《中国-瑞士自由贸易协定》第3章第1节第3.1条;《中国-哥斯达黎加自由贸易协定》第4章第1节第20条;《中国-新西兰自由贸易协定》第4章第1节第17条;《中国-新加坡自由贸易协定(升级)》附录1第4章第1条;《中国-智利自由贸易协定(升级)》第2章第2条;《中国-巴基斯坦自由贸易协定》第4章第12条;《中国-东盟自贸协定("10+1")升级》附件1第1条;RCEP第3章第1节第1条;CPTPP第3章A节第3.1条。

[3]《中国-柬埔寨自由贸易协定》第3章第1节第1条;《中国-格鲁吉亚自由贸易协定》第3章第1节第1条;《中国-韩国自由贸易协定》第3章第1节第3.1条;《中国-瑞士自由贸易协定》第3章第1节第3.1条;《中国-哥斯达黎加自由贸易协定》第4章第1节第20条;《中国-秘鲁自由贸易协定》第3章第1节第22条;《中国-新加坡自由贸易协定(升级)》附录1第4章第1条;《中国-智利自由贸易协定(升级)》第2章第2条;《中国-巴基斯坦自由贸易协定》第4章第12条;《中国-东盟自贸协定("10+1")升级》附件1第1条;RCEP第3章第1节第1条;CPTPP第3章A节第3.1条。

[4]《中国-柬埔寨自由贸易协定》第3章第1节第1条;《中国-格鲁吉亚自由贸易协定》第3章第1节第1条;《中国-韩国自由贸易协定》第3章第1节第3.1条;《中国-瑞士自由贸易协定》第3章第1节第3.1条;《中国-哥斯达黎加自由贸易协定》第4章第1节第20条;《中国-新西兰自由贸易协定》第4章第1节第17条;《中国-新加坡自由贸易协定(升级)》附录1第4章第1条;《中国-智利自由贸易协定(升级)》第2章第2条;《中国-巴基斯坦自由贸易协定》第4章第12条;《中国-东盟自贸协定("10+1")升级》附件1第1条;RCEP第3章第1节第1条;CPTPP第3章A节第3.1条。

贸易协定》《中国-新西兰自由贸易协定》《中国-东盟自贸协定（"10+1"）升级》中。是指《商品名称及编码协调制度》（世界海关组织），包括总则、类注、章注。[1]

（11）水产养殖。水产养殖的定义出现在我们与柬埔寨、韩国、哥斯达黎加、秘鲁和新加坡签订的协定以及 RCEP 和 CPTPP 中，它们对于水产养殖的解释基本相同，均是指水生生物体的养殖，包括从卵、鱼苗、鱼虫或鱼卵等种子库开始的鱼类、软体类、甲壳类、其他水生无脊椎动物和水生植物。[2]

（12）授权机构或签证机构。《中国-韩国自由贸易协定》、《中国-瑞士自由贸易协定》、《中国-秘鲁自由贸易协定》、《中国-智利自由贸易协定（升级）》和 RCEP 对授权机构或签证机构有定义，是指依法授权的特定机构，该机构可以签发证书。[3]

（13）到岸价格（CIF）。到岸价格的解释出现在我们与柬埔寨、韩国、哥斯达黎加、秘鲁、新西兰、智利、巴基斯坦、东盟升级签订的协定以及 RCEP 中。到岸价格（CIF）也是我们通常所指的价格，具体定义可见脚注列明的条款。[4]

（14）离岸价格（FOB）。对 FOB 价值的定义与 CIF 的定义一样，也是出现在相同的协定中。其价值定义也是我们通常所指的价格，具体定义也可见

---

[1]《中国-柬埔寨自由贸易协定》第3章第1节第1条；《中国-格鲁吉亚自由贸易协定》第3章第1节第1条；《中国-韩国自由贸易协定》第3章第1节第3.1条；《中国-瑞士自由贸易协定》第3章第1节第3.1条；《中国-新西兰自由贸易协定》第4章第1节第17条；《中国-东盟自贸协定（"10+1"）升级》附件1第1条。

[2]《中国-柬埔寨自由贸易协定》第3章第1节第1条；《中国-韩国自由贸易协定》第3章第1节第3.1条；《中国-哥斯达黎加自由贸易协定》第4章第1节第20条；《中国-秘鲁自由贸易协定》第3章第1节第22条；《中国-新加坡自由贸易协定（升级）》附录1第4章第1条；RCEP 第3章第1节第1条；CPTPP 第3章 A 节第3.1条。

[3]《中国-韩国自由贸易协定》第3章第1节第3.1条；《中国-瑞士自由贸易协定》第3章第1节第3.1条；《中国-秘鲁自由贸易协定》第3章第1节第22条；《中国-智利自由贸易协定（升级）》第2章第2条。

[4]《中国-柬埔寨自由贸易协定》第3章第1节第1条；《中国-韩国自由贸易协定》第3章第1节第3.1条；《中国-哥斯达黎加自由贸易协定》第4章第1节第20条；《中国-秘鲁自由贸易协定》第3章第1节第22条；《中国-新西兰自由贸易协定》第4章第1节第17条；《中国-智利自由贸易协定（升级）》第2章第2条；中国-巴基斯坦自由贸易协定》第4章第12条；《中国-东盟自贸协定（"10+1"）升级》附件1第1条；RCEP 第3章第1节第1条。

于脚注具体列明的条款。[1]

（15）中性成分或间接材料。《中国-柬埔寨自由贸易协定》、《中国-韩国自由贸易协定》、《中国-哥斯达黎加自由贸易协定》、《中国-巴基斯坦自由贸易协定》、《中国-东盟自贸协定（"10+1"）升级》和CPTPP对中性成分或间接材料有定义。其中《中国-巴基斯坦自由贸易协定》和CPTPP的规定更加详细，采取定义加举例的方式。此外，间接材料的范围比中性成分的范围更大，中性成分是使用在其他货物的形成过程中，本身不属于该货物的成分之一，[2]但是对于间接材料来说，除了刚刚提到的，还包括用于与货物生产有关的建筑物维护或设备运行的材料。[3]

（16）非原产货物或非原产材料。非原产材料或货物的定义出现在我们与柬埔寨、韩国、瑞士、哥斯达黎加、新加坡、巴基斯坦、东盟升级签订的协定以及RCEP和CPTPP中。它们对于非原产材料或货物的定义基本一致，均是指不符合其对应原产地章节规定的具备原产资格条件的货物或材料。[4]

（17）运输用包装材料及容器。在我们和柬埔寨、韩国、哥斯达黎加、新西兰、东盟升级签订的协定以及CPTPP中对运输用包装材料及容器有定义。其是指将零售所用的容器或包装材料排除在外，在运输期间用于保护货物的货品。[5]

---

[1]《中国-柬埔寨自由贸易协定》第3章第1节第1条；《中国-韩国自由贸易协定》第3章第1节第3.1条；《中国-哥斯达黎加自由贸易协定》第4章第1节第20条；《中国-秘鲁自由贸易协定》第3章第1节第22条；《中国-新西兰自由贸易协定》第4章第1节第17条；《中国-智利自由贸易协定（升级）》第2章第2条；中国-巴基斯坦自由贸易协定》第4章第12条；《中国-东盟自贸协定（"10+1"）升级》附件1第1条；RCEP第3章第1节第1条。

[2]《中国-柬埔寨自由贸易协定》第3章第1节第1条；《中国-韩国自由贸易协定》第3章第1节第3.1条；《中国-哥斯达黎加自由贸易协定》第4章第1节第20条；《中国-巴基斯坦自由贸易协定》第4章第12条；《中国-东盟自贸协定（"10+1"）升级》附件1第1条；CPTPP第3章A节第3.1条。

[3]《中国-巴基斯坦自由贸易协定》第4章第12条；CPTPP第3章A节第3.1条。

[4]《中国-柬埔寨自由贸易协定》第3章第1节第1条；《中国-韩国自由贸易协定》第3章第1节第3.1条；《中国-瑞士自由贸易协定》第3章第1节第3.1条；《中国-哥斯达黎加自由贸易协定》第4章第1节第20条；《中国-新加坡自由贸易协定（升级）》附录1第4章第1条；《中国-巴基斯坦自由贸易协定》第4章第12条；《中国-东盟自贸协定（"10+1"）升级》附件1第1条；RCEP第3章第1节第1条；CPTPP第3章A节第3.1条。

[5]《中国-柬埔寨自由贸易协定》第3章第1节第1条；《中国-韩国自由贸易协定》第3章第1节第3.1条；《中国-哥斯达黎加自由贸易协定》第4章第1节第20条；《中国-新西兰自由贸易协定》第4章第1节第17条；《中国-东盟自贸协定（"10+1"）升级》附件1第1条；CPTPP第3章A节第3.1条。

（18）生产商。生产商的定义出现在我们与韩国、哥斯达黎加、秘鲁、新西兰、新加坡、智利签订的协定以及 RCEP、CPTPP 中。它们对生产商的规定没有差别，因此我们在此也不再分析，具体内容可见脚注列明的条款。[1]

（19）章、品目、子目。只有《中国-瑞士自由贸易协定》对章、品目、子目有专门的定义。其分别是指协调制度中的 2 位数字、4 位数字和 6 位数字。[2]

（20）产品特定规则。产品特定规则在《中国-柬埔寨自由贸易协定》《中国-哥斯达黎加自由贸易协定》《中国-新加坡自由贸易协定（升级）》《中国-巴基斯坦自由贸易协定》《中国-东盟自贸协定（"10+1"）升级》有单独定义，其余的协定虽然没有单独定义，但其在附件特点产品原产地规则中有所体现。产品特定规则主要是指实质性改变的三种标准——税则归类改变、从价百分比以及特定加工工序标准，以及对这三种标准的选择适用或者混合适用。[3]

（21）主管机构或主管部门。《中国-秘鲁自由贸易协定》和 RCEP 对主管机构或主管部门进行了定义。主要是指各个缔约方负责原产地规则应用和管理的部门或机构。[4]

（22）《海关估价协定》。我们与新西兰、智利、巴基斯坦、东盟升级签订的协定对《海关估价协定》进行单独解释。其是指《关于实施〈1994 年关税与贸易总协定〉第七条的协定》。[5]

（23）相同货物。相同货物只出现在《中国-秘鲁自由贸易协定》中，是指《海关估价协定》规定的相同货物。[6]

---

[1]《中国-韩国自由贸易协定》第 3 章第 1 节第 3.1 条；《中国-哥斯达黎加自由贸易协定》第 4 章第 1 节第 20 条；《中国-秘鲁自由贸易协定》第 3 章第 1 节第 22 条；《中国-新西兰自由贸易协定》第 4 章第 1 节第 17 条；《中国-新加坡自由贸易协定（升级）》附录 1 第 4 章第 1 条；《中国-智利自由贸易协定（升级）》第 2 章第 2 条；RCEP 第 3 章第 1 节第 1 条；CPTPP 第 3 章 A 节第 3.1 条。

[2]《中国-瑞士自由贸易协定》第 3 章第 1 节第 3.1 条。

[3]《中国-柬埔寨自由贸易协定》第 3 章第 1 节第 1 条；《中国-哥斯达黎加自由贸易协定》第 4 章第 1 节第 20 条；《中国-新加坡自由贸易协定（升级）》附录 1 第 4 章第 1 条；《中国-巴基斯坦自由贸易协定》第 4 章第 12 条；《中国-东盟自贸协定（"10+1"）升级》附件 1 第 1 条。

[4]《中国-秘鲁自由贸易协定》第 3 章第 1 节第 22 条；RCEP 第 3 章第 1 节第 1 条。

[5]《中国-新西兰自由贸易协定》第 4 章第 1 节第 17 条；《中国-智利自由贸易协定（升级）》第 2 章第 2 条；《中国-巴基斯坦自由贸易协定》第 4 章第 12 条；《中国-东盟自贸协定（"10+1"）升级》附件 1 第 1 条。

[6]《中国-秘鲁自由贸易协定》第 3 章第 1 节第 22 条。

(24) 使用的。只有《中国-新加坡自由贸易协定（升级）》中对"使用的"进行定义，是指在产品的生产过程中花费的或消耗的。[1]

(25) 货物价格。CPTPP 对货物价格进行了单独解释，是指在成交价格的基础上扣除所有国际运输中发生的各种费用。[2]但是我们认为这个价格不适合放入"一带一路"经贸规则，因为具体的价格还是应该在后文进行具体规定。

我们认为以上这些名词虽然不是每个协定都有规定，但是除了经我们分析不适合纳入的之外，其他都可以放入示范文本中，因为它们都与原产地规则相关，将所有名词都纳入的优点是在具体制定与某个国家的自由贸易协定时，可以对这些名词进行合理的选择。

2. 原产货物

"原产货物"这一条款在我们比对的所有协定中均有规定，但可能对应条款具体的名称略有区别，比如在《中国-新加坡自由贸易协定》和《中国-巴基斯坦自由贸易协定》中涉及的"原产货物"条款中的内容位于"原产地标准"条款项下，虽然它们的名称有所不同，但是它们在内容上都属于"原产货物"这一类别。

经过对比，我们不难发现"一带一路"相关国家签订的自由贸易协定、RCEP 和 CPTPP 中"原产货物"条款的内容基本相同，主要采取列举条件式的规定方式，即货物满足何种条件可以被视为缔约方的原产货物。具体条件主要有三种，满足其一即可：第一，符合协定中具体对应章节规定的完全获得或生产的货物；第二，完全由来自任一或多个缔约方原产材料生产的货物；第三，若货物是由非缔约方的材料生产，那么要符合协定对应的具体附件（主要是指特定产品原产地规则）所规定的要求。[3]其中，具体的标准内容我们将在后文有详细介绍，在此不再赘述。

---

[1]《中国-新加坡自由贸易协定（升级）》附录1第4章第1条。
[2] CPTPP 第 3 章 A 节第 3.1 条。
[3]《中国-柬埔寨自由贸易协定》第 3 章第 1 节第 2 条；《中国-格鲁吉亚自由贸易协定》第 3 章第 1 节第 2 条；《中国-韩国自由贸易协定》第 3 章第 1 节第 3.2 条；《中国-瑞士自由贸易协定》第 3 章第 1 节第 3.2 条；《中国-哥斯达黎加自由贸易协定》第 4 章第 1 节第 21 条；《中国-秘鲁自由贸易协定》第 3 章第 1 节第 23 条；《中国-新西兰自由贸易协定》第 4 章第 1 节第 19 条；《中国-新加坡自由贸易协定（升级）》附录 1 第 4 章第 2 条；《中国-智利自由贸易协定（升级）》第 2 章第 3 条；《中国-巴基斯坦自由贸易协定》第 4 章第 13 条；《中国-东盟自贸协定（"10+1"）升级》附件 1 第 2 条；RCEP 第 3 章第 1 节第 2 条；CPTPP 第 3 章 A 节第 3.2 条。

3. 完全获得或者生产的货物

在我们比对的协定中,每个协定都有专门条款规定"完全获得或生产的货物",它们均是采取列举的方式规定哪些货物属于完全获得或生产的货物。这也是我们在"第二条 原产货物"中提到的第一种条件。具体包括:

第一,在缔约方任意一方出生并饲养的活动物;第二,是从第一种所描述的活动物上获取的货物;第三,在缔约方任意一方境内种植、收获、采摘或收集的植物或植物货物;第四,在缔约方任意一方通过狩猎、诱捕、捕捞、水产养殖、收集或捕获的货物;第五,排除上面四种,在缔约方任意一方领土、领水、海床或海床底土提取或得到的矿物质或其他天然生成物质;第六,是针对从缔约方和非缔约方领海以外的水域、海床或海床底土获得的货物。这类货物的规定存在一定的差异,其中 RCEP 规定得最为详细全面,主要可以分为三类:第一类是在公海获得的渔产品,主要是看船只的国籍,若船只的国籍属于缔约方的任意一方,那么该产品就是属于该缔约方的完全获得产品;第二类是在缔约方和非缔约方的专属经济区获得的渔产品,需要满足缔约方的船只、缔约方或缔约方的人、符合国际法规定并且有权开发该专属经济区,才能认定该渔产品属于缔约方的完全获得产品;第三类是在缔约方和非缔约方的专属经济区获得的其他货物,需要满足缔约方的船只、缔约方或缔约方的人、符合国际法规定并且有权开采相关海床或海床底土,才能认定该货物属于该缔约方的原产货物。同时 RCEP 在脚注中对"该缔约方的船只"和"有权开发"都作出了明确的解释;第七,是在第六的基础上,只对其描述的货物进行加工或者制造,但是需要在缔约方的加工船上进行加工、制造;第八,针对特定的废碎料和旧货物。主要是指两类:第一类是在该缔约方生产或消费中产生的废碎料,第二类是在缔约方收集的旧货物,二者都需要满足仅适用于废弃处置、原材料回收或回收利用的条件;第九,相当于兜底条款。指在缔约方仅使用前面描述的货物或其衍生物获得或生产的货物。[1]

―――――――――
〔1〕《中国-柬埔寨自由贸易协定》第 3 章第 1 节第 3 条;《中国-格鲁吉亚自由贸易协定》第 3 章第 1 节第 3 条;《中国-韩国自由贸易协定》第 3 章第 1 节第 3.4 条;《中国-瑞士自由贸易协定》第 3 章第 1 节第 3.3 条;《中国-哥斯达黎加自由贸易协定》第 4 章第 1 节第 22 条;《中国-秘鲁自由贸易协定》第 3 章第 1 节第 24 条;《中国-新西兰自由贸易协定》第 4 章第 1 节第 20 条;《中国-新加坡自由贸易协定(升级)》附录 1 第 4 章第 3 条;《中国-智利自由贸易协定(升级)》第 2 章第 4 条;《中国-巴基斯坦自由贸易协定》第 4 章第 14 条;《中国-东盟自贸协定("10+1")升级》附件 1 第 3 条;RCEP 第 3 章第 1 节第 3 条;CPTPP 第 3 章 A 节第 3.3 条。

4. 税则归类改变

对于"税则归类改变"这一条款,虽然只在我们与哥斯达黎加、秘鲁、新西兰、智利签订的协定中有单独规定,但该条款在其他协定中都有体现,尤其是在协定对应原产地规则章节的产品特定原产地规则附件,因此该条款在本质上不属于特殊性条款,而且我们认为单独将"税则归类改变"条款列出,会使得示范文本更加的全面。同时"税则归类改变"的具体内容也是我们"第二条 原产货物"中提到的实质性改变标准中的一个。

5. 区域价值成分

除"税则归类改变"外,"区域价值成分"也是我们"第二条 原产货物"中提到的实质性改变标准之一。对于"区域价值成分"这一条款,在我们比对的所有协定中都有单独列出,虽然在《中国-巴基斯坦自由贸易协定》中,其对应条款的名称为"非完全获得或生产的产品",但是具体内容并没有因为名称不同而有所差异。

该条款的内容主要是对区域价值成分(简称 RVC)计算的规定。除 RCEP 和 CPTPP,其余协定只采用一种计算方式,即间接计算法或扣减法:

$$RVC = \frac{FOB - VNM}{FOB} \times 100\%$$

其中具体的内容可见脚注中列明的条款。

同时,RCEP 和 CPTPP 都规定了另外一种计算方式,即直接计算法或累加法,但是二者的计算公式略有不同,我们认为 RCEP 的规定更加合理,如下:

$$RVC = \frac{VOM + 直接人工成本 + 直接经营费用成本 + 利润 + 其他成本}{FOB} \times 100\%$$

其中具体的内容也可见脚注中列明的条款。

此外,CPTPP 还规定了其他计算 RVC 的方式,如价格法、净成本法,我们认为目前来说,RCEP 规定的两种计算方式是最适合我们构建的"一带一路"经贸规则的。

除了上述的几种计算公式,其余的内容也是围绕着计算公式展开的,我们对比的协定中对这些内容的规定大都相同,在此不再赘述,具体内容也可见脚注中列明的条款,我们也将它们直接纳入示范文本中。

6. 累积

"累积"条款在我们比对的自由贸易协定中均有单独列出,但是具体内容在详细程度上有一定的差别。《中国-柬埔寨自由贸易协定》、《中国-格鲁吉亚自由贸易协定》、《中国-韩国自由贸易协定》、《中国-新加坡自由贸易协定》、《中国-智利自由贸易协定》、《中国-巴基斯坦自由贸易协定》、《中国-东盟自贸协定（"10+1"）升级》和 RCEP 规定的"累积"条款比较简单，而我们与瑞士、哥斯达黎加、秘鲁签订的协定和 CPTPP 规定得相对更加详细具体。虽然在详细程度上有差别，但是实质性内容并没有差异，也是我们通常在原产地规则中所说的累计规则，在此也不再分析，具体内容可见脚注所列明的条款。[1]

7. 微小加工和处理

除 CPTPP 外，我们比对的所有协定中均有"微小加工和处理"条款，也是因为我国参与的所有自贸协定中均有该条款，所以将其归为共同性条款。

"微小加工和处理"条款的内容主要是以列举的方式规定，即对货物进行哪些操作属于微小加工或处理，同时这些操作不能视为获得原产资格的条件。具体的操作描述如下：第一，对货物进行的保护性操作；[2]第二，对货物进行拆解和组装；[3]第三，因为运输或者销售，对货物进行的一些包装

---

[1]《中国-柬埔寨自由贸易协定》第 3 章第 1 节第 6 条；《中国-格鲁吉亚自由贸易协定》第 3 章第 1 节第 5 条；《中国-韩国自由贸易协定》第 3 章第 1 节第 3.6 条；《中国-瑞士自由贸易协定》第 3 章第 1 节第 3.7 条；《中国-哥斯达黎加自由贸易协定》第 4 章第 1 节第 27 条；《中国-秘鲁自由贸易协定》第 3 章第 1 节第 28 条；《中国-新西兰自由贸易协定》第 4 章第 1 节第 23 条；《中国-新加坡自由贸易协定（升级）》附录 1 第 4 章第 5 条；《中国-智利自由贸易协定（升级）》第 2 章第 8 条；《中国-巴基斯坦自由贸易协定》第 4 章第 16 条；《中国-东盟自贸协定（"10+1"）升级》附件 1 第 6 条；RCEP 第 3 章第 1 节第 4 条；CPTPP 第 3 章 A 节第 3.10 条。

[2]《中国-柬埔寨自由贸易协定》第 3 章第 1 节第 7 条；《中国-格鲁吉亚自由贸易协定》第 3 章第 1 节第 6 条第 1 款第 1 项；《中国-韩国自由贸易协定》第 3 章第 1 节第 3.7 条第 1 款第 1 项；《中国-瑞士自由贸易协定》第 3 章第 1 节第 3.6 条第 1 款第 1 项；《中国-哥斯达黎加自由贸易协定》第 4 章第 1 节第 28 条；《中国-秘鲁自由贸易协定》第 3 章第 1 节第 27 条；《中国-新西兰自由贸易协定》第 4 章第 1 节第 24 条第 2 款第 1 项；《中国-新加坡自由贸易协定（升级）》附录 1 第 4 章第 8 条第 1 款第 1 项；《中国-智利自由贸易协定（升级）》第 2 章第 7 条第 1 款第 1 项；《中国-巴基斯坦自由贸易协定》第 4 章第 18 条；《中国-东盟自贸协定（"10+1"）升级》附件 1 第 7 条；RCEP 第 3 章第 1 节第 6 条。

[3]《中国-柬埔寨自由贸易协定》第 3 章第 1 节第 7 条；《中国-格鲁吉亚自由贸易协定》第 3 章第 1 节第 6 条第 1 款第 2 项；《中国-韩国自由贸易协定》第 3 章第 1 节第 3.7 条第 1 款第 2 项；《中国-瑞士自由贸易协定》第 3 章第 1 节第 3.6 条第 1 款第 15 项；《中国-哥斯达黎加自由贸易协定》第 4 章第 1 节第 28 条；《中国-秘鲁自由贸易协定》第 3 章第 1 节第 27 条；《中国-新西兰自由贸易协定》第 4 章第 1 节第 24 条第 2 款第 3 项；《中国-新加坡自由贸易协定（升级）》附录 1 第 4 章第 8 条第 1 款第 14 项；《中国-智利自由贸易协定（升级）》第 2 章第 7 条第 1 款第 3 项；《中国-巴基斯坦自由贸易协定》第 4 章第 18 条；RCEP 第 3 章第 1 节第 6 条。

或展示；[1]第四，对动物的屠宰（仅指杀死动物），[2]该操作在《中国-新西兰自由贸易协定》和《中国-东盟自贸协定（"10+1"）升级》中没有列出；第五，清洗货物等[3]，该操作只在《中国-格鲁吉亚自由贸易协定》、《中国-韩国自由贸易协定》、《中国-瑞士自由贸易协定》、《中国-新加坡自由贸易协定（升级）》、《中国-智利自由贸易协定（升级）》和《中国-巴基斯坦自由贸易协定》有单独列出；第六，对纺织品的熨烫或压平[4]，该操作也不是每个协定中都单独列出的，《中国-格鲁吉亚自由贸易协定》、《中国-韩国自由贸易协定》、《中国-瑞士自由贸易协定》、《中国-新加坡自由贸易协定（升级）》以及《中国-智利自由贸易协定（升级）》有该规定；第七，对货物进行简单的上漆以及磨光[5]，也是只有部分协定对此有纳入；第八，去壳等操

---

[1] 《中国-柬埔寨自由贸易协定》第3章第1节第7条；《中国-格鲁吉亚自由贸易协定》第3章第1节第6条第1款第3项；《中国-韩国自由贸易协定》第3章第1节第3.7条第1款第3项；《中国-瑞士自由贸易协定》第3章第1节第3.6条第1款第3项；《中国-哥斯达黎加自由贸易协定》第4章第1节第28条；《中国-秘鲁自由贸易协定》第3章第1节第27条；《中国-新西兰自由贸易协定》第4章第1节第24条第2款第4项；《中国-新加坡自由贸易协定（升级）》附录1第4章第8条第1款第2项；《中国-智利自由贸易协定（升级）》第2章第7条第1款第2项；《中国-巴基斯坦自由贸易协定》第4章第18条；《中国-东盟自贸协定（"10+1"）升级》附件1第7条；RCEP第3章第1节第6条。

[2] 《中国-柬埔寨自由贸易协定》第3章第1节第7条；《中国-格鲁吉亚自由贸易协定》第3章第1节第6条第1款第4项；《中国-韩国自由贸易协定》第3章第1节第3.7条第1款第18项；《中国-瑞士自由贸易协定》第3章第1节第3.6条第1款第16项；《中国-哥斯达黎加自由贸易协定》第4章第1节第28条；《中国-秘鲁自由贸易协定》第3章第1节第27条；《中国-新加坡自由贸易协定（升级）》附录1第4章第8条第1款第17项；《中国-智利自由贸易协定（升级）》第2章第7条第1款第17项；《中国-巴基斯坦自由贸易协定》第4章第18条；RCEP第3章第1节第6条。

[3] 《中国-格鲁吉亚自由贸易协定》第3章第1节第6条第1款第5项；《中国-韩国自由贸易协定》第3章第1节第3.7条第1款第4项；《中国-瑞士自由贸易协定》第3章第1节第3.6条第1款第4项；《中国-新加坡自由贸易协定（升级）》附录1第4章第8条第1款第3项；《中国-智利自由贸易协定（升级）》第2章第7条第1款第4项；《中国-巴基斯坦自由贸易协定》第4章第18条。

[4] 《中国-格鲁吉亚自由贸易协定》第3章第1节第6条第1款第6项；《中国-韩国自由贸易协定》第3章第1节第3.7条第1款第5项；《中国-瑞士自由贸易协定》第3章第1节第3.6条第1款第5项；《中国-新加坡自由贸易协定（升级）》附录1第4章第8条第1款第4项；《中国-智利自由贸易协定（升级）》第2章第7条第1款第5项。

[5] 《中国-柬埔寨自由贸易协定》第3章第1节第7条；《中国-格鲁吉亚自由贸易协定》第3章第1节第6条第1款第7项；《中国-韩国自由贸易协定》第3章第1节第3.7条第1款第6项；《中国-瑞士自由贸易协定》第3章第1节第3.6条第1款第6项；《中国-新加坡自由贸易协定（升级）》附录1第4章第8条第1款第5项；《中国-智利自由贸易协定（升级）》第2章第7条第1款第6项；RCEP第3章第1节第6条。

作，[1]但是《中国-新西兰自由贸易协定》将大米排除在外，其余协定是将大米包含在内，我们认为在纳入示范文本时，可以先不将大米排除在外，在实际运用过程中，还是要结合各个国家的具体情况；第九，上色等操作，主要是针对糖；[2]第十，削皮操作，主要是针对水果等；[3]第十一，切割等操作；[4]第十二，过滤等操作；[5]第十三，装瓶等操作；[6]第十四，做标记等操作；[7]

---

[1]《中国-格鲁吉亚自由贸易协定》第3章第1节第6条第1款第8项；《中国-韩国自由贸易协定》第3章第1节第3.7条第1款第7项；《中国-瑞士自由贸易协定》第3章第1节第3.6条第1款第7项；《中国-新西兰自由贸易协定》第4章第1节第24条第2款第8项；《中国-新加坡自由贸易协定（升级）》附录1第4章第8条第1款第6项；《中国-智利自由贸易协定（升级）》第2章第7条第1款第7项；RCEP第3章第1节第6条。

[2]《中国-格鲁吉亚自由贸易协定》第3章第1节第6条第1款第9项；《中国-韩国自由贸易协定》第3章第1节第3.7条第1款第8项；《中国-瑞士自由贸易协定》第3章第1节第3.6条第1款第8项；《中国-新西兰自由贸易协定》第4章第1节第24条第2款第9项；《中国-新加坡自由贸易协定（升级）》附录1第4章第8条第1款第7项；《中国-智利自由贸易协定（升级）》第2章第7条第1款第8项。

[3]《中国-格鲁吉亚自由贸易协定》第3章第1节第6条第1款第10项；《中国-韩国自由贸易协定》第3章第1节第3.7条第1款第9项；《中国-瑞士自由贸易协定》第3章第1节第3.6条第1款第9项；《中国-新加坡自由贸易协定（升级）》附录1第4章第8条第1款第8项；《中国-智利自由贸易协定（升级）》第2章第7条第1款第9项；RCEP第3章第1节第6条。

[4]《中国-格鲁吉亚自由贸易协定》第3章第1节第6条第1款第11项；《中国-韩国自由贸易协定》第3章第1节第3.7条第1款第10项；《中国-瑞士自由贸易协定》第3章第1节第3.6条第1款第10项；《中国-新加坡自由贸易协定（升级）》附录1第4章第8条第1款第9项；《中国-智利自由贸易协定（升级）》第2章第7条第1款第10项。

[5]《中国-柬埔寨自由贸易协定》第3章第1节第7条；《中国-格鲁吉亚自由贸易协定》第3章第1节第6条第1款第12项；《中国-韩国自由贸易协定》第3章第1节第3.7条第1款第11项；《中国-瑞士自由贸易协定》第3章第1节第3.6条第1款第11项；《中国-新西兰自由贸易协定》第4章第1节第24条第2款第2项；《中国-新加坡自由贸易协定（升级）》附录1第4章第8条第1款第10项；《中国-智利自由贸易协定（升级）》第2章第7条第1款第11项；RCEP第3章第1节第6条。

[6]《中国-格鲁吉亚自由贸易协定》第3章第1节第6条第1款第13项；《中国-韩国自由贸易协定》第3章第1节第3.7条第1款第12项；《中国-瑞士自由贸易协定》第3章第1节第3.6条第1款第12项；《中国-新西兰自由贸易协定》第4章第1节第24条第2款第5项；《中国-新加坡自由贸易协定（升级）》附录1第4章第8条第1款第11项；《中国-智利自由贸易协定（升级）》第2章第7条第1款第12项；《中国-巴基斯坦自由贸易协定》第4章第18条第1款第4项。

[7]《中国-柬埔寨自由贸易协定》第3章第1节第7条；《中国-格鲁吉亚自由贸易协定》第3章第1节第6条第1款第14项；《中国-韩国自由贸易协定》第3章第1节第3.7条第1款第13项；《中国-瑞士自由贸易协定》第3章第1节第3.6条第1款第13项；《中国-新西兰自由贸易协定》第4章第1节第24条第2款第6项；《中国-新加坡自由贸易协定（升级）》附录1第4章第8条第1款第12项；《中国-智利自由贸易协定（升级）》第2章第7条第1款第13项；《中国-巴基斯坦自由贸易协定》第4章第18条；RCEP第3章第1节第6条。

第十五,混合操作;[1]第十六,稀释操作,但需要满足不改变实质性质的条件;[2]第十七,以方便港口操作为唯一目的的工序;[3]第十八,干燥、加盐或盐渍、冷藏、冷冻;[4]第十九,上面描述的操作的任意组合。[5]

虽然以上 19 个列明的操作不是每一个都存在于所有协定中,但是我们认为每一个都可以纳入"一带一路"经贸规则,因为我们可以在具体制定规则时,根据缔约国的实际情况来对以上操作进行选择。

8. 微小含量

"微小含量"条款基本在每个协定中都有专门规定,除我们与巴基斯坦签订的协定。其主要内容:对于以税则归类改变为标准的货物,在一些特定情况下,虽然不符合要求,但仍可以被视为原产货物。该特定情况在不同的协定中的规定有所差异,差异主要集中在不同的协定会根据协调制度不同章的货物而规定不同的特定条件,例如《中国-韩国自由贸易协定》将条件根据协调制度第 15 章至第 24 章和第 50 章至第 63 章以外的货物、第 15 章至第 24 章的货物、第 50 章至第 63 章货物来划分;RCEP 对协调制度

---

[1] 《中国-柬埔寨自由贸易协定》第 3 章第 1 节第 7 条;《中国-格鲁吉亚自由贸易协定》第 3 章第 1 节第 6 条第 1 款第 15 项;《中国-韩国自由贸易协定》第 3 章第 1 节第 3.7 条第 1 款第 14 项;《中国-瑞士自由贸易协定》第 3 章第 1 节第 3.6 条第 1 款第 14 项;《中国-新加坡自由贸易协定(升级)》附录 1 第 4 章第 8 条第 1 款第 13 项;《中国-智利自由贸易协定(升级)》第 2 章第 7 条第 1 款第 14 项;《中国-巴基斯坦自由贸易协定》第 4 章第 18 条;RCEP 第 3 章第 1 节第 6 条。

[2] 《中国-柬埔寨自由贸易协定》第 3 章第 1 节第 7 条;《中国-格鲁吉亚自由贸易协定》第 3 章第 1 节第 6 条第 1 款第 16 项;《中国-韩国自由贸易协定》第 3 章第 1 节第 3.7 条第 1 款第 16 项;《中国-新西兰自由贸易协定》第 4 章第 1 节第 24 条第 2 款第 7 项;《中国-巴基斯坦自由贸易协定》第 4 章第 18 条第 1 款第 10 项;RCEP 第 3 章第 1 节第 6 条第 1 款第 5 项。

[3] 《中国-格鲁吉亚自由贸易协定》第 3 章第 1 节第 6 条第 1 款第 17 项;《中国-新加坡自由贸易协定(升级)》附录 1 第 4 章第 8 条第 1 款第 15 项;《中国-智利自由贸易协定(升级)》第 2 章第 7 条第 1 款第 15 项。

[4] 《中国-韩国自由贸易协定》第 3 章第 1 节第 3.7 条第 1 款第 17 项;《中国-瑞士自由贸易协定》第 3 章第 1 节第 3.6 条第 1 款第 2 项。

[5] 《中国-柬埔寨自由贸易协定》第 3 章第 1 节第 7 条;《中国-格鲁吉亚自由贸易协定》第 3 章第 1 节第 6 条第 1 款;《中国-韩国自由贸易协定》第 3 章第 1 节第 3.7 条第 1 款第 19 项;《中国-瑞士自由贸易协定》第 3 章第 1 节第 3.6 条第 1 款;《中国-哥斯达黎加自由贸易协定》第 4 章第 1 节第 28 条第 1 款;《中国-秘鲁自由贸易协定》第 3 章第 1 节第 27 条第 1 款;《中国-新西兰自由贸易协定》第 4 章第 1 节第 24 条第 2 款;《中国-新加坡自由贸易协定(升级)》附录 1 第 4 章第 8 条第 1 款第 16 项;《中国-智利自由贸易协定(升级)》第 2 章第 7 条第 1 款第 16 项;《中国-巴基斯坦自由贸易协定》第 4 章第 18 条;《中国-东盟自贸协定("10+1")升级》附件 1 第 7 条;RCEP 第 3 章第 1 节第 6 条。

第30章至第63章的货物单独列出。因此我们在示范文本中不能足够精确的规定"微小含量"条款。我们只能归纳出"微小含量"体现的一种核心内容，主要是指：按照区域价值成分规定所确定的，所有不满足税则归类改变要求的非原产材料的价值，不超过FOB价格的10%并且要满足本章所有的其他规定。[1]

9. 可互换货物或材料

除《中国-巴基斯坦自由贸易协定》，剩余协定对"可互换货物或材料"条款均有专门规定。其内容在各协定中都基本相同，主要是该特定货物符合原产的两种判断方法，具体方法可见脚注中的对应条款。[2]

10. 中性成分

"中性成分"条款在我们比对的自由贸易协定中均有单独列出，但是具体名称可能有所差异，例如，《中国-巴基斯坦自由贸易协定》、RCEP和CPTPP中对应的名称为"间接材料"，虽然名称不同，但条款的内容相同。

"中性成分"条款也是采取定义加列举式，将属于中性成分的货物依次列出，如果某货物属于其中任一，那么我们在确定货物的原产地位时将不予考虑。首先，"中性成分"是使用在其他货物的形成阶段，本身不属于该货物的成分之一。其次，它主要包括七种列举的内容，具体列举的成分可见对应脚

---

[1]《中国-柬埔寨自由贸易协定》第3章第1节第9条；《中国-格鲁吉亚自由贸易协定》第3章第1节第7条；《中国-韩国自由贸易协定》第3章第1节第3.8条；《中国-瑞士自由贸易协定》第3章第1节第3.5条；《中国-哥斯达黎加自由贸易协定》第4章第1节第29条；《中国-秘鲁自由贸易协定》第3章第1节第29条；《中国-新西兰自由贸易协定》第4章第1节第31条；《中国-新加坡自由贸易协定（升级）》附录1第4章第7条；《中国-智利自由贸易协定（升级）》第2章第9条；《中国-东盟自贸协定（"10+1"）升级》附件1第9条；RCEP第3章第1节第7条；CPTPP第3章A节第3.11条。

[2]《中国-柬埔寨自由贸易协定》第3章第1节第13条；《中国-格鲁吉亚自由贸易协定》第3章第1节第8条；《中国-韩国自由贸易协定》第3章第1节第3.9条；《中国-瑞士自由贸易协定》第3章第1节第3.11条；《中国-哥斯达黎加自由贸易协定》第4章第1节第30条；《中国-秘鲁自由贸易协定》第3章第1节第30条；《中国-新西兰自由贸易协定》第4章第1节第30条；《中国-新加坡自由贸易协定（升级）》附录1第4章第12条；《中国-智利自由贸易协定（升级）》第2章第13条；《中国-东盟自贸协定（"10+1"）升级》附件1第13条；RCEP第3章第1节第11条；CPTPP第3章A节第3.12条。

注，因为各协定的内容均一致，所以在此我们不再分析。[1]

11. 包装材料和容器

除《中国-瑞士自由贸易协定》，"包装材料和容器"条款在我们对比的协定中均有单独规定。《中国-瑞士自由贸易协定》虽然没有单独列出该条款，但是在其"标准单元"条款中有对应的内容。"包装材料和容器"条款内容主要是分为两类：第一种是以货物运输为目的。这种类型不能作为原产判断的成分[2]；第二种是以零售为目的。对于该类型有特殊规定：首先，如果该类型与货物本身是一起归类，那么在根据完全获得或完全生产标准、完全由原产材料生产标准、税则归类改变标准和特定制造或加工工序标准确定货物的原产地时，不考虑该种包装材料和容器[3]；其次，如果货物需要满足 RVC，那么这种类型可以作为原产判断的成分。[4]

---

[1] 《中国-柬埔寨自由贸易协定》第 3 章第 1 节第 12 条；《中国-格鲁吉亚自由贸易协定》第 3 章第 1 节第 9 条；《中国-韩国自由贸易协定》第 3 章第 1 节第 3.10 条；《中国-瑞士自由贸易协定》第 3 章第 1 节第 3.10 条；《中国-哥斯达黎加自由贸易协定》第 4 章第 1 节第 31 条；《中国-秘鲁自由贸易协定》第 3 章第 1 节第 35 条；《中国-新西兰自由贸易协定》第 4 章第 1 节第 29 条；《中国-新加坡自由贸易协定（升级）》附录 1 第 4 章第 13 条；《中国-智利自由贸易协定（升级）》第 2 章第 14 条；《中国-巴基斯坦自由贸易协定》第 4 章第 22 条；《中国-东盟自贸协定（"10+1"）升级》附件 1 第 12 条；RCEP 第 3 章第 1 节第 10 条；CPTPP 第 3 章 A 节第 3.16 条。

[2] 《中国-柬埔寨自由贸易协定》第 3 章第 1 节第 10 条第 1 款；《中国-格鲁吉亚自由贸易协定》第 3 章第 1 节第 10 条第 1 款；《中国-韩国自由贸易协定》第 3 章第 1 节第 3.12 条第 1 款；《中国-哥斯达黎加自由贸易协定》第 4 章第 1 节第 33 条第 1 款；《中国-秘鲁自由贸易协定》第 3 章第 1 节第 34 条；《中国-新西兰自由贸易协定》第 4 章第 1 节第 27 条；《中国-新加坡自由贸易协定（升级）》附录 1 第 4 章第 10 条；《中国-智利自由贸易协定（升级）》第 2 章第 13 条第 1 款；《中国-巴基斯坦自由贸易协定》第 4 章第 20 条；《中国-东盟自贸协定（"10+1"）升级》附件 1 第 10 条第 1 款；RCEP 第 3 章第 1 节第 8 条第 1 款；CPTPP 第 3 章 A 节第 3.15 条。

[3] 《中国-柬埔寨自由贸易协定》第 3 章第 1 节第 10 条第 2 款第 2 项；《中国-格鲁吉亚自由贸易协定》第 3 章第 1 节第 10 条第 2 款；《中国-韩国自由贸易协定》第 3 章第 1 节第 3.12 条第 2 款；《中国-哥斯达黎加自由贸易协定》第 4 章第 1 节第 33 条第 2 款；《中国-秘鲁自由贸易协定》第 3 章第 1 节第 33 条；《中国-新西兰自由贸易协定》第 4 章第 1 节第 27 条；《中国-新加坡自由贸易协定（升级）》附录 1 第 4 章第 10 条；《中国-智利自由贸易协定（升级）》第 2 章第 13 条第 2 款；《中国-巴基斯坦自由贸易协定》第 4 章第 20 条；《中国-东盟自贸协定（"10+1"）升级》附件 1 第 10 条第 2 款；RCEP 第 3 章第 1 节第 8 条第 2 款；CPTPP 第 3 章 A 节第 3.14 条第 1 款。

[4] 《中国-柬埔寨自由贸易协定》第 3 章第 1 节第 10 条第 2 款第 1 项；《中国-格鲁吉亚自由贸易协定》第 3 章第 1 节第 10 条第 3 款；《中国-韩国自由贸易协定》第 3 章第 1 节第 3.12 条第 2 款；《中国-哥斯达黎加自由贸易协定》第 4 章第 1 节第 33 条第 2 款；《中国-秘鲁自由贸易协定》第 3 章第 1 节第 33 条；《中国-新西兰自由贸易协定》第 4 章第 1 节第 27 条；《中国-新加坡自由贸易协定（升级）》附录 1 第 4 章第 10 条；《中国-智利自由贸易协定（升级）》第 2 章第 13 条第 2 款；《中国-

12. 附件、备件和工具

"附件、备件和工具"条款在我们比对的所有协定中均有单独规定，它们的内容大致相同，但其中 RCEP 和 CPTPP 规定得较为详细。该条款的内容主要包括三个方面：第一，在何种条件下，在确定货物的原产地时，这种类型可作为原产判断的成分。需要满足两个条件：一是与货物一起开具发票，二是它们的数量和价值是根据商业惯例正常匹配的；第二，满足第一的附件、备件及工具，如果货物要适用税则归类改变标准和特定制造或加工工序标准来判断原产地，那么不再考虑该附件、备件及工具；第三，满足第一的情况下，如果货物符合 RVC，那么在计算原产材料或非原产材料价值时应加上该类型的价值。[1]

13. 成套货品

"成套货品"条款并不是在每个协定中都有专门列出，例如，在我们与瑞士、新西兰、新加坡、巴基斯坦、东盟升级签订的协定以及 RCEP 中并没有对"成套货品"作出具体的规定。其余有规定的协定，除 CPTPP 外，规定基本一致，主要内容分为两点：第一，针对成套货品的原产地的判断。对于协调制度归类总规则三所定义的成套货品，如果成套货品中的所有组成产品均原产于一缔约方，则该成套货品应当视为原产于该缔约方；第二，针对前面第一点的例外情况。即非原产产品价值没有超过该类货物 FOB 价格的 15%。[2]

（接上页）巴基斯坦自由贸易协定》第 4 章第 20 条；《中国-东盟自贸协定（"10+1"）升级》附件 1 第 10 条第 2 款；RCEP 第 3 章第 1 节第 8 条第 3 款；CPTPP 第 3 章 A 节第 3.14 条第 2 款

[1]《中国-柬埔寨自由贸易协定》第 3 章第 1 节第 11 条；《中国-格鲁吉亚自由贸易协定》第 3 章第 1 节第 11 条；《中国-韩国自由贸易协定》第 3 章第 1 节第 3.13 条；《中国-瑞士自由贸易协定》第 3 章第 1 节第 3.9 条；《中国-哥斯达黎加自由贸易协定》第 4 章第 1 节第 34 条；《中国-秘鲁自由贸易协定》第 3 章第 1 节第 32 条；《中国-新西兰自由贸易协定》第 4 章第 1 节第 28 条；《中国-新加坡自由贸易协定（升级）》附录 1 第 4 章第 11 条；《中国-智利自由贸易协定（升级）》第 2 章第 11 条；《中国-巴基斯坦自由贸易协定》第 4 章第 21 条；《中国-东盟自贸协定（"10+1"）升级》附件 1 第 11 条；RCEP 第 3 章第 1 节第 9 条；CPTPP 第 3 章 A 节第 3.13 条。

[2]《中国-格鲁吉亚自由贸易协定》第 3 章第 1 节第 12 条；《中国-韩国自由贸易协定》第 3 章第 1 节第 3.11 条；《中国-哥斯达黎加自由贸易协定》第 4 章第 1 节第 32 条；《中国-秘鲁自由贸易协定》第 3 章第 1 节第 31 条；《中国-智利自由贸易协定（升级）》第 2 章第 10 条；CPTPP 第 3 章 A 节第 3.17 条。

第六章 货物贸易

14. 直接运输

"直接运输"条款在我们对比的协定中均有单独规定,同时直接运输规则在原产地规则中也是较为重要的规则之一。"直接运输"条款主要是要求货物一般情况下不能进行转运,必须直接运输至缔约方,但是如果满足一些例外条件,则可以允许转运。因此,各个协定主要是对例外条件作出各自的规定,通常情况下,例外条件一般包括:第一,货物在非缔约方转运时,必须一直在海关的监管之下;[1]第二,货物在非缔约方转运时,只能进行一些如装卸、重新包装、储存、或者一些使货物保持良好状态、或者是货物运到进口缔约方所必要的操作,不能在非缔约方进行加工等处理;[2]第三,货物在非缔约方转运时,不能进入其贸易区域;[3]第四,货物进行转运是因为地理原因或者只是因为运输需要;[4]第五,还有的协定规定在非缔约方可停留的最长时间。例如,《中国-韩国自由贸易协定》规定该时间不能超过自进入之日起的

---

[1]《中国-格鲁吉亚自由贸易协定》第3章第1节第13条第2款第3项;《中国-韩国自由贸易协定》第3章第1节第3.14条第2款第3项;《中国-瑞士自由贸易协定》第3章第1节第3.13条第2款第2项;《中国-智利自由贸易协定(升级)》第2章第15条第2款第1项;RCEP第3章第1节第15条第1款第2项;CPTPP第3章A节第3.18条第2款第2项。

[2]《中国-柬埔寨自由贸易协定》第3章第1节第8条第2款第2项;《中国-格鲁吉亚自由贸易协定》第3章第1节第13条第2款第2项;《中国-韩国自由贸易协定》第3章第1节第3.14条;第2款第3项《中国-新西兰自由贸易协定》第4章第1节第25条第1款第2项;《中国-瑞士自由贸易协定》第3章第1节第3.13条第2款第1项;《中国-哥斯达黎加自由贸易协定》第4章第1节第35条第2款第3项;《中国-秘鲁自由贸易协定》第3章第1节第36条第2款第2项;《中国-新加坡自由贸易协定(升级)》附录1第4章第9条第2款第2项;《中国-智利自由贸易协定(升级)》第2章第15条第2款第2项;《中国-巴基斯坦自由贸易协定》第4章第19条;《中国-东盟自贸协定("10+1")升级》附件1第8条第2款第2项;RCEP第3章第1节第15条第1款第2项;CPTPP第3章A节第3.18条第2款第1项。

[3]《中国-柬埔寨自由贸易协定》第3章第1节第8条第2款第2项;《中国-韩国自由贸易协定》第3章第1节第3.14条第2款第2项;《中国-新西兰自由贸易协定》第4章第1节第25条第1款第2项;《中国-哥斯达黎加自由贸易协定》第4章第1节第35条第2款第2项;《中国-秘鲁自由贸易协定》第3章第1节第36条第2款第2项;《中国-新加坡自由贸易协定(升级)》附录1第4章第9条第2款第2项;《中国-巴基斯坦自由贸易协定》第4章第19条;《中国-东盟自贸协定("10+1")升级》附件1第8条第1款第2项。

[4]《中国-柬埔寨自由贸易协定》第3章第1节第8条第2款第2项;《中国-格鲁吉亚自由贸易协定》第3章第1节第13条第2款第1项;《中国-韩国自由贸易协定》第3章第1节第3.14条第2款第1项;《中国-哥斯达黎加自由贸易协定》第4章第1节第35条第2款第1项;《中国-新加坡自由贸易协定(升级)》附录1第4章第9条第2款第2项;《中国-巴基斯坦自由贸易协定》第4章第19条。

3个月,若发生不可抗力原因超过3个月,最多停留时间也不能超过6个月。[1]《中国-智利自由贸易协定(升级)》规定货物在非缔约方临时储存的时间不能超过自进入之日起的12个月。[2]

我们认为,除了第五个例外条件,前面四个例外都可以纳入"一带一路"经贸规则,因为它们具有普遍适用的意义,而第五个则无法规定一个最为恰当的停留时间。

除此之外,转运还需要提交一些证明文件,如商业运输或者货运单据等海关可能要求的相关证明文件。

(二) 原产地相关实施程序规则

1. 原产地证明

目前,国际上自由贸易协定承认的原产地证明主要可以分为两大类:原产地证书和原产地声明。但是并非每一个优惠的贸易协定都将该两类原产地证明文件纳入自己的原产地证明体系,包括我们比对的相关协定也是如此。我们将依次分析。

(1) 原产地证书

原产地证书是每个协定中都承认的。但是每个协定要求的原产地证书的具体内容也存在一定的差别。在这部分,我们将直接对原产地证书的共同规则和特殊规则同时进行分析。

①原产地证书的申请主体

大多数协定均承认的原产地证书的申请主体是出口商或生产商,但是也有个别协定没有允许生产商提出原产地证书的申请,如《中国-瑞士自由贸易协定》和《中国-哥斯达黎加自由贸易协定》。同时,有些协定也允许出口商按照国内法授权的代理人进行原产地证书的申请,如《中国-韩国自由贸易协定》、《中国-瑞士自由贸易协定》和 RCEP。只有 CPTPP 规定进口商可以申请原产地证书。

由此我们可以看出目前被各个国家普遍接受的是出口商或生产商进行原产地证书的申请,因此我们认为目前我们可以接受的申请原产地证书的主体

---

[1]《中国-韩国自由贸易协定》第3章第1节第3.14条第2款第3项。
[2]《中国-智利自由贸易协定(升级)》第2章第15条第2款第3项。

为出口商或者生产商。

②原产地证书的签发主体

除 CPTPP，其余协定均明确由出口方的授权机构签发原产地证书，其中《中国-格鲁吉亚自由贸易协定》有明确规定[1]，因此我们可以将出口方的授权机构作为我们"一带一路"经贸规则中原产地证书的签发主体。

③原产地证书的内容

证书的具体内容有的分布在协定的附件中，也有的分布在协定的正文条款中，因此我们在此归纳出原产地证书必须要包含的内容。第一，证书编号。每个证书中的证书编号必须满足唯一且不重复；[2]第二，采用书面形式[3]，包括电子格式；第三，英文填制原产地证书；[4]第四，含有出口缔约方签证机

---

[1]《中国-格鲁吉亚自由贸易协定》第 3 章第 2 节第 14 条第 1 款。

[2]《中国-柬埔寨自由贸易协定》第 3 章第 2 节规则 8；《中国-格鲁吉亚自由贸易协定》第 3 章第 2 节第 14 条第 2 款第 1 项；《中国-韩国自由贸易协定》第 3 章第 2 节第 3.15 条第 2 款第 1 项；《中国-瑞士自由贸易协定》第 3 章第 2 节第 3.15 条；《中国-哥斯达黎加自由贸易协定》第 4 章第 2 节第 37 条第 1 款第 1 项；《中国-秘鲁自由贸易协定》第 3 章第 2 节第 38 条；《中国-新西兰自由贸易协定》第 4 章第 2 节第 36 条第 1 款第 1 项；《中国-新加坡自由贸易协定（升级）》附录 1 第 4 章第 15 条；《中国-智利自由贸易协定（升级）》第 2 章第 16 条；《中国-巴基斯坦自由贸易协定》第 4 章第 23 条；《中国-东盟自贸协定（"10+1"）升级》附录 A 规则 8；RCEP 第 3 章第 2 节第 17 条第 3 款第 1 项。

[3]《中国-柬埔寨自由贸易协定》第 3 章第 2 节规则 8；《中国-格鲁吉亚自由贸易协定》第 3 章第 2 节第 14 条；《中国-韩国自由贸易协定》第 3 章第 2 节第 3.15 条第 2 款第 5 项；《中国-瑞士自由贸易协定》第 3 章第 2 节第 3.15 条；《中国-哥斯达黎加自由贸易协定》第 4 章第 2 节第 37 条；《中国-秘鲁自由贸易协定》第 3 章第 2 节第 38 条第 1 款；《中国-新西兰自由贸易协定》第 4 章第 2 节第 36 条；《中国-新加坡自由贸易协定（升级）》附录 1 第 4 章第 15 条；《中国-智利自由贸易协定（升级）》第 2 章第 16 条第 1 款；《中国-巴基斯坦自由贸易协定》第 4 章第 23 条；《中国-东盟自贸协定（"10+1"）升级》附录 A 规则 8；RCEP 第 3 章第 2 节第 17 条第 2 款；CPTPP 第 3 章 B 节第 3.20 条第 3 款第 2 项。

[4]《中国-柬埔寨自由贸易协定》第 3 章第 2 节规则 8；《中国-格鲁吉亚自由贸易协定》第 3 章第 2 节第 14 条第 2 款第 5 项；《中国-韩国自由贸易协定》第 3 章第 2 节第 3.15 条第 2 款第 4 项；《中国-瑞士自由贸易协定》第 3 章第 2 节第 3.15 条第 2 款第 4 项；《中国-哥斯达黎加自由贸易协定》第 4 章第 2 节第 37 条第 1 款第 5 项；《中国-秘鲁自由贸易协定》第 3 章第 2 节第 38 条第 3 款；《中国-新西兰自由贸易协定》第 4 章第 2 节第 36 条第 1 款第 5 项；《中国-新加坡自由贸易协定（升级）》附录 1 第 4 章第 15 条第 4 款；《中国-智利自由贸易协定（升级）》第 2 章第 16 条第 5 款；《中国-巴基斯坦自由贸易协定》第 4 章第 23 条；《中国-东盟自贸协定（"10+1"）升级》附录 A 规则 8；RCEP 第 3 章第 2 节第 17 条第 3 款第 3 项；CPTPP 第 3 章 B 节第 3.20 条第 6 款。

构的签名和公章[1]。

④原产地证书的时间

原产地证书的时间主要包括两个,第一个是它的签发时间,第二个是它的有效期。首先,对于原产地证书的签发时间。各个协定规定的大致相同,大多数协定规定原产地证书在货物装运前或装运时签发[2],但是也有协定规定装运后也可以签发。例如,《中国-新加坡自由贸易协定(升级)》规定装运后3天内签发原产地证书;[3]《中国-韩国自由贸易协定》规定的期限更长,包括装运后7个工作日内签发。[4]我们选择将货物装运前或装运时作为原产地证书签发的时间,因为它的适用性更加普遍。其次,对于原产地证书的有效期。各个协定没有差异,均将原产地证书的有效期设定为自签发之日起1年[5],因此我们不过多分析关于有效期的规定。

⑤原产地证书的补发

原产地证书的补发与原产地证书的签发时间有联系,如果证书在规定的签发时间内没有被签发,那么可以对证书进行补发,但是需要满足条件。具

---

[1] 《中国-柬埔寨自由贸易协定》第3章第2节规则8;《中国-格鲁吉亚自由贸易协定》第3章第2节第14条第2款第4项;《中国-韩国自由贸易协定》第3章第2节第3.15条第2款第3项;《中国-瑞士自由贸易协定》第3章第2节第3.15条第4款;《中国-哥斯达黎加自由贸易协定》第4章第2节第37条第1款第4项;《中国-秘鲁自由贸易协定》第3章第2节第38条;《中国-新西兰自由贸易协定》第4章第2节第36条第1款第4项;《中国-新加坡自由贸易协定(升级)》附录1第4章第15条第2款;《中国-智利自由贸易协定(升级)》第2章第16条第4款;《中国-巴基斯坦自由贸易协定》第4章第23条;《中国-东盟自贸协定("10+1")升级》附录A规则8;RCEP第3章第2节第17条第3款第4项。

[2] 《中国-格鲁吉亚自由贸易协定》第3章第2节第14条第3款;《中国-韩国自由贸易协定》第3章第2节第3.15条第3款;《中国-瑞士自由贸易协定》第3章第2节第3.15条第2款;《中国-哥斯达黎加自由贸易协定》第4章第2节第37条第3款;《中国-秘鲁自由贸易协定》第3章第2节第38条第2款;《中国-新加坡自由贸易协定(升级)》附录1第4章第15条第3款;《中国-智利自由贸易协定(升级)》第2章第16条第3款;RCEP第3章第2节第17条第8款。

[3] 《中国-新加坡自由贸易协定(升级)》附录1第4章第15条第5款。

[4] 《中国-韩国自由贸易协定》第3章第2节第3.15条第3款。

[5] 《中国-格鲁吉亚自由贸易协定》第3章第2节第14条第3款;《中国-韩国自由贸易协定》第3章第2节第3.15条第3款;《中国-瑞士自由贸易协定》第3章第2节第3.15条第4款;《中国-哥斯达黎加自由贸易协定》第4章第2节第37条第2款;《中国-秘鲁自由贸易协定》第3章第2节第38条第5款;《中国-新西兰自由贸易协定》第4章第2节第36条第2款;《中国-新加坡自由贸易协定(升级)》附录1第4章第15条第4款;《中国-智利自由贸易协定(升级)》第2章第16条第6款;RCEP第3章第2节第17条;CPTPP第3章B节第3.20条第5款。

体的条件包括：第一，是由于合理原因导致证书未能在规定的时间被签发，如不可抗力、非故意的错误等；第二，需要在货物装船之日起 1 年内补发；第三，补发需要注明"补发"字样；第四，补发证书的有效期也是与原证书的有效期一样。[1]

⑥原产地证书副本

副本的出现是由于原产地证书被盗、遗失或毁损，如果此种情况发生，申请人可以基于初始的申请材料向签证机构申请签发经认证的真实副本。同时也需要符合一定的条件，包括：副本需要载明与正本一样的证书编号、日期和"经认证的真实副本"字样。[2]

⑦原产地证书的修改

针对原产地证书的修改，《中国-新西兰自由贸易协定》和《中国-智利自由贸易协定（升级）》有单独的条款规定相关内容，其他协定虽然没有单独列出一条款规定，但是在其他条款中也有体现。原产地证书的修改主要是指原产地证书中存在一些不正确的信息时，签证机构可以采用何种方式修改。主要包括两种方式：第一种，重新签发新的证书，同时需要作废之前不正确的证书；[3]第二种，在有错误的证书上直接对之前错误的内容进行修改，但是需要载有签证机构的签名和盖章。[4]

（2）原产地声明

原产地声明目前还没有被每个协定都认可，但是原产地声明作为原产地证明的一种证明文件，随着原产地规则在自由贸易协定中的重要性越来越明

---

[1] 《中国-柬埔寨自由贸易协定》第 3 章第 2 节规则 11；《中国-格鲁吉亚自由贸易协定》第 3 章第 2 节第 14 条第 5 款；《中国-秘鲁自由贸易协定》第 3 章第 2 节第 38 条第 6 款第 2 项；《中国-智利自由贸易协定（升级）》第 2 章第 16 条第 8 款；《中国-东盟自贸协定（"10+1"）升级》附录 A 规则 11；RCEP 第 3 章第 2 节第 17 条第 9 款。

[2] 《中国-柬埔寨自由贸易协定》第 3 章第 2 节规则 12；《中国-格鲁吉亚自由贸易协定》第 3 章第 2 节第 14 条第 6 款；《中国-韩国自由贸易协定》第 3 章第 2 节第 3.15 条第 5 款；《中国-瑞士自由贸易协定》第 3 章第 2 节第 3.15 条第 5 款；《中国-哥斯达黎加自由贸易协定》第 4 章第 2 节第 37 条第 5 款；《中国-秘鲁自由贸易协定》第 3 章第 2 节第 38 条第 6 款；《中国-新西兰自由贸易协定》第 4 章第 2 节第 36 条第 4 款；《中国-新加坡自由贸易协定（升级）》附录 1 第 4 章第 15 条第 6 款；《中国-智利自由贸易协定（升级）》第 2 章第 16 条第 8 款；《中国-东盟自贸协定（"10+1"）升级》附录 A 规则 10；RCEP 第 3 章第 2 节第 17 条第 9 款。

[3] RCEP 第 3 章第 2 节第 17 条第 5 款第 1 项。

[4] 《中国-新西兰自由贸易协定》第 4 章第 2 节第 36 条第 4 款；RCEP 第 3 章第 2 节第 17 条第 5 款第 2 项。

显,原产地声明相较于原产地证书效率高、成本低等优点也变得日益重要。[1]因此,我们将原产地声明纳入"一带一路"经贸规则顺应自由贸易协定的发展趋势。

在我们比对的协定中,《中国-格鲁吉亚自由贸易协定》、《中国-瑞士自由贸易协定》、《中国-新西兰自由贸易协定》、《中国-哥斯达黎加自由贸易协定》、RCEP 和 CPTPP 允许贸易商提交除原产地证明文件外其他证明原产地的文件,其中我们与瑞士、新西兰签订的协定以及 RCEP 明确规定了原产地声明的地位条款。同样,与原产地证书一样,虽然这些协定中有规定原产地声明的条款,但是各个协定对于原产地声明的具体规则内容又不大相同。只有《中国-瑞士自由贸易协定》、《中国-新西兰自由贸易协定》和 RCEP 明确规定了原产地声明的条款,因此下面我们将主要对这三个协定中的原产地声明进行比较。在此,我们也将对原产地声明的共同规则和特殊规则一起进行分析。

①原产地声明的签发主体

我们和瑞士签订的协定中认可的签发主体是经核准的出口商,[2]我们和新西兰签订的协定中认定的主体范围更大,包括货物的制造商、生产商、供应商、出口商或其他具有资格的人,[3]RCEP 认可的主体是经核准的出口商、符合规定的出口商或生产商以及进口商,其中针对进口商签发的原产地声明,RCEP 规定自协定生效之日起,日本可以将其视为原产地证明,其他缔约方将在协定生效后进行审议考虑。[4]

通过比较,我们不难发现三个协定中都认可经核准的出口商签发的原产地声明,因此该签发主体可以纳入我们的"一带一路"经贸规则,但是其他的签发主体,不论是符合规定的出口商或生产商还是进口商,我们认为 RCEP 的规定虽然最具有创新性,但是目前对于"一带一路"国家来说还不能完全接受,因此我们不纳入示范文本,包括从 RCEP 的规定也可以发现,它目前来说还没有被完全适用,接受程度还不够普遍。

②原产地声明的有效期

我们和瑞士、新西兰签订的协定以及 RCEP 均规定其有效期是 1 年,但

---

[1] 参见吴方:"区域自由贸易协定原产地声明规则比较研究",山东大学 2018 年硕士学位论文。
[2] 《中国-瑞士自由贸易协定》第 3 章第 2 节第 3.16 条。
[3] 《中国-新西兰自由贸易协定》第 4 章第 2 节第 33 条。
[4] RCEP 第 3 章第 2 节第 16 条、第 18 条。

是它们三者规定的起始点略有不同,我们和瑞士签订的协定中原产地声明有效期的起点是在发票开具的当天,或者是其他商业单证开具的当天,但需要进口方海关承认有效,[1]我们和新西兰签订的协定以及RCEP规定的起点均为声明签发的当天,[2]我们认为将有效期定为1年不存在争议,关键是起点的统一,目前来说,以原产地声明签发或出具之日起计算最为合适,因此,我们以RCEP规定的有限期起点为统一标准。

③原产地声明的出具形式

《中国-瑞士自由贸易协定》、《中国-新西兰自由贸易协定》和RCEP均规定了出具形式不同的原产地声明模版。我们和瑞士签订的协定中要求合法主体以附件的模版签发声明文件,同时出口商的注册号码和声明序列号也要在声明文件中有所体现;[3]我们和新西兰签订的协定中要求进口报关单上写明申报的所有货物,并且经过双方一致同意才可以修改模版的内容;[4]RCEP要求原产地声明的签发主体按照其附件的规定以英文填写,并且声明中要有签发主体的姓名、签名以及签发声明的日期。[5]

我们认为对于该内容,《中国-新西兰自由贸易协定》的规定最为合适,双方可以共同决定对原产地声明中需要的内容进行修改或改变,因此我们选择将其纳入示范文本。

④原产地声明的适用条件

我们与新西兰签订的协定中详细规定了原产地声明应当代替原产地证书被接受的情况,[6]而我们和瑞士签订的协定以及RCEP没有对原产地声明的适用进行条件限制。因为如前文所提到的,原产地声明的地位在原产地证明体系中已经越来越被提升和重视,增加条件限制将不利于它的作用发挥到最大,因此我们不将适用条件纳入原产地声明的示范文本。

2. 原产地文件的保存

除《中国-巴基斯坦自由贸易协定》外,其余协定均对"原产地文件的

---

[1] 《中国-瑞士自由贸易协定》第3章第2节第3.16条第3款。
[2] 《中国-新西兰自由贸易协定》第4章第2节第37条第3款;RCEP第3章第2节第16条第6款。
[3] 《中国-瑞士自由贸易协定》第3章第2节第3.16条第4款。
[4] 《中国-新西兰自由贸易协定》第4章第2节第37条第3款、第4款。
[5] RCEP第3章第2节第18条第2款。
[6] 参见吴方:"区域自由贸易协定原产地声明规则比较研究",山东大学2018年硕士学位论文。

保存"有单独条款规定。其内容可以分为文件的保存主体、保存期限、保存对象以及保存形式：

第一，保存主体。主体分为商界和授权机构，商界是指生产商、出口商和进口商，授权机构是我们前文提到过的签发原产地证书的机构，它们均有对原产地文件进行保存的义务。

第二，保存期限。除 CPTPP 外，其余协定均规定保存主体要对相应文件保存至少 3 年的时间，[1] CPTPP 规定的期限为 5 年。[2] 由此我们可以看出，CPTPP 对于文件保存的要求更高，它要求法定主体在更长的时间内履行保存文件的义务。我们认为选择将大多数协定均认可的 3 年期限纳入示范文本更加合适，更具有普遍适用的意义。此外，对于 3 年期限的起点计算，各个协定的规定不大相同，主要分为两种，一是自原产地证明文件签发之日起算，二是自货物进口之日起算。我们认为，对此而言，RCEP 规定得最为合理，其按照保存文件的主体不同来划分，对于出口商、生产商以及签证机构来说，要求它们自证明文件签发之日起至少保存相关文件 3 年；对于进口商来说，要求其自货物进口之日起至少保存相关文件 3 年。[3]

第三，保存对象。保存对象主要是指保存主体需要对哪些原产地文件进行保存。各个协定的规定没有太大差异，主要是指能够充分证明货物原产资格的所有必要记录均需要进行保存。[4]

第四，保存形式。对于保存形式而言，不是每个协定均规定的内容，主

---

[1]《中国-柬埔寨自由贸易协定》第 3 章第 2 节规则 18；《中国-格鲁吉亚自由贸易协定》第 3 章第 2 节第 15 条；《中国-韩国自由贸易协定》第 3 章第 2 节第 3.20 条；《中国-瑞士自由贸易协定》第 3 章第 2 节第 3.17 条；《中国-哥斯达黎加自由贸易协定》第 4 章第 2 节第 40 条；《中国-秘鲁自由贸易协定》第 3 章第 2 节第 44 条；《中国-新西兰自由贸易协定》第 4 章第 2 节第 39 条；《中国-新加坡自由贸易协定（升级）》附录 1 第 4 章第 19 条；《中国-智利自由贸易协定（升级）》第 2 章第 22 条；《中国-东盟自贸协定（"10+1"）升级》附录 A 规则 19；RCEP 第 3 章第 2 节第 27 条。

[2] CPTPP 第 3 章 B 节第 3.26 条。

[3] RCEP 第 3 章第 2 节第 27 条第 1 款。

[4]《中国-柬埔寨自由贸易协定》第 3 章第 2 节规则 18；《中国-格鲁吉亚自由贸易协定》第 3 章第 2 节第 15 条；《中国-韩国自由贸易协定》第 3 章第 2 节第 3.20 条；《中国-瑞士自由贸易协定》第 3 章第 2 节第 3.17 条；《中国-哥斯达黎加自由贸易协定》第 4 章第 2 节第 40 条；《中国-秘鲁自由贸易协定》第 3 章第 2 节第 44 条；《中国-新西兰自由贸易协定》第 4 章第 2 节第 39 条；《中国-新加坡自由贸易协定（升级）》附录 1 第 4 章第 19 条；《中国-智利自由贸易协定（升级）》第 2 章第 22 条；《中国-东盟自贸协定（"10+1"）升级》附录 A 规则 19；RCEP 第 3 章第 2 节第 27 条；CPTPP 第 3 章 B 节第 3.26 条。

要集中在《中国-韩国自由贸易协定》、《中国-新加坡自由贸易协定（升级）》、《中国-智利自由贸易协定（升级）》、RCEP和CPTPP中。它们规定对于文件的保存可以存储在易于检索的任何介质中，包括电子、光学、数字、磁性或者书面形式。[1]我们认为，虽然保存形式不是在每个协定均存在的，但是它可以纳入我们"一带一路"经贸规则，因为保存形式的范围很广，将更有利于相关原产地文件的保存。

3. 与进口相关的责任

除《中国-巴基斯坦自由贸易协定》外，"与进口相关的责任"条款在我们比对的协定中均有条款规定，但可能具体的名称有所不同，如在《中国-韩国自由贸易协定》中对应的名称为"申明享受优惠关税待遇"。虽然《中国-柬埔寨自由贸易协定》和《中国-东盟自贸协定（"10+1"）升级》没有单独规定，但在其他条款中有所体现。虽然名称不大相同，但条款项下的内容属于同一类别。

该条款主要是指进口商申请享受优惠关税待遇需要满足的条件，主要包括三个条件：第一，在报关单上注明进口货物属于原产货物；第二，在填写报关单时，要持有有效的原产地证书；第三，根据进口缔约方的要求，需要提交原产地证明文件或者其他缔约方要求的文件。[2]

4. 进口关税或保证金退还

"进口关税或保证金退还"条款并非在每个我们比对的协定中均有单独规定，例如，我们和瑞士以及巴基斯坦签订的协定对此没有规定，我们和韩国签订的协定中相关规定在"货物进口后享受优惠关税待遇的处理"中有所体现，《中国-东盟自贸协定（"10+1"）升级》的相关规定在"提交"中有所

---

[1]《中国-韩国自由贸易协定》第3章第2节第3.20条第4款；《中国-新加坡自由贸易协定（升级）》附录1第4章第19条第3款；《中国-智利自由贸易协定（升级）》第2章第22条第3款；RCEP第3章第2节第27条第2款；CPTPP第3章B节第3.26条第3款。

[2]《中国-柬埔寨自由贸易协定》第3章第2节规则13；《中国-格鲁吉亚自由贸易协定》第3章第2节第16条；《中国-韩国自由贸易协定》第3章第2节第3.17条；《中国-瑞士自由贸易协定》第3章第2节第3.18条；《中国-哥斯达黎加自由贸易协定》第4章第2节第41条；《中国-秘鲁自由贸易协定》第3章第2节第41条；《中国-新西兰自由贸易协定》第4章第2节第34条；《中国-新加坡自由贸易协定（升级）》附录1第4章第16条；《中国-智利自由贸易协定（升级）》第2章第17条；《中国-东盟自贸协定（"10+1"）升级》附录A规则14；RCEP第3章第2节第22条；CPTPP第3章B节第3.24条。

体现，CPTPP 的相关规定在"原产地核查"中有所体现。其主要内容是进口商要求退还关税或保证金需要满足的条件。首先，进口商要在缴税之日起 1 年内或交纳保证金之日起的 3 个月内或者是进口方法律规定的更长期限内提交申请；其次，进口商要提交证实货物在进口时具有原产地位的有效证明；以及进口商需要提交的其他文件。[1]

除此之外，《中国-哥斯达黎加自由贸易协定》和《中国-秘鲁自由贸易协定》还单独规定何种情况下已缴税款或保证金不予退还。具体内容可以详见注释中对应的条款，[2]对于该条款而言，我们选择将其纳入示范文本，因为它没有违背我们所列明的满足条件。

5. 免予提交原产地证据文件

除我们与新西兰以及巴基斯坦签订的协定外，其余协定均有相应条款的规定，其中《中国-东盟自贸协定（"10+1"）升级》的对应内容体现在"提交"条款中，RCEP 的对应内容体现在"申请享受优惠关税待遇"条款中。"免予提交原产地证据文件"条款的内容没有太大的差异，主要内容是规定免予提交原产地证据文件的情形，具体包括：

第一，进口货物的完税价格不超过特定金额。[3]对于该数值，各个协定的规定并不相同。我们与格鲁吉亚、瑞士、哥斯达黎加、秘鲁、新加坡签订的协定规定的是 600 美元；《中国-韩国自由贸易协定》规定的是 700 美元；《中国-智利自由贸易协定（升级）》和 CPTPP 规定的是 1000 美元；与柬埔寨、东

---

[1] 《中国-柬埔寨自由贸易协定》第 3 章第 2 节规则 16；《中国-格鲁吉亚自由贸易协定》第 3 章第 2 节第 17 条；《中国-韩国自由贸易协定》第 3 章第 2 节第 3.18 条；《中国-哥斯达黎加自由贸易协定》第 4 章第 2 节第 42 条；《中国-秘鲁自由贸易协定》第 3 章第 2 节第 42 条；《中国-新西兰自由贸易协定》第 4 章第 2 节第 35 条；《中国-新加坡自由贸易协定（升级）》附录 1 第 4 章第 16 条；《中国-智利自由贸易协定（升级）》第 2 章第 18 条；《中国-东盟自贸协定（"10+1"）升级》附录 A 规则 17；RCEP 第 3 章第 2 节第 23 条；CPTPP 第 3 章 B 节第 3.27 条。

[2] 《中国-哥斯达黎加自由贸易协定》第 4 章第 2 节第 42 条第 2 款；《中国-秘鲁自由贸易协定》第 3 章第 2 节第 42 条第 2 款。

[3] 《中国-柬埔寨自由贸易协定》第 3 章第 2 节规则 15；《中国-格鲁吉亚自由贸易协定》第 3 章第 2 节第 18 条第 1 款；《中国-韩国自由贸易协定》第 3 章第 2 节第 3.19 条第 1 款；《中国-瑞士自由贸易协定》第 3 章第 2 节第 3.19 条第 1 款；《中国-哥斯达黎加自由贸易协定》第 4 章第 2 节第 43 条第 1 款；《中国-秘鲁自由贸易协定》第 3 章第 2 节第 39 条第 1 款；《中国-新加坡自由贸易协定（升级）》附录 1 第 4 章第 18 条；《中国-智利自由贸易协定（升级）》第 2 章第 19 条第 1 款；《中国-东盟自贸协定（"10+1"）升级》附录 A 规则 16；RCEP 第 3 章第 2 节第 22 条第 3 款；CPTPP 第 3 章 B 节第 3.23 条。

盟升级签订的协定以及 RCEP 规定的是 200 美元。我们认为选择 600 美元纳入"一带一路"经贸规则中最为合适，因为它处于适中金额，没有 1000 美元如此之高，也没有 200 美元如此之低，而且也是大多数协定均认可的一个数值。

第二，进口缔约方规定的其他原产产品。该情形主要是补充兜底的作用，不需要过多分析。[1]

第三，该条款的排除适用。主要是指如果进口方海关确定该进口构成一系列进口的一部分，那么免予提交原产地证据文件将不能适用于此种情况，因为该进口可能被合理地认为是未来规避提交原产地证据文件而进行或安排的。[2]

6. 原产地核查

"原产地核查"是原产地相关条款中十分重要的一部分，该条款也是除《中国-巴基斯坦自由贸易协定》外其他协定中均存在的内容。同时每个协定规定的"原产地核查"的条款内容都比较详细，我们经过分析认为 RCEP 的规定相对合理，因此下面的内容我们将主要针对 RCEP 进行分析，但是对于其他协定中不同的规定也会有所涉及。此条款内容可以根据时间顺序来划分，包括核查前、核查中、核查后。

首先，针对核查前。主要分为两个部分，第一是指进口缔约方主管部门开展核查程序前，需要提出书面要求。具体要和下面提到的核查方式相对应。例如，如果进口缔约方请求出口缔约方提供补充信息，那么需要进口缔约方提出书面请求，并随附原产地证明副本且说明核查原因。[3] 如果

---

[1]《中国-格鲁吉亚自由贸易协定》第 3 章第 2 节第 18 条；《中国-韩国自由贸易协定》第 3 章第 2 节第 3.19 条；《中国-瑞士自由贸易协定》第 3 章第 2 节第 3.19 条；《中国-哥斯达黎加自由贸易协定》第 4 章第 2 节第 43 条；《中国-秘鲁自由贸易协定》第 3 章第 2 节第 39 条；《中国-新加坡自由贸易协定（升级）》附录 1 第 4 章第 18 条；《中国-智利自由贸易协定（升级）》第 2 章第 19 条；《中国-东盟自贸协定（"10+1"）升级》附录 A 规则 16；RCEP 第 3 章第 2 节第 22 条；CPTPP 第 3 章 B 节第 3.23 条。

[2]《中国-柬埔寨自由贸易协定》第 3 章第 2 节规则 15；《中国-格鲁吉亚自由贸易协定》第 3 章第 2 节第 18 条第 2 款；《中国-韩国自由贸易协定》第 3 章第 2 节第 3.19 条第 2 款；《中国-瑞士自由贸易协定》第 3 章第 2 节第 3.19 条第 2 款；《中国-哥斯达黎加自由贸易协定》第 4 章第 2 节第 43 条第 2 款；《中国-秘鲁自由贸易协定》第 3 章第 2 节第 39 条第 3 款；《中国-新加坡自由贸易协定（升级）》附录 1 第 4 章第 18 条；《中国-智利自由贸易协定（升级）》第 2 章第 19 条第 2 款；《中国-东盟自贸协定（"10+1"）升级》附录 A 规则 16；RCEP 第 3 章第 2 节第 22 条第 3 款第 2 项；CPTPP 第 3 章 B 节第 3.23 条。

[3] RCEP 第 3 章第 2 节第 24 条第 2 款第 1 项、第 2 项。

进口缔约方要进行现场的实地核查,那么需要提交特定的书面请求。[1]第二是指在进口缔约方主管部门提出书面要求后,各主体应在规定时间内作出答复。具体也要和下面提到的核查方式相对应。例如,如果进口商、出口商或者生产商,或者出口缔约方收到进口缔约方的书面要求后,至少要在30日内,但特殊情况下最长不超过90日进行回复;[2]如果出口商或者生产商在收到实地核查的书面请求,应在收到请求之日起30日内决定同意或拒绝该请求。[3]

其次,针对核查中。主要是指进口缔约方主管部门在开展核查程序过程中,可以通过何种方式进行核查。具体包括五种:第一,要求进口方补充信息;第二,要求贸易商补充信息;第三,要求出口缔约方的特定部门提供信息;第四,对经营场所进行实地核查。但是该种核查需要在完成前面第三种核查程序后才能展开;第五,其他。[4]另外,在核查过程中,进口缔约方可以先不给予优惠的关税。[5]

最后,针对核查后。主要是指进口缔约方主管部门在开展核查程序结束后,应当在规定时间内书面提供核查结果并说明理由。[6]各个协定规定的时间有所不同,例如RCEP规定进口缔约方要在收到必要信息之日起90日内但不超过180日内作出核查决定。[7]我们与柬埔寨以及东盟升级签订的协定规定整个核查程序最多270天。[8]

7. 拒绝给予优惠关税待遇

除《中国-巴基斯坦自由贸易协定》外,"拒绝给予优惠关税待遇"条款在其余协定中均有体现,虽然《中国-新加坡自由贸易协定(升级)》和《中国-东盟自贸协定("10+1")升级》没有专门以一单独条款规定,但体现在其他条款中。其内容主要是进口缔约方在何种情况下可以拒绝给予优惠

---

[1] RCEP第3章第2节第24条第2款第3项。
[2] RCEP第3章第2节第24条第4款第1项。
[3] RCEP第3章第2节第24条第4款第4项。
[4] RCEP第3章第2节第24条第1款。
[5] RCEP第3章第2节第24条第6款。
[6] RCEP第3章第2节第24条第5款。
[7] RCEP第3章第2节第24条第4款第3项。
[8] 《中国-柬埔寨自由贸易协定》第3章第2节规则17;《中国-东盟自贸协定("10+1")升级》附录A规则18。

关税待遇，各个协定规定的情况略有不同，但共同的情况包括：第一，货物不符合原产地对应章节的规定；第二，进口商、出口商或者生产商没有遵守原产地对应章节的规定；第三，原产地证据文件不符合原产地对应章节的规定；第四，进出口商、生产商或授权机构没有遵守原产地核查的相关规定。[1]此外，有些协定还规定了一些比较细节的情况，例如，在《中国-哥斯达黎加自由贸易协定》中规定如果出现原产地证书中所写明的货物的名称或数量等与实际所报验货物不符合的情况时，进口方可以拒绝给予优惠关税待遇。[2]其实这种规定和我们所说的四种共同情况是相符合的，因此它其实不算真正意义上的特殊性规定。RCEP规定进口缔约方提出核查访问的请求如果被拒绝，进口缔约方也可以拒绝给予优惠关税待遇。[3]对于该规定其实也是与共同情况中的第四种情况相吻合，不属于特殊性规定。以及《中国-哥斯达黎加自由贸易协定》规定如果货物不符合直接运输规则的要求，进口方可以拒绝给予优惠关税待遇。[4]其实它也与我们归纳的四种共同情况中的第一种情况相符合。其实在各个协定"拒绝给予优惠关税待遇"条款中，类似情况的规定其实还有很多，在此我们就不一一进行分析，我们均选择将其纳入示范文本。

同时，该条款不仅包含各种拒绝给予优惠关税待遇的情况，有些协定还规定进口缔约方在作出拒绝给予优惠关税待遇的决定时，需要满足的程序性条件。主要是指进口缔约方需要以书面的形式向进出口商或生产商说明其决定，并且要说明拒绝给予决定的理由。[5]虽然该条件不是每个协定中均存在

---

[1]《中国-柬埔寨自由贸易协定》第3章第2节规则8；《中国-格鲁吉亚自由贸易协定》第3章第2节第20条；《中国-韩国自由贸易协定》第3章第2节第3.25条；《中国-瑞士自由贸易协定》第3章第2节第3.21条；《中国-哥斯达黎加自由贸易协定》第4章第2节第45条；《中国-秘鲁自由贸易协定》第3章第2节第39条、第41条、第45条；《中国-新西兰自由贸易协定》第4章第2节第42条；《中国-新加坡自由贸易协定（升级）》附录1第4章第16条；《中国-智利自由贸易协定（升级）》第2章第25条；《中国-东盟自贸协定（"10+1"）升级》附录A规则8；RCEP第3章第2节第25条；CPTPP第3章B节第3.28条。

[2]《中国-哥斯达黎加自由贸易协定》第4章第2节第45条。

[3] RCEP第3章第2节第25条第3款第3项。

[4]《中国-哥斯达黎加自由贸易协定》第4章第2节第45条。

[5]《中国-柬埔寨自由贸易协定》第3章第2节规则8；《中国-哥斯达黎加自由贸易协定》第4章第2节第45条；《中国-新西兰自由贸易协定》第4章第2节第42条第2款；《中国-智利自由贸易协定（升级）》第2章第25条《中国-东盟自贸协定（"10+1"）升级》附录A规则8；RCEP第3章第2节第25条第2款；CPTPP第3章B节第3.28条第3款。

的，但我们选择将其纳入示范文本，因为该程序性条件会使得拒绝给予优惠关税待遇更加的规范。

8. 授权机构

"授权机构"在前文"定义"中我们有提到，但是有的协定有专门的另外规定，如我们与柬埔寨、韩国、哥斯达黎加、秘鲁、新西兰以及东盟升级签订的协定。其内容除了我们在前文"定义"中提到的其是作为签发原产地证书的机构外，它还包括缔约方应当将授权机构的名称及相关信息通知给其他缔约方，如果有信息变化，也应当立即通知其他方。[1]因为此处的内容更加的详细，我们选择将"定义"中的该内容删除，只保留此处的规定。

二、特殊性条款

（一）原产地实体规则

1. 优惠关税待遇

"优惠关税待遇"条款在《中国-新西兰自由贸易协定》中单独列出。其主要内容是指当货物满足本章判断原产地的实体规则、运输规则以及程序性规则后，该货物将会享受优惠关税待遇。[2]该内容虽然只在《中国-新西兰自由贸易协定》被专门规定，但这与其他协定的原产货物优惠关税待遇的适用是一致的，因此，它实际上不算是真正的特殊性条款，也应被纳入"一带一路"经贸规则。

2. 特定货物处理

我们与韩国签订的协定规定了"特定货物处理"条款。本条款中的特定货物主要是指用一缔约方的出口材料在境外加工区完成加工后再复出口至该缔约方用于向另一缔约方出口的货物，而且在该协定脚注中有明确规定加工

---

[1]《中国-柬埔寨自由贸易协定》第3章第2节规则3；《中国-格鲁吉亚自由贸易协定》第3章第2节第14条第4款；《中国-韩国自由贸易协定》第3章第1节第3.1条、第3章第2节第3.16条；《中国-瑞士自由贸易协定》第3章第1节第3.1条和第3章第2节第3.22条；《中国-哥斯达黎加自由贸易协定》第4章第2节第36条、第38条；《中国-秘鲁自由贸易协定》第3章第2节第40条第2款；《中国-新西兰自由贸易协定》第4章第2节第32条、第40条第2款；《中国-新加坡自由贸易协定（升级）》附录1第4章第15条；《中国-智利自由贸易协定（升级）》第2章第2条；《中国-东盟自贸协定（"10+1"）升级》附录A规则1；规则2、规则4；RCEP第3章第1节第1条。

[2]《中国-新西兰自由贸易协定》第4章第1节第18条。

区仅限于该协定签署前在朝鲜半岛上的已运行的工业区。[1]因此"特定货物处理"条款是专门针对中国和韩国之间而设立,"一带一路"经贸规则不适合将其纳入。

3. 产品特定规则

"产品特定规则"条款在我们与哥斯达黎加、新加坡以及巴基斯坦签订的协定中有专门规定。实际上,本条款也不是真正意义上的特殊性条款,因为其内容主要是指对于一些经过非原产材料进行加工而成的货物,它们的原产地判断标准。也就是每个协定都有的特定产品原产地规则附件中规定的实质性改变标准,包括税则归类改变标准、增值百分比标准以及特定加工工序标准。因此"产品特定规则"条款也可以纳入示范文本。

4. 对特定货物的待遇

RCEP 专门规定"对特定货物的待遇"条款,它主要是指针对一些特殊货物待遇的磋商,需要在 3 年内完成,[2]我们认为该条款不适合纳入具有示范统一性的"一带一路"经贸规则,它更适合已经确定适用到某个具体协定之后再选择将其纳入。

5. 标准单元

"标准单元"条款在《中国-瑞士自由贸易协定》和 RCEP 中被单独规定。其中《中国-瑞士自由贸易协定》的规定更详细具体。该条款主要分为两部分,第一部分是对标准单元进行定义,是指依据 HS 被确定的标准单元;[3]第二部分是标准单元原产地的判断规则。《中国-瑞士自由贸易协定》和 RCEP 均规定,在面对一次运输中的多件产品,也需要分别确定其原产地。[4]我们认为"标准单元"的条款是有必要纳入示范文本的,因为在实践过程中,有许多"标准单元"货物情况的出现,比如可能出现同批货物中包括许多可归类在同一税号下的相同产品,因此,提前规定好这种情况的货物原产地判断规则是有必要的。

---

[1]《中国-韩国自由贸易协定》第 3 章第 1 节第 3.3 条第 1 款。
[2] RCEP 第 3 章第 1 节第 14 条。
[3] RCEP 第 3 章第 1 节第 13 条第 1 款。
[4] RCEP 第 3 章第 1 节第 13 条第 2 款;《中国-瑞士自由贸易协定》第 3 章第 1 节第 3.8 条第 2 款第 2 项。

6. 属地原则

只有《中国-瑞士自由贸易协定》规定了"属地原则"条款，在其他协定中没有此条款的出现。该条款是不被中断的原则，具体可见对应脚注的条款。[1]我们认为不需要将该条款纳入"一带一路"经贸规则，因为现在越来越多的协定更多的是强调直接运输规则，直接运输规则我们在上文有单独解释，因此在此不再赘述。

7. 加工工序

"加工工序"条款本质上也不属于特殊性条款，虽然它只在《中国-哥斯达黎加自由贸易协定》中被单独列出，但它也在每个协定对应的特定产品原产地规则附件中有所体现，因此将其纳入示范文本也是毋庸置疑的。

8. 展览

《中国-秘鲁自由贸易协定》单独规定了"展览"条款，《中国-柬埔寨自由贸易协定》和《中国-东盟自贸协定（"10+1"）升级》中的"特殊情况"中有关于用于展览的产品的规定。它主要是针对被运送至非缔约方进行展览后再售往缔约方境内的原产货物，规定了如果想要享受优惠的关税，必须满足的条件。主要包括五个条件：第一，该货物已经从缔约方境内被运送至非缔约方境内；第二，该货物已经被销售或者是其他方式给予至缔约方的人；第三，该货物在运输出去时的状态不能被改变；第四，该货物送展后，只能用作展示，不能移作他用；第五，该货物在展览期间要一直处于海关监管下。[2]在满足了以上五个条件后，进口时还需要将一些程序性信息提交给海关。我们认为该特殊性条款目前还不适合纳入"一带一路"经贸规则，因为目前只有中国和秘鲁之间的双边贸易协定将其列出，它还不具备普遍适用的特性。

9. 合规

《中国-新西兰自由贸易协定》单独列出"合规"条款。该条款是指享受关税优惠待遇的货物也必须满足程序性规定，由于该条款与我们前面归纳的"优惠关税待遇"条款在内容上有所重合，因此我们不将其再纳入示范文本。

---

[1]《中国-瑞士自由贸易协定》第3章第1节第3.12条。

[2]《中国-柬埔寨自由贸易协定》第3章第2节规则20；《中国-秘鲁自由贸易协定》第3章第1节第37条第1款；中国-东盟自贸协定（"10+1"）升级规则22。

10. 生产用材料

"生产用材料"条款也被称为吸收原则。其仅在 RCEP 和 CPTPP 中被专门规定,其他协定没有对应的规定内容。虽然 CPTPP 规定得更加详细,但是二者表达的实际内容是一致的,其内容也是原产地中经常提到的吸收原则,具体内容也可见对应脚注的条款。[1] 采用这样的一种吸收原则,实际上是将货物认定为原产货物更有利。同时目前自由贸易协定的趋势也是将吸收原则纳入,因此,我们将"生产用材料"条款纳入"一带一路"经贸规则也是顺应发展趋势的。

11. CPTPP 单独的特殊性条款

CPTPP 中存在四个其他协定中都没有的特殊性条款,下面我们将依次分析:

(1) "对再制造货物生产中所用回收材料的处理"条款。该条款是专门对再制造货物生产中所用回收材料的原产地的判断。将满足条件的回收材料认定为是具备原产资格的货物,目前来说,我们国家签订的协定中还未将此纳入,因此,将其纳入示范文本还有待考虑。

(2) "生产中所用材料的价格"条款和"材料价格的进一步调整"条款。针对这两条关于价格的条款,我们认为目前不适合纳入"一带一路"经贸规则,因为对于具体的价格认定或调整,我们目前还是按照 GATT1994 中海关估价协定所确定的价格。同时,我们在前文"区域价值成分计算"条款的分析中已经将价格的确定方法有所展现,因此 CPTPP 的该特殊性条款我们将不纳入"一带一路"经贸规则。

(3) "净成本"条款。该条款主要是针对 CPTPP "区域价值成分计算"条款中的净成本法,因为我们在分析"区域价值成分计算"时,并未将净成本法纳入示范文本,因此我们在此也不需要再对该条款进行分析。

(二)原产地相关实施程序规则

1. 原产地电子数据交换系统

"原产地电子数据交换系统"条款在《中国-格鲁吉亚自由贸易协定》、《中国-韩国自由贸易协定》、《中国-瑞士自由贸易协定》、《中国-新加坡自由

---

[1] RCEP 第 3 章第 1 节第 12 条;CPTPP 第 3 章 A 节第 3.16 条。

贸易协定（升级）》、《中国-智利自由贸易协定（升级）》和 RCEP 中有单独规定。其内容比较简单，主要就是以便利原产地章节各种规定的有效实施，缔约方可以共同开发原产地信息交换的电子系统。[1]我们认为该条款可以接受，因为其目的是确保原产地对应章节的有效并且高效的实施，同时目前来说，原产地相关信息的电子化已经越来越成为主流，因此我们选择将其纳入"一带一路"经贸规则。

2. 联络点

"联络点"条款在《中国-格鲁吉亚自由贸易协定》、《中国-东盟自贸定（"10+1"）升级》、RCEP 和 CPTPP 中有规定，其内容十分简单，主要是指各缔约方需要指定联络点，联络点的作用是交换缔约双方的信息，便利原产地核查并且负责原产地章节的实施。[2]我们认为虽然不是每个协定都有设定联络点，但是联络点的设定会更加地便利原产地规则的实施。因此我们将"联络点"条款纳入示范文本。

3. 保密

"保密"条款在《中国-柬埔寨自由贸易协定》、《中国-韩国自由贸易协定》、《中国-瑞士自由贸易协定》、《中国-秘鲁自由贸易协定》、《中国-新加坡自由贸易协定（升级）》、《中国-智利自由贸易协定（升级）》和 CPTPP 中都有单独规定，该条款内容在《中国-东盟自贸协定（"10+1"）升级》的其他条款中也有体现。"保密"条款顾名思义就是缔约方需要对按照本章规定收集的信息进行保密，同时要对公开可能会侵害信息提供者竞争地位的信息进行保护。[3]但除此之外，有些协定还规定了两个内容。

第一，在何种例外情况下上述保密信息可以进行公开。在我们与柬埔寨、

---

[1]《中国-格鲁吉亚自由贸易协定》第 3 章第 2 节第 21 条；《中国-韩国自由贸易协定》第 3 章第 2 节第 3.27 条；《中国-瑞士自由贸易协定》第 3 章第 2 节第 3.16 条第 4 款；《中国-新加坡自由贸易协定（升级）》附录 1 第 4 章第 14 条；《中国-智利自由贸易协定（升级）》第 2 章第 29 条；RCEP 第 3 章第 2 节第 29 条。

[2]《中国-格鲁吉亚自由贸易协定》第 3 章第 2 节第 22 条；《中国-东盟自贸协定（"10+1"）升级》附录 A 规则 26；RCEP 第 3 章第 2 节第 24 条、第 33 条；CPTPP 第 3 章 B 节第 3.27 条第 7 款。

[3]《中国-柬埔寨自由贸易协定》第 3 章第 2 节规则 17、规则 18；《中国-韩国自由贸易协定》第 3 章第 2 节第 3.24 条第 1 款；《中国-瑞士自由贸易协定》第 3 章第 2 节第 3.23 条；《中国-秘鲁自由贸易协定》第 3 章第 2 节第 48 条第 1 款；《中国-新加坡自由贸易协定（升级）》附录 1 第 4 章第 20 条第 2 款；《中国-智利自由贸易协定（升级）》第 2 章第 27 条第 1 款；《中国-东盟自贸协定（"10+1"）升级》附录 A 规则 18、规则 19；CPTPP 第 3 章 B 节第 3.31 条。

韩国、瑞士、秘鲁以及东盟升级签订的协定中规定的例外情况是指信息提供者或政府的明确许可。[1]我们认为此种例外情况可以接受，因为是得到了当事人的明示同意。另外，《中国-秘鲁自由贸易协定》和《中国-智利自由贸易协定（升级）》还规定了在司法诉讼过程中可以根据实际情况披露信息。[2]我们认为该例外情况不能纳入示范文本，因为就目前来说，各个协定的具体情况不一致，不是每个协定缔约方都可以接受该种例外。

第二，保密信息被公开后的法律后果。对于保密信息被公开的法律后果主要是泄密行为要按照各个缔约方的法律法规进行处理。[3]我们认为该规定应该纳入"一带一路"经贸规则，因为该条的设定会保障信息保密条款的实施。

4. 微小差异和错误

《中国-韩国自由贸易协定》、《中国-智利自由贸易协定（升级）》、RCEP和CPTPP均对"微小差异和错误"有单独条款规定，《中国-柬埔寨自由贸易协定》《中国-新加坡自由贸易协定（升级）》和《中国-东盟自贸协定（"10+1"）升级》在其他条款中也有体现"微小差异和错误"的相关内容。该条款主要是指如果原产地证据文件中存在一些微小的差异和错误时，该证据文件的有效性应如何判定。首先，可以肯定的是如果存在微小差异和错误，原产地证据文件的有效性不会直接丧失，但是最终判定该文件是否有效，各个协定的规定略有不同。但共同认可的是只要实际报验的货物与原产地证据文件相符合，即使存在微小差异，也应认定原产地证据文件有效，不能影响货物享受优惠的关税待遇以及便利的通关手续。我们认为该规定符合实际，因为现实中无法保证每个原产地证据文件都完整无误，因此需要对一些没有实质性错误的微小差异保留一些空白，从而更好地为现实运用。

---

[1]《中国-柬埔寨自由贸易协定》第3章第2节规则17；《中国-韩国自由贸易协定》第3章第2节第3.24条第2款；《中国-瑞士自由贸易协定》第3章第2节第3.23条；《中国-秘鲁自由贸易协定》第3章第2节第48条第2款；《中国-东盟自贸协定（"10+1"）升级》附录A规则18、规则19。

[2]《中国-秘鲁自由贸易协定》第3章第2节第48条第2款；《中国-智利自由贸易协定（升级）》第2章第27条第2款。

[3]《中国-韩国自由贸易协定》第3章第2节第3.24条第1款；《中国-秘鲁自由贸易协定》第3章第2节第48条第1款；《中国-智利自由贸易协定（升级）》第2章第27条第1款。

5. 第三方发票

"第三方发票"条款只存在于《中国-柬埔寨自由贸易协定》、《中国-韩国自由贸易协定》、《中国-新加坡自由贸易协定（升级）》、《中国-东盟自贸协定（"10+1"）升级》、RCEP 和 CPTPP 中。其内容不存在太大差异，均是指如果出现发票不是由出口商或生产商开具的情况时，进口缔约方不能仅因为该种情况就拒绝给予优惠的关税待遇。[1] 该条款的规定会更有利于产品最终得到优惠的关税待遇和便利的通关手续，同时"第三方发票"条款的重要性已经被越来越多的自由贸易协定所承认并纳入其中，因此，我们选择将其纳入我们的示范文本。

6. 在途货物过渡性条款

"在途货物过渡性条款"在《中国-韩国自由贸易协定》、《中国-瑞士自由贸易协定》、《中国-智利自由贸易协定（升级）》和 RCEP 中有单独条款规定。主要是对在途货物的优惠关税待遇给予的规定。我们认为设定该条款的目的是更加便利海关通关程序，防止大量货物积压在进口缔约方海关，如果提前申报可直接享受优惠关税待遇，可以加快整个流程。

7. 原产地规则委员会

"原产地规则委员会"在《中国-柬埔寨自由贸易协定》、《中国-韩国自由贸易协定》、《中国-瑞士自由贸易协定》、《中国-哥斯达黎加自由贸易协定》、《中国-秘鲁自由贸易协定》、《中国-新加坡自由贸易协定（升级）》、《中国-智利自由贸易协定（升级）》和 CPTPP 中有单独条款规定。我们认为原产地规则委员会的职责主要是对《协调制度》最新版本进行转换以及对附件（产品特定原产地规则）进行更新维护，以及包括对本章一些技术性的问题进行解决和处理。[2]

---

[1]《中国-柬埔寨自由贸易协定》第 3 章第 2 节规则 21；《中国-韩国自由贸易协定》第 3 章第 2 节第 3.22 条；《中国-新加坡自由贸易协定（升级）》附录 1 第 4 章第 21 条；《中国-东盟自贸协定（"10+1"）升级》附录 A 规则 23；RCEP 第 3 章第 2 节第 20 条；CPTPP 第 3 章 B 节第 3.28 条第 4 款。

[2]《中国-柬埔寨自由贸易协定》第 3 章第 1 节第 16 条；《中国-韩国自由贸易协定》第 3 章第 2 节第 3.28 条；《中国-瑞士自由贸易协定》第 3 章第 2 节第 3.24 条；《中国-哥斯达黎加自由贸易协定》第 4 章第 2 节 46 条；《中国-秘鲁自由贸易协定》第 3 章第 2 节第 49 条；《中国-新加坡自由贸易协定（升级）》附录 1 第 4 章第 22 条；《中国-智利自由贸易协定（升级）》第 2 章第 28 条；《中国-哥斯达黎加自由贸易协定》第 4 章第 2 节第 45 条；CPTPP 第 3 章 C 节第 3.32 条。

8. 通知

"通知"条款只存在于《中国-瑞士自由贸易协定》中,其具体内容其实与"联络点"的具体功能有所重复,也是将相关信息的变动及时通知另一缔约方,因此,我们不再将该条款单独列出,也不再分析赘述。

9. 处罚

《中国-秘鲁自由贸易协定》、《中国-智利自由贸易协定(升级)》、RCEP和CPTPP均对"处罚"有单独规定。其内容没有差异,均是指对于违反本章规定的行为,要按照各缔约方国内法律法规进行处罚。[1]

10. 审议及修改

"审议及修改"条款存在于我们与秘鲁、新西兰、巴基斯坦签订的协定以及RCEP中。其内容主要是本章具体规则修改的程序要求:首先是经过缔约一方的申请,其次是双方共同同意。[2]

11. 反瞒骗措施

"反瞒骗措施"条款只存在于《中国-柬埔寨自由贸易协定》和《中国-东盟自贸协定("10+1")升级》中,我们认为该内容可以不纳入示范文本,因为其内容主要是针对违反本章规定的人员进行法律制裁,与我们之前提到的"处罚"条款内容有所重合。

12. 背对背原产地证明

RCEP规定的"背对背原产地证明"是一个非常有特色的条款,同时它规定得十分详细具体。RCEP首次增加的"背对背原产地证明"制度,是指在不破坏货物原始原产地资格的前提下,由承认的主体签发证明文件。同时在《中国-东盟自贸协定("10+1")升级》中,有与"背对背原产地证明"十分相似的一种制度,我们通常称之为"流动证明"。[3]但是两个协定规定的内容存在一定的差异,主要是背对背原产地证明的签发主体有所不同。RCEP的主体范围更大,包括中间缔约方、经核准出口商;[4]而《中国-东盟

---

[1]《中国-秘鲁自由贸易协定》第3章第2节第47条;《中国-智利自由贸易协定(升级)》第2章第26条;RCEP第3章第2节第31条;CPTPP第3章B节第3.30条。

[2]《中国-秘鲁自由贸易协定》第3章第2节第50条第1款;《中国-新西兰自由贸易协定》第4章第2节第43条;《中国-巴基斯坦自由贸易协定》第4章第24条;RCEP第3章第2节第35条。

[3] 刘瑛、夏天佑:"RCEP原产地特色规则:比较、挑战与应对",载《国际经贸探索》2021年第6期。

[4] RCEP第3章第2节第19条第1款。

自贸协定（"10+1"）升级》只认可中间缔约方签证机构签发的证明文件。[1]

我们认为"背对背原产地证明"可以纳入"一带一路"经贸规则，虽然相较于 CPTPP 和其他我们国家签订的自由贸易协定来讲，该种证明是特殊规定，但是它的本质是原产地证书或原产地声明的背书，相关货物在其他缔约方进口时可以凭该证明来享受优惠关税待遇，这一政策极大地提高了企业在销售策略与物流安排方面的灵活性，不仅有利于货物在缔约国之间进行运输和物流拆分，促进缔约国之间的协调合作，也将进一步推动地区产业间的融合，促进区域经济的一体化发展。[2]

三、示范文本

第一部分 原产地实体规则

第一条 定义

就本章而言：

海关价格是指根据《关于实施〈1994 年关税与贸易总协定〉第七条的协定》(《海关估价协定》）所确定的价格；

出厂价格是指向在对产品进行最后生产或加工的一方生产商支付的出厂价，包括使用的所有材料的价值、工资、其他花费以及减去出口退税的利润；

可互换材料是指出于商业目的可相互替换的，性质实质相同的材料；

公认会计准则是指一缔约方普遍接受或官方认可的有关记录收入、费用、成本、资产和负债、信息披露以及编制财务报表的会计准则。这些准则既包括普遍适用的广泛性指导原则，也包括详细的标准、惯例和程序；

货物是指任何商品、产品、物品或材料；

材料是指用于生产另一货物的货物；

生产是指获得货物的方法，包括货物的种植、开采、收获、耕种、养育、繁殖、提取、收集、采集、捕获、捕捞、水产养殖、诱捕、狩猎、制造、生

---

[1]《中国-东盟自贸协定（"10+1"）升级》附录 A 规则 20。
[2] 参见汪沛："RCEP 原产地规则差异比较"，载《中国国门时报》2021 年 7 月 6 日，第 6 版。

产、加工或装配。

原产货物或原产材料是指根据本章规定具备原产资格的货物或材料；

协调制度是指世界海关组织编制的《商品名称及编码协调制度》，包括总则、类注、章注。

水产养殖是指对水生生物的养殖，包括鱼类、软体动物、甲壳动物、其他水生无脊椎动物以及水生植物，从卵、鱼苗、鱼种和幼体等苗种开始，在饲养或培育的过程中，通过定期放养、喂食或防止捕食者侵袭等介入方式，以提高产量；

到岸价格（CIF）是指包括运抵进口国进境口岸或地点的保险费和运费在内的进口货物价值；

离岸价格（FOB）是指包括无论以何种运输方式将货物运抵最终出境口岸或地点的运输费用在内的船上交货价值；

中性成分指在另一货物的生产、测试或检验过程中使用，但本身不构成该货物组成部分的货物；

间接材料指用于货物生产、测试或检验，但未与该货物产生物理结合的材料，或用于与货物生产有关的建筑物维护或设备运行的材料；

非原产货物或非原产材料是指根据本章规定不具备原产资格的货物或材料；

运输用包装材料及容器是指货物运输或储藏期间用于保护货物的货品，但零售用容器或包装材料除外；

生产商是指从事货物生产的人；

"章""品目""子目"是指协调制度中的章（2位数编码），品目（4位数编码），子目（6位数编码）；

产品特定规则是指生产过程中所使用的非原产材料，在缔约一方或双方经过制造加工后，所得货品必须满足的税则归类改变、从价百分比或特定加工工序，或者上述标准的组合规则；以及

主管机构或主管部门是指由一缔约方指定并通知所有其他缔约方的一个或多个政府机构；

《海关估价协定》是指《马拉喀什建立世界贸易组织协定》附件1A中的《关于实施〈1994年关税与贸易总协定〉第7条的协定》；

相同货物是指《海关估价协定》规定的"相同货物"；

使用的是指在产品的生产过程中花费的或消耗的。

第二条 原产货物

就本协定而言，符合下列条件之一并满足本章其他适用要求的货物应当视为原产货物：

（一）根据本章"完全获得或者生产的货物"在一缔约方完全获得或者生产；

（二）在一缔约方仅使用来自一个或一个以上缔约方的原产材料生产；或者

（三）在一缔约方使用非原产材料生产，并且符合本章附件 X（产品特定原产地规则）所列的适用要求。

第三条 完全获得或者生产的货物

根据本章"原产货物"而言，下列货物应当视为在一缔约方完全获得或者生产：

（一）在该缔约方出生并饲养的活动物；

（二）从该缔约方饲养的活动物中获得的货物；

（三）在该缔约方种植、收获、采摘或收集的植物或植物货物；

（四）在该缔约方通过狩猎、诱捕、捕捞、耕种、水产养殖、收集或捕获获得的货物；

（五）从该缔约方土壤、水域、海床或海床底土提取或得到的未包括在上述第（一）项至第（四）项范围的矿物质或其他天然生成物质；

（六）从缔约方和非缔约方领海以外的水域、海床或海床底土，由该缔约方的船只[1]获得的海洋渔获产品和其他海洋生物并且由该缔约方或该缔约方的人获得的其他货物，且符合国际法规定，对于从缔约方或非缔约方的专属经济区捕捞的海洋渔获产品和其他海洋生物，该缔约方或该缔约方的人应当有权开发[2]该专属经济区，对于其他货物，该缔约方或该缔约方的人应当依据国际法有权开采相关海床和海床底土；

---

[1] 就本条而言，"该缔约方的加工船"或"该缔约方的船只"分别指加工船或船只：（1）在该缔约方注册；并且（2）有权悬挂该缔约方旗帜。

[2] 为确定海洋渔获产品和其他海洋生物的原产地，本项中的"有权开发"包括一缔约方与沿海国之间的任何协定或安排所产生的获得沿海国渔业资源的权利。

（七）该缔约方船只依照国际法在公海获得的海洋渔获产品和其他海洋生物；

（八）在该缔约方加工船上仅使用第（六）项或第（七）项所述的货物进行加工或制造的货物；

（九）满足下列条件的货物：

1. 在该缔约方生产或消费中产生的，仅适用于废弃处置、原材料回收或回收利用的废碎料；或者

2. 在该缔约方收集的仅适用于废弃处置、回收原材料或回收利用的旧货物；以及

（十）在该缔约方仅使用第（一）项至第（九）项所述的货物或其衍生物获得或生产的货物。

第四条 产品特定规则

除本章另有规定外，在缔约一方或双方境内使用非原产材料生产的货物，在确定其原产地资格时应当符合所规定的相应原产地标准，如附件X（产品特定原产地规则）所列的税则归类改变、区域价值成分、加工工序规则、上述规则的组合或其他要求。

第五条 税则归类改变

税则归类改变要求在一缔约方或双方境内经过加工后，货物生产过程中使用的非原产材料发生了附件X产品特定原产地规则）所规定的税则归类改变。

第六条 区域价值成分计算

一、本章附件X（产品特定原产地规则）规定的货物的区域价值成分，应当按下列公式之一计算：

（一）间接/扣减公式

$$RVC = \frac{FOB - VNM}{FOB} \times 100\%$$

（二）直接/累加公式

$$RVC = \frac{VOM + 直接人工成本 + 直接经营费用成本 + 利润 + 其他成本}{FOB} \times 100\%$$

其中:

RVC 为货物的区域价值成分,以百分比表示;

FOB 是指第三章第一条(定义)第(五)项规定的 FOB 价值;

VOM 是指获得或自行生产并用于生产货物的原产材料、部件或产品的价值;

VNM 是指用于生产该货物的非原产材料价值;

直接人工成本包括工资、薪酬和其他员工福利;并且

直接经营费用成本是指经营的总体费用。

二、本章项下货物的价值应当依照 GATT1994 第七条和《海关估价协定》经必要修正进行计算。所有成本应当依照生产货物的缔约方适用的公认会计准则进行记录和保存。

三、非原产材料价值应当为:

(一)就进口材料而言,材料进口时的 CIF 价值;并且

(二)就一缔约方内获得的材料而言,最早可确定的实付或应付的价格。

四、原产地不明的材料应当视为非原产材料。

五、下列费用可以从非原产材料价值或原产地不明的材料价值中扣除:

(一)将货物运至生产商的运费、保险费、包装费和货物运至生产商过程中产生的其他运输相关费用;

(二)未被免除、返还或以其他方式退还的关税、税收和代理报关费;并且

(三)废品和排放成本,减去回收废料或副产品的价值。如第(一)项至第(三)项所列的费用未知或证据不足,则不得扣除此类费用。

第七条 加工工序

在适用第四条(产品特定规则)所规定的加工工序标准时,货物只有在缔约一方或双方境内经过附件三(产品特定原产地规则)所规定的加工工序后,才能赋予原产地资格。

第八条 累积

除本协定另有规定外,符合本章"原产货物"规定的原产地要求且在另一缔约方用作生产另一货物或材料的材料,应当视为原产于对制成品或材料进行加工或处理的缔约方。

第九条 微小加工和处理

尽管有本章的任何其他规定,但使用非原产材料生产货物时,下列操作应当视为不足以赋予该货物原产资格的加工或处理:

(一)为确保货物在运输或储存过程中保持良好状态而进行的保护性操作;

(二)把物品零部件装配成完整产品或将产品拆成零部件的简单装配或拆卸;

(三)为销售或展示目的进行的包装、拆除包装或再包装处理;

(四)动物屠宰;

(五)洗涤、清洁、除尘、除去氧化物、除油、去漆以及去除其他涂层;

(六)纺织品的熨烫或压平;

(七)简单的上漆及磨光;

(八)谷物及大米的去壳、部分或完全的漂白、抛光及上光;

(九)食糖上色或加工成糖块的工序;

(十)水果、坚果及蔬菜的去皮、去核及去壳;

(十一)削尖、简单研磨或简单切割;

(十二)过滤、筛选、挑选、分类、分级、匹配(包括成套物品的组合);切割、纵切、弯曲、卷绕或展开;

(十三)简单的装瓶、装罐、装壶、装袋、装箱、装盒、固定于纸板或木板及其他类似的包装工序;

(十四)在产品或其包装上粘贴或印刷标志、标签、标识及其他类似的用于区别的标记;

(十五)对无论是否为不同种类的货物进行简单混合;

(十六)仅用水或其他物质稀释,未实质改变货物的性质;

(十七)以方便港口操作为唯一目的的工序;

(十八)干燥、加盐或盐渍、冷藏、冷冻;

(十九)第(一)项至第(十八)项所述的两种或两种以上操作的任意组合。

第十条 微小含量

在下列情况下,货物虽不满足附件X(产品特定原产地规则)规定的税则归类改变要求，仍应视为原产货物，只要：

（一）按照第六条（区域价值成分计算）规定所确定的所有不满足税则归类改变要求的非原产材料的价值不超过该货物离岸价格（FOB）的10%；并且

（二）该货物满足其所适用的本章所有其他规定。

第十一条 可互换货物或材料

在确定可互换货物或材料是否为原产货物或材料时，应当通过将每项材料或货物进行物理分离，或者运用出口缔约方的公认会计准则认可的库存管理方法在整个会计年度内使用加以判定。

第十二条 中性成分

一、在确定货物是否为原产货物时，所有符合下述第二款定义的中性成分均应不予考虑。

二、中性成分是指在另一货物的生产、测试或检验过程中使用，但本身不构成该货物组成成分的货品，包括：

（一）燃料、能源、催化剂及溶剂；

（二）用于测试或检验货物的设备、装置及用品；

（三）手套、眼镜、鞋靴、服装、安全设备及用品；

（四）工具、模具及型模；

（五）用于维护设备和建筑的备件及材料；

（六）在生产中使用或用于运行设备和维护厂房建筑的润滑剂、油（滑）脂、合成材料及其他材料；以及

（七）在货物生产过程中使用，虽未构成该货物组成成分，但能合理表明为该货物生产过程一部分的任何其它货物。

第十三条 包装、包装材料和容器的处理

一、在确定任何货物的原产资格时，运输和装运货物所使用的包装材料和容器应当不予考虑。

二、在确定货物的原产资格时，与货物一同归类的用于零售的包装材料和容器应当不予考虑，只要：

（一）该货物依照本章"原产货物"第（一）项在一缔约方完全获得或完全生产；

(二) 该货物依照本章"原产货物"第（二）项在一缔约方仅使用来自一个或一个以上缔约方的原产材料生产；或者

(三) 该货物遵循本章附件X（产品特定原产地规则）中规定的税则归类改变或特定制造或加工工序要求。

三、如果货物遵循区域价值成分要求，在计算该货物的区域价值成分时，应当将该货物零售包装所使用的材料和容器的价值视具体情况作为该货物的原产材料或非原产材料予以考虑。

第十四条 附件、备件及工具

一、与货物一并报验和归类的附件、备件或工具，同时符合下列条件的，应被视为该货物的一部分：

(一) 与该货物一并开具发票；以及

(二) 其数量和价值都是根据商业习惯为该货物正常配备的。

二、对于适用附件X（产品特定原产地规则）所列的税则归类改变标准的货物，在确定货物原产地时，第一款中所述的附件、备件及工具可不予考虑。

三、对于适用区域价值成分要求的货物，在计算该货物的区域价值成分时，第一款所述的附件、备件及工具的价值应当视情记入原产材料或非原产材料价值进行计算。

第十五条 成套货品

一、对于协调制度归类总规则三所定义的成套货品，如果各组件均原产于一缔约方，则该成套货品应当视为原产于该缔约方。

二、尽管有上述规定，如果部分组件非原产于一缔约方，只要按照第六条区域价值成分计算所确定的非原产货物价值不超过该成套货品FOB价格的15%，则该成套货品仍应视为原产于该缔约方。

第十六条 生产用材料

如果非原产材料经过加工后符合本章要求，则无论该材料是否为后续货物的生产商生产，在确定后续生产货物的原产资格时，该材料应当被视为原产材料。

第十七条 标准单元

一、适用本章规定的标准单元为依据协调制度确定商品归类时视为基本单元的特定货物。

二、当同一批运输货物中包括大量的可归类在同一税号下的相同产品，应当分别确定每个产品是否具备原产资格。

第十八条 直接运输

一、满足下列条件的货物应当保持其根据本章"原产货物"确定的原产资格：

（一）货物直接从一出口缔约方运输至一进口缔约方；

或者

（二）货物运输途经除该出口缔约方和进口缔约方以外的一个或多个缔约方（以下称"中间缔约方"）或非缔约方，只要该货物：

1. 在中间缔约方或非缔约方海关监管之下；

2. 除装卸，重新包装，储存并且其他为保持货物良好状态或将货物运输至进口方的必要操作等物流活动外，未在中间缔约方或非缔约方进行任何进一步加工；

3. 货物在非缔约方为进入贸易或消费领域；

4. 货物的转运是基于地理原因或者仅仅基于国际运输需要。

二、应进口缔约方海关的要求，应当向进口缔约方海关提交中间缔约方或非缔约方的海关文件或其他适当文件，以证明货物满足第一款第（二）项的规定。

三、第二款所述的适当文件可以包括商业运输或货运单据，如航空运单、提单、多式联运或联合运输单据、有关货物的原始商业发票副本、财务记录、未再加工证明或进口缔约方海关可能要求的其他相关证明文件。

第十九条 优惠关税待遇

本协定项下的优惠关税待遇应当适用于符合本章要求、且在双方之间直接运输的货物。

第二部分 原产地相关实施程序规则

第二十条 原产地证明

一、下列任何一项均应当视为原产地证明：

（一）本章"原产地证书"所述的签证机构所签发的原产地证书；

（二）本章"原产地声明"所述的经核准出口商出具的原产地声明。

第二十一条　原产地证书

一、原产地证书应当由出口缔约方的签证机构应出口商或生产商的申请签发。

二、原产地证书应当符合以下条件：

（一）采用所有缔约方决定的格式；

（二）载有唯一的原产地证书编号；

（三）以英文填制；并且

（四）载有出口缔约方签证机构以人工或电子方式作出的授权签名和公章。

三、原产地证书应在货物装运前或装运时签发，并自出口方签发之日起一年内有效。

四、如果由于非主观故意的差错、疏忽或其他合理原因导致原产地证书未在装运前签发，原产地证书可以在货物装运之日起一年内补发，并应当注明"补发"字样。

五、如果原产地证书原件被盗、丢失或损毁，出口商或生产商向出口缔约方签证机构书面申请签发经认证的真实副本。该副本应当符合以下条件：

（一）在原产地证书正本签发之日起一年内签发；

（二）基于初始的申请材料；

（三）载有与原产地证书正本相同的原产地证书编号和日期；并且

（四）注明"经认证的真实副本"字样。

六、在原产地证书包含不正确信息的情况下，出口缔约方的签证机构可以：

（一）签发新的原产地证书，并且作废初始的原产地证书；或者

（二）以剔除错误并进行补充或更正的方式对初始原产地证书进行修改。任何变更应当载有出口缔约方签证机构的签名和盖章。

第二十二条　经核准出口商出具的原产地声明

一、缔约一方可在本协定项下实施经核准出口商制度，允许经核准出口商出具原产地声明。出口方依照国内法核准并管理该方的经核准出口商。

二、经核准出口商应按照附件Y（原产地声明模版）所示的文字出具原产地声明。附件Y（原产地声明模版）所列格式和任何要求，可通过双方之间的换文共同决定予以修改或改变。

三、原产地声明有效期应自签发或出具之日起一年内有效。

第二十三条　原产地文件的保存

一、每一缔约方应当要求：

（一）其出口商、生产商、签证机构或主管部门自原产地证明签发之日起3年或其相关法律法规所规定的更长的期限内，保存充分证明货物原产资格的所有必要记录；并且

（二）其进口商自该货物进口之日起3年或其相关法律法规所规定的更长的期限内，保存充分证明享受优惠关税待遇的货物原产资格的所有必要记录。

二、第一款所述的记录可以依照缔约方法律法规，存储于任何易于检索的介质中，包括数字、电子、光学、磁性或书面形式。

第二十四条　与进口相关的责任

除本章另有规定外，申请享受优惠关税待遇的进口商应当：

（一）在报关单上申明该货物具备原产资格；

（二）按第（一）项要求申明时，持有有效的原产地证明；并且

（三）应进口缔约方的要求，提交有效的证明文件以及进口货物相关的其他证明文件。

第二十五条　进口关税或保证金退还

一、在遵循各自法律法规的前提下，每一缔约方应当规定，具备原产资格的货物进口后，进口商可以在该缔约方法律法规所规定的期限内，向海关提交下列文件申请退还该货物因未享受优惠关税待遇而多付的税款或保证金：

（一）原产地证明和其他证明该货物具备原产资格的证据；以及

（二）应海关要求，与进口相关、能充分证明优惠关税待遇申请的其他文件。

第二十六条　免予提交原产地证据文件

在下列情况下，进口缔约方可以不要求提交原产地证明：

（一）进口货物的完税价格不超过 600 美元或与其等额的进口缔约方货币，或进口缔约方规定的其他更高金额；或者

（二）进口缔约方免除提交要求的货物，同时，该项进口不是为规避进口缔约方关于本协定项下优惠关税待遇管理的法律法规而实施或者安排的一次或多次进口的一部分。

第二十七条　原产地核查

一、为确定一缔约方从另一缔约方进口的货物是否具备本章规定的原产资格，进口缔约方主管部门可以通过下列方式开展核查程序：

（一）书面要求进口商提供补充信息；

（二）书面要求出口商或生产商提供补充信息；

（三）书面要求出口缔约方的签证机构或主管部门提供补充信息；

（四）对出口商或生产商在出口缔约方的经营场所开展核查访问，查看厂房设施和生产加工，并审查与原产地相关的会计档案等记录[1]；或者

（五）有关缔约方共同商定的其他程序。

二、进口缔约方应当：

（一）就第一款第（二）项而言，向出口商或生产商，以及出口缔约方主管部门，提出书面要求，随附原产地证明副本并说明核查原因；

（二）就第一款第（三）项而言，向出口缔约方的签证机构或主管部门提出书面要求，随附原产地证明副本并说明核查原因；并且

（三）就第一款第（四）项而言，向拥有核查访问场所的出口商或生产商，以及出口方主管部门，请求书面同意并且说明提议访问日期、地点和具体目的。

三、应进口缔约方的请求，可在出口缔约方的同意和协助下按照双方共同商议的程序开展对出口商或生产商的经营场所的核查访问。

四、对于第一款第（一）项至第（四）项的核查，进口缔约方应当：

（一）允许进口商、出口商或生产商，或出口缔约方的签证机构或主管部门自收到第一款第（一）项至第（三）项项下书面要求之日起，至少 30 日但不超过 90 日内答复；

---

[1] 本项下的核查访问应当在完成第三项规定的核查程序后开展。

（二）允许出口商、生产商或主管部门在收到第一款第（四）项项下的核查访问书面要求之日起30日内决定同意或拒绝该要求；并且

（三）致力于在收到必要信息之日起90日内、最长180日内作出核查决定。

五、就第一款而言，进口缔约方应当向进口商、出口商或生产商，或出口缔约方的签证机构或主管部门，书面提供核查结果并说明理由。

六、进口缔约方海关在核查期间可以暂缓给予优惠关税待遇。进口缔约方应当放行货物，但可以依照其国内法律法规对货物采取税收保全措施。

第二十八条　拒绝给予优惠关税待遇

一、在下列情况下，进口缔约方可以拒绝给予优惠关税待遇：

（一）货物不符合本章规定；

（二）进口缔约方未收到足以判定货物具备原产资格的信息；

（三）进口货物不具备原产货物资格；

（四）货物的进口商、出口商或者生产商未遵守本章关于获得优惠关税待遇的规定；

（五）原产地证据文件不符合本章规定；

（六）原产地证据文件上所列信息与所提交的证明文件上所列信息不相符；

（七）原产地证据文件所列货物名称、数量及重量、包装唛头及号码、包装件数及种类与所报验的货物不相符；

（八）货物的出口商、生产商或出口缔约方的主管部门未按照本章"原产地核查"的规定对书面要求作出答复；

（九）进口缔约方依照本章"原产地核查"提出的核查访问请求被拒绝；

（十）进口货物不符合本章"直接运输"的直接运输规则。

二、在拒绝给予优惠关税待遇时，进口方缔约方应向进出口商或生产商书面说明决定及其理由。

第二十九条　原产地电子信息交换系统

为确保本章的高效实施，缔约方可共同协商一致，开发用于原产地信息交换的电子系统，以保证本章有效且高效的实施。

第三十条 联络点

每一缔约方应指定一个或多个联络点负责本章的实施，并且向其他缔约方通知具体联络信息。如有变动，各缔约方应当及时通知其他缔约方。

第三十一条 授权机构

一、授权机构是指经缔约一方的国内法或其政府机构指定签发原产地证书的任何机构。

二、签发原产地证书的授权机构的名称、地址及其使用的官方印章样本。名称、地址以及官方印章的任何变动都应及时通知另一缔约方海关。

第三十二条 保密

一、一缔约方对于另一缔约方根据本章规定提供的信息应予以保密，并保护该信息不被公开以侵害信息提供人的竞争地位。任何泄密行为应当依照各缔约方的法律规定予以处理。

二、如未经提供该信息的人或政府明确许可，第一款所指信息不得公开。

第三十三条 微小差异和差错

若产品原产地不存在疑问，当发现原产地证据文件的陈述与为办理产品进口手续而向进口缔约方海关报验的单证上的陈述有微小差异、信息遗漏、打字错误、微小引述错误或者特定字段的突出显示时，只要原产地证书与所报验的货物相符，原产地证书仍应有效。

第三十四条 第三方发票

在满足本章要求的前提下，进口缔约方不得仅因发票不由货物的出口商或生产商开具，而拒绝给予优惠关税待遇。

第三十五条 在途货物过渡性条款

一缔约方应当在本协定对该缔约方生效之日起，在进口商在×日内按照本章"与进口相关的责任"作出有效申请的前提下，对以下原产货物给予优惠关税待遇：

（一）处于运输至该缔约方途中的原产货物且符合本章"直接运输"规定；或者

（二）尚未进口至该缔约方的原产货物。

第三十六条　原产地规则委员会

一、缔约双方特此设立原产地规则委员会（以下简称"原产地委员会"），委员会应当向货物贸易委员会报告。

二、该委员会由缔约双方政府主管部门组成。

三、委员会的职责包括：

（一）依据《协调制度》的转换版本，对附件 X（产品特定原产地规则）进行更新；以及

（二）评估本章的实施情况，并解决任何与本章及其附件实施相关的技术问题，例如税则归类改变、区域价值成分计算等；以及在这方面加强合作。

四、委员会的会议地点及会期应当由双方共同商定。

第三十七条　处罚

每一缔约方应当采取或维持适当的处罚或其他措施打击违反与本章规定相关法律法规的行为。

第三十八条　审议及修改

应缔约一方要求，必要时可对这些规则进行审议及修改。如经双方共同同意，这些规则的审议及修改可予以开放。

第三十九条　背对背原产地证明

一、根据本章"原产地证明"，中间缔约方的签证机构、经核准出口商或出口商可以签发背对背原产地证明，并应符合下列条件：

（一）出示有效的初始原产地证明正本或其经认证的真实副本；

（二）背对背原产地证明的有效期不超过初始原产地证明的有效期；

（三）背对背原产地证明包含初始原产地证明的相关信息；

（四）除重新包装或装卸、仓储、拆分运输等物流操作，或仅根据进口缔约方法律、法规、程序、行政决定或政策要求贴标，或其他为保持货物的良好状态或向进口缔约方运输货物所进行的必要操作外，使用背对背原产地证明再次出口的货物在中间缔约方不得进行其他进一步的处理；

（五）对于经物流拆分部分出口的货物，背对背原产地证明应显示拆分后的出口数量，而非初始原产地证明上货物的全部数量，并且所有拆分再出口货物数量的总和不应超过初始原产地证明上货物的数量总和；并且

(六)背对背原产地证明载有初始原产地证明的签发日期和编号。

二、本章"原产地核查"规定的核查程序也适用于背对背原产地证明。

第三节 海关程序和贸易便利化

除《中国-巴基斯坦自由贸易协定》外,"海关程序和贸易便利化"在我国与"一带一路"相关国家签订的所有自由贸易协定、RCEP 和 CPTPP 均以成章方式出现,但是不同的协定的中对应的具体名称有所不同,如表 6-3。《中国-巴基斯坦自由贸易协定》只有一条关于本章的规定,因此以下分析比对的协定均将《中国-巴基斯坦自由贸易协定》排除在外。

表 6-3 相关自由贸易协定之海关程序和贸易便利化表

自由贸易协定	涉及海关程序和贸易便利化章节
中国-柬埔寨	第四章:海关程序与贸易便利化
中国-马尔代夫	协定暂未公布
中国-格鲁吉亚	第四章:海关程序和贸易便利化
中国-韩国	第四章:海关程序和贸易便利化
中国-瑞士	第四章:海关手续和贸易便利化
中国-哥斯达黎加	第五章:海关手续
中国-秘鲁	第四章:海关手续及贸易便利化
中国-新西兰	第五章:海关程序与合作
中国-新加坡	第五章:海关程序 升级后:(未修改的条款仍然有效) 附录2 新第五章:海关程序与贸易便利化
中国-智利	第三章:货物的国民待遇和市场准入 第41条 预确定 第42条 与原产地规则相关的其他海关议题
	升级后:(未修改的条款仍然有效) 第三章:海关程序和贸易便利化

续表

自由贸易协定	涉及海关程序和贸易便利化章节
中国-巴基斯坦	无
	第二阶段：（未修改的条款仍然有效） 第三章 海关合作 第5条 电子数据交换
中国-东盟	《关于修订〈中国-东盟全面经济合作框架协议〉及项下部分协议的议定书》（本节中简称《中国-东盟自贸协定（"10+1"）升级》） 第一章：对《货物贸易协定》的修订 第二节 海关程序与贸易便利化
RCEP	第四章 海关程序和贸易便利化
CPTPP	第五章 海关管理和贸易便利化

数据来源：http://fta.mofcom.gov.cn/georgia/georgia_agreementText.shtml，最后访问日期：2022年1月3日。

一、共同性条款

（一）定义

除CPTPP外，其它协定均有"定义"条款。其内容与其他章节的"定义"条款一样，也是对特定的相关名词进行解释，主要包括以下名词：

1. 海关当局。主要是规定各缔约方的海关部门。其中，在中国，海关当局是指中华人民共和国海关总署。[1]

2. 海关法。此处的海关法应采取广义解释，同时这里并没有把所有的海关法一一罗列，而是采取归纳式定义。首先。法律法规要满足涉及货物的进出境、运输移动或者保存；其次，法律、法规或者规章由海关部门进行操作

---

[1]《中国-柬埔寨自由贸易协定》第4章第1条；《中国-格鲁吉亚自由贸易协定》第4章第2条；《中国-瑞士自由贸易协定》第4章第4.2条；《中国-哥斯达黎加自由贸易协定》第5章第47条；《中国-秘鲁自由贸易协定》第4章第51条；《中国-新西兰自由贸易协定》第5章第44条；《中国-新加坡自由贸易协定（升级）》第5章第1条；《中国-智利自由贸易协定（升级）》第3章第33条；《中国-东盟自贸协定（"10+1"）升级》第1章第2节第3条。

和执行。[1]

3. 海关程序。是指海关当局合法实施的措施，合法是指要依据海关法，措施是以货物和运输工具为对象。[2]

4. 运输工具。主要是指特定的船舶、车辆、航空器和驮畜，它们需要满足进入或离开一缔约方境内和载有人员、货物的条件。[3]

（二）范围与目标

"范围与目标"条款在大多数协定中均有单独规定，其中有些协定是将范围和目标分开，如《中国-新加坡自由贸易协定（升级）》、《中国-东盟自贸协定（"10+1"）升级》和RCEP。无论是单独规定还是一起规定，它们的内容均包含范围和目标两部分：

1. 范围。本节的内容主要是适用于缔约方间贸易往来的货物以及缔约方间来往的运输工具。[4]

2. 目标。第一，便利各缔约方的通关程序，要尽量将各自的程序匹配至国际通行的标准；第二，在具体运用海关法时，要坚持透明度原则；第三，

---

[1]《中国-柬埔寨自由贸易协定》第4章第1条；《中国-格鲁吉亚自由贸易协定》第4章第2条；《中国-韩国自由贸易协定》第4章第4.1条；《中国-瑞士自由贸易协定》第4章第4.2条；《中国-秘鲁自由贸易协定》第4章第51条；《中国-新西兰自由贸易协定》第5章第44条；《中国-新加坡自由贸易协定（升级）》第5章第1条；《中国-智利自由贸易协定（升级）》第3章第33条；《中国-东盟自贸协定（"10+1"）升级》第1章第2节第3条；RCEP第4章第1条。

[2]《中国-柬埔寨自由贸易协定》第4章第1条；《中国-格鲁吉亚自由贸易协定》第4章第2条；《中国-韩国自由贸易协定》第4章第4.1条；《中国-瑞士自由贸易协定》第4章第4.2条；《中国-秘鲁自由贸易协定》第4章第51条；《中国-新西兰自由贸易协定》第5章第44条；《中国-新加坡自由贸易协定（升级）》第5章第1条；《中国-智利自由贸易协定（升级）》第3章第33条；《中国-东盟自贸协定（"10+1"）升级》第1章第2节第3条；RCEP第4章第1条。

[3]《中国-柬埔寨自由贸易协定》第4章第1条；《中国-格鲁吉亚自由贸易协定》第4章第2条；《中国-韩国自由贸易协定》第4章第4.1条；《中国-瑞士自由贸易协定》第4章第4.2条；《中国-秘鲁自由贸易协定》第4章第51条；《中国-新西兰自由贸易协定》第5章第44条；《中国-智利自由贸易协定（升级）》第3章第33条；《中国-东盟自贸协定（"10+1"）升级》第1章第2节第3条；RCEP第4章第1条。

[4]《中国-柬埔寨自由贸易协定》第4章第2条；《中国-格鲁吉亚自由贸易协定》第4章第1条；《中国-韩国自由贸易协定》第4章第4.2条；《中国-秘鲁自由贸易协定》第4章第52条；《中国-新西兰自由贸易协定》第5章第45条；《中国-新加坡自由贸易协定（升级）》第5章第3条；《中国-智利自由贸易协定（升级）》第3章第34条；《中国-东盟自贸协定（"10+1"）升级》第1章第2节第2条；RCEP第4章第3条。

便利各缔约方的贸易；第四，促进各缔约方海关当局的合作。[1]

(三) 便利化

除《中国-哥斯达黎加自由贸易协定》和 RCEP 以外，其他协定对该条款均有单独规定，内容基本一致，主要包括：第一，海关程序的实施需要坚持可预见性、一致性、透明性、便利化的原则；第二，各缔约方的海关规则应当尽力与国际标准相匹配，并特别指出世界海关组织的《关于简化和协调海关业务制度的国际公约》(《京都公约》修订版)；第三，各缔约方应当最大限度地简化程序，如限制货物贸易过程中的检查、手续等；第四，各缔约方应定期审议各自的海关程序从而便利贸易；第五，各缔约方应尽力提供电子或其他形式的联系点，贸易商可以通过它提交必要的信息从而便利通关。[2]

(四) 透明度

"透明度"条款在我们比对的协定中均有单独规定，但是各个协定对应的名称可能有所不同，例如《中国-秘鲁自由贸易协定》、《中国-新西兰自由贸易协定》、《中国-新加坡自由贸易协定（升级）》和《中国-东盟自贸协定（"10+1"）升级》对应的名称是"公开和咨询点"，CPTPP 对应的名称是"公布"。它们在内容上并没有因为具体条款名称的差异而表现出不同，主要包括：

第一，相关法律法规的公开透明。主要是指各缔约方应当通过互联网在内的渠道，及时公布与缔约各方货物贸易相关的法律、法规、行政规章

---

[1]《中国-柬埔寨自由贸易协定》第 4 章第 2 条；《中国-格鲁吉亚自由贸易协定》第 4 章第 1 条；《中国-韩国自由贸易协定》第 4 章第 4.2 条；《中国-秘鲁自由贸易协定》第 4 章第 52 条；《中国-新西兰自由贸易协定》第 5 章第 45 条；《中国-新加坡自由贸易协定（升级）》第 5 章第 2 条；《中国-智利自由贸易协定（升级）》第 3 章第 34 条；《中国-东盟自贸协定（"10+1"）升级》第 1 章第 2 节第 1 条；RCEP 第 4 章第 2 条。

[2]《中国-柬埔寨自由贸易协定》第 4 章第 3 条；《中国-格鲁吉亚自由贸易协定》第 4 章第 3 条；《中国-韩国自由贸易协定》第 4 章第 4.3 条；《中国-瑞士自由贸易协定》第 4 章第 4.7 条；《中国-秘鲁自由贸易协定》第 4 章第 54 条；《中国-新西兰自由贸易协定》第 5 章第 47 条；《中国-新加坡自由贸易协定（升级）》第 5 章第 4 条；《中国-智利自由贸易协定（升级）》第 3 章第 35 条；《中国-东盟自贸协定（"10+1"）升级》第 1 章第 2 节第 4 条；CPTPP 第 5 章第 5.1 条。

及程序。[1]

第二，相关咨询程序信息的公开透明。主要是指各缔约方应当指定至少一个咨询点，咨询点用于处理利益相关人对于海关事务的咨询，因此各缔约方需要将该咨询程序相关的信息在互联网上公布。[2]

第三，即将制定或修订的法律法规的提前公开。主要是指在可能的情况下，各缔约方应提前在互联网公开相关的新制定或修订的法律法规，同时也要在实施前给予利益人提供评论的机会。并且，新制定或修订的法律法规在公布与生效前要有一段合理的时间间隔。[3]

第四，对特定法律或程序重大修改的通报。特定法律或程序是指对本章实施有实质性影响的关于货物及运输工具移动的海关法律或程序。各缔约方的海关当局应当对该特定法律或程序的重大修改及时向其他海关当局进行通报。[4]

---

[1]《中国-柬埔寨自由贸易协定》第4章第4条；《中国-格鲁吉亚自由贸易协定》第4章第4条；《中国-韩国自由贸易协定》第4章第4.5条；《中国-哥斯达黎加自由贸易协定》第5章第48条；CPTPP第5章第5.11条；《中国-瑞士自由贸易协定》第4章第4.4条；《中国-秘鲁自由贸易协定》第4章第63条；《中国-新西兰自由贸易协定》第5章第55条；《中国-新加坡自由贸易协定（升级）》第5章第9条；《中国-东盟自贸协定（"10+1"）升级》第1章第2节第13条；《中国-智利自由贸易协定（升级）》第3章第43条；RCEP第4章第5条。

[2]《中国-柬埔寨自由贸易协定》第4章第4条；《中国-格鲁吉亚自由贸易协定》第4章第4条；《中国-韩国自由贸易协定》第4章第4.5条；《中国-哥斯达黎加自由贸易协定》第5章第48条；CPTPP第5章第5.11条；《中国-瑞士自由贸易协定》第4章第4.4条；《中国-秘鲁自由贸易协定》第4章第63条；《中国-新西兰自由贸易协定》第5章第55条；《中国-新加坡自由贸易协定（升级）》第5章第9条；《中国-东盟自贸协定（"10+1"）升级》第1章第2节第13条；《中国-智利自由贸易协定（升级）》第3章第43条；RCEP第4章第5条。

[3]《中国-柬埔寨自由贸易协定》第4章第4条；《中国-格鲁吉亚自由贸易协定》第4章第4条；《中国-韩国自由贸易协定》第4章第4.5条；《中国-哥斯达黎加自由贸易协定》第5章第48条；CPTPP第5章第5.11条；《中国-瑞士自由贸易协定》第4章第4.4条；《中国-秘鲁自由贸易协定》第4章第63条；《中国-新西兰自由贸易协定》第5章第55条；《中国-新加坡自由贸易协定（升级）》第5章第9条；《中国-东盟自贸协定（"10+1"）升级》第1章第2节第13条；《中国-智利自由贸易协定（升级）》第3章第43条；RCEP第4章第5条。

[4]《中国-柬埔寨自由贸易协定》第4章第4条；《中国-格鲁吉亚自由贸易协定》第4章第4条；《中国-韩国自由贸易协定》第4章第4.5条；《中国-哥斯达黎加自由贸易协定》第5章第48条；CPTPP第5章第5.11条；《中国-瑞士自由贸易协定》第4章第4.4条；《中国-秘鲁自由贸易协定》第4章第63条；《中国-新西兰自由贸易协定》第5章第55条；《中国-新加坡自由贸易协定（升级）》第5章第9条；《中国-东盟自贸协定（"10+1"）升级》第1章第2节第13条；《中国-智利自由贸易协定（升级）》第3章第43条；RCEP第4章第5条。

（五）海关合作

"海关合作"条款在我们比对的各个协定中均有单独规定，主要是指缔约各方应当在哪些方面相互合作，一般是关于本节的实施操作和其他事项。[1]

（六）预裁定

"预裁定"条款在我们比对的各个协定中也是均有规定，其内容可以分为三部分：

1. 在哪些事项上可以作出预裁定决定。主要包括估价、归类、原产地和其他事项。[2]

2. 预裁定决定作出的时间要求。是指进口方海关当局应当在接受所有必需信息后的规定时间内作出预裁定决定，大多数协定规定的是90日，也有少数协定规定的是150日，如《中国-秘鲁自由贸易协定》。此外，RCEP规定的是按类划分：如果是对商品归类做出的预裁定，要求60日；如果是对原产地做出的预裁定，要求90日。我们认为具体的时间可以先保留，根据不同"一带一路"共建国家的接受能力约定不同的时间限制。[3]

3. 预裁定决定的有效期限。大多数协定规定的有效期限是自决定作出之

---

[1]《中国-柬埔寨自由贸易协定》第4章第7条；《中国-格鲁吉亚自由贸易协定》第4章第7条；《中国-韩国自由贸易协定》第4章第4.8条；《中国-瑞士自由贸易协定》第4章第4.5条；《中国-秘鲁自由贸易协定》第4章第58条；《中国-东盟自贸协定（"10+1"）升级》第1章第2节第5条；RCEP第4章第19条；《中国-哥斯达黎加自由贸易协定》第5章第51条；《中国-新西兰自由贸易协定》第5章第50条；《中国-新加坡自由贸易协定（升级）》第5章第19条；《中国-智利自由贸易协定（升级）》第3章第38条；CPTPP第5章第5.2条。

[2]《中国-柬埔寨自由贸易协定》第4章第9条第1款；《中国-格鲁吉亚自由贸易协定》第4章第8条第1款；《中国-韩国自由贸易协定》第4章第4.10条第1款；《中国-瑞士自由贸易协定》第4章第4.6条第1款；《中国-哥斯达黎加自由贸易协定》第5章第56条第1款；《中国-秘鲁自由贸易协定》第4章第60条第1款；《中国-新西兰自由贸易协定》第5章第52条第1款；《中国-新加坡自由贸易协定（升级）》第5章第11条第1款；《中国-智利自由贸易协定（升级）》第3章第40条第1款；《中国-东盟自贸协定（"10+1"）升级》第1章第2节第10条第1款；RCEP第4章第10条第1款；CPTPP第5章第5.3条第1款。

[3]《中国-柬埔寨自由贸易协定》第4章第9条第2款；《中国-格鲁吉亚自由贸易协定》第4章第8条第2款；《中国-韩国自由贸易协定》第4章第4.10条第2款；《中国-哥斯达黎加自由贸易协定》第5章第56条第2款；《中国-秘鲁自由贸易协定》第4章第60条第2款；《中国-新西兰自由贸易协定》第5章第52条第2款；《中国-新加坡自由贸易协定（升级）》第5章第11条第2款；《中国-智利自由贸易协定（升级）》第3章第40条第2款；RCEP第4章第10条第4款；CPTPP第5章第5.3条第2款。

日起3年,但也有少数协定规定是1年有效期限,我们认为也可以先保留,也是根据不同"一带一路"共建国家的接受能力约定不同的有限期限制。[1]

4. 何种情况下可以修改或撤销预裁定决定。主要包括:第一,根据有错误的事实所作出的预裁定;第二,作出预裁定的事实发生了一些变化;第三,相关法律法规发生了一些变化;第四,提供的信息不实或不完整。[2]

5. 拒绝作出预裁定的要求。包括两方面:第一,拒绝的情形。如果是符合行政复议的事实为裁定基础的情况,缔约方可以拒绝。同样,符合司法审查对象的情况也可以拒绝;第二,拒绝的形式条件。具体是指需要以书面形式拒绝,并且要将拒绝的理由进行说明。[3]

(七) 复议和诉讼

除《中国-柬埔寨自由贸易协定》外,其他协定对该条款均有单独规定。主要内容包括两部分:

第一,赋予进口商、出口商或者有利害关系的其他人特定的权利;第二,复议或诉讼决定的程序性要求。是指决定应当送达当事人,并且应当以书面形式说明作出决定的理由。[4]

---

[1]《中国-柬埔寨自由贸易协定》第4章第9条第3款;《中国-秘鲁自由贸易协定》第4章第60条第3款;《中国-新西兰自由贸易协定》第5章第52条第4款;《中国-新加坡自由贸易协定(升级)》第5章第11条第3款;《中国-智利自由贸易协定(升级)》第3章第40条第3款;《中国-东盟自贸协定("10+1")升级》第1章第2节第10条第5款;RCEP第4章第10条第7款;CPTPP第5章第5.3条第3款。

[2]《中国-柬埔寨自由贸易协定》第4章第9条第4款;《中国-格鲁吉亚自由贸易协定》第4章第8条第7款;《中国-韩国自由贸易协定》第4章第4.10条第3款;《中国-哥斯达黎加自由贸易协定》第5章第56条第3款;《中国-秘鲁自由贸易协定》第4章第60条第4款;《中国-新西兰自由贸易协定》第5章第52条第5款;《中国-新加坡自由贸易协定(升级)》第5章第11条第4款;《中国-智利自由贸易协定(升级)》第3章第40条第4款;《中国-东盟自贸协定("10+1")升级》第1章第2节第10条第6款;RCEP第4章第10条第8款和第9款;CPTPP第5章第5.3条第4款。

[3] 中国-格鲁吉亚自由贸易协定》第4章第8条第3款;《中国-瑞士自由贸易协定》第4章第4.6条第2款;RCEP第4章第10条第5款;CPTPP第5章第5.3条第2款。

[4]《中国-格鲁吉亚自由贸易协定》第4章第9条;《中国-韩国自由贸易协定》第4章第4.9条;《中国-瑞士自由贸易协定》第4章第4.20条;《中国-哥斯达黎加自由贸易协定》第5章第54条;《中国-秘鲁自由贸易协定》第4章第59条;《中国-新西兰自由贸易协定》第5章第51条;《中国-新加坡自由贸易协定(升级)》第5章第13条;《中国-智利自由贸易协定(升级)》第3章第39条;《中国-东盟自贸协定("10+1")升级》第1章第2节第11条;CPTPP第5章第5.5条。

(八) 自动化系统的应用

除《中国-瑞士自由贸易协定》外，其他协定对"自动化系统的应用"均有单独规定，但是不同协定中对应的名称有所不同，例如，《中国-格鲁吉亚自由贸易协定》和 RCEP 对应的条款名称为"信息技术的应用"，《中国-秘鲁自由贸易协定》和《中国-新西兰自由贸易协定》对应的条款名称为"无纸贸易环境下自动化系统的应用"，CPTPP 对应的条款名称为"自动化"。虽然名称略有差别，但内容基本一致，主要是指各缔约方应当在海关操作中适用低成本和效率高的信息技术，尤其是在无纸贸易环境下，重视世界海关组织在自动化系统领域的发展。[1]

(九) 风险管理

"风险管理"条款在我们比对的所有协定中均有单独规定，其内容主要指各缔约方应当采用风险管理制度，重点监管高风险货物，对低风险货物实行便利通关程序。[2]

(十) 货物放行

除《中国-瑞士自由贸易协定》和《中国-东盟自贸协定（"10+1"）升级》外，其他协定对"货物放行"条款均有单独规定。主要是对货物放行需要满足高效便利的条件作出规定，具体包括：第一，货物在抵达前先通过电子方式提交信息，从而在货物抵达后加速通关；第二，如果进口商提交有效的保证，并且货物已经被决定不需要查验，那么货物可以在征收关税前被提

---

[1]《中国-柬埔寨自由贸易协定》第4章第8条；《中国-格鲁吉亚自由贸易协定》第4章第10条；《中国-韩国自由贸易协定》第4章第4.12条；《中国-哥斯达黎加自由贸易协定》第5章第50条；《中国-秘鲁自由贸易协定》第4章第61条；《中国-新西兰自由贸易协定》第5章第53条；《中国-新加坡自由贸易协定（升级）》第5章第5条；《中国-智利自由贸易协定（升级）》第3章第41条；《中国-东盟自贸协定（"10+1"）升级》第1章第2节第6条；RCEP 第4章第12条；CPTPP 第5章第5.6条。

[2]《中国-柬埔寨自由贸易协定》第4章第11条；《中国-格鲁吉亚自由贸易协定》第4章第11条；《中国-韩国自由贸易协定》第4章第4.13条；《中国-瑞士自由贸易协定》第4章第4.11条；《中国-哥斯达黎加自由贸易协定》第5章第52条；《中国-秘鲁自由贸易协定》第4章第62条；《中国-新西兰自由贸易协定》第5章第54条；《中国-新加坡自由贸易协定（升级）》第5章第10条；《中国-智利自由贸易协定（升级）》第3章第42条；《中国-东盟自贸协定（"10+1"）升级》第1章第2节第9条；RCEP 第4章第14条；CPTPP 第5章第5.9条。

前放行；第三，缔约方需要保证货物在到达后规定的时间内被放行，尤其是要努力在 48 小时以内放行；第四，货物抵达后不需要临时转移到仓库，允许其在抵达地点放行。[1]

以上四点是大多数协定对"货物放行"均规定的内容，除此之外，RCEP 另外增加了关于易腐货物的特殊规定：第一，将易腐货物的放行时间减短，尽可能在货物抵达后和提交放行信息后的 6 小时内放行；第二，特殊情况下，可以在海关的工作时间外予以放行；第三，在安排检查时，应当优先检查易腐货物；第四，缔约方应当对易腐货物的储存做出合适安排。[2]

我们认为 RCEP 对于易腐货物的特殊规定是可以接受的，因为易腐货物本身的特点，做出适合的通关规定是有必要的，因此我们选择将其纳入"一带一路"经贸规则。

（十一）磋商与联络点

除《中国-哥斯达黎加自由贸易协定》和 CPTPP 外，其他协定对该条款均有单独规定，其主要包括两个内容：第一，磋商。是指在有合理根据的情况下，各缔约方海关当局可要求与其他缔约方对本节的问题进行磋商；第二，联络点。各缔约方的海关当局应指定至少一个联络点，并将联络点的信息提供给其他缔约方，如果信息有更改，也应当及时通知对方。[3]

（十二）快件

"快件"条款并不是每个协定均规定的内容，主要集中在《中国-韩国自

---

[1]《中国-柬埔寨自由贸易协定》第 4 章第 10 条；《中国-格鲁吉亚自由贸易协定》第 4 章第 12 条；《中国-韩国自由贸易协定》第 4 章第 4.14 条；《中国-哥斯达黎加自由贸易协定》第 5 章第 49 条；《中国-秘鲁自由贸易协定》第 4 章第 65 条；《中国-新西兰自由贸易协定》第 5 章第 57 条；《中国-新加坡自由贸易协定（升级）》第 5 章第 15 条；《中国-智利自由贸易协定（升级）》第 3 章第 44 条；RCEP 第 4 章第 11 条；CPTPP 第 5 章第 5.10 条。

[2] RCEP 第 4 章第 11 条。

[3]《中国-柬埔寨自由贸易协定》第 4 章第 14 条；《中国-格鲁吉亚自由贸易协定》第 4 章第 15 条；《中国-韩国自由贸易协定》第 4 章第 4.18 条；《中国-瑞士自由贸易协定》第 4 章第 4.22 条；《中国-秘鲁自由贸易协定》第 4 章第 67 条；《中国-新西兰自由贸易协定》第 5 章第 59 条；《中国-新加坡自由贸易协定（升级）》第 5 章第 20 条；《中国-智利自由贸易协定（升级）》第 3 章第 48 条；《中国-东盟自贸协定（"10+1"）升级》第 1 章第 2 节第 14 条；RCEP 第 4 章第 20 条。

由贸易协定》、《中国-哥斯达黎加自由贸易协定》、《中国-秘鲁自由贸易协定》、《中国-新西兰自由贸易协定》、《中国-新加坡自由贸易协定(升级)》、RCEP 和 CPTPP 中。其中 RCEP 和 CPTPP 的规定更加细节具体,其他协定的规定较为宽泛,主要内容是快件的单独通关程序,包括:第一,允许以提交一份单证作为货物放行的条件;第二,尽可能地减少快件放行要求的单证;第三,在提交必要的单证后,如果货物抵达,需要尽快放行,尽可能在 6 小时内放行。[1]

(十三) 后续稽查

《中国-柬埔寨自由贸易协定》、《中国-韩国自由贸易协定》、《中国-瑞士自由贸易协定》、《中国-新加坡自由贸易协定(升级)》、《中国-东盟自贸协定("10+1")升级》和 RCEP 对"后续稽查"条款有单独规定,其主要是货物被放行后,海关后续对其进行核查。在该过程中,缔约方的海关当局应坚持透明度原则,并将稽查的结果等内容迅速告知被稽查人。并且,对于该稽查结果的应用也有规定,其可以被应用在风险管理和评估贸易商的守法记录中。[2]

(十四) 海关程序和贸易便利化委员会

《中国-柬埔寨自由贸易协定》、《中国-韩国自由贸易协定》、《中国-瑞士自由贸易协定》、《中国-新加坡自由贸易协定(升级)》和《中国-智利自由贸易协定(升级)》专门设立了海关程序和贸易便利化委员会,负责实施与本节相关的内容。该条款的内容主要是规定海关程序和贸易便利化委员会的成立、职能、组成和会面。

1. 海关程序和贸易便利化委员会的成立。为有效实施和操作本节内容,缔

---

[1] 《中国-韩国自由贸易协定》第 4 章第 4.15 条;《中国-哥斯达黎加自由贸易协定》第 5 章第 53 条;《中国-秘鲁自由贸易协定》第 4 章第 64 条;《中国-新西兰自由贸易协定》第 5 章第 56 条;《中国-新加坡自由贸易协定(升级)》第 5 章第 16 条;RCEP 第 4 章第 15 条;CPTPP 第 5 章第 5.7 条。

[2] 《中国-柬埔寨自由贸易协定》第 4 章第 12 条;《中国-韩国自由贸易协定》第 4 章第 4.16 条;《中国-瑞士自由贸易协定》第 4 章第 4.12 条;《中国-新加坡自由贸易协定(升级)》第 5 章第 17 条;《中国-东盟自贸协定("10+1")升级》第 1 章第 2 节第 18 条;RCEP 第 4 章第 16 条。

约各方由此成立海关程序和贸易便利化委员会。[1]

2. 海关程序和贸易便利化委员会的组成。一般是由海关当局代表组成，但是如果缔约各方同意，可包括缔约各方相关政府部门代表。[2]

3. 海关程序和贸易便利化委员会的职能。其职能主要包括：第一，本节的合理实施和解决实施过程中发生的所有问题；第二，对本节实施进行评估和酌情对本节进行修订；第三，确认本节可以修改、改进的便利双边贸易的领域；第四，加强缔约各方的合作；第五，向货物贸易委员会提出建议及报告。[3]

4. 海关程序和贸易便利化委员会的会面。海关程序委员会应在缔约双方同意的时间、地点会面。[4]

二、特殊性条款

（一）经认证经营者

"经认证经营者"条款不是每个协定中均有规定，其只存在于《中国-柬埔寨自由贸易协定》、《中国-格鲁吉亚自由贸易协定》、《中国-瑞士自由贸易协定》、《中国-智利自由贸易协定（升级）》、《中国-东盟自贸协定（"10+1"）升级》和RCEP中。其中除RCEP，其他协定对该条款规定的内容均较为原则，主要是指各个缔约方应努力建立经认证经营者制度，从而使得海关能够高效监管。我们认为对于该原则性内容是可以接受的，因为其目标是促进海关监管，既保证海关监管也促进贸易便利，但是对于RCEP中的该条款内容，大多数是细节，我们认为目前还不适合纳入"一带一路"经贸规则示

---

[1]《中国-柬埔寨自由贸易协定》第4章第15条第1款；《中国-韩国自由贸易协定》第4章第4.19条第1款；《中国-瑞士自由贸易协定》第4章第4.23条第1款；《中国-新加坡自由贸易协定（升级）》第5章第21条第1款；《中国-智利自由贸易协定（升级）》第3章第49条第1款。

[2]《中国-柬埔寨自由贸易协定》第4章第15条第3款；《中国-韩国自由贸易协定》第4章第4.19条第3款；《中国-瑞士自由贸易协定》第4章第4.23条第3款；《中国-新加坡自由贸易协定（升级）》第5章第21条第3款；《中国-智利自由贸易协定（升级）》第3章第49条第2款。

[3]《中国-柬埔寨自由贸易协定》第4章第15条第2款；《中国-韩国自由贸易协定》第4章第4.19条第2款；《中国-瑞士自由贸易协定》第4章第4.23条第2款；《中国-新加坡自由贸易协定（升级）》第5章第21条第2款；《中国-智利自由贸易协定（升级）》第3章第49条第3款。

[4]《中国-柬埔寨自由贸易协定》第4章第15条第3款；《中国-韩国自由贸易协定》第4章第4.19条第3款；《中国-瑞士自由贸易协定》第4章第4.23条第5款；《中国-新加坡自由贸易协定（升级）》第5章第21条第4款；《中国-智利自由贸易协定（升级）》第3章第49条第4款。

范文本。

（二）一致性

"一致性"条款被规定在《中国-韩国自由贸易协定》和 RCEP 中，虽然它只存在于这两个协定，但是其内容实质上不属于特殊性条款，因为我们在前文"范围与目标"中提到各缔约方需要确保海关法实施的可预见性、一致性和透明度。因此，我们不再分析，直接将其纳入示范文本。

（三）处罚

《中国-韩国自由贸易协定》、《中国-哥斯达黎加自由贸易协定》、《中国-新加坡自由贸易协定（升级）》、《中国-智利自由贸易协定（升级）》和 CPTPP 对"处罚"条款有单独规定，其中前四个协定对该条款的规定较为简单，属于原则性的内容，CPTPP 规定的内容更为详细具体，标准比较高。首先，我们认为虽然"处罚"条款并不是我们比对的每个协定中均有规定的内容，但是其存在确有必要，主要内容是各缔约方应当对违反本节有关法律法规的行为采取民事、刑事或行政处罚的措施；[1]其次，CPTPP 规定的高标准处罚内容，目前对于我们来说是无法接受的，因此，我们在此不再分析 CPTPP 的"处罚"条款。

（四）保密

"保密"条款存在于《中国-瑞士自由贸易协定》、《中国-智利自由贸易协定》、《中国-东盟自贸协定（"10+1"）升级》和 CPTPP 中，虽然其也不是在每个协定均存在的条款，但是其内容是我们可以接受的，因为它主要是规定缔约方的义务：缔约方海关当局应当对其根据本节得到的信息进行保密，并且只能用于要求提供该信息时所指的目的。[2]

（五）海关程序的审议

《中国-秘鲁自由贸易协定》、《中国-新西兰自由贸易协定》、《中国-东盟

---

[1] 《中国-韩国自由贸易协定》第 4 章第 4.11 条；《中国-哥斯达黎加自由贸易协定》第 5 章第 55 条；《中国-新加坡自由贸易协定（升级）》第 5 章第 12 条；《中国-智利自由贸易协定（升级）》第 3 章第 46 条；CPTPP 第 5 章第 5.8 条第 1 款。

[2] 《中国-瑞士自由贸易协定》第 4 章第 4.21 条；《中国-智利自由贸易协定》第 3 章第 47 条；《中国-东盟自贸协定（"10+1"）升级》第 1 章第 2 节第 20 条；CPTPP 第 5 章第 5.12 条。

自贸协定（"10+1"）升级》和 RCEP 单独规定了"海关程序的审议"条款，其内容主要是指各缔约方的海关当局应当定期审议其海关程序及海关监管中应用的风险管理方法。[1]我们认为定期审议会有利于本节内容的实施，而且也会使得海关程序越来越高效，因此，我们选择将其内容纳入示范文本。

（六）抵达前处理

"抵达前处理"条款只存在于《中国-东盟自贸协定（"10+1"）升级》和 RCEP 中，该条款也是便利通关的具体体现之一，主要是指缔约方应当规定以电子格式预先提交货物进口所必要的文件和信息，从而使得海关当局在货物抵达前就可以处理此类文件，最终使得货物的放行速度加快。[2]我们认为该条款实质上也不属于特殊性条款，因为其也是以便利通关为目的，因此，我们选择将其纳入"一带一路"经贸规则。

（七）放行时间研究

RCEP 单独规定了"放行时间研究"条款，其主要是鼓励性内容：第一，鼓励各缔约方定期计算各自海关放行货物所需时间并且公布，从而使得各缔约方加快货物放行时间；第二，鼓励各缔约方分享各自对于货物放行时间方面的研究，包括其所使用的方法以及各自发现的问题。[3]

虽然该条款只在 RCEP 中被规定，但是其内容本质上与我们前文提到的"范围与目标"相符合，同时因为是鼓励性内容，也没有增加各缔约方的义务，因此，我们选择将其纳入示范文本。

三、示范文本

第一条 定义

就本章而言：

（一）海关当局指

1. 对中国而言，中华人民共和国海关总署；以及

---

[1]《中国-秘鲁自由贸易协定》第4章第66条；《中国-新西兰自由贸易协定》第5章第58条；《中国-东盟自贸协定（"10+1"）升级》第1章第2节第12条；RCEP 第4章第7条。

[2]《中国-东盟自贸协定（"10+1"）升级》第1章第2节第15条；RCEP 第4章第9条。

[3] RCEP 第4章第17条。

2. 对×××而言。

（二）海关法指与货物的进口、出口、移动或储存相关，专门由海关进行管理或执行的法律规定和管理规定，以及任何由海关依法定权力制定的任何法规；

（三）海关程序指由一缔约方海关，遵循其海关法律和法规对货物及运输工具适用的措施。

（四）运输工具指进入或离开一缔约方关税领土的载有自然人、货物或物品的各类船舶、车辆，以及航空器。

第二条 范围与目标

一、本章应当根据缔约双方各自的国际义务以及其国内法律法规的规定，适用于对双边贸易的货物和缔约双方之间运行的运输工具实施的海关程序。

二、本章旨在：

（一）简化缔约双方的海关程序，并且在可能的范围内使其与相关国际标准相协调；

（二）保证缔约双方海关法适用的可预见性、一致性和透明度；

（三）促进对缔约双方海关程序的有效管理，以及货物的快速通关；

（四）便利缔约双方之间的贸易，包括通过加强全球和区域供应链环境；以及

（五）在本章范围内，促进缔约双方海关当局之间的合作。

第三条 便利化

一、各缔约方应当确保其海关程序及做法可预测、一致及公开透明，以便利贸易。

二、各缔约方应使用基于适当国际标准的高效的海关程序，以减少在双方贸易往来中的贸易成本和不必要的延误，尤其是世界海关组织《关于简化和协调海关业务制度的国际公约》（《京都公约》修订版）有关的标准和推荐做法。

三、各缔约方应限制缔约双方间货物贸易过程中的检查、手续以及所需单证的数量，采用那些必要的、适当的方式来确保符合法律要求，从而最大限度地简化相关程序。

四、各缔约方海关当局应定期审议各自的海关程序，以寻求简化方案和

加强双方互利安排，从而便利国际贸易。

五、各缔约方应当尽力提供电子或其他形式的联系点，贸易商可以通过它提交所有法定要求的信息以便通关，包括货物放行。

第四条 透明度

一、各缔约方应尽快公布其与缔约双方间货物贸易相关的普遍适用的法律、法规以及适用的行政规章或程序，包括通过互联网公布。

二、各缔约方应当指定一个或多个咨询点以处理利益相关人对海关事务的咨询，并且应当将与提出咨询程序相关的信息在互联网上公开。

三、在可行并符合其法律法规的情况下，各缔约方应提前在互联网上公开与缔约双方间贸易有关的所有普遍适用的法律法规的草案，以便给予公众特别是利益相关人发表意见的机会。

四、各缔约方应在可能的情况下确保有关缔约双方间贸易的普遍适用的新的法律法规或其修订时，在公布与生效之间有合理间隔。

五、各海关当局应当就可能对本章实施有实质性影响的关于货物及运输工具移动的海关法律或程序的重大修改及时向其他海关当局进行通报。

第五条 海关合作

缔约双方海关当局应当在其国内法律法规允许的范围内，在下列方面相互给予协助：

（一）本章的实施与操作；以及

（二）双方共同决定的其他事项。

第六条 预裁定

一、应出口商、进口商或任何具有合理理由的人员或其代表[1]提交的包括所有必要信息的书面请求，在货物实际入境前，各缔约方海关当局应当就下列事项作出预裁定决定：

（一）货物原产地；

（二）商品税则归类；

（三）符合《海关估价协定》规定情形下，根据特定实施用于确定完税价格的适当方法或标准及其适用；以及

---

[1] 向中国申请预裁定须向中国海关注册。

(四)缔约双方同意的其他事项。

二、进口方海关当局应当自接受所有必要信息后的×日内做出预裁定决定。

三、各缔约方海关当局应规定预裁定决定自做出之日起×年有效。

四、在下列情况下,进口方海关可以修改或撤销预裁定决定:

(一)如果该预裁定所依据的事实有误;

(二)如果预裁定所依据的事实或实际情形发生了变化;

(三)为与其国内法律的变化、司法判决以及本章修订的规定保持一致;或者

(四)如果提供了不实信息或相关信息未予提供。

五、如构成预裁定基础的事实和情况是行政复议或司法审查对象,一缔约方可以拒绝作出预裁定。拒绝作出预裁定的缔约方应当以书面形式迅速通知申请人,并列明相关事实、情况,以及拒绝作出预裁定决定的依据。

第七条 复议和诉讼

一、根据其国内法律法规,各缔约方应赋予进口商、出口商或任何受其决定影响的其他人,享有以下权利:

(一)向独立于或高于做出原决定的人员或部门以外的另一海关部门提出行政复议;及

(二)依据法律法规就行政决定提起司法诉讼。

二、复议和或诉讼的决定应送达申请人和/或申诉人,并应根据该方国内法律法规书面提供作出决定的理由。

第八条 自动化系统的应用

每一缔约方应在海关操作中应用低成本、高效率的信息技术,特别是在无纸贸易环境下,并考虑包括世界海关组织在内的相关国际组织在该领域的发展。

第九条 风险管理

一、各缔约方海关当局应当采用风险管理方法确定货物风险特征以便利低风险货物通关,集中对高风险管理进行监管。

二、各缔约方海关当局应当以风险管理为基础确定查验的人员、货物或运输工具以及这种查验的范围。

三、各缔约方海关当局应当交流风险管理技术的最佳做法。

第十条　货物放行

一、各缔约方应为高效放行货物而采用或设立简化海关程序，以便利缔约方之间的贸易。本款不得要求一缔约方放行尚未满足放行要求的一货物。

二、根据第一款，各缔约方应采用或设立下列程序：

（一）规定在不超过保证其海关法律得到遵守所需的时间内放行货物，在可能的限度内，在货物抵达48小时内；

（二）规定在货物抵达前通过电子方式提交和处理海关信息，以便在货物抵达后加快海关监管放行；

（三）允许货物在抵达地点放行，而无需临时转移至仓库或其他设施；以及

（四）允许进口缔约方海关对一进口商在关税、国内税和规费最终确定前放行货物，如这些税费未在抵达前确定或未在抵达时迅速确定，但条件是货物在其他方面符合放行条件，且进口缔约方所要求的任何保证金已提供，或已应一方要求支付争议付款。争议付款指对关税、国内税规费的支付金额存在争议，并可获得解决该争议的程序。

三、为了防止易腐货物出现可避免的损失或变质，在符合所有管理要求的前提下，各缔约方应当在海关监管下提供易腐货物的放行：

（一）通常情况下，在尽可能短的时间内放行，并且在可能的范围内，在货物抵达后和提交放行所要求的信息后六小时内放行；

（二）在特殊情况下，在该做法适当的情况下，在海关的工作时间之外予以放行。

四、各缔约方在安排任何可能要求的检查时，应当适当优先考虑易腐货物。

五、各缔约方应当安排或允许进口商在等待放行时对易腐货物适当储存作出安排。各缔约方可以要求进口商所安排的任何储存设施，均已经过其相关主管机关批准或指定。货物移动至该储存设施，包括经营者移动该货物的授权，如有要求，可能须经相关主管机关批准。应进口商请求，在可行的并且符合国内法律的情况下，各缔约方应当规定在此类储存设施中予以放行所需的任何程序。

第十一条 经认证经营者

一、各缔约方海关当局应当尽力建立经认证的经营者（AEO）制度，以促进知法守法及海关监管高效。

二、缔约双方海关当局应当尽力推动经认证的经营者互认。

三、鼓励各缔约方海关当局加强合作，在适当的情况下，指定海关关员作为协调员并解决经认证的经营者的海关务，并考虑如何加强此类计划的实施以促进贸易。

第十二条 磋商与联络点

一、在有请求方提供的合理根据或事实的情况下，一缔约方海关当局可随时要求与另一缔约方海关当局就本章实施或执行中发生的问题进行磋商。

二、若此类磋商未能协调解决有关问题，请求方可将题提请本协定所述的海关程序和贸易便利化委员会考虑。

三、各缔约方海关当局应当为本章之目的指定一个或多个联络点。联络点的联系方式信息应向另一缔约方提供，如发生改变，应及时向对方通报。

第十三条 一致性

在可能的情况下，各缔约方应当确保在全国范围内海关法律法规实施的一致性，并应建立并采取适当措施以尽力阻止其地方海关在实施法律法规过程中可能出现的不一致情况发生。

第十四条 处罚

各缔约方应当采用或沿用措施，允许对违反海关法律法规的行为，包括在税则归类、海关估价、原产地、享受本协定规定的优惠关税待遇等方面的违法行为，进行行政处罚，必要时追究刑事责任。

第十五条 快件

各缔约方应在保持适当监管和海关选查的同时，采取或维持针对快件的单独和快速的海关程序。这些程序应：

（一）允许以该方认为合适的形式提交一件单证作为放行的条件，例如一份舱单或一份报关单。该单证涵盖一个快件中的所有货物，允许在可能的情况下以电子形式提交；

（二）在可能的情况下尽量减少快件放行要求的单证；以及

（三）一般情况下，允许快件在提交所有必要的海关单证后，一旦货物抵达尽快放行，并在可能的情况下在 6 小时内放行。

第十六条　后续稽查

一、海关稽查是指在货物放行之后的一段特定时间内，海关对货物进行检查、核查的过程。

二、海关应实施透明的稽查方式。缔约双方应将检查的结论、权利与义务、结论的理由和证据等通报相对人。

三、缔约双方应在可能的情况下，将海关稽查的结果运用到风险管理的应用以及经认证贸易商的确定等方面。

第十七条　海关程序和贸易便利化委员会

一、为本章的有效实施与操作，各缔约方由此成立海关程序和贸易便利化委员会（以下简称"海关程序委员会"）。

二、海关程序委员会应由海关当局代表组成，在各缔约方一致同意的情况下，可包括各缔约方相关政府部门代表。

三、海关程序委员会的职能应包括：

（一）确保本章的合理实施并解决实施中发生的所有问题；

（二）对本章节操作与实施进行评估，同时酌情对本章进行修订；

（三）确认与本章有关的便利双方贸易的改进完善领域；

（四）就各缔约方海关战略发展交换信息，以加强各缔约方之间的合作；以及

（五）向货物贸易委员会提出建议并进行报告。

四、海关程序委员会应在各缔约方同意的时间、地点会面。

第十八条　保密

各缔约方海关当局根据本章获得的信息应仅用于提供该信息时所指的目的，并不得披露该信息。

第十九条　海关程序的审议

一、各缔约方海关当局应当本着进一步简化海关程序、制定互惠安排和便利双边贸易流通的目的，定期审议其海关程序。

二、各缔约方海关当局应当定期审议其在海关监管中应用的风险管理方

法的效果、有效性及效率。

第二十条 抵达前处理

一、每一缔约方应当采取或设立程序,允许提交货物进口所需的文件和其他信息,以便在货物抵达前开始处理,从而在货物抵达时加快放行。

二、每一缔约方应当在适当的情况下,规定以电子格式预先提交第一款所提及的文件和其他信息,以便在货物抵达前处理此类文件。

第二十一条 放行时间研究

一、鼓励各缔约方定期并且以一致的方式,使用例如世界海关组织发布的《货物放行时间测算指南》等工具,测算其海关放行货物所需时间,并且公布其结果,以:

(一)评估贸易便利化措施;以及

(二)考虑进一步改善货物放行所需时间的机会。

二、鼓励各缔约方与其他缔约方共享其在第一款所提及的放行时间研究方面的经验,包括所使用的方法、发现的瓶颈问题。

第四节 卫生与植物卫生措施

卫生与植物卫生措施条款在中国与"一带一路"相关国家签订的自由贸易协定、RCEP、CPTPP作为单独章节进行了约定,具体可见表6-4。相较中国与"一带一路"相关国家签订的自由贸易协定而言,RCEP、CPTPP文本中对该措施的规定及实施程序都进行了更加严格细化的规定,但在该措施项下的基本程序和原则前述文本均有趋同的规定,这些主要体现在共同性条款中。

表6-4 相关自由贸易协定之卫生与植物措施表

自由贸易协定	涉及卫生与植物卫生措施章节
中国-柬埔寨	第六章:卫生与植物卫生措施
中国-马尔代夫	协定暂未公布
中国-格鲁吉亚	第五章:卫生与植物卫生措施
中国-韩国	第五章:卫生与植物卫生措施

续表

自由贸易协定	涉及卫生与植物卫生措施章节
中国-瑞士	第七章：卫生与植物卫生措施
中国-哥斯达黎加	第六章：卫生与植物卫生措施
中国-秘鲁	第六章：卫生与植物卫生措施
中国-新西兰	第七章：卫生与植物卫生措施
中国-新加坡	第七章：技术性贸易壁垒、卫生与植物卫生措施
中国-智利	第七章：卫生和植物卫生措施
中国-巴基斯坦	第六章：卫生和植物卫生措施（SPS）
中国-东盟	关于在《中国-东盟全面经济合作框架协议》下《货物贸易协议》中纳入技术性贸易壁垒和卫生与植物卫生措施章节的议定书 第二章：卫生与植物卫生措施
RCEP	第五章：卫生与植物卫生措施
CPTPP	第七章：卫生和植物卫生措施

数据来源：http://fta.mofcom.gov.cn/georgia/georgia_agreementText.shtml，最后访问日期：2022年1月10日。

一、共同性条款

（一）目标

卫生与植物卫生规则措施的实施目标本质上是保障缔约方货物贸易的顺利进行，但这一措施也建立在保护缔约方领土内人类、动物和植物的基础上。同时，作为货物贸易的一项基本原则，在实施过程中需要各缔约方增进彼此对该措施的理解，以便在相互信任的基础上开展合作。[1]

（二）范围

卫生与植物卫生措施的规定的适用范围各缔约方之间特定的措施，该

---

[1]《中国-格鲁吉亚自由贸易协定》第5章第1条；《中国-韩国自由贸易协定》第5章第5.1条。

措施有一定的效果，效果是对货物贸易有影响，既包括直接的，也包括间接的。[1]

(三) 定义

根据本章涉及的定义，各个条约文本都把世界贸易组织协定附件 1A 的《SPS 协定》的定义作为准则。[2]

(四) 对《实施卫生与植物卫生措施协定》的确认

在本章节项下，各个条约文本均要求缔约方确认彼此在《实施卫生与植物卫生措施协定》规定下的权利义务，并将其纳入本章内容的组成部分。[3]

(五) 技术合作

技术合作规定事项主要为缔约方在卫生与植物卫生方面开展的相关技术合作形式，并通过该种形式，达到互相增进对对方法律法规体系的认识和理解，促进双边市场开放，并达到促进贸易发展的效果。本着这一目标，每一缔约方应尊重并考虑对方的事项基础上，开展合作事项。[4]

(六) 卫生与植物卫生委员会

这一条款内容主要就缔约方之间建立卫生与植物卫生委员会的事项进行了规定。其主要职责是对本节的实施，以此达到便利双边贸易，减少缔约方之间贸易摩擦等不利因素和消极影响。

卫生与植物卫生委员会主要是涉及加强缔约方之间就卫生与植物卫生措施以及与这些措施相关的管理程序的认识和了解，在委员会下设立联系点，对卫生与植物卫生措施实施过程中出现的各项情况进行沟通，此外，各个条约文本均对委员会的成立时间、委员会工作机制等相关事项进行了具体的规

---

[1]《中国-格鲁吉亚自由贸易协定》第 5 章第 2 条；《中国-韩国自由贸易协定》第 5 章第 5.2 条。

[2]《中国-格鲁吉亚自由贸易协定》第 5 章第 3 条；《中国-韩国自由贸易协定》第 5 章第 5.2 条。

[3]《中国-格鲁吉亚自由贸易协定》第 5 章第 4 条；《中国-韩国自由贸易协定》第 5 章第 5.3 条。

[4]《中国-格鲁吉亚自由贸易协定》第 5 章第 10 条；《中国-韩国自由贸易协定》第 5 章第 5.4 条。

定,在"一带一路"经贸规则中,该问题的具体程序性事项应当由缔约方具体确认。

二、特殊性条款

在中国与相关国家的自由贸易协定中,各项文本中的特殊性条款主要体现在以下制度中:

1. 协调制度。其主要是要求缔约方在适当的条件下遵守相关国际组织条约的框架,以国际通行的标准为基础,并在此基础上开展合作。[1]

我们认为这一规则在构建"一带一路"经贸规则中是可以接受的,此项措施的设立目的在于协调各方合作机制,并保证缔约方采用的措施与国际通行标准相一致,以此达到促进各缔约方卫生和植物卫生措施的同步实施的效果。

2. 等效性规则。如果出口方能够客观地向对方表明其措施满足了对方的合理保护水平和要求,那么每个缔约方应当将视为对方的卫生与植物卫生措施与其自身的措施具有相同效力,并予以接受,在此基础上,如进口方请求,应当给予进口方检查、检验以及其他相关程序的合理化处理规则。[2]

这一规则能够促进缔约双方在卫生与植物卫生措施的实施层面达到一致,进而统一双方措施的实施效力,使缔约双方采取的措施处于相同的法律地位,因此在"一带一路"经贸规则中可以接受。

3. 透明度规则。这一规则主要体现在缔约方应向对方公开相应的卫生与植物卫生措施的相关信息,例如,通过设立合理时间范围的评议期,对缔约方提供的卫生与植物卫生实施措施进行审查评议并及时予以通报回复等。[3]

透明度规则有助于缔约方在卫生与植物卫生措施实施程序及相关信息的沟通合作,也有助于缔约方的信息共享,在"一带一路"经贸规则中可以接受。

在 RCEP 和 CPTPP 中,特殊性条款主要体现在如下方面:

---

[1]《中国-格鲁吉亚自由贸易协定》第 5 章第 6 条。
[2]《中国-格鲁吉亚自由贸易协定》第 5 章第 8 条。
[3]《中国-格鲁吉亚自由贸易协定》第 5 章第 9 条;《中国-智利自由贸易协定》第 7 章第 57 条。

1. 等效性条款：在 RCEP 中首先规定了缔约方加强等效性合作应当按照《实施卫生与植物卫生措施协定》，并同时考虑 WTO 卫生与植物卫生措施委员会的相关决定和标准、指南和建议。在决定一项卫生和植物卫生措施的等效性时，进口方应当考虑出口缔约方可获得的知识、信息和经验，以及管理能力。[1]

在程序方面，RCEP 中规定了磋商程序，通过磋商达成有关卫生和植物卫生措施的等效性双边互认安排。在磋商程序的具体实施方面，RCEP 规定了在出口方申请时，进口方应当解释并提供的内容，以及在磋商过程中，不得中断或暂停从该缔约方进口相关产品。在等效性承认做出后，进口方应当将决定通过书面形式告知缔约方，如果为否定决定时也应提供书面形式理由。

通过对比可以看出，RCEP 中有关等效性的基本原则同中国与相关国家的自由贸易协定条款相近似，但是在具体实施程序上则更加严格细化，对相关缔约国国内程序要求较高，因此关于等效性的具体实施程序在"一带一路"经贸规则中不应采纳。

2. 风险分析条款：这一部分内容规定了缔约方对卫生与植物卫生措施进行风险分析时应遵循的程序性事项，要求进行风险分析时应考虑 WTO 卫生与植物卫生措施委员会的相关决定和标准、指南和建议，具体包括对风险分析进行存档，并向出口缔约方提供对进口缔约方决定提出意见的机会，应出口缔约方的请求，进口缔约方应当告知其进行风险分析要求的进展，以及出现的迟疑，在进行风险分析时要充分考虑对贸易的限制以及技术和经济的可行性。[2]

3. 审核条款：审核条款同样规定了对卫生与植物卫生措施审核程序性事项，在审核前由缔约方交换相关信息，并有进口缔约方向出口缔约方提供对审核结果提出意见的机会，进口缔约方的审核决定应当在合理时间内向出口缔约方以书面的报告或摘要形式提供。[3]

4. 认证条款：同前述程序相同，这一制度也是建立在考虑 WTO 卫生与植物卫生措施委员会的相关决定和标准、指南和建议的基础之上，规定了根据

---

[1] RCEP 第 5 章第 5 条。
[2] RCEP 第 5 章第 7 条。
[3] RCEP 第 5 章第 8 条。

进口缔约方的要求,出口缔约方相关主管机关应当提供证明该出口缔约方满足进口缔约方的卫生与植物卫生措施要求的文件及证书。对于证书形式,可以允许以卫生与植物卫生措施证书之外的其他方式提供,在不同的制度下,可以满足相同的卫生与植物卫生目标。对于进口缔约方而言,其应当保证此类证书的使用权限应在保护人类、动物或植物生命或健康的必要限度内使用。最后,在保障缔约方进口控制权的前提下,进口缔约方应当接受由出口缔约方主管机关颁发的、与进口缔约方管理要求相一致的证书。[1]

5. 进口检查条款:这一条款主要规制了进口缔约方在进行进口检查时应采取的程序性事项,首先强调 WTO 卫生与植物卫生措施委员会相关决定的重要性,并基于与进口相关的卫生与植物卫生风险,在检查中如发现违规情形,进口缔约方应当采取与该卫生与植物卫生风险相适应的最终决定或行动。对于前述违规情形,进口缔约方采取了禁止或限制进口该货物措施的,应当就相关事项向进口商或其代表进行通告,如认为必要时,也可向出口缔约方通报此类违规行为。[2]

6. 紧急措施条款:主要是指缔约方在采取紧急措施时,应当遵循本条款的内容,首先当一个缔约方采取紧急措施时,应当通过相关联络点以及已经建立的沟通渠道以书面形式向出口缔约方进行通报。其次,出口缔约方在收到通报后可以同进口缔约方就紧急措施事项在可行的范围内尽快进行讨论,参加讨论的缔约双方应当努力提供相关信息,并考虑通过讨论提供的任何信息。随后,在一缔约方采取紧急措施后,其应当在合理期限内,应出口缔约方的要求或自行对采取的紧急措施进行审查,并将相关结果通知出口缔约方。[3]

RCEP 中的风险分析条款、审核条款、认证条款、进口检查以及紧急措施条款均对出口缔约方与进口缔约方之间的相关程序进行了详细的规定,其规定的具体程序实施规则在"一带一路"经贸规则中可以考虑采纳。

7. 合作和能力建设条款:这一条款主要规定了缔约方之间在遵守适当资源的可用性的情况下,进行有关能力建设、技术援助、合作以及卫生与植物卫生的其他相关事项。

---

[1] RCEP 第 5 章第 9 条。
[2] RCEP 第 5 章第 10 条。
[3] RCEP 第 5 章第 11 条。

8. 技术磋商条款：这一条款规定缔约方在认为一项卫生与植物卫生措施正在影响另一缔约方的贸易时，可以通过已经建立的沟通程序向另一缔约方要求获得一份关于该卫生与植物卫生措施实施的详细解释，并对该事项的具体内容进行沟通。同时，缔约方之间可以通过举行技术磋商的形式，解决在卫生与植物卫生措施实施过程中的特定问题，被请求方应当迅速对相应请求进行回应，双方进行技术磋商的主要目的即努力达成共同满意的解决方案。

针对技术磋商的具体程序，文本中规定在一方请求进行技术磋商后，磋商应当在对方受到请求后30日内进行，磋商应当在提出请求之日起180日内或在磋商缔约方一致同意的时间期限范围内解决关注事项。最后，关于技术磋商的形式包括但不限于电话会议、视频会议以及磋商缔约方同意的其他方式。[1]

RCEP中涉及的技术磋商程序有助于解决在卫生与植物卫生措施实施过程中可能产生的相关技术争议问题，这一解决程序的规则原则可以在"一带一路"经贸规则中进行借鉴，但其具体实施程序需要相关国家达成一致事项，在具体协定中应尊重缔约方的意思一致。

9. 实施规则条款：在RCEP中规定了在缔约方共同同意的情形下，各缔约方可以制定共同安排，主要涉及双方的共同确认的谅解以及在卫生与植物卫生措施章节所涉及的具体适用细节。这一条款的规定，给卫生与植物卫生措施实施增添了灵活性和变通性，能够保证在本章没有具体规定的情形和事实发生时，缔约双方能够自由地就相关事项设立新的解决程序，以便于卫生与植物卫生措施的顺利实施，因此，在"一带一路"经贸规则中可以进行适用。

三、示范文本

第一条 目标

本章的目标为：

（一）保护缔约方领土境内的人类、动物或植物生命或健康的同时，减小双边贸易消极影响，促进双边贸易便利发展。

（二）提高缔约方卫生与植物卫生措施的透明度，以及各方对该项措施的

---

[1] RCEP第5章第14条。

理解。

（三）加强缔约方相关主管机构的交流与合作。

（四）促进世界贸易组织附件中《实施卫生与植物卫生措施协定》的实施。

第二条 范围

本章适用于缔约方所有直接或间接影响双边贸易的卫生与植物卫生措施。

第三条 定义

世界贸易组织附件《实施卫生与植物卫生措施协定》中的定义适用于本章规定。

第四条 对《实施卫生与植物卫生措施协定》的确认

缔约方确认关于《实施卫生与植物卫生措施协定》的权利与义务规定应适用于双方，《实施卫生与植物卫生措施协定》纳入本章并作为组成部分。

第五条 技术合作

一、缔约方应在卫生与植物卫生技术领域开展合作，并增进对双方法律法规体系的了解，减少双边贸易消极影响，便利双方市场合作。

二、双方应充分考虑卫生和植物卫生措施相关的合作事项，在具体事项上以双方达成的一致条款和条件上进行。

第六条 等效性

如果缔约出口方能够客观地向进口方展示其卫生与植物卫生措施达到了对方的合理保护水平，则每一缔约方应将另一方的卫生与植物卫生措施视为与己方措施具有同等效力而予以接受。为此，应进口方请求，应当给予进口方检查、检验及其他相关程序的合理化通道。

第七条 协调

缔约方应当努力将卫生与植物卫生措施建立在已经存在的国家标准、指南或建议的基础上加强交流、合作与协调。

第八条 透明度

每一缔约方在本条中重申《实施卫生与植物卫生措施协定》的相关要求。

第九条 风险分析

一、缔约方应当依照《实施卫生与植物卫生措施协定》，同时考虑世界贸易组织卫生与植物卫生措施委员会的相关决定以及国际标准、指南和建议，加强在风险分析方面的合作。

二、进行风险分析时，一进口缔约方应当：

（一）保证风险分析存档，并且给予出口缔约方以该进口缔约方决定的方式提出意见的机会；

（二）考虑对贸易的限制不超出为达到适当的卫生或植物卫生保护水平所要求的限度的风险管理方式；

（三）在考虑技术和经济可行性的同时，选择对贸易的限制不超出为达到适当的卫生或植物卫生保护水平所要求的限度的风险管理方式。

三、应一出口缔约方请求，一进口缔约方应当告知该出口缔约方一项特定的风险分析要求的进展，以及在该程序中可能出现的任何迟延。

四、在不损害紧急措施的情况下，如一进口缔约方在审议开始时已经允许进口另一缔约方的某种货物，该进口缔约方不得仅以其正在对一项卫生或植物卫生措施进行审查为由，停止进口该另一缔约方的该货物。

第十条　审核

一、在进行审核时，每一缔约方应当考虑世界贸易组织卫生与植物卫生措施委员会的相关决定以及国际标准、指南和建议。

二、为评估出口缔约方主管机关管理控制的有效性，一项审核应当基于制度，以提供要求的保证以及符合进口缔约方卫生与植物卫生措施。

三、在审核开始前，评估所涉及的进口缔约方和出口缔约方应当就审核的目的和范围以及与审核的开始具体相关的其他事项交换信息。

四、进口缔约方应当向出口缔约方提供对审核结果提出意见的机会，并且在得出结论和采取任何行动之前考虑任何此类意见。进口缔约方应当在合理期限内，向出口缔约方以书面形式提供陈述其结论的报告或者摘要。如提供此类报告或摘要须经请求，进口缔约方应当通知出口缔约方。

第十一条　认证

一、在适用认证要求时，每一缔约方应当考虑世界贸易组织卫生与植物卫生措施委员会的相关决定以及国际标准、指南和建议。

二、一出口缔约方应当在一进口缔约方要求时，由该出口缔约方主管机关提供证明该出口缔约方满足进口缔约方的卫生与植物卫生要求的文件。

三、缔约方认识到一进口缔约方在适当的情况下，可以允许与卫生或植物卫生要求相关的保证以除证书之外的其他方式提供，以及不同的制度可以满足相同的卫生与植物卫生目标。

四、如要求对一货物贸易进行认证，进口缔约方应当保证此类认证要求仅在保护人类、动物或植物生命或健康所必要的限度内适用。

五、在不损害缔约方进口控制权的前提下，进口缔约方应当接受由出口缔约方主管机关颁发的、与进口缔约方管理要求相一致的证书。

第十二条　进口检查

一、在实施进口检查时，每一缔约方应当考虑世界贸易组织卫生与植物卫生措施委员会的相关决定以及国际标准、指南和建议。

二、依照进口缔约方的法律、法规和卫生与植物卫生要求进行的进口检查，应当基于与进口相关的卫生与植物卫生风险。如在进口检查中发现违规，进口缔约方的最终决定或采取的行动应当与进口违规产品相关的卫生与植物卫生风险相适应。

三、如一进口缔约方基于在进口检查中发现的货物的违规而禁止或限制进口一出口缔约方的该货物，该进口缔约方应当向进口商或其代表进行通报，并且如该进口缔约方认为必要，也应当向该出口缔约方通报此类违规。

四、如一进口缔约方确定存在与出口货物相关的重大的或重复的卫生或植物卫生违规，涵盖缔约方应当应其中任何一缔约方请求，对违规进行讨论，以保证采取适当救济措施减少此类违规。

第十三条　紧急措施

一、如一缔约方采取一项为保护人类、动物或植物生命或健康所必要的紧急措施，并且这一措施可能对贸易产生影响，该缔约方应当立即通过与另一缔约方已建立的沟通渠道，以书面形式向相关出口缔约方进行通报。

二、相关出口缔约方可以请求与采取第一款所提及的紧急措施的缔约方进行讨论。此类讨论应当在可行的范围内尽快举行。参与讨论的每一缔约方应当努力提供相关信息，并且应当适当考虑通过讨论提供的任何信息。

三、如一缔约方采取了紧急措施，其应当在合理期限内，自行或者应一出口缔约方请求，对该措施进行审查。在必要的情况下，进口缔约方可以请求提供相关信息，并且该出口缔约方应当努力提供相关信息，以协助该进口缔约方对已经采取的紧急措施进行评估。该进口缔约方应当应请求向该出口缔约方提供审查结果。如在审查后紧急措施被维持，该进口缔约方应该基于最近可获得的信息，定期对该措施进行审查，并且应当应请求说明继续该紧急措施的理由。

第十四条　合作和合作能力建设

一、在与本章相一致并且遵守适当资源的可用性的情况下，缔约方应当探索缔约方之间进一步合作的机会，包括能力建设、技术援助、合作以及就共同关心的卫生与植物卫生事项交换信息。

二、缔约方可以就本章项下具有共同利益的任何事项进行合作，包括针对部门的特定建议。

三、在开展合作活动中，缔约方应避免不必要的重复以及最大限度地利用资源。

第十五条　技术磋商

当一缔约方认为一项卫生与植物卫生措施正在影响其与另一缔约方的贸易时，其可以通过与缔约方已建立的沟通渠道，请求获得一份该卫生与植物卫生措施的详细解释。另一缔约方应当迅速答复对此类解释的任何请求。

第十六条　卫生与植物卫生措施委员会

一、双方藉此同意成立卫生与植物卫生措施委员会（以下简称委员会），由双方卫生与植物卫生事务主管机构的代表组成。

二、该委员会的目的是促进各方对《实施卫生与植物卫生措施协定》的实施，保护人类、动物和植物的生命和健康，加强有关卫生与植物卫生事务的合作与磋商，并最大限度减少对双边贸易的消极影响。

三、认识到处理卫生与植物卫生事务必须依赖科学并基于风险评估，且最好通过双边技术合作和磋商的形式进行。

四、委员会应力求加强双方卫生与植物卫生主管机构当前或未来的联系。为此，委员会应：

（一）认识到科学风险分析应由双方相关管理机构开展和评估；

（二）加强双方对彼此卫生与植物卫生措施以及与这些措施相关的管理程序的相互了解；

（三）就影响或可能影响双边贸易的卫生与植物卫生措施的制定或实施事

宜进行磋商；

（四）通过双方联系点，及时沟通重大的、持续或反复出现的不符合卫生与植物卫生要求的情况；

（五）当一方认为另一方卫生与植物卫生措施的实施已造成或可能会造成任意、不合理的歧视或变相限制，应一方要求，如必要，考虑以委员会同意的条款和条件开展技术磋商，以寻求合理解决双方共同关心的卫生与植物卫生问题。此类磋商应在提出磋商要求后的合理时限内举行；

（六）相互协调双方在涉及食品安全、人类、动物和植物生命健康的国际和区域组织或论坛中的立场、会议议程和议题等；

（七）加强对有关制定、实施和采用卫生与植物卫生措施的技术合作活动的协调，以及

（八）增进对有关《实施卫生与植物卫生措施协定》具体实施问题的相互理解，包括澄清各方的管理框架及规则制定程序。

五、双方应在本协定生效合理期限内成立委员会，通过换文的形式确定各自委员会的主要代表，并确定委员会的职责范围。

六、除双方另有约定外，委员会每年至少召开一次会议。会议地点由双方共同决定，主席由双方轮流担任。

七、双方应确保相关贸易和监管机构或部门中负责制定、实施和执行卫生与植物卫生措施的适当人员参加委员会会议。

八、为协调本章的实施，特别是委员会会议的召开，并在合理期限沟通信息，双方应指定如下联系点：中方为国家质量监督检验检疫总局，或其继任者；另一缔约方待定。

第十七条　实施

在共同同意的情况下，缔约方可以制定双边或者多边安排，以列出共同确定的谅解和本章在适用时的细节。

第五节　技术性贸易壁垒（TBT）

"技术性贸易壁垒"在我国与"一带一路"相关国家签订的绝大部分自由贸易协定、RCEP 和 CPTPP 中均以成章方式出现，仅在中国与东盟签订的

《中国-东盟全面经济合作框架协议》和《中国-东盟全面经济合作框架协议货物贸易协议》中以条款出现。不同的协定的中对应的具体名称有所不同，但大多集中在"技术性贸易壁垒"或"标准、技术法规和合格评定程序"章节中，如表6-5。

表6-5　相关自由贸易协定之技术性贸易壁垒表

自由贸易协定	涉及技术性贸易壁垒及相关实施程序章节
中国-柬埔寨	第五章：技术性贸易壁垒
中国-马尔代夫	协定暂未公布
中国-格鲁吉亚	第六章：技术性贸易壁垒
中国-韩国	第六章：技术性贸易壁垒
中国-瑞士	第六章：技术性贸易壁垒
中国-哥斯达黎加	第七章：技术性贸易壁垒
中国-秘鲁	第七章：技术性贸易壁垒
中国-新西兰	第八章：技术性贸易壁垒
中国-新加坡	第七章：技术性贸易壁垒，卫生与植物卫生措施
中国-智利	第八章：技术性贸易壁垒
中国-巴基斯坦	第七章：技术性贸易壁垒
中国-东盟	《中国-东盟全面经济合作框架协议》 第二部分 第7条 其他经济合作领域 《中国-东盟全面经济合作框架协议货物贸易协议》 第7条 WTO规则
RCEP	第六章：标准、技术法规和合格评定程序
CPTPP	第八章：技术性贸易壁垒

数据来源：http://fta.mofcom.gov.cn/georgia/georgia_agreementText.shtml，最后访问日期：2021年12月29日。

一、共同性条款

在"一带一路"相关国家与我国签订的各自由贸易协定（Free Trade Agreement，本节简称为 FTA）及 RCEP 与 CPTPP 的技术贸易壁垒章节中，只有我国与东盟签订的全面经济合作框架协议非常特殊，除了框架协议外还包括货物贸易、服务贸易、投资及修订后的议定书，但没有技术贸易壁垒章节，只在部分合作及规则条款中提及适用 WTO 框架下的《技术性贸易壁垒协定》（以下简称《TBT 协定》）的规定。因此在以下共同性及特殊性条款的比对中，绝大多数都与该框架协议无关。

（一）目标

在"一带一路"相关国家与我国签订的各自由贸易协定（FTA）及 RCEP 与 CPTPP 的技术贸易壁垒章节中，除我国与东盟签订的框架协议外，其余各 FTA 在"技术贸易壁垒"或"标准、技术法规和合格评定程序"[1]章节中均有"目标"条款，且规定类似，有概括和单独列出两种形式，都主要通过方式和目的规定。

1. 方式

各 FTA 主要通过规定促进《TBT 协定》原则的实施，避免不必要的技术贸易壁垒，加强合作与互相了解四种方式，来确保达到章节目标。不同协定言语表达可能有部分出入，但从总体上来看意思相差不大。如加强合作与相互了解，既包含相互理解，也包含信息交流或者对透明度的要求。

其中，部分自由贸易协定的条款规定更加细致：《中国-韩国 FTA》、《中国-瑞士 FTA》、《中国-新西兰 FTA》以及《中国-巴基斯坦 FTA》中又另外强调减低贸易成本的重要性；[2]《中国-新西兰 FTA》与 RCEP 中还为处理技术性贸易壁垒对贸易的影响提供框架和支持机制。[3]

2. 目的

"目标"条款的重点在于表明本章节规定所要达到的目的。据各"一带一路"相关国家与我国签订的 FTA 以及 RCEP 和 CPTPP 可知，该章节都是以便利和促进协定缔约方间的贸易为目的。其中《中国-哥斯达黎加 FTA》、《中国-新加坡 FTA》以及 RCEP 提到：目的之一还有将以其规定的方式来解决在贸

---

[1] RCEP 第 6 章：标准、技术法规和合格评定程序。
[2] 《中国-韩国自由贸易协定》第 6 章第 6.1 条；《中国-瑞士自由贸易协定》第 6 章第 6.1 条；《中国-新西兰自由贸易协定》第 8 章第 90 条；《中国-巴基斯坦自由贸易协定》第 7 章第 36 条。
[3] 《中国-新西兰自由贸易协定》第 8 章第 90 条；RCEP 第 6 章第 2 条。

易中可能产生的与技术贸易壁垒相关的问题。[1]但究其根本,解决问题还是为了便利贸易。因此,技术贸易壁垒章节的共同目标:便利和促进缔约方之间的货物贸易。

在此,将接受程度最高的四种方式和共同目标纳入示范文本。

(二) 适用范围

"适用范围"条款规定了章节的适用界限与范围,中国与"一带一路"国家签订的各FTA、RCEP及CPTPP都规定了此条款(《中国-东盟全面经济合作框架协议》除外)。关于本章节可适用的范围界定,主要以概括适用于全部技术性贸易措施结合反向排除其中不适用部分的方式来规定。全部技术性贸易措施即所有可能影响缔约方贸易的标准、技术法规及合格评定程序。排除不适用部分的反向规定与《TBT协定》中的相同,主要包括卫生与植物卫生措施和政府采购相关规范。[2]另外截至目前,中国最新签订的自由贸易协定《中国-柬埔寨FTA》还进一步排除了工商业可能提出的知识产权问题的适用。[3]

其他各FTA内容相差不大,但《中国-新加坡FTA》中未规定不适用的范围,只概括地规定了适用于全部技术性贸易措施。[4]《中国-智利FTA》和《中国-巴基斯坦FTA》规定仅不适用于卫生与植物卫生措施。[5]《中国-韩国FTA》、RCEP及CPTPP提到了确保制定、实施、采取相关措施的地方政府在执行时对本章节内容的遵守,RCEP还强调确保非政府机构的遵守。[6]《中国-新西兰FTA》、[7]RCEP及CPTPP强调本章内容不得以任何方式阻碍缔约方根据《TBT协定》采取或维持技术性贸易措施。

因此采取适用全部,不适用于卫生与植物卫生措施和政府采购相关规范

---

[1] 《中国-哥斯达黎加自由贸易协定》第7章第68条;《中国-新加坡自由贸易协定》第7章第45条;RCEP第6章第2条。

[2] 《技术性贸易壁垒协定》第1条.

[3] 《中国-柬埔寨自由贸易协定》第5章第2条。

[4] 《中国-新加坡自由贸易协定》第7章第46条。

[5] 《中国-智利自由贸易协定》第8章第61条;《中国-巴基斯坦自由贸易协定》第7章第37条。

[6] 《中国-韩国自由贸易协定》第6章第6.2条;RCEP第6章第3条;CPTPP第8章第8.3条。

[7] 《中国-新西兰自由贸易协定》第8章第92条。

为范围纳入示范文本。

（三）定义

本章节的"定义"条款主要围绕着什么是"技术性贸易壁垒"来规定，除《中国-智利 FTA》及《中国-东盟全面经济合作框架协议》以外，中国与"一带一路"国家签订的各 FTA 和 RCEP、CPTPP 均规定了"定义"条款。

所有"定义"条款都将《TBT 协定》附件 1 的定义纳入其中，即以此为示范文本条款。在此基础之上，有部分 FTA 根据自己的指明需要，对其他货物贸易中需要的特有名词进行了单独定义，如《中国-新西兰 FTA》中对主管机构和与货物相关的直接运输进行了定义，并对《TBT 协定》定义中的技术法规进行了有限的扩大解释；[1] CPTPP 对领事事务、销售许可、互认协议、互认安排、上市后监督以及核实进行了单独定义。[2]

另外，《中国-新西兰 FTA》、《中国-巴基斯坦 FTA》[3] 及 CPTPP 均格外强调《TBT 协定》的全称以具体指明。

（四）《TBT 协定》的确认

对于此条款，在中国与"一带一路"国家签订的 FTA、RCEP 和 CPTPP 中名称与表达方式各有不同，但其根本内容是规定各协定中本章节与《TBT 协定》的关系。《中国-柬埔寨 FTA》、《中国-韩国 FTA》、《中国-瑞士 FTA》、RCEP 和 CPTPP 中规定适用《TBT 协定》，将其中部分条款经必要修订后纳入各协定，RCEP 和 CPTPP 中明确了需要修改的特定条款，因此在这几个 FTA 中，本条名称为"一般条款""技术性贸易壁垒的确定""申明""技术性贸易壁垒的确定和并入"以及"《TBT 协定》特定条款的纳入"。[4] 其余中国与"一带一路"国家签订的各 FTA，包括《中国-东盟全面经济伙伴框架协议货物贸易协议》中均规定为对《TBT 协定》中缔约方权利义务的确认或重申，其条款名称也基本为"重申"。

另外，在《中国-新西兰 FTA》中，强调了对发展中国家成员的特殊和

---

[1]《中国-新西兰自由贸易协定》第 8 章第 89 条。
[2] CPTPP 第 8 章第 8.1 条。
[3]《中国-巴基斯坦自由贸易协定》第 7 章第 35 条。
[4]《中国-柬埔寨自由贸易协定》第 5 章第 4 条；《中国-韩国自由贸易协定》第 6 章第 6.3 条；《中国-瑞士自由贸易协定》第 6 章第 6.2 条；RCEP 第 6 章第 4 条；CPTPP 第 8 章第 8.4 条。

差别待遇以及技术援助权利义务的确认，表明对发展中国家在相关领域的包容。[1]RCEP 与 CPTPP 还提到了对于仅违反根据规定并入协定的《TBT 协定》的条款所引起的争端，不适用协定的争端解决程序。值得一提的是，RCEP 特别明确了当 RCEP 规定与《TBT 协定》冲突时条款适用的优先级问题：规定当条款冲突发生时，适用 RCEP 规定，即 RCEP 规定优于《TBT 协定》适用，为缔约方未来在适用条款时提供了清晰的指示。[2]

为提高示范文本适用性，仅采纳最基本及接受程度最高的条款纳入示范文本，即确认适用《TBT 协定》，并经必要修改后纳入。

(五) 标准

中国与"一带一路"国家签订的 FTA、RCEP 及 CPTPP 在本章节中规定的与"标准"相关的条款有两种："国际标准"和"标准"，绝大部分 FTA 只在一个条款项下单独或结合规定这两个标准，而 RCEP 将其分开规定为两个条款，较为特殊。

除 RCEP 外，"标准"和"国际标准"基本上是混合规定，主要包括对国际标准的定义，即将已发布的标准，尤其是权威组织发布的标准是国际标准；[3]缔约方之间加强在标准化领域的合作与信息交流；[4]要求缔约方在已有的国际标准基础上制定相关技术性贸易措施规则，以避免不必要的技术性贸易壁垒；[5]确保实施 TBT 委员会通过的相关决议中规定的原则。[6]

---

[1]《中国-新西兰自由贸易协定》第 8 章第 91 条。
[2] RCEP 第 6 章第 4 条。
[3]《中国-柬埔寨自由贸易协定》第 5 章第 5 条；《中国-格鲁吉亚自由贸易协定》第 6 章第 6 条；《中国-韩国自由贸易协定》第 6 章第 6.4 条；《中国-瑞士自由贸易协定》第 6 章第 6.4 条。
[4]《中国-格鲁吉亚自由贸易协定》第 6 章第 6 条；《中国-韩国自由贸易协定》第 6 章第 6.4 条；《中国-哥斯达黎加自由贸易协定》第 7 章 73 条；《中国-秘鲁自由贸易协定》第 7 章第 96 条；《中国-新西兰自由贸易协定》第 8 章第 94 条；《中国-新加坡自由贸易协定》第 7 章第 51 条；《中国-巴基斯坦自由贸易协定》第 7 章第 39 条第 2 款；RCEP 第 6 章第 5、6 条；CPTPP 第 8 章第 8.5 条。
[5]《中国-韩国自由贸易协定》第 6 章第 6.4 条；《中国-秘鲁自由贸易协定》第 7 章第 96 条；《中国-新西兰自由贸易协定》第 8 章第 94 条；《中国-新加坡自由贸易协定》第 7 章第 51 条；《中国-智利自由贸易协定》第 8 章第 63 条；《中国-巴基斯坦自由贸易协定》第 7 章第 39 条第 2 款。
[6] 该决议全称为《委员会关于制定与第二条、第五条和附件三有关的国际标准、指南和建议的原则的决定》，本条可参见《中国-哥斯达黎加自由贸易协定》第 7 章第 73 条；《中国-秘鲁自由贸易协定》第 7 章第 96 条；《中国-智利自由贸易协定》第 8 章第 63 条；RCEP 第 6 章第 5 条；CPTPP 第 8 章第 8.5 条。

RCEP 和 CPTPP 中还强调了要认识到协调缔约方之间的技术性贸易措施对货物贸易的重要性。

而 RCEP 的"标准"条款独特地进一步提出，要求缔约方保证不对国际标准的内容和结构进行有可能产生不必要的障碍效果的修改，在此基础之上的修改，则可经另一缔约方要求提供该修改导致的标准内容和结构的差异及其原因，并在实际递送费用之外，对各国无差异收费。[1]此项规定使得标准更具透明度与可预期性，便利缔约方之间的国际贸易。

在以上规定中，加强合作与信息交流、在国际标准基础上制定技术性贸易措施的规定以及考虑 WTO 的 TBT 委员会相关决议中列出的原则，这三款的适用范围广，接受程度高，纳入示范文本。

（六）透明度

"透明度"条款是为缔约方提供重要信息以及时掌握其他缔约方制定技术性贸易措施情况的重要条款，除《中国-瑞士 FTA》及《中国-东盟全面经济合作框架协议》中未规定外，其余中国与各"一带一路"国家签订的 FTA、RCEP、CPTPP 中均包含此条款。

其中，因 FTA 要求开放水平不同，因此"透明度"条款中要求信息公开的程度也略有不同。整体上来讲，各 FTA 都要求缔约方公开现行及拟议的新的或修订的技术性贸易措施的相关信息，及其采用措施的目标及合理性根据，并需通过 WTO 中的 TBT 咨询点进行信息通报；除紧急情况外，各方将其技术性贸易措施通报世界贸易组织后，需给予另一方至少 60 天评议期，并对其评议进行认真考虑后予以回复；鼓励缔约方在经请求后，尽量提供有关本章事项的信息。[2]因此，我们选择将以上内容纳入示范文本。

对于透明度要求程度更高的个别 FTA，要求缔约方提供的新信息范围更

---

〔1〕 RCEP 第 6 章第 6 条。

〔2〕《中国-柬埔寨自由贸易协定》第 5 章第 8 条；《中国-格鲁吉亚自由贸易协定》第 6 章第 8 条；《中国-韩国自由贸易协定》第 6 章第 6.7 条；《中国-哥斯达黎加自由贸易协定》第 7 章第 75 条；《中国-秘鲁自由贸易协定》第 7 章第 99 条；《中国-新西兰自由贸易协定》第 8 章第 98 条；《中国-新加坡自由贸易协定》第 7 章第 54 条；《中国-智利自由贸易协定》第 8 章第 67 条；《中国-巴基斯坦自由贸易协定》第 7 章第 40 条；RCEP 第 6 章第 11 条；CPTPP 第 8 章第 8.7 条。

广泛,更全面,更细致,方式也更多;如电子方式、官方网站等;[1]《中国-智利 FTA》和《中国-巴基斯坦 FTA》中强调了相互通报关于技术性贸易措施主管部门的最新信息及相关组织的重大变化;CPTPP 的规定格外细致,不仅包括与技术性贸易措施相关的文本需要公布,还要求缔约方公布其政府能公布的所有相关实施及制定的提案与修正文本,所公布的内容形式多样且要求足够详细,同时允许非政府机构与其他缔约方相关人员在不低于其本国规定的条件下参与该缔约方制定技术性贸易措施的程序。与之相比,RCEP 只允许其他缔约方满足条件的相关人员参与缔约方为制定相关措施而专门为公众提供的磋商程序,限制更大,但也迈出了第一步。

（七）技术磋商

"技术磋商"条款是为缔约方之间对技术贸易措施规定的及时交流提供便利的条款,除《中国-韩国 FTA》、《中国-哥斯达黎加 FTA》、《中国-秘鲁 FTA》、《中国-新加坡 FTA》、《中国-智利 FTA》及《中国-东盟全面经济合作框架协议》以外,在其余中国与"一带一路"国家签订的 FTA 中均有体现,条款名称为"技术磋商"或"技术讨论"。

本条主要规定了两款内容：第一,缔约方认为另一缔约方的技术贸易措施规定已经对其出口贸易造成不必要障碍的,有权要求进行技术磋商,被请求方应积极答复;第二,技术磋商的应在商定时间内进行,磋商方式不限。[2]

其中,《中国-瑞士 FTA》、《中国-新西兰 FTA》、RCEP 和 CPTPP 中将商定时间规定为提出请求后的 60 天内。[3]而负责技术磋商的机构在部分 FTA 中也有具体规定：《中国-瑞士 FTA》规定由联合委员会下建立的技术性贸易壁垒分委员会组织技术磋商;《中国-新西兰 FTA》和《中国-巴基斯坦 FTA》规定由双方同意建立的技术性贸易壁垒联合委员会进行磋商。

---

[1]《中国-秘鲁自由贸易协定》第 7 章第 99 条;《中国-智利自由贸易协定》第 8 章第 67 条;中国-新加坡自由贸易协定》第 7 章第 54 条;RCEP 第 6 章第 11 条;CPTPP 第 8 章第 8.7 条。

[2]《中国-柬埔寨自由贸易协定》第 5 章第 9 条;《中国-格鲁吉亚自由贸易协定》第 6 章第 9 条;《中国-瑞士自由贸易协定》第 6 章第 6.8 条;《中国-新西兰自由贸易协定》第 8 章第 101 条;《中国-巴基斯坦自由贸易协定》第 7 章第 41 条第 3 款第 5 项;RCEP 第 6 章第 10 条;CPTPP 第 8 章第 8.10 条。

[3] CPTPP 第 8 章第 8.10 条第 4 款规定在紧急情况下,可请求更短的时限。

另外CPTPP提出，缔约方应当认识到技术磋商不一定能解决所有问题，但除非另有议定，技术讨论及其交流中的任何信息都应保密，并且该讨论不得损害参加讨论的缔约方在本协定及双方都参与的协定项下的权利义务（包括本协定与《WTO协定》）。[1]

因上述个别条款或在其他条款中有类似规定，或接受程度不高，因此仅将最基础的规定，即可以进行技术磋商和磋商方式纳入示范文本。

（八）合作

在中国与各"一带一路"国家签订的FTA（除《中国-智利FTA》和《中国-东盟全面经济合作框架协议》外）、RCEP及CPTPP中，技术性贸易壁垒章节的"合作"条款主要被命名为"合作""技术合作""规章合作""信息交流与合作"以及"合作和贸易便利化"。

《中国-柬埔寨FTA》、《中国-格鲁吉亚FTA》以及《中国-韩国FTA》中的"合作"条款，虽分条罗列了合作事项与内容，但总体较概括，主要规定了缔约国主管机构之间的沟通；技术性贸易措施的信息交换；标准化、合格评定机构间的合作；在相关区域和国际组织工作中共同关注的领域进行合作；鼓励《TBT协定》的实施等。[2]

《中国-瑞士FTA》、《中国-哥斯达黎加FTA》和《中国-秘鲁FTA》中的"技术合作"条款以及《中国-新西兰FTA》中的"规章合作"则要相对细致一些，根据其缔约方需要与共同同意，约定了一些更具体的合作事项：如鼓励对其他缔约方作出的合格评定结果的互认；[3]就口岸查验和市场监督开展经验和信息交流；通过联系点向其他缔约方通报其进口产品的问题及将采取的紧急措施与理由；[4]加强应对技术性贸易措施的能力建设；[5]运用良好的规章手段，制定和实施风险管理等。[6]

《中国-新加坡FTA》的技术贸易壁垒章节和卫生与植物卫生措施规定在

---

[1] CPTPP第8章第8.10条第5、6款。
[2] 《中国-柬埔寨自由贸易协定》第5章第10条；《中国-格鲁吉亚自由贸易协定》第6章第10条；《中国-韩国自由贸易协定》第6章第6.9条。
[3] 《中国-瑞士自由贸易协定》第6章第6.5条第5款。
[4] 《中国-哥斯达黎加自由贸易协定》第7章第76条第1款。
[5] 《中国-秘鲁自由贸易协定》第7章第100条第1款。
[6] 《中国-新西兰自由贸易协定》第8章第96条第2款。

一章，因此其"信息交流与合作"条款在共同规定两个领域的合作情况时就更为宽泛，《中国-巴基斯坦FTA》中的"合作"条款则规定在"实施"中，都规定缔约方双方将积极考虑在此具体领域的相关补充建议以及技术合作。[1]

RCEP的"合作"条款兼具以上"合作"条款与"技术合作"条款的内容，合作范围更广，并且提出了政府与非政府合格评议机构就共同利益事项的合作，并将考虑在本章项下的部门具体建议。[2]

而CPTPP的"合作与贸易便利化"条款，将合作内容与促进缔约方之间的贸易便利化杂糅在一起，互为目的与手段，与以上内容相去甚远，在此不再一起对比讨论。

因以上各规定虽差异不大，但各有特点，在此仅以概括方式，即以《中国-柬埔寨FTA》、《中国-格鲁吉亚FTA》以及《中国-韩国FTA》"合作"条款的规定模式，纳入示范文本。

（九）技术性贸易壁垒委员会和联络点

在中国与各"一带一路"国家签订的FTA、RCEP及CPTPP中，除《中国-智利FTA》和《中国-东盟全面经济合作框架协议》中都无，《中国-瑞士FTA》、《中国-新西兰FTA》和CPTPP中都有，以及《中国-新加坡FTA》中因为技术性贸易壁垒和卫生与植物卫生措施合并规定在一章导致其规定为"联合委员会"以外，"技术性贸易壁垒委员会"条款和"联络点"条款一般情况下只有其一。

《中国-柬埔寨FTA》、《中国-格鲁吉亚FTA》、《中国-瑞士FTA》、《中国新西兰FTA》、RCEP和CPTPP中的"联络点"条款主要包括：指定联络点；提供联系方式；联络机构变更或信息更改需及时通知；职能。[3]

《中国-韩国FTA》、《中国-瑞士FTA》、《中国-哥斯达黎加FTA》、《中国-秘鲁FTA》、《中国-新西兰FTA》、《中国-巴基斯坦FTA》和CPTPP中的"技

---

〔1〕《中国-新加坡自由贸易协定》第7章第54条第2款；《中国-巴基斯坦自由贸易协定》第7章第41条第4款。

〔2〕 RCEP第6章第9条第3、4款。

〔3〕《中国-柬埔寨自由贸易协定》第5章第11条；《中国-格鲁吉亚自由贸易协定》第6章第11条；《中国-瑞士自由贸易协定》第6章第6.11条；《中国-新西兰自由贸易协定》第8章第100条；RCEP第6章第12条；CPTPP第8章第8.12条。

术性贸易壁垒委员会"条款及《中国-新加坡 FTA》中的"联合工作组"条款则更为细致详尽，主要包括：委员会的建立；职责；会议要求；协调机构和沟通渠道。[1]其中既规定了"联络点"条款，也规定了"技术性贸易壁垒委员会"条款的 FTA 中未规定协调机构和沟通渠道，由联络点的职能进行补充。

由上述内容可知，"联络点"条款在以上协定规定中适用的缔约方数量最多，但"技术性贸易壁垒委员会"条款将更有利于技术性贸易措施相关内容的实施与监督，是更具可操作性的发展趋势。在此将"联络点"条款和"技术性贸易壁垒委员会"条款均纳入示范文本，适用时可根据协定需要进行选择。

二、特殊性条款

（一）合格评定程序

在中国与各"一带一路"国家签订的 FTA、RCEP 及 CPTPP 中，除《中国-瑞士 FTA》、《中国-巴基斯坦 FTA》及《中国-东盟全面经济合作框架协议》未规定以外，其余各 FTA、RCEP 和 CPTPP 均有此条款规定，但该规定与各国国内技术发展、规章制定与执行能力密切相关，因此各 FTA 根据缔约方实际情况规定的具体条款内容均有不同，无法合并或对比讨论，在此不将其纳入示范文本。

（二）技术法规

在《中国-格鲁吉亚 FTA》、《中国-韩国 FTA》、《中国-哥斯达黎加 FTA》、《中国-秘鲁 FTA》和 RCEP 中规定了"技术法规"条款。该条款内容各有不同，主要包括以国际标准为基础制定技术法规；[2]积极考虑将其他缔约方技

---

[1]《中国-韩国自由贸易协定》第 6 章第 6.13 条；《中国-瑞士自由贸易协定》第 6 章第 6.7 条；《中国-哥斯达黎加自由贸易协定》第 7 章第 77 条；《中国-秘鲁自由贸易协定》第 7 章第 101 条；《中国-新加坡自由贸易协定》第 7 章第 55 条；《中国-新西兰自由贸易协定》第 8 章第 100 条第 1、2、3、4 款；《中国-巴基斯坦自由贸易协定》第 7 章第 41 条第 1、2、3 款；CPTPP 第 8 章第 8.11 条。

[2]《中国-格鲁吉亚自由贸易协定》第 6 章第 5 条；《中国-哥斯达黎加自由贸易协定》第 7 章第 72 条第 1 款；RCEP 第 6 章第 7 条第 1 款。

术法规作为等效法规予以接受。[1]部分条款如承认执行《TBT 协定》并考虑 WTO 的 TBT 委员会作出的决议和建议；[2]信息交流等，[3]在其他 FTA 中都规定在其他相关条款中。

RCEP 中对于"技术法规"条款的规定相较于以上 FTA 要更细致，是由于 RCEP 涵盖的国家数量多，发展水平差距较大，为了便利贸易，为发展水平较低的国家提供更明确的规范指引，提高条款的可操作性。因此不将"技术法规"条款纳入示范文本。

（三）等效性

《中国–新西兰 FTA》、《中国–新加坡 FTA》和《中国–智利 FTA》规定的"等效性"条款，与上述"技术法规"条款类似，要求考虑将其他缔约方技术法规视为等效法规予以接受，[4]在此不作过多赘述，不纳入示范文本。

（四）边境措施

《中国–柬埔寨 FTA》、《中国–韩国 FTA》和《中国–瑞士 FTA》规定了"边境措施"条款，其内容为如缔约方在其入境港扣留了与其技术贸易措施要求不符的其他缔约方的出口货物，应当及时告知原因。[5]该条款在《中国–秘鲁 FTA》和 RCEP 中被规定在"透明度"条款中，因其不具有代表性，因此也不纳入示范文本。

（五）贸易便利化

在"技术性贸易壁垒"章节中规定"贸易便利化"条款的只有《中国–智利 FTA》和 CPTPP，但都根据各自缔约方情况规定，没有共同性内容。《中国–智利 FTA》中的"贸易便利化"条款更具体，从互认协定的可行性研究、通报强制性合格评定程序的标准和时限、通报产品清单的要求、收费及信息

---

[1] 《中国–韩国自由贸易协定》第 6 章第 6.5 条；《中国–哥斯达黎加自由贸易协定》第 7 章第 72 条第 2 款；《中国–秘鲁自由贸易协定》第 7 章第 97 条第 1 款；RCEP 第 6 章第 7 条第 3 款。

[2] 《中国–哥斯达黎加自由贸易协定》第 7 章第 72 条第 3 款。

[3] 《中国–秘鲁自由贸易协定》第 7 章第 97 条第 3 款。

[4] 《中国–新西兰自由贸易协定》第 8 章第 95 条；《中国–新加坡自由贸易协定》第 7 章第 53 条；《中国–智利自由贸易协定》第 8 章第 65 条。

[5] 《中国–柬埔寨自由贸易协定》第 5 章第 7 条；《中国–韩国自由贸易协定》第 6 章第 6.12 条；《中国–瑞士自由贸易协定》第 6 章第 6.6 条。

交换等方面进行规定,便利双方市场准入。[1]

CPTPP 的"合作和贸易便利化"条款如前述"合作"条款中所言,将合作与贸易便利化混合规定,护卫目的与手段,既有概念性的鼓励也有具体的要求,提到了通过合作来支持更大程度的监管协调,从机制方面避免不必要的贸易壁垒,来便利缔约方之间的国际贸易。[2]此条要求太高,目前中国与部分"一带一路"国家签订的 FTA 中可能还无法接受,因此不纳入示范文本中。

(六)信息交换

《中国-柬埔寨 FTA》、《中国-韩国 FTA》、《中国-秘鲁 FTA》及 CPTPP 中规定了"信息交换"条款,其中 CPTPP 中该条款名称为"信息交流和技术讨论"。该条款主要规定了应缔约方请求,应当以书面或电子形式在合理期限内提供可提供的信息或解释。[3]本条内容在许多其他 FTA 中被合并规定在"透明度"条款里,因此不纳入示范文本。

(七)实施

《中国-韩国 FTA》、《中国-新西兰 FTA》、《中国-巴基斯坦 FTA》以及 RCEP 中规定了"实施"条款,其中《中国-韩国 FTA》与 RCEP 中为"实施安排"条款,主要内容为双方达成合意可在共同感兴趣的领域制定实施安排。[4]《中国-新西兰 FTA》规定的"附件和实施安排"条款中对"实施安排"的内容更细致一点,但也主要是可在附件细则、信息交换、技术援助及工作计划方面达成实施安排。[5]而《中国-新西兰 FTA》与《中国-巴基斯坦 FTA》中的"实施"条款则规定了前面所述的"技术性贸易壁垒委员会和联络点"的具体安排实施内容,[6]因此不纳入示范文本。

---

[1]《中国-智利自由贸易协定》第 8 章第 64 条。
[2] CPTPP 第 8 章第 8.9 条。
[3]《中国-柬埔寨自由贸易协定》第 5 章第 8 条;《中国-韩国自由贸易协定》第 6 章第 6.14 条;《中国-秘鲁自由贸易协定》第 7 章第 102 条;CPTPP 第 8 章第 8.10 条。
[4]《中国-韩国自由贸易协定》第 6 章第 6.10 条;RCEP 第 6 章第 13 条。
[5]《中国-新西兰自由贸易协定》第 8 章第 102 条。
[6]《中国-新西兰自由贸易协定》第 8 章第 100 条;《中国-巴基斯坦自由贸易协定》第 7 章第 41 条。

(八) 争端解决

《中国-韩国 FTA》规定了"争端解决不适用"条款,其与 RCEP 中的"争端解决"条款内容基本一致,即本章节内容所涉事项不适用于该 FTA 规定的争端解决方式。[1] 该条款规定与其他 FTA 内容不符,如《中国-新西兰 FTA》中的"技术磋商"条款中即规定了技术磋商不影响因此诉诸争端解决项下双方的权利义务。[2] 而未规定此条款的其他 FTA 即默认本章节事项所涉纠纷适用其 FTA 规定的争端解决方式。因此不纳入示范文本。

(九) 附件

根据各缔约方约定的实际情况,《中国-瑞士 FTA》规定"附件和附带协议"条款,《中国-新西兰 FTA》规定"附件和实施安排"条款,《中国-新加坡 FTA》规定"关于附件的最终条款"以及 CPTPP 规定了"附件"条款。[3] 其中内容根据各自缔约方需要,对相关附件进行安排,因此不纳入示范文本。

三、示范文本

第五节 技术性贸易壁垒

第一条 目标

本章旨在:

(一) 确保标准、技术法规和合格评定程序不会造成不必要的技术性贸易壁垒,以便利和促进缔约双方之间的货物贸易;

(二) 加强合作,包括就标准、技术法规和合格评定程序的制定、采纳与适用有关方面开展信息交换;

(三) 增强对各缔约方标准、技术法规和合格评定程序的相互理解;以及

(四) 促进《马拉喀什建立世界贸易组织协定》附件 1A 中的《技术性贸

---

[1]《中国-韩国自由贸易协定》第 6 章第 6.15 条;RCEP 第 6 章第 14 条。
[2]《中国-新西兰自由贸易协定》第 8 章第 101 条第 3 款。
[3]《中国-瑞士自由贸易协定》第 6 章第 6.9 条;《中国-新西兰自由贸易协定》第 8 章第 102 条;《中国-新加坡自由贸易协定》第 7 章第 58 条;CPTPP 第 8 章第 8.13 条。

易壁垒协定》(以下简称《TBT 协定》) 原则的实施。

第二条 适用范围

本章适用于可能直接或间接影响缔约方之间货物贸易的所有标准、技术法规和合格评定程序。本章不适用于：

（一）本协定卫生与植物卫生措施章节涵盖的卫生与植物卫生措施；以及

（二）依据世贸组织《政府采购协议》规定实施的，政府机构为其自身的生产或消费要求而制定的采购规格不受本协定约束。

第三条 定义

就本章而言，《TBT 协定》附件 1 所列定义应予以适用。

第四条 对《TBT 协定》的确认

除非本章另有规定，缔约方应适用《TBT 协定》，经必要修改后，在此并入本协定并成为本协定的一部分。

第五条 标准

一、缔约方应鼓励各自领土内的标准化机构与对方标准化机构合作。这些合作应包括但不限于标准方面的信息和经验。

二、如需要制定技术法规或合格评定程序，而相关国际标准已经存在或即将拟就，各方应使用这些国际标准或其中的相关部分作为其技术法规或合格评定程序的基础，除非这些国际标准或其中的相关部分对达到其追求的合法目标无效或不适当。

三、在决定《TBT 协定》第二条、第五条和附件三意义上的国际标准、指南或建议是否存在时，每一缔约方考虑 WTO 技术性贸易壁垒委员会（下称"WTO TBT 委员会"）发布的《委员会关于制定与第二条、第五条和附件三有关的国际标准、指南和建议的原则的决定》（G/TBT/9，2000 年 11 月 13 日，附件四）以及随后与此相关的决定和建议中列出的原则。

第六条 透明度

一、每一缔约方重申按照《TBT 协定》相关要求，公开新提议的或修改的有关技术法规、标准和合格评定程序的有关信息。应另一缔约方请求，每一缔约方应当提供与被请求缔约方已经实施或拟实施的技术法规或合格评定程序的目标和理由相关的信息。

二、每一缔约方应在收到书面请求的 15 个工作日内以可用的语言，向请求方提供其通告的技术法规和合格评定程序的全文。

三、除因发生或可能发生健康、安全和环境风险而采取的紧急措施外，每一缔约方在向世界贸易组织通报其技术法规和合格评定程序时，应给予另一方不少于 60 天的评议期。每一缔约方应考虑另一方的建议并尽力应请求回复建议。

四、各缔约方有权要求另一缔约方提供有关本章所述事项的信息。被请求方应努力在合理期限内向请求方提供可获得的信息。

第七条 技术磋商

一、如一缔约方认为另一缔约方有关技术法规或合格评定程序对其出口构成不必要的障碍，其有权要求进行技术磋商。被请求方应尽早答复这一请求。

二、被请求方应在缔约方商定的时间内进行技术磋商，以达成解决方案。技术磋商可以通过缔约方商定的任何方式进行。

第八条 合作

为增进对彼此制度的了解，便利双边贸易，缔约方应加强在以下领域的技术合作：

（一）缔约方主管机构之间的沟通；

（二）交换有关标准、技术法规、合格评定程序和良好监管实践的信息；

（三）尽可能鼓励缔约方标准化和合格评定机构之间的合作，包括培训项目、研讨会和相关活动；

（四）在有关区域和国际组织工作中，在与标准和合格评定程序的制定和适用有关的共同关注领域开展合作；

（五）国际标准化组织（ISO）/国际电工委员会（IEC）指南 2 中定义的活动；以及

（六）缔约方商定的其他领域。

第九条 联络点

一、各缔约方应指定联络点，负责协调本章的实施。

二、各缔约方应向另一缔约方提供各自联络点相关工作人员的联系方式，包括电话、传真、电子邮件和任何其他相关信息。

三、各缔约方应就其联络点的变更或代表该联络点的相关工作人员信息的更改及时通知另一缔约方。

第十条　技术性贸易壁垒委员会

一、缔约方特此成立技术性贸易壁垒委员会（以下简称"委员会"），由第四款规定的缔约方代表组成。

二、委员会职责包括：

（一）促进本章的实施以及缔约方在与本章有关的事项中的合作；

（二）监督和鼓励本章的实施、执行和管理；

（三）迅速处理一方提出的有关标准、技术法规和合格评定程序的制定、采用、应用或实施的问题；

（四）加强缔约方在（合作）条款所述领域的合作；

（五）应一方要求，就标准、技术法规和合格评定程序进行信息交流；

（六）交流涉及标准、技术法规和合格评定程序活动的非政府、区域和多边论坛的进展情况；

（七）鼓励就相互认可在对方领土内做出的合格评定结果进行讨论；

（八）根据世界贸易组织技术性贸易壁垒委员会下的任何进展审议本章，如需要，可为本章的修订提出建议；

（九）采取缔约方认为有助于本章执行的其他措施；

（十）应一方书面要求，在合理的时限内进行磋商以解决本章项下出现的问题。

三、除缔约方另有约定外，委员会每年至少召开一次会议。会议可当面或通过电话会议、视频会议、或双方同意的其他方式举行。

四、为达本条之目的，技术性贸易壁垒委员会应由以下机构负责协调：

（一）中方为：国家质量监督检验检疫总局，或其继任者；

（二）××方为：

根据议题情况，有关部委或管理机构应参与委员会会议。

五、第四款确定的机构应负责协调各自境内的相关部门和人员，并确保有关部门和人员参与其中。委员会应通过双方同意的沟通渠道开展工作，包括电子邮件、电话会议、视频会议或其他方式。

第六节 贸易救济

"贸易救济"在我国与"一带一路"相关国家签订的部分自由贸易协定、RCEP 和 CPTPP 中均以成章方式出现，部分以条款出现。不同的协定的中对应的具体名称有所不同，但大多集中在"贸易救济"或"货物贸易"章节中，如表 6-6。

表 6-6 相关自由贸易协定之贸易救济表

自由贸易协定	涉及贸易救济及相关实施程序章节
中国-柬埔寨	第二章：货物贸易 第 8 条 全球保障措施
中国-马尔代夫	协定暂未公布
中国-格鲁吉亚	第七章：贸易救济
中国-韩国	第七章：贸易救济
中国-瑞士	第五章：贸易救济
中国-哥斯达黎加	第八章：贸易救济
中国-秘鲁	第五章：贸易救济
中国-新西兰	第六章：贸易救济
中国-新加坡	第六章：贸易救济 升级后：（未修改的条款仍然有效） 附录 3：第六章 贸易救济
中国-智利	第六章：贸易救济
中国-巴基斯坦	第五章：贸易救济 升级后：（未修改的条款仍然有效） 第四章：贸易救济
中国-东盟	《中国-东盟全面经济合作框架协议》 第一部分 第 3 条第 8 款（f）(g) 款 第一部分 第 6 条第 3 款（d）项 《中国-东盟全面经济合作框架协议货物贸易协议》 第 7 条 WTO 规则 第 9 条 保障措施

续表

自由贸易协定	涉及贸易救济及相关实施程序章节
RCEP	第七章：贸易救济 附件一：与反倾销和反补贴调查相关的做法
CPTPP	第六章：贸易救济 附件6A：与反倾销和反补贴调查相关的做法

数据来源：http://fta.mofcom.gov.cn/georgia/georgia_agreementText.shtml，最后访问日期：2021年12月29日。

一、共同性条款

中国与"一带一路"国家签订的自由贸易协定（Free Trade Agreement，本节简称FTA）、RCEP及CPTPP中的贸易救济措施都是脱胎于《1994年关税与贸易总协定》第六条、第19条、《关于实施〈1994年关税与贸易总协定〉第6条的协定》以及《保障措施协定》中的相关规定。缔约方在此基础之上以自身情况需要约定货物贸易的其他贸易救济措施。因此各国FTA中除《中国-柬埔寨FTA》及中国与东盟签订的框架协议中对"贸易救济"以条款进行规定以外，其余各FTA中均有"贸易救济章节"。因此将其中最为常见的贸易救济措施——保障措施与反倾销和反补贴措施，作为共同性条款纳入示范文本中。

（一）保障措施

中国与"一带一路"国家签订的FTA、RCEP及CPTPP中在多数情况下以节的形式来规定"保障措施"，即对"保障措施"的内容规定较为详细，在此将多数FTA"保障措施"中包含的"定义"条款、"保障措施的实施"条款、"全球保障措施"条款、"调查程序"条款、"临时措施"条款、"通知和磋商"条款以及"补偿"条款作为共同性条款均纳入示范文本中。

1. 定义

中国与"一带一路"国家签订的FTA、RCEP及CPTPP中除了《中国-柬埔寨FTA》、《中国-格鲁吉亚FTA》、《中国-瑞士FTA》和《中国-东盟全面经济伙伴框架协议》中的"保障措施"未规定"定义"条款，其余各FTA

中均有此规定,具体规定内容由下表所示,[1]其中"√"代表条款内有该术语的定义。

表 6-7

	中-韩FTA	中-哥FTA	中-秘FTA	中-新西兰FTA	中-新加坡FTA升级	中-智FTA	中-巴FTA第二阶段	RCEP	CPTPP
国内产业	√		√	√	√	√	√	√	√
保障措施	√	√	√	√	√	√	√	√	√
严重损害	√	√	√	√	√	√	√	√	√
严重损害威胁	√	√	√	√	√	√	√	√	√
过渡期	√	√	√	√	√	√	√		
主管机关		√	√			√			
直接竞争产品		√	√				√		
同类产品		√	√				√		
实质原因		√	√						
临时保障措施					√			√	
过渡性保障措施								√	√

由表 6-7 可知,最常见的定义为"国内产业"、"保障措施"、"严重损害"、"严重损害威胁"和"过渡期"。另外,《中国-新加坡 FTA 升级》定义了《反倾销协定》、《保障措施协定》和《补贴与反补贴措施协定》;《中国-智利 FTA》定义了《保障措施协定》;RCEP 还定义了"机密信息""关税""原产货物""过渡性保障期"。

---

[1] 统计来源参见:《中国-韩国自由贸易协定》第 7 章第 1 节第 7.6 条;《中国-哥斯达黎加自由贸易协定》第 8 章第 2 节第 85 条;《中国-秘鲁自由贸易协定》第 5 章第 2 节第 76 条;《中国-新西兰自由贸易协定》第 6 章第 2 节第 66 条;《关于修改〈中国-新加坡自由贸易协定〉的议定书》第 6 章第 1 条;《中国-智利自由贸易协定》第 6 章第 1 节第 50 条;《中国-巴基斯坦关于修订〈自由贸易协定〉的议定书》第 4 章第 6 条第 1 款;RCEP 第 7 章第 1 节第 1 条;CPTPP 第 6 章 A 节第 6.1 条。

根据以上统计情况，在最为常见的定义术语中："保障措施"的定义在各FTA中均为指向性定义，即指向本FTA中本章某一条款规定的措施为保障措施；"过渡期"的定义与缔约方之间的约定密切相关，均不宜纳入示范文本。因此应当将"国内产业""严重损害"和"严重损害威胁"的定义纳入示范文本。其余定义术语，由各缔约方根据章节内容需要协商定义。

2. 保障措施的实施

中国与"一带一路"国家签订的FTA、RCEP及CPTPP中除了《中国-柬埔寨FTA》中无相关规定外，各FTA中名称可能不同，但规定内容类似，其中《中国-格鲁吉亚FTA》、RCEP和CPTPP中条款名称为"过渡性保障措施的实施"；《中国-瑞士FTA》、《中国-哥斯达黎加FTA》、《中国-智利FTA》和《中国-巴基斯坦FTA》中名称为"双边保障措施的实施"；《中国-新加坡FTA升级》和《中国-东盟全面经济合作框架协议货物贸易协议》将该条款规定在"双边保障措施"及"保障措施"中。

本条款主要内容：当缔约方依据协定削减或取消关税导致进口缔约方国内产业被受益于本协定项下优惠关税待遇的进口原产产品严重损害或严重损害威胁时，可以在过渡期内[1]以必要限度实施条款规定的保障措施——中止关税税率的进一步削减或提高该货物关税税率。对于提高货物关税税率的规定，一般要求该关税税率不得超过保障措施实施时的最惠国关税税率或协定规定的另一关税税率中水平较低的那个。而各FTA中对另一关税税率的规定主要包括以下三种：（1）协定附件减让表中明确确定的关税基准税率；[2]（2）协定生效之日前或协定生效前一日正在实施的最惠国关税税率；[3]（3）协定生效之日正在实施的最惠国关税税率，[4]其中，适用第二种规定的FTA数量最多，且第三种规定的绝大多数情况下与保障措施实施时的最惠国关税税

---

[1] 只有《中国-韩国自由贸易协定》和《中国-东盟全面经济合作框架协议货物贸易协议》中无"过渡期"内实施该措施的限制。

[2] 《中国-韩国自由贸易协定》第7章第1节7.1条；《中国-秘鲁自由贸易协定》第5章第2节第70条。

[3] 《中国-格鲁吉亚自由贸易协定》第7章第2节第3条；《中国-瑞士自由贸易协定》第5章第2节第5.4条；《中国-新西兰自由贸易协定》第6章第2节第67条；RCEP第7章第1节第2条；CPTPP第6章A节第6.3条。

[4] 《中国-哥斯达黎加自由贸易协定》第8章第2节第79条；《中国-智利自由贸易协定》第6章第1节第44条；《中国-巴基斯坦关于修订〈自由贸易协定〉的议定书》第4章第6条第2款。

率相同，因此选择第二种规定模式纳入示范条款。

而《中国-新加坡 FTA 升级》和《中国-东盟全面经济合作框架协议货物贸易协议》中只规定了当出现必要情况时，缔约方可以采取保障措施，其保障措施也仅规定了提高该产品适用的关税税率至保障措施实施时的 WTO 最惠国税率水平一种。[1]

另外，个别 FTA 在本条款中有部分其他规定，如《中国-瑞士 FTA》中强调不得对同一产品同时实施双重保障措施，即本协定规定的保障措施和 WTO 框架下的保障措施;[2]《中国-哥斯达黎加 FTA》中规定了当进口原产产品造成缔约方领土内建立同类产品或直接竞争产品的实质阻碍时，进口缔约方也可实施保障措施，将该产品关税税率提高至不超过采取措施时的最惠国关税水平;[3]《中国-巴基斯坦 FTA 第二阶段》中规定了按议定书附件确定终止保障措施时的关税税率;[4] RCEP 和 CPTPP 中将《中国-哥斯达黎加 FTA》、《中国-秘鲁 FTA》、《中国-智利 FTA》和《中国-巴基斯坦 FTA 第二阶段》在该条款的注释内容添加到了条款中，确定关税配额或数量限制不是允许实施的保障措施形式;[5] RCEP 还规定了要求货物委员会应在规定时间范围内讨论和审查过渡性保障措施的事实和运用情况。[6]

综上所述，"保障措施的实施"条款中应由缔约方之间协商过渡期及可接受的保障措施及保障措施形式，并将根据以上接受程度最高的条款总结纳入示范文本。

3. 全球保障措施

本条款在中国与"一带一路"国家签订的 FTA、RCEP 及 CPTPP 中除了《中国-瑞士 FTA》中无规定外，各 FTA 中均有此规定。

主要内容：（1）各 FTA 在规定本协定项下适用的保障措施的同时，保留缔约方在《1994 年关税与贸易总协定》第 19 条及《保障措施协定》中的权

---

[1]《关于修改〈中国-新加坡自由贸易协定〉的议定书》第 6 章第 7 条第 2 款;《中国-东盟全面经济合作框架协议货物贸易协议》第 9 条第 4 款。

[2]《中国-瑞士自由贸易协定》第 5 章第 2 节第 5.4 条第 3 款。

[3]《中国-哥斯达黎加自由贸易协定》第 8 章第 2 节第 79 条第 3 款。

[4]《中国-巴基斯坦关于修订〈自由贸易协定〉的议定书》第 4 章第 6 条第 3 款。

[5] RCEP 第 7 章第 1 节第 2 条第 2 款; CPTPP 第 6 章 A 节第 6.3 条第 2 款。

[6] RCEP 第 7 章第 1 节第 2 条第 3 款。

利义务;[1](2) 不得对同一产品同时实施双重保障措施;[2](3) 若缔约方拟发起全球保障措施,应将其行动及理由进行通知;[3](4) 全球保障措施不适用于协定的争端解决机制。[4]另外,CPTPP 中还规定了将关税配额项下的所有产品排除适用保障措施。

如前文所提到的,《中国-瑞士 FTA》将不得对同一产品同时实施双重保障措施的规定放在"保障措施的实施"条款中。由此第(1)(2)条规定为接受程度最高的条款,将纳入示范文本。

4. 调查程序

在中国与"一带一路"国家签订的 FTA、RCEP 及 CPTPP 中除了《中国-柬埔寨 FTA》、《中国-新加坡 FTA》和《中国-东盟全面经济合作框架协议》无规定外,各 FTA 中均有此条款规定,名称虽有不同,但内容规定类似。其名称主要分为"调查程序"[5]、"调查程序和透明度要求"[6]、"通知、调查和磋商"[7]以及"条件与限制"。[8]

本条款主要内容:根据 WTO《保障措施协定》规定的相关程序进行调

---

[1]《中国-柬埔寨自由贸易协定》第 2 章第 8 条;《中国-格鲁吉亚自由贸易协定》第 7 章第 1 节第 2 条;《中国-韩国自由贸易协定》第 7 章第 1 节第 7.5 条第 1 款;《中国-哥斯达黎加自由贸易协定》第 8 章第 1 节第 78 条第 1 款;《中国-秘鲁自由贸易协定》第 5 章第 1 节第 69 条第 1 款;《中国-新西兰自由贸易协定》第 6 章第 1 节第 64 条第 1 款;《关于修改〈中国-新加坡自由贸易协定〉的议定书》第 6 章第 6 条第 1 款;《中国-智利自由贸易协定》第 6 章第 2 节第 51 条第 1 款;《中国-巴基斯坦自由贸易协定》第 5 章第 26 条第 1 款;《中国-东盟全面经济合作框架协议货物贸易协议》第 9 条第 1 款;RCEP 第 7 章第 1 节第 9 条第 1 款;CPTPP 第 6 章 A 节第 6.2 条第 1 款。

[2]《中国-韩国自由贸易协定》第 7 章第 1 节第 7.5 条第 3 款;《中国-哥斯达黎加自由贸易协定》第 8 章第 1 节第 78 条第 2 款;《中国-秘鲁自由贸易协定》第 5 章第 1 节第 69 条第 2 款;RCEP 第 7 章第 1 节第 9 条第 4 款;CPTPP 第 6 章 A 节第 6.2 条第 5 款。

[3]《中国-韩国自由贸易协定》第 7 章第 1 节第 7.5 条第 2 款;《中国-新西兰自由贸易协定》第 6 章第 1 节第 64 条第 2 款;《关于修改〈中国-新加坡自由贸易协定〉的议定书》第 6 章第 6 条第 2 款;RCEP 第 7 章第 1 节第 9 条第 3 款;CPTPP 第 6 章 A 节第 6.2 条第 3 款。

[4]《中国-智利自由贸易协定》第 6 章第 2 节第 51 条第 2 款;《中国-巴基斯坦自由贸易协定》第 5 章第 26 条第 2 款。

[5]《中国-格鲁吉亚自由贸易协定》第 7 章第 1 节第 5 条;RCEP 第 7 章第 1 节第 4 条。

[6]《中国-瑞士自由贸易协定》第 5 章第 2 节第 5.6 条;《中国-哥斯达黎加自由贸易协定》第 8 章第 2 节第 81 条;《中国-秘鲁自由贸易协定》第 5 章第 2 节第 72 条;《中国-新西兰自由贸易协定》第 6 章第 2 节第 69 条;《中国-智利自由贸易协定》第 6 章第 1 节第 46 条;CPTPP 第 6 章 A 节第 6.5 条。

[7]《中国-巴基斯坦关于修订〈自由贸易协定〉的议定书》第 4 章第 6 条第 4 款。

[8]《中国-韩国自由贸易协定》第 7 章第 1 节第 7.2 条。

查，在有明确证据表明对国内产业造成严重损害或严重损害威胁时，才能采取保障措施，并对WTO《保障措施协定》规定的相关条款进行必要修改后纳入。各FTA对本条款规定的区别在于对《保障措施协定》具体条款的接受，分为以下五种情况：接受《保障措施协定》（1）第3条和第4条；[1]（2）分条款接受第3条、第4条（c）款和第4条（a）（b）款；[2]（3）接受第3条和第4.2条；[3]（4）接受第3条并规定特别要求；[4]以及（5）未细化规定接受具体条款，只规定接受相关程序。[5]其中，第二种规定方式接受程度最高，因此将其纳入示范文本。

另外，《中国-韩国FTA》、《中国-巴基斯坦FTA第二阶段》以及RCEP中规定了调查期限，为启动调查后的1年内完成。[6]但该条款接受的FTA较少，因此不纳入示范文本。

5. 临时措施

在中国与"一带一路"国家签订的FTA、RCEP及CPTPP中除了《中国-柬埔寨FTA》、《中国-新加坡FTA》、《中国-东盟全面经济合作框架协议》及CPTPP中无规定外，各FTA中均有此条款规定，名称虽有不同，但内容规定类似。其名称主要为"临时措施"[7]、"临时保障措施"[8]及"临时双边保障措施"[9]。

本条款主要内容：（1）在延迟可能导致难以弥补损害的紧急情况下，进

---

[1]《中国-瑞士自由贸易协定》第5章第2节第5.6条。

[2]《中国-韩国自由贸易协定》第7章第1节第7.2条第2、3款；《中国-哥斯达黎加自由贸易协定》第8章第2节第81条；《中国-秘鲁自由贸易协定》第5章第2节第72条；《中国-巴基斯坦关于修订〈自由贸易协定〉的议定书》第4章第6条第4款第4、5项；CPTPP第6章A节第6.5条。

[3]《中国-新西兰自由贸易协定》第6章第2节第69条；RCEP第7章第1节第4条第1款。

[4]《中国-智利自由贸易协定》第6章第1节第46条。

[5]《中国-格鲁吉亚自由贸易协定》第7章第2节第5条。

[6]《中国-韩国自由贸易协定》第7章第1节第7.2条第4款；《中国-巴基斯坦关于修订〈自由贸易协定〉的议定书》第4章第6条第4款第6项；RCEP第7章第1节第4条第2款。

[7]《中国-格鲁吉亚自由贸易协定》第7章第2节第6条；《中国-韩国自由贸易协定》第7章第1节第7.3条。

[8]《中国-瑞士自由贸易协定》第5章第2节第5.7条；《中国-秘鲁自由贸易协定》第5章第2节第73条；《中国-新西兰自由贸易协定》第6章第2节第70条；《中国-智利自由贸易协定》第6章第1节第47条；RCEP第7章第1节第8条。

[9]《中国-哥斯达黎加自由贸易协定》第8章第2节第82条；《中国-巴基斯坦关于修订〈自由贸易协定〉的议定书》第4章第6条第6款。

口缔约方可在其主管机关根据明确证据证明的初步裁定下采取临时保障措施；（2）规定临时保障措施的期限（一般不超过 200 天，有个别 FTA 规定为不超过 180 天），[1]应在满足程序和时间的要求下实施临时保障措施，若后续查明未造成损害，应返还额外征收的关税；（3）将临时保障措施的实施期限计入原有保障措施的总实施期。以上规定为有此条款的所有 FTA 中共有的内容，因此纳入示范文本。

另外《中国-格鲁吉亚 FTA》、《中国-韩国 FTA》和 RCEP 中还规定了要求缔约方启动临时保障程序之前应通知另一缔约方并启动磋商。此款虽在本条内容中列举的次数不多，但在《中国-瑞士 FTA》、《中国-秘鲁 FTA》和《中国-新西兰 FTA》中其被规定在"通知与磋商"条款，说明接受程度很高，既有利于提高缔约方采取贸易救济措施的透明度，也体现了一部分"临时措施"条款的发展趋势，因此也将其纳入本条示范文本。

6. 通知和磋商

在中国与"一带一路"国家签订的 FTA、RCEP 及 CPTPP 中除了《中国-柬埔寨 FTA》、《中国-韩国 FTA》、《中国-新加坡 FTA》和《中国-东盟全面经济合作框架协议》无规定外，各 FTA 中均有此条款规定，名称一般为"通知和磋商"[2]、"通知"[3]、"通知、调查和磋商"[4]和"通知和协商"[5]。

本条的内容主要包括：（1）列举缔约方应立即书面通知的事项；（2）提供同事项相关的所有相关信息，部分 FTA 中对相关信息的规定非常细致；（3）要求缔约方为某些事项提供磋商机会。除《中国-智利 FTA》对第 3 条规定的表述为"提供充分的机会就该措施交换信息和交流意见"外，[6]规定

---

[1]《中国-秘鲁自由贸易协定》第 5 章第 2 节第 73 条第 2 款；《中国-巴基斯坦关于修订〈自由贸易协定〉的议定书》第 4 章第 6 条第 6 款。

[2]《中国-格鲁吉亚自由贸易协定》第 7 章第 2 节第 7 条；《中国-哥斯达黎加自由贸易协定》第 8 章第 2 节第 83 条；《中国-秘鲁自由贸易协定》第 5 章第 2 节第 74 条；RCEP 第 7 章第 1 节第 3 条；CPTPP 第 6 章 A 节第 6.6 条。

[3]《中国-新西兰自由贸易协定》第 6 章第 2 节第 71 条；《中国-智利自由贸易协定》第 6 章第 1 节第 48 条。

[4]《中国-巴基斯坦关于修订〈自由贸易协定〉的议定书》第 4 章第 6 条第 4 款。

[5]《中国-瑞士自由贸易协定》第 5 章第 2 节第 5.8 条。

[6]《中国-智利自由贸易协定》第 6 章第 1 节第 48 条第 3 款。

此条款的 FTA 均包含以上三部分内容。[1]

其中，对于应书面通知的事项，各 FTA 的规定有所不同，包括：发起调查；作出严重损害或严重损害威胁的结果或事实认定；作出实施或延长保障措施的决定及作出放宽或修改已实施的保障措施的决定。在这些列举事项中，"发起调查""作出实施或延长决定"为全部 FTA 规定；"作出事实认定"除《中国-秘鲁 FTA》未规定外，其余 FTA 全部规定；规定"作出修改决定"的有《中国-哥斯达黎加 FTA》《中国-智利 FTA》和 RCEP；规定"作出放宽决定"的只有《中国-格鲁吉亚 FTA》；规定"作出放宽或修改决定"的只有 RCEP，因此，只将"发起调查"、"作出实施或延长决定"和"做出事实认定"纳入示范文本。

对于相关信息的规定，因各 FTA 中保障措施实施的差异，如 RCEP 和 CPTPP 中规定了过渡性保障措施，所以在本条款中就相关程序要求需要的信息细节也不同。因此仅将其概括为相关信息纳入示范文本，具体细节由缔约方之间根据需要进行列举。

至于磋商机会，除《中国-秘鲁 FTA》和 CPTPP 明确规定为应缔约方请求应进行磋商，以审议调查报告[2]，以及上条中所提到的其他 FTA 中规定的"临时保障措施的磋商"以外，只浅显提到了"应提供实施保障措施前事先磋商的充分机会"。因此，仅将要求提供事先磋商机会作为共同性条款纳入示范文本中，其中对于"保障措施"这一术语，可根据协定规定替换为"过渡性保障措施"。

7. 补偿

"补偿"条款在中国与"一带一路"国家签订的 FTA、RCEP 及 CPTPP 中除了《中国-柬埔寨 FTA》中无规定外，各 FTA 中均有此规定，名称为"补偿"[3]、

---

[1]《中国-格鲁吉亚自由贸易协定》第 7 章第 2 节第 7 条；《中国-瑞士自由贸易协定》第 5 章第 2 节第 5.8 条；《中国-哥斯达黎加自由贸易协定》第 8 章第 2 节第 83 条；《中国-秘鲁自由贸易协定》第 5 章第 2 节第 74 条；《中国-新西兰自由贸易协定》第 6 章第 2 节第 71 条；《中国-智利自由贸易协定》第 6 章第 1 节第 48 条；《中国-巴基斯坦关于修订〈自由贸易协定〉的议定书》第 4 章第 6 条第 4 款第 1、2、3 项；RCEP 第 7 章第 1 节第 3 条；CPTPP 第 6 章 A 节第 6.6 条。

[2]《中国-秘鲁自由贸易协定》第 5 章第 2 节第 74 条第 3 款；CPTPP 第 6 章 A 节第 6.6 条第 4 款。

[3] 除《中国-瑞士 FTA》、《中国-巴基斯坦 FTA 第二阶段》、《中国-柬埔寨 FTA》和《中国-东盟全面经济合作框架协议》以外的其他中国与"一带一路"国家签订的 FTA、RCEP 及 CPTPP 中均为此名称。

"补偿条款"[1]和"对贸易损失和中止减让的补偿"[2]。

本条款主要内容：(1) 在实施或延长保障措施的一定期限内，实施或延长措施的缔约方应向另一方提供贸易自由补偿的磋商机会，并在规定的补偿形式中以双方同意的方式提供补偿；(2) 若在一定期限缔约方之间未就补偿达成合意，则另一方可对采取或延长保障措施的缔约方中止实施实质相等的减让；(3) 实施中止减让前应在一定期限内书面通知另一方；(4) 上述条款规定的补偿义务及中止减让的权利，应在保障措施终止之日终止。

以上第一款规定中，除《中国-格鲁吉亚 FTA》中规定为"延长过渡性保障措施"，RCEP 中规定为"延长或实施过渡性保障措施"以外，其余相关 FTA 中均规定为"实施保障措施"；补偿的形式则规定为与贸易措施与其中将导致的贸易影响或额外价值关税实质相等的减让形式；"一定期限"为规定的开始磋商的时间，大多规定为 30 天内进行磋商，少数几个 FTA 规定为 45 天内[3]。《中国-新西兰 FTA》和《中国-新加坡 FTA 升级》虽未在本款规定此期限，但在"合作与磋商"条款中规定了本章操作和执行中需要磋商的期限，其中《中国-新加坡 FTA 升级》虽规定了适用 WTO《保障措施协定》的相关规则，但需经必要修改后纳入，因此其"合作与磋商"条款中对磋商的规定应优先适用于 WTO《保障措施协定》中的规定，即 30 天内。《中国-智利 FTA》中本款也未规定磋商期限，但根据其第 2 款中磋商请求提出后 45 内未达成合意即授权中止的规定，也可确定第 1 款磋商期限为 45 天。[4]

第 2 款规定中的期限也有五种情况：(1) 磋商开始后 30 日内；[5] (2) 保障措施实施后 30 日内；[6] (3) 保障措施实施后 45 日内；[7] (4) 磋商开始后

---

[1]《中国-瑞士自由贸易协定》第 5 章第 2 节第 5.9 条。

[2]《中国-巴基斯坦关于修订〈自由贸易协定〉的议定书》第 4 章第 6 条第 5 款。

[3]《关于修改〈中国-新加坡自由贸易协定〉的议定书》第 6 章第 7 条第 7 款；《中国-智利自由贸易协定》第 6 章第 1 节第 49 条；《中国-巴基斯坦关于修订〈自由贸易协定〉的议定书》第 4 章第 6 条第 5 款。

[4]《中国-智利自由贸易协定》第 6 章第 1 节第 48 条第 2 款。

[5]《中国-格鲁吉亚自由贸易协定》第 7 章第 2 节第 8 条第 2 款；《中国-韩国自由贸易协定》第 7 章第 1 节第 7.4 条第 2 款；《中国-哥斯达黎加自由贸易协定》第 8 章第 2 节第 84 条第 2 款；《中国-秘鲁自由贸易协定》第 5 章第 2 节第 75 条第 2 款；《中国-东盟全面经济合作框架协议货物贸易协议》第 9 条第 8 款；RCEP 第 7 章第 1 节第 7 条第 2 款；CPTPP 第 6 章 A 节第 6.7 条第 2 款。

[6]《中国-瑞士自由贸易协定》第 5 章第 2 节第 5.9 条第 2 款。

[7]《中国-新西兰自由贸易协定》第 6 章第 2 节第 72 条第 2 款。

45日内；[1] (5) 磋商请求提出后45日内。[2] 适用第一种规定，即"磋商开始后30日内"这一期限的FTA数量最多，并且在适用其他期限的FTA缔约方中，除了瑞士和巴基斯坦以外，中国、新加坡和新西兰是RCEP缔约方，新加坡、新西兰和智利是CPTPP缔约方，而RCEP和CPTPP均采用"磋商开始后30日内"的规定，也就是说这四国也可以接受这个期限，因此将此期限作为共同性条款纳入示范文本中。

第3款中"一定期限"的规定在各FTA中非常统一，即缔约方在实施中止减让前的30日内应书面通知另一方，此款纳入示范文本。

第4款中的规定除在《中国-瑞士FTA》及《中国-新加坡FTA升级》中措辞有所不同，其余FTA规定均相同。在这两个FTA中，此规定表述为缔约方应在取得实质相等的贸易效果所必需的最短期限内采取补偿措施，并在任何情况下，仅在实施保障措施时采取上述行动，[3] 前半句强调了补偿措施期限应尽量短，后半句与第四款意思相同，即补偿措施的实施与期限依附于保障措施，因此保障措施终止时，补偿措施也一并终止。由此可见第4款规定的接受程度也很高，于是将其纳入示范文本。

另外，在部分FTA[4] 中还要求，对于符合规定的保障措施，在一定期限内不得实施补偿措施，此期限根据缔约方之间的需要进行协商，各FTA均有不同，因此不将其纳入示范文本。

RCEP还规定了对最不发达国家缔约方的照顾，要求其他缔约方因最不发达国家缔约方实施或延长保障措施时不得要求其做出任何补偿。本款也不纳入示范文本。

---

〔1〕《关于修改〈中国-新加坡自由贸易协定〉的议定书》第6章第7条第7款；《中国-巴基斯坦关于修订〈自由贸易协定〉的议定书》第4章第6条第5款第2项。

〔2〕《中国-智利自由贸易协定》第6章第1节第48条第2款。

〔3〕《中国-瑞士自由贸易协定》第5章第2节第5.9条第4款；《关于修改〈中国-新加坡自由贸易协定〉的议定书》第6章第7条第7款。

〔4〕《中国-韩国自由贸易协定》第7章第1节第7.4条第4款；《中国-瑞士自由贸易协定》第5章第2节第5.9条第2款；《中国-秘鲁自由贸易协定》第5章第2节第75条第1款；《中国-新西兰自由贸易协定》第6章第2节第72条第2款；《中国-智利自由贸易协定》第6章第1节第48条第2款；《中国-巴基斯坦关于修订〈自由贸易协定〉的议定书》第4章第6条第5款第1项；RCEP第7章第1节第7条第5款。

（二） 反倾销和反补贴措施

在中国与"一带一路"国家签订的 FTA、RCEP 及 CPTPP 中，除了《中国-柬埔寨 FTA》无规定外，其余 FTA 对于"反倾销和反补贴措施"条款只有少部分规定类似，大多数规定差异性很大，从形式和到内容都不一致。

《中国-格鲁吉亚 FTA》、《中国-哥斯达黎加 FTA》、《中国-秘鲁 FTA》、《中国-智利 FTA》、《中国-巴基斯坦 FTA》、《中国-东盟全面经济合作框架协议货物贸易协议》和 CPTPP 对"反倾销和反补贴措施"进行单个条款的合并规定；《中国-瑞士 FTA》、《中国-新西兰 FTA》和《中国-新加坡 FTA 升级》采用分条形式规定；《中国-韩国 FTA》和 RCEP 采用分节分条的形式进行规定，内容最多；RCEP 和 CPTPP 还规定了"与反倾销和反补贴调查相关的做法"附件，内容更为细致。

在与反倾销和反补贴措施相关的条款的主要内容包括：（1）对 WTO 项下相关协定中权利义务的保留与严格遵守；（2）反倾销措施中缔约方同意遵守的惯常做法；[1] （3）缔约方的相关通知及披露义务；[2] （4）不适用于争端解决。[3]

以上内容中，第 1 款是所有相关 FTA 都接受的；第 4 款因有 RCEP 和 CPTPP 及哥斯达黎加、智利和巴基斯坦三个国家与中国签订的 FTA 有规定，缔约方数量多，接受程度高，因此可以作为共同性条款纳入示范文本中。其余款项都根据缔约方之间的交流或调查需要有较大的差异，无法纳入示范文本，在此不赘述。

在关于权利义务保留的规定中，《中国-格鲁吉亚 FTA》和《中国-韩国 FTA》对于反倾销调查时要求不得采用第三国替代价格作为确定正常价格的

---

[1]《中国-哥斯达黎加自由贸易协定》第 8 章第 3 节第 86 条第 2 款；《中国-秘鲁自由贸易协定》第 5 章第 3 节第 77 条第 2 款；《关于修改〈中国-新加坡自由贸易协定〉的议定书》第 6 章第 4 条第 2 款。

[2]《中国-韩国自由贸易协定》第 7 章第 2 节第 7.7 条第 2 款、第 7.8 条；《中国-瑞士自由贸易协定》第 5 章第 1 节第 5.2、5.3 条第 2 款；《中国-哥斯达黎加自由贸易协定》第 8 章第 3 节第 86 条第 2 款；《中国-秘鲁自由贸易协定》第 5 章第 3 节第 77 条第 3 款；《中国-新西兰自由贸易协定》第 6 章第 1 节第 62 条第 2 款；《关于修改〈中国-新加坡自由贸易协定〉的议定书》第 6 章第 4 条第 2 款；RCEP 第 7 章第 2 节第 12、14 条。

[3]《中国-哥斯达黎加自由贸易协定》第 8 章第 4 节第 87 条；《中国-智利自由贸易协定》第 6 章第 2 节第 52 条第 2 款；《中国-巴基斯坦自由贸易协定》第 5 章第 25 条第 2 款；RCEP 第 7 章第 2 节第 16 条；CPTPP 第 6 章 B 节第 6.8 条第 3 款。

基准;[1]各 FTA 中接受的 WTO 协定相关内容也有四种情况：(1) 保留《关于实施〈1994 年关税与贸易总协定〉第六条的协定》和《补贴和反补贴措施协定》的权利义务;[2] (2) 除协定另有规定，保留 WTO 项下有关反倾销、反补贴的权利义务;[3] (3) 保留 GATT1994 第 6 条、第 16 条、《关于实施〈1994 年关税与贸易总协定〉第六条的协定》和《补贴和反补贴措施协定》的权利义务;[4] (4) 保留 GATT1994 第 6 条、《关于实施〈1994 年关税与贸易总协定〉第六条的协定》和《补贴和反补贴措施协定》的权利义务。[5]

其中，第二、三种情况的规定实质上相同，并且包含第一、四种规定；第一种情况规定 FTA 数量最多，但第四种情况是 RCEP 和 CPTPP 的规定方式，其包含国家数量多且为最新签订，可以体现此条款的接受程度和发展趋势，因此以第四种情况即"保留 GATT1994 第 6 条、《关于实施〈1994 年关税与贸易总协定〉第六条的协定》和《补贴和反补贴措施协定》的权利义务"为共同性条款。

二、特殊性条款

（一）总则

"总则"条款仅在《中国-新西兰 FTA》和《中国-新加坡 FTA 升级》中有规定，其内容为协定对 WTO 项下反倾销、反补贴及保障措施相关协定权利义务的保留及对本章行动透明度的要求。[6]

---

[1]《中国-格鲁吉亚自由贸易协定》第 7 章第 1 节第 1 条第 3 款；《中国-韩国自由贸易协定》第 7 章第 2 节第 7.7 条第 4 款。

[2]《中国-格鲁吉亚自由贸易协定》第 7 章第 1 节第 1 条；《中国-哥斯达黎加自由贸易协定》第 8 章第 3 节第 86 条第 1 款；《中国-秘鲁自由贸易协定》第 5 章第 3 节第 77 条第 1 款；《中国-新西兰自由贸易协定》第 6 章第 1 节第 61 条第 1 款；《关于修改〈中国-新加坡自由贸易协定〉的议定书》第 6 章第 2 条第 1 款；《中国-智利自由贸易协定》第 6 章第 2 节第 52 条第 1 款；《中国-巴基斯坦自由贸易协定》第 5 章第 25 条第 1 款。

[3]《中国-韩国自由贸易协定》第 7 章第 2 节第 7.7 条第 1 款；《中国-东盟全面经济合作框架协议货物贸易协议》第 7 条。

[4]《中国-瑞士自由贸易协定》第 5 章第 1 节第 5.2 条、第 5.3 条第 1 款。

[5] RCEP 第 7 章第 2 节第 11 条第 1 款；CPTPP 第 6 章 B 节第 6.8 条第 1 款。

[6]《中国-新西兰自由贸易协定》第 6 章第 1 节第 61 条；《关于修改〈中国-新加坡自由贸易协定〉的议定书》第 6 章第 2 条。

其中，对 WTO 相关协定权利义务的保留在其他 FTA 中被分别规定在上述"反倾销和反补贴措施"以及"全球保障措施"中，对透明度的要求也具体规定在"通知和磋商"条款中，因此本条款不纳入示范文本。

（二）保障措施中的特殊条款

1. 范围和期限

在《中国-格鲁吉亚 FTA》和 RCEP 中规定了"范围和期限"条款，因这两个 FTA 中规定的保障措施为过渡性保障措施，所以其主要内容为（1）规定过渡期；（2）实施过渡性保障措施的限制，对于此限制，《中国-格鲁吉亚 FTA》从正面列举，规定在实施时不得如何，而 RCEP 从反向规定，要求缔约方除非有规定情况发生，不得实施过渡性保障措施；（3）规定在满足一定条件后实施的过渡性保障措施应在期限内逐步放宽；（4）过渡性保障措施终止时适用的关税税率；（5）对已实施过措施的同一商品在一定期限中的下次进口时不得再次实施，以及不得对同一产品同时段实施双重措施。[1]

此条款由缔约方之间协商需要而制定，规定期限及条件、范围都有差异，因此不纳入示范文本中。

2. 保障措施的标准

《中国-瑞士 FTA》、《中国-哥斯达黎加 FTA》、《中国-新西兰 FTA》、《中国-新加坡 FTA 升级》、《中国-智利 FTA》、《中国-巴基斯坦 FTA 第二阶段》和 CPTPP 中规定了此条款，条款内容与上述"范围和期限"条款虽名称不同但内容类似，也规定了过渡期、实施措施的限制、固定期限放宽、不得双重实施等。[2]另外《中国-韩国 FTA》将此内容规定在"条件与限制"条款中。[3]

如前言所述，本条款内容中的期限、条件、范围及要求都有差异，因此也无法纳入示范文本。

---

[1]《中国-格鲁吉亚自由贸易协定》第 7 章第 2 节第 4 条；RCEP 第 7 章第 1 节第 5 条。

[2]《中国-瑞士自由贸易协定》第 5 章第 2 节第 5.5 条；《中国-哥斯达黎加自由贸易协定》第 8 章第 2 节第 80 条；《中国-秘鲁自由贸易协定》第 5 章第 2 节第 71 条；《中国-新西兰自由贸易协定》第 6 章第 2 节第 68 条；《关于修改〈中国-新加坡自由贸易协定〉的议定书》第 6 章第 7 条第 1、5、6、8 款；《中国-智利自由贸易协定》第 6 章第 1 节第 45 条；《中国-巴基斯坦关于修订〈自由贸易协定〉的议定书》第 4 章第 6 条第 3 款；CPTPP 第 6 章 A 节第 6.4 条。

[3]《中国-韩国自由贸易协定》第 7 章第 1 节第 7.2 条第 5、6、7、8 款。

(三) 合作

《中国-哥斯达黎加 FTA》和《中国-秘鲁 FTA》规定了"合作"条款，其主要内容为缔约方之间建立合作机制，保证相互理解[1]和规定主管调查机关。[2]《中国-新西兰 FTA》和《中国-新加坡 FTA 升级》规定了"合作与磋商"条款，其主要内容为认识合作重要性；[3]建立联系点和规定磋商机制。[4]

规定此条款的 FTA 数量较少，其部分内容也在其他条款中有所体现，不具有共同性，因此不纳入示范文本。

三、示范文本

第六节　贸易救济

第一部分　保障措施

第一条　定义

就本章而言：

（一）国内产业是指相对于某一进口产品而言，其同类产品或直接竞争产品的全体生产者，或者占国内同类产品或直接竞争产品产量主要部分的生产者；

（二）严重损害是指一国内产业状况遭受重大全面减损；

（三）严重损害威胁是指建立在事实基础上的，而非仅凭指控、推测或极小的可能性的，明显迫近的严重损害。

第二条　保障措施的实施

一、如果由于按照本协定规定降低或消除关税，导致一受益于本协定项下优惠关税待遇的原产产品被进口至一缔约方领土内的数量绝对增加或与国

---

[1]《中国-哥斯达黎加自由贸易协定》第 8 章第 5 节第 88 条；《中国-秘鲁自由贸易协定》第 5 章第 3 节第 78 条第 1 款。

[2]《中国-秘鲁自由贸易协定》第 5 章第 3 节第 78 条第 2 款。

[3]《中国-新西兰自由贸易协定》第 6 章第 1 节第 65 条第 1 款。

[4]《中国-新西兰自由贸易协定》第 6 章第 1 节第 65 条第 2、3 款；《关于修改〈中国-新加坡自由贸易协定〉的议定书》第 6 章第 3 条第 1、2 款。

内生产相比相对增加,且构成对生产同类产品或直接竞争产品的国内产业造成严重损害或严重损害威胁的重要原因,进口缔约方可仅在过渡期内采用第二款所规定的保障措施。

二、如果符合第一款所规定的条件,一缔约方可以在防止或补救严重损害或严重损害威胁和便利调整所必需的限度内:

(一)中止按本协定的规定进一步降低此产品关税;或者

(二)提高此产品的关税税率,但不应超过下列税率两者之中较低水平:

1. 在采取此措施时,正在实施的最惠国关税税率;或者

2. 本协定正式生效前一日正在实施的最惠国关税税率。

三、缔约方理解,关税配额或数量限制均不是允许实施的保障措施的形式。

第三条 全球保障措施

一、每一缔约方保留其在《1994年关税与贸易总协定》第十九条和WTO《保障措施协定》下的权利和义务。

二、任何缔约方不得同时针对同一货物实施:

(一)双边或临时或过渡性保障措施(即本协定规定的保障措施);及

(二)根据《1994年关税与贸易总协定》第十九条和《保障措施协定》实施的保障措施。

第四条 调查程序

一、一缔约方只有经主管机关按照WTO《保障措施协定》第三条和第四条第二款(三)进行调查后,才能采取保障措施;为此目的,WTO《保障措施协定》第三条和第四条第二款(三)在细节上作必要修改后被纳入本协定并成为本协定的一个组成部分。

二、在确定原产于另一缔约方的产品进口增加是否对一国内产业已经造成严重损害或正在威胁造成严重损害时,进口缔约方的主管机关应遵守WTO《保障措施协定》第四条第二款(一)和(二)的规则;为此目的,WTO《保障措施协定》第四条第二款(一)和(二)在细节上作必要修改后被纳入本协定并成为本协定的一个组成部分。

第五条 临时措施

一、在延迟会造成难以弥补的损害的紧急情况下,一方可根据关于存在明确证据表明进口增加已经对国内产业造成严重损害或严重损害威胁的初步

裁定，采取临时过渡性保障措施。

二、实施保障措施的缔约方应在采取临时措施之前通知另一方，应在实施该措施后应另一方的要求启动磋商。

三、临时过渡性保障措施的期限不得超过200日，在此期间应满足本章实施保障措施的相关程序及水平要求。如随后根据本章规定进行的调查确定进口增加对国内产业未造成严重损害或者严重损害威胁，则额外征收的任何关税应予以迅速返还。

四、任何此类临时过渡性保障措施的期限都应计为一项保障措施的原有期限和任何延长期限的一部分。

第六条 通知和磋商

一、一方应立即以书面形式通知另一方以下事项：
（一）发起保障措施调查；
（二）做出进口增加造成严重损害或严重损害威胁的认定；
（三）做出实施或延长一项保障措施的决定。

二、在做出本条第一款所指的通知时，实施保障措施的一方应向另一方提供所有相关的信息。

三、提议实施或延长保障措施的一方应向另一方提供事先磋商的充分机会。

第七条 技术磋商

一、如一缔约方认为另一缔约方有关技术法规或合格评定程序对其出口构成不必要的障碍，其有权要求进行技术磋商。被请求方应尽早答复这一请求。

二、被请求方应在双方商定的时间内进行技术磋商，以达成解决方案。技术磋商可以通过缔约双方商定的任何方式进行。

第八条 补偿

一、延长或实施（过渡性）保障措施的一方应通过与另一方的磋商，向另一方提供双方同意的补偿；补偿采用与此保障措施预期导致的贸易影响实质相等或与额外关税价值相等的减让的形式，磋商应于过渡性保障措施延长实施后30日内开始。

二、如磋商开始后30日内缔约双方无法就补偿达成一致，出口方有权对延长过渡性保障措施一方的贸易中止适用实质相等的减让。

三、一方应在根据本条第二款中止减让前至少30日书面通知另一方。

四、延长实施方根据本条第一款提供补偿的义务和另一方根据本条第二款中止减让的权利,应在(过渡性)保障措施终止之日终止。

第二部分 反倾销和反补贴措施

第九条 反倾销和反补贴措施

一、缔约方保留其在《马拉喀什建立世界贸易组织协定》附件1A中的《1994年关税与贸易总协定》第6条、《关于实施〈1994年关税与贸易总协定〉第六条的协定》和《补贴与反补贴措施协定》项下的权利和义务。

二、缔约方依据《1994年关税与贸易总协定》第6条、WTO《关于实施〈1994年关税与贸易总协定〉第六条的协定》和WTO《补贴与反补贴措施协定》所采取的措施不适用于本协定争端解决章节的规定。

第七节 农产品与农业协定

"农产品与农业协定"在我国与"一带一路"相关国家签订的部分自由贸易协定、RCEP和CPTPP中基本以条款出现。不同的协定中对应的具体名称有所不同,但大多集中在"经济技术合作"或"货物贸易"章节,如表6-8。

表6-8 相关自由贸易协定之农产品与农业协定表

自由贸易协定	涉及农产品与农业协定章节
中国-柬埔寨	第十一章:经济技术合作 第2条:范围和优先领域
中国-马尔代夫	协定暂未公布
中国-格鲁吉亚	无相关内容
中国-韩国	第十七章:经济合作 第二节 农渔合作 第17.5条 粮食安全
中国-瑞士	第十三章:经济技术合作 第13.3条 合作领域 《经济技术合作工作方案》 第8条 农业合作

续表

自由贸易协定	涉及农产品与农业协定章节
中国-哥斯达黎加	第三章：货物贸易的国民待遇和市场准入 第六节 农业 第十一章：合作、贸易关系促进与提升 第123条 农业合作
中国-秘鲁	第二章：货物的国民待遇和市场准入 第六节 农业 第十二章 合作 第164条 农业合作
中国-新西兰	第三章：货物贸易 第10条 农产品出口补贴 第13条 农产品特殊保障措施 附件2 农产品特殊保障措施
中国-新加坡	无相关内容
中国-智利	第三章 货物的国民待遇和市场准入 第12条 农业出口补贴 第14条 定义 升级后：（未修改的条款仍然有效） 第七章：经济技术合作 第77条 农业合作
中国-巴基斯坦	无相关内容
中国-东盟	《关于修订〈中国-东盟全面经济合作框架协议〉及项下部分协议的议定书》 第四章：对《框架协议》经济技术合作相关条款的修订 第7条第2款 经济技术合作领域
RCEP	第二章：货物贸易 第13条 农业出口补贴
CPTPP	第二章：货物的国民待遇和市场准入 C节 农业 第二十一章：合作与建设能力 第21.2条 合作与能力建设的领域

数据来源：http://fta.mofcom.gov.cn/georgia/georgia_agreementText.shtml，最后访问日期：2021年12月29日。

一、共同性条款

因部分与中国签订自由贸易协定（Free Trade Agreement，本节简称 FTA）的"一带一路"国家对于农产品出口及贸易的敏感性，使得各 FTA 中对农产品和《农业协定》的相关规定很有限，未成章节，而以条款形式表明对农业领域的关注。同时，由表 6-8 可知，在能获得文本的各 FTA 中，《中国-格鲁吉亚 FTA》《中国-新加坡 FTA》《中国-巴基斯坦 FTA》中对"农产品和农业协定"无相关规定。其余 FTA 中即使相对规定较多，即接受程度较高的"合作"条款和"农业出口补贴"因国别差异很大，也无法作为共同性条款提供示范性文本。因此本节内容只能列明与农产品和《农业协定》相关的特殊性条款。

二、特殊性条款

（一）合作

"合作"条款是中国与"一带一路"国签订的各 FTA、RCEP 和 CPTPP 中关于农业规定最多的条款，一般规定在"合作"、[1]"经济合作"、[2]"经济技术合作"、[3]"合作、贸易关系促进与提升"[4] 或"合作与建设能力"[5] 章节中。尽管该条款已经是接受程度最高的农业相关条款，但《中国-新西兰 FTA》、《中国-智利 FTA》和 RCEP 中也并无此条款。并且，在已有条款中，也因为各国对其接受程度不同，对于合作的开放程度及合作领域的规定也有差异，无法合并讨论，因此不能纳入示范文本。

其中，《中国-韩国 FTA》提到将致力于在农业和粮食领域进行高效互惠

---

[1]《中国-秘鲁自由贸易协定》第 12 章合作。
[2]《中国-韩国自由贸易协定》第 17 章经济合作。
[3]《中国-柬埔寨自由贸易协定》第 11 章经济技术合作；《中国-瑞士自由贸易协定》第 17 章经济技术合作；《中国和智利关于修订〈自由贸易协定〉及〈自由贸易协定关于服务贸易的补充协定〉的议定书》第 7 章经济技术合作。
[4]《中国-哥斯达黎加自由贸易协定》第 11 章合作、贸易关系促进与提升。
[5] CPTPP 第 21 章合作与建设能力。

的贸易及投资合作,[1]并探索通过双方都参与的国际组织、相关区域和国际论坛进行粮食安全合作的机会。[2]

《中国-哥斯达黎加 FTA》中"农业合作"条款的规定最为细致,将合作的领域从科学调查、技术交流、信息交换、市场开发、教育和贸易相联系拓展到科技研发、经验交流,是非常有诚意的农业领域的合作条款。[3]

其余条款基本是在合作领域中提到将在经济技术合作中进行农业合作。

(二) 农业出口补贴

《中国-哥斯达黎加 FTA》、《中国-秘鲁 FTA》、《中国-新西兰 FTA》、《中国-智利 FTA》、RCEP 和 CPTPP 中规定了"农业出口补贴"条款,该条款被规定在"货物贸易的国民待遇和市场准入"[4]和"货物贸易"[5]章节。

"农业出口补贴"条款内容虽类似,但因有此规定的 FTA 数量较少,且部分国家农产品的出口及贸易极为敏感,因此不将其纳入示范文本。

该条款主要内容:缔约方之间认同取消农业出口补贴这一目标;对运往其他缔约方的农产品不得采取或维持任何出口补贴,并共同阻止。[6]

另外,《中国-哥斯达黎加 FTA》和《中国-秘鲁 FTA》中该条款还规定:如果缔约方未履行本条义务,即向其出口至另一缔约方得农产品实施出口补贴,则可根据该 FTA 项下的争端解决机制进行磋商以解决问题。[7]

(三) 领域和范围

《中国-哥斯达黎加 FTA》、《中国-秘鲁 FTA》和 CPTPP 都将农业相关内容单独分节,在此之中规定了"领域和范围"条款,主要内容包括:限定本

---

[1]《中国-韩国自由贸易协定》第 17 章第 2 节第 17.5 条第 1 款。

[2]《中国-韩国自由贸易协定》第 17 章第 2 节第 17.5 条第 2 款。

[3]《中国-哥斯达黎加自由贸易协定》第 11 章第 123 条。

[4]《中国-哥斯达黎加自由贸易协定》第 3 章货物贸易的国民待遇和市场准入;《中国-秘鲁自由贸易协定》第 2 章货物贸易的国民待遇和市场准入;《中国-智利自由贸易协定》第 3 章货物贸易的国民待遇和市场准入;CPTPP 第 2 章货物贸易的国民待遇和市场准入。

[5]《中国-新西兰自由贸易协定》第 3 章货物贸易;RCEP 第 2 章货物贸易。

[6]《中国-哥斯达黎加自由贸易协定》第 3 章第 6 节第 16 条;《中国-秘鲁自由贸易协定》第 2 章第 6 节第 16 条;《中国-新西兰自由贸易协定》第 3 章第 10 条;《中国-智利自由贸易协定》第 3 章第 12 条;RCEP 第 2 章 13 条;CPTPP 第 2 章 C 节第 2.21 条。

[7]《中国-哥斯达黎加自由贸易协定》第 3 章第 6 节第 16 条第 3 款;《中国-秘鲁自由贸易协定》第 2 章第 6 节第 16 条第 3 款。

节内容只适用于与农业贸易相关的措施;[1]并沿用 WTO 项下《农业协定》中对农产品的定义。[2]CPTPP 将农产品的定义放在单独的"定义"条款中,而前两个 FTA 中该节无单独的"定义"条款,于是将其与范围合并规定。

(四) 定义

对农业相关内容规定了"定义"条款的只有《中国-智利 FTA》和 CPTPP,其中都沿用了 WTO 项下《农业协定》对农产品及出口补贴的定义,[3]并根据各自缔约方之间农业贸易的需要,提供了其他术语的定义。

《中国-智利 FTA》中该条款虽提到了领事交易,但该定义为"货物的国民待遇和市场准入"章节项下的定义,非"农业"项下的定义,与农业贸易无关,在此不作赘述。

CPTPP 的"定义"是"农业"节下的定义,因此其所有内容均与农业相关,特别提到了两个术语:"现代生物技术"和"现代生物技术产品",并在"现代生物技术产品"定义中强调只包括农产品和鱼类及鱼类产品,不包括药品和医疗产品。[4]该术语在后有详细的规定,[5]因其他 FTA 中都无此规定,属于 CPTPP 缔约方之间的较特殊的高水平贸易要求,在此也不赘述。

(五) 农产品的国内支持措施

《中国-哥斯达黎加 FTA》和《中国-秘鲁 FTA》中对"农产品的国内支持措施"有明确的规定,表示将与缔约方在 WTO 关于国内支持措施的谈判中合作,对目前对农业贸易有扭曲和限制的国内支持和保护进行实质性削减,以建立一个公平的、以市场为导向的农产品贸易体制。[6]该条款也表现了愿意与缔约方在未来进行更深度农业贸易的期望。

---

[1] 《中国-哥斯达黎加自由贸易协定》第 3 章第 6 节第 15 条第 1 款;《中国-秘鲁自由贸易协定》第 2 章第 6 节第 15 条第 1 款;CPTPP 第 2 章 C 节第 2.20 条。

[2] 《中国-哥斯达黎加自由贸易协定》第 3 章第 6 节第 15 条第 2 款;《中国-秘鲁自由贸易协定》第 2 章第 6 节第 15 条第 2 款。

[3] 《中国-智利自由贸易协定》第 3 章第 14 条第 1、2 款;CPTPP 第 2 章 C 节第 2.19 条。

[4] CPTPP 第 2 章 C 节第 2.19 条。

[5] CPTPP 第 2 章 C 节第 2.27 条。

[6] 《中国-哥斯达黎加自由贸易协定》第 3 章第 6 节第 17 条;《中国-秘鲁自由贸易协定》第 2 章第 6 节第 18 条。

(六) 粮食安全

《中国-韩国 FTA》和 CPTPP 的农业相关条款关注了"粮食安全"问题。前者表示将通过高效互惠的投资与贸易间接保障粮食安全，并通过在国际组织寻找全球粮食安全领域的合作机会；[1]后者则是从出口限制角度保障缔约方粮食安全。

CPTPP 允许缔约方因符合规定的自身粮食短缺条件，限制或禁止粮食出口，并规定了与之相关的一系列程序规则。[2]

从这两种"粮食安全"规定的不同不难看出，CPTPP 缔约方之间在农业贸易方面的合作要比其他 FTA 更加密切和深入。

(七) 国营贸易企业

《中国-秘鲁 FTA》和 CPTPP 对"国营贸易企业"有规定。《中国-秘鲁 FTA》中的"国营贸易企业"条款只是概括地说其权利义务遵循 GATT1994 中第 17 条及其谅解，将对其进行必要修改后纳入，[3]算是中国在签订的 FTA 中尤其是在农业相关领域对国情贸易企业规定的探索。但 CPTPP 中的"农业出口国营贸易企业"条款直指要求缔约方在农业贸易中放弃对国营贸易企业提供特殊待遇，具体要求包括取消缔约方在农产品方面扭曲贸易的出口授权限制；取消缔约方向出口销售农产品并在其整体出口销售总额中占重要份额的国营贸易企业提供任何特别融资；要求出口国营贸易企业对其经营和维持提供更大透明度。[4]由此可知，中国若想加入 CPTPP，对于国营企业在相关领域的改革势在必行。

(八) 农产品保障措施

《中国-新西兰 FTA》和 CPTPP 中对农产品保障措施有相关规定，但其中规定截然相反。《中国-新西兰 FTA》的"农产品特殊保障措施"条款的规定内容为中方可以对部分新西兰的原产货物（附件列明农产品清单，基本为乳

---

[1]《中国-韩国自由贸易协定》第 17 章第 2 节第 17.5 条。
[2] CPTPP 第 2 章 C 节第 2.24 条。
[3]《中国-秘鲁自由贸易协定》第 2 章第 6 节第 17 条。
[4] CPTPP 第 2 章 C 节第 2.23 条。

制品及相关产品）按规定的程序与方式实施特殊保障措施。[1]而 CPTPP 中的"农业保障措施"条款规定为，缔约方不得对源自任何缔约方的农产品适用《农业协定》项下的特殊保障措施规定的任何关税。[2]

我国乳制品产业较薄弱，需要在进出口贸易中进行特殊保障可以理解，但若想加入 CPTPP，进行产业升级与优化是必然的，需要适应及应对其高标准高水平的贸易规则，防止进出口对我国部分产业发展造成冲击。

第八节 与贸易有关的投资措施（TRIMS）

"与贸易有关的投资措施"（TRIMS）在我国与"一带一路"相关国家签订的部分自由贸易协定、RCEP 和 CPTPP 中很少出现，仅有部分条款涉及，一般集中在"投资"章节中，如表6-9。

表6-9 相关自由贸易协定之与贸易有关的投资措施表

自由贸易协定	涉及与贸易有关的投资措施程序章节
中国-柬埔寨	无相关内容
中国-马尔代夫	协定暂未公布
中国-格鲁吉亚	无相关内容
中国-韩国	第十二章：投资 第12.7条 禁止性业绩要求
中国-瑞士	无相关内容
中国-哥斯达黎加	无相关内容
中国-秘鲁	无相关内容
中国-新西兰	第十一章：投资 第140条 业绩要求
中国-新加坡	无相关内容

---

[1]《中国-新西兰自由贸易协定》第3章第13条。
[2] CPTPP 第2章 C 节第2.26条。

续表

自由贸易协定	涉及与贸易有关的投资措施程序章节
中国-智利	《中国-智利自由贸易协定关于投资的补充协定》 第二节：投资 第 4 条 业绩要求
中国-巴基斯坦	无相关内容
中国-东盟	《中国-东盟全面经济合作框架协议投资协议》 第 23 条 与其他协议的关系
RCEP	第十章：投资 第 6 条 禁止业绩要求
CPTPP	第九章：投资 A 节 第 9.10 条 业绩要求

数据来源：http://fta.mofcom.gov.cn/georgia/georgia_agreementText.shtml，最后访问日期：2021 年 12 月 29 日。

一、共同性条款

由表 6-9 可知，只有部分与中国签订自由贸易协定（Free Trade Agreement，本节简称 FTA）的"一带一路"国家、RCEP 和 CPTPP 中有关于"与贸易有关的投资措施"的规定，并且基本规定在"投资"章节的条款中，不能认为形成了共同性条款，且该条款与缔约方承诺投资的市场准入密切相关，受限于缔约方自身的发展与市场开放程度，因此无法将其纳入示范文本，仅在特殊性条款中予以列举示明。

二、特殊性条款

（一）禁止业绩要求

"禁止业绩要求"条款在《中国-新西兰 FTA》和《中国-智利 FTA》中名称为"业绩要求"，在《中国-韩国 FTA》中名称为"禁止性业绩要求"，在这三个 FTA 中，该条款虽名称不同，但规定内容基本一致，即将 WTO 项下的《与贸易有关的投资措施协定》进行必要修改后纳入。[1]其中《中国-韩国 FTA》强调了缔约方不得在其领土范围内就技术出口或技术转移的业绩，对投资采取不合理或歧视性的措施。[2]

RCEP 和 CPTPP 的"禁止业绩要求"条款与上述规定相比较要详细得多。都要求缔约方不得就其领土内的其他缔约方投资者投资，施加或强制执行协定列举的与投资相关的贸易保护或附加措施，并且不得以以上保护或附加要求作为在其领土内的其他缔约方投资者投资获得或继续获得优惠的条件，并对以上两条规定内容的适用范围进行限制和进一步解释。[3]

RCEP 中另外规定了其中条款的部分款项不适用于柬埔寨、老挝和缅甸，并排除对出口促进和对外援助相关项目资质要求对某些条款的适用，即为最不发达国家提供了弹性的特殊优惠待遇。[4]

CPTPP 较 RCEP 对于禁止与投资相关的附带贸易要求的规定范围更广也更细致，在对其适用范围进行限制与解释时，不但包括对出口促进和对外援助相关项目资质要求对某些条款的适用的排除，还包括对以合理合法方式采取的或不构成国际贸易、投资变相限制的环境措施、缔约方认为必要的保护人类动植物生命健康及非生物不可再生自然资源的措施、政府采购、保护合法公共福利等措施对相关条款适用的排除。[5]

由以上分析可知，"禁止业绩要求"条款与 FTA 缔约方之间对于接受别国在其领土投资方面的开放程度密切相关，因此无法纳入示范文本。

（二）与其他协议的关系

本条款是《中国-东盟全面经济合作框架协议投资协议》中唯一一条与《与投资有关的贸易措施协定》相关的内容，其内容非常简单："本协议不得减损一方作为任何其他国际协议缔约方的现有权利和义务。"[6]其法律效果与前述《中国-新西兰 FTA》、《中国-韩国 FTA》和《中国-智利 FTA》中对《与

---

[1]《中国-新西兰自由贸易协定》第 11 章第 140 条；《中国-韩国自由贸易协定》第 12 章第 12.7 条第 1 款；《中国-智利自由贸易协定关于投资的补充协定》第 2 节第 4 条。

[2]《中国-韩国自由贸易协定》第 12 章第 12.7 条第 2 款。

[3] RCEP 第 10 章第 6 条；CPTPP 第 9 章 A 节第 9.10 条。

[4] RCEP 第 10 章第 6 条第 1、3 款。

[5] CPTPP 第 9 章 A 节第 9.10 条第 1、3 款。

[6]《中国-东盟全面经济合作框架协议投资协议》第 23 条。

投资有关的贸易措施协定》经必要修改后纳入的效果有些不同。

"经必要修改后纳入"的含义：与本协定相关条款有矛盾的，适用本协议条款。而"不得减损其他国际协议缔约方现有权利义务"的含义：本协议条款与国际协议有冲突的，适用国际协议。由此可知，《中国-东盟全面经济合作框架协议投资协议》的开放程度与其他相关 FTA 相比较偏保守，因此本条款也不纳入示范文本。

CHAPTER 7 第七章

服务贸易

2020年年初至今，新冠肺炎疫情在全球持续蔓延，根据世界贸易组织发布的相关最新数据显示[1]，受新冠疫情等因素影响，2020年全球服务行业受到了冲击，全球服务贸易大幅下滑。面对复杂严峻的国际形势，中国服务贸易进出口规模有所下降，但随着疫情防控工作的推进和全球抗疫合作的深入，中国服务贸易状况得以改善，并向高质量发展。根据商务部发布的最新数据，2021年我国服务贸易发展情况良好，并继续保持增长趋势。在服务贸易进出口总额增长的同时呈现出知识密集型服务贸易占比提高等特点，中国服务贸易正向着更高水平发展，进入一个新阶段。《海南自由贸易港跨境服务贸易特别管理措施（负面清单）（2021年版）》于2021年7月月底正式发布，通过试点探索服务贸易创新发展，实现服务贸易领域开放模式水平全面提升，深化服务贸易开放。2021年8月，中国服务贸易协会与上海合作组织成员国相关行业机构签署《共建跨境电商平台》合作备忘录。2021年是上海合作组织成立20周年，上海合作组织国家经贸合作硕果累累，国际合作稳步推进，共享成果，共享机遇。2021年9月，第四届"一带一路"服务贸易合作论坛在北京国家会议中心举办。本届论坛以"数字化、智能化驱动服务贸易发展"为主题，"一带一路"共建国家相关代表参加了论坛。本届论坛对推动"一带一路"共建具有重大意义，对疫情下全球经济的复苏至关重要。

服务贸易是疫情下世界经济复苏增长的重要动力，在对外贸易中服务贸易又是重中之重。服务贸易对于推动全球对外贸易高质量发展，构建对外开

---

[1] 参见世界贸易组织官网，载 https://www.wto.org/english/res_e/statis_e/daily_update_e/serv_latest.pdf，最后访问日期：2022年11月25日。

放合作的新格局有着重要作用。服务贸易的发展也不会因为疫情停下脚步，未来中国服务贸易潜力巨大，将会逐渐成为中国经济新的增长点。

2021年11月2日，《区域全面经济伙伴关系协定》（以下简称RCEP）保管机构东盟秘书处发布通知协定将于2022年1月1日开始对其中的十国生效。区域一体化和经济全球化是大势所趋，RCEP的生效实施将为"一带一路"发展提供更多新机遇。2021年9月16日，中国正式提出申请加入《全面与进步跨太平洋伙伴关系协定》（以下简称为CPTPP）。在RCEP的高标准基础上，中国申请加入CPTPP，努力推动RCEP进一步升级。RCEP是目前我国签署的最高标准的自贸协定，而CPTPP则代表了当今世界最高标准的自贸协定，这对于我国现有服务贸易水平的提升既是挑战也是机遇。为更好发挥未来"一带一路"的潜力，针对"一带一路"经贸规则的研究须尽快进行，从而带动中国与其他"一带一路"共建国家的共同发展，高质量推进共建"一带一路"。"十四五"服务贸易发展规划重点提及要强化服务贸易的保障支撑，为服务贸易高质量发展提供强有力的政治保障和制度保障。因此，分析现有相关区域贸易协定中的服务贸易规则对"一带一路"服务贸易规则的构建，对下一步自由贸易协定服务贸易章节的谈判和已有服务贸易协议的升级以及国家服务贸易对外开放总体水平的提升具有重大意义。

本章将从国民待遇、市场准入、最惠国待遇、具体承诺表、透明度、国内监管、承认等七方面进行比较，分析相关双边自由贸易协定或服务贸易协定以及部分巨型区域贸易协定中涉及服务贸易的共同性条款和特殊性条款，并归纳总结出示范文本。

第一节　国民待遇

服务贸易领域的国民待遇是一项核心义务，但在《服务贸易总协定》（以下简称GATS）中，国民待遇不是一般义务而是一项具体承诺，可以由成员在具体承诺表中作出取舍[1]。在GATS框架下的国民待遇与GATT框架下的国民待遇相比虽然性质不同，但在服务贸易自由化推进过程中始终发挥着举足轻重的作用。

---

[1] 参见左海聪：《国际贸易法》，法律出版社2004年版，第327页。

一、共同性条款

GATS 国民待遇条款规定在第 17 条,之后很多自由贸易协定中服务贸易章关于国民待遇义务的规定均与此类似,虽表述略有不同,但这些协定都直接参照了 GATS 中关于国民待遇条款的内容。

(一) 关于国民待遇义务适用的规定

该条款规定,对于列入具体承诺表的部门,在遵守其中所列任何条件和资格的前提下,任一缔约方在影响服务贸易提供的所有措施方面给予其他缔约方的服务和服务提供者的待遇,不得低于其给予本国同类服务和服务提供者的待遇。[1] 通过规定明确国民待遇的适用对象,即外国服务或者外国服务提供者,明确了服务贸易领域中国民待遇适用对象的特殊性。

(二) 在事实上和法律上规定国民待遇义务

该条款规定,一缔约方可通过给予另一缔约方形式上相同或不同的待遇,以满足国民待遇义务的要求,如果改变了竞争条件,有利于该缔约方的同类服务或服务提供者,也应视为较为不利的待遇。[2] 服务贸易领域中国民待遇的实现应是实质的,但具体给予形式可根据缔约国自身实际情况进行调整,这为缔约国履行国民待遇义务保留了一定的自由,有一定的灵活性。

---

[1] 《中国-东盟全面经济合作框架协议服务贸易协议》第 19 条第 1 款;《中国-巴基斯坦自由贸易区服务贸易协定》第 15 条第 1 款;《中国-格鲁吉亚自由贸易协定》第 8 章第 4 条第 1 款;《中国-毛里求斯自由贸易协定》第 7 章第 4 条第 1 款;《中国-韩国自由贸易协定》第 8 章第 8.4 条第 1 款;《中国-智利自由贸易协定关于服务贸易的补充协定》第 2 条第 1 款;《中国-瑞士自由贸易协定》第 8 章第 8.5 条第 1 款;《中国-哥斯达黎加自由贸易协定》第 9 章第 92 条第 1 款;《中国-新西兰自由贸易协定》第 9 章第 106 条第 1 款;《中国-新加坡自由贸易协定》第 8 章第 62 条第 1 款;《中国-秘鲁自由贸易协定》中第 8 章第 106 条;《中国-澳大利亚自由贸易协定》第 8 章第 5 条第 1 款和第 10.3 条第 1 款;CPTPP 第 10 章第 3 条第 1 款;RCEP 第 8 章第 4 条第 1 款与第 2 款;USMCA 第 15 章第 3 条第 1 款。

[2] 《中国-东盟全面经济合作框架协议服务贸易协议》第 19 条第 2 款与第 3 款;《中国-巴基斯坦自由贸易区服务贸易协定》第 15 条第 2 款与第 3 款;《中国-格鲁吉亚自由贸易协定》第 8 章第 4 条第 2 款与第 3 款;《中国-毛里求斯自由贸易协定》第 7 章第 4 条第 2 款与第 3 款;《中国-韩国自由贸易协定》第 8 章第 8.4 条第 2 款与第 3 款;《中国-智利自由贸易协定关于服务贸易的补充协定》第 2 条第 2 款与第 3 款;《中国-瑞士自由贸易协定》第 8 章第 8.5 条第 2 款与第 3 款;《中国-哥斯达黎加自由贸易协定》第 9 章第 92 条第 2 款与第 3 款;《中国-新西兰自由贸易协定》第 9 章第 106 条第 2 款与第 3 款;《中国-新加坡自由贸易协定》第 8 章第 62 条第 2 款与第 3 款;《中国-澳大利亚自由贸易协定》第 8 章第 5 条第 2 款与第 3 款和第 10 条第 2 款与第 3 款;RCEP 第 8 章第 4 条第 3 款与第 4 款。

GATS 本身在服务贸易领域是具有开创性的，在当时的历史背景下是符合现实需求的，但在服务贸易开放水平提升后，相关条款难免存在限制，如其中的国民待遇和市场准入是特定的具体义务，这考虑到发达国家与发展中国家的服务贸易差距，使得发展中国家有更多的自主权以保护发展中国家服务贸易市场，保护发展中国家的利益，体现了市场开发与适度保护的统一。

二、特殊性条款

GATS 采取将一般义务与具体承诺义务分开规范的做法，既可使各成员在服务贸易领域遵守一些共同原则和普遍义务，又可使其根据本国服务业的实际发展情况，避免本国服务业因市场开放而受到过于严重的冲击。[1]随着全球服务贸易的迅速发展，GATS 的保守规定与其最初服务贸易自由化的目的产生了分歧，许多国家便在 GATS 关于国民待遇义务的规定上进行了一定的调整或删改。

（一）将国民待遇义务划到一般义务与纪律部分或不再具体规定一般义务或具体义务

虽条款内容本身没有明显变化，却一定程度上扩大了服务贸易中的国民待遇义务的涵盖范围，并为之后国家间服务贸易领域开放承诺水平的进一步提升创造了条件。[2]为进一步扩大服务贸易市场的开放度，在"一带一路"中服务贸易领域的国民待遇条款可不规定为具体义务，而应使其成为普遍适用的一般义务。

（二）"混合清单"模式或"负面清单"模式

过去 GATS 的谈判主要是以"正面清单"为主的混合模式，在"正面清单"的规范下缔约国只需要对具体承诺表所列入的国民待遇事项承担义务，

---

〔1〕 参见石静霞："中国国际服务贸易年度观察（2021）"，载《北京仲裁》2021 年第 1 期。
〔2〕《中国-格鲁吉亚自由贸易协定》第 8 章第 4 条；《中国-毛里求斯自由贸易协定》第 7 章第 4 条；《中国-韩国自由贸易协定》第 8 章第 8.4 条；《中国-智利自由贸易协定关于服务贸易的补充协定》第 2 条；《中国-瑞士自由贸易协定》第 8 章第 8.5 条；《中国-哥斯达黎加自由贸易协定》第 9 章第 92 条；《中国-新西兰自由贸易协定》第 9 章第 106 条；《中国-新加坡自由贸易协定》第 8 章第 62 条；《中国-秘鲁自由贸易协定》第 8 章第 106 条。

不需要承担全面义务。[1]与此相比,"负面清单"则比较自由并具有更大的开放性,但负面清单对各国服务贸易的水平要求也相对更高,会更符合发达国家的利益和服务贸易开放的趋势。[2]"混合清单"模式的采用兼顾了发展中国家和发达国家之间的利益,但随着全球服务贸易的扩大,各国服务贸易自由化水平提升,全面的"负面清单"模式因其透明性更多地被应用于服务贸易领域的谈判。"一带一路"共建国家服务贸易水平不一,为了能更好推动共建国家和地区总体服务贸易水平的提升,优化贸易结构,取得更好的发展成效,必须充分了解合作伙伴中发展中国家以及发达国家的基本国情。因此,为了"一带一路"倡议的实施便利和力争相关经贸规则符合各合作伙伴的利益,以"负面清单"为主的"混合清单"模式的采用会更为容易接受,并可以此为基础继续探索负面清单模式,逐渐进行转变,在循序渐进中推进对外贸易合作深化。

(三)以"同类情形"为基准

在 GATS 框架下的服务贸易领域,国民待遇的适用对象是"同类服务"及"服务提供者",之前的大多数贸易协定也多是以"同类服务和服务提供者"为基准,但随着服务贸易发展逐渐出现了以"同类情形"为基准的情况。[3]相比之下,以"同类情形"为基准规定的涵盖范围会更宽,保护效果会更强。但目前服务贸易领域关于"同类"认定标准与货物贸易领域相比还是较为模糊的。从逻辑上来讲,服务贸易领域中的国民待遇在正确识别适用对象的前提下就可以正确适用,且目前与 GATS 不同的协定数量仍较少,"一带一路"共建国家较多,暂时无法迅速达成以"同类情形"为基准的一致,也不急于冒进改变,之后可根据具体情况再进行调整和优化。

(四)准入前国民待遇

"准入前国民待遇"一般与"负面清单"模式共同出现,在开放程度上标准更高,但是若缔约国家较多利益协调困难,则很难达成如此高的标准。[4]目

---

[1] 《中国-澳大利亚自由贸易协定》第 8 章第 5 条和第 10 条;RCEP 第 8 章第 4 条。

[2] CPTPP 第 10 章第 10.3 条;USMCA 第 15 章第 3 条。

[3] 《中国-秘鲁自由贸易协定》第 8 章第 106 条;CPTPP 第 10 章第 10.3 条;USMCA 第 15 章第 3 条。

[4] CPTPP 第 10 章第 10.3 条;USMCA 第 15 章第 3 条。

前中国在签署的多边自贸协定 RCEP 中从服务贸易开放采取"正面清单"承诺逐渐过渡到"负面清单"的模式。准入前国民待遇是服务贸易高度自由化的体现，有助于推动服务贸易高质量发展，但"一带一路"合作伙伴涉及众多发达国家和发展中国家，很难迅速直接达成共识，需要体现包容性。因此此种条款内容暂时不宜作为模板直接使用，但在未来的世界服务贸易谈判中可视情况合理参照。

（五）国民待遇与最惠国待遇相结合

该种条款规定，将最惠国待遇多边化，但非缔约国无法自动从中获益，且缔约国也将受到相同规则的约束。[1]"一带一路"共建国家众多，在利益分歧可能较大的情况下，为了之后"一带一路"经贸规则谈判尽快达成一致，此条款内容暂时不宜直接引用。

三、示范文本

根据具体承诺表作出承诺的一缔约方，对于列入的部门，在遵守服务具体承诺表所列任何条件和资格的前提下，在影响服务提供的所有措施方面给予其他任何缔约方的服务和服务提供者的待遇，应当不低于其给予本国同类服务和服务提供者的待遇。[2]

根据不符措施承诺表作出承诺的一缔约方，在遵守不符措施承诺表规定的其不符措施的情况下，在影响服务提供的所有措施方面给予其他任何缔约方的服务和服务提供者的待遇，应当不低于其给予本国同类服务和服务提供者的待遇。[3]

一缔约方可通过对其他缔约方的服务或服务提供者给予与其本国同类服务或服务提供者的待遇形式上相同或不同的待遇，以满足第 1 款或第 2 款的要求。

如形式上相同或不同的待遇改变竞争条件，与任何其他缔约方的同类服务或服务提供者相比，有利于该缔约方的服务或服务提供者，则此类待遇应

---

[1] CPTPP 第 10 章第 10.3 条第 2 款；USMCA 第 15 章第 3 条第 2 款。
[2] 根据本条承担的具体承诺不得解释为要求任一缔约方对由于有关服务或服务提供者的外国特性而产生的任何固有的竞争劣势作出补偿。
[3] 根据本条承担的具体承诺不得解释为要求任一缔约方对由于有关服务或服务提供者的外国特性而产生的任何固有的竞争劣势作出补偿。

被视为较为不利的待遇。

第二节 市场准入

市场准入是服务贸易领域的另一核心义务。市场准入与国民待遇关系密切，一国服务业对外开放的水平与方式，与二者息息相关。

一、共同性条款

在 GATS 框架下，成员只有在作出特定承诺之后，才有开放市场的义务。[1]

市场准入是根据具体承诺表作出的具体承诺，随着服务贸易发展，成员承诺水平的提升，市场准入的提供也同样在提高。部分自贸协定服务贸易章节或服务贸易协定中关于服务贸易的市场准入义务的规定与 GATS 第 16 条的规定基本类似。

（一）关于市场准入适用的规定

对于通过定义确定的服务提供模式实现的市场准入，缔约方给予其他缔约方的服务和服务提供者的待遇，不得低于其在协定附件服务贸易具体承诺表所同意和列明的条款、限制和条件。[2]要求缔约国以具体承诺表的形式明确市场准入承诺的适用范围，与国民待遇类似，规定明确了市场准入的适用对象，明确了适用对象的特殊性。

（二）强调在作出市场准入承诺的部门不得实施数量限制

在作出市场准入承诺的部门，除非在协定附件服务贸易具体承诺表中另有

---

[1] 参见石静霞："中国国际服务贸易年度观察（2021）"，载《北京仲裁》2021 年第 1 期。
[2] 《中国-东盟全面经济合作框架协议服务贸易协议》第 18 条第 1 款；《中国-巴基斯坦自由贸易区服务贸易协定》第 14 条第 1 款；《中国-格鲁吉亚自由贸易协定》第 8 章第 5 条第 1 款；《中国-毛里求斯自由贸易协定》第 7 章第 5 条第 1 款；《中国-韩国自由贸易协定》第 8 章第 8.3 条第 1 款；《中国-秘鲁自由贸易协定》第 7 章第 107 条第 1 款；《中国-智利自由贸易协定关于服务贸易的补充协定》第 3 条第 1 款；《中国-瑞士自由贸易协定》第 8 章第 8.4 条第 1 款；《中国-哥斯达黎加自由贸易协定》第 9 章第 93 条第 1 款；《中国-新西兰自由贸易协定》第 9 章第 108 条第 1 款；《中国-新加坡自由贸易协定》第 8 章第 61 条第 1 款；《中国-澳大利亚自由贸易协定》第 8 章第 6 条第 1 款；RCEP 第 8 章第 5 条第 1 款。

列明,否则不得维持或采取下列措施:(1)限制服务提供者的数量;(2)限制服务交易或资产总值;(3)限制服务业务总数或服务产出总量;(4)限制可雇佣的自然人总数;(5)限制或要求特定类型法律实体或合营企业;(6)限制以限制外国股权最高百分比或限制单个或总体外国投资总额的方式限制外国资本的参与。[1]对市场准入承诺的部门实施数量限制,虽可以保护国内服务贸易行业,但从长远看不利于服务贸易的发展,所以在协定附件具体承诺表列明例外情况很有必要,既保护了国内特定产业,也刺激了我国服务贸易向更高水平的提升。

二、特殊性条款

应国际贸易的发展及服务贸易自由化的需要,各国服务市场的进一步开放成为一种趋势。市场准入在之后许多自由贸易协定中服务贸易章节或服务贸易协定中规定的变化情况与国民待遇类似,即为了扩大服务贸易开放,逐渐减少对相关内容的限制。

(一)将市场准入划到一般义务与纪律部分或不再具体规定一般义务或具体义务

将市场准入划到一般义务与纪律部分或不再具体规定一般义务或具体义务的变化和国民待遇一样,以此种方式扩大市场准入的涵盖范围,降低了对市场准入的限制。[2]为保证服务贸易自由化向更高水平推进,这也是"一带

---

[1]《中国-东盟全面经济合作框架协议服务贸易协议》第18条第2款;《中国-巴基斯坦自由贸易区服务贸易协定》第14条第2款;《中国-格鲁吉亚自由贸易协定》第8章第5条第2款;《中国-毛里求斯自由贸易协定》第7章第5条第2款;《中国-韩国自由贸易协定》第8章第8.3条第2款;《中国-秘鲁自由贸易协定》第8章第107条第2款;《中国-智利自由贸易协定关于服务贸易的补充协定》第3条第1款;《中国-瑞士自由贸易协定》第8章第8.4条第2款;《中国-哥斯达黎加自由贸易协定》第9章第93条第2款;《中国-新西兰自由贸易协定》第9章第108条第2款;《中国-新加坡自由贸易协定》第8章第61条第2款;《中国-澳大利亚自由贸易协定》第8章第6条第2款和第11条;RCEP第8章第5条第2款。

[2]《中国-格鲁吉亚自由贸易协定》第8章第5条;《中国-毛里求斯自由贸易协定》第7章第5条;《中国-韩国自由贸易协定》第8章第8.3条;《中国-秘鲁自由贸易协定》第8章第107条;《中国-智利自由贸易协定关于服务贸易的补充协定》第3条;《中国-瑞士自由贸易协定》第8章第8.4条;《中国-哥斯达黎加自由贸易协定》第9章第93条;《中国-新西兰自由贸易协定》第9章第108条;《中国-新加坡自由贸易协定》第8章第61条。

一路"规则构建所必需的。

(二)"混合清单"模式或"负面清单"模式

虽然两种模式均是强调了除非另有列明,否则在市场准入承诺的部门不得实施数量限制,但前者另有列明具体承诺减让表和不符措施承诺表[1],后者则只涉及"负面清单"[2]。无论是"混合清单"模式还是"负面清单"模式,模式本身各有其优势,考虑到中国一向的开放态度及中国采取"混合清单"的丰富经验,在"一带一路"服务贸易规则构建中采取以"负面清单"为主的"混合清单"模式会更为有利。

(三)对GATS市场准入条款内容的删减

CPTPP和USMCA均选择删去了对市场准入的适用的具体规定,与其"准入前国民待遇"+"负面清单"模式的采用具有一定的联系,此种方式扩大了市场准入的涵盖范围。[3]同时删去了对外国资本投资额比例的限制,以实现进一步提升市场开放水平的目标。虽放宽了市场准入的限制,但是相对也提高了对缔约国国内监管中合理客观的要求。"一带一路"共建国家服务贸易开放水平不一,暂不宜引用。

三、示范文本

对于通过定义确定的服务提供模式实现的市场准入,一缔约方给予任何其他缔约方的服务和服务提供者的待遇,不得低于其在服务具体承诺表所同意和列明的条款、限制和条件。[4]

在作出市场准入承诺的部门,不论是根据具体承诺表作出具体承诺,或根据不符措施承诺表遵守不符措施,一缔约方不得在其一地区或在其全部领土内采取或维持按如下定义的措施:

---

[1] 《中国-澳大利亚自由贸易协定》第8章第6条和第11条;RCEP第8章第5条。
[2] CPTPP第10章第10.5条;USMCA第15章第5条。
[3] CPTPP第10章第10.5条;USMCA第15章第5条。
[4] 如一缔约方就服务贸易定义跨境提供模式所指方式提供服务作出市场准入承诺,且如果资本的跨境流动是该服务本身必需的部分,则该缔约方由此已承诺允许此种资本跨境流动。如一缔约方就服务贸易定义商业存在模式所指方式提供服务作出市场准入承诺,则该缔约方由此已承诺允许有关的资本转移进入其领土内。

（一）无论以数量配额、垄断、专营服务提供者的形式，还是以经济需求测试要求的形式，限制服务提供者的数量；

（二）以数量配额或经济需求测试要求的形式限制服务交易或资产总值；

（三）以配额或经济需求测试要求的形式，限制服务业务总数或以指定数量单位表示的服务产出总量；[1]

（四）以数量配额或经济需求测试要求的形式，限制特定服务部门或服务提供者可雇佣的、提供具体服务所必需且直接有关的自然人总数；

（五）限制或要求服务提供者通过特定类型法律实体或合营企业提供服务的措施；以及

（六）以限制外国股权最高百分比或限制单个或总体外国投资总额的方式限制外国资本的参与。

第三节 最惠国待遇

最惠国待遇与国民待遇共同体现着非歧视待遇义务，最惠国待遇在GATS中是最为重要的一般性义务，是GATS得以存在的重要基础。GATS第2条即是关于最惠国待遇的规定，与货物贸易领域中的最惠国待遇义务的规定有所不同，这也影响到之后的其他服务贸易相关的协定。

一、共同性条款

GATS中所包含的最惠国待遇是所有WTO成员之间的无条件的义务，但是在部分自由贸易协定服务贸易章节或服务贸易协定中并未规定最惠国待遇[2]，这也反映出了当前部分国家或地区的服务贸易自由化程度仍然较低。其他服务贸易相关的协定则或多或少参照GATS第2条对最惠国待遇义务进行了规定，虽具体规定略有不同，但主要涉及以下内容。

---

[1] 该项不涵盖一缔约方限制服务提供投入的措施。

[2] 《中国-韩国自由贸易协定》《中国-秘鲁自由贸易协定》《中国-智利自由贸易协定关于服务贸易的补充协定》《中国-东盟全面经济合作框架协议服务贸易协议》《中国-巴基斯坦自由贸易区服务贸易协定》《中国-哥斯达黎加自由贸易协定》《中国-新加坡自由贸易协定》。

(一) 最惠国待遇的适用范围

每一缔约国对于任一缔约国的服务或服务提供者,应立即无条件地给予不低于其给予任何其他缔约国相同的服务或服务提供者的待遇。[1]服务贸易中最惠国待遇的适用规定与货物贸易领域类似,具有普遍性、互惠性、无条件性等特点。最惠国待遇的规定在于消除差别,以提供同样的机会去竞争,从而推动贸易水平的提升。但是若限于缔约国之间,则是一种有条件的最惠国待遇,需要加入该协定才可以享受此种最惠国待遇。

(二) 最惠国待遇的豁免

缔约国可以维持与最惠国待遇条款规定不一致的措施,但该措施应列于豁免附件中,并符合附件的条件。[2]关于最惠国待遇的豁免,缔约国可以在协定附件中列明豁免的部门,从而在列明的部门上豁免最惠国待遇。允许最惠国待遇的豁免与 GATS 的谈判背景有关,是为了防止搭便车情况的存在,该款内容目前仍被许多服务贸易相关的协定所参考并再适当修改后写入文本。

(三) 不适用于国际司法援助或行政援助以及边境贸易中的服务贸易输出或输入

最惠国待遇的规定不得解释为阻止一方对相邻国家授予或给予优惠,以便仅限于毗连边境地区的当地生产和消费的服务的交换。[3]对最惠国待遇的规定应进行一定的限制解释,以防止最惠国待遇规定影响正常的国际司法援助或行政援助以及边境贸易中的服务贸易输出或输入,保护相邻国家间的合法权益。

---

[1] 《中国-格鲁吉亚自由贸易协定》第 8 章第 6 条第 1 款;《中国-毛里求斯自由贸易协定》第 7 章第 6 条第 1 款;《中国-瑞士自由贸易协定》第 7 章第 7.3 条第 1 款;《中国-澳大利亚自由贸易协定》第 8 章第 7 条第 1 款和第 12 条第 1 款;《中国-新西兰自由贸易协定》第 107 条第 1 款;RCEP 第 8 章第 6 条第 1 款和第 2 款;CPTPP 第 10 章第 10.4 条;USMCA 第 15 章第 4 条第 1 款。

[2] 《中国-格鲁吉亚自由贸易协定》第 8 章第 6 条第 2 款;《中国-毛里求斯自由贸易协定》第 7 章第 6 条第 2 款;《中国-瑞士自由贸易协定》第 8 章第 3 条第 2 款。

[3] 《中国-格鲁吉亚自由贸易协定》第 8 章第 6 条第 4 款;《中国-毛里求斯自由贸易协定》第 7 章第 6 条第 4 款;《中国-瑞士自由贸易协定》第 8 章第 8.3 条第 4 款;《中国-澳大利亚自由贸易协定》第 8 章第 7 条第 5 款和第 12 条第 5 款;RCEP 第 8 章第 6 条第 5 款。

二、特殊性条款

在追求服务贸易自由化的同时,最惠国待遇也可根据缔约国家间服务贸易水平的差距作出相应规定,保留一部分合法权利,在完善法律法规的过程中,提升服务贸易水平,改善发展环境,促进产业结构优化。

(一) 保留给予差别待遇的权利

为了更好实现服务贸易协定的目标,吸收 GATS 中的经济一体化和磋商等条款以更有力地保证多边服务贸易自由化。[1]该条款规定是根据服务贸易发展的所需而进行的进一步完善,提升合作开放水平同时谨慎应对国际规则,努力实现互利共赢。符合"渐进式"贸易自由化目标,这在"一带一路"服务贸易规则构建时是可以采用的,以提升服务贸易发展水平。

(二) 针对非缔约方的注释

明确服务贸易协定中最惠国待遇条款规定涉及的非缔约方不得包括 WTO 意义下的中国香港、中国澳门、中国台北等单独关税区。[2]此部分规定是对中国"一国两制"的现状的理解尊重,有利于与中国的经济合作发展,也为达成更高水平的谈判成果创造可能,在"一带一路"服务贸易规则构建中此注释可根据具体情况需要选择是否应用。

(三) "混合清单"模式或"负面清单"模式

从"混合清单"模式到"负面清单"模式,对于最惠国待遇的规定越来越简单。但与 GATS 中包含的所有 WTO 成员的无条件最惠国待遇义务不同,"混合清单"模式和"负面清单"模式是有条件的,"混合清单"模式的条件相对较多[3],"负面清单"模式条件相对较少[4],而非缔约国则无法自动从中获益。在"一带一路"服务贸易规则的构建中,为使各共建国家尽快享

---

[1] 《中国-澳大利亚自由贸易协定》第8章第7条第2款和第12条第2款;《中国-新西兰自由贸易协定》第107条第2款;RCEP 第8章第6条第3款和第4款。

[2] 《中国-格鲁吉亚自由贸易协定》第8章第6条;《中国-毛里求斯自由贸易协定》第7章第6条;《中国-澳大利亚自由贸易协定》第8章第7条和第12条。

[3] 《中国-澳大利亚自由贸易协定》第8章第7条和第12条;RCEP 第8章第6条。

[4] CPTPP 中第10章第10.4条;USMCA 第15章第4条。

受服务贸易协定的积极作用,最惠国待遇的规定采取以"负面清单"为主的"混合清单"模式会更为便利。之后可以考虑到完全"负面清单"的可行性再对服务贸易协定进行升级优化,无需急于改变现有模式。

三、示范文本

一缔约方依照具体承诺表作出承诺,并选择根据承诺表作出最惠国待遇承诺的,应当:

(1) 对于列在该缔约方服务具体承诺表中,被确定为"最惠国待遇"的服务部门及其分部门;

(2) 对于在该缔约方服务具体承诺表附录中的最惠国待遇部门范围中所列的服务部门及其分部门;或者

(3) 对于未包含在该缔约方服务具体承诺表附录中的最惠国待遇部门豁免清单的服务部门及其分部门,

并且在遵守其中所列任何条件和资质的前提下,该缔约方给予另一缔约方的服务和服务提供者的待遇,不得低于其给予任何其他缔约方或非缔约方服务和服务提供者的待遇。

在遵守列入其服务与投资保留及不符措施承诺表中的不符措施的前提下,一缔约方依照不符措施承诺表作出承诺时应当给予另一缔约方的服务和服务提供者的待遇,不得低于其给予任何其他缔约方或任何非缔约方服务和服务提供者的待遇。

尽管有第一款和第二款的规定,每一缔约方保留依照任何已生效的或于本协定生效之日前签署的双边或多边国际协定采取或维持任何措施的权利,以给予任何其他缔约方或非缔约方服务和服务提供者不同的待遇。

为进一步明确,就有关货物贸易、服务贸易或投资的自由化协定而言,第三款所述还包括相关协定缔约方之间为实现更广泛经济一体化或进一步贸易自由化而采取的任何措施。

服务贸易章节的规定不得解释为阻止任何缔约方对任何毗邻国家授予或给予利益,以便利仅限于毗邻边境地区的在本地生产和消费的服务的交换。

第四节　具体承诺表

服务贸易领域中的具体承诺表一定形式上参考了货物贸易中的约束性关税。二者具有一定相似性。因其相似性，许多国际贸易案例中也会出现适用服务贸易规则或适用货物贸易规则解决纠纷的问题。服务贸易依据具体承诺表这种正面清单的模式确定国民待遇、市场准入，以及相关具体服务部分的开放和义务的承担均与具体承诺表息息相关。[1]具体承诺表一般采取了正面清单的方式来确定承诺的具体范围，但随着服务贸易领域的发展，不符措施承诺表"负面清单"模式被越来越多地采用。

一、共同性条款

在具体承诺表中，缔约国对各个具体的服务部门按照服务贸易的方式，列明承诺。在列明承诺时，成员可以规定具体的限制条件。"混合清单"模式最为典型的仍是GATS，许多自由贸易协定中的服务贸易章节或服务贸易协定关于具体承诺表的规定就是以GATS为直接参照。有些条款的名称可能略有差异，但主要内容基本一致。

（一）根据具体承诺表作出具体承诺

条款规定到，在具体承诺表中应列出依据协定国民待遇、市场准入和附加承诺所作出的具体承诺。[2]要求在具体承诺表中应列明市场准入的条款、限制和条件；国民待遇的条件和资格；与附加承诺有关的承诺；以及在适当时实施此类承诺的期限及生效日期。根据GATS对服务贸易提供的模式划分，可以分为跨境提供、境外消费、商业存在、自然人流动四类，部门或分部门

---

[1]　参见石静霞："中国国际服务贸易年度观察（2021）"，载《北京仲裁》2021年第1期。
[2]　《中国-格鲁吉亚自由贸易协定》第8章第3条第1款；《中国-毛里求斯自由贸易协定》第7章第3条第1款；《中国-秘鲁自由贸易协定》第8章第109条第1款；《中国-巴基斯坦自由贸易区服务贸易协定》第17条第1款；《中国-澳大利亚自由贸易协定》第8章第4条第1款；《中国-瑞士自由贸易协定》第8章第8.17条第1款；《中国-哥斯达黎加自由贸易协定》第9章第95条第1款；《中国-新西兰自由贸易协定》第9章第109条第1款；《中国-韩国自由贸易协定》第8章第8.6条第1款；《中国-智利自由贸易协定关于服务贸易的补充协定》第4条第1款；《中国-东盟全面经济合作框架协议服务贸易协议》第21条第2款；《中国-新加坡自由贸易协定》第8章第64条第1款。

在具体承诺表中对服务提供模式的具体承诺有着较大区别,列出具体承诺提升了服务贸易协定的透明度。

(二) 与协定不一致的措施列入市场准入有关栏目的情况处理

即与协定国民待遇和市场准入均不一致的措施应列入与协定市场准入有关的栏目。[1]此种情况,可被理解为所列内容对国民待遇的适用规定了条件,是一种原则性与灵活性规定的结合。具体承诺表本身是"正面清单",以"正面清单"的形式对承诺表中列明的服务部门承担义务。但是"正面清单"因其模式本身而存在限制,所以在出现与协定国民待遇和市场准入均不一致的措施时需有专门规定进行应对。

(三) 具体承诺表应为协定的组成部分

具体承诺表作为协定附件附于协定之后,对于整个协定来说有着重大意义。具体承诺表在服务贸易领域的协定中地位毋庸置疑,将其视为协定的一部分也顺理成章,是整个服务贸易规则的重要组成部分之一。[2]

二、特殊性条款

具体承诺表采取了"正面清单"模式,即根据承诺的内容范围承担对应义务。我国目前在国际经贸合作中服务贸易领域尚未采取过全面的"负面清单"列表模式,因此我国对跨境服务贸易领域的"负面清单"模式谈判仍缺

---

[1]《中国-格鲁吉亚自由贸易协定》第8章第3条第2款;《中国-毛里求斯自由贸易协定》第7章第3条第2款;《中国-秘鲁自由贸易协定》第8章第109条第2款;《中国-巴基斯坦自由贸易区服务贸易协定》第17条第1款;《中国-澳大利亚自由贸易协定》第8章第4条第2款;《中国-瑞士自由贸易协定》第8章第8.17条第2款;《中国-哥斯达黎加自由贸易协定》第9章第95条第2款;《中国-新西兰自由贸易协定》第9章第109条第2款;《中国-韩国自由贸易协定》第8章第8.6条第2款;《中国-智利自由贸易协定关于服务贸易的补充协定》第4条第2款;《中国-东盟全面经济合作框架协议服务贸易协议》第21条第3款;《中国-新加坡自由贸易协定》第8章第64条第2款。

[2]《中国-格鲁吉亚自由贸易协定》第8章第3条第3款;《中国-毛里求斯自由贸易协定》第7章第3条第3款;《中国-秘鲁自由贸易协定》第8章第109条第3款;《中国-巴基斯坦自由贸易区服务贸易协定》第17条第3款;《中国-澳大利亚自由贸易协定》第8章第4条第3款;《中国-瑞士自由贸易协定》第8章第8.17条第3款;《中国-哥斯达黎加自由贸易协定》第9章第95条第3款;《中国-新西兰自由贸易协定》第9章第109条第3款;《中国-韩国自由贸易协定》第8章第8.6条第3款;《中国-东盟全面经济合作框架协议服务贸易协议》第21条第5款;《中国-新加坡自由贸易协定》第8章第64条第3款。

乏经验。在"一带一路"服务贸易规则构建中充分考虑到我国的承诺开放水平，并参考相关特殊条款以及其他缔约方的列表非常必要。

（一）非歧视性条款的增加

即是对具体承诺给予的国民待遇和市场准入进行进一步规定，通过此种方式避免缔约国采取新的或更多的歧视性措施，以保证服务贸易的公平公正。[1] 但此条款随着"负面清单"模式在服务贸易领域的更多采用，作用有限，在其他相关贸易协定中基本没有出现，在"一带一路"服务贸易规则中暂时不用参照。

（二）对GATS中具体承诺的纳入并超越GATS

部分早期的自由贸易协定中服务贸易章节或服务贸易协定是以"正面清单"为主的GATS类型的贸易协定[2]，其本身内容以GATS为范本的同时基本内容也大致相似，为实现更高水平的服务贸易自由化，需要在吸收的同时作出一定的改变并超越。[3]"一带一路"服务贸易规则的构建中具体条款内容可参照GATS的部分内容，但考虑到共建国家情况可适当补充相关款项填补不足。

（三）对区域性服务贸易协议的纳入

新加坡是东盟成员国之一，中国与东盟签署的协议在一定条件下可以纳入相关协定。相应的中国与东盟单个成员国间的协议升级也会影响到与东盟或者其他成员国相关协定的后续谈判。以RCEP为例，RCEP很大程度就是实现了高质量与包容性的有效统一，在原有各自"10+1"自贸协定的基础上实现区域内经贸规则的整合，提升服务贸易开放水平。通过双边谈判或区域内多边谈判更快达成一致，给予发展中国家适当优惠的同时促进服务贸易自由化提升。[4]"一带一路"建设沿线覆盖了众多国家，其中部分国家已与中国

---

〔1〕《中国-韩国自由贸易协定》第8章第8.6条第4款。

〔2〕参见李墨丝："区域服务贸易自由化的新趋向——基于GATS和NAFTA类型协定的比较"，载《上海对外经贸大学学报》2015年第3期。

〔3〕《中国-智利自由贸易协定关于服务贸易的补充协定》第4条第3款；《中国-东盟全面经济合作框架协议服务贸易协议》第21条第1款。

〔4〕《中国-新加坡自由贸易协定》第8章第64条第4款。

签署双边或多边协定,参考这些协定可以使"一带一路"服务贸易规则有更多的认同,易于达成一致,但若直接纳入可能会不符合其他国家的利益,须在兼顾各国利益的同时构建新的区域服务贸易规则。

(四) 不符措施承诺表

因"负面清单"模式的更多采用,部分协定在规定具体承诺的同时也会规定不符措施承诺表或者只规定不符措施承诺表而不再规定具体承诺表。[1] 这种情况是服务贸易自由化发展的必经之路。对于国家间加深经贸合作深化互利关系具有重要意义。RCEP 是目前我国签署的最高标准的自贸协定,对现有自由贸易协定规则进行了整合并升级,为进一步扩大市场准入,提高服务贸易自由化水平,努力取消各成员国间影响服务贸易的限制和歧视性措施。在 RECP 中,虽然部分国家仍是以"正面清单"模式作出承诺,但考虑各国发展水平的差异规定了过渡期,以"正面清单"模式作出承诺的成员国在未来也将转换为"负面清单"模式。我国为了进一步提升我国服务市场开放的水平,不但要从法律上重视不符措施承诺表,也要从技术上重视,使之真实反映我国开放水平和开放意图,制定并调整相关规则制度。"一带一路"新的服务贸易规则必须涉及"负面清单"才能推动服务贸易自由化走向更高水平和标准,由此以"负面清单"为主的"混合模式"会更适合"一带一路"服务贸易发展的需要。

三、示范文本

各缔约方应当根据具体承诺表或不符措施承诺表的规定作出国民待遇和市场准入下的承诺。

根据具体承诺表作出承诺的一缔约方应当根据国民待遇、市场准入中的适用条款作出承诺,并且还应当根据最惠国待遇或透明度清单作出承诺。根据具体承诺表作出承诺的一缔约方也可以根据附加承诺作出承诺。

根据不符措施承诺表作出承诺的一缔约方应当根据国民待遇、市场准入、最惠国待遇和本地存在中的适用条款作出承诺。根据不符措施承诺表作出承

---

[1]《中国-澳大利亚自由贸易协定》第 8 章第 9 条;RCEP 第 8 章第 3 条和第 8 条;CPTPP 第 10 章第 10.7 条;USMCA 第 15 章第 7 条。

诺的一缔约方也可根据附加承诺作出承诺。

与本协定国民待遇和市场准入均不一致的措施应列入与本协定市场准入有关的栏目。在这种情况下，所列内容将被视作也对本协定国民待遇规定了条件或资格。

具体承诺表和不符措施承诺表作为本协定附件附于本协定之后，并应成为本协定的组成部分。

第五节 透明度

服务不同于货物，具有无形性等特点。服务贸易的发展也因此需要更加透明开放的行业环境。透明度对于服务贸易自由化的发展非常重要，透明度规则的制定有效保证了国际服务贸易市场的稳定发展和各国贸易信息的及时互通。部分自由贸易协定更是会有单独的透明度章节[1]对透明度进行详细规定，服务贸易领域中的透明度也在很多方面参考了GATS的规定。

一、共同性条款

GATS第3条将透明度这一一般义务进行了规定，之后许多自由贸易协定直接在条款中规定将GATS第3条纳入协定[2]或以此为基础作出调整。

（一）要求及时公布相关信息

要求缔约方应迅速公布有关或影响协定实施的所有普遍适用的措施。[3]一缔约方签署的有关或影响服务贸易的国际协定也应予以公布。相关信息的及时公布既能保证信息本身的时效也可降低其对服务贸易协定实施的影响，以保障服务贸易协定的实施。

---

[1]《中国-毛里求斯自由贸易协定》第13章；《中国-格鲁吉亚自由贸易协定》第13章；《中国-韩国自由贸易协定》第18章；《中国-秘鲁自由贸易协定》第13章；《中国-智利自由贸易协定》第9章；《中国-巴基斯坦自由贸易协定》第8章；《中国-澳大利亚自由贸易协定》第13章；《中国-哥斯达黎加自由贸易协定》第12章；《中国-新西兰自由贸易协定》第13章；CPTPP第26章。

[2]《中国-巴基斯坦自由贸易区服务贸易协定》第3条；《中国-东盟全面经济合作框架协议服务贸易协议》第3条；《中国-新加坡自由贸易协定》第8章第73条。

[3]《中国-韩国自由贸易协定》第8章第8.8条第1款；《中国-瑞士自由贸易协定》第8章第8.9条第1款；《中国-新西兰自由贸易协定》第9章第116条第1款；RCEP第8章第14条第2款。

（二）保证信息可公开获得

在信息公布不可行时以其他方式使信息可公开获得。[1]即要保证信息的公开性，在原有方式无法实现信息获取时要有其他方式使信息可以得到。

（三）每年向服务贸易委员会通知相关重大事项的变更

要求缔约方迅速并至少每年向服务贸易委员会通知对具体承诺所涵盖的服务贸易有重大影响的任何新的法律、法规、行政准则或现有法律、法规、行政准则的任何变更。[2]对服务贸易有重大影响的变更应及时向专门机构通报，使得相关缔约方可在一定时间内获得所需信息以保证跨国服务贸易的顺利进行。

（四）及时回复并设立咨询点

一缔约方对另一缔约方关于提供有关或影响服务贸易的措施或国际协定的具体信息的请求应迅速予以答复；各缔约方应设立一个或多个咨询点，以为其他缔约方提供有关或影响服务贸易的措施或国际协定的具体信息。[3]通过此种方式保证相关信息的及时互通。

（五）相关措施的通知

任一缔约方可将其认为影响协定实施的、其他缔约方采取的任何措施通知服务贸易委员会。[4]通过此种方式使缔约方之间互相监督，以通知相关机构的方式增加透明度。

二、特殊性条款

随着"正面清单"模式向"负面清单"模式的转变，服务贸易政策透明度也在不断提高，透明度的增加反过来也确保了承诺水平的提升，服务贸易

---

[1]《中国-韩国自由贸易协定》第8章第8.8条第2款；《中国-瑞士自由贸易协定》第8章第9条第2款。
[2]《中国-韩国自由贸易协定》第8章第8.8条第3款。
[3]《中国-韩国自由贸易协定》第8章第8.8条第4款；《中国-新西兰自由贸易协定》第116条第2款；RCEP第8章第14条第5款。
[4]《中国-韩国自由贸易协定》第8章第8.8条第5款。

市场由此进一步开放。随着近些年信息技术的迅猛发展，许多相关特殊规定也相伴而生。

（一）关于公共网络或服务相关措施的规定

随着服务贸易的发展，公共网络等新型服务开始出现，为了这些新型服务更稳定有序的发展，相关措施的规定开始出现或引入。[1]考虑到数字贸易和电子商务的迅速发展，数字贸易相关规则应有专门的规定，在"一带一路"经贸规则服务贸易章节中无需特别规定或补充。

（二）申请可得到有关许可后无法获得或许可条件变动的原因

即通过获得有关许可被拒绝的说明以及许可条件变动的原因，为再次申请相关事项提供了帮助，这都是在程序上的进一步透明，为服务贸易的稳定发展提供了保证。[2]此类规定更多适用于各缔约国间相关专门主管机关，可在后续谈判中另行具体规定，在"一带一路"服务贸易规则构建之初暂时可不涉及。

（三）相关机密信息的禁止披露

透明度义务规定的同时，也须考虑国家利益，即国家自身合法权益的维护，部分涉及国家政治或违背国家根本利益的机密信息不应予以披露。[3]哪些信息归属于机密信息范畴以及机密信息是否披露，均由缔约国自行决定，在"一带一路"服务贸易规则中可不另行专门规定。

（四）努力以书面形式提供信息

努力以书面形式提供信息的规定充分考虑了书面形式较为容易查证保存，更为透明。[4]但以书面形式书写文本提供相关信息在一定程度上已达成国际

---

[1]《中国-毛里求斯自由贸易协定》第7章第12条第1款第2项；《中国-格鲁吉亚自由贸易协定》第8章第13条第1款第2项；《中国-澳大利亚自由贸易协定》第8章第18条第1款第2项。

[2]《中国-毛里求斯自由贸易协定》第7章第12条第3款；《中国-格鲁吉亚自由贸易协定》第8章第13条第3款；《中国-澳大利亚自由贸易协定》第8章第18条第3款。

[3]《中国-毛里求斯自由贸易协定》第7章第12条第4款；《中国-瑞士自由贸易协定》第8章第8.9条第3款。

[4]《中国-格鲁吉亚自由贸易协定》第8章第13条第3款；《中国-澳大利亚自由贸易协定》第8章第18条第3款；CPTPP第10章第10.11条第2款。

共识,在"一带一路"服务贸易规则无需进行专门规定。

(五)维持或建立适当机制,考虑利益相关方意见制定相关法律法规,允许保留合理时间

建立健全透明度相关的机制,同时兼顾到各方利益,留取一定的弹性空间。[1]透明度相关机制的维持或建立由专门的透明度章节进行规定,会更为具体详细,在"一带一路"服务贸易规则中可不涉及。

(六)要求通过互联网可获得相关信息,并以英文提供

伴随着互联网的普及,信息公开的方式更多会选择以线上的形式进行,既保证了信息的及时公布,也保证了相关信息的覆盖面。[2]英文作为众多国际组织的官方文本经常被应用,同时在世界上也是最广泛使用的文字之一,容易被翻译成本国文本。"一带一路"沿线涉及国家众多,为保证信息的透明度同时兼顾时效,通过互联网的方式是最为便捷可取的,且英文文本翻译成其他文字更为便捷,所以此款内容在"一带一路"服务贸易规则中可继续采用。

三、示范文本

缔约方认识到,管理服务贸易的透明度措施对于便利服务提供者进入彼此市场并在其中开展业务的能力具有重要意义。每一缔约方应当促进服务贸易中管理的透明度。

除紧急情况外,最迟应当在措施生效之时,每一缔约方应当迅速公布下列措施:

(一)影响服务贸易的普遍适用的所有相关措施;以及

(二)一缔约方为签订国的所有有关或影响服务贸易的国际协定。

在可能的范围内,每一缔约方应当通过互联网使第二款所提及的措施和国际协定可公开获得,并在其法律框架所规定的范围内以英文提供。

---

[1]《中国-秘鲁自由贸易协定》第 8 章第 114 条第 1 款第 3 项;《中国-哥斯达黎加自由贸易协定》第 100 条第 1 款第 3 项;《中国-智利自由贸易协定关于服务贸易的补充协定》第 8 条第 2 款第 3 项;CPTPP 第 10 章第 11 条第 3 款。

[2] RCEP 第 8 章第 14 条第 3 款。

如第二款和第三款所提及的公布不可行，则应当以其他方式使此类信息〔1〕可以公开获得。

每一缔约方应当指定一个联络点，以便缔约方就本章所涵盖的任何事项进行沟通。应另一缔约方请求，该联络点应当：

（一）确定负责相关事项的机构或官员；以及

（二）在必要时为便利与请求方就该事项进行沟通提供协助。

每一缔约方应当迅速回应任何其他缔约方提出的关于下列具体信息的任何请求：

（一）第二款第（一）项所提及的任何措施，或者第二款第（二）项所提及的国际协定；以及

（二）对服务贸易具有重大影响的任何新的法律、法规或行政指南或者现行法律、法规或行政指南的任何变动。

第六节 国内监管

服务贸易的国内监管是维护国内服务贸易秩序的要求，是保证国内服务贸易高质量稳定发展的必需。服务贸易具有无形性的明显特征，这就产生了部分调整措施在适用上的困难。虽然在服务贸易领域中，一向习惯于借鉴货物贸易领域已有的框架并进行参考以寻求快速解决的办法，但与货物贸易不同，货物贸易可采取关税、配额等相关边境措施予以调整限制，而服务贸易无法适用这些货物贸易中的常用措施进行管理。〔2〕服务贸易国内监管相关规则的制定目的是优化服务贸易，加强监管透明度和便利性。国内监管规则的明确有利于服务贸易自由化的尽快实现，且各国因地制宜制定符合本国实际的法律法规，使监管更为有效规范，改善全球服务贸易营商环境。

一、共同性条款

GATS 第 6 条参照了 GATT 第 10 条关于贸易条例的公布与实施的规定，是服务贸易领域关于国内监管的直接规定。之后服务贸易领域关于国内监管的

---

〔1〕 为进一步明确，缔约方同意此类信息可以以每一缔约方选择的语言公布。

〔2〕 参见石静霞："中国国际服务贸易年度观察（2021）"，载《北京仲裁》2021 年第 1 期。

规定则基本都是参照了 GATS 第 6 条。关于国内监管规定共同涉及的条款内容总结如下。

(一) 要求保证普遍适用措施实施的合理、客观和公正

要求在已作出具体承诺的部门中,各缔约方应保证所有影响服务贸易的普遍适用的措施将以合理、客观和公正的方式实施。[1]要求国内监管的透明度,这是国内监管的基本原则之一。要求在作出具体承诺的部门,每一缔约方应确保以合理、客观和公正的方式管理影响服务贸易的所有一般适用措施。关于透明度的规定部分自由贸易协定中服务贸易章节中会有单独的条款或有专门的章节进行规定,所以一般国内监管条款中对透明度不会再详细进行规定。

(二) 为影响服务贸易的行政决定提供及时审查并在合理情况下提供适当补救措施

各缔约方应当维持或尽快设立司法、仲裁或行政程序,在受影响的服务提供者请求下,对影响服务贸易的行政决定迅速进行审查,并在请求被证明合理的情况下提供适当的补救,应保证在实际中提供客观和公正的审查。[2]即要求对服务贸易政策措施的审查机制进行落实以及相关行政程序进行优化。

(三) 在合理时间内通知申请人是否批准的决定

对已作出具体承诺的服务,主管机关应在一段合理时间内将有关申请的决定通知申请人,并在申请人请求下,应提供有关申请情况的信息,不得有

---

[1] 《中国-韩国自由贸易协定》第 8 章第 8.7 条第 1 款;《中国-毛里求斯自由贸易协定》第 7 章第 8 条第 1 款;《中国-格鲁吉亚自由贸易协定》第 8 章第 8 条第 1 款;《中国-澳大利亚自由贸易协定》第 8 章第 13 条第 1 款;《中国-东盟全面经济合作框架协议服务贸易协议》第 5 条第 1 款;《中国-新西兰自由贸易协定》第 9 章第 111 条第 1 款;《中国-新加坡自由贸易协定》第 8 章第 65 条第 1 款;《中国-秘鲁自由贸易协定》第 8 章第 110 条第 1 款;《中国-哥斯达黎加自由贸易协定》第 8 章第 96 条第 1 款;《中国-智利自由贸易协定关于服务贸易的补充协定》第 6 章第 2 条第 1 款;《中国-巴基斯坦自由贸易区服务贸易协定》第 5 条第 1 款;《中国-瑞士自由贸易协定》第 8 章第 8.7 条第 1 款;RCEP 第 8 章 15 条第 1 款;USMCA 第 15 章第 8 条第 1 款;CPTPP 第 10 章第 10.8 条第 1 款。

[2] 《中国-韩国自由贸易协定》第 8 章第 8.7 条第 2 款;《中国-毛里求斯自由贸易协定》第 7 章第 8 条第 2 款;《中国-格鲁吉亚自由贸易协定》第 8 章第 8 条第 2 款;《中国-澳大利亚自由贸易协定》第 8 章第 13 条第 2 款;《中国-东盟全面经济合作框架协议服务贸易协议》第 5 条第 2 款;《中国-新西兰自由贸易协定》第 9 章第 111 条第 2 款;《中国-新加坡自由贸易协定》第 8 章第 65 条第 2 款;《中国-秘鲁自由贸易协定》第 8 章第 110 条第 2 款;《中国-哥斯达黎加自由贸易协定》第 8 章第 96 条第 2 款;《中国-瑞士自由贸易协定》第 8 章第 8.7 条第 2 款;RCEP 第 8 章第 15 条第 2 款。

不当延误。[1]要求各缔约方应当在合理时间内通知申请人对其服务提供申请的审查结果。对国内监管中需要批准的情况规定了正当程序和透明度义务。

(四) 制定必要的相关纪律

此类纪律必须保证依据客观和透明的标准；不得比为保证服务质量所必需的限度更难以负担；如为许可程序，这些程序本身不成为对服务提供的限制。[2]此款项内容是GATS第6条的核心内容，首次明确了服务贸易领域国内监管的实体性规定。强调了缔约国实施的有关资格要求和程序、技术标准和许可要求的各项措施不得构成不必要的服务贸易壁垒，同时授予了服务贸易理事会建立适当机构以制定必要纪律的权力，但并未明确资格要求和程序、技术标准和许可要求。该款内容设定了国内监管的一般性标准，规定比较模糊。缺乏"必要性测试"，虽会使服务贸易中的国内监管缺乏明确的标准，实操性较弱，但也保留了国家在实施国内监管措施的自主权。[3]目前关于"必要性测试"国际上尚未达成共识，具有一定不确定性，因此，在"一带一路"服务贸易规则构建中可暂缓引入"必要性测试"制度。

---

[1] 《中国-韩国自由贸易协定》第8章第8.7条第3款；《中国-毛里求斯自由贸易协定》第7章第8条第3款；《中国-格鲁吉亚自由贸易协定》第8章第8条第3款；《中国-澳大利亚自由贸易协定》第8章第13条第3款；《中国-东盟全面经济合作框架协议服务贸易协议》第5条第3款；《中国-新西兰自由贸易协定》第9章第111条第3款；《中国-新加坡自由贸易协定》第8章第65条第3款；《中国-秘鲁自由贸易协定》第8章第110条第3款；《中国-哥斯达黎加自由贸易协定》第8章第96条第3款；《中国-智利自由贸易协定关于服务贸易的补充协定》第6条第4款；《中国-巴基斯坦自由贸易区服务贸易协定》第5条第3款；RCEP第8章第15条第7款；USMCA第15章第8条第3款；CPTPP第10章第10.8条第4款。

[2] 《中国-韩国自由贸易协定》第8章第8.7条第4款；《中国-毛里求斯自由贸易协定》第7章第8条第4款；《中国-格鲁吉亚自由贸易协定》第8章第8条第4款；《中国-澳大利亚自由贸易协定》第8章第13条第4款；《中国-东盟全面经济合作框架协议服务贸易协议》第5条第4款；《中国-新西兰自由贸易协定》第9章第111条第4款；《中国-新加坡自由贸易协定》第8章第65条第4款；《中国-秘鲁自由贸易协定》第8章第110条第5款；《中国-哥斯达黎加自由贸易协定》第8章第96条第5款；《中国-智利自由贸易协定关于服务贸易的补充协定》第6条第3款；《中国-巴基斯坦自由贸易区服务贸易协定》第5条第2款；RCEP第8章第15条第4款。

[3] 参见殷敏："美式和欧式跨区域贸易协定服务贸易监管措施比较研究及我国对策"，载中国欧洲学会欧洲法律研究会：《中国欧洲学会欧洲法律研究会第十二届年会论文集》2018年版，第25~37页。

（五）不得实施的相关措施

在作出具体承诺的部门中，缔约方不得以不符国内监管的标准或超出合理预期的方式实施使协定项下具体承诺失效或减损的许可要求、资格要求或技术标准的措施。[1]此款项内容与第4款一样是关于实体性的规定，也是对第4款内容的补充，并在确定缔约方义务时，进一步考虑缔约方所实施的国际标准。

（六）规定适用程序，检验专业人员的能力

在已就专业服务做出具体承诺的部门，每一缔约方应规定适当程序，以检验任何另一缔约方专业人员的能力。[2]这也是关于国内监管的程序性规定之一，通过适当的程序，既保证了对另一缔约方人员专业能力检验的合规，也保护了缔约方本身的国内自主管理权。

二、特殊性条款

由于GATS对于国内监管的规定尚不完善，在之后许多的自由贸易协定服务贸易章节或服务贸易协定中对原有规定进行了调整，一些新的条款被相继引入。在GATS框架下，关于国内监管规则的具体规定仍被大部分协定所直接引用或者在结合缔约背景需要作出优化调整后采用。目前关于国内监管具体规定的深化，主要集中于监管透明度与行政程序等方面。为了促进服务贸易水平向更高标准迈进，国内监管的配套和改革也有相当的必要性，提升监管透明度和优化行政程序符合大趋势总体要求。相关规则的引入完善，有利于

---

[1]《中国-韩国自由贸易协定》第8章第8.7条第5款；《中国-毛里求斯自由贸易协定》第7章第8条第5款；《中国-格鲁吉亚自由贸易协定》第8章第8条第5款；《中国-澳大利亚自由贸易协定》第8章第13条第5款；《中国-东盟全面经济合作框架协议服务贸易协议》第5条第5款；《中国-新西兰自由贸易协定》第9章第111条第5款；《中国-新加坡自由贸易协定》第8章第65条第5款；《中国-瑞士自由贸易协定》第8章第8.7条第3款；RCEP第8章第15条第5款。

[2]《中国-韩国自由贸易协定》第8章第8.7条第6款；《中国-毛里求斯自由贸易协定》第7章第8条第6款；《中国-格鲁吉亚自由贸易协定》第8章第8条第6款；《中国-澳大利亚自由贸易协定》第8章第13条第6款；《中国-东盟全面经济合作框架协议服务贸易协议》第5条第6款；《中国-新西兰自由贸易协定》第9章第111条第6款；《中国-新加坡自由贸易协定》第8章第65条第6款；《中国-瑞士自由贸易协定》第8章第8.7条第5款；RCEP第8章第15条第8款；CPTPP第10章第10.8条第7款。

服务贸易壁垒的减少,更好地适应全球服务贸易环境,从而推动全球服务贸易的进一步快速发展。

(一) 允许另一方服务提供者使用其在另一方领土内开展贸易的企业名称

通过此种方式可以提升某些服务贸易企业的影响力、知名度与信誉,以更好地推动优势企业以及缔约方服务贸易的发展。[1]此款内容对于"一带一路"跨国服务贸易的发展具有强有力的推动作用,能够更好地吸引国外有经验的服务提供者进入国内提供高质量的服务并进行服务贸易,此款内容在"一带一路"服务贸易规则中可在进一步完善后直接引用。

(二) 特别规定

格鲁吉亚特别允许中国公民参加格鲁吉亚注册会计师资格考试,并对已通过格鲁吉亚注册会计师考试的中国公民在当地注册和执业给予国民待遇。[2]国家间一些专业考试的特别允许,可以更好地吸引国外人才进入国内就业并从事相关高水平要求的专业服务。此种形式的特别规定在双边协定或者涉及缔约方较少的区域贸易协定中可适当参考,而"一带一路"共建国家众多,目前较难逐一规定也难达成一致,"一带一路"服务贸易规则无法采用。

(三) 关于条款适当修改的规定

一些关于国内监管的简单条款在服务贸易发展中可能无法达到有效规制各缔约方的最初目的,为保证国内监管目的的实现,需通过各缔约国后续谈判协商进行调整。[3]各缔约方通过协商,使结果得以适用于自由贸易协定。此规定为之后根据"一带一路"建设推进的情况进行服务贸易国内监管措施的调整提供了合法支撑,让条款规定可与时俱进,"一带一路"服务贸易规则可直接采用此款规定。

(四) 纳入 GATS 的纪津

直接将 GATS 中关于国内监管的规定纳入协定,不再追求更高程度的国内

---

〔1〕《中国-毛里求斯自由贸易协定》第7章第8条第7款;《中国-格鲁吉亚自由贸易协定》第8章第8条第7款;《中国-澳大利亚自由贸易协定》第8章第13条第7款;RCEP 第8章第15条第9款。

〔2〕《中国-格鲁吉亚自由贸易协定》第8章第8条第8款。

〔3〕《中国-秘鲁自由贸易协定》第8章第110条第5款;《中国-哥斯达黎加自由贸易协定》第8章第96条第5款;RCEP 第8章第15条第4款;CPTPP 第10章第10.8条第9款。

监管。[1]国内监管条款规定的增加,可以更好地推动服务贸易水平的提升,减少缔约国政府对跨国服务贸易的干涉。但相应的也会要求各缔约方本身服务贸易水平差距不会过大,否则对部分服务贸易水平较低的缔约方不利。"一带一路"服务贸易规则的构建是为了更好地促进服务贸易的发展,所以 GATS 的相关内容只可适当参照,而不能照搬不变。

(五) 定期协商确定取消公民资格或永久居住要求的可行性

通过定期协商的方式,对现有情况进行交流,对相关规定进行改进。[2]通过确定取消公民资格或永久居住要求使服务贸易中自然人的流动变得更加便捷,但公民资格或永久居住要求涉及的其他相关权利义务较多,容易造成部分国家的人口外流,存在一定风险,需逐步探讨其可行性。此款内容要求缔约方之间的服务贸易关系达到一定的程度,还需考虑缔约方之间的其他因素,故取消公民资格或永久居住要求本身很难在"一带一路"建设过程中实现,也就不用规定该条款去定期协商确定。

(六) 不适用于该部门或措施

如一部门或措施是由于一缔约方依照具体承诺表或不符措施承诺表作出承诺,而不受国民待遇或市场准入约束,则国内监管规则条款不适用于该部门或措施。[3]即对国内监管规则的豁免例外,若具体承诺表或不符措施承诺表作出承诺,则应遵守其承诺。采取以"负面清单"为主的混合模式,此规定使得国内监管规定更为透明,以减少许多不必要的服务贸易壁垒。"一带一路"服务贸易规则可直接采用此款规定的内容。

三、示范文本

每一缔约方应当保证影响服务贸易的所有普遍适用的措施以合理、客观和公正的方式管理。

---

[1]《中国-智利自由贸易协定关于服务贸易的补充协定》第 6 条第 3 款;《中国-巴基斯坦自由贸易区服务贸易协定》第 5 条第 2 款。

[2]《中国-智利自由贸易协定关于服务贸易的补充协定》第 6 条第 5 款;《中国-巴基斯坦自由贸易区服务贸易协定》第 5 条第 4 款。

[3] RCEP 第 8 章第 15 条第 10 款;USMCA 第 15 章第 8 条第 7 款;CPTPP 第 10 章第 10.8 条第 8 款。

每一缔约方应当维持或在可行时尽快设立司法、仲裁或行政程序,应受影响的服务提供者请求,对影响服务贸易的行政决定进行迅速审查,并在有正当理由的情况下提供适当救济。如此类程序并不独立于作出相关行政决定的机构,该缔约方应当保证此类程序在事实上提供客观和公正的审查。

第二款中的任何规定不得解释为要求一缔约方设立与其宪法结构或其法律体系的性质不一致的法庭或程序。

如果与 GATS 第六条第四款有关的谈判结果生效,缔约方应当审查该此类谈判的结果,并且应当在适当的情况下,在缔约方之间磋商后对本条进行修正,使此类谈判的结果在本章项下生效。

为保证与资质要求和程序、技术标准和许可要求相关的措施不对服务贸易构成不必要的壁垒,在认识到能够进行监管以及采用新的与服务的提供相关的法规以实现其政策目标的同时,每一缔约方应当努力保证其采取或维持的此类措施是:

(一)基于客观和透明的标准,例如提供服务的资格和能力;

(二)不得超过为保证服务质量所必需的限度;以及

(三)在许可程序的情况下,程序本身不成为对服务提供的限制。

在确定一缔约方是否符合第五款第(一)项的义务时,应当考虑该缔约方适用的相关国际组织[1]的国际标准。

如一缔约方要求服务的提供得到授权,该缔约方应当保证其主管机关:

(一)保证为完成相关申请程序而收取的任何授权费用是合理的、透明的,并且这些程序本身不成为对服务提供的限制。就本项而言,授权费用不包括使用自然资源的费用、支付拍卖费用、招标费用或其他以非歧视方式授予特许权的费用,或者提供普遍服务的法定出资;

(二)当申请人根据其法律和法规提交完整申请后,在合理期限内通知该申请人与该申请相关的决定;

(三)在可行的范围内,就申请的处理进度制定时间表;

(四)应该申请人请求,不得无故迟延地提供与申请状态相关的信息;

(五)在申请不完整的情况下,应该申请人请求,在可行的情况下,确定为使申请完整所要求的所有附加信息,并且提供在合理的时间表内对遗漏进

---

[1] "相关国际组织"指其成员资格对本协定所有缔约方的相关机构开放的国际组织。

行补全的机会；以及

（六）如果申请被终止或驳回，在可能的范围内，不得无故迟延地以书面形式将此类行动的理由告知该申请人。申请人将有可能自行决定重新提交一份新的申请；

（七）在其法律和法规允许的范围内，在提交许可证或资质申请时，不要求在一缔约方领土内实际存在；

（八）根据其法律和法规，在与纸质提交材料具有同等条件的真实性时，努力接受以电子格式的提交申请；以及

（九）如其认为适当，接受根据其法律和法规认证的文件副本，以代替文件正本。

每一缔约方应当规定适当的程序，以核实另一缔约方专业人员的资格。如许可或资质要求包括通过考试，每一缔约方应当在可行的范围内保证：

（一）考试应当有合理的时间间隔安排；以及

（二）提供合理期限，使利害关系人能够提交申请。

每一缔约方应当在遵守其法律和法规的情况下，允许另一缔约方的服务提供者在不受不适当限制的情况下，使用其在该另一缔约方领土内进行贸易的企业名称。

如一部门或措施是由于一缔约方依照具体承诺表或不符措施承诺表作出承诺，而因此不受国民待遇或市场准入的约束，则第一款至第九款不适用于该部门或措施。

第七节 承 认

在服务贸易领域中，承认对一国服务或服务提供者有着重要影响，是对服务提供者所提供的服务质量认定的前提。承认在部分情况下会使一国服务贸易市场领域的扩大开放，这便于服务提供者在特定国家更好地提供更为广泛的服务，国与国之间的相互承认更是节省了服务的成本，有利于贸易自由化目标的实现，是国际服务贸易发展的需要。

一、共同性条款

GATS 第 7 条对承认作出了规定，鼓励通过签订双边或多边协定相互承认对

方服务提供者的资格,包括教育证书、任职经验证书、许可证或其他资格证书,或单方面承认其他成员服务提供者的资格。之后的协定参照 GATS 对服务贸易中的承认进行规定,但规定各不相同,涉及参照 GATS 规定的款项也略有差别。

(一) 对于给予承认的要求

即承认可通过协调或其他方式实现,可依据缔约方或相关主管部门之间达成的协定或安排,也可自动给予。[1]为使服务提供者获得授权、许可或准则得以全部或部分实施,承认作出一定的要求,以使缔约方的服务提供者可尽快提供相关专业服务。

(二) 充分提供机会

要求向其他缔约方提供充分机会,以谈判加入属第1款所指或类似的协定或安排。[2]如一缔约方自动给予承认,则应向其他缔约方提供充分机会,以证明在其他缔约方获得的教育、经历、许可或证明以及满足的要求应得到承认。即在同等条件下,不能歧视特定的缔约方,若给其他缔约方自动承认,也应给特定缔约方充分的机会以证明其符合自动给予承认的要求。

(三) 对歧视或变相限制的禁止

要求缔约国给予承认的方式不得构成在各国之间进行歧视的手段,或构

---

[1]《中国-新加坡自由贸易协定》第8章第66条第1款;《中国-韩国自由贸易协定》第8章第8.9条第1款;《中国-毛里求斯自由贸易协定》第7章第9条第1款;《中国-格鲁吉亚自由贸易协定》第8章第9条第1款;《中国-澳大利亚自由贸易协定》第8章第14条第1款;《中国-新西兰自由贸易协定》第9章第112条第1款;《中国-秘鲁自由贸易协定》第8章第111条第1款;《中国-哥斯达黎加自由贸易协定》第9章第97条第1款;《中国-智利自由贸易协定关于服务贸易的补充协定》第7条第1款;《中国-东盟全面经济合作框架协议服务贸易协议》第6条第1款;《中国-巴基斯坦自由贸易区服务贸易协定》第6条第1款;《中国-瑞士自由贸易协定》第8章第8.8条第1款;USMCA 第15章第9条第1款;CPTPP 中第10章第10.9条第1款;RCEP 第8章第16条第1款。

[2]《中国-新加坡自由贸易协定》第8章第66条第2款;《中国-韩国自由贸易协定》第8章第8.9条第3款;《中国-毛里求斯自由贸易协定》第7章第9条第3款;《中国-格鲁吉亚自由贸易协定》第8章第9条第3款;《中国-澳大利亚自由贸易协定》第8章第14条第1款;《中国-新西兰自由贸易协定》第9章第112条第1款;《中国-秘鲁自由贸易协定》第8章第111条第2款;《中国-哥斯达黎加自由贸易协定》第9章第97条第2款;《中国-智利自由贸易协定关于服务贸易的补充协定》第7条第3款;《中国-东盟全面经济合作框架协议服务贸易协议》第6条第3款;《中国-瑞士自由贸易协定》第8章第8.8条第2款;USMCA 第15章第9条第3款;CPTPP 中第10章第10.9条第3款;RCEP 第8章第16条第2款。

成对服务贸易的变相限制。[1]即给予承认的方式形式上可不同但不得采取特定的手段去限制其他缔约方而不给予承认。或直接通过其他方式限制了其他缔约国在该缔约方的跨国服务贸易。

(四) 需要承担的义务

要求各缔约方应尽力做到及时向服务贸易委员会通知其现有的承认措施并说明措施是否符合承认条款依据;在所指类型的协定或安排谈判之前,迅速通知服务贸易委员会,以便向其他缔约方提供充分的机会,使其能够在谈判进入实质性阶段之前表明其参加谈判的兴趣;如采用新的承认措施或对现有措施进行重大修改,则应迅速通知服务贸易委员会,并说明措施是否以所指类型的协定或安排为依据。[2]各缔约方间承认措施的条件不可随意更改,需承担一定的义务,保持其透明性和时效性。

(五) 以多边协定的准则为依据

在适当情况下,缔约方应与有关政府组织和非政府组织合作,以制定和采用关于承认的共同国际标准和准则,以及有关服务行业和职业实务的共同国际标准。[3]制定和采用关于承认的共同国家标准和准则,使得各缔约方之间的服务提供者能够更为便捷地获得授权、许可或证书,同样也降低了各缔约方国内相关主管机关的审批难度,使得更多服务提供者明确给予承认的条件后有更多的机会以向更多缔约国提供跨国服务。

二、特殊性条款

随着信息技术的发展,当前服务贸易领域中专业服务的重要性正不断凸

---

[1] 《中国-新加坡自由贸易协定》第 8 章第 66 条第 3 款;《中国-韩国自由贸易协定》第 8 章第 9 条第 4 款;《中国-毛里求斯自由贸易协定》第 7 章第 9 条第 5 款;《中国-格鲁吉亚自由贸易协定》第 8 章第 9 条第 4 款;《中国-澳大利亚自由贸易协定》第 8 章第 14 条第 4 款;《中国-新西兰自由贸易协定》第 9 章第 112 条第 4 款;《中国-秘鲁自由贸易协定》第 8 章第 111 条第 3 款;《中国-哥斯达黎加自由贸易协定》第 9 章第 97 条第 3 款;《中国-智利自由贸易协定关于服务贸易的补充协定》第 7 条第 4 款;《中国-东盟全面经济合作框架协议服务贸易协议》第 6 条第 4 款;USMCA 第 15 章第 9 条第 4 款;CPTPP 中第 10 章第 10.9 条第 4 款;RCEP 第 8 章第 16 条第 4 款。

[2] 《中国-韩国自由贸易协定》第 8 章第 8.9 条第 5 款。

[3] 《中国-韩国自由贸易协定》第 8 章第 8.9 条第 6 款。

显,其中金融、电信等专业服务影响力的提升有目共睹。从最初 GATS 框架中的附件,到如今越来越多服务贸易相关协定独立成章进行系统规定。为服务贸易发展提供更多的机会,国家间的承认给予会更多追求便利化、专业化,在保留一定自主权的同时努力更大限度地给予承认,以此促进服务贸易水平的进一步提升。

(一) 承认给予的例外规定

该类条款规定,当一缔约方自动或通过协定或安排承认在一非缔约方领土内获得的教育或经历、已满足的要求或已给予的许可或证明时,该缔约方没有义务将此类承认给予其他缔约方领土内获得的教育或经历、已满足的要求或已给予的许可或证明。[1]即在缔约方与非缔约方之间给予承认的规定,不会自动适用于其他缔约方,缔约方对此种情况不用承担义务,协定关于承认给予的义务仅涉及缔约国之间。此款规定内容在"一带一路"服务贸易规则中可继续沿用,以保证各缔约方关于承认留有一定的自主权,在之后的谈判中能更快取得一致。

(二) 确保相互承认的标准尽快达成一致

以协定条款的形式督促缔约国相关专业机构在协定生效后尽快就给予其他缔约国相互承认的标准进行谈判并达成一致。[2]此款内容在"一带一路"服务贸易规则中无需另行规定,给各缔约方之间留有一定详细谈判的空间与时间。

(三) 鼓励各自境内的相关机构达成双方可接受的标准或准则

各缔约方各自专业机构对相关承认的标准或准则进行谈判,以期实现早期成果。[3]即希望尽快将协定谈判后续工作进行起来,使得跨国服务贸易能

---

[1]《中国-韩国自由贸易协定》第 8 章第 9 条第 2 款;《中国-毛里求斯自由贸易协定》第 7 章第 9 条第 2 款;《中国-格鲁吉亚自由贸易协定》第 8 章第 9 条第 2 款;《中国-澳大利亚自由贸易协定》第 8 章第 14 条第 2 款;《中国-新西兰自由贸易协定》第 9 章第 112 条第 2 款;USMCA 第 15 章第 9 条第 2 款;CPTPP 中第 10 章第 10.9 条第 2 款;RCEP 第 8 章第 16 条第 3 款。

[2]《中国-毛里求斯自由贸易协定》第 7 章第 9 条第 6 款。

[3]《中国-秘鲁自由贸易协定》第 8 章第 111 条第 4 款;《中国-哥斯达黎加自由贸易协定》第 9 章第 97 条第 4 款;《中国-智利自由贸易协定关于服务贸易的补充协定》第 7 条第 2 款;《中国-东盟全面经济合作框架协议服务贸易协议》第 6 条第 2 款;RCEP 第 8 章第 16 条第 6 款。

尽快顺利进行，以提升服务贸易水平。若有专门的标准或准则达成，能够极大地提高承认规则的普遍适用，对于消除服务贸易非关税壁垒具有明显的促进作用，根据"一带一路"服务贸易发展需要，此条款应纳入"一带一路"服务贸易规则的构建中。

（四）促进信息交流为承认提供便利

加强信息交流的同时也提高了透明度，承认的尽快给予需要各缔约方之间更好的信息互通。[1]"一带一路"服务贸易规则无需专门对此进行规定。

（五）要求符合世贸组织协议的相关条款

即较 GATS 的规定会更为广泛，同时特别提到了关于承认对歧视或变相限制措施的禁止。[2]"一带一路"服务贸易规则本身符合世贸组织协议的相关条款，无需再专门进行规定。

（六）努力促进专业服务贸易

金融服务、电信服务等专业服务在服务贸易领域的影响越来越大，有些协定更是将其独立划为一章进行专门的规定，在涉及缔约方较多的协定中这些新型服务部门更需要关注，努力促进专业服务贸易，也是各缔约国服务贸易水平进一步提升的需要。[3]"一带一路"服务贸易的发展必然逐渐引入一些新型的服务部门，所以提出相关规定能更好地促进这些服务部门的发展。

三、示范文本

为全部或部分满足服务提供者获得授权、许可或证明的标准或准则，在遵守第四款要求的前提下，一缔约方可以承认在一特定国家获得的教育或经历、满足的要求、或给予的许可或证明。此类承认可以通过协调或其他方式实现，或者可以基于与相关国家的协定或安排，或者可以自动给予。

属于第 1 款所提及的类型的协定或安排参加方的一缔约方，无论此类协定或安排已经存在或在未来订立，应当应请求，为其他缔约方提供充分的机

---

[1]《中国-巴基斯坦自由贸易区服务贸易协定》第 6 条第 3 款。
[2]《中国-瑞士自由贸易协定》第 8 章第 8.8 条第 3 款。
[3] USMCA 第 15 章第 9 条第 5 款；CPTPP 中第 10 章第 10.9 条第 5 款；RCEP 第 8 章第 16 条第 6 款。

会为加入此类协定或安排进行谈判,或与其谈判类似的协定或安排。如一缔约方自动给予承认,其应当向任何其他缔约方提供充分的机会,以证明在该其他缔约方领土内所获得的教育、经历、许可或证明或所满足的要求应该得到承认。

服务贸易章中最惠国待遇的任何规定不得解释为要求任何缔约方对在另一缔约方获得的教育或经验、满足的要求或给予的许可或证明给予此类承认。

在适用服务提供者获得授权、许可或证明的标准或准则时,一缔约方不得以可能构成其他缔约方之间的歧视的手段或者构成对服务贸易变相限制的方式给予承认。

在适当的情况下,应该基于多边同意的准则进行承认。在适当的情况下,缔约方应当与相关政府间组织和非政府间组织合作,以制定和采取与承认相关的共同的国际标准和准则,以及与服务贸易和专业的实践相关的共同的国际标准。

每一缔约方应当努力便利专业服务贸易,包括通过鼓励其领土内的相关机构就与承认相关的协定或安排进行谈判。

CHAPTER 8 第八章

竞争政策

"竞争政策"在我国与"一带一路"相关国家签订的所有自由贸易协定中主要有两种呈现方式,一种是成章出现,另一种是分散分布,其中以成章方式规定的竞争政策内容更加全面细致,因此本章竞争政策中比较分析的协定范围将缩小至以整章方式出现的自由贸易协定。如表8-1,"竞争政策"以整章方式出现的自由贸易协定分别有《中国-格鲁吉亚自由贸易协定》、《中国-韩国自由贸易协定》、《中国-瑞士自由贸易协定》、《中国-新加坡(升级)自由贸易协定》以及《中国-智利(升级)自由贸易协定》,其中《中国-瑞士自由贸易协定》的竞争政策章节只有一个条款,不符合比较研究需要全面性的特点,因此排除该自由贸易协定,在接下来的竞争政策这一章节中提到的相关国家自由贸易协定主要是指以上四个除中国-瑞士以外的自由贸易协定。

表8-1 中国与"一带一路"相关国家签订的自由贸易协定之竞争政策表

自由贸易协定	涉及竞争政策章节
中国-柬埔寨	无专章内容规定
中国-马尔代夫	协定暂未公布
中国-格鲁吉亚	第十章(共11条)
中国-韩国	第十四章(共13条)
中国-瑞士	第十章(共1条)
中国-哥斯达黎加	第十章第110条、第十一章第126条
中国-秘鲁	第144条、第159条
中国-新西兰	第一章第2条;第九章第123条

续表

自由贸易协定	涉及竞争政策章节
中国-新加坡	第九章第69条、第70条
	升级后附录7新第十六章（共10条）
中国-智利	第一章第2条，第十三章111条
	升级后第五章（共10条）
中国-巴基斯坦	无
	《自由贸易协定》：第一章第2条、第九章第47条 《服务贸易协定》：第7条
中国-东盟	《全面经济合作框架协议》第2条、第4条、第7条； 《服务贸易协议》第7条、第8条、第16条； 《投资协议》第2条、第7条
中国-东盟（"10+1"）升级	无

数据来源：http://fta.mofcom.gov.cn/georgia/georgia_agreementText.shtml，最后访问日期：2022年1月13日。

第一节 目 标

对于"目标"这一条款，主要集中在中国与"一带一路"相关国家签订的自由贸易协定和RCEP中，在CPTPP中并没有将"目标"条款单独列出。

一、共同性条款

首先，在"一带一路"相关国家的自由贸易协定中，对于"目标"条款规定的内容基本相同，该内容主要包括方式和目的两部分：

第一，方式主要包括三种，分别是指禁止反竞争商业行为、实施相关的竞争政策和对竞争问题开展合作；[1] 第二，目的也是分为三种，分别是促进

---

[1]《中国-格鲁吉亚自由贸易协定》第10章第1条；《中国-韩国自由贸易协定》第14章第14.1条；《中国-新加坡自由贸易协定（升级）》第16章第2条；《中国-智利自由贸易协定（升级）》第5章第60条。

贸易自由化、提高经济效率和增进消费者福利。[1]同时对于不同的方式或者目的，将会在后面的章节里进行具体的体现和展开，在"目标"这一节中只是对方式和目的的简单总结，例如，在第三节"定义"中有具体的反竞争行为的规定和举例，在第七节"合作"中有具体的合作方式，在第九节"技术合作"中有对于竞争政策技术问题展开合作的内容。这些从另一方面也反映出后面的章节内容是围绕着目标进行展开的。

其次，通过比较RCEP中"目标"条款的规定和"一带一路"共建国家自由贸易协定中"目标"的规定，RCEP对于"目标"条款的规定更加详细，用词也更加规范，主要是在上文提到的描述的方式和目的两部分中各自增加了一些内容。

（一）方式

第一，针对禁止反竞争商业行为和实施相关的竞争政策的方式，在RCEP中将其延伸为采取和维持禁止反竞争行为的法律和法规，[2]第二，RCEP将针对竞争问题开展合作的方式延伸为在制定和实施竞争法律和法规方面的区域合作。[3]我们不难发现，虽然RCEP的用词与"一带一路"相关国家的自由贸易协定的用词不同，但是它们表达的意思一致，RCEP仍是在"一带一路"相关国家自由贸易协定规定的方式内进行补充延伸，因此增加的内容仍属于共同性条款。

（二）目的

RCEP中增加了促进市场竞争和便利缔约方的贸易和投资[4]这一目的，对于该增加内容，其余方式一样也与上述我们归纳出的目的部分的内容一致，并没有违背"一带一路"共建国家自由贸易协定的核心内容，因此RCEP中增加的这部分内容也属于共同性条款。

---

[1]《中国-格鲁吉亚自由贸易协定》第10章第1条；《中国-韩国自由贸易协定》第14章第14.1条；《中国-新加坡自由贸易协定（升级）》第16章第2条；《中国-智利自由贸易协定（升级）》第5章第60条。

[2] RCEP第13章第1条。

[3] RCEP第13章第1条。

[4] RCEP第13章第1条。

二、特殊性条款

通过对中国与"一带一路"相关国家签订的自由贸易协定和 RCEP 进行比对,虽然 RCEP "目标"条款的内容比中国与"一带一路"相关国家签订的自由贸易协定中对于"目标"条款的规定有所增加,但是根据上面我们对增加内容的分析可知,增加的内容对于"目标"条款的规定不存在例外和矛盾,因此在"目标"部分不存在特殊性条款。

三、示范文本

本章的目标是,通过采取和维持禁止反竞争行为的法律和法规,以及通过缔约方在制定和实施竞争法律和法规方面的区域合作,促进市场竞争,提高经济效率和消费者福利。追求此类目标将有助于缔约方从本协定中获益,包括便利缔约方之间的贸易和投资。

第二节 基本原则

一、共同性条款

对于"基本原则"这一条款,其只存在于 RCEP 中,在中国与"一带一路"相关国家签订的自由贸易协定和 CPTPP 中没有将"基本原则"列为单独条款,因此在"基本原则"下,该部分不存在共同性条款。

二、特殊性条款

因为"基本原则"这一条款只存在于 RCEP 中,因此我们将 RCEP 中对于"基本原则"的规定作为特殊性条款,具体分析如下:

根据 RCEP 中关于"基本原则"的规定可知,"基本原则"的内容是围绕每一缔约方在实施本章"竞争政策"时需要遵循的原则进行展开的,主要包括三个方面:第一,与"目标"相一致原则。具体是指每一缔约方实施"竞争政策"章节的方式必须与上一节"目标"中规定的内容保持一致;第二,主权权利原则。具体是指每一缔约方在实施"竞争政策"章节规定的内容时,其仍拥有自己的主权权利，主要是指对缔约方自己竞争法律的制定权和执行权；第三，RCEP 为域内发展中国家和最不发达国家提供了特殊和差别待遇，RCEP 并不要求缔约方制定统一的竞争法律，也不要求缔约方按照一致的方式实施竞争法律。[1]这一点主要是基于 RCEP 的各个缔约方之间存在较大的差异，有的缔约方在竞争领域的水平还不太高。[2]

根据该三方面的内容，我们不难发现"基本原则"涉及的这三个方面在内容上都比较宽泛，均属于原则性内容，而且无论是与"目标"相一致原则、主权权利原则还是特殊和差别待遇，这三个原则并不存在高标准的问题，反而是 RCEP 特别考虑了域内发展中国家和最不发达国家国内竞争法的制定与实施状况，[3]此外，根据该规定我们可以看出在竞争政策方面 RCEP 是采纳与维持各国国内竞争法，而不是协调缔约国的竞争立法，同时由于"一带一路"相关国家在竞争立法上的水平存在差异，我们构建"一带一路"经贸规则可以接受该内容，它适合于"一带一路"相关国家，因此可以将 RCEP 中"基本原则"的内容纳入"一带一路"经贸规则之中。

三、示范文本

（一）每一缔约方应当以与本章的目标一致的方式实施本章。

（二）在承认每一缔约方在本章项下的权利和义务的情况下，缔约方认识到：

1. 每一缔约方拥有制定、规定、管理和执行其竞争法律、法规和政策的主权权利；以及

2. 缔约方在竞争法和竞争政策领域的能力和发展水平存在重大差异。

第三节　定　义

一、共同性条款

对于"定义"这一条款，主要集中在中国与"一带一路"相关国家签订的自由贸易协定中，而在 RCEP 和 CPTPP 中并没有将"定义"列为单独条

---

[1] 参见钟立国："RCEP 竞争政策条款研究"，载《竞争政策研究》2021 年第 1 期。
[2] RCEP 第 13 章第 2 条第 2 款第 2 项。
[3] 参见钟立国："RCEP 竞争政策条款研究"，载《竞争政策研究》2021 年第 1 期。

款,因此对于该部分而言,不存在共同性条款,我们在本节中也不再讨论共同性条款。

二、特殊性条款

"定义"这一条款由于其只存在于中国与"一带一路"相关国家签订的自由贸易协定中,因此我们将中国与"一带一路"相关国家签订的自由贸易协定中对于"定义"的规定作为特殊性条款,具体分析如下:

根据我们分析对比的协定中关于"定义"的规定可知,"定义"涉及的内容主要是对于反竞争商业行为的解释和竞争法的解释,但同时《中国-韩国自由贸易协定》中也涉及关于消费者保护法的定义解释和经营者的定义解释。下面将依次对中国与"一带一路"相关国家签订的自由贸易协定中关于反竞争商业行为、竞争法、消费者保护法和经营者四者的定义进行比较分析。

(一)反竞争商业行为

《中国-格鲁吉亚自由贸易协定》《中国-韩国自由贸易协定》《中国-新加坡自由贸易协定(升级)》以及《中国-智利自由贸易协定(升级)》对于"反竞争商业行为"的定义基本一致,采用的方式均为统一定义加举例。

首先,对于统一定义方面。除《中国-格鲁吉亚自由贸易协定》略有不同外,《中国-韩国自由贸易协定》《中国-新加坡自由贸易协定(升级)》和《中国-智利自由贸易协定(升级)》中均将反竞争商业行为规定为对缔约方境内的市场竞争产生负面影响的商业行为或者交易。[1]而《中国-格鲁吉亚自由贸易协定》规定的是可能影响缔约双方之间贸易的商业行为或交易。[2]其中"可能影响"的规定相较于其余三个自由贸易协定的内容,反竞争商业行为的范围更加广泛,不仅包括已经产生影响的商业行为或交易,也包括还未产生实际影响但将来有可能会对缔约双方之间贸易产生影响的商业行为或交易,因此"可能影响"的范围更大、标准更高。

在《中国-格鲁吉亚自由贸易协定》中规定标准稍高一点的反竞争商业行

---

[1]《中国-韩国自由贸易协定》第14章第14.13条第1款;《中国-新加坡自由贸易协定(升级)》第16章第1条第1款;《中国-智利自由贸易协定(升级)》第5章第59条第1款。

[2]《中国-格鲁吉亚自由贸易协定》第10章第2条第1款。

为是合理的，因为在中国与"一带一路"相关国家签订的自由贸易协定中对于"反竞争商业行为"的定义中均有一条示例是规定"在任一缔约方全境或大部分地区，试图造成或者实际具有排除、限制、扭曲竞争效果的企业协议、联合决定或协同行为"[1]。我们不难发现，这里的"试图造成或实际具有"其实与上文提到的"可能影响"的效果相同，因此我们可以接受《中国-格鲁吉亚自由贸易协定》中对于"反竞争商业行为"定义的该特殊性规定。

其次，对于举例部分，中国与"一带一路"相关国家签订的自由贸易协定中对于"反竞争商业行为"的示例基本一致，主要分为三个示例或三种类型：第一，协同行为，其经常被表述为卡特尔。[2]具体是指在试图造成或实际具有排除、限制、扭曲竞争效果的企业协议、行业协会的决定和协同行为；[3]第二，企业滥用市场支配地位的行为；[4]第三，经营者集中。主要是指严重妨碍有效竞争，特别是形成或加强市场支配地位的经营者集中。[5]对经营者集中的行为进行规制可能是对跨国并购的警惕。[6]此外，RCEP没有专门定义反竞争商业行为，但是其在"针对反竞争行为的适当措施"条款的脚注中也对于典型的反竞争行为进行列举，其规定反竞争行为可包括反竞争协议、滥用支配地位以及反竞争的兼并与收购。[7]

因此，我们不难发现采用列举典型的反竞争行为的方式是比较普遍的，这也意味着对于缔约方而言，其国内的竞争法至少应规制以上所列举出的反

---

[1]《中国-格鲁吉亚自由贸易协定》第10章第2条第1款第1项；《中国-韩国自由贸易协定》第14章第14.13条第1款第1项；《中国-新加坡自由贸易协定（升级）》第16章第1条第1款第1项；《中国-智利自由贸易协定（升级）》第5章第59条第1款第1项。

[2] 参见马杨："中韩FTA竞争政策的规则研究"，西南政法大学2017年硕士学位论文。

[3]《中国-格鲁吉亚自由贸易协定》第10章第2条第1款第1项；《中国-韩国自由贸易协定》第14章第14.13条第1款第1项；《中国-新加坡自由贸易协定（升级）》第16章第1条第1款第1项；《中国-智利自由贸易协定（升级）》第5章第59条第1款第1项。

[4]《中国-格鲁吉亚自由贸易协定》第10章第2条第1款第2项；《中国-韩国自由贸易协定》第14章第14.13条第1款第2项；《中国-新加坡自由贸易协定（升级）》第16章第1条第1款第2项；《中国-智利自由贸易协定（升级）》第5章第59条第1款第2项。

[5]《中国-格鲁吉亚自由贸易协定》第10章第2条第1款第3项；《中国-韩国自由贸易协定》第14章第14.13条第1款第3项；《中国-新加坡自由贸易协定（升级）》第16章第1条第1款第3项；《中国-智利自由贸易协定（升级）》第5章第59条第1款第3项。

[6] 参见马杨："中韩FTA竞争政策的规则研究"，西南政法大学2017年硕士学位论文。

[7] 参见邓志松："时不我待：RCEP竞争章节解读及企业竞争战略分析"，载https://www.sohu.com/a/458226820_120942243，最后访问日期：2021年3月31日。

竞争行为。[1]同时,"反竞争商业行为"与经济学存在密切的关系,不同的经济学理论等因素也会导致"一带一路"相关国家在竞争立法的水平上存在差异,这种情况下通过对禁止反竞争活动的立法进行原则性规定,可以保留最低限度共同点并给予各缔约方更多灵活发挥的空间。[2]因此采取统一定义加列举典型的反竞争行为的方式不仅适合我国所构建的"一带一路"经贸规则,也与目前国际竞争领域立法的现状相适应。

(二) 竞争法

中国与"一带一路"相关国家签订的自由贸易协定中对"竞争法"的定义相同,均是分别写明对每一缔约国而言,其竞争法的具体法律法规。其中,对于中国而言,是指《中华人民共和国反垄断法》及其实施规定和修正案。[3]我们认为在构建"一带一路"经贸规则中是可以接受的,因为无论是对于"竞争法"定义的内容还是方式,在中国与"一带一路"相关国家签订的自由贸易协定中都是一致的,同时对于竞争法的定义也有利于后续适用法律的问题,因此我们认为可以纳入"一带一路"经贸规则中。

(三) 消费者保护法

"消费者保护法"的界定只出现在《中国-韩国自由贸易协定》中,经过分析不难发现"消费者保护法"的定义模式与"竞争法"的定义模式相同,也是分别写明对每一缔约国而言,它的消费者保护法的具体法律法规。其中,对于中国而言,是指《中华人民共和国消费者保护法》及其实施规定和修正案。[4]

对于"消费者保护法"的定义,我们认为在构建"一带一路"经贸规则中是属于可以接受的内容,因为后文即将提到"消费者保护"章节,"消费者保护"这一条款主要集中于 RCEP 和 CPTPP 中,在《中国-韩国自由贸易协定》中虽然没有将"消费者保护"列为单独一条款,但是其分散在"定义"

---

[1] 参见钟立国:"RCEP 竞争政策条款研究",载《竞争政策研究》2021 年第 1 期。

[2] 参见邓志松:"时不我待:RCEP 竞争章节解读及企业竞争战略分析",载 https://www.sohu.com/a/458226820_120942243,最后访问日期:2021 年 3 月 31 日。

[3] 《中国-格鲁吉亚自由贸易协定》第 10 章第 2 条第 2 款第 1 项;《中国-韩国自由贸易协定》第 14 章第 14.13 条第 2 款第 1 项;《中国-新加坡自由贸易协定(升级)》第 16 章第 1 条第 2 款第 1 项;《中国-智利自由贸易协定(升级)》第 5 章第 59 条第 2 款第 1 项。

[4] 《中国-韩国自由贸易协定》第 14 章第 14.13 条第 3 款第 1 项。

和"执法合作"中,可见"消费者保护"地位的提升,"竞争政策"与"消费者保护"的紧密程度提高,包括我们上文在"目标"一节中提到的增进消费者福利也体现出"竞争政策"与"消费者保护"之间的联系越来越明显。有学者指出,一个科学的内国竞争法或自由贸易协定中的竞争政策在具体规则中都要体现保护消费者福利这一目标,通常会从保证消费者自由选择权,提供多元化的消费环境与免受高价的剥削两个方面去着手。[1]

虽然有许多自由贸易协定并未将"消费者保护"纳入其中,但是在构建"一带一路"经贸规则时需要用发展的眼光看问题,因此,我们选择将"消费者保护法"的定义纳入"一带一路"经贸规则。

（四）经营者

对于"经营者"的定义,也是只在《中国－韩国自由贸易协定》中有相应规定,主要包括三类特定的自然人、法人和任何其他组织:第一,从事商品生产;第二,从事商品经营;第三,提供服务。[2]

对于"经营者"的定义,在构建"一带一路"经贸规则中是属于可以选择接受的内容,根据和不同的缔约国签订自由贸易协定,从而选择是否要将"经营者"的定义纳入其中,例如,前文分析对比的协定中只有《中国－韩国自由贸易协定》将其纳入,因此,在构建具有示范性意义的"一带一路"经贸规则时,可暂时选择不将其纳入。

三、示范文本

就本章而言:

（一）反竞争商业行为是指不符合本协定的正常运行,并且可能影响缔约双方之间贸易的商业行为或交易,例如:

1. 在任一缔约方全境或大部分地区,试图造成或者实际具有排除、限制、扭曲竞争效果的企业协议、联合决定或协同行为;

2. 在任一缔约方全境或大部分地区,一家或数家具有支配地位企业滥用

---

[1] 参见钟威:"论TPP协议竞争政策规则及其对中国的启示",广东财经大学2017年硕士学位论文。

[2] 《中国－韩国自由贸易协定》第14章第14.13条第4款。

支配地位的行为；或者

3. 在任一缔约方全境或大部分地区，显著妨碍有效竞争，特别是形成或加强市场支配地位的经营者集中。

（二）竞争法：

1. 对中国而言，是指《反垄断法》及其实施规定和修正案；

2. 对另一缔约国而言，是指……

第四节 竞争法和竞争机构

对于"竞争法和竞争机构"这一条款，在中国与"一带一路"相关国家签订的自由贸易协定、RCEP 和 CPTPP 中均有对应条款规定，但可能对应条款具体的名称略有区别，比如在 RCEP 中涉及的"竞争法和竞争机构"条款中的内容位于"针对反竞争行为的适当措施"条款项下，在 CPTPP 中对应的名称则为"竞争法与主管机关和限制竞争商业行为"，虽然它们的名称有所不同，但是它们在内容上都属于"竞争法和竞争机构"这一类别。

一、共同性条款

"一带一路"相关国家的自由贸易协定中对于"竞争法和竞争机构"的内容规定与 CPTPP 中"竞争法和竞争机构"条款的内容相比较，我们不难发现"一带一路"相关国家的自由贸易协定中对于"竞争法和竞争机构"条款的规定基本相同，在内容上都比较简洁。同时"一带一路"相关国家的自由贸易协定中对于"竞争法和竞争机构"条款规定的内容在 RCEP 和 CPTPP 中都存在，它们的共同性条款可以归纳为两部分：

第一，对于竞争法的原则性规定，保障缔约国国内竞争法的实施。主要是指每一缔约方应当维持或者采取反竞争活动的竞争法律和法规，并且缔约方也要相应地执行这些法律法规。[1]

第二，对于竞争机构的原则性规定，构建相应的竞争主管机关。主要是

---

[1]《中国-格鲁吉亚自由贸易协定》第 10 章第 3 条第 1 款；《中国-韩国自由贸易协定》第 14 章第 14.2 条第 1 款；《中国-新加坡自由贸易协定（升级）》第 16 章第 3 条第 1 款；《中国-智利自由贸易协定（升级）》第 5 章第 61 条第 1 款；RCEP 第 13 章第 3 条第 1 款；CPTPP 第 16 章第 16.1 条第 1 款。

指每一缔约方要建立或者维持一个或多个主管机关,该主管机关可以有效地执行其竞争法律和法规。[1]

竞争法和竞争机构的原则性规定再结合上一节定义中"反竞争行为"的内容,这是属于软硬兼施的国内竞争法的协调方法,在协定中既作出原则性规定,又明确要求成员国内竞争立法对特定的反竞争行为进行规制,此方法要求成员国内竞争立法规制所有的反竞争行为,所列举的行为只是典型的反竞争行为。[2]

此外,共同性条款只要求各缔约国构建相应的竞争主管机关和保障缔约国国内竞争法的实施,并没有要求缔约国之间达成一个统一的实体竞争法规范。采取这样的方式也是因为前文提到过的各国经济实力参差不齐,对竞争政策的理解、执法以及利益侧重都有不同的考虑,缔约各国达成一个统一的实体竞争规则来规制成员国的竞争行为不现实,因此将制定实体竞争法规范的任务交给成员国自己,可以说以这样的方式制定的规则在最大程度上达到了求同存异的效果。[3]

二、特殊性条款

"竞争法和竞争机构"的特殊性条款主要存在于《中国-韩国自由贸易协定》《中国-新加坡自由贸易协定(升级)》、RCEP 和 CPTPP 中。

(一) 排除适用竞争法

1. 基于公共秩序保留原则。《中国-新加坡自由贸易协定(升级)》、RCEP 和 CPTPP 对适用竞争法均有特殊规定,均提出因公共政策理由或者公共利益理由,缔约方可以规定在该理由之下免于适用其国内竞争法,但是要坚持透明度原则。[4]该特殊性内容主要是基于公共秩序保留原则,因为公共

---

[1] 《中国-格鲁吉亚自由贸易协定》第 10 章第 3 条第 2 款;《中国-韩国自由贸易协定》第 14 章第 2 条第 1 款;《中国-新加坡自由贸易协定(升级)》第 16 章第 3 条第 2 款;《中国-智利自由贸易协定(升级)》第 5 章第 61 条第 2 款;RCEP 第 13 章第 3 条第 2 款;CPTPP 第 16 章第 1 条第 3 款。

[2] 参见钟立国:"RCEP 竞争政策条款研究",载《竞争政策研究》2021 年第 1 期。

[3] 参见钟威:"论 TPP 协议竞争政策规则及其对中国的启示",广东财经大学 2017 年硕士学位论文。

[4] 《中国-新加坡自由贸易协定(升级)》第 16 章第 4 条第 1 款;RCEP 第 13 章第 3 条第 5 款;CPTPP 第 16 章第 16.1 条第 2 款。

秩序保留原则一直是我国坚持的原则之一,因此我们认为该特殊性规定是在构建"一带一路"经贸规则中可以接受的。

2. 单独列出公用企业。该特殊性条款主要存在于《中国-韩国自由贸易协定》,《中国-韩国自由贸易协定》竞争政策章节中对于"竞争法的适用"有单独的规定。首先规定了竞争法适用的主体为各缔约方的所有经营者;[1]其次,该协定将公用企业以及被赋予特殊权利或排他性权利的企业单独列出,做出了特别安排:第一,竞争法的适用不妨碍一缔约方创立和保持公用企业,或者赋予企业以特殊权利或排他性权利;[2]第二,公用企业或具有特殊权利的企业不能采取违反竞争的行为,且同样受到国内竞争法的约束。[3]对于将公用企业或其他具有特殊权利的企业单独列出的规定,我们认为可以纳入"一带一路"经贸规则中,首先因为我们国家的企业中公用企业或具有特殊权利的企业数量还是比较多,将该特殊性规定纳入"一带一路"经贸规则中在一定程度上可以保护这些企业,其次,传统的竞争政策就是我们本章所讲的内容,但是随着竞争政策地位的不断提升,新型国际竞争政策也越来越受学者们关注,新型国际竞争政策的具体表现就是将国有企业规则纳入竞争政策之中,例如,CPTPP这样高标准的协定,其有一章节为"国有企业和指定垄断"。虽然将公用企业或其他具有特殊权利的企业单独列出的形式在我国与"一带一路"相关国家签订的自由贸易协定中比较少见,但是这样的规定是符合国际竞争政策的最新发展趋势的,我们这里提到的单独列出公用企业或具有特殊权利的企业只是十分浅层的内容,但这也为我们逐步接受新型国际竞争政策提供了一个很好的过渡。因此,综合考量以上几点,将此特殊性规定纳入"一带一路"经贸规则之中是可以接受的。

(二) 竞争机构的决策独立性

RCEP规定每一缔约方应当要保证其竞争机构在执行其竞争法律法规方面的决策独立性。[4]对于此规定,我们认为可以纳入"一带一路"经贸规则的构建中,因为独立竞争执法符合下文将要提到的"执法原则",要保证程序公

---

[1]《中国-韩国自由贸易协定》第14章第14.5条第1款。
[2] 参见王嘉南:"中国-韩国自由贸易协定研究",西南政法大学2016年硕士学位论文。
[3] 参见马杨:"中韩FTA竞争政策的规则研究",西南政法大学2017年硕士学位论文。
[4] RCEP第13章第3条第3款。

正、内容合法。

（三）义务履行过渡期

因为 RCEP 一些缔约方目前的立法还不太全面或者还不太成熟,尤其是在反垄断上,因此 RCEP 通过附件对柬埔寨、老挝、缅甸、文莱四个国家对该条款以及后文将会提到的"合作"条款中所规定义务的遵守作出给予其3至5年过渡期的宽限。[1]对于该特殊性条款,我们认为不能统一适用于所有"一带一路"相关国家,还需要根据具体"一带一路"相关国家的各自国内立法情况来决定,因此该特殊条款不应纳入"一带一路"经贸规则之中。

三、示范文本

（一）每一缔约方应制定或保留竞争法,以便通过禁止反竞争商业行为,促进和保护市场竞争机制。

（二）每一缔约方应保留设立一个或多个机构,负责全国竞争法的实施。

（三）每一缔约方应当保证其一个或多个主管机关在执行其竞争法律和法规方面的决策独立性。

（四）每一缔约方可规定某些免于适用其国内竞争法的情况,条件是此类免于适用公开透明且基于公共政策理由或公共利益理由。

（五）本章并不妨碍一缔约方创立和保持公用企业,或者赋予企业以特殊权利或排他性权利。

（六）对于公用企业,以及享有特殊权利或排他性权利的企业:

1. 缔约任一方均不应该采取或维持与本章所列原则不一致的措施;且

2. 缔约双方应保证上述企业受本章所列的本国竞争法约束,上述原则和竞争法的实施不应在法律上或事实上阻碍上述企业执行指派给该企业的特殊任务。

第五节 执法原则

对于"执法原则"这一条款,在中国与"一带一路"相关国家签订的自

---

[1] 参见邓志松:"时不我待:RCEP 竞争章节解读及企业竞争战略分析",载 https://www.sohu.com/a/458226820_120942243,最后访问日期:2021年3月31日。

由贸易协定、RCEP 和 CPTPP 中均有单独条款规定，但可能条款具体的名称也略有区别。比如在 RCEP 中其内容对应的具体名称为"针对反竞争行为的适当措施"，在 CPTPP 中对应的名称为"竞争执法中的程序公正"，虽然名称有所不同，但是它们在内容上都属于"执法原则"这一类别项下。

一、共同性条款

通过对中国与"一带一路"相关国家签订的自由贸易协定、RCEP 和 CPTPP 进行比对，很明显中国与"一带一路"相关国家签订的自由贸易协定中对于竞争政策中"执法原则"的规定相对简单，而在 RCEP 和 CPTPP 中"执法原则"的内容更加详细具体。这些文件中对竞争政策中的"执法原则"的共同规定主要包括三个。

（一）原则性规定

原则性规制主要是指在竞争执法中各缔约方应当遵守三个原则，分别为透明度原则、非歧视原则以及程序公平原则。[1]同时其他规定也都是围绕该三个基本原则进行展开。这部分内容也是属于高水平性的国内竞争法协定，不仅为成员竞争执法设定了上述三大原则义务，而且还对这些义务作了较详细的规定。[2]

（二）国民待遇规定

国民待遇规定主要是指各缔约方在适用和实施其竞争法律和法规时，不能将国籍作为歧视的标准，在同等条件下，每一个缔约方要给予非本方当事人不低于本方当事人所享有的待遇。[3]该规定是以三个基本原则中的非歧视原则进行讨论的，也就是上一段提到的对三大义务作出的详细规定。

---

[1]《中国-格鲁吉亚自由贸易协定》第 10 章第 4 条第 1 款；《中国-韩国自由贸易协定》第 14 章第 14.3 条第 1 款；《中国-新加坡自由贸易协定（升级）》第 16 章第 4 条第 1 款；《中国-智利自由贸易协定（升级）》第 5 章第 62 条第 1 款。

[2] 参见钟立国："RCEP 竞争政策条款研究"，载《竞争政策研究》2021 年第 1 期。

[3]《中国-格鲁吉亚自由贸易协定》第 10 章第 4 条第 2 款；《中国-韩国自由贸易协定》第 14 章第 14.3 条第 2 款；《中国-新加坡自由贸易协定（升级）》第 16 章第 4 条第 3 款；《中国-智利自由贸易协定（升级）》第 5 章第 62 条第 2 款；RCEP 第 13 章第 3 条第 4 款。

(三) 程序性规定

对于程序性规定有很多方面,体现的核心都是程序公平原则。

1. 在调查阶段,缔约方在确认当事人的行为是否违反其竞争法律和法规时,缔约方要给予当事人为自己辩护的机会,如当事人表达意见和提出证据等。[1]

2. 如果缔约方已经确定当事人的行为违反其竞争法律和法规,缔约方依据其国内法律在采取处罚或者救济措施之前,要给予当事人表达意见、提供证据等为自己辩护的合理机会。[2]

3. 如果当事人的行为违反本国的竞争法律和法规而被进行处罚或者采取救济措施时,当事人有依法申请行政复议或者提起行政诉讼的权利。[3]

对于国民待遇规定和程序性规定都是属于对三大义务的详细性规定,这些规定大大提高了非歧视、程序公正和执法透明三原则的可操作性。[4]

二、特殊性条款

"执法原则"的特殊性规定主要集中在 RCEP 和 CPTPP 中。

(一) "执法原则" 中竞争执法的时限

RCEP 和 CPTPP 对竞争执法的时限有规定,均要求缔约方要努力在合理时间内对相关问题进行调查或者缔约方要认识到及时处理案件的重要性。[5]

---

[1] 《中国-格鲁吉亚自由贸易协定》第 10 章第 4 条第 3 款;《中国-韩国自由贸易协定》第 14 章第 14.3 条第 3 款第 1 项;《中国-新加坡自由贸易协定(升级)》第 16 章第 4 条第 4 款;《中国-智利自由贸易协定(升级)》第 5 章第 62 条第 3 款;RCEP 第 13 章第 3 条第 8 款;CPTPP 第 16 章第 16.2 条第 1 款。

[2] 《中国-格鲁吉亚自由贸易协定》第 10 章第 4 条第 3 款;《中国-韩国自由贸易协定》第 14 章第 14.3 条第 3 款第 1 项;《中国-新加坡自由贸易协定(升级)》第 16 章第 4 条第 4 款;《中国-智利自由贸易协定(升级)》第 5 章第 62 条第 3 款;RCEP 第 13 章第 3 条第 8 款;CPTPP 第 16 章第 16.2 条第 1 款。

[3] 《中国-格鲁吉亚自由贸易协定》第 10 章第 4 条第 4 款;《中国-韩国自由贸易协定》第 14 章第 14.3 条第 3 款第 2 项;《中国-新加坡自由贸易协定(升级)》第 16 章第 4 条第 5 款;《中国-智利自由贸易协定(升级)》第 5 章第 62 条第 4 款;RCEP 第 13 章第 3 条第 9 款和第 10 款;CPTPP 第 16 章第 16.2 条第 4 款。

[4] 参见钟立国:"RCEP 竞争政策条款研究",载《竞争政策研究》2021 年第 1 期。

[5] RCEP 第 13 章第 3 条第 11 款;CPTPP 第 16 章第 16.2 条第 2 款。

虽然该规定比较宽泛，没有给出具体的时间，但相较于中国与"一带一路"相关国家签订的自由贸易协定中对于竞争执法时限的规定可发现，中国与"一带一路"相关国家签订的自由贸易协定中对于竞争执法的时限没有作出规定。

对于该特殊性条款，我们认为在构建"一带一路"经贸规则中是可以接受的。首先，要求缔约方认识到及时处理竞争案件的重要性有利于提升竞争执法的效率；其次，因为该特殊性规定体现的仍是比较宽泛的原则性内容，并没有规定具体的执法时限，所以不会对各国国内法中对于竞争执法的程序性规定产生冲突。

（二）"执法原则"中国内竞争调查的形式

CPTPP中规定每一缔约方要采取书面的形式进行国内竞争调查。[1]在中国与"一带一路"相关国家的自由贸易协定中对于竞争调查的形式并未作出规定，其在"透明度"章节只是规定每一缔约方在对违反竞争法的当事人作出的最终行政决定要采取书面形式，但并未对竞争执法中调查程序的形式作出规定。[2]在RCEP中是要求缔约方在可能的情况下，向当事人以书面形式提供当事人违反竞争法律或法规而受到指控的原因。[3]

根据这些特殊性规定，不难发现CPTPP对于竞争执法中采取书面形式的范围更大，针对的是整个国内竞争调查。但中国与"一带一路"相关国家的自由贸易协定只针对缔约方最终对当事人作出的行政决定要采取书面形式，RCEP也只是要求缔约方对当事人受到指控的原因提供书面形式，因此后面二者对竞争执法中采取书面形式的范围更小。对于国内竞争调查的形式通常都是与其国内法相关的，因此将采取书面形式的范围扩大至整个国内竞争调查过程，将其纳入"一带一路"经贸规则还是有待考量的。

（三）"执法原则"中更加细致的竞争执法程序规定

CPTPP围绕程序公平原则规定了许多更加细节的程序和其他相关问题，

---

[1] CPTPP第16章16.2条第2款。

[2]《中国-格鲁吉亚自由贸易协定》第10章第5条第2款；《中国-韩国自由贸易协定》第14章14.4第2款；《中国-新加坡自由贸易协定（升级）》第16章第5条第2款；《中国-智利自由贸易协定（升级）》第5章第63条第2款。

[3] RCEP第13章第3条第8款。

具体如下:

1. 每一缔约方在竞争执法中,要坚持程序公平原则,包括在调查当事人的过程中要平等适用证据程序和专家证据。[1]

CPTPP 的该条规定其实表达的还是程序公平原则,其提及的证据程序和专家证据只是程序公平中的具体内容,虽然与"执法原则"的基本原则并不矛盾,但是在构建"一带一路"经贸规则时可以不将具体的程序内容纳入,因为程序公平本身就是一个范围较大的原则,不需要将每条具体规定都罗列,而且也无法完全罗列体现程序公平原则的所有规则。

2. 国内竞争主管机关对涉嫌违法行为作出决定的程序问题。经过国内竞争主管机关和执法相对人的同意,国内竞争主管机关根据国家授权可以自行作出对涉嫌违法行为的决定。但是缔约方也可以规定竞争主管机关需要经过前置程序才能作出该决定,前置程序包括获得法院或者独立法院的批准,或者在作出决定前设置公众评议期。[2]

该特殊性规定因为涉及国内竞争主管机关对涉嫌违法行为作出决定的程序性问题,与各国国内法有紧密联系,需要根据各个国家的国内法来分别分析,目前不适合纳入"一带一路"经贸规则。

3. 缔约方要避免在任何公告中对一项还没有决定或者正在进行的调查,明示或暗示地提及某一当事人违反其国内竞争法律或者法规的行为。[3]

该特殊性规定主要是关于信息披露的规定,为了对缔约方信息公布的权利进行限制。虽然缔约方在竞争执法过程中要坚持透明度原则,但是对于还未决定或正在进行中的调查,不应在公告中提及,防止对当事人造成过多负面影响。该特殊性条款在中国与"一带一路"相关国家签订的自由贸易协定中并没有相关规定,属于比较高的标准,对于纳入"一带一路"经贸规则是值得考虑的。

4. 举证责任的分配。在竞争执法中,缔约方的竞争主管机关承担对当事人存在违法行为的举证责任。[4]

该规定主要是指由缔约方的竞争主管机关承担举证责任,也是涉及一国

---

[1] CPTPP 第 16 章 16.2 条第 3 款。
[2] CPTPP 第 16 章 16.2 条第 5 款。
[3] CPTPP 第 16 章 16.2 条第 6 款。
[4] CPTPP 第 16 章 16.2 条第 7 款。

的诉讼程序规则，不同的国家有不同的规定，需要按照不同的缔约才能确定能否适用，因此不适合纳入具有普遍意义的"一带一路"经贸规则中。

5. 被调查人的权利。在共同性条款中，我们已经分析了被调查人在竞争执法中的一些权利，如当事人表达意见、提供证据等为自己辩护的合理机会和当事人有申请行政复议或者提起行政诉讼的权利。而在CPTPP中另外规定了被调查人有获得信息和向竞争主管机关咨询问题的权利，以及当事人有由律师代理的合理机会。[1]

首先，无论是被调查人在规定程序中及时获得必要信息，还是针对竞争执法调查过程中存在的重大法律、事实和相关程序问题被调查人进行咨询，这些规定都可以理解为对透明度规则的延伸，表达的主旨是透明度原则，符合竞争政策"执法原则"中的三大基本原则，因此在纳入"一带一路"经贸规则中我们是可以接受的。同时，有学者将这些权利定义为申诉机制的确立，作为公正执法的前提，CPTPP要求各缔约方应制定或维持适用于对涉嫌违反其国内竞争法行为的程序与证据规则，包括引入证据程序、专家程序等。[2]其次，确保受强制执行的当事人有由法院为其指定律师代理人的合理机会，可以根据所提供的证据为其辩护。[3]该规定与共同性条款中所提及的当事人有表达意见、提供证据等为自己辩护的合理机会在本质上是相同的，由此，当事人有由律师代理的合理机会的规定可以纳入"一带一路"经贸规则中。

三、示范文本

（一）每一缔约方应确保竞争执法遵循透明、非歧视和程序正义原则。

（二）在竞争执法过程中，在类似条件下，每一缔约方应给予非本方当事人的待遇应不低于对方当事人享有的待遇。

（三）每一缔约方应确保在调查过程中，确认当事人行为是否违反竞争法时，或者在确定对当事人的违法行为需要进行处罚或采取救济措施时，向当

---

[1] CPTPP第16章16.2条第1款。

[2] 参见钟威："论TPP协议竞争政策规则及其对中国的启示"，广东财经大学2017年硕士学位论文。

[3] 参见李玫："CPTPP中竞争政策规则及其对我国的借鉴研究"，江西财经大学2018年硕士学位论文。

事人提供表达意见、提出证据、由律师代理等为自己辩护的机会。

（四）对违反竞争法而进行处罚或采取救济措施时，每一缔约方应为其提供依照本国法律法规申请复议或提起行政诉讼的机会。

（五）每一缔约方应规定保护国内竞争主管机关在调查过程中获得的商业机密信息及依据其法律被认定为机密的其他信息。如缔约方的国内竞争主管机关在执法过程中使用或有意使用此类信息，在其法律允许并适当的情况下，该缔约方应制定程序使被调查人可及时获得必要信息，以针对国内竞争主管机关的指控准备充分抗辩。

（六）每一缔约方应保证其国内竞争主管机关向可能违反该缔约方国内竞争法的被调查人提供合理机会，就调查过程中出现的重大法律、事实或程序问题咨询国内竞争主管机关。

（七）每一缔约方应认识到及时处理竞争案件的重要性。

第六节　透明度

对于"透明度"这一条款，在中国与"一带一路"相关国家签订的自由贸易协定、RCEP 和 CPTPP 中均有单独条款规定，但可能条款具体的名称略有区别，如在 RCEP 中，其被归纳在"针对反竞争行为的适当措施"这一条款项下，但它的内容是属于"透明度"这一类别的。

一、共同性条款

首先，透明度原则是与国民待遇原则、最惠国待遇原则有着同等重要地位的一大原则，同时因为我们在构建"一带一路"经贸规则时，要考虑到各国经济发展水平、国内竞争政策立法存在许多不同，所以在竞争执法中要通过透明度原则的规定来提高缔约各方竞争执法水平和竞争执法的公正性，这无疑具有重要意义。[1]通过对中国与"一带一路"相关国家签订的自由贸易协定、RCEP 和 CPTPP 进行比对，很明显中国与"一带一路"相关国家签订的大多数自由贸易协定中对于竞争政策中"透明度"的规定相对简单，而在

---

〔1〕参见钟威："论 TPP 协议竞争政策规则及其对中国的启示"，广东财经大学 2017 年硕士学位论文。

《中国-新加坡自由贸易协定（升级）》、RCEP 和 CPTPP 中"透明度"的内容更加详细具体。首先我们要对所有共同规定的内容进行分析比较，这些协定中对竞争政策中"透明度"的共同规定主要是围绕每一缔约方要公开与竞争政策相关的内容进行展开，具体包括：

第一，公开相关竞争法律和法规。主要是指每一缔约方应当公开其有关的竞争法律和法规，以及也要公开实施其竞争法律和法规的任何指南。[1]

第二，公开相关行政决定。主要是指每一缔约方应当书面公开其认定违反竞争法的行政决定，并且要列明作出决定的事实和法律依据。[2]

第三，例外不宜公开的内容。不宜公开的内容主要包含商业秘密信息的决定或者缔约一方命令不宜公开以及依据缔约一方本国法律规定禁止公开的其他信息。[3]例外不宜公开的最后一点内容主要是兜底条款。

二、特殊性条款

上面提到，"透明度"的共同性条款主要是围绕每一缔约方需要公开与竞争政策相关的特定内容进行展开的，而对于"透明度"的特殊性条款，其实各个协定也是针对每一缔约方具体的公开内容作出了不同的规定。对于"透明度"的条款在本章节分析的所有协定中都有不一样的规定，说明每个缔约国对于自己国家可以接受的公开与竞争政策有关信息的范围都不一样，所以我们基本上需要对所有的协定都进行分析后，才能够更好地判断允许或禁止公开的各个内容针对"一带一路"相关国家能否接受的问题。同时处理好"透明度"的相关内容会更好地帮助竞争执法，提高竞争执法的效率，也可以

---

[1]《中国-格鲁吉亚自由贸易协定》第 10 章第 5 条第 1 款；《中国-韩国自由贸易协定》第 14 章第 4 条第 1 款；《中国-新加坡自由贸易协定（升级）》第 16 章第 5 条第 1 款；《中国-智利自由贸易协定（升级）》第 5 章第 63 条第 1 款；RCEP 第 13 章第 3 条第 6 款；CPTPP 第 16 章第 16.7 条第 3 款。

[2]《中国-格鲁吉亚自由贸易协定》第 10 章第 5 条第 2 款；《中国-韩国自由贸易协定》第 14 章第 4 条第 2 款；《中国-新加坡自由贸易协定（升级）》第 16 章第 5 条第 2 款；《中国-智利自由贸易协定（升级）》第 5 章第 63 条第 2 款；RCEP 第 13 章第 3 条第 7 款；CPTPP 第 16 章第 16.7 条第 4 款。

[3]《中国-格鲁吉亚自由贸易协定》第 10 章第 5 条第 3 款；《中国-韩国自由贸易协定》第 14 章第 4 条第 3 款；《中国-新加坡自由贸易协定（升级）》第 16 章第 5 条第 3 款；《中国-智利自由贸易协定（升级）》第 5 章第 63 条第 3 款；RCEP 第 13 章第 3 条第 7 款；CPTPP 第 16 章第 16.7 条第 5 款。

更好地为竞争政策章节的其他内容做铺垫。例如，在下一节即将要提到的"合作"，当规定好"透明度"中每一缔约方可以公开的范围或禁止公开的范围，缔约各方可以在此范围内更加有效地进行合作。由此可见，竞争政策的各个小节都是相互围绕、相互展开，因此应把握好"透明度"的内容，从而更好地为其他竞争政策内容做铺垫。下面将对特殊的规定依次进行分析。

（一）内部操作程序不公开

《中国-格鲁吉亚自由贸易协定》和RCEP对内部操作程序有规定，均要求缔约方应当公开其有关竞争政策的法律法规以及与实施该法律法规相关的规制，不包括内部操作程序。[1]

对于内部操作程序是否要公开，我们认为在构建"一带一路"经贸规则中是有待考量的，需要根据各个国家自己的规定，需要由具体的缔约方来根据自己的情况进行选择，也许有些内容操作程序会涉及商业秘密等不宜公开的问题，因此不适合纳入具有统一性标准的"一带一路"经贸规则之中。

（二）公开的内容包括调查的程序规则

《中国-韩国自由贸易协定》、《中国-新加坡自由贸易协定（升级）》和《中国-智利自由贸易协定（升级）》均要求缔约方应当公开包括调查程序在内的竞争法律和法规。[2]

对于调查的程序规则是否要公开，我们认为其与上一点提到内部操作程序较为相似，均与各国的国内法有紧密联系，也均可能涉及商业秘密等不宜公开的内容，因此还是需要根据各个国家的国内法来具体针对分析，目前不适合纳入"一带一路"经贸规则。

（三）在特定条件下公开国内竞争法的免于适用和豁免

CPTPP中规定当一缔约方请求另一缔约方提供公开其国内竞争法的免于适用和豁免，如果该请求满足两个条件，那么被请求提供的缔约方应当让请求提供的缔约方提供相应的信息。具体的两个条件：一是指明特定的货物或服务和有关市场，二是包含免于适用或豁免如何阻碍缔约方之间的贸易或投

---

[1]《中国-格鲁吉亚自由贸易协定》第10章第5条第1款；RCEP第13章第3条第6款。

[2]《中国-韩国自由贸易协定》第14章第14.4条第1款；《中国-新加坡自由贸易协定（升级）》第16章第5条第1款；《中国-智利自由贸易协定（升级）》第5章第63条第1款。

资的信息,[1]其次在《中国-韩国自由贸易协定》的"信息交换"中对此也有相似的规定。[2]

对于 CPTPP 的该特殊性条款,要在特定条件下公开国内竞争法的免于适用和豁免,该条款标准较高,因为其涉及具体的法律豁免问题与一国的国内法有直接密切的联系。因此,目前我们认为将其纳入"一带一路"经贸规则还有待考量,我们目前还无法接受这样高标准的要求。

(四)对于非刑事案件的例外规定

在共同性条款中我们已经总结出:每一缔约方应当书面公开其认定违反竞争法的行政决定,并且要列出作出决定的事实和法律依据。[3]但是在 RCEP 和 CPTPP 中均规定列出作出决定的事实和法律依据只针对非刑事案件,它们二者将刑事案件排除在外。[4]

针对该特殊性条款,虽然对于是否要将刑事案件排除在外需要根据各个国家自己的规定,也需要由具体的缔约方来根据自己的情况来选择,但是,将刑事案件排除在外,说明对于刑事案件来说其程序规则或其他规则是属于需要保密的内容,同时因为将非刑事案件排除在公开的范围之外的规定出现在 RCEP 中,说明 RCEP 成员国也比较重视非刑事案件的相关信息内容,而且我们国家也希望推动 RCEP 成员国深度参与到"一带一路"之中,那么将其纳入具有标准性的"一带一路"经贸规则之中,无疑也是在推动 RCEP 成员国深度参与"一带一路"。因此,我们认为可以将该特殊性条款纳入"一带一路"经贸规则中。

三、示范文本

(一)缔约方认识到尽可能提高竞争执法政策透明度的重要性。

(二)每一缔约方应当使其竞争法律和法规以及实施此类法律和法规的任

---

[1] CPTPP 第 16 章第 16.7 条第 3 款第 2 项。

[2] 《中国-韩国自由贸易协定》第 14 章第 14.9 条第 3 款。

[3] 《中国-格鲁吉亚自由贸易协定》第 10 章第 5 条第 2 款;《中国-韩国自由贸易协定》第 14 章第 14.4 条第 2 款;《中国-新加坡自由贸易协定(升级)》第 16 章第 5 条第 2 款;《中国-智利自由贸易协定(升级)》第 5 章第 63 条第 2 款;RCEP 第 13 章第 3 条第 8 款;CPTPP 第 16 章第 16.7 条第 4 款。

[4] RCEP 第 13 章第 3 条第 9 款;CPTPP 第 16 章第 16.7 条第 4 款。

何指南可公开获得。

（三）每一缔约方应确保所有认定违反竞争法的最终行政决定以书面形式作出，且就非刑事案件，提供作出该决定的事实和法律依据。

（四）每一缔约方应根据本国法律法规公开最终决定和相关命令。每一缔约方应保证公开决定或命令的版本不应包含依据本国法律规定禁止公开的商业秘密信息或按照法律规定不宜公开的其他信息。

第七节 合 作

对于"合作"这一条款，在中国与"一带一路"相关国家签订的自由贸易协定、RCEP和CPTPP中均有单独条款规定，可能条款具体的名称也称为"执法合作"，但内容都属于同一类别。

一、共同性条款

与RCEP、CPTPP相比较，中国与"一带一路"相关国家签订的自由贸易协定中关于"合作"的条款比较简单。它们的共同性条款包括：

1. 合作的重要性。主要是指每一缔约方都要认识到相互合作与协调对于促进有效竞争执法的重要性。[1]该内容属于比较原则性的内容，点明合作的重要性从而更好地开展各项竞争执法上的合作。

2. 合作的方式。虽然不同协定规定的合作方式存在一些不同点，但是合作方式展开的目的相同——制止损害多边贸易和投资的垄断行为、营造良好的贸易投资环境以及促进贸易投资自由化和便利化。[2]在中国与"一带一路"相关国家签订的自由贸易协定中对于合作方式的规定比较简单，主要有缔约双方通过通报、磋商、信息交换和技术合作等方式。[3]然而，RCEP将

---

[1]《中国-格鲁吉亚自由贸易协定》第10章第6条第1款；《中国-韩国自由贸易协定》第14章第14.6条第1款；《中国-新加坡自由贸易协定（升级）》第16章第6条第1款；《中国-智利自由贸易协定（升级）》第5章第64条；RCEP第13章第4条；CPTPP第16章第16.4条第1款。

[2] 参见邓志松："时不我待：RCEP竞争章节解读及企业竞争战略分析"，载https://www.sohu.com/a/458226820_120942243，最后访问日期：2021年3月31日。

[3]《中国-格鲁吉亚自由贸易协定》第10章第6条第2款；《中国-韩国自由贸易协定》第14章第14.6条第1款；《中国-新加坡自由贸易协定（升级）》第16章第6条第1款；《中国-智利自由贸易协定（升级）》第5章第64条第1款。

具体合作的方式进行展开，对合作方式进行详细描述，比如在 RCEP 中，其将"通报"具体描述为每一缔约方认为其竞争执法活动可能对另一缔约方的重大利益产生实质影响，应当尽快通报另一缔约方。[1]由此可见，实际上 RCEP 对于合作方式的描述，只是将中国与"一带一路"相关国家签订的自由贸易协定中简单规定的合作方式进行具体的展开和阐述，并没有对合作方式进行特殊规定，因此 RCEP 对合作方式的规定依旧是属于共同性内容，不存在差异。

3. 合作的原则。主要包括两点：第一，将合作的范围限于各个缔约国可以利用的资源范围内[2]，我们认为这里提到的可利用的范围资源包括但不限于前文"透明度"中所提到的缔约一方可以公开或禁止公开的一些内容。第二，对于缔约各方采取的合作方式必须要与每一缔约国各自的法律法规和重要利益相一致。[3]我们认为这一点主要是针对一些没有具体列在协定中的合作方式，比如说在 RCEP 中在列举具体的合作方式之前，协定采用的表达为"合作的形式可以包括"，那么此表达说明 RCEP 接受的缔约各方的合作方式包括但不限于其所列出的几种具体方式，因此对于没有单独列出的合作方式如果符合每一缔约国各自的法律法规和重要利益，那么 RCEP 缔约各方应当也是可以接受的。

正是因为每个国家的竞争政策水平不同，所以合作义务就显得尤为重要。合作义务在客观上不仅有利于提高缔约方竞争立法与竞争执法的水平，也有利于缔约各方实现双赢。[4]

二、特殊性条款

"合作"的特殊性条款主要存在于《中国-韩国自由贸易协定》、RCEP 和

---

[1] RECP 第 13 章第 4 条第 1 款第 1 项。

[2] 《中国-格鲁吉亚自由贸易协定》第 10 章第 6 条第 3 款；《中国-新加坡自由贸易协定（升级）》第 16 章第 6 条第 2 款；《中国-智利自由贸易协定（升级）》第 5 章第 64 条第 2 款；RCEP 第 13 章第 4 条；CPTPP 第 16 章第 16.4 条第 3 款。

[3] 《中国-格鲁吉亚自由贸易协定》第 10 章第 6 条第 3 款；《中国-新加坡自由贸易协定（升级）》第 16 章第 6 条第 2 款；《中国-智利自由贸易协定（升级）》第 5 章第 64 条第 2 款；RCEP 第 13 章第 4 条；CPTPP 第 16 章第 16.4 条第 3 款。

[4] 参见钟威："论 TPP 协议竞争政策规则及其对中国的启示"，广东财经大学 2017 年硕士学位论文。

CPTPP。经过前文分析,"合作"的共同性条款是围绕合作方式进行展开的,对于其特殊性条款也是按照合作方式的不同而有不同的规定,主要是在《中国-韩国自由贸易协定》、RCEP 和 CPTPP 中对于合作的一些内容或方式存在一定的差异,下面将对特殊的规定依次进行分析:

第一,消费者保护法相关合作事务。该特殊性规定主要存在于《中国-韩国自由贸易协定》,其专门规定每一缔约方要认识到开展消费者保护法相关事务合作的重要性,可以通过交换和共享消费者保护方面的信息,从而更好地保护消费者权益。

对于该特殊性条款主要是针对消费者保护法相关合作事务,虽然在我国与"一带一路"相关国家签订的其他自由贸易协定中并未将该特殊性条款纳入,但是在 RCEP 和 CPTPP 中均设置单独的"消费者保护"条款,可见将"消费者保护"条款纳入竞争政策已成为趋势,因此该条款可以纳入我们构建的"一带一路"经贸规则中。但是按照 RCEP 和 CPTPP 的结构来看,该两个协定均将消费者保护的相关内容单独列为一条,没有将其纳入"合作"条款之中,因此对于消费者保护法相关合作事务的特殊性条款,我们认为不将其纳入"合作"这一章节,而是将其纳入后文提到的第十二节"消费者保护"中更为合适。对于具体的"消费者保护"的相关内容将在后文第十二节进行详细分析,在此不再过多阐述。

第二,签署合作安排或协定的合作方式。CPTPP 规定缔约双方可考虑双方均认可的合作方式,主要是指通过国内竞争机关签署合作安排或协定。[1]

针对合作方式,大多数协定规定的均是"……等方式开展合作",说明合作方式不限于共同性条款中的通报、磋商、信息交换和技术合作。对于签署合作安排或协定的合作方式是否可以纳入"一带一路"经贸规则,我们需要将其与共同性条款中合作的原则进行比较后才能判断。因为通过签署合作安排或协定来规定双方均同意的合作条款并不违背合作的原则,同时该规定也对缔约方加强竞争政策领域的交流合作有帮助,因此该特殊性条款可以纳入"一带一路"经贸规则中。反过来说,这一点也恰好证明我们在共同性条款中提到的合作原则的第二点——"对于缔约各方采取的合作方式必须要与每一

---

[1] CPTPP 第16章第16.4条第2款。

缔约国各自的法律法规和重要利益相一致"[1]，其主要针对一些没有具体单独列在协定中的合作方式，而这里的"签署合作安排或协定"即没有单独列在协定中的合作方式，因此我们在遇到特别合作方式时，不能简单比照协定中明确列出的合作方式，本质是要与每一缔约国各自的法律法规和重要利益相符合。

三、示范文本

（一）缔约方认识到其各自竞争主管机关之间相互合作对于促进有效竞争执法的重要性。为此，每一缔约方应通过通报、磋商和技术合作等方式开展合作。

（二）一缔约方的国内竞争主管机关可考虑通过与另一缔约方的国内竞争机关签署合作安排或协定，规定双方同意的合作条款。

（三）缔约双方同意在可合理利用的资源范围内，以与各自法律、法规和重要利益相一致的方式开展合作。

第八节　信息保密

对于"信息保密"这一条款，在《中国-格鲁吉亚自由贸易协定》、《中国-韩国自由贸易协定》和 RCEP 中均有单独规定，但可能具体名称有所不同，如在《中国-韩国自由贸易协定》中其名称为"信息交换"。

一、共同性条款

相较于《中国-格鲁吉亚自由贸易协定》和《中国-韩国自由贸易协定》中对于"信息保密"的规定，RCEP 在这方面的规定更加具体。我们不难发现"信息保密"的具体内容与"透明度"有紧密的联系，因为"透明度"要求的是各缔约方要尽量将可以公开的相关信息公开，"信息保密"规定的是接受信息的缔约一方在使用信息时其需要履行的义务。

---

[1]《中国-格鲁吉亚自由贸易协定》第 10 章第 6 条第 3 款;《中国-新加坡自由贸易协定（升级）》第 16 章第 6 条第 2 款;《中国-智利自由贸易协定（升级）》第 5 章第 64 条第 2 款; RCEP 第 13 章第 4 条; CPTPP 第·16 章第 16.4 条第 3 款。

（一）对于涉及与一缔约方法律法规和重大利益相抵触的信息的义务

对于涉及与一缔约方法律法规和重大利益相抵触的信息的义务比较好理解，主要是指提出提供信息请求的缔约方不能要求被请求的缔约方提供与被请求的缔约方法律、法规和重大利益相抵触的信息。[1]

（二）对于保密信息的义务

提出请求保密信息的缔约方主要有三项义务：

第一，不能将保密信息泄露给任何未经信息提供方竞争机构授权的机构、实体或者个人。[2]

第二，只能在授权的范围内使用该信息。该条款是指对于使用信息的范围限于缔约方在请求提供信息时所承诺的使用目的，如果超过该目的范围需要得到提供信息的缔约方的再次授权。

第三，遵守信息提供方竞争机构提出的其他条件。[3]该条款是兜底性条款，目的是防止未来出现条款没有包括的需要保密信息的情形。

二、特殊性条款

"信息保密"的特殊性条款主要存在于RCEP中，主要表现是增加提出请求保密信息缔约方的义务，具体如下：

第一，提出请求时要满足的条件。主要包括为什么要请求该信息和使用该信息，是用在什么地方等一系列规定的内容告知被请求的缔约方。[4]

对于该特殊性规定，我们认为其符合"一带一路"经贸规则发展。当提出请求的缔约一方满足以上描述的条件时，被请求的缔约一方可以再根据现存的具体情况来决定是否提供保密信息，这样的做法不仅有利于保护保密信息，而且也有利于将保密信息提供给他国的缔约一方的利益损失降低至最小，因此基于该特殊性条款的双重优点，我们可以将其纳入"一带一路"经贸

---

[1]《中国-格鲁吉亚自由贸易协定》第10章第7条第1款；RCEP第13章第5条第1款。

[2]《中国-格鲁吉亚自由贸易协定》第10章第7条第2款第2项；《中国-韩国自由贸易协定》第14章第14.9条第2款；RCEP第13章第5条第4款第4项。

[3]《中国-格鲁吉亚自由贸易协定》第10章第7条第2款第3项；RCEP第13章第5条第4款第5项。

[4] RCEP第13章第5条第2款。

规则。

第二，使用保密信息的限制。主要是针对刑事诉讼中使用保密信息的限制，条款的标准比较高，不仅要求只有在缔约方在申请另一缔约方提供保密信息时必须表明是用于刑事诉讼，而且要求该保密信息必须通过外交渠道等缔约方官方设立的其他渠道提供。因此对于是否将保密信息的限制纳入刑事诉讼的证据中，我们认为还是需要根据各个国家自己的规定，需要由具体的缔约方来根据自己的情况来选择，而且该标准也比较高，因此目前还不适合纳入具有标准性的"一带一路"经贸规则之中。

三、示范文本

（一）本章不得要求缔约方共享与其法律、法规和重大利益相抵触的信息。

（二）如一缔约方在本章项下请求提供保密信息，提出请求的缔约方应当通报被请求的缔约方：

1. 请求的目的；

2. 被请求信息的预期用途；以及

3. 提出请求的缔约方可能影响信息保密性的任何法律或法规，或者可能要求将信息用于被请求的缔约方未同意的目的的任何法律或法规。

（三）如本章项下共享的信息是在保密基础上共享，则除遵守其法律和法规外，接收该信息的缔约方应当：

1. 对收到的信息保密；

2. 收到的信息仅能用于请求时披露的目的，除非提供信息的缔约方另行授权；

3. 不向未经提供信息的缔约方授权的任何其他机关、实体或者人披露收到的信息；以及

4. 遵守提供信息的缔约方要求的任何其他条件。

第九节 技术合作

对于"技术合作"这一条款，在中国与"一带一路"相关国家签订的自

由贸易协定、RCEP 和 CPTPP 中均有单独条款规定，但可能条款具体的名称有所不同，如在 RCEP 其称为"技术合作和能力建设"，但内容属于同一类别。

一、共同性条款

在分析本节"技术合作"的共同性条款之前，我们要对本节的"技术合作"与第七节"合作"之间的联系进行讨论，明确二者之间的关系。二者既存在一定的联系也存在一些区别，联系主要是指二者都属于缔约双方的合作义务；区别也比较好理解，主要是针对的对象不同，"合作"是指竞争执法主管机关之间就执法活动展开的合作，而"技术合作"是竞争执法主管机关之间就执法中存在的技术问题展开的合作。[1]中国与"一带一路"相关国家签订的自由贸易协定中关于"技术合作"的条款比较简单；RCEP 和 CPTPP 中关于"技术合作"条款的规定比较全面。二者在内容上基本一致，主要都是围绕技术合作的方式进行展开。共同的技术合作方式主要包括经验交流、培训项目、举办研讨会、科研合作，[2]只不过在 RCEP 和 CPTPP 中对这些合作方式进行了更详细的规定，例如，CPTPP 中就相关问题提供建议或培训，包括通过官员交流以及交换竞争宣传信息、经验以及促进竞争文化的方式。[3]

二、特殊性条款

首先，通过对共同性条款的分析可知，RCEP 和 CPTPP 中对技术合作方式的规定只是对中国与"一带一路"相关国家签订的自由贸易协定中相应规定的细化，因此在技术合作方式上的内容基本上不存在特殊性规定。同时，技术合作义务是自由贸易协定竞争政策规则中的传统规则，更不属于特殊性

---

[1] 参见钟威："论 TPP 协议竞争政策规则及其对中国的启示"，广东财经大学 2017 年硕士学位论文。

[2]《中国-格鲁吉亚自由贸易协定》第 10 章第 8 条；《中国-韩国自由贸易协定》第 14 章第 14.10 条；《中国-新加坡自由贸易协定（升级）》第 16 章第 8 条；《中国-智利自由贸易协定（升级）》第 5 章第 65 条。

[3] CPTPP 第 16 章第 16.5 条。

内容。最后,唯一需要考虑的是在 RCEP 中提到的分享一些相关信息[1],我们认为该技术合作活动也可以接受,因为根据透明度原则以及该条款表达的内容,它与经验交流这一合作方式相呼应,其核心仍是共同性条款中的"经验交流"。因此,这些内容我们均可以纳入"一带一路"经贸规则中。

三、示范文本

缔约方同意在考虑缔约方资源可获得性的情况下,就技术合作活动方面开展多边或者双边合作,以建设必要的能力用以增强竞争政策制定和竞争执法工作符合其共同利益。技术合作活动可以包括:

(一)共享制定和实施竞争法律和政策相关的经验和非保密信息;
(二)竞争法律和政策方面的顾问和专家之间的交流;
(三)为培训目的而进行的竞争主管机关官员之间的交流;
(四)竞争主管机关官员参与倡议项目;以及
(五)缔约方同意的其他行动。

第十节 竞争机构的独立性

一、共同性条款

对于"竞争机构的独立性"这一条款,主要集中在中国与"一带一路"相关国家签订的自由贸易协定中,在 RCEP 和 CPTPP 中虽然没有将"竞争机构的独立性"列为单独条款,但是对于竞争机构独立竞争执法的相关内容有体现在竞争政策的其他条款中,例如,RCEP 中的"针对反竞争行为的适当措施"条款规定了独立竞争执法。

"竞争机构的独立性"条款的内容基本一致,没有差异,均要求每一缔约方不能干涉另一缔约方的竞争执法,要保证每一缔约方各自执行其竞争法律和法规的独立性[2],该条款体现的也是缔约方的竞争机构在竞争执法过程中

---

[1] RCEP 第 13 章第 6 条。
[2]《中国-格鲁吉亚自由贸易协定》第 10 章第 9 条;《中国-韩国自由贸易协定》第 14 章第 14.11 条;《中国-新加坡自由贸易协定(升级)》第 16 章第 9 条;《中国-智利自由贸易协定(升级)》第 5 章第 67 条;RCEP 第 13 章第 3 条第 3 款。

要保持公正原则，一方面要求缔约一方自己执行自己的竞争法律和法规，另一方面也要求缔约一方不得干涉另一缔约方按照自己国家相关的竞争法律法规进行实施与执行，由此可见"竞争机构独立性"的条款是属于比较原则的内容。

二、特殊性条款

在中国与"一带一路"相关国家签订的自由贸易协定、RCEP 和 CPTPP 中，对于"竞争机构的独立性"的条款内容没有差异，同时根据上文所分析的内容，该部分也是属于比较原则方面的条款，因此在各协定中关于"竞争机构的独立性"不存在特殊性条款。

三、示范文本

本章不应干预每一缔约方各自执行竞争法律的独立性。

第十一节 私人诉权

"私人诉求"这一条款主要集中在 CPTPP 中，在中国与"一带一路"相关国家签订的自由贸易协定和 RCEP 中并未将"私人诉权"列为单独条款。

一、共同性条款

"私人诉权"只存在于 CPTPP 中，因此不存在共同性条款。

二、特殊性条款

CPTPP 规定的私人诉权是在国内竞争主管机关作出违法认定后，私人向法院或其他独立法庭寻求就违反国内竞争法的行为对其造成的损害进行救济的权利，包括禁令、货币赔偿或其他补救措施。[1] 其不同于之前在第五节"执法原则"中分析的在作出处罚前给予被处罚方提供抗辩机会以及提供给被调查人的一些权利。因为前文提到的提供给被调查人的一些权利在第五节已

---

[1] CPTPP 第 16 章第 16.3 条第 1 款。

经描述得较为详细，在此不再过多赘述，此处主要是希望勿将前文提到的内容与私人诉权的概念混淆。

CPTPP 中对于私人诉权保护主要是侧重于私人在其违法行为被认定之后，向独立法庭寻求救济的权利。主要包括以下几个方面：第一，该项权利的法律保障。主要是指每一缔约方要保护私人拥有该项权利，具体做法是要采纳或维持相关法律或其他措施，为私人提供该项权利；第二，无法律保障时的救济补偿。如果一缔约方没有第一提到的此类法律或相关措施，那么该缔约方应为私人提供一些权利。包括请求国内竞争当局就指控违反国内竞争法的行为发起调查的权利和根据国内竞争当局的违法裁定向法庭请求补偿的权利；第三，行使该项权利时也要坚持国民待遇原则，也就是每一缔约方要确保上述提到的私人权利以不低于其国民可利用的方式为其他缔约方当事人所利用，第四，每一缔约方可以设立一些合理的标准，从而使得私人行使依该条款创设或维持的权利更加高效与便利。[1]

中国与"一带一路"相关国家签订的自由贸易协定中还未出现过私人诉权问题，将私人诉权问题纳入竞争政策中只在 CPTPP 中出现，CPTPP 协议也是第一次赋予了反竞争商业行为损害的私人一定的权利，但这并不意味着我们不能将私人诉权纳入"一带一路"经贸规则中，因为我们认为 CPTPP 规定的私人诉权并不存在高标准问题，它更多的是对竞争执法的补充，使得缔约方在竞争执法上更加公正，从这一层面分析可见 CPTPP 考虑得更加全面到位。那么对于可以接受私人诉权纳入"一带一路"经贸规则的具体原因进行具体分析：

首先，针对该项权利的法律保障的特殊性条款。私人诉权保护虽然是赋予反竞争商业行为损害的私人一定的权利，但也是从另一方面帮助缔约方公正竞争执法，也印证了 CPTPP 中规定的私人诉权是对国内竞争法公共执法的重要补充。[2]

其次，针对无法律保障时救济补偿的特殊性条款。其核心原则与前文提到的程序公平的核心是一致的，CPTPP 规定的请求国内竞争主管机关对主张

---

[1] 参见钟威："论 TPP 协议竞争政策规则及其对中国的启示"，广东财经大学 2017 年硕士学位论文。

[2] CPTPP 第 16 章第 16.3 条第 2 款。

的违反国内竞争法的行为发起调查,以及在国内竞争主管机关作出违法认定后向法院寻求救济[1]的内容均体现出对国内竞争主管机关执法的公正要求。

另外,针对行使该项权利时需坚持国民待遇原则的条款。其实该条款并不属于真正意义上的特殊性条款,因为私人诉权保护中的国民待遇原则也是我们上文提到的竞争执法的原则之一。

最后,针对每一缔约方可以设立一些合理标准的特殊性条款也是可以接受的,因为它体现出来的目的是国内竞争主管机关的高效执法,对于缔约方在竞争执法上是有利的。因此私人诉权的相关内容是我们经过分析后均是可以接受的,若将其纳入"一带一路"经贸规则中,也将是我国自由贸易协定中竞争政策的一大进步。

三、示范文本

(一)就本条而言,私人诉权指一人独立或在国内竞争主管机关作出违法认定后,向法院寻求就违反国内竞争法的行为对其造成的损害进行救济的权利。

(二)认识到私人诉权是对国内竞争法公共执法的重要补充,每一缔约方应通过或维持提供独立的私人诉权的法律或其他措施。

(三)如一缔约方未通过或维持提供独立的私人诉权的法律或其他措施,则该缔约方应通过或维持法律或其他措施以允许一人有权:

1. 请求国内竞争主管机关对主张的违反国内竞争法的行为发起调查;及
2. 在国内竞争主管机关作出违法认定后向法院寻求救济。

(四)每一缔约方应保证依据第(二)款或第(三)款给予另一缔约方人的权利不低于该缔约方给予本国人的权利。

(五)缔约方可制定合理标准,以行使依据本条所产生或维持的任何权利。

第十二节 消费者保护

对于"消费者保护"这一条款,主要集中在 RCEP 和 CPTPP 中,在《中国-韩国自由贸易协定》中虽然没有将"消费者保护"列为单独一条款,但是其分散在"定义"和"执法合作"中,均在前文对应节有所描述。

---

[1] CPTPP 第16章第16.3条第3款。

一、共同性条款

通过对《中国-韩国自由贸易协定》、RCEP 和 CPTPP 中的"消费者保护"进行比较，很明显，《中国-韩国自由贸易协定》和 RCEP 对"消费者保护"条款的规定比较简单，都是比较原则性的内容，而 CPTPP 规定的"消费者保护"比较具体，内容更多。它们中的共同性内容主要包括：

第一，消费者保护的重要性。主要是指每一缔约方要认识到消费者保护法律和此类执法的重要性。[1]第一节"目标"就提到竞争政策章节的目标之一是增进消费者福利，因此保护消费者福利的重要性显而易见。

第二，消费者保护事项上合作的重要性。主要是指每一缔约方要认识到就消费者保护相关事项开展合作的重要性。[2]

第三，消费者保护事项上的合作方式。不难发现，协定中对此的规定都比较宽泛，只是对该问题作出了概括性规定，均是简单规定此类合作应当在一定的范围内进行并且要符合各自法律法规。[3]

二、特殊性条款

"消费者保护"条款的特殊性规定主要存在于 RCEP 和 CPTPP 中。

首先，CPTPP 重点对欺诈和欺骗性商业活动进行定义、解释和举例。CPTPP 先概括地对欺诈和欺骗性商业活动进行定义，以损害结果为认定标准，具体是指对消费者造成实际损害或不加制止即会造成迫近的损害威胁的欺诈和欺骗性商业行为；[4]接着 CPTPP 用简单列举方式规定了较常见的三种欺诈和欺骗性商业行为：第一，对重要事项的虚假陈述，包括默示事实虚假呈述；[5]第二，消费者在付款后并未收到产品或服务；[6]第三，未经授权非法收取消费

---

[1]《中国-韩国自由贸易协定》第 14 章第 14.6 条第 1 款；RCEP 第 13 章第 7 条第 1 款；CPTPP 第 16 章第 16.6 条第 1 款。

[2]《中国-韩国自由贸易协定》第 14 章第 14.6 条第 2 款；RCEP 第 13 章第 7 条第 1 款；CPTPP 第 16 章第 16.6 条第 1 款。

[3] RCEP 第 13 章第 7 条第 4 款；CPTPP 第 16 章第 16.6 条第 6 款。

[4] CPTPP 第 16 章第 16.6 条第 2 款。

[5] CPTPP 第 16 章第 16.6 条第 2 款第 1 项。

[6] CPTPP 第 16 章第 16.6 条第 2 款第 2 项。

者的账户费用。[1]同时 CPTPP 对"消费者保护"条款的规则内容主要是规定了一些原则性内容和加强各缔约方之间的国际合作，并没有对缔约方的消费者保护法进行协调或者统一制定一个保障消费者权益的法规。[2]

在中国与"一带一路"相关国家签订的自由贸易协定以及 RCEP 中，没有将欺诈和欺骗性商业行为具体纳入其中，[3]我们认为对于 CPTPP 中对欺诈和欺骗性商业活动的强调、解释和举例对于构建"一带一路"经贸规则而言，还是有待考量的，我们不将其纳入"一带一路"经贸规则之中。

其次，对于 RCEP 对消费者投诉机制的规定，主要是指通过提高对消费者投诉机制的认识。[4]前文第三节"定义"中涉及"消费者保护法"的定义，我们也提到对于自由贸易协定而言，"消费者保护"越来越重要，"竞争政策"与"消费者保护"之间的联系也越来越紧密。我们认为该特殊性条款是可以接受的，因为消费者投诉机制的规定有助于保护消费者的权利，因此可以纳入"一带一路"经贸规则中。

三、示范文本

（一）缔约方认识到消费者保护法律和此类法律执法的重要性，以及缔约方就消费者保护相关事项开展合作以实现本章目标的重要性。

（二）每一缔约方也认识到提高对消费者投诉机制的认识和利用这些机制的重要性。

（三）缔约方可以在具有共同利益的与消费者保护相关的事项上进行合作。此类合作应当以符合缔约方各自法律和法规的方式，在其各自可获得的资源范围内进行。

第十三节 争端解决

对于"争端解决"这一条款，在中国与"一带一路"相关国家签订的自

---

[1] CPTPP 第 16 章第 16.6 条第 2 款第 3 项。
[2] 参见钟威："论 TPP 协议竞争政策规则及其对中国的启示"，广东财经大学 2017 年硕士学位论文。
[3] RCEP 第 13 章第 7 条。
[4] RCEP 第 13 章第 7 条第 3 款。

由贸易协定、RCEP 和 CPTPP 中均有单独条款规定,但可能条款具体的名称有的称为"争端解决的不适用",但内容是都属于同一类别的。

一、共同性条款

"争端解决"条款的内容都是一致的,具体为:对于本章下产生的任何事项,任何一方不得诉诸第××章(争端解决)。[1]

有学者提出,这一规定体现了自《北美自由贸易协定》以来各自由贸易协定的一贯规定,反映出各缔约方对履行自由贸易协定"竞争政策"赋予的义务可能产生的后果具有不确定性的心理状态,也表明缔约方不愿意过多地受到该章规定约束的思想。[2]争端解决机制对自由贸易协定来说是十分重要的,但是这里所涉及的争端解决机制是在竞争政策章节项下的,也就是竞争政策的争端解决。根据不同的自由贸易协定对竞争政策中"争端解决"条款的不同规定,可以发现各个协定对竞争政策整个章节的重视程度,比如有的协定是直接规定所有的竞争政策争端要直接适用整个自由贸易协定中规定的争端解决机制,允许通过仲裁或专家组程序解决有关争端,从这个层面上,我们不难发现采用这种方式的自由贸易协定比较重视竞争政策这个章节。而有的协定规定竞争政策的争端解决不能适用协定中规定的争端解决机制,同时也没有规定任何其余的解决方法,那么很明显,这类协定一方面表明这些成员虽愿意将竞争政策议题纳入自由贸易协定规制范围,却不愿为此承担约束性义务,另一方面也表明并没有将竞争政策章节放到同货物贸易章节、服务贸易章节同等地位的层面上。[3]

然而,无论是中国与"一带一路"相关国家签订的自由贸易协定、RCEP 还是 CPTPP,虽然在竞争政策中采用的争端解决方式均为不适用协定的一般争端解决机制,但也并不是对争端解决程序完全没有规定,具体以磋商方式来解决竞争政策争端的内容将在下一节进行分析。

---

[1]《中国-格鲁吉亚自由贸易协定》第 10 章第 10 条;《中国-韩国自由贸易协定》第 14 章第 14.12 条第 2 款;《中国-新加坡自由贸易协定(升级)》第 16 章第 10 条;《中国-智利自由贸易协定(升级)》第 5 章第 68 条;RCEP 第 13 章第 9 条;CPTPP 第 16 章第 16.9 条。

[2] 参见钟威:"论 TPP 协议竞争政策规则及其对中国的启示",广东财经大学 2017 年硕士学位论文。

[3] 参见钟立国:"RCEP 竞争政策条款研究",载《竞争政策研究》2021 年第 1 期。

二、特殊性条款

"争端解决"条款的内容都是一致的,因此不存在特殊性条款。

三、示范文本

对于本章下产生的任何事项,任何一方不得诉诸第××章(争端解决)。

第十四节 磋 商

对于"磋商"这一条款,在中国与"一带一路"相关国家签订的自由贸易协定、RCEP 和 CPTPP 中均有单独条款规定。

一、共同性条款

通过比较分析,我们不难发现"磋商"条款在内容上基本一致,主要是一些原则性内容:第一,明确磋商的方式,主要是指在竞争执法过程中,一缔约方应另一缔约方要求,应就对方提出的关注与其进行磋商。[1]因为我们一直提到的各个国家的经济发展程度不同,需要考虑的因素也存在很大差异,而采用"磋商"来解决竞争政策争端无疑是最大程度地降低冲突。第二,提出磋商时要满足的条件,也就是说从程序角度为磋商的展开设定了一定义务,从而保证磋商的顺利进行。[2]具体的条件是要求提出磋商请求的一缔约方应在请求时指明相关事项如何影响缔约双方间的贸易或投资。[3]

二、特殊性条款

"磋商"条款中特殊性的规定主要存在于《中国-韩国自由贸易协定》

---

[1]《中国-格鲁吉亚自由贸易协定》第 10 章第 11 条;《中国-韩国自由贸易协定》第 14 章第 14.8 条第 1 款;《中国-新加坡自由贸易协定(升级)》第 16 章第 7 条;《中国-智利自由贸易协定(升级)》第 5 章第 66 条;RCEP 第 13 章第 8 条;CPTPP 第 16 章第 16.8 条。

[2] 参见钟立国:"RCEP 竞争政策条款研究",载《竞争政策研究》2021 年第 1 期。

[3]《中国-格鲁吉亚自由贸易协定》第 10 章第 11 条;《中国-韩国自由贸易协定》第 14 章第 14.8 条第 1 款;《中国-新加坡自由贸易协定(升级)》第 16 章第 7 条;《中国-智利自由贸易协定(升级)》第 5 章第 66 条;RCEP 第 13 章第 8 条;CPTPP 第 16 章第 16.8 条。

《中国-新加坡自由贸易协定（升级）》、RCEP 和 CPTPP 中，下面将分别进行分析：

第一，对磋商请求给予充分谅解和考虑。该特殊性条款主要存在于《中国-韩国自由贸易协定》《中国-新加坡自由贸易协定（升级）》、RCEP 和 CPTPP。它们均规定一缔约方对提出磋商请求的另一缔约方的关注应当给予充分谅解和考虑。[1]

对该特殊性条款进行分析，不难发现它是属于原则性内容，与共同性条款中的"为促进缔约双方相互理解"所表达的真实意思相同，因此在构建"一带一路"经贸规则中我们可以接受。

第二，透明度原则。该条款主要存在于《中国-新加坡自由贸易协定（升级）》中，它主要是指一缔约方要尽量向另一缔约方提供竞争政策相关的事项的非保密信息，从而让缔约方之间更加方便地对竞争政策相关的事项进行磋商。[2]

其实该条款符合上文提到的"竞争执法"一节中的三大原则，从本质上讲该条款并不属于特殊性条款，因此在构建"一带一路"经贸规则中我们也可以接受。

三、示范文本

（一）为促进缔约双方相互理解，或者为处理本章执行过程中出现的特定事项，一缔约方应另一缔约方要求，应就对方提出的关注与其进行磋商。提出磋商请求的一缔约方应当在请求中指明相关事项如何影响缔约双方间的贸易或投资。

（二）一缔约方对提出磋商请求的另一缔约方的关注应当给予充分谅解和考虑。

（三）为便于就有关事项进行磋商，一缔约方应尽量向另一缔约方提供相关非保密信息。

---

[1]《中国-新加坡自由贸易协定（升级）》第 16 章第 7 条；RCEP 第 13 章第 8 条；CPTPP 第 16 章第 16.8 条。

[2]《中国-新加坡自由贸易协定（升级）》第 16 章第 7 条。

第九章 电子商务与数字贸易

第一节 全球数字贸易规则发展现状

自20世纪末以来,随着互联网、大数据等现代计算机网络技术的创新与进步,数字贸易这一依托于计算机技术的贸易形式也随之在全球范围内迅速发展了起来。截至目前,美国、欧盟和日本等发达国家和地区凭借先进的科技力量早早地制定了与其国家或地区利益相关的各项数字贸易规则,形成了著名的"美国模式"和"欧洲模式",成为许多国家和地区的数字贸易规则模版。而我国正处于经济发展稳步前进的新阶段,应顺应时代发展趋势,利用好"一带一路"倡议,把握数字贸易规则制定的主动权。

一、数字贸易与电子商务

在"数字贸易"这一概念提出之前,人们更多讨论的是"电子商务"。在很长一段时间内,电子商务在全球范围内发展迅速,内涵不断扩大,直到范围扩大到无法承载,"数字贸易"这一概念便应运而生了。在某些领域,这两者的界限比较模糊,似乎可以互相代替,但实际上数字贸易与电子商务的含义是有区别的。

(一)数字贸易概述

1. 数字贸易的内涵

数字贸易,顾名思义,其核心在于"数字"二字,也就是数据。对于数字贸易的定义,至今在全球范围内还没有达成一致,但随着信息技术的创新和现代社会的发展需要,可以肯定的是,其内涵在不断扩大。美国国际贸易委员会(USITC)在 2013 年《美国与全球经济中的数字贸易》中首次提出"数字贸易"的定义,即通过互联网传输产品和服务的贸易活动(Digital trade is defined in this report as commerce in products and services delivered via the Internet),但这个定义过于狭义,它不包括通过互联网进行有形物的交易活动,比如大众已经熟知并且熟用的在电子商务平台上购买实体商品的交易活动就被该定义排除在外。随着数字交易产品的范围不断扩大,美国国际贸易委员会(USITC)在 2015 年又将数字贸易的定义扩大为在贸易活动中利用互联网和基于互联网技术在线订货、生产或提供货物与服务(domestic commerce and international trade in which the Internet and Internet-base technologies play a particularly significant role in ordering, producing, or delivering products and services)。美国国际贸易委员会(USITC)后来又将数字贸易的内涵具体化到包括通过互联网提供或交付数字产品,比如在影音应用程序中欣赏付费影音频作品。中国信息通信研究院在 2019 年 12 月发表的《数字贸易发展与影响白皮书(2019)》[1]中将数字贸易定义为信息通信技术发挥重要作用的贸易形式,并指出数字贸易与传统贸易最大的区别就在于贸易方式和贸易对象的数字化,这也是对数字贸易内涵的再次延伸。

虽然对于数字贸易的理解并没有达成统一,但数字贸易始终围绕着"数据"这个关键词,数字贸易依靠数据流动得以实现,随着互联网技术的不断进步,将会有越来越多传统贸易活动投入数字贸易发展的潮流当中,更多的实体商品交易将会逐步实现数字化,数字贸易的内涵也将会不断丰富起来。

2. 数字贸易的发展背景

第三次工业革命以来,电子计算机技术发展空前迅速,能够实现人与计算机之间以及计算机与计算机之间通信的数字交换技术诞生了,全球信息基础设施大规模普及,互联网、云计算、大数据、人工智能技术快速发展,跨境数据流动逐步推动着全球贸易活动的数字化,由于数字产品和服务相较以实体商品、服务为代表的传统贸易模式而言具有低成本、高效率、宽领域、广地域的优点,越来越多的企业竞相开展数字贸易活动,各类境内外电子商

---

[1] 参见中国信息通信研究院:"数字贸易发展与影响白皮书(2019 年)",载 http://www.caict.ac.cn/kxyj/qwfb/bps/201912/t20191226_276559.htm,最后访问日期:2021 年 12 月 2 日。

务平台蓬勃发展,数字产品和服务逐步成为全球经济的主要输出品,推动全球化的经济增长,宣告全球进入数字经济时代。在当下的数字经济时代,科技创新仍然保持快节奏,科技创新驱动生产要素之间产生新的排列组合,数据不仅成为基础性生产要素,更成为一国重要的战略性资产,以及构筑一国核心竞争优势的关键。[1]

3. 数字贸易的发展现状

当今世界,由于全球数字经济的蓬勃发展,数字交换技术空前发达,全球数字服务贸易逐步显现出在服务贸易中的主导地位,数字贸易产业具有技术、资本集中的特点,这也使得许多发达经济体在数字贸易领域具有突出优势。据中国信息通信研究院2021年发布的《全球数字经济白皮书》统计,2020年测算的47个国家数字经济增加值规模达到32.6万亿美元,占GDP比重43.7%。发达国家数字经济规模达到24.4万亿美元,占全球总量的74.7%,是发展中国家的约3倍。[2]其中,美国数字经济蝉联世界第一,规模达到13.6万亿美元,而中国得益于国内电子商务的崛起、BAT(百度、阿里巴巴、腾讯)等互联网巨头的壮大以及5G技术的创新,目前在全球数字贸易领域也处于领先地位,位居世界第二,规模为5.4万亿美元。从占比看,德国、英国、美国数字经济在国民经济中占据主导地位,占GDP比重超过60%。[3]

(二)数字贸易与电子商务的关系

1. 电子商务概述

一提到"电子商务",人们可能脑海中最先联想到的就是诸如淘宝、京东、亚马逊等国内外的C2C、B2C电子商务平台,这仅是电子商务(E-commerce)的狭义概念,它仅指通过Web技术进行贸易活动。从广义上讲,电子商务(E-business)还包括通过电子手段进行商业事务活动,比如企业内部、企业与企业之间通过互联网通信技术共享信息,实现企业间业务流程的数字

---

[1] 参见张茉楠:"跨境数据流动:全球态势与中国对策",载《开放导报》2020年第2期。
[2] 参见中国信息通信研究院:"全球数字经济白皮书——疫情冲击下的复苏新曙光",载http://www.caict.accn/kxyj/qwfb/bps/202108/t20210802_381484.htm,最后访问日期:2021年12月2日。
[3] 参见中国信息通信研究院:"全球数字经济白皮书——疫情冲击下的复苏新曙光",载http://www.caict.accn/kxyj/qwfb/bps/202108/t20210802_381484.htm,最后访问日期:2021年12月2日。

化,配合企业内部的管理信息系统,提高企业的运营效率。现代经济发达的背景下,电子商务早就不仅限于电子数据交换(EDI)、大数据、数据自动收集、物联网等计算机技术及其交易的内涵,还包括物流等附加业务,这些组合在一起使得电子商务交易成为一个完整的体系。

2. 数字贸易与电子商务的异同

电子商务与数字贸易既相互联系又有所区别。数字贸易源于电子商务,由电子商务发展而来,其所涵盖的范围又远远广于电子商务。在通常情况下,电子商务是指通过互联网技术完成货物交易,而数字贸易则更侧重于通过互联网完成数据交换,其关键在于数据流动,核心是"数据",前者主要是货物流,后者则是数据流,更突出信息化的特点。目前全球自贸协定除了USMCA,一般不区分数字贸易和电子商务,对数字贸易规则的规定都冠以"电子商务"之名,故本书在此不对两者在表述上作过多区分。

二、国际贸易协定数字贸易规则之对比

随着各国对数字贸易在经济中发挥的积极作用有了深刻认识,世界贸易组织早在1998年就通过了《关于全球电子商务的宣言》,但相关贸易规则因为各国电子商务不同的发展程度和实施监管要求而迟迟未能制定。2013年WTO开始针对电子商务议题开展相关讨论,并终于在2017年将电子商务谈判纳入工作议程当中,旨在制定出一份在全球范围内具有可操作性、权威性的电子商务规范文本。WTO电子商务谈判自2019年起至今取得了令人鼓舞的进展,迄今为止,谈判参与国已就以下议题达成共识:在线消费者保护、电子签名和认证、未经请求的商业信息(垃圾邮件)、开放政府数据、电子合同、透明度和无纸化交易。关于源代码、电子传输关税、电子交易框架、电子发票和网络安全等议题的谈判正在进行中。[1]值得注意的是,DEPA(Digital Economy Partnership Agreement,《数字经济伙伴关系协议》)是第一个涵盖了"电子发票"议题的数字经贸协定,而WTO电子商务谈判将"电子发票"作为此阶段研究的议题之一,可见DEPA在数字经贸规则制定方面的影响力正在不断扩大。WTO电子商务谈判的最终成果无疑是令人期待的,而要制定完备的数字贸易规则需要综合考虑各国的现实情况和实际需求,所以目前看来

---

〔1〕 参见世界贸易组织官网,载 https://www.wto.org/,最后访问日期:2023年4月5日。

综合文本的"出炉"仍需较长的一段时间。在此之前，要制定从中国国家利益出发的"一带一路"数字贸易规则还需参考、借鉴、调整、结合目前已有的自贸协定中的规定。目前，中国已正式加入 RCEP，正式申请加入 CPTPP 和 DEPA，将其作为参考乃题中应有之义。另外，USMCA 作为全球标准最高的自贸协定，其数字经贸规则亦是值得我们去研究对比的。

（一）RCEP 与 CPTPP

数字贸易规则在两协定中都以"电子商务"为名作为单独一章，都对电子签名与电子认证、线上消费者保护、个人信息保护、非应邀商业信息、海关关税、无纸化交易、电子方式跨境传输信息、计算设施位置和网络安全作了相关规定，但在个人信息保护、合作和网络安全方面的规定稍有区别，此外 CPTPP 还对互联网访问和使用规则、互联网费用分摊、源代码以及数字产品非歧视待遇作了规定。而 RCEP 更倾向于鼓励各缔约方就这些内容积极开展电子商务对话，通过对话协商来解决贸易过程中出现的问题。

1. 个人信息保护

就这部分内容来说，RCEP 和 CPTPP 都倡议要保护在交易过程中的消费者个人信息，不仅各缔约国应建立国内监管法律框架，还应当考虑相关国际标准和原则。[1]对于信息保护，两协定对于有特殊情况的缔约方都进行了变通规定，如 RCEP 在脚注中标明柬埔寨、老挝在协定生效后 5 年内可不适用此条款，且规定各缔约方可以不按照协定的规定来保护个人信息，而是可以通过实施其国内的个人隐私、个人信息保护相关的法律法规来遵守该条款下的义务，[2]而 CPTPP 则是在脚注中标明文莱和越南在其本国电子商务用户电子数据保护相关法律规范实施之前不适用此条款。[3]可见，RCEP 和 CPTPP 充分考虑了各缔约方法律规范体系的形成、完善程度，在对各国遵守协定的要求方面具有一定的灵活性。另外，RCEP 还鼓励法人把对个人信息的保护机制透明化，[4]CPTPP 则更加强调各国之间对个人信息保护和救济机制的兼容

---

[1] CPTPP 第 14 章第 14.8 条；RCEP 第 12 章第 8 条。
[2] RCEP 第 12 章第 8 条第 1 款第 7、8 脚注。
[3] CPTPP 第 14 章第 14.8 条第 1 款第 5 条脚注；CPTPP 第 14 章第 14.8 条第 2 款第 6 脚注。
[4] RCEP 第 12 章第 8 条第 4 款。

性，并且指出各国如有必要可将个人信息扩大解释为包括个人隐私和个人数据。[1]

2. 合作

在合作方面，两协定都鼓励各缔约方开展合作以促进电子商务发展，[2] CPTPP 提出要帮助中小企业克服在开展电子商务业务中的障碍，对于合作开展的项目、方式方面的规定也更加具体，还鼓励私营部门制定行为准则、示范合同等自律办法，对于开展电商合作的规定由私营个体自治到国家间合作，推动合作更加渗透、具体、全面、辐射范围更广。

3. 网络安全

RCEP 和 CPTPP 都重视网络安全，[3] CPTPP 更加强调在识别和减少影响缔约方电子网络的恶意侵入或恶意代码传播方面开展合作。

4. 计算设施的位置

对于计算设施的位置，两协议都考虑到了各国有不同的通信安全、通信机密要求，都认为各国采取不同监管措施时应当基于合法的公共政策目的，不应以保护基本安全利益为名，实为歧视或限制贸易。RCEP 中提到了"基本安全利益"一词，但是对于"基本安全利益"的范围并没有明确的界定。

5. 互联网访问和使用规则

CPTPP 对于互联网访问和使用规则规定得较为宽松，只要遵守合理的网络管理以及终端用户设备不损害网络，消费者均可自由选择接入和使用互联网，且可以获得互联网接入服务提供者的网络实践信息。[4]

（二）CPTPP 与 USMCA

作为 NAFTA 谈判最终成果的 USMCA 是以 TPP 作为逻辑起点的，USMCA "数字贸易"中的部分规则直接承袭了 TPP 第 14 章的对应条款。而 CPTPP 又是 TPP 演化的产物，在数字贸易规则方面具有一致性。可以说 USMCA 的数字贸易规则是对 CPTPP 数字贸易规则的继承和深化发展。USMCA 相较于 CPTPP 扩充了相关规则的适用范围以及变更规则的实施及监管侧重点，减少

---

[1] CPTPP 第 14 章第 14.8 条第 5 款。
[2] CPTPP 第 14 章第 14.15 条；RCEP 第 12 章第 4 条。
[3] CPTPP 第 14 章第 14.16 条；RCEP 第 12 章第 13 条。
[4] CPTPP 第 14 章第 14.10 条。

甚至删除了部分规则中的例外和豁免条款,[1]更具"美国特色"。具体表现在以下几方面:

1. "数字贸易"替代"电子商务"

USMCA 与 CPTPP 最明显的区别在于 USMCA 将 CPTPP 中所有"电子商务"的说法替换成了"数字贸易",这是由于美国认为"电子商务"的表述过于狭窄,使用互联网进行交易不应仅局限于货物即实体交易,而应扩大至所有通过互联网完成的交易,使用"数字贸易"的说法更加符合此种交易的发展现状和未来导向。

2. 数字产品非歧视性待遇

CPTPP 明确规定数字产品非歧视性待遇不适用于广播服务产品,但 USMCA 剔除了该条款中的该项规定,扩大了适用范围,标准更高。[2]

3. 数据流动、数据存储与源代码存储

CPTPP 明确要促进跨境数据流动自由,也规定各国有各自监管要求的例外规定,但是对于各国监管要求的具体内容并没有界定。对此 USMCA 索性删除各国监管要求的例外规定,全面推动跨境数据流动。[3]

CPTPP 规定各缔约方可出于对国家基本安全的考虑,实行数据存储本地化,充分考虑各国不同的公共政策目标和监管要求,而 USMCA 直接删掉了公共政策目标和监管要求的例外规定,重申了数据存储非强制本地化的主张,[4]这一主张也更有利于美国云计算企业的发展。

对于源代码的所有权,CPTPP 明确要求实现源代码非强制本地化,USMCA 也作了同样的规定,[5]但不同的是,USMCA 扩大其适用范围,扩展到源代码的算法和基础设施软件,甚至规定禁止缔约方在知识产权受到侵害的情况下将获得加密密钥作为向外国技术开放国内市场的前置条件,这样的规定保证计算机核心技术的秘密性和安全性。[6]这与美国互联网企业的龙头

---

[1] 参见周念利、陈寰琦:"基于《美墨加协定》分析数字贸易规则'美式模板'的深化及扩展",载《国际贸易问题》2019 年第 9 期。

[2] CPTPP 第 14 章第 14.4 条第 4 款;USMCA 第 19 章第 4 条第 1 款。

[3] CPTPP 第 14 章第 14.11 条;USMCA 第 19 章第 11 条。

[4] CPTPP 第 14 章第 14.13 条;USMCA 第 19 章第 17 条。

[5] CPTPP 第 14 章第 14.17 条;USMCA 第 19 章第 16 条。

[6] 参见余振:"全球数字贸易政策:国别特征、立场分野与发展趋势",载《国外社会科学》2020 年第 4 期。

地位息息相关,保护计算机源代码和基础设施软件能最大限度上确保其国内互联网企业的利益。

4. 个人信息保护

由于 USMCA 全面促进跨境数据流动自由,所以对于个人信息保护的规定相比 CPTPP 而言更加具体,USMCA 指出在建立对个人信息保护的法律框架过程中,可以借鉴包括亚太经济合作组织的隐私框架以及经济合作与发展组织理事会的《关于保护隐私和个人数据跨境流动准则(2013)》的相关原则。USMCA 还明确指出缔约方在个人信息保护方面应遵循一系列原则,如限制收集、数据质量、使用限制和透明度等。[1]

此外 USMCA 还规定了一些特色条款,比如第 17 条规定了交互式计算机服务提供者对第三方侵权行为的免责条款,主要指平台提供者对于平台用户实施的除知识产权侵权之外的侵权行为无需承担连带责任。[2] 再比如第 18 条规定了公开政府数据,这也是目前为止全球贸易协定中首次提出要推动政府数据公开。[3]

(三) DEPA 与其他协定

2020 年 6 月,新加坡、新西兰和智利签署了《数字经济伙伴关系协定》(DEPA)。随后,新加坡和澳大利亚签署了《数字经济协定》(Digital Economy Agreement,DEA)。2022 年 11 月,新加坡与韩国签署《数字伙伴关系协定》(Digital Partnership Agreement,DPA),至此,新加坡主导的 DEPA 已成为亚洲数字贸易规则发展的又一重要力量。[4]

2021 年 11 月 1 日,中方正式提出申请加入 DEPA,DEPA 是全球首个数字经济伙伴关系协定,该协定涵盖商业和贸易便利化、数字产品待遇问题、数据问题、新兴趋势和技术、创新与数字经济、中小企业合作等 16 个模块,其中最具特色的条款包括数字身份认证、无纸化贸易、电子发票、数字产品非歧视性待遇、金融科技与电子支付、个人信息保护、跨境数据流动、政府信息公开、信息创新与监管沙盒机制、人工智能、线上消费者保护、中小企

---

[1] CPTPP 第 14 章第 14.8 条;USMCA 第 19 章第 8 条。
[2] USMCA 第 19 章第 17 条。
[3] USMCA 第 19 章第 18 条。
[4] 参见牛玮璐:"全球数字贸易规则制定的新生力量",载《互联网天地》2021 年第 8 期。

业合作、数字包容性等。对国际数字经济活动和交流提出了比较全面的规则安排，具有很强的开放性和灵活性，对未来全球电子商务和数字贸易规则的构建起到示范性作用。中国作为第二大经济体申请加入该协定，有助于在数字经济时代保持和增强自身竞争力。

DEPA 与其他自贸协定相比存在一些明显特征。首先，与传统欧美国家关于数字经济相关规则主要围绕处理数据跨境流动与隐私保护及其相互关系等问题不同，DEPA 更强调兼容性、可互操作性、多元性、可持续发展、中小企业发展合作等现实操作等问题。其次，DEPA 是一个局部性约束协定，将每个问题分为一个模块，各国家或地区可以根据自身数字经济发展水平选择加入特定的模块，这有利于让更多的国家或地区以符合自己数字经济发展水平的方式加入数字经济多边合作中。最后，我们不难发现 DEPA 不只是个数字贸易协定，准确地来说它更是一个数字经济协定，它所涵盖的模块不仅有常规数字贸易所涉及的议题，还有物流、快递、政府信息公开等开展数字贸易所需的基础设施建设和制度构建方面的规定，甚至可以说 DEPA 正在试图形成一个有利于数字贸易发展的生态圈，旨在利用社会资源服务于数字经济，促进数字经济多元化、多方位、多领域发展。

DEPA 协定的缔约国新加坡、新西兰、智利都是 CPTPP 协定的成员国，新加坡、新西兰同时还是 RCEP 协定的成员国，所以 DEPA、CPTPP、RCEP 在一些传统数字贸易的议题上的规定大体相似，仅有个别区分，而 DEPA 协定涵盖的数字贸易议题范围更加广泛、更加新颖、更具针对性，形式上更加灵活。DEPA 协定与 USMCA 协定也有许多条款的规定相似，USMCA 协定在总体上的要求更高、标准更高。

DEPA 协定在 CPTPP 原有的基础上细化并归类了其几乎所有电子商务这一章下的条款（源代码转让和互联网互连费用分摊除外），要求缔约国对数字产品采取非歧视待遇，允许数据跨边界自由流动、禁止本地托管数据要求，支持免征电子传输关税。DEPA 协定细化了无纸化贸易的可操作实践，并在此基础上提出缔约方之间搭建可交互的电子发票系统，健全相关法律框架，并就此展开广泛的合作，进一步推动了贸易便利化。DEPA 协定还囊括了数字身份识别、数字包容性、人工智能（AI）、加密信息和通信技术产品、金融科技等多项新兴领域的合作规定，将调整范围从数字贸易扩大到数字经济的多个方面。DEPA 协定还在 CPTPP 协定基础上增加了包括《威坦哲条约》例外、审慎例外、货币和汇率政策例外、税收例外、保障国际收支例外等多项例外规定，并进一步加强了缔约方在数字经济领域的广泛合作[1]。

三、中国与"一带一路"共建国家数字贸易规则

为了探求基于中国实际情况的数字贸易规则，还需分析与中国签署共建"一带一路"合作文件、自由贸易协定（Free Trade Agreement，本章简称FTA）的国家与中国就数字贸易规则达成的共识，从中国利益出发的角度尝试构建一种可行的"一带一路"数字贸易规则体系。选取以下相关贸易协定进行分析的理由在于，韩国和新加坡为RCEP成员国，智利为CPTPP成员国，此四国均与我国签署了共建"一带一路"合作文件且均与我国签订自贸协定，协定内容均涉及电子商务、数字贸易相关议题，具有较强的参考价值。

（一）中国-韩国FTA

认识到电子商务带来的经济发展机遇，中国高度重视电子商务在国民经济中所发挥的重要作用，中韩FTA是中国首次在贸易协定中设电子商务专章的FTA。该章节涉及海关关税、电子认证和电子签名、个人信息保护、无纸化交易和电子商务合作等内容，虽然仅规定9项条款，且普遍具有倡导性质，但从这些条款中可以看到中国在签订贸易协定中对有关数字贸易规则的态度和主张。

1. 海关关税

中韩FTA坚持WTO目前的做法，不对电子传输征收关税，即按照巴厘世贸组织部长决定（WT/MIN（13）/32-WT/L/907）电子商务工作计划第5段内容。同时也明确例外规定，双方可根据世贸组织部长决定对相关规定的变动，保留调整相关做法的权力。[2]

2. 电子签名与电子认证

双方对于推动电子签名与电子认证合法化方面达成一致意见，且就两国国内不同的法律要求明确特别规定，中方规定电子签名若需要第三方认证的，

---

[1] 参见赵旸頔、彭德雷："全球数字经贸规则的最新发展与比较——基于对《数字经济伙伴关系协定》的考察"，载《亚太经济》2020年第4期。

[2]《中国-韩国自由贸易协定》第13章第13.3条。

应由经政府主管部门许可批准的电子认证服务者提供认证服务。规定韩方可以要求，认证方法需满足一定的业绩标准或由法律授权的权威机构进行认证。[1]

3. 个人信息保护

协定认识到在电子商务中保护个人信息的重要性，规定双方应采纳或实施措施以保证电子商务用户的个人信息得到保护，并就此交流信息和经验。[2]

通过分析主要的条款可看出，中韩对于数字贸易规则的制定尚处于探索阶段，这也与中国国内数字贸易相关立法制度尚不完备以及数字技术尚不发达的现状相吻合。

(二) 中国-新加坡 FTA (升级)

中新双方在关于修改《中国-新加坡自由贸易协定》的议定书中新增"电子商务"议题。正如商务部研究院区域经济合作中心主任张建平所说，中新自贸协定（升级）以务实合作为原则，不是笼统地鼓励性承诺，而是有针对性地解决双方利益需求。2023 年 4 月 1 日，中新共同签署了谅解备忘录，确认实质性完成两国自贸协定升级后续谈判，双方在原升级协定基础上纳入数字经济等高水平经贸规则，目前双方正推动后续工作以期尽早签署协定。

1. 电子签名与电子认证

中新 FTA（升级）鼓励双方进行电子交易，[3]并通过协商确定采用经认可的电子签名和电子认证方式，不过对于特殊类型的交易，保留了各方根据其国内法要求电子认证的方式符合特定标准或被主管部门认可的权利。

2. 个人信息保护

中新 FTA（升级）明确规定电子商务一章中的个人信息包括数据。[4]但我们认为对于跨境数据流动还需要构建较完备的数据处理制度和数据安全保护制度，怎样保证数据处理的合法性，数据涉及国家安全的应该如何分类和给予特殊保护，这些都是未来两国需要考虑的重要方面。

---

[1]《中国-韩国自由贸易协定》第 13 章第 13.4 条。
[2]《中国-韩国自由贸易协定》第 13 章第 13.5 条。
[3]《中国-新加坡自由贸易协定（升级）》第 15 章第 4 条。
[4]《中国-新加坡自由贸易协定（升级）》第 15 章第 8 条。

3. 透明度

中新FTA（升级）要求各方在出现影响电子商务规则实施的情况时应"立即"（promptly）公布或让公众知晓，对比其他自贸协定中"尽快"（as promptly as possible）公布的表述，对于信息透明的要求更高。[1]

（三）中国-智利FTA

在修改《中国-智利自由贸易协定（升级）》的议定书中，升级了原有协定的货物贸易市场准入、服务贸易、原产地规则和深化了经济技术领域合作等，增加了海关程序和贸易便利化、电子商务、竞争、环境与贸易的内容。

1. 国内监管框架

不同于其他贸易协定，中智FTA（升级）并未具体规定电子商务监管框架的参考标准，而是鼓励双方认可电子形式的交易和合同的法律效力，并强调国内法的优先地位。[2]

2. 电子签名和电子认证

中智FTA（升级）允许交易双方共同确定电子签名和认证方法，认证机构可向司法或行政部门证明其电子认证符合法律要求，鼓励在商业中数字证书的应用。[3]

3. 无纸化贸易

为了突出对无纸化贸易的重视程度，在中国目前所签订的自贸协定中首次提出了为无纸化交易努力推动政府单一窗口建设，并在贸易管理中纳入国际标准，同时考虑两国不同的特殊要求。[4]

除此之外，中国-东盟自贸协定（"10+1"）升级也值得一提，《中国-东盟全面经济合作框架协议》在生效之初仅在"合作"部分倡导各方促进电子商务发展，而2019年中国-东盟自贸区升级《议定书》全面生效，《议定书》修改了原"合作"相关条款的第7条（3）款，丰富了跨境电子商务的规定，鼓励各方就电子商务法律法规、规则和标准开展对话、分享经验。[5]尽管对

---

[1]《中国-新加坡自由贸易协定（升级）》第15章第6条。

[2]《中国-智利自由贸易协定（升级）》第4章第52条。

[3]《中国-智利自由贸易协定（升级）》第4章第53条。

[4]《中国-智利自由贸易协定（升级）》第4章第56条。

[5]《关于修订〈中国-东盟全面经济合作框架协议〉及项下部分协议的议定书》第4章第7条第3款。

于数字贸易规则的制定还停留在号召阶段,但若就此议题形成初步框架,中国就率先在亚太地区掌握了数字贸易规则制定的话语权,且对于与其他"一带一路"合作国签订自贸协定的数字贸易议题无疑有相当的借鉴作用,如正处在磋商阶段的《中国-秘鲁自由贸易协定(升级)》和《中日韩自贸协定》。

尽管在全球范围内各国之间签订涉及数字贸易规则的贸易协定已达近百个,但至今没有形成成熟稳定的数字贸易规则,本书将在下文通过分析对比各协议的具体规定,将数字贸易规则主要分为无纸化贸易、国内监管框架、电子签名与电子认证、线上消费者保护、个人信息保护、非应邀商业电子信息、网络安全、计算设施位置、电子传输方式、海关关税几个部分,总结归纳出共同性条款和特殊性条款。

四、示范文本

第一条 定义

就本章而言:

1. 计算设施指用于商业用途的信息处理或存储的计算机服务器和存储设备;

2. 电子认证指为建立对一电子声明或请求可靠性的信心而对该声明或请求进行核实或检测的过程;以及

3. 非应邀商业电子信息指出于商业或营销目的,未经接收人同意或者接收人已明确拒绝,仍向其电子地址发送的电子信息。[1]

第二条 原则和目标

一、缔约方认识到电子商务提供的经济增长和机会、建立框架以促进消费者对电子商务信心的重要性,以及便利电子商务发展和使用的重要性。

二、本章的目标为:

(一)促进缔约方之间的电子商务,以及全球范围内电子商务的更广泛使用;

---

〔1〕 一缔约方可以将该定义适用于通过一种或多种方式传递的非应邀商业电子信息,包括短信服务(SMS)或者电子邮件。尽管有此脚注,缔约方应该努力采取或维持与第四章第八条(非应邀商业电子信息)相一致的措施,这些措施适用于非应邀商业电子信息的其他传递方式。

(二) 致力于为电子商务的使用创造一个信任和有信心的环境；以及

(三) 加强缔约方在电子商务发展方面的合作。

第三条 范围[1]

一、本章应当适用于一缔约方采取或维持的影响电子商务的措施。

二、本章不得适用于政府采购。

三、本章不得适用于一缔约方持有或处理的信息，或者与此类信息相关的措施，包括与该信息收集相关的措施。

四、计算设施的位置和通过电子方式跨境传输信息不得适用于一缔约方采取的与服务贸易义务不符的措施，只要该措施的采取或维持是根据下列内容：

(一) 一缔约方依照最惠国待遇或具体承诺表作出的承诺中所规定的，或者与不受一缔约方上述承诺所限制的部门相关的任何条款、限制、资质和条件；或者

(二) 适用于服务贸易义务的任何例外。

五、为进一步明确，影响以电子方式交付所提供服务的措施应遵循以下相关条款所包含的义务：

(一) 服务贸易；以及

(二) 服务具体承诺表以及适用于此类义务的任何例外。

第二节 无纸化贸易

凡是设置"电子商务"或"数字贸易"章节的自贸协定均对"无纸化贸易"进行了相关规定[2]，"无纸化"一词最早出现在海关报关过程中，后来逐渐发展成为数字贸易的必备规则之一。

一、共同性条款

通过比对，除了USMCA的规定仅寥寥一句话，CPTPP、中韩FTA和中新

---

[1] 为进一步明确，缔约方确认本章项下的义务不损害任何缔约方在WTO的立场。

[2] RCEP第12章第5条；CPTPP第14章第14.9条；USMCA第19章第9条；DEPA第2章第2条；《中国-韩国自由贸易协定》第13章第13.6条；《中国-新加坡自由贸易协定（升级）》第15章第9条；《中国-智利自由贸易协定（升级）》第4章第56条。

FTA（升级）对"无纸化贸易"规定都是相同的，RCEP 和中智 FTA（升级）的"无纸化贸易"规定得稍微具体，但要论规定详细具体的当属 DEPA。这些文件对"无纸化贸易"规定的共同之处主要体现在对电子形式贸易管理文件法律效力的承认，主要是指各缔约方应规定电子贸易管理文件与纸质版贸易管理文件具有同等法律效力。RCEP、CPTPP、DEPA、中韩 FTA 和中新 FTA（升级）的共同条款还体现在鼓励电子贸易管理文件的公开获得，各方应尽力使公众可以电子形式获得电子贸易管理文件。

二、特殊性条款

"无纸化贸易"规则的差别主要集中在 RCEP、DEPA 和中智 FTA（升级）中，主要表现如下：

1. 考虑国际组织采用的办法。RCEP 和 DEPA 规定为了实现无纸化贸易，各缔约方应考虑包括世界海关组织在内的国际组织商定的办法。[1]

该项规定具有倡议性，可操作性也较大，并不会同中国与"一带一路"相关国家签订的自贸协定产生冲突。

2. 承认法律效力的例外规定。在 DEPA 和中智 FTA（升级）中对于承认电子贸易管理文件的法律效力规定了例外情形，如果国内法或国际法存在与该条相反的规定或者这样操作反而会降低贸易管理的有效性，那么各缔约方就无需承认电子贸易管理文件具有同等法律效力。[2]

通过分析各国和国际组织对电子贸易管理文件法律效力的规定，可以看出目前各方都保持一致的正面积极的态度，不存在否认电子贸易管理文件法律效力的情况，未来也大概率不会降低贸易管理的有效性，但其未来是否会影响电子贸易管理文件法律效力仍待进一步研究，所以我们认为这项特殊性条款目前看来不适合纳入"一带一路"数字贸易规则中。

3. 单一窗口。DEPA 和中智 FTA（升级）鼓励双方发展政府单一窗口，采用有关国际标准来进行贸易管理，并同时考虑双方不同的要求和条件。[3]

该特殊条款较具体地规定了各方政府对于无纸化贸易的行政管理，使个

---

[1] RCEP 第 12 章第 5 条第 1 款第 1 项；DEPA 第 2 章第 2 条第 11 款。
[2] DEPA 第 2 章第 2 条第 3 款；《中国-智利自由贸易协定（升级）》第 4 章第 56 条第 1 款。
[3] DEPA 第 2 章第 2 条第 4 款；《中国-智利自由贸易协定（升级）》第 4 章第 56 条第 3 款。

人能够通过单一途径向参与当局或机构提交货物进出口或过境的文件或数据，能够提高数字贸易的效率，符合《WTO 贸易便利化协定》中规定的义务，属于比较高的标准。2005 年，联合国贸易便利化与电子商务中心（UN/CEFACT）发布了《建设"单一窗口"的建议书》，建议各国建设"单一窗口"，加快贸易便利化进程。我国国务院口岸工作部际联席会议办公室在 2016 年印发《关于国际贸易"单一窗口"建设的框架意见》，明确由中央层面负责统筹规划，地方层面负责落地实施。目前，全球包括中国在内的 70 多个国家和经济体都推行"单一窗口"制度，[1]比如新加坡上线了网络化贸易平台 NTP（Networked Trade Platform），澳大利亚设立了一个专门的单一窗口跨部门委员会（IDCSW）等。[2]"单一窗口"[3]是参与国际贸易和运输的各方，通过单一平台提交标准化的信息和单证以满足所有与进口、出口和转口相关的监管要求，在全球数字贸易迅速发展的今天，建立并完善贸易单一窗口，推动贸易便利化是顺应时代发展的重要举措，理应纳入"一带一路"经贸规则之中。

4. 出于贸易安全考虑的特殊规定。中智 FTA（升级）规定各方为了确保贸易安全，可以根据国际标准，要求对特定证书提供电子签名。

虽然各国对于在何种情形下贸易安全需得到特殊保护的规定各有不同，但是该条款充分考虑了各国贸易保护的需求，而且通过要求特定证书提供电子签名能够在很大程度上提高国际间贸易的诚信，减少贸易纠纷，因此将该条款纳入到"一带一路"经贸规则中是值得考虑的。

三、示范文本

（一）每一缔约方应当：

1. 考虑包括世界海关组织在内的国际组织商定的办法，致力于实施旨在使用无纸化贸易的倡议；

2. 努力接受以电子形式提交的贸易管理文件与纸质版贸易管理文件具有同等法律效力；

---

[1] 参见赵烨："探索国际贸易'单一窗口'建设的研究"，载《消费导刊》2021 年第 19 期。

[2] 参见 David Widdowson, Bryce Blegen, Geoff Short, Gareth Lewis, Eduardo Garcia-Godos and Mikhail Kashubsky："世界贸易组织《贸易便利化协定》背景下的单一窗口"，徐君、谢昕宇译，载《海关与经贸研究》2021 年第 3 期。

[3] 联合国贸易便利化与电子商务中心《第 33 号建议书》，2005 年 7 月发布。

3. 努力使电子形式的贸易管理文件可公开获得。

（二）各缔约方为确保贸易过程的安全，可以根据国际标准要求对特定证书提供电子签名。

（三）各缔约方应致力于发展政府单一窗口，在贸易管理中纳入有关国际标准，但同时也认识到各缔约方可有其独特的要求和条件。

第三节　国内监管框架

对于"国内监管框架"这一条款，除了中韩 FTA 之外，在 RCEP、CPTPP、USMCA、DEPA、中国与"一带一路"相关国家签订的自贸协定中均有规定[1]，只是名称上略有不同，在 RCEP 和中国-新加坡 FTA（升级）中名称为"国内监管框架"，而在 CPTPP、USMCA、DEPA 和中国-智利 FTA（升级）中名称为"国内电子交易框架"，但它们在内容上都属于"国内监管框架"的规定。

一、共同性条款

目前涉及数字贸易规则的自贸协定都在一定程度上以联合国国际贸易法委员会《1996 年电子商务示范法》作为电子商务交易的基本框架，虽然中智 FTA（升级）并未明文规定将其作为监管框架，但其电子商务这章文本也体现了其推动电商发展的基本精神。另外，RCEP、CPTPP 和 DEPA 同时还以《联合国国际合同使用电子通信公约》作为框架参考。[2]该公约是电子合同领域专门的国际公约，它在《联合国销售公约》和《1996 年电子商务示范法》的基础上吸收借鉴了其他国际文书的优点，[3]为国际电子合同制定了统一的规则，提升了使用电子手段订立合同的法律确定性，有利于推动电子商务的发展。[4]各自贸协定数字贸易规则的目标均表明要促进各缔约方之间的

---

[1] RCEP 第 12 章第 10 条；CPTPP 第 14 章第 14.5 条；USMCA 第 19 章第 5 条；《中国-新加坡自由贸易协定（升级）》第 15 章第 3 条；《中国-智利自由贸易协定（升级）》第 4 章第 52 条；DEPA 第 2 章第 3 条。

[2] RCEP 第 12 章第 10 条；CPTPP 第 14 章第 14.5 条；DEPA 第 2 章第 3 条第 1 款第 2 项。

[3] 参见章红姗："《联合国国际合同使用电子通信公约》的评析与借鉴研究"，大连海事大学 2008 年硕士学位论文。

[4] 参见刘颖、何其生："《国际合同使用电子通信公约》对我国电子商务立法的启示"，载《暨南学报（哲学社会科学版）》2009 年第 4 期。

电子商务合作，在确保交易安全的前提下，以最便利的方式实现电商交易，所以在"国内监管框架"中均规定了每一缔约方应消除或减少监管负担。

二、特殊性条款

RCEP、CPTPP、USMCA、DEPA、中国与"一带一路"相关国家签订的自贸协定的"国内监管框架"虽然彼此之间存在高度重合的规定，但也不尽相同。

1. 参考框架的延伸规定。RCEP 并未将"国内监管框架"的考虑范围仅限定在上述两个公约上，还规定了其他适用于电子商务的国际公约和示范法均应予以考虑，中新 FTA（升级）亦持此观点。

该特殊条款具有较大的商榷空间，非常适合"一带一路"共建国家根据其自身情况参考相关国际公约或示范法作为监管框架。

2. 便利利害关系人提出建议。在 CPTPP 和 USMCA 中均规定了缔约方在制定电子交易法律框架的过程中应为利害关系人提建议提供便利，该规定颇具"民主"特色，有利于汲取各利益相关方的意见，能够使监管框架规定更加全面，将其纳入"一带一路"数字贸易规则是值得考虑的。

3. 监管框架的方向和效果。中新 FTA（升级）和中智 FTA（升级）都规定了国内监管框架应确保支持电子商务的发展，对于监管框架的方向和目的进行重申和强调。其中中新 FTA（升级）还限定了方向的范围为"以产业为主导的电子商务发展"。我们认为该特殊条款的核心主旨在于监管框架应致力于推动电商发展并产生积极效果，虽然在此位置列明也无伤大雅，但将其规定在电子商务章节下的"目的和原则"项下似乎更加合适，故不建议纳入。

三、示范文本

（一）每一缔约方应当，在考虑《联合国国际贸易法委员会电子商务示范法（1996 年）》《联合国国际合同使用电子通信公约（2005 年）》，或其他适用于电子商务的国际公约和示范法基础上，采取或维持监管电子交易的法律框架。

（二）每一缔约方应当努力避免对电子交易施加任何不必要的监管负担。

（三）每一缔约方在制定电子交易法律框架的过程中应为利害关系人提建议提供便利。

第四节 电子认证与电子签名

基于数字贸易过程的虚拟性特征,电子认证被视为电子商务中的核心环节,它可以确保网上传递信息的保密性、完整性、真实性和不可否认性,确保网络应用的安全。[1]而其中的电子签名又被视为电子认证中的重要一环,因此"电子认证与电子签名"成为每个涉及数字贸易规则自由贸易协定都离不开的话题,可以说是数字贸易规则中举足轻重的条款之一。仔细分析也不难发现,通常该条款在整个电子商务章节中处于较靠前的位置。[2]

一、共同性条款

由于数字贸易中对于数字信息的真实性、保密性、完整性从很早开始就存在很大的需求,经过技术的发展,目前的电子认证技术都是以公钥基础设施(PKI)技术为基础,电子认证与电子签名也产生了较为固定的一般性流程,数字贸易规则中对"电子认证与电子签名"的要求也趋于近似,大致体现在以下方面:

1. 承认电子签名法律效力。在本书研究的自贸协定中均规定了除非各缔约方的法律和法规另有规定,缔约方不得仅以签名是电子版而不是纸质版而否认该签名的法律效力。从根本上保证了电子签名的法律效力,为电子商务交易的顺利开展奠定了基础。

2. 确定认证技术。各协定中都规定了允许交易双方共同确定合适的电子认证技术。采用何种电子认证和电子签名方式是电商交易双方都必须讨论的话题,允许双方通过合意来确定相应的电子认证方式是有效推进交易进行的前提步骤。

3. 证明。各协定都规定了每一缔约方应当允许电子交易的参与方证明自己的交易行为合法。这是对电商交易中电子认证效力的补正规定,当一交易

---

[1] 参见陈静:"论电子认证法律关系的主体",对外经济贸易大学2014年硕士学位论文。
[2] RCEP第12章第6条;USMCA第19章第6条;CPTPP第14章第14.6条;《中国-韩国自由贸易协定》第13章第4条;《中国-新加坡自由贸易协定(升级)》第15章第4条;《中国-智利自由贸易协定(升级)》第4章第53条。

行为中确定的电子认证效力受到质疑时,任意一方可通过证明其采用的电子认证技术符合相关法律规定来正当化其电商交易行为。

4. 可交互的电子认证技术。RCEP、USMCA、CPTPP 都规定了缔约方应鼓励使用可交互操作的电子认证技术。中韩 FTA、中新 FTA(升级)、中智 FTA(升级)均规定了缔约方应努力使数字证书和电子签名互认。虽然这两句话表述不一致,但其实表达了同样的意思。可交互操作的电子认证必然要进行数字证书的认证,肯定要交换数字签名的证书即数字证书和电子签名的互认。

二、特殊性条款

虽然各自贸协定对于"电子认证与电子签名"的规定大体一致,但它们相互之间还存在一些差别。主要体现在以下方面:

1. 对特定种类交易的额外要求。RCEP、USMCA、CPTPP、中新 FTA(升级)考虑到某些种类的电子交易具有特殊性,需要更高标准的安全要求,所以规定了对于特定种类的电子交易,每一缔约方可以交由具有认证资质或合法的认证机构进行认证。

该特殊条款能够保证特定种类的电子交易的安全,尤其是涉及国家利益、重大民生相关的交易,通过对其认证方式提出额外要求无疑是为此项交易降低了风险,提高了安全系数,在各国交易中也是理应采取的必要措施,故应将该条款纳入"一带一路"数字贸易规则中。

2. 鼓励数字证书的应用。中韩 FTA 与中智 FTA(升级)规定缔约方应鼓励数字证书在商业部门中的应用。该条规定同样是倡议性规定,随着越来越多的商业品类开始加入到数字贸易的行列中,企业间数字证书的互认呈现出超高需求,扩张数字证书的应用也是大势所趋,故将此特殊条款规定在"一带一路"数字贸易规则中非常合理。

3. 排除限制。RCEP 和 USMCA 为推动各国电子认证和电子交易实施的畅通无阻,规定各方不得限制认可电子认证技术和电子交易实施模式,更为全面排除因电子认证和电子交易实施模式的不同、不认可产生商业纠纷的可能性,从根本上防止个别国家政府打着电子认证技术或电子交易模式不受认可的旗号干预两国企业间进行交易。所以我们认为该特殊条款纳入"一带一路"

数字贸易规则是值得考虑的。

三、示范文本

（一）除非其法律和法规另有规定，一缔约方不得仅以签名为电子方式而否认该签名的法律效力。

（二）考虑到电子认证的国际规范，每一缔约方应当：

1. 允许电子交易的参与方就其电子交易确定适当的电子认证技术和实施模式；

2. 不对电子认证技术和电子交易实施模式的认可进行限制；

3. 允许电子交易的参与方有机会证明其进行的电子交易遵守与电子认证相关的法律和法规。

（三）尽管有第二款的规定，对于特定种类的电子交易，每一缔约方可以要求认证方法符合某些绩效标准或者由根据法律和法规授权的机构进行认证。

（四）缔约方应当鼓励使用可交互操作的电子认证。

（五）缔约方应鼓励数字证书在商业部门中的应用。

第五节 线上消费者保护

与传统贸易一样，在数字贸易中也关注消费者权益保护。对于"线上消费者保护"，中文官方译本在不同协定中使用的名称上略有不同，分别有这些翻译版本——"线上消费者保护"、"在线消费者保护"和"网上消费者保护"，但是它们的英文原文中都名为"Online Consumer Protection"，所以都是关于线上消费者保护的规定。中韩FTA对该条款在文本中并无规定，中智FTA（升级）对该条款的规定仅一句话且具有原则性，并不具体，在此我们主要对比RCEP、CPTPP、USMCA、DEPA和中新FTA（升级）的有关规定。[1]

---

[1] RCEP第12章第7条；USMCA第19章第7条；CPTPP第14章第14.7条；DEPA第6章第3条；《中国-新加坡自由贸易协定（升级）》第15章第7条；《中国-智利自由贸易协定（升级）》第4章第54条。

一、共同性条款

CPTPP 和 USMCA 对于"线上消费者保护"的规定几近相同，仅在第 3 款关于"缔约方应认识到消费者保护主管部门之间开展合作的重要性"后多加了"public interest"即"公共利益"。RCEP、CPTPP、USMCA 和中新 FTA（升级）之间的条款也具有较高的一致性，主要表现在以下几个方面：

1. 重视电商消费者保护措施。以上协定均规定缔约方应重视电商消费者保护措施，重视维护消费者信心。该规定强调各国应加强保护线上消费者的权益，采取相关保护措施以增加线上消费者交易的安全性。CPTPP、USMCA 和 DEPA 在该条规定中还指出应"保护消费者在从事电子交易时免受（前章中提到的"消费者保护"中所指的）诈骗和商业欺诈行为侵害"。[1]

2. 制定法律。RCEP、CPTPP、USMCA、DEPA 和中新 FTA（升级）均规定各缔约方应当采取或维持法律法规，保护电商消费者免受欺诈和误导。在提出重视消费者权益保护的前提下，只有各国均制定相配套的法律法规才能将线上消费者保护落实到位。该条规定是在法律层面提出的要求。DEPA 还具体列举了四种属于"诈骗、欺诈或误导"的行为[2]，我们认为在此无需具体说明应保护消费者免受何种具体侵害，该内容可在其他章节予以明确规定。

3. 部门合作。以上协定均规定各缔约国应重视推动消费者保护主管部门间在电商活动中进行合作。该条规定是在组织机构层面提出保护线上消费者的要求，如果说制定法律是线上消费者保护的"骨骼"，那么主管部门间的合作便是其"血肉"，是动态的保护。

二、特殊性条款

对于"线上消费者保护"规定的区别主要集中在 RCEP、DEPA 和中新 FTA（升级）中，分别是以下几点：

1. 同等保护。中新 FTA（升级）提到了应给予使用电子商务的消费者以与其他商业形式消费者相当的保护。[3]在这里我们认为是很有必要的，电子

---

[1] CPTPP 第 14 章第 14.7 条第 1 款；USMCA 第 19 章第 7 条第 1 款；DEPA 第 6 章第 3 条第 1 款。
[2] DEPA 第 6 章第 3 条第 3 款。
[3] 《中国-新加坡自由贸易协定（升级）》第 15 章第 7 条第 2 款。

商务虽然交易形式具有特殊性,但在消费者所涉权益上与其他消费者别无二致,主要包括消费者知情权、自主选择权和依法求偿权等,由于互联网的虚拟性和电商经营者的优势地位,电子商务消费者的相关权益更容易受到侵害,且难得到救济,所以强调给予线上消费者同等保护的规定理应纳入"一带一路"数字贸易规则之中。

2. 公开信息。RCEP从消费者和企业两个角度明确指出缔约方应当发布提供消费者保护的相关信息,包括消费者的救济渠道以及企业应当遵守的法律要求[1]。该条特殊条款规定对于电商用户公开消费者保护的相关信息能够让电商消费者和电商企业更加安心地进行交易,促进交易的开展,建议纳入"一带一路"数字贸易规则之中。

3. 质量要求与补救措施。DEPA对消费者保护的规定有更高的要求,规定交付给消费者的商品或服务应当有令人满意的质量,若不符合一定的质量要求,应当为消费者提供适当的补偿措施,并鼓励各缔结方为此探索合适的赔偿机制,包括替代性争端解决措施。[2]在跨境电子商务中,消费者的求偿权很有可能受到侵害而无法寻求救济,构建消费者权益损害的赔偿机制成为亟待解决的问题,各缔结方应更加注重电子商务法律体制的制定与完善,同时加大与提高监管力度,严格遵守相关法律制度,为消费者权益保护提供良好的制度保障,[3]因此该特殊条款理应纳入"一带一路"经贸规则之中。

三、示范文本

(一)缔约方认识到采取和维持透明及有效的电子商务消费者保护措施以及其他有利于发展消费者信心的措施的重要性。

(二)每一缔约方应当采取或维持法律或者法规,以保护使用电子商务的消费者免受欺诈和误导行为的损害或潜在损害,其保护应相当于其他商业形式的消费者在相关法律法规和政策项下所享有的保护。

(三)各缔约方应制定或维护以下法律或法规:

---

[1] RCEP第12章第7条第4款。
[2] DEPA第6章第3条第4款;DEPA第6章第3条第8款。
[3] 参见白娟:"电子商务环境下的消费者权益保护问题研究",载《经济研究导刊》2021年第1期。

1. 要求供应商所提供的货物和服务具有可接受和令人满意的质量，符合其关于货物和服务质量的要求；和

2. 为消费者提供适当的补救措施。

（四）缔约方认识到各自负责消费者保护的主管部门间在电子商务相关活动中开展合作，以增强消费者保护的重要性。

（五）每一缔约方应当发布其向电子商务用户提供消费者保护的相关信息，包括：

1. 消费者如何寻求救济；以及

2. 企业如何遵守任何法律要求。

（六）为方便解决与电子商务交易有关的索赔事项，各缔约方应努力探索各种机制的优点，包括替代性争端解决办法。

第六节 个人信息保护

在数字贸易过程中，交易双方的个人信息十分容易遭受侵害，所以在数字贸易规则中制定"个人信息保护"的相关规定尤为重要，在 RCEP、CPTPP、USMCA、DEPA、中国与"一带一路"相关国家签订的自贸协定中均有规定。[1]其中 RCEP、CPTPP、USMCA、DEPA 的规定较为全面，相比之下中韩 FTA、中新 FTA（升级）、中智 FTA（升级）的规定较为简略。

一、共同性条款

本书所讨论的几个协定针对该规定所制定的条款主要围绕重视个人信息保护、制定法律法规、公布保护的相关信息、建立促进兼容性机制等方面展开，其中 CPTPP 与 USMCA 就"个人信息保护"的规定十分相似，仅存在个别差异。

1. 重视个人信息保护。除了 RCEP，其他协定的数字贸易规则中均规定了缔约方应认识到保护电商用户个人信息所可能产生的经济和社会效益，及

---

[1] RCEP 第 12 章第 8 条；CPTPP 第 14 章第 14.8 条；USMCA 第 19 章第 8 条；DEPA 第 4 章第 1 条；《中国-韩国自由贸易协定》第 13 章第 13.5 条；《中国-新加坡自由贸易协定（升级）》第 15 章第 8 条；《中国-智利自由贸易协定（升级）》第 4 章第 55 条。

其对增强消费者信任带来的正向作用。虽然 RCEP 没有明确列出此条，但其条文中亦透露出此意，故将该规定加入"一带一路"经贸规则中也无可厚非。

2. 制定法律法规。RCEP、CPTPP、USMCA 和 DEPA 均规定应采取或维持规定保护电子商务用户个人信息的法律框架，并在制定其个人信息保护的法律框架时考虑相关国际机构的原则和指南。中智 FTA（升级）也提到了应采取或维持国内法或其他措施来保护电商用户的个人信息。其中 CPTPP、USMCA 和 DEPA 还为各国制定相关法律指明了方向，如全面保护隐私、个人信息或个人数据的法律、涵盖隐私的特定部门法律或规定执行由企业作出与隐私相关的自愿承诺的法律。由此可见这些协定没有特别区分"个人隐私""个人信息"和"个人数据"的概念。我们认为各国国内法特点各有不同，采取何种个人信息保护相关法律应因地制宜，在此处为各国提供可供参考的法律框架的方向是可行的，在脚注部分添加即可，不必出现在正文部分。USMCA 和 DEPA 都规定在制定法律框架时应考虑经合组织（OECD）理事会关于保护个人隐私和跨境流动指南的建议[1]，USMCA 还规定应考虑亚太经合组织（APEC）隐私框架，对于是否应采纳该特殊条款，我们会在下文展开讨论。

3. 公布保护信息。对于公布个人信息保护的相关信息，RCEP、CPTPP 和 USMCA 有相同的规定，均要求应当公布的信息包括个人如何寻求救济以及企业如何遵守法律要求。个人即消费者个人，规定其在个人信息受到侵害时如何得到救济是从电子商务这个狭义层面去设计的，而企业如何遵守相关法律规定则更多是在数字贸易层面的考量，从这些协定的该项条款中我们不难发现，从电子商务的层面逐步过渡到数字贸易的层面来制定数字贸易规则是各国普遍认可的趋势。

4. 建立、促进兼容性机制。CPTPP、USMCA 和中新 FTA（升级）均考虑到各国保护个人信息所采用的法律方式可能不同，所以规定每一缔约方应鼓励建立促进这些不同体制之间兼容性的机制并探索扩大适当的途径来促进各机制之间的兼容性。该条规定充分尊重各国不同的国内法，鼓励各方在个人信息保护议题上建立兼容机制，有利于各国协同解决个人信息侵权问题。

---

[1] USMCA 第 19 章第 8 条第 2 款；DEPA 第 4 章第 2 条第 3 款。

二、特殊性条款

对于"个人信息保护"条款，USMCA 和 DEPA 中都有特殊规定，具体表现在以下方面：

1. 加入 CBPR 体系。对于建立个人信息保护的兼容性机制，USMCA 提出应遵守亚太经合组织跨境隐私规则体系（Cross-Border Privacy Rules，CBPR）的规则，促进跨境信息传输的同时保护个人信息，也正是基于这个立场，USMCA 第 19 章第 6 条第 3 款提出了应遵守的主要原则。但是 CBPR 体系制定的入门标准是该国至少有一个隐私执法机构加入跨境隐私执法安排（Cross-border Privacy Enforcement Arrangement，CPEA），并且该机构由国内法授权拥有针对隐私框架九大原则 50 项具体要求的执法权力。[1] 目前我国隐私保护水平总体较低，还没有这样一个专门的隐私执法机构拥有 CBPR 要求的执法权力，更不用提诸多"一带一路"共建国家了，该特殊条款由于标准过高，不适合纳入"一带一路"数字贸易规则中。

2. 隐私保护的一般原则。DEPA 虽然没有直接规定应遵守 OECD 的八项隐私保护原则，但第 4 章第 2 条第 3 款中所规定的个人信息保护法律框架应包含的基本原则与 OECD 的隐私保护原则完全一致。USMCA 在支持 CBPR 体系的基础上提出了个人信息保护应当遵守九大原则，即限制收集原则、选择性原则、数据质量管理、目的明确化原则、限制使用原则、安全保护原则、透明度原则、个人参与以及问责制，并且保留了限制个人信息跨渠道流动的权利。该隐私指导原则对诸多国际组织的立法文件产生了深远影响，也奠定了各国立法原则体系架构的基础，其已成为当今各国相关立法的指南。[2] 基于此，要将该特殊条款纳入"一带一路"数字贸易规则中是符合各国立法趋势的。

3. 平等保护。CPTPP、USMCA 和 DEPA 均提出每一缔约方在保护电子商务用户免受其管辖范围内发生的个人信息保护侵害方面应努力采取非歧视做

---

〔1〕 参见弓永钦、王健："APEC 跨境隐私规则体系与我国的对策"，载《国际贸易》2014 年第 3 期。

〔2〕 参见秦翔："论我国个人信息权的独立保护"，河南大学 2016 年硕士学位论文。

法。[1]该特殊条款倡导各国平等对待在本国进行电商交易过程中个人信息受到侵害的其他国家电商用户，在救济过程中也有利于建立个人信息保护的兼容机制，故可考虑纳入"一带一路"数字贸易规则。

三、示范文本

（一）缔约方认识到保护电子商务用户个人信息的经济和社会效益，及其对增强消费者对电子商务的信心所作的贡献。

（二）每一缔约方应采用或维持规定保护电子商务用户个人信息的法律框架。在制定其个人信息保护的法律框架时，每一缔约方应考虑相关国际机构的原则和指南。

（三）双方认识到，保护个人信息的健全法律框架的基本原则应包括：
1. 限制收集原则；2. 数据质量原则；3. 目的明确原则；4. 限制利用原则；5. 安全保障原则；6. 公开原则；7. 个人参与原则；以及 8. 问责制。

（四）每一缔约方应当公布其向电子商务用户提供个人信息保护的相关信息，包括：
1. 个人如何寻求救济；以及
2. 企业如何遵守任何法律要求。

（五）每一缔约方在保护电子商务用户免受其管辖范围内发生的个人信息保护侵害方面应努力采取非歧视做法。

（六）认识到缔约方可能采取不同法律方式保护个人信息，每一缔约方应鼓励建立促进这些不同体制之间兼容性的机制。为此，缔约方应努力就其管辖范围内适用的此类机制交流信息，并探索扩大此类安排或其他适当安排的途径以促进各机制之间的兼容性。

第七节 网络安全

根据国家计算机网络应急技术处理协调中心（CNCERT）发布的《2020年我国互联网网络安全态势综述》显示，2020年，CNCERT全年捕

---

[1] CPTPP 第14章第14.8条第3款；USMCA 第19章第8条第4款；DEPA 第4章第2条第4款。

获计算机恶意程序样本数量超过4200万个,日均传播次数达482万余次,涉及计算机恶意程序家族34.8万余个。[1]按照传播来源统计,位于境外的主要是来自美国、印度等国家或地区。[2]网络安全问题已成为国家数字贸易过程中的显著问题,所以在数字贸易规则中规定有关"网络安全"的条款迫在眉睫。

对于"网络安全"条款在中国与"一带一路"相关国家签订的自贸协定中并没有相关规定,而RCEP、CPTPP、USMCA和DEPA均有涉及。[3]

一、共同性条款

网络安全主要依靠国家计算机安全主管部门的技术能力,所以RCEP、CPTPP、USMCA和DEPA都提出要重视国家计算机安全的主管部门的能力建设,可以通过分享最佳实践、分享信息的方式来增强应对网络安全事件的能力。另外还要加强现有的合作机制,CPTPP、USMCA和DEPA规定要在识别和减少黑客等威胁网络安全的事件方面开展合作。

二、特殊性条款

USMCA突出了基于风险的办法(risk-based approach)的重要性,认为网络安全威胁是不断演变的,在应对这些威胁时,基于风险的办法比规范性条款更有效。[4]这里基于风险的办法就是风险管理,风险管理通常包括风险识别、风险估计、风险降低、风险报告、风险预期等步骤。[5]网络安全的风险管理的意义在于主动去排除可能出现的网络安全风险,USMCA认为要降低网络风险,采用风险管理的办法来预防风险要比事发后根据法律规定去进行救济更重要,所以鼓励企业使用标准化风险管理的办法,以达到识别和防范网

---

[1] 参见国家计算机网络应急技术处理协调中心官网:"2020年我国互联网网络安全态势综述",载https://www.cert.org.cn/,最后访问日期:2021年12月21日。

[2] 参见国家计算机网络应急技术处理协调中心官网:"2020年我国互联网网络安全态势综述",载https://www.cert.org.cn/,最后访问日期:2021年12月21日。

[3] RCEP第12章第13条;USMCA第19章第15条;CPTPP第14章第14.16条;DEPA第5章第1条。

[4] USMCA第19章第15条第2款。

[5] 参见安永新:"基于风险的Web应用测试研究",重庆大学2002年硕士学位论文。

络安全风险的目的。

企业固然应重视采用基于风险的办法来实现网络安全，但把防范计算机网络危险的责任规定为主要由企业承担，弱化相关法律规定的作用是不可取的，我们认为应当在鼓励企业提升风险管理能力的同时健全完善网络安全相关法律规范。故该条款可以稍加修改为"缔约方认识到在应对网络安全威胁方面采用基于风险的办法的重要性。各方应努力采用并鼓励其管辖范围内的企业使用基于风险的方法，这些方法依赖于基于共识的标准和风险管理的最佳实践，以识别和防范网络安全风险，并从网络安全事件中发现、应对和恢复"。

DEPA 提出要促进网络安全领域的劳动力发展，包括通过与资格相互承认、多样性和平等性相关的可能举措。非营利组织国际资讯系统安全核准联盟（ISC）发布，2021年网络安全劳动力研究报告指出，全球网络安全劳动力仍需增长65%，才能有效保护企业或组织的关键资产。2021年11月，根据美国投资咨询机构Cybersecurity Ventures 发布的全球网络安全人才报告，过去8年全球网络安全空缺职位的数量增长了350%，从2013年的100万个职位增加到2021年的350万个。[1]网络安全人才缺口已然成为全球性的问题，推动网络安全劳动力发展是当务之急，故该特殊条款可以考虑纳入。

三、示范文本

（一）缔约方认识到下列各项的重要性：

1. 增强负责计算机安全事件应对的国家实体的能力；

2. 利用现有合作机制，在识别和减少影响缔约方电子网络的恶意侵入或恶意代码传播方面开展合作，并利用这些机制迅速处理网络安全事件，以及分享信息以提高认识和最佳实践。

3. 网络安全领域的劳动力发展，包括通过与资格相互承认、多样性和平等性相关的可能举措。

4. 在应对网络安全威胁方面采用基于风险的办法。为此，各方应努力采用并鼓励其管辖范围内的企业使用基于风险的方法，这些方法依赖于基于共识的标准和风险管理最佳实践，以识别和防范网络安全风险，并从网络安全

---

[1] 参见 Cybersecurity Ventures 官网，载 https://cybersecurityventures.com/，最后访问日期：2021年12月22日。

事件中发现、应对和恢复。

第八节 计算设施的位置

"数据本地化"按照表现形式划分为设施本地化和存储本地化。设施本地化要求使用东道国境内的计算设施存储和处理数据,或者将设施置于领土内作为经营活动的前提;而存储本地化要求境内外的服务提供者,将在东道国产生的数据存储于其境内。[1]本节所讨论的"计算设施的位置"在RCEP、CPTPP、USMCA、DEPA中都有相关规定[2],从这些协定的规定中可以看出各缔约方对于"设施本地化"的态度。

一、共同性条款

在"计算设施的位置"问题上,RCEP和CPTPP持大致相同的态度,在支持跨境数据流动的基础上,又考虑到各国不同的监管要求、公共政策目标和基本安全利益的必要性,故保留了例外条款。不过两者还存在一些差别,RCEP和CPTPP虽然都规定各方可基于合法公共政策目标而采取例外措施,但对于公共政策目标的必要性的要求不尽相同,RCEP规定实施合法公共政策的必要性由实施政策的缔约方决定,而CPTPP则规定实施合法公共政策的必要性必须满足比例性要求。如此分析可得出,RCEP相比CPTPP更限制跨境数据流动。纵观目前"一带一路"共建国家对"数据本地化"的态度,大多较为保守,所以借鉴吸收RCEP的相关规定更符合实际。

二、特殊性条款

USMCA第19章第12条将禁止计算设施本地化作为在其领土内开展业务的前提,并且没有规定"例外条款",完全禁止设施本地化,强调数据自由流动。不符实际,不考虑纳入。

---

〔1〕 参见倪甜:"国际贸易规则下的数据本地化措施研究",河南大学2020年硕士学位论文。
〔2〕 RCEP第12章第14条;USMCA第19章第12条;CPTPP第14章第14.13条;DEPA第4章第4条。

三、示范文本

（一）缔约方认识到每一缔约方对于计算设施的使用或位置可能有各自的措施，包括寻求保证通信安全和保密的要求。

（二）缔约方不得将要求涵盖的人使用该缔约方领土内的计算设施或者将设施置于该缔约方领土之内，作为在该缔约方领土内进行商业行为的条件。

（三）本条的任何规定不得阻止一缔约方采取或维持：

1. 任何与第二款不符但该缔约方认为是实现其合法的公共政策目标所必要的措施[1]，只要该措施不以构成任意或不合理的歧视或变相的贸易限制的方式适用；或者

2. 该缔约方认为对保护其基本安全利益所必要的任何措施。其他缔约方不得对此类措施提出异议。

第九节　通过电子方式跨境传输信息

"通过电子方式跨境传输信息"与"计算设施的位置"的规定有很高的相似性，从本质上这两个条款都属于跨境数据流动的规定。RCEP、CPTPP、USMCA、DEPA 都对此有相关规定。[2]在我国所缔结的 FTA 中就只有 RCEP 直接对数据的跨境流动进行了相关规定。

一、共同性条款

以上协定的共同性条款表现在每一缔约方应允许涵盖的人通过电子方式跨境传输信息，也就是缔约方要保障信息能够跨境流动。同时都规定公共政策目标作为例外条款，为实现合法的公共政策目标，可在必要限度内阻止跨境电子传输，只要这种措施不构成不合理的歧视或变相的贸易限制。

---

[1] 就本项而言，缔约方确认实施此类合法公共政策的必要性应当由实施政策的缔约方决定。
[2] RCEP 第 12 章第 15 条；USMCA 第 19 章第 11 条；CPTPP 第 14 章第 14.11 条；DEPA 第 4 章第 3 条。

二、特殊性条款

RCEP、CPTPP、USMCA、DEPA 在该规则上的区别主要还是在于对跨境数据流动不同程度的限制。

DEPA 和大多数 FTA 一样都认可了缔约方对数据的跨境流动享有规制权。RCEP 规定实施合法公共政策的必要性的决定权仍然是在实施该措施的一方手上，即只要不突破第 12 章第 15 条第 3 款（a）项的规定，对于是否要限制跨境电子传输主要由各缔约方根据自己的公共政策目标的宽松程度来决定，而且其他缔约国不得对此提出异议。RCEP 通过对合法公共政策的必要性由采取措施的缔约方决定以及赋予缔约方在基本安全利益下的绝对权利，丰富了缔约方动用该条实现合法公共政策目标和维护国家利益，并对数据跨境流动采取限制的可能性。[1] RCEP 的规定对于电子传输技术和网络安全技术尚未健全或完善的"一带一路"共建国家来说更加可采。

而 USMCA 则更倾向于数据的自由流动，缔约方只有在实现公共政策目标的措施不超过必要限度时才可以阻止电子信息跨境传输，USMCA 甚至具体列举了例外之例外，如果仅因为存在跨境传输改变了竞争条件，损害了另一方的服务提供者而对于数据传输给予不同的处理，这种措施是不符合上述的例外规定的，也就是说即使跨境传输会导致缔约一方处于竞争劣势也不能基于公共政策目标采取相应的限制手段。USMCA 的此条例外之例外规定明显更有利于信息技术发达的经济体，如果纳入到"一带一路"经贸规则可能会导致众多不发达国家的贸易受到压制甚至垄断，不符合"一带一路"合作共赢的基本精神，故不采纳。

三、示范文本

（一）缔约方认识到每一缔约方对于通过电子方式传输信息可能有各自的监管要求。

（二）一缔约方不得阻止涵盖的人为进行商业行为而通过电子方式跨境传输信息。

---

[1] 参见马光："FTA 数据跨境流动规制的三种例外选择适用"，载《政法论坛》2021 年第 5 期。

（三）本条的任何规定不得阻止一缔约方采取或维持：

1. 任何与第二款不符但该缔约方认为是其实现合法的公共政策目标所必要的措施[1]，只要该措施不以构成任意或不合理的歧视或变相的贸易限制的方式适用；或者

2. 该缔约方认为对保护其基本安全利益所必需的任何措施。其他缔约方不得对此类措施提出异议。

第十节 非应邀商业电子信息

该规定在各协定中名称略有不同，在 RCEP、CPTPP 和 DEPA 中称为"非应邀商业电子信息"，USMCA 中则称为"非应邀商业电子通信"，但本质上都是关于垃圾邮件、骚扰性电子信息的规定，而且对于该规则的规定除了表述稍有不同，内容上大体一致。[2]既然该规定在全球范围内达成了共识，将其纳入"一带一路"数字贸易规则亦在情理之中。其示范文本如下：

1. 每一缔约方应当对非应邀商业电子信息采取或维持下列措施：

（1）要求非应邀商业电子信息提供者为接收人提升阻止接收此类信息的能力提供便利；

（2）根据其法律和法规规定，要求获得接收人对于接收商业电子信息的同意；或者

（3）将非应邀商业电子信息减少到最低程度。

2. 每一缔约方应当针对未遵守根据第一款规定而实施措施的非应邀电子信息提供者，提供相关追索权。

3. 缔约方应当努力就非应邀商业电子信息的监管，在共同关切的适当案件中进行合作。

---

[1] 就本项而言，缔约方确认实施此类合法公共政策的必要性应当由实施的缔约方决定。

[2] RCEP 第 12 章第 9 条；USMCA 第 19 章第 13 条；CPTPP 第 14 章第 14.14 条；DEPA 第 6 章第 2 条。

第十一节 海关关税

对于是否对数字贸易征收数字税，各自贸协定都持较一致意见[1]，根据世贸组织部长会议关于电子商务工作计划的部长决定（WT/MIN（17）/65）维持目前不征收关税的做法，保留各方根据世贸组织部长会议作出的变动决定而调整征税做法的权利，同时由缔约方对协定进行审议和修改。其示范文本如下：

1. 每一缔约方应当维持其目前不对缔约方之间的电子传输征收关税的现行做法。

2. 第一款所提及的做法是根据 2017 年 12 月 13 日世贸组织部长会议关于电子商务工作计划的部长决定（WT/MIN（17）/65）。

3. 每一缔约方可在电子商务工作计划框架下，根据世贸组织部长会议就电子传输关税作出的任何进一步决定而调整第一款所提及的做法。

4. 缔约方应当根据世贸组织部长会议关于电子商务工作计划的任何进一步决定对本条款进行审议。

5. 为进一步明确，第一款不得阻止缔约方对电子传输征收税费、费用或其他支出，条件是此税费、费用或其他支出应以符合本协定的方式征收。

---

[1] RCEP 第 12 章第 11 条；USMCA 第 19 章第 3 条；CPTPP 第 14 章第 14.3 条；DEPA 第 3 章第 2 条；《中国-韩国自由贸易协定》第 13 章第 3 条；《中国-新加坡自由贸易协定（升级）》第 15 章第 5 条。

CHAPTER 10 第十章

争端解决

通过查询"中国自由贸易区服务网"发现，中国已签署的自由贸易协定共19份，涉及国家及地区26个，[1]其中，尚缺少《中国-马尔代夫自由贸易协定》的正式公开文本。《内地与港澳关于建立更紧密经贸关系的安排》(Closer Economic Partnership Arrangement，以下简称CEPA)、《海峡两岸经济合作框架协议》(Economic Cooperation Framework Agreement，以下简称ECFA)以及《亚太贸易协定》中并未就争端解决创设实质性的规则，仅作出了简单的规定。

第一节 缔约方之间经贸争端解决机制

一、磋商程序

中国现已签订并公布的自由贸易协定、《全面与进步跨太平洋伙伴关系协定》(Comprehensive and Progressive Agreement for Trans-Pacific Partnership，以下简称CPTPP)以及《美墨加协定》(The United States-Mexico-Canada Agreement，以下简称USMCA)中均对磋商程序作出了规制。[2]《中国-瑞士自

---

[1] 中国自由贸易区服务网：http://fta.mofcom.gov.cn/，最后访问时间：2023年4月1日。
[2] 《中国-巴基斯坦自由贸易协定》第10章第59条；《中国-冰岛自由贸易协定》第11章第108条；《中国-东盟全面经济合作框架协议争端解决机制协议》第4条；《中国-瑞士自由贸易协定》第15章第15.3条；《中国-新加坡自由贸易协定》第12章第94条；《中国-智利自由贸易协定》第10章第82条；《中国-澳大利亚自由贸易协定》第15章第5条；《中国-哥斯达黎加自由贸易协定》第14章第143条；《中国-格鲁吉亚自由贸易协定》第15章第4条；《中国-韩国自由贸易协定》第20章第20.4条；《中国-秘鲁自由贸易协定》第15章第176条；《中国-新西兰自由贸易协定》第16章第186

由贸易协定》以及《中国-澳大利亚自由贸易协定》并未对磋商程序提出原则性的规制,除此之外,上述提及的其他贸易协定均从整体上对磋商程序的开展提出了原则性要求,具体可归纳为"被诉方应当向起诉方提供充分的磋商机会"、"争端各方善意进行磋商"及"争端各方尽可能通过磋商达成共同同意的解决方案"三方面。《区域全面经济伙伴关系协定》(Regional Comprehensive Economic Partnership,以下简称 RCEP)就开展磋商程序的原则性规定完全涵盖上述三方面,其他贸易协定大多仅就其中一或两方面进行了规制。考虑到上述规定系原则性规定,其涵盖面应当尽量全面广泛,为此,可借鉴 RCEP 中的规定。

(一)共同性条款

贸易协定关于磋商程序的规定主要包括"磋商的开启""磋商的过程""保密要求"三方面。仅《中国-格鲁吉亚自由贸易协定》关于磋商程序的规定涵盖两方面内容,即"磋商的开启"及"保密要求"。

1. 磋商的开启

各贸易协定对启动磋商程序设置了不同的模式,在诸多模式中提取同类项发现,各项模式的启动均要求满足"形式要件""磋商请求"及"时间要求"三项条件。

(1)形式要件

关于"形式要件"的规定,其基本框架结构:起诉方向被诉方递交磋商要求,被诉方在收到磋商要求后作出答复。以该框架结构为基础,各贸易协定对"形式要件"的规定予以不同程度的细化和删减。《中国-智利自由贸易协定》仅要求请求方应向被请求方递交书面磋商请求。[1]

大多数贸易协定直接采取基本框架结构,仅在细节方面予以不同的设定。《中国-秘鲁自由贸易协定》将其细化为:请求方应向被请求方递交磋商请求,被请求方应在收到磋商请求后 25 日内答复该请求。《中国-柬埔寨自由贸易协定》将其细化为:起诉方应向被诉方递交磋商请求,被诉方应在受到磋商请求后 20 日内回交该请求,如被诉方向起诉方确认收到磋商请求,则确认收到

(接上页)条;《中国-毛里求斯自由贸易协定》第 15 章第 4 条;《中国-柬埔寨自由贸易协定》第 14 章第 4 条;RCEP 第 19 章第 6 条;CPTPP 第 28 章第 28.5 条;USMCA 第 31 章第 31.4 条。

[1]《中国-智利自由贸易协定》第 10 章第 82.1 条。

磋商请求之日即为被诉方收到磋商请求之日，否则将磋商请求提交之日视为被诉方收到磋商请求之日。《中国-澳大利亚自由贸易协定》将其细化为：请求方应向被请求方递交书面磋商请求通知；在磋商请求提出后，被请求方应立即回复该请求。《中国-瑞士自由贸易协定》、《中国-哥斯达黎加自由贸易协定》、《中国-毛里求斯自由贸易协定》及《中国-格鲁吉亚自由贸易协定》将其细化为：缔约一方可向另一缔约方提出书面磋商请求，另一缔约方应当在收到磋商请求之日起 10 天内做出答复。《中国-冰岛自由贸易协定》、《中国-韩国自由贸易协定》及《中国-新西兰自由贸易协定》将其细化为：起诉方应向被诉方递交书面磋商要求；被诉方应在接到要求之日起 10 日内做出书面答复。《中国-新加坡自由贸易协定》将其细化为：起诉方应向被诉方递交书面磋商请求，被诉方收到该书面磋商请求后应当告知起诉方并在收到书面磋商请求之日起 7 日内做出书面答复。《中国-巴基斯坦自由贸易协定》将其细化为：请求方应同时向被请求方和委员会提交书面磋商请求；被请求方应在收到请求当日起的 7 天内给予书面答复。《中国-东盟全面经济合作框架协议争端解决机制协议》将其细化为：起诉方应向被诉方以及其他缔约方送达书面磋商请求；被诉方应在收到该请求后即通知起诉方及其他缔约方其已收到此请求，并应在收到该请求之日起 7 天内作出答复。USMCA 将其细化为：请求方应向被请求方递交书面磋商请求；请求方应通过其秘书处同时向其他缔约方提交该书面磋商请求，并向其他缔约方的秘书处提交一份书面磋商请求副本。

　　RCEP 及 CPTPP 关于"形式要件"的规定最为细致。CPTPP 中规定：请求方应向被请求方递交书面磋商请求，并应将该请求通过联络点同时散发其他缔约方。被请求方应不迟于在其收到书面磋商请求之日后 7 天以书面形式对该请求作出答复，除非磋商各方另有议定；被请求方应通过总联络点将答复同时散发其他缔约方并真诚参加磋商。RCEP 中规定：起诉方应向被诉方递交磋商请求，并同时向其他缔约方提供一份磋商请求的副本。被诉方收到磋商请求后，应当立即向起诉方以通报的方式确认收到磋商请求并且指明收到请求的日期，否则提出请求的日期应当被视为被诉方收到请求的日期；被诉方应当同时向其他缔约方提供一份通报的副本。被诉方应当不迟于收到磋商请求之日后 7 天对该请求作出答复，并同时向其他缔约方提供一份该答复的副本。

(2) 磋商请求

"磋商请求"或"磋商要求"属于"形式要件"的组成部分。在《中国-巴基斯坦自由贸易协定》、《中国-冰岛自由贸易协定》、《中国-东盟全面经济合作框架协议争端解决机制协议》、《中国-新加坡自由贸易协定》、《中国-智利自由贸易协定》、《中国-澳大利亚自由贸易协定》、《中国-哥斯达黎加自由贸易协定》、《中国-格鲁吉亚自由贸易协定》、《中国-韩国自由贸易协定》、《中国-新西兰自由贸易协定》、《中国-毛里求斯自由贸易协定》、《中国-柬埔寨自由贸易协定》、CPTPP、USMCA 中均明确要求磋商请求的形式应为书面形式。RCEP 虽未明确要求磋商请求应为书面形式,但是根据"起诉方在向被诉方递交磋商请求后,应同时向其他缔约方提供一份磋商请求的副本"可知,RCEP 中的磋商请求应为书面形式。《中国-瑞士自由贸易协定》并未对磋商请求的形式作出强制性规定,仅指出缔约方"可"向另一缔约方提出书面磋商请求,磋商请求是否书面由该缔约方决定;但是,无论是何种形式的磋商请求,另一缔约方均应在收到该磋商请求之日起 10 天内作出答复。《中国-秘鲁自由贸易协定》对磋商请求的形式并未予以限制。

在各贸易协定中,"磋商请求"的内容一致为"提出磋商请求的原因"。但是,各贸易协定对"提出磋商请求的原因"所涵盖范围的界定有所不同。绝大多数贸易协定将"提出磋商请求的原因"界定为包括"争议所涉及的措施"及"所指控的法律基础"。在上述界定的基础上,《中国-秘鲁自由贸易协定》将"争议所涉及的措施"该项进一步界定为"争议中的措施或其他事项";《中国-东盟全面经济合作框架协议争端解决机制协议》、《中国-澳大利亚自由贸易协定》及 RCEP 将"所指控的法律基础"该项进一步界定为"所指控的事实和法律依据"。

(3) 时间要求

各贸易协定大多是通过区分紧急案件(包括涉及易腐货物的案件)和一般案件的方式对磋商开启的时间分别予以规制。关于"时间要求"的基本框架结构:被诉方应在收到磋商请求之日起一定时期内开始磋商;紧急案件中(包括涉及易腐货物的案件),被诉方应在收到磋商请求之日起一定时期内开始磋商,以达成双方满意的解决方案。中国与巴基斯坦、瑞士、哥斯达黎加、格鲁吉亚、新西兰、毛里求斯签署的自由贸易协定,RCEP,CPTPP 及 USMCA 均将一般案件中磋商的开启时间设定为 30 日,将紧急案件(包括涉及易腐货物的案件）中磋商的开启时间设定为 15 日，但在 CPTPP 及 USMCA 中另外规定"磋商各方对于紧急案件（包括涉及易腐货物的案件）和一般案件的磋商开启时间可以另有议定"，也即在 CPTPP 及 USMCA 框架下磋商的开启时间以磋商各方议定的时间为先。中国与新加坡、澳大利亚的自由贸易协定及《中国-东盟全面经济合作框架协议争端解决机制协议》均将一般案件中磋商的开启时间设定为 30 日，将紧急案件（包括涉及易腐货物的案件）中磋商的开启时间设定为 10 日。《中国-秘鲁自由贸易协定》将一般案件中磋商的开启时间设定为 40 日，将紧急案件（包括涉及易腐货物的案件）中磋商的开启时间设定为 35 日。《中国-柬埔寨自由贸易协定》将一般案件中磋商的开启时间设定为 30 日，将紧急案件（包括涉及易腐货物的案件）中磋商的开启时间设定为 20 日。

《中国-冰岛自由贸易协定》及《中国-韩国自由贸易协定》并未对紧急案件与一般案件磋商的开启时间进行区分，而是统一要求被诉方应自收到磋商请求之日起 30 日内开始磋商。《中国-智利自由贸易协定》并未就磋商的开启时间作出规定。

2. 磋商的过程

磋商过程中，大多数的贸易协定对磋商各方就信息提供提出了要求。其基本框架结构：有关当事方应提供足够信息，以便充分审议措施如何影响贸易协定的执行或适用；对于磋商过程中交换的任何保密信息或专有信息，每一缔约方应当按照与提供该信息的缔约方同样的方式予以对待。

区别于基本框架结构，《中国-瑞士自由贸易协定》将磋商过程中信息提供的主体仅限定于起诉方，被诉方无需为便利在磋商过程中找到解决方案而提供信息。此外，《中国-冰岛自由贸易协定》、《中国-格鲁吉亚自由贸易协定》、《中国-毛里求斯自由贸易协定》及《中国-柬埔寨自由贸易协定》并未设置上述规定。

3. 保密要求

磋商应保密，并不得影响任何一缔约方在"其他程序"中的权利。各贸易协定对"其他程序"的指定有所差异，中国与巴基斯坦、瑞士、智利、澳大利亚、哥斯达黎加、格鲁吉亚、韩国、秘鲁、毛里求斯、柬埔寨签署的自由贸易协定及 RCEP 均将其指定为"任何进一步程序"，中国与冰岛及新西兰签署的自由贸易协定将其指定为"后续程序"，中国与新加坡签署的自由贸协定将其指定为"后续或其他程序",《中国-东盟全面经济合作框架协议争端解决机制协议》及将其指定为"进一步或者其他诉讼程序",CPTPP将其指定为"任何其他程序",USMCA将其指定为"另一程序"。

(二) 特殊性条款

1. 磋商的开启

(1) 实质要件

《中国-冰岛自由贸易协定》《中国-格鲁吉亚自由贸易协定》《中国-毛里求斯自由贸易协定》《中国-新西兰自由贸易协定》未在磋商程序中明确磋商开启的实质要件。

《中国-巴基斯坦自由贸易协定》《中国-智利自由贸易协定》《中国-哥斯达黎加自由贸易协定》中规定的实质要件:请求方认为某措施可能影响本协定的执行。《中国-东盟全面经济合作框架协议争端解决机制协议》及《中国-新加坡自由贸易协定》中规定的实质要件:被诉方未能履行其在本协议项下的义务,导致起诉方在本协议项下直接或者间接获得的利益正在丧失或减损;或本协议任何目标的实现正受到阻碍。《中国-瑞士自由贸易协定》中规定的实质要件:缔约一方认为一项措施不符合本协定的权利和义务。《中国-澳大利亚自由贸易协定》《中国-韩国自由贸易协定》《中国-秘鲁自由贸易协定》、RCEP、CPTPP及USMCA中规定的实质要件的框架:针对协议中争端解决章节下"适用范围"所描述的任何事项进行磋商。争端解决章节下的"适用范围"适用于磋商程序及其他任一争端解决程序。

我们认为在对磋商开启的实质要件进行界定时,既要考虑降低磋商开启的门槛并保持争端解决规则的体系性,也要注意防止磋商程序被随意开启以致阻碍贸易的自由化进展。因此,有必要借鉴《中国-澳大利亚自由贸易协定》、《中国-韩国自由贸易协定》、《中国-秘鲁自由贸易协定》、RCEP、CPTPP及USMCA中关于实质要件的规定。

(2) 起诉方的特权

"起诉方的特权"是指在被诉方未在规定期限内对其收到的磋商请求作出答复或者被诉方未在规定期限内开启磋商的情况下,起诉方有权直接要求设立仲裁小组。《中国-巴基斯坦自由贸易协定》、《中国-智利自由贸易协定》《中国-哥斯达黎加自由贸易协定》、RCEP、CPTPP及USMCA均未对起诉方的特权予以规定。

为了有效解决争端、促进贸易自由化，我们认为在构建贸易规则时，应当考虑给予起诉方在满足特定条件的情况下直接将争端交由审理程序处理的权利。在对"起诉方的特权"予以规制时，应与共同性条款下"形式要件"及"时间要求"中关于答复时间及磋商开启时间的规定保持一致。

（3）参与人员

"参与人员"是指起诉方可以要求被诉方确保其政府机构或者其他管理机构中在磋商事项方面具有专业知识的人员参加。中国与冰岛、东盟、瑞士、新加坡、澳大利亚、格鲁吉亚、韩国、秘鲁、毛里求斯、柬埔寨签署的自由贸易协定及 RCEP 中并无此项规定。

我们认为关于"参与人员"的规定，一方面有利于推进争端事项在磋商程序中的顺利解决、提升磋商程序的专业化程度，另一方面此项规定并非系强制性规定，起诉方和被诉方就争端解决仍享有协商的空间。因此，在构建贸易规则时，应当考虑增加"参与人员"这一技术性规定。

（4）磋商方以外的缔约方参与磋商的条件

"磋商方以外的缔约方参与磋商"是指在多边自由贸易协定中，若磋商以外的缔约方认为其在正在进行的磋商中具有实质贸易利益的，则该缔约方在收到磋商请求的通知后应作出其参与磋商的意思表示。仅《中国-东盟全面经济合作框架协议争端解决机制协议》、RCEP、CPTPP 及 USMCA 中有此项规定。中国与巴基斯坦、冰岛、瑞士、新加坡、智利、澳大利亚、哥斯达黎加、格鲁吉亚、韩国、秘鲁、新西兰、毛里求斯及柬埔寨签署的自由贸易协定中并未设置此项规定。

除要求"磋商以外的缔约方认为其在正在进行的磋商中具有实质贸易利益"外，在《中国-东盟全面经济合作框架协议争端解决机制协议》中还要求该缔约方在收到磋商请求起 10 日内应将其参与磋商的愿望通知磋商各方，若被诉方认可该缔约方对正在进行的磋商具有实质贸易利益，则被诉方应在磋商开始前将其同意决定通知起诉方和其他缔约方；RECP 则要求该缔约方在收到磋商请求起 7 日内应将其参与磋商的愿望通报磋商各方并向其他缔约方提供一份通报副本，若磋商各方同意，则该缔约方才可参与磋商；CPTPP 及 USMCA 则仅要求该缔约方在收到磋商请求起 7 天内应将其参与磋商的愿望向其他缔约方作出书面通知，通知中应包括其对磋商所涉事项具有实质性利益的说明。由此可知，CPTPP 及 USMCA 框架下，若磋商以外的缔约方想要参与到正在进行的磋商中，仅需向其他缔约方作出其对磋商所涉事项具有实质性利益的书面说明通知即可。但是，在《中国-东盟全面经济合作框架协议争端解决机制协议》下，若磋商以外的缔约方想要参与到正在进行的磋商中，则必须征得被诉方的同意；在 RCEP 框架下，若磋商以外的缔约方想要参与到正在进行的磋商中，则必须征得磋商各方的同意。此外，《中国-东盟全面经济合作框架协议争端解决机制协议》还对磋商以外的缔约方未能参与磋商的情形提供了救济途径，即该缔约方有权提出单独的磋商请求。

在"一带一路"经贸规则的构建中，势必涉及多个国家或地区，各相关缔约方之间的贸易及利益关系相互交织且错综复杂。我们认为在贸易规则的构建中，应当考虑就"磋商方以外的缔约方参与磋商的条件"进行规制。磋商以外的缔约方一旦加入正在进行的磋商程序中，在一定程度上会对磋商各方所涉利益形成冲击，磋商各方有必要就磋商以外的缔约方能否参与磋商达成一致。基于此，可借鉴 RCEP 中关于"磋商方以外的缔约方参与磋商的条件"的规定。

（5）磋商的方式

《中国-哥斯达黎加自由贸易协定》、《中国-秘鲁自由贸易协定》、CPTPP 及 USMCA 中均规定：磋商可以当面进行或者通过磋商各方具备的任何技术手段进行。[1]《中国-韩国自由贸易协定》中虽未明确规定磋商的方式，但其就磋商的地点进行了规定，由此可推知，在该协定下，磋商的方式应为当面进行磋商。中国与巴基斯坦、冰岛、东盟、瑞士、新加坡、智利、澳大利亚、格鲁吉亚、新西兰、毛里求斯、柬埔寨签署的自由贸易协定及 RCEP 中无相关规定。

我们认为，关于磋商方式的规定属于技术性规定。事先将磋商开启所涉的各项事宜确定下来，可以推进磋商的开启，避免磋商各方就非实质性事项浪费过多的时间。因此，在贸易规则的构建中，应当对磋商方式进行规定。

（6）磋商的地点

对"磋商地点"有明确规定的贸易协定一致将磋商的方式设定为当面进

---

[1]《中国-哥斯达黎加自由贸易协定》第 14 章第 143 条；《中国-秘鲁自由贸易协定》第 15 章第 176 条；CPTPP 第 28 章第 28.5 条；USMCA 第 31 章第 31.4 条。

行磋商，磋商地点通常与被诉方密切相关。对于当面进行的磋商，《中国-哥斯达黎加自由贸易协定》以磋商双方同意的地点优先，在无法就磋商地点达成一致的情况下，磋商应当在被诉方的首都进行。CPTPP 及 USMCA 均以磋商各方约定的地点优先，无约定的，磋商应当在被诉方的首都进行。《中国-韩国自由贸易协定》以磋商双方约定的地点优先，无约定的，磋商应当在被诉方领土内进行。《中国-秘鲁自由贸易协定》以磋商双方约定的地点优先，无约定的，磋商应当在两国的城市间轮流举行，举行会谈的城市由东道国确定，首先在被诉方的城市举行。中国与巴基斯坦、冰岛、东盟、瑞士、新加坡、智利、澳大利亚、格鲁吉亚、新西兰、柬埔寨签署的自由贸易协定及 RCEP 中无此项规定。

我们认为，"磋商地点"的规定属于技术性规定，在贸易规则的构建中，可借鉴 CPTPP 及 USMCA 的做法，对其予以明确规定。

(7) 磋商期

在诸多贸易协定中，仅《中国-哥斯达黎加自由贸易协定》明确规定磋商期。该协定要求：除非双方同意延长磋商期外，磋商期不得超过被诉方收到书面磋商请求之日起的 45 日，对于涉及易腐货物的，不得超过 20 日。[1]中国与巴基斯坦、冰岛、东盟、瑞士、新加坡、智利、澳大利亚、格鲁吉亚、韩国、秘鲁、新西兰、毛里求斯签署的自由贸易协定、RCEP、CPTPP 及 USMCA 中未规定磋商期。

我们认为，在构建经贸规则时，无需对磋商期予以具体明确的规定。一方面，争端所涉事项各异，磋商难度各不相同，明确的磋商期无法适用于各项争端解决；另一方面，磋商程序作为审理程序的前置程序，审理程序已对磋商的最长时限予以明确设定。

2. 非违反之诉

"非违反之诉"（"非违约之诉"）规定在 WTO 服务贸易总协定第 23 条第 3 款："任何成员认为，其根据另一成员在本协定下的具体承诺所给予的、能够合理预见的利益由于后者实施与本协定条款并不冲突的措施而正在丧失或受到减损，则可援用 DSU"。非违反之诉应满足三个条件：一是相关措施系政府行为；二是相关措施为谈判具体承诺时所无法预见；三是相关措施破坏

---

[1]《中国-哥斯达黎加自由贸易协定》第 14 章第 143 条。

了境内外服务提供者间的原有竞争环境。[1]

《中国-东盟全面经济合作框架协议争端解决机制协议》及 RCEP 中均明确争端解决机制排除非违反之诉的适用。[2] 中国与巴基斯坦、冰岛、瑞士、新加坡、智利、澳大利亚、哥斯达黎加、格鲁吉亚、韩国、秘鲁、新西兰、毛里求斯、柬埔寨签署的自由贸易协定、CPTPP 及 USMCA 中均未在争端解决规定中排除非违反之诉的适用。

"非违反之诉"的规定属于如何界定争端解决适用范围的问题。《中国-东盟全面经济合作框架协议争端解决机制协议》及 RCEP 均涉及多个缔约方，此外，中国同时作为《中国-东盟全面经济合作框架协议争端解决机制协议》及 RCEP 的缔约方，已适应其中关于争端解决适用范围的规定。若由中国牵头构建"一带一路"经贸规则，则中国应充分借鉴已经其检验的规定和措施。因此，我们认为，在构建贸易规则时，应将"非违反之诉"排除在争端解决适用范围之外。

二、审理程序

各贸易协定对审理主体的命名不同，常见表述为仲裁小组、仲裁庭及专家组，以下统一以仲裁小组指代审理主体。审理程序主要包括"仲裁小组的设立""仲裁小组""仲裁小组的程序规则""仲裁小组报告"四部分。

（一）仲裁小组的设立

各贸易协定关于"仲裁小组的设立"的原则性规定可分为两类。第一类：仲裁小组应自书面请求提出时设立。第二类：仲裁小组应自收到书面请求之日设立。前者如中国同巴基斯坦、澳大利亚签署的自由贸易协定、RCEP、CPTPP 及 USMCA；后者如中国同冰岛、智利、哥斯达黎加、韩国、新西兰、毛里求斯、柬埔寨签署的自由贸易协定。中国同瑞士、新加坡、格鲁吉亚、秘鲁签署的自由贸易协定及《中国-东盟全面经济合作框架协议争端解决机制协议》并未对"仲裁小组的设立"作出原则性规定。

---

[1] 参见麻慧："中国-东盟自由贸易区争端解决机制之探讨——以比较研究为视角"，载《东南亚研究》2005 年第 4 期。

[2] 《中国-东盟全面经济合作框架协议争端解决机制协议》第 4.4 条；RCEP 第 19 章第 3 条。

1. 共同性条款

各贸易协定对设立仲裁小组设置了不同的模式,在诸多模式中提取同类项发现,各项模式均包括"形式要求""书面请求"及"时间要求"三项内容。

(1) 形式要求

双边自由贸易协定统一要求:起诉方向被诉方提交设立仲裁小组的书面请求,要求设立仲裁小组处理争端。多边自由贸易协定中还要求:起诉方将上述书面请求的副本发送给其他缔约方。

(2) 书面请求

关于书面请求的规定可以分为四种模式。中国与巴基斯坦、冰岛、智利、哥斯达黎加签署的自由贸易协定采取第一种模式:起诉方提交的书面请求中应当包括具体争议措施及协定的相关条款。《中国-瑞士自由贸易协定》、《中国-秘鲁自由贸易协定》、《中国-新西兰自由贸易协定》、CPTPP 及 USMCA 采取第二种模式:在第一种模式的基础之上,起诉方还应在书面请求中指明其起诉的法律根据,该法律根据不限于协定的相关条款。《中国-格鲁吉亚自由贸易协定》、《中国-韩国自由贸易协定》、《中国-毛里求斯自由贸易协定》及《中国-柬埔寨自由贸易协定》采取第三种模式:在第二种模式的基础上,起诉方还应在书面请求中指出是否已举行过磋商。《中国-东盟全面经济合作框架协议争端解决机制协议》、《中国-新加坡自由贸易协定》、《中国-澳大利亚自由贸易协定》及 RCEP 采取第四种模式:在第三种模式的基础上,起诉方除了要提供其起诉的法律依据以外,还应提供其起诉的事实根据,此外,该事实根据和法律依据要达到足以明确陈述问题的要求。

(3) 时间要求

《中国-冰岛自由贸易协定》要求只有在未能收到磋商请求之日起 60 日内解决争端,才能通过仲裁小组解决争端。该项规定实质上是将磋商期设定为 60 日,磋商程序前置于审理程序。《中国-韩国自由贸易协定》基本与《中国-冰岛自由贸易协定》关于时间要求的规定保持一致,但赋予了磋商各方意定磋商期的权利,若磋商各方就磋商期达成一致,则可不受 60 日磋商期的限制,只要磋商各方约定的磋商期经过,即可将争端提交仲裁小组解决。

《中国-东盟全面经济合作框架协议争端解决机制协议》、《中国-新加坡自由贸易协定》、《中国-澳大利亚自由贸易协定》、《中国-瑞士自由贸易协定》、《中国-格鲁吉亚自由贸易协定》、《中国-新西兰自由贸易协定》、《中国-毛里求斯自由贸易协定》及《中国-柬埔寨自由贸易协定》均对紧急案件（包括涉及易腐货物的案件）和一般案件的时间要求予以了区分，统一将一般案件的磋商期设定为60日。前三项协定将紧急案件（包括涉及易腐货物的案件）的磋商期设定为20日，后五项协定将紧急案件（包括涉及易腐货物的案件）的磋商期设定为30日。《中国-巴基斯坦自由贸易协定》《中国-秘鲁自由贸易协定》、CPTPP 及 USMCA 均赋予磋商各方意定磋商期的权利。若磋商各方未约定或者未就磋商期达成一致，则在《中国-巴基斯坦自由贸易协定》及 CPTPP 框架下就紧急案件（包括涉及易腐货物的案件）和一般案件配备的磋商期分别为30日和60日，在《中国-秘鲁自由贸易协定》框架下就紧急案件（包括涉及易腐货物的案件）和一般案件配备的磋商期分别为50日和60日，在 USMCA 框架下就紧急案件（包括涉及易腐货物的案件）和一般案件配备的磋商期分别为30日和75日。

《中国-哥斯达黎加自由贸易协定》及 RCEP 关于时间要求的规定更为细致。除了对磋商期予以明确规定外，该两项协定还将"被诉方未自收到磋商请求之日起合理期限进行答复"以及"被诉方未自收到磋商请求之日起合理期限开始磋商"两种情形分别设置为启动仲裁小组的独立条件。《中国-智利自由贸易协定》关于时间要求的规定也较为详细。在《中国-智利自由贸易协定》框架下，若缔约双方选择通过"斡旋、调解和调停"程序解决争端，则应在召开委员会会议后的30日内解决争端，否则可将争端提交仲裁小组解决；若缔约双方选择通过磋商程序解决争端，则就紧急案件（包括涉及易腐货物的案件）和一般案件应分别在收到磋商请求后30日和75日内解决争端，否则可将争端提交仲裁小组解决；若缔约双方未在其达成一致的期限内解决争端，也可将争端提交仲裁小组解决。

2. 特殊性条款

（1）主体要求

中国与冰岛、澳大利亚、新西兰、毛里求斯、柬埔寨签署的自由贸易协定及 CPTPP 中均规定提出设立仲裁小组的主体为"提出磋商请求的一方"，中国与巴基斯坦、智利签署的自由贸易协定中均将"任一缔约方"作为提出设立仲裁小组的主体。中国与瑞士、新加坡、哥斯达黎加、格鲁吉亚、韩国、秘鲁签署的自由贸易协定、《中国-东盟全面经济合作框架协议争端解决机制协议》、RCEP 及 USMCA 中均无关于主体要求的规定。

诸多贸易协定均未对主体要求做出限定，但实质上是认可任一缔约方都可以作为提请设立仲裁小组主体的事实。此外，若将提请设立仲裁小组的主体仅限定于"提出磋商请求的一方"，易对争端的解决造成障碍。我们认为，应明确将"任一缔约方"设定为提出设立仲裁小组的主体。

（2）多个起诉方的情形

"多个起诉方的情形"是指一个以上起诉方就同一事项请求设立仲裁小组。针对"一个以上起诉方就同一事项请求设立仲裁小组"的情形，《中国-东盟全面经济合作框架协议争端解决机制协议》及 RCEP 中明确既可以设立单一仲裁小组进行审理，也可以设立一个以上的仲裁小组来审查同一事项（其中，《中国-东盟全面经济合作框架协议争端解决机制协议》关于"设立单一仲裁庭"的规定较为细致，RCEP 关于"设立一个以上的仲裁小组"的规定较为细致）；CPTPP 及 USMCA 则仅要求应设立单一仲裁小组进行审查。

我们认为，在多边贸易协定中，有必要考虑多方针对同一事项请求提交仲裁小组解决的情形。在该种情形下，应尽量为缔约方提供多种救济渠道。

（3）第三方

"第三方"是指对仲裁小组审查的事项具有实质利益的争端各方以外的缔约方。《中国-东盟全面经济合作框架协议争端解决机制协议》、RCEP、CPTPP 及 USMCA 对第三方参与仲裁小组审理的相关事项作出了规定。《中国-东盟全面经济合作框架协议争端解决机制协议》仅要求第三方将其利益书面通知争端各方和其他缔约方，并未进一步规定利益通报时间。CPTPP 及 USMCA 分别将第三方进行利益通报的时间设定在该第三方收到设立仲裁小组的书面请求副本后的 10 日和 7 日内，并且规定第三方进行利益通报的方式应为"向争端各方作出其参与仲裁小组审理程序的书面通知并向其他缔约方散发该书面通知的副本"。RCEP 对第三方进行利益通报的时间设定较为详细，其可贯穿争端解决的全过程。《中国-东盟全面经济合作框架协议争端解决机制协议》、RCEP、CPTPP、USMCA 均对第三方在进行利益通报后的各项权利进行了规定，例如，第三方有权出席听证会、提交书面陈述、向仲裁小组口头陈述观点并接收争端各方的书面陈述等。相比《中国-东盟全面经济合作框架协议争端解决机制协议》、CPTPP 及 USMCA，RCEP 关于第三方的权利规定更为全面。RCEP 框架下，经争端各方同意，仲裁小组可以就任何第三方参与仲裁小组程序授予其附加权利或补充权利。除对第三方的权利予以规定外，RCEP 还对第三方设定义务，要求第三方应当同时将其向专家组提交任何陈述或其他文件提供给争端各方和其他第三方。

在"一带一路"经贸规则的构建中，势必涉及多个国家或地区，各相关缔约方之间的贸易及利益关系相互交织且错综复杂。无论是争端各方的利益，还是其他缔约方的利益，都是仲裁小组在审理具体争议事项所应然考量的因素。我们认为，应当考虑就"第三方参与仲裁小组审理的相关事项"进行规制。

（4）新仲裁小组的设立

《中国-东盟全面经济合作框架协议争端解决机制协议》及《中国-新加坡自由贸易协定》对仲裁小组重新设立的情形进行了规定。"仲裁小组重新设立的情形"是指为某事项设立的仲裁小组因任何理由无法审理时，则应设立一新的仲裁小组。我们认为，在构建经贸规则过程中，应当尽可能考虑到争端解决过程可能出现的各种情形，对于仲裁小组因故无法继续审理的情形应当予以规制。

（二）仲裁小组

1. 共同性条款

各贸易协定关于仲裁小组的规定有不同的模式，在诸多模式中提取同类项发现，各项模式均包括"人数要求""仲裁小组成员的指定""仲裁小组主席的指定""继任仲裁员的指定""对仲裁小组成员的要求""对仲裁小组主席的要求""仲裁小组的职能"七项规定。

（1）人数要求

中国与巴基斯坦、冰岛、瑞士、智利、澳大利亚、哥斯达黎加、格鲁吉亚、秘鲁、新西兰、毛里求斯、柬埔寨签署的自由贸易协定及 CPTPP 中均明确要求仲裁小组应由 3 名成员组成。在此基础上，中国与新加坡、韩国签署的自由贸易协定、《中国-东盟全面经济合作框架协议争端解决机制协议》及 RCEP 为争端当事方提供了意思自治的空间，争端当事方可就仲裁小组人数另行约定。USMCA 框架下，除非争端当事方同意仲裁小组由 3 名成员组成，否则应由 5 名成员组成。

(2) 仲裁小组成员的指定

"仲裁小组成员的指定"是指除仲裁小组主席以外成员的指定，关于"仲裁小组主席的指定"另有专门规定。关于"仲裁小组成员指定"的基本框架为：起诉方和被诉方应在仲裁小组设立后一定期限内（中国与韩国、格鲁吉亚、冰岛、秘鲁、新西兰、澳大利亚、瑞士、毛里求斯、柬埔寨签署的自由贸易协定均将其规定为 15 日；中国与巴基斯坦、哥斯达黎加签署的自由贸易协定分别将其规定为 30 日和 10 日）分别指定一名仲裁小组成员，如任一方未能在规定期限内（中国与格鲁吉亚、冰岛、秘鲁、新西兰、澳大利亚、瑞士、毛里求斯、柬埔寨签署的自由贸易协定均将其规定为 30 日；中国与巴基斯坦、哥斯达黎加签署的自由贸易协定分别将其规定为 30 日、10 日、15 日）指定一名仲裁员，则应另一争端方的请求，WTO 总干事应在此后的一定期限内（中国与巴基斯坦、格鲁吉亚、冰岛、秘鲁、新西兰、澳大利亚、瑞士、毛里求斯、柬埔寨签署的自由贸易协定均将其规定为 30 日）指定。关于仲裁小组成员的指定，中国与澳大利亚签署的自由贸易协定指明该成员可以是争端当事方的国民。在基本框架下，中国与瑞士签署的自由贸易协定中就 WTO 总干事的身份及履职情况予以进一步讨论：在 WTO 总干事为任一争端当事方的国民或无法履行此项职责的情况下，应由并非争端当事方国民的 WTO 副总干事履行职责；若 WTO 副总干事也无法履行职责，则应请求国际法院院长履行职责；若国际法院院长为任一争端当事方国民，则应请求非争端当事方的国际法院副院长履行此项职责。

在任一方未能在规定期限内指定一名仲裁员的情况下，中国与哥斯达黎加、韩国签署的自由贸易协定未将仲裁小组成员指定的权限交由 WTO 总干事，而是规定由另一争端方代为指定。此外，中国与韩国签署的自由贸易协定为争端当事方指定仲裁小组成员提供了自治的空间，争端当事方可就此另有约定。

不同于基本框架，中国与智利、新加坡签署的自由贸易协定、《中国-东盟全面经济合作框架协议争端解决机制协议》及 RCEP 分别设定起诉方与被诉方指定仲裁小组成员的期限。中国与智利签署的自由贸易协定要求：起诉方应在设立仲裁小组的书面请求中当即指定一名仲裁小组成员，被诉方应在仲裁小组设立后的 15 日内指定另一名仲裁小组成员；若被诉方未在仲裁小组设立后的 30 日内指定另一名仲裁小组成员，应起诉方的请求，WTO 总干事应在此后的 30 日内进行指定。《中国-东盟全面经济合作框架协议争端解决机制协议》及《中国-新加坡自由贸易协定》要求：起诉方应在仲裁小组设立后的 20 日内指定一名仲裁小组成员，被诉方应在仲裁小组设立后的 30 日内指定另一名仲裁小组成员。RCEP 要求：起诉方应在仲裁小组设立后的 10 日内指定一名仲裁小组成员，被诉方应在仲裁小组设立后的 20 日内指定另一名仲裁小组成员；起诉方与被诉方应当就其指定的仲裁小组成员相互通知。此外，《中国-东盟全面经济合作框架协议争端解决机制协议》及《中国-新加坡自由贸易协定》中特设独任仲裁员的情形：在起诉方或被诉方未能在规定期限内指定仲裁员的情形下，其中一方所指定的仲裁员应作为仲裁庭的独任仲裁员。RCEP 框架下，若任一方在仲裁小组设立后的 35 日内未指定仲裁员，则另一争端方在其后的 25 日内可以请求 WTO 总干事在此后的 30 日指定；如 WTO 总干事向争端各方通报其不能履职，或者在提出请求 WTO 总干事指定仲裁小组成员之日起 30 日内未指定，任一争端当事方可以请求常设仲裁法院秘书长迅速任命仲裁小组成员。在提请常设仲裁法院秘书长任命仲裁小组成员的情况下，不得适用联合国国际贸易法委员会（UNCITRAL）仲裁规则。

CPTPP 及 USMCA 关于仲裁小组成员指定的规定区别于上述框架，框架设计的思路不同，不对其进一步讨论和考虑。

（3）仲裁小组主席的指定

"仲裁小组主席指定"的基本框架：起诉方与被诉方应在仲裁小组设立后的一定期限内（中国与冰岛、澳大利亚、秘鲁、新西兰、格鲁吉亚、韩国、瑞士、毛里求斯、柬埔寨签署的自由贸易协定均将其规定为 30 日；中国与哥斯达黎加签署的自由贸易协议将其规定为 15 日）共同指定第三名成员，该第三名成员为仲裁小组主席；如在仲裁小组设立后一定期限内（中国与智利、冰岛、澳大利亚、秘鲁、新西兰、格鲁吉亚、韩国、瑞士、毛里求斯、柬埔寨签署的自由贸易协定均将其规定为 30 日；中国与哥斯达黎加签署的自由贸易协议将其规定为 15 日）仲裁小组主席未得到指定，则应一争端当事方的请求，WTO 总干事应在此后的一定期限内（注：中国与智利、冰岛、澳大利亚、秘鲁、新西兰、格鲁吉亚、韩国、瑞士、毛里求斯、柬埔寨签署的自由贸易协定均将其规定为 30 日；中国与哥斯达黎加签署的自由贸易协议将其规定为 10 日）指定仲裁小组主席。

中国与巴基斯坦、智利签署的自由贸易协定关于指定仲裁小组主席的期间起算点分别为"第二名仲裁小组成员被指定之日起 30 日内"及"第二名仲裁小组成员被指定之日起 15 日内",此处不同与基本框架的规定。

以基本框架为前提,中国与韩国、瑞士签署的自由贸易协定均对争端当事方提请 WTO 总干事指定仲裁小组主席的规定进行了补充:若 WTO 总干事是任一争端当事方的国民或者无法履行职责,则应当请求非争端当事方国民的 WTO 副总干事履行职责。中国与瑞士签署的自由贸易协定进一步补充道:若 WTO 副总干事也无法履行职责,则应当请求国际法院院长履行职责;若国际法院院长为任一争端当事方国民,则应当请求非争端当事方国民的国际法院副院长履行职责。此外,中国与韩国签署的自由贸易协定允许争端当事方就仲裁小组主席的指定另行约定。

区别于基本框架,中国与巴基斯坦、新加坡签署的自由贸易协定以及《中国-东盟全面经济合作框架协议争端解决机制协议》将"指定仲裁小组主席的期间起算点"设定为"起诉方与被诉方指定最后一名仲裁小组成员后的 30 日内日",此外,争端当事方提请 WTO 总干事指定仲裁小组主席的前提为"起诉方与被诉方未在指定第二名仲裁小组成员后 30 日内指定仲裁小组主席",不同于基本框架中"起诉方与被诉方未在仲裁小组设立后一定期限内指定仲裁小组主席"的规定。中国与新加坡签署的自由贸易协定以及《中国-东盟全面经济合作框架协议争端解决机制协议》中还要求 WTO 总干事不得为争端当事方的国民,否则应由非争端当事方国民担任的副总干事或其下职位最高的官员指定仲裁小组主席。《中国-东盟全面经济合作框架协议争端解决机制协议》进一步规定:若一争端当事方并非 WTO 成员,则争端当事方应请求国际法院院长指定仲裁小组主席;若国际法院院长为争端当事方的国民,则应由非争端当事方国民担任的副总院长或其下职位最高的官员指定仲裁小组主席。

区别于基本框架,RCEP 要求争端各方应就仲裁小组主席的指定达成同意,但并未就指定仲裁小组主席的期间另设要求,而是同"未在一定期限内指定仲裁小组成员的规定"保持一致。即,若争端当事方在仲裁小组设立后的 35 日内未共同指定仲裁小组主席,则任一争端当事方可以在其后的 25 日内请求 WTO 总干事在此后的 30 日指定;如 WTO 总干事向争端当事方通报其不能履职,或者在提出请求 WTO 总干事指定仲裁小组主席之日起 30 日内未指定,任一争端当事方可以请求常设仲裁法院秘书长迅速任命仲裁小组主席。

在提请常设仲裁法院秘书长任命仲裁小组主席的情况下，不得适用联合国国际贸易法委员会（UNCITRAL）仲裁规则。此外，在 RCEP 框架下，每一争端方可以向另一争端方提供一份至多三名仲裁小组主席的被提名人名单，每一争端方提供的被提名人名单也应提供给 WTO 总干事或常设仲裁法院秘书长，WTO 总干事或常设仲裁法院秘书长可以将其用于作出所请求的任命。

CPTPP 及 USMCA 关于仲裁小组主席指定的规定区别于上述框架，框架设计的思路不同，不对其进一步讨论和考虑。

（4）继任仲裁员的指定

"继任仲裁员的指定"是指当指定的仲裁小组成员辞职或者不能履行职责时，应当以指定原仲裁小组成员相同的方式指定继任仲裁员，继任仲裁员享有原仲裁小组成员的权利和义务。CPTPP 允许争端当事方就继任仲裁员的指定另行约定。除《中国-巴基斯坦自由贸易协定》以外，其他各自贸协定均要求，在指定继任仲裁员期间，仲裁小组的工作应当中止直至继任仲裁员被指定。

中国与冰岛、瑞士、智利、格鲁吉亚、韩国、秘鲁签署的自由贸易协定、CPTPP 及 USMCA 还对指定继任仲裁员的期限作出了规定。中国与秘鲁签署的自由贸易协定将该期限设定为 30 日，中国与冰岛、瑞士、智利、格鲁吉亚、韩国签署的自由贸易协定以及 USMCA 将该期限设定为 15 日。CPTPP 关于指定继任仲裁员期限的规定较为复杂：起诉方、被诉方或争端各方（视情况而定）在得知仲裁小组成员不能任职后 7 日内应以指定原仲裁小组成员相同的方式指定继任仲裁员，否则，应在得知该原仲裁小组成员不能任职后 15 日内根据"仲裁小组主席名册和缔约方特定名单"中的名册随机选择继任仲裁员，如名册尚未建立，则应以指定仲裁小组主席的方式指定继任仲裁员。

《中国-哥斯达黎加自由贸易协定》、《中国-韩国自由贸易协定》、CPTPP 以及 USMCA 还就"仲裁小组成员被免职"情形的处理作出规定：若争端当事方认为仲裁小组成员违反相关行为规范（该相关行为规范在《中国-哥斯达黎加自由贸易协定》中指 WTO《关于争端解决规则与程序的谅解》所规定的行为规范，在《中国-韩国自由贸易协定》中指该协定下附件 20-B《专家组成员和调解员行为守则》，在 CPTPP 中指该协定下"仲裁小组成员的资格"中所指的行为准则，在 USMCA 中指该协定下的《行为守则》），争端各方应当就此磋商。在争端各方均同意的条件下，该仲裁小组成员应当被免职，继任仲裁员应当以指定原仲裁小组成员相同的方式被指定。

(5) 对所有仲裁小组成员的要求

"对所有仲裁小组成员的要求"是指对包括仲裁小组主席在内所有仲裁小组成员的要求。各贸易协定对所有仲裁小组成员的共性要求包括三项：一是技能方面，要求仲裁小组成员具备法律、国际贸易、协定涵盖的其他事务、或国际贸易协定项下争端解决的专业知识或经验；二是选拔程序方面，要求依据客观性、可靠性、公正性及良好判断力原则严格挑选；三是独立性，要求仲裁小组成员独立且不隶属于任一缔约方或听命任一缔约方。关于第三项独立性，RCEP 对仲裁小组成员的任职身份作出了特别规定，要求仲裁小组成员必须以个人身份任职，不得作为政府代表，也不得作为任何组织的代表；此外，RCEP 及《中国-柬埔寨自由贸易协定》还进一步要求仲裁小组成员应向争端各方披露可能引起对其独立性或公正性产生合理怀疑的信息。[1]

中国与巴基斯坦、冰岛、瑞士、格鲁吉亚、新西兰、智利、哥斯达黎加、毛里求斯、柬埔寨签署的自由贸易协定均要求仲裁小组成员应当遵守 WTO 文件 WT/DSB/RC/1 所规定的行为规范。中国与澳大利亚签署的自由贸易协定则要求仲裁小组成员应当遵守该协定项下"仲裁员的行为守则"。中国与韩国签署的自由贸易协定则要求仲裁小组成员应当遵守该协定项下附件 20-B 设立《专家组成员和调解员行为守则》。RCEP 则要求仲裁小组成员应当遵守该协定项下《程序规则》所附的《行为准则》。CPTPP 及 USMCA 则要求仲裁小组成员应当遵守其各自协定项下议事规则中的行为准则。

中国与智利、哥斯达黎加签署的自由贸易协定、RCEP、CPTPP 及 USMCA 均要求仲裁小组成员未曾以任何身份处理过争端事项。中国与秘鲁签署的自由贸易协定还要求仲裁小组成员不得将责任分配给任何其他人。[2]

RCEP 就 WTO 总干事及常设仲裁法院秘书长指定的仲裁小组成员（包括仲裁小组主席）提出了两项特别要求：一是法律专业知识方面，要求以此方式指定的仲裁小组成员应具备国际公法、国际贸易以及国际贸易协定项下产生的争端解决的专业知识或经验；二是任职方面，要求以此方式指定的仲裁小组成员（此处不包括仲裁小组主席）应是一位资深的政府或非政府个人，包括曾在 WTO 专家组或 WTO 上诉机构或 WTO 秘书处任职、曾讲授或出版国

---

[1] RCEP 第 19 章第 11 条第 10 款。
[2] 《中国-秘鲁自由贸易协定》第 15 章第 178 条。

际贸易法或政策著作、或曾担任 WTO 成员高级贸易政策官员的个人；要求以此方式指定的仲裁小组主席在可能的情况下曾在 WTO 专家组或者 WTO 上诉机构任职。

（6）对仲裁小组主席的要求

USMCA 并未针对仲裁小组主席提出特别要求。中国与哥斯达黎加签署的自由贸易协定仅要求仲裁小组主席不得为任一争端当事方的国民，在争端当事方提请 WTO 总干事指定仲裁小组主席的情形下，由此指定的仲裁小组主席应当为 WTO 有经验的专家，并且应当符合争端当事方规定的遴选标准。CPTPP 要求仲裁小组主席不得为争端当事方或第三方的国民，且将提名列入"专家组主席名册和缔约方特定名单"中争端当事方或第三方的任何国民排除在外。CPTPP 及 RCEP 允许争端当事方就"仲裁小组主席的资格"自行约定，不受协定的限制。

中国与巴基斯坦、新西兰、冰岛、瑞士、智利、格鲁吉亚、韩国、秘鲁、新加坡、澳大利亚签署的自由贸易协定，《中国-东盟全面经济合作框架协议争端解决机制协议》以及 RCEP 均要求仲裁小组主席既不得为任一争端当事方或第三方的国民，也不得在任一争端当事方境内有经常居住地。此外，中国与巴基斯坦、新西兰、冰岛、瑞士、智利、格鲁吉亚、韩国、秘鲁、毛里求斯、柬埔寨签署的自由贸易协定还要求仲裁小组主席不应以任何身份处理过此争端事项。中国与冰岛、瑞士、智利、格鲁吉亚、韩国、秘鲁、新加坡、毛里求斯签署的自由贸易协定以及《中国-东盟全面经济合作框架协议争端解决机制协议》还要求仲裁小组主席不应为任一争端当事方所雇佣。

（7）仲裁小组的职能

《中国-东盟全面经济合作框架协议争端解决机制协议》关于"仲裁小组职能"的规定最全面，具体包括以下七方面：一是明确职权范围，除非争端当事方在仲裁小组设立后的 20 日内另有议定，仲裁小组应按照协定的有关规定，审查设立仲裁小组的书面请求中提及的争端事项，就争端当事方引用协议的有关规定进行说明，并为争端解决提出事实和法律方面的调查裁决和理由；二是客观评价审议的争端，要求仲裁小组审查案件事实、协定的适用性以及案件事实与协定的一致性；三是提出建议及办法，当仲裁小组认定一措施与协定规定不一致时，仲裁小组应向被诉方提出建议，以使该措施与协定相符；此外，仲裁小组还可以就被诉方如何执行该建议提出办法；四是保持协定的一致性，仲裁小组在其裁决和建议中不能增加、减少或改变协定所规定的权利和义务；五是定期磋商，仲裁小组应定期与争端当事方进行磋商，并为达成争端当事方满意的解决方法提供充分机会；六是依法裁决，仲裁小组应根据协议和对争端当事各方适用的国际法规则作出裁决，并在裁决中说明其作出裁决的法律、事实和理由；七是规范程序，要求仲裁小组与争端当事方磋商，规范争端当事方权利行使和仲裁小组的审议程序，"多个起诉方的程序"以及"仲裁小组的程序"除外。

以《中国-东盟全面经济合作框架协议争端解决机制协议》为范本，《中国-新加坡自由贸易协定》除了将第七方面（规范程序）中排除的程序设定为"'设立仲裁小组的书面请求'及'仲裁小组的程序'规定的事项"以外，其他规定基本与《中国-东盟全面经济合作框架协议争端解决机制协议》的保持一致。

以《中国-东盟全面经济合作框架协议争端解决机制协议》为范本，RCEP及《中国-柬埔寨自由贸易协定》关于"仲裁小组职能"的规定为第一项至第五项；中国与巴基斯坦、智利、秘鲁签署的自由贸易协定关于"仲裁小组职能"的规定为第一项至第四项；中国与哥斯达黎加签署的自由贸易协定关于"仲裁小组职能"的规定为第一项至第四项，并在第一项中增加"在争端当事方就仲裁小组职权范围另行达成一致的情况下，争端当事方应当在仲裁小组设立后2日内通知仲裁小组"，删除"就争端当事方引用协议的有关规定进行说明"，将第三项修改为仅提出建议；中国与冰岛签署的自由贸易协定关于"仲裁小组职能"的规定为第一项至第四项，并将第六项修改为"仲裁小组应根据协定进行裁决，并应根据解释国际公法的习惯解释规则进行解释"；中国与格鲁吉亚、新西兰、毛里求斯签署的自由贸易协定关于"仲裁小组职能"的规定为第一项至第四项，并将第三项修改为仅提出建议，将第六项修改为"仲裁小组应根据协定进行裁决，并应根据解释国际公法的习惯解释规则进行解释"。

以《中国-东盟全面经济合作框架协议争端解决机制协议》为范本，中国与韩国签署的自由贸易协定关于"仲裁小组职能"的规定为第一项至第三项，并将第三项修改为仅提出建议。中国与瑞士签署的自由贸易协定关于"仲裁小组职能"的规定为第二项、第四项，并将第一项中的时间修改为30日，将第六项修改为"仲裁小组应根据协定进行裁决，并应根据解释国际公法的习惯解释规则进行解释";中国与澳大利亚签署的自由贸易协定关于"仲裁小组职能"的规定为第一项、第二项、第四项,但在第一项中"就争端当事方引用协议的有关规定进行说明"的规定,增加"仲裁庭应根据解释国际公法的惯例对本协定进行解释,包括1969年5月23日订于维也纳的《维也纳条约法公约》所反映的惯例。仲裁庭还应考虑世贸组织争端解决机构在裁决和建议中确立的相关解释"。[1] USMCA及CPTPP关于"仲裁小组职能"的规定为第一项、第二项、第四项,并增加"专家组应依照《维也纳条约法公约》(1969)第31条和第32条所体现的国际法条约解释规则审议本协定"[2]及"除非争端各方另有议定,否则专家组应以与争端解决章节和专家组的程序规则相一致的方式履行职能和进行诉讼";[3] CPTPP补充要求:对于已纳入本协定的《WTO协定》的任何条款,专家组还应审议WTO争端解决机构所通过的专家组报告和上诉机构报告中的相关解释"。[4]

2. 特殊性条款

(1) 仲裁小组的运作规则

"仲裁小组的运作规则"是对仲裁小组在审理程序中行使职能的具体细化。中国与巴基斯坦、冰岛、智利、韩国签署的自由贸易协定共同规定:一是仲裁小组会议由仲裁小组主席主持;二是除争端当事方就仲裁小组开展活动的方式另有约定外,仲裁小组开展活动的方式不受限制,可以通过电话、传真或电脑等方式联系;三是仲裁小组报告的起草为仲裁小组的专属职责并禁止委托;四是当出现协定尚未涵盖的程序问题时,仲裁小组可以采用与协定不相冲突的适当程序;五是对参与仲裁小组审议的主体限定为仲裁员,但是在中国与韩国签署的自由贸易协定中进一步规定:在仲裁小组与争端当事方磋商后,仲裁小组的助理、口译员或笔译员可以出席其讨论,任何出席此讨论的人不得向争端当事方泄露任何在此讨论期间涉及的信息。

中国与巴基斯坦、冰岛、智利签署的自由贸易协定赋予仲裁小组进行程序性(如程序适用的时间期限)或管理性调整修改的权限,仲裁小组行使该权限时,应就调整修改的原因书面通知争端当事方,并注明需要修改的期限

---

[1] 《中国-澳大利亚自由贸易协定》第15章第9条第1款、第2款。
[2] USMCA第31章第13条第4款;CPTPP第28章第12条第3款。
[3] USMCA第31章第13条第3款;CPTPP第28章第12条第2款。
[4] CPTPP第28章第12条第3款。

或者需要进行的调整。中国与韩国签署的自由贸易协定同样将作出程序上或管理上（行政上）决定的权限授予仲裁小组，并进一步规定仲裁小组可将该权限委托仲裁小组主席行使。

中国与澳大利亚签署的自由贸易协定关于仲裁小组运作规则的规定较为简略，仅要求"仲裁小组会议应由仲裁小组主席主持""仲裁小组具有做出程序上或管理上（行政上）决定的权限且仲裁小组可将该权限进一步授权仲裁小组主席行使"以及"除非争端当事方另有约定，参与仲裁小组审议的主体只能是仲裁员，但是，在征求争端当事方意见的情况下，仲裁小组的助理、译员或指定的书记员也可以参与仲裁小组的审议，以协助仲裁庭的工作"。

我们认为，经贸规则应当对仲裁小组行使职能的规则予以细化，以便仲裁小组更好发挥职能，但是在具体细化的过程中，无需规制过细，应仅就原则性的事项（如仲裁小组报告起草应为仲裁小组的专属职责）予以明确规定并设定边界，其他事项交由仲裁小组自行规定。

（2）仲裁小组组成的时间

《中国-哥斯达黎加自由贸易协定》及RCEP将仲裁小组组成的时间设定为"仲裁小组主席被指定的时间"。《中国-新加坡自由贸易协定》及《中国-东盟全面经济合作框架协议争端解决机制协议》将仲裁小组组成的时间设定为"仲裁小组主席被指定的时间"或者"在独任仲裁员的情况下，仲裁小组设立后的第30日"。

我们认为，为保持经贸协定的体系性和系统性，应当对仲裁小组组成的时间予以明确，此外，考虑到大部分的贸易协定均未设置独任仲裁员的情形，仲裁小组组成的时间可设定为"仲裁小组主席被指定的时间"。

（3）仲裁小组的重新召集

《中国-澳大利亚自由贸易协定》、RCEP及CPTPP均对仲裁小组重新召集的情形作出了规定：若在执行程序中重新成立仲裁小组，该重新成立的仲裁小组应尽可能与原仲裁小组的成员保持一致；在不能保持一致的情况下，应按照指定原仲裁小组成员相同的方式进行指定，仲裁小组的工作应在指定前中止；重新召集的仲裁小组成员应当拥有原仲裁小组成员所有的权利和职责。CPTPP将"在仲裁小组成员无法保持一致的情形下指定仲裁员的期限"设定为15日内，《中国-澳大利亚自由贸易协定》及RCEP并未对该期限进行规制。

我们认为，为保持审理程序与执行程序的连贯性与系统性，应当对仲裁小组重新召集的情形进行规制。在重新召集的仲裁小组成员无法与原仲裁小组成员保持一致的情况下，应当遵循协定中关于继任仲裁员的相关规定对仲裁小组成员进行指定。

（4）对仲裁小组成员的特殊要求

CPTPP 及 USMCA 对仲裁小组成员提出了特殊要求，该特殊要求的设定是为了处理特定法律领域的争端。CPTPP 及 USMCA 共同要求：在"劳工"主题下产生的任何争端中，除主席外的仲裁小组成员应具备劳动法律或实务的专门知识或经验；在"环境"主题下产生的任何争端中，除主席外的仲裁小组成员应具备环境法律或实务的专门知识或经验。CPTPP 还要求在"透明度和反腐败"主题下产生的任何争端中，除主席外的仲裁小组成员应具备反腐败法律或实务的专门知识或经验。USMCA 则兜底规定：在涉及未列明的专门法律领域的争端中，每一争端当事方应选择具备与争端主题事项相关的专门知识或经验的仲裁小组成员。

我们认为，关于仲裁小组成员的资格设置，应当借鉴 CPTPP 及 USMCA 此处的规定，在"对所有仲裁小组成员的要求"中设置兜底条款，要求"在涉及专门法律领域的争端中，每一争端当事方应选择具备与争端主题事项相关的专门知识或经验的仲裁小组成员"。

（5）RCEP 中关于仲裁小组成员任命的特殊程序

RCEP 允许争端当事方就仲裁小组的组成另行约定，就仲裁小组成员（包括仲裁小组主席）的指定设置了前置程序：在仲裁小组设立后的 10 日内，争端当事方首先应当进行磋商（非磋商程序中的磋商），磋商的过程中应当考虑争端所涉的事实、技术和法律，争端当事方应当通过磋商就"仲裁小组的组成程序（包括仲裁小组成员的指定、仲裁小组主席的指定、继任仲裁员的指定、仲裁小组重新召集情形下仲裁员的指定）"达成一致；若争端当事方在仲裁小组设立后 20 日内（此处的磋商期上限为 10 日），未能就"仲裁小组的组成程序"达成一致，任一争端当事方可在其后的任何时间以向另一争端当事方发送书面通报的方式表示其希望适用协定中关于"仲裁小组的组成"相关的程序，仲裁小组应当据此适用协定中的相关程序。

此外，RCEP 对"常设仲裁法院秘书长指定仲裁小组成员"设置了特别程序：常设仲裁法院秘书长应当将一份至少包括三名仲裁小组成员被提名人的相同名单通报争端当事方；争端当事方在收到该份名单后的 15 日内，可以删除其反对的任何被提名人，将名单上的其余被提名人按其自行决定的顺序进行编号，然后将名单交还给常设仲裁法院秘书长；常设仲裁法院秘书长应当按照争端当事方表明的优先顺序，从其收到的任何名单上剩余的被提名人中任命其余的仲裁小组成员。若因故未能按上述流程指定仲裁小组成员，常设仲裁法院秘书长可以按照协定的规定自行决定任命仲裁小组成员。[1]

我们认为，在构建经贸规则的过程中，若借鉴 RCEP 中关于仲裁小组组成的相关程序，则应当考虑 RCEP 此处的特殊规定。

(6) 仲裁员名册及行为守则

CPTPP 及 USMCA 确立了仲裁员名册的制定规则，其中 CPTPP 对仲裁小组主席名册的制定与缔约方特定指示性名单的制定进行了区分，而 USMCA 仅对仲裁小组成员名册的制定进行了规定。[2]《中国-澳大利亚自由贸易协定》在其附件一中设置了"仲裁员的行为守则"；《中国-韩国自由贸易协定》在其附件 20-B 中设置了"仲裁员和调解员行为守则"；RCEP、CPTPP 及 USMCA 分别在其程序规则中设置了"仲裁员的行为准则"。

我们认为，CPTPP 及 USMCA 中仲裁员名册的设置规则与 CPTPP 及 USMCA 框架下仲裁小组的组成规则紧密相关。由于 CPTPP 及 USMCA 中关于仲裁小组组成规则的框架较为特殊，区别于其他贸易协定中的相关框架，推广适用性不强，在构建经贸规则时，对仲裁员名册的设置规则建议不予考虑。关于"仲裁员的行为准则"，可以借鉴 WTO 文件 WT/DSB/RC/1 所规定的行为规范。

(三) 仲裁小组的程序规则

1. 共同性条款

仲裁小组的程序规则基本包含"第一次书面陈述""听证会""仲裁小组的书面问题""保密要求""禁止单方面联络要求""程序的中止或终止""专家意见"七项规定。

(1) 第一次书面陈述

"第一次书面陈述"包括起诉方的初步书面陈述和被诉方的初步书面反驳

---

[1] RCEP 第 19 章第 11 条第 12 款。
[2] CPTPP 第 28 章第 11 条第 9 款；USMCA 第 31 章第 8 条。

陈述，用以说明案件事实及相关论据。其基本的框架：起诉方应当在仲裁小组组成后一定期限内（中国与巴基斯坦、冰岛、智利、格鲁吉亚、瑞士、韩国、毛里求斯、柬埔寨签署的自由贸易协定将该期限规定为 20 日；中国与澳大利亚签署的自由贸易协定将该期限设定为"14 日"或"仲裁小组另行决定的期限"）提交初步书面陈述；被诉方应当在起诉方提交初步陈述后一定期限内（中国与巴基斯坦、冰岛、智利、格鲁吉亚、瑞士、澳大利亚、毛里求斯、柬埔寨签署的自由贸易协定将该期限规定为 30 日；中国与韩国签署的自由贸易协定将该期限设定为"争端当事方自行约定的期限"或"无约定情形下，则为 20 日"）提交书面反驳陈述。《中国-冰岛自由贸易协定》进一步对仲裁小组提出要求：仲裁小组应当在听取争端当事方关于争议的意见后，决定争端当事方进一步应当提供或可以提交的书面陈述，并且规定递交此类陈述的时间。中国与格鲁吉亚、瑞士、澳大利亚、毛里求斯、柬埔寨签署的自由贸易协定则对争端当事方提出要求：争端当事方应向每位仲裁员和另一争端当事方提交第一次书面陈述的副本，该文件的副本也应以电子形式提供。

《中国-新加坡自由贸易协定》及《中国-东盟全面经济合作框架协议争端解决机制协议》共同将争端当事方向仲裁小组提交第一次书面陈述的时间设定在仲裁小组与争端当事方召开第一次实质性会议之前，起诉方应先于被诉方提交第一次书面陈述，仲裁小组应就接受被诉方提交第一次书面陈述设立确定的期限。经仲裁小组与争端当事方磋商，仲裁小组在确定仲裁程序时间表时，可以决定争端当事方同时提交第一次书面陈述。对于争端当事方第一次书面陈述后的任何书面陈述，上述协定要求争端当事方应同时提交。

中国与哥斯达黎加、新西兰签署的自由贸易协定、CPTPP 以及 USMCA 均未对"第一次书面陈述"作出具体规定，仅要求在制定各自的程序规则时应确保争端当事方提交初步书面陈述的机会。中国与秘鲁签署的自由贸易协定以及 RCEP 中并无关于"第一次书面陈述"的规定。

（2）听证会

听证会的召开是仲裁小组进行审理的关键环节。中国与巴基斯坦、冰岛、瑞士、智利、格鲁吉亚、韩国、毛里求斯、柬埔寨签署的自由贸易协定对"不召开听证会"及"追加听证会召开"的情形作出规定：只要争端当事方一致同意，仲裁小组可以决定不举行听证会，也可以组织附加的听证会。中国与澳大利亚签署的自由贸易协定也对追加听证会召开的情形作出了规定，其前提是争端当事方一致同意。中国与澳大利亚、哥斯达黎加、秘鲁、新西兰签署的自由贸易协定、RCEP、CPTPP 及 USMCA 均要求仲裁小组应至少召开一次听证会。中国与新西兰签署的自由贸易协定及 RCEP 还明确将听证会召开次数的上限设置为两次。《中国-新加坡自由贸易协定》及《中国-东盟全面经济合作框架协议争端解决机制协议》则明确将听证会的召开次数设置为两次。

在中国与巴基斯坦、冰岛、瑞士、智利、格鲁吉亚、韩国、毛里求斯签署的自由贸易协定中，听证会召开的日期、时间和地点是仲裁小组主席经与争端当事方和其他仲裁小组成员协商确定的，在争端当事方无另外约定的情形下，听证会应当在被诉方领土举行，被诉方应当承担争端解决程序的后勤管理，特别是听证会的组织。《中国-哥斯达黎加自由贸易协定》、CPTPP 及 USMCA 同意允许争端当事方协商确定听证会的召开地点，在争端当事方未达成一致的情况下，听证会应当在被诉方首都召开。《中国-东盟全面经济合作框架协议争端解决机制协议》及《中国-新加坡自由贸易协定》则规定在争端当事方未达成一致的情况下，第一次听证会应在被诉方首都召开，第二次听证会应在起诉方首都召开。中国与澳大利亚、秘鲁、柬埔寨签署的自由贸易协定则规定在争端当事方未达成一致的情况下，第一次听证会应在被诉方领土举行，追加的听证会应轮流在争端当事方领土上进行。《中国-新西兰自由贸易协定》及 RCEP 并未对听证会召开的日期、时间及地点作出规定。

听证会的流程大体为：起诉方发表陈述－被诉方发表陈述－起诉方回应－被诉方回应。中国与巴基斯坦、智利签署的自由贸易协定在"起诉方回应"环节前补充"争端当事方发表抗辩主张"环节。《中国-新加坡自由贸易协定》及《中国-东盟全面经济合作框架协议争端解决机制协议》要求：在第一次听证会上，先由起诉方发表陈述，再由被诉方发表陈述；在第二次听证会之前，争端当事方应向仲裁小组提交书面辩驳；在第二次听证会上，争端当事方进行正式辩驳，先由被诉方发表陈述，再由起诉方发表陈述。中国与冰岛、哥斯达黎加、格鲁吉亚、韩国、秘鲁、新西兰、毛里求斯、柬埔寨签署的自由贸易协定、RCEP、CPTPP 及 USMCA 中无关于听证会流程的相关规定。

中国与巴基斯坦、智利、瑞士、格鲁吉亚、韩国、冰岛、毛里求斯、柬埔寨签署的自由贸易协定均对"争端当事方向仲裁小组补充书面陈述"的情形作出了规定：听证会后的一定期限内（中国与巴基斯坦、智利签署的自由贸易协定将该期限规定为 15 日；中国与瑞士、格鲁吉亚、韩国、毛里求斯、柬埔寨签署的自由贸易协定将该期限规定为 20 日；中国与冰岛签署的自由贸易协定将该期限规定为 30 日），争端当事方可以针对听证会中出现的任何问题提交补充书面陈述。中国与新加坡、哥斯达黎加、秘鲁、新西兰签署的自由贸易协定，《中国-东盟全面经济合作框架协议争端解决机制协议》，RCEP，CPTPP，USMCA 未就上述情形作出规定。

除 CPTPP 及 USMCA 以外，其他贸易协定均以听证会不向公众开放为原则。

（3）仲裁小组的书面问题

"仲裁小组的书面问题"是指在仲裁程序中的任何时间，仲裁小组可以向争端当事方提出书面问题，争端当事方应迅速、充分地向仲裁小组和另一争端当事方提交书面回复，另一争端当事方有权对此进行书面评论。中国与巴基斯坦、智利、瑞士、格鲁吉亚、毛里求斯、柬埔寨签署的自由贸易协定均有此项规定。中国与巴基斯坦、智利、瑞士签署的自由贸易协定将另一争端当事方提出书面评论的时间设定为争端当事方提交书面回复后 5 日内。中国与瑞士、毛里求斯、柬埔寨签署的自由贸易协定还要求仲裁小组应在提出书面问题时对争端当事方进行书面回复的期限予以明确规定。

中国与新西兰、澳大利亚签署的自由贸易协定则要求争端当事方应对仲裁小组在仲裁程序中提出的任何其认为必要且适当的问题予以迅速且充分的答复，对于仲裁小组以书面形式提出的问题，争端当事方应迅速、充分地向仲裁小组和另一争端当事方提交书面回复，另一争端当事方有权对此进行书面评论。《中国-东盟全面经济合作框架协议争端解决机制协议》及《中国-新加坡自由贸易协定》允许仲裁小组随时向争端当事方提出问题，争端当事方应就仲裁小组提出的问题在会议过程中口头说明或者以书面形式进行说明，并且应使仲裁小组获得其口头陈述的书面版本。中国与冰岛、哥斯达黎加、韩国、秘鲁签署的自由贸易协定、RCEP、CPTPP 及 USMCA 均无此项规定。

（4）保密要求

CPTPP 及 USMCA 仅笼统要求保护机密信息。《中国-哥斯达黎加自由贸易协定》仅在其程序规则的制定要求中提出要确保仲裁小组的审议及保密信息应保密。

《中国-秘鲁自由贸易协定》要求仲裁小组的审议和提交仲裁小组的文件

应当保密。中国与新西兰、瑞士签署的自由贸易协定还要求争端当事方应当将另一争端当事方提交给仲裁小组的被指定为保密的信息予以保密。中国与格鲁吉亚、韩国、毛里求斯、柬埔寨签署的自由贸易协定进一步补充要求不得阻止争端当事一方将自身的立场向公众披露。

在中国与格鲁吉亚、韩国、毛里求斯签署的自由贸易协定基础上，中国与巴基斯坦、冰岛、智利、澳大利亚、新加坡签署的自由贸易协定、《中国-东盟全面经济合作框架协议争端解决机制协议》及 RCEP 要求：若争端当事方向仲裁小组提交其书面陈述的保密版本，则应另一争端当事方的请求，该争端当事方应提供一份其书面陈述所含信息的可对外公布的非机密摘要。中国与巴基斯坦、冰岛、智利、澳大利亚签署的自由贸易协定对非机密摘要的提供时间做出了规定：该摘要应在不迟于另一争端当事方提出要求或争端当事方提交书面陈述后的 15 日内完成，以时间晚的为准。RCEP 补充：在保密方面，第三方与争端当事方享有同样的权利和义务；此外，仲裁小组的审议、争端当事方及第三方向仲裁小组提交的书面陈述应当使争端当事各方及第三方可获得。

(5) 禁止单方面联络要求

中国与巴基斯坦、冰岛、智利、格鲁吉亚、韩国、毛里求斯、柬埔寨签署的自由贸易协定关于"禁止单方面联络"的规定比较全面，包括仲裁小组主动与争端当事一方单独会晤或联络、争端当事一方主动与部分仲裁小组成员单独会晤或联络、部分仲裁小组成员主动与争端当事一方或各方会晤或联络三种情形。中国与新西兰、瑞士、新加坡签署的自由贸易协定，《中国-东盟全面经济合作框架协议争端解决机制协议》及 RCEP 仅对争端当事方进行规制：争端当事方不得就仲裁小组正在考虑的事项与仲裁小组进行单方面接触。中国澳大利亚、哥斯达黎加、秘鲁签署的自由贸易协定、CPTPP 及 USMCA 中无相关规定。

(6) 程序的中止或终止

"程序中止"的基本框架：争端当事方可在任何时间一致同意仲裁小组中止其工作，期限自达成此种一致起不超过 12 个月；如发生中止，仲裁小组程序中的任何相关期限应当随中止工作的期限延长；根据任一争端当事方的请求，仲裁程序即应恢复。"程序终止"的基本框架：除非争端当事方另有约定，若仲裁小组的工作已中止 12 个月以上，则设立仲裁小组的授权即告终止；或者，争端当事方在达成各方均满意的解决办法情况下，可一致同意终止仲裁小组程序。中国与巴基斯坦、冰岛、瑞士、智利、格鲁吉亚、韩国、新加坡、澳大利亚、新西兰、哥斯达黎加、毛里求斯、柬埔寨签署的自由贸易协定，《中国-东盟全面经济合作框架协议争端解决机制协议》，RCEP，CPTPP 及 USMCA 均大体遵循上述基本框架。

以基本框架为前提，中国与澳大利亚、新西兰签署的自由贸易协定及 RCEP 补充要求：在发生争端当事方一致同意终止程序的情形时，争端当事方应就此共同通知仲裁小组主席；RCEP 进一步要求争端当事方还应当共同向其他缔约方通报仲裁小组程序已经中止或终止。中国与哥斯达黎加签署的自由贸易协定则要求在发生争端当事方一致同意终止程序的情形时，争端当事方应就此共同通知仲裁小组。《中国-东盟全面经济合作框架协议争端解决机制协议》与《中国-新加坡自由贸易协定》将"程序终止"框架下第二种情形的发生时间设定为"最终报告散发前"。CPTPP 及 USMCA 框架下对不同主体提出请求中止仲裁小组程序的情形进行了区分：在起诉方请求仲裁小组中止程序的情形下，仲裁小组可以随时中止工作；在被诉方请求中止仲裁小组中止程序的情形下，仲裁小组则应当随时中止工作。

（7）专家意见

《中国-新西兰自由贸易协定》将仲裁小组向专家寻求科学信息或建议的前提设置为仲裁小组认为有必要向专家寻求科学信息或建议。仲裁小组在获得专家提供的科学信息或建议后，应当向争端当事方提供该科学信息或建议的副本，并为争端当事方提供发表意见的机会。《中国-东盟全面经济合作框架协议争端解决机制协议》与《中国-新加坡自由贸易协定》均规定：仲裁小组可以应争端当事方的请求或者在征求争端当事方意见后自行决定向专家寻求科学信息或建议，以在审理过程中协助仲裁小组。对于争端当事方提出的科学或技术事项的事实问题，仲裁小组可以请求一名或者多名专家提供书面咨询报告，但是，这些专家对于仲裁小组作出的任何决定无投票的权利。

中国与冰岛、韩国、格鲁吉亚、澳大利亚、智利、瑞士、巴基斯坦、哥斯达黎加、秘鲁、毛里求斯、柬埔寨签署的自由贸易协定，RCEP，CPTPP 及 USMCA 均将仲裁小组向专家寻求科学信息或建议的前提设置为仲裁小组认为有必要向专家寻求科学信息或建议或者任一争端当事方要求其向专家寻求科学信息或建议。RCEP 还要求争端当事方应对"仲裁小组向专家寻求科学信息或建议"达成一致同意,否则仲裁小组不得寻求科学信息或建议。中国与韩国、澳大利亚签署的自由贸易协定,CPTPP 及 USMCA 则要求争端当事方对"仲裁小组向专家寻求科学信息或建议"达成一致同意,且要求"仲裁小组向专家寻求科学信息或建议"应依据争端各方均同意的权限和条件。中国与巴基斯坦签署的自由贸易协定则要求争端当事方对"仲裁小组向专家寻求科学信息或建议"达成一致同意或者可能达成一致同意即可。中国与哥斯达黎加签署的自由贸易协定则要求争端当事方对"仲裁小组向专家寻求科学信息或建议"未一致反对即可。

此外,中国与格鲁吉亚、澳大利亚、智利、瑞士、毛里求斯、柬埔寨签署的自由贸易协定,RCEP,CPTPP 及 USMCA 还要求仲裁小组通过向专家寻求科学信息或建议所获得任何信息应提供给争端各当事方评论。中国与巴基斯坦、哥斯达黎加、秘鲁、柬埔寨签署的自由贸易协定则要求仲裁小组在寻求科学信息或建议之前,应当将其寻求信息和技术建议请求一事提前通知争端当事方,与争端当事方进行磋商以建立适当的程序,并向争端当事方提供评论的机会;仲裁小组在寻求科学信息或建议之后,应当向争端当事方提供其获得的科学信息或建议的副本并向争端当事方提供评论的机会。中国与巴基斯坦、哥斯达黎加、秘鲁、新西兰签署的自由贸易协定及 RCEP 还要求:若仲裁小组在准备报告时考虑了该科学信息或建议,则其也应当考虑争端当事方对科学信息或建议所提出的任何意见。中国与智利、瑞士、巴基斯坦、哥斯达黎加签署的自由贸易协定还要求:若仲裁小组请求专家做出书面报告,则应当中止仲裁小组程序的任何时限,该中止始于仲裁小组提交请求之日,止于专家将报告提交给仲裁小组之日。中国与秘鲁签署的自由贸易协定还对仲裁小组寻求科学信息或建议的对象(专家)提出要求,要求应依据客观性、独立性、可靠性和良好判断力严格挑选专家,且该专家应独立于且不隶属于或听命于任一争端当事方。

2. 特殊性条款

(1) 仲裁的开始时间

中国与巴基斯坦、冰岛、智利、韩国签署的自由贸易协定要求仲裁应于仲裁小组组成后的 15 日内开始,争端当事方应在仲裁小组组成后的 15 日内与仲裁小组会面,除非争端当事方另有议定,此次会面应确定争端当事方或仲裁小组认为适当的事项。中国与韩国签署的自由贸易协定进一步明确该适当事项应包括应当支付给专家组成员报酬和费用事项。中国与瑞士、新加坡、澳大利亚、哥斯达黎加、格鲁吉亚、秘鲁、新西兰、毛里求斯、柬埔寨签署的自由贸易协定，《中国-东盟全面经济合作框架协议争端解决机制协议》，RCEP，CPTPP 及 USMCA 中无"仲裁开始时间"相关规定。

我们认为，"仲裁的开始时间"是仲裁小组进入实质审理的标志，应当予以明确规定。

（2）仲裁程序的时间表

《中国-东盟全面经济合作框架协议争端解决机制协议》与《中国-新加坡自由贸易协定》要求仲裁小组经与争端当事方磋商后，应在仲裁小组组成后的 15 日内确定仲裁程序的时间表。仲裁程序的时间表应对争端当事方提交书面陈述的期限予以明确设定。《中国-澳大利亚自由贸易协定》要求仲裁小组经与争端当事方磋商后，应在仲裁小组组成后 10 日内确定仲裁程序的时间表。除非争端当事方另有约定，自仲裁小组设立之日起至仲裁小组提交最终报告之日止，仲裁程序历时不得超过 270 日。仲裁小组可以修改仲裁程序的时间表，但其前提是将提议的修改及修改理由以书面方式通知争端当事方。此外，《中国-澳大利亚自由贸易协定》还在附件中设置了"指示性时间表"作为仲裁小组确定仲裁程序时间表的指引。RCEP 要求仲裁小组经与争端当事方磋商后，应在仲裁小组组成后 15 日内确定仲裁程序的时间表。除非争端当事方另有约定，自仲裁小组设立之日起至仲裁小组提交最终报告之日止，仲裁程序历时不得超过 7 个月。此外，RCEP 还就执行审查程序的时间表作出了规定：若在执行程序中重新召集仲裁小组，仲裁小组应在重新召集之日起 15 日内确定执行审查程序的时间表，并同时考虑执行审查程序中的期限。中国与巴基斯坦、冰岛、瑞士、智利、哥斯达黎加、格鲁吉亚、韩国、秘鲁、新西兰、毛里求斯、柬埔寨签署的自由贸易协议，CPTPP 及 USMCA 中无"仲裁程序时间表"相关规定。

我们认为，"仲裁程序的时间表"与"仲裁的开始时间"规定均以落实审理程序相关环节的开展为目的。"仲裁程序的时间表"较"仲裁的开始时间"规制的范围更全面，可适用性更强，在构建经贸规则时，可参考关于"仲裁程序时间表"的相关规定。

（3）关于紧急案件的时限规定

中国与巴基斯坦、智利签署的自由贸易协定均指出：针对紧急案件，包括涉及易腐货物的案件，仲裁小组应当适当调整相关程序中的时限。

中国与冰岛、瑞士、新加坡、澳大利亚、哥斯达黎加、格鲁吉亚、韩国、秘鲁、新西兰、毛里求斯、柬埔寨签署的自由贸易协定，《中国-东盟全面经济合作框架协议争端解决机制协议》，RCEP、CPTPP及USMCA无相关规定。

我们认为，紧急案件具有特殊性，紧急案件的审理时限应区别于一般案件，并应授予仲裁小组调整此种时限的权限。

（4）关于撤回设立仲裁小组请求的规定

《中国-冰岛自由贸易协定》允许起诉方在初步报告发布前的任何时间撤回设立仲裁小组的请求，该行为并不影响其在以后的某个时间就同一事宜提出新的设立仲裁小组的请求。《中国-瑞士自由贸易协定》则将起诉方撤回设立仲裁小组请求的时间限定在最终报告发布之前，并明确要求起诉方不得滥用撤诉和再诉的权利。中国与巴基斯坦、新加坡、智利、澳大利亚、哥斯达黎加、格鲁吉亚、韩国、秘鲁、新西兰、毛里求斯、柬埔寨签署的自由贸易协定，《中国-东盟全面经济合作框架协议争端解决机制协议》，RCEP，CPTPP及USMCA中无关于撤回设立仲裁小组请求的规定。

我们认为，争端当事方应当充分利用"程序中止或终止"的系列规定，无需另设"撤回设立仲裁小组请求"的规定。

（5）时间的计算标准

中国与巴基斯坦、冰岛、智利、韩国签署的自由贸易协定均对时间的计算标准做出了规定：本协定提及的"在一特定日期或事件后一定天数内"，"在此前一定天数内"，或"一定天数内"完成一事项，该特定日期或特定事件发生的日期不包括在天数的计算之内。中国与巴基斯坦、智利、韩国签署的自由贸易协定进一步规定：若争端当事方提交文件的最后日期为另一争端当事方的法定节假日，则可在下一个工作日提交，任何基于收到文件而起算的时限自最后收到该文件的日期计算。中国与瑞士、新加坡、澳大利亚、哥斯达黎加、格鲁吉亚、秘鲁、新西兰、毛里求斯、柬埔寨签署的自由贸易协定，《中国-东盟全面经济合作框架协议争端解决机制协议》，RCEP，CPTPP，USMCA中无时间计算标准的相关规定。

我们认为，在构建经贸规则中，应当增加关于"时间计算标准"的规定，以便争端当事方在各项程序中明确各项时间及各项程序的起始节点。

(6) 费用

中国与冰岛、哥斯达黎加、格鲁吉亚、韩国、新西兰、澳大利亚、毛里求斯、柬埔寨签署的自由贸易协定均要求争端当事方应平均负担仲裁员的报酬以及仲裁小组的其他费用。中国与韩国、新西兰、澳大利亚、毛里求斯签署的自由贸易协定还允许争端当事方自行就费用问题予以约定。《中国-智利自由贸易协定》要求争端当事方应平均负担仲裁员的报酬以及仲裁小组的其他费用；此外，争端当事方应各自承担其指定的仲裁员及其开支费用。《中国-巴基斯坦自由贸易协定》要求争端当事方应平均负担仲裁小组的费用及与执行程序相关的其他费用，除非争端当事方另有约定；此外，争端当事方应自行承担仲裁程序中发生的费用及司法上的支出。中国与瑞士、新加坡、秘鲁签署的自由贸易协定，《中国-东盟全面经济合作框架协议争端解决机制协议》，RCEP，CPTPP，USMCA 中未就费用问题进行规定。

我们认为，费用作为开启审理程序的关键成本，应在审理程序规则中予以说明。在构建经贸规则的过程中，应当考虑费用问题，并就争端当事方所应负担的费用予以明确规定。

（四）仲裁小组报告

中国与巴基斯坦、冰岛、瑞士、新加坡、智利、哥斯达黎加、格鲁吉亚、韩国、秘鲁、新西兰、毛里求斯、柬埔寨签署的自由贸易协定，《中国-东盟全面经济合作框架协议争端解决机制协议》，CPTPP 及 USMCA 统一要求：仲裁小组应基于一致意见作出裁决，在不能达成一致意见的情况下，应依照多数意见作出裁决；仲裁员可以就未达成一致的事项提供单独意见，但是，仲裁小组不得披露哪些仲裁小组成员做出多数或少数意见。《中国-澳大利亚自由贸易协定》及 RCEP 就仲裁小组作出裁决的原则未有明确条款。

1. 共同性条款

(1) 时间要求

大部分贸易协定将仲裁小组报告的作出划分为"初步报告的作出"及"最终报告的作出"两阶段，并进一步对初步报告及最终报告作出的时间提出不同的要求。《中国-东盟全面经济合作框架协议争端解决机制协议》、《中国-新加坡自由贸易协定》、《中国-哥斯达黎加自由贸易协定》、《中国-格鲁吉亚自由贸易协定》及《中国-秘鲁自由贸易协定》仅涉及一项报告的作出。

"仲裁小组报告提交的时间要求"基本遵循如下框架设定：仲裁小组应在仲裁小组组成后一定期限内向争端当事方提交初步报告，在紧急案件中，包括涉及易腐货物的案件，仲裁小组应在仲裁小组组成后较短期限内向争端当事方提交初步报告；仲裁小组应在提交初步报告后一定期限内向争端当事方提交最终报告。此外，若仲裁小组在例外情形下未能按照上述规定的时间向争端当事方提交初步报告，则应书面通知争端当事方延迟的原因和发出报告的估计期限，除非争端当事方一致同意，否则任何延迟不应超过一定期限。

《中国-冰岛自由贸易协定》将提交初步报告的时间设置为90日，将提交最终报告的时间设置为45日，未就初步报告的延迟情形作出规定。《中国-瑞士自由贸易协定》将初步报告的提交时间设置为90日（一般案件）及60日（紧急案件），将最终报告的提交时间设置为30日（一般案件）及20日（紧急案件），将初步报告延迟提交的上限时间设置为30日；《中国-澳大利亚自由贸易协定》及《中国-新西兰自由贸易协定》将初步报告的提交时间设置为90日，将最终报告的提交时间设置为30日，将初步报告延迟提交的上限时间设置为30日；RCEP将初步报告的提交时间设置为150日（一般案件）及90日（紧急案件），将最终报告的提交时间设置为30日，将初步报告延迟提交的上限时间设置为30日，但是，RCEP未就争端当事方约定报告延迟散发期限的情形作出规定；CPTPP及USMCA将初步报告的提交时间设置为150日（一般案件）及120日（紧急案件），将最终报告的提交时间设置为30日，将初步报告延迟提交的上限时间设置为30日。《中国-东盟全面经济合作框架协议争端解决机制协议》及《中国-新加坡自由贸易协定》将报告的提交时间设置为120日（一般案件）及60日（紧急案件），并要求报告散发至争端当事方的时间总共不应超过180日，此外，上述两项协定未就争端当事方约定报告延迟散发期限的情形作出规定。

中国与毛里求斯、巴基斯坦、智利、韩国、哥斯达黎加、格鲁吉亚、秘鲁签署的自由贸易协定均允许争端当事方就仲裁小组报告的提交时间自行约定。《中国-毛里求斯自由贸易协定》及《中国-柬埔寨自由贸易协定》将初步报告的提交时间设置为120日（一般案件）及90日（紧急案件），将最终报告的提交时间设置为30日，将初步报告延迟提交的上限时间设置为30日；《中国-巴基斯坦自由贸易协定》将初步报告的提交时间设置为90日（一般案件）及60日（紧急案件），将最终报告的提交时间设置为30日，将初步报告延迟提交的上限时间设置为 30 日;《中国-智利自由贸易协定》将初步报告的提交时间设置为 120 日（一般案件）及 60 日（紧急案件），将最终报告的提交时间设置为 30 日，将初步报告延迟提交的上限时间设置为 30 日;《中国-韩国自由贸易协定》将初步报告的提交时间设置为 120 日，将最终报告的提交时间设置为 45 日，将初步报告延迟提交的上限时间设置为 30 日;《中国-哥斯达黎加自由贸易协定》将报告的提交时间设置为 120 日（一般案件）及 80 日（紧急案件），将报告延迟提交的上限时间设置为 30 日（一般案件）及 10 日（紧急案件）;《中国-格鲁吉亚自由贸易协定》将报告的提交时间设置为 120 日（一般案件）及 60 日（紧急案件），将报告延迟提交的上限时间设置为 30 日（一般案件）及 15 日（紧急案件）;《中国-秘鲁自由贸易协定》将报告的提交时间设置为 120 日（一般案件）及 90 日（紧急案件），将报告延迟提交的上限时间设置为 30 日。

(2) 内容要求

"内容要求"基本包括两方面内容：一是仲裁小组报告应当以本协定的相关规定、争端当事方的书面陈述和主张为基础；二是仲裁小组报告应当包括"事实认定""关于争议的措施是否遵守本协定项下义务的结论，或任何其他其授权范围所要求的裁决"及"仲裁小组对争端解决提出的建议及办法"三方面。除《中国-瑞士自由贸易协定》及《中国-新西兰自由贸易协定》外，其他贸易协定均对仲裁小组报告的内容提出一定要求。

《中国-秘鲁自由贸易协定》及 RCEP 允许争端当事方就"内容要求"的第一项另行约定，CPTPP 未就"内容要求"的第一项作出规定。《中国-巴基斯坦自由贸易协定》、《中国-毛里求斯自由贸易协定》、《中国-澳大利亚自由贸易协定》、RCEP 及 USMCA 补充将"从专家处获得的科学信息或建议"作为仲裁小组报告的基础。中国与巴基斯坦、智利、澳大利亚、秘鲁、哥斯达黎加签署的自由贸易协定，RCEP 及 CPTPP 均对"内容要求"的第二项予以明确规定。此外，RCEP 还要求仲裁小组报告应当概括争端当事方及第三方论点的描述。

(3) 书面评论

"书面评论"是指争端当事方针对仲裁小组报告进行的书面评论，在包含初步报告和最终报告的贸易协定中，"书面评论"仅限于对初步报告的书面评论。各贸易协定关于"书面评论"的规定框架：任一争端当事方应在收到初步报告后一定期限内针对此报告向仲裁小组提交书面评论；仲裁小组在考虑争端当事方对初步报告的任何书面评论后，可以重新考虑该报告并做出其认为合适的进一步审查。

中国与新西兰、澳大利亚签署的自由贸易协定将提交书面评论的期限设定为 10 日；中国与巴基斯坦、智利、冰岛、瑞士签署的自由贸易协定将提交书面评论的期限设定为 14 日；中国与韩国、毛里求斯、柬埔寨签署的自由贸易协定，RCEP、CPTPP 及 USMCA 将提交书面评论的期限设定为 15 日。《中国-巴基斯坦自由贸易协定》、CPTPP 及 USMCA 允许争端当事方就其向仲裁小组提交书面评论的时间自行约定。《中国-冰岛自由贸易协定》及 USMCA 还允许仲裁小组在收到对初步报告的书面评论后向任一争端当事方征询意见。

《中国-东盟全面经济合作框架协议争端解决机制协议》及《中国-新加坡自由贸易协定》仅笼统要求仲裁小组应在报告完成前为争端当事方提供充分机会审查报告草案，争端当事方对报告草案的评论应体现在报告中。中国与哥斯达黎加、秘鲁签署的自由贸易协定中关于"书面评论"的规定有所不同。两协定中的"书面评论"以"争端当事方认为需进一步解释或界定的事项"为载体，其提交时间为"仲裁小组报告生效和裁决执行之前"或者"由仲裁小组另行决定"，其效果是仲裁小组对报告的内容进行更加准确地解释而非对报告进行修改。《中国-哥斯达黎加自由贸易协定》将提交书面评论的期限设定为 25 日，并要求仲裁小组应当在该书面评论提交后的 20 日内予以回复。《中国-秘鲁自由贸易协定》将提交书面评论的期限设定为 10 日，要求提交书面评论的争端当事方应将该书面评论的副本交送另一争端当事方，并要求仲裁小组应当在收到该书面评论后的 10 日内予以回复。《中国-格鲁吉亚自由贸易协定》中无"书面评论"的相关规定。

（4）公开

仲裁小组报告（此处专指最终报告）应在向争端当事方提交后一定期限内予以公布。《中国-东盟全面经济合作框架协议争端解决机制协议》《中国-新加坡自由贸易协定》《中国-澳大利亚自由贸易协定》及《中国-新西兰自由贸易协定》将公布的期限设定为 10 日；中国与冰岛、智利、韩国、格鲁吉亚、毛里求斯、柬埔寨签署的自由贸易协定，CPTPP 及 USMCA 将公布的期限设定为 15 日；《中国-秘鲁自由贸易协定》将公布的期限设定为 30 日。

《中国-巴基斯坦自由贸易协定》要求争端当事方应在获得最终报告后的

合理期限内先向该协定下的委员会提交该最终报告及任一争端方补充的书面材料，该最终报告应在"提交委员会后的 15 日内"或者"委员会另行决定的期限内"公布。《中国-哥斯达黎加自由贸易协定》要求报告应"在提交后的 25 日内"，或者"在仲裁小组对书面评论作出回复后的 5 日内"公开。RCEP 要求仲裁小组应在向该争端当事方发布最终报告之日后的 7 日内向其他缔约方发布最终报告，此后，任一争端当事方可公开最终报告。

中国与冰岛、瑞士、秘鲁签署的自由贸易协定均允许争端当事方自行约定公布期限。中国与巴基斯坦、智利、瑞士、韩国、哥斯达黎加、秘鲁、格鲁吉亚、柬埔寨签署的自由贸易协定，RCEP，CPTPP 及 USMCA 均要求公布前需对机密信息予以保护。在《中国-韩国自由贸易协定》、《中国-格鲁吉亚自由贸易协定》及《中国-柬埔寨自由贸易协定》项下，争端当事方还可以决定不公开最终报告。

2. 特殊性条款

中国与新加坡、新西兰签署的自由贸易协定，《中国-东盟全面经济合作框架协议争端解决机制协议》，CPTPP 及 USMCA 均就"仲裁小组报告的起草"予以明确规定：仲裁小组应当在争端当事方不在场的情况下，根据协定的相关规定、争端当事方及第三方提供的信息及所作的陈述起草报告。CPTPP 及 USMCA 还允许仲裁小组根据从专家处获得的科学信息或建议起草报告。《中国-瑞士自由贸易协定》仅要求仲裁小组应当根据协定的相关规定、仲裁小组的设立请求以及争端当事方的书面陈述和主张起草报告。

我们认为，仲裁小组报告的起草应当保持独立性，不得受任一争端当事方的干扰和影响。在构建经贸规则时，应当明确对仲裁小组起草报告的相关要求。

三、执行程序

（一）共同性条款

1. 执行

针对仲裁小组的最终报告认定被诉方未能遵守协定义务的情形，被诉方在收到仲裁小组的最终报告后，应立即执行或在合理期限内执行争端解决方案。除《中国-瑞士自由贸易协定》未就补偿方案作出规定外，各贸易协定均要求争端解决方案的内容应包括"仲裁小组最终报告中的建议"或者"争端当事方一致达成的补偿方案"。此外，CPTPP 及 USMCA 还允许争端解决方案中可包含争端当事方均可接受的赔偿方案。

《中国-澳大利亚自由贸易协定》、《中国-新加坡自由贸易协定》、《中国-柬埔寨自由贸易协定》、《中国-东盟全面经济合作框架协议争端解决机制协议》及 RCEP 均要求被诉方应就其执行仲裁小组建议和裁决的意向通知起诉方。《中国-澳大利亚自由贸易协定》、《中国-柬埔寨自由贸易协定》及 RCEP 明确要求被诉方应在仲裁小组最终报告提交后的 30 日内通知起诉方其执行意向。

关于合理期限的确定，中国与秘鲁、格鲁吉亚、韩国、新加坡、哥斯达黎加、毛里求斯签署的自由贸易协定及《中国-东盟全面经济合作框架协议争端解决机制协议》要求争端当事方应在仲裁小组报告散发后的 30 日内议定合理期限；中国与冰岛、新西兰、智利、澳大利亚、柬埔寨签署的自由贸易协定，RCEP 及 CPTPP 则要求争端当事方应在仲裁小组报告散发后的 45 日内议定合理期限。否则，任一争端当事方可将此事项提交原仲裁小组或原仲裁小组主席（RCEP 及 CPTPP 中提交的对象为原仲裁小组主席），由原仲裁小组或原仲裁小组主席经与争端当事方协商后确定合理期限。CPTPP 要求争端当事方应至迟在仲裁小组报告散发后的 60 日内将此事项提交仲裁小组主席。

如争端当事方未能在上述期限内确定合理期限，并将此事项提交仲裁小组或仲裁小组主席，仲裁小组或仲裁小组主席应在该事项向其提交后的一定期限内（CPTPP 将该期限规定为 90 日；中国与冰岛、新西兰、智利、毛里求斯、柬埔寨签署的自由贸易协定将该期限规定为 60 日；RCEP 将该期限规定为 45 日；中国与格鲁吉亚、韩国、新加坡、瑞士、澳大利亚签署的自由贸易协定及《中国-东盟全面经济合作框架协议争端解决机制协议》将该期限规定为 30 日；中国与哥斯达黎加签署的自由贸易协定将该期限规定为 20 日）向争端当事方作出决定。如果仲裁小组不能在此期限内做出决定，则应书面通知争端当事方迟延的原因和预计提交报告的期限，任何迟延都不应超过一定期限（中国与冰岛、新西兰、韩国、智利、毛里求斯、柬埔寨签署的自由贸易协定将该期限规定为 30 日，并允许争端当事方就该期限另行约定；中国与格鲁吉亚、澳大利亚签署的自由贸易协定将该期限规定为 15 日，并允许争端当事方就该期限另行约定；中国与瑞士签署的自由贸易协定将该期限规定为

15日;中国与新加坡签署的自由贸易协定及《中国-东盟全面经济合作框架协议争端解决机制协议》将该期限规定为该事项向仲裁小组提交后的45日)。此外,《中国-澳大利亚自由贸易协定》还对"仲裁小组就合理期限作出决定的程序"提出要求:仲裁小组应要求争端当事方在其作出决定前向其提交书面陈述;若任一争端当事方请求召开听证会,则仲裁小组应召开听证会并给予每一争端当事方在听证会上陈述的机会。

关于合理期限的长度,《中国-秘鲁自由贸易协定》要求合理期限应以仲裁小组报告散发后的300个工作日为上限。中国与格鲁吉亚、韩国、澳大利亚、毛里求斯、柬埔寨签署的自由贸易协定,RCEP及CPTPP均要求合理期限应以仲裁小组报告散发后的15个月为上限。在中国与澳大利亚签署的自由贸易协定、RCEP及CPTPP中,关于合理期限长度的规定仅具有指导性,该期限可根据具体情况缩短或延长。《中国-哥斯达黎加自由贸易协定》未就合理期限设定上限,只要争端当事方一致同意即可延长合理期限。

2. 一致性审查

"一致性审查"是指在争端当事方对被诉方"是否取消与协定不相符的措施"或"是否履行协定项下的义务"存在分歧的情况下,争端当事方应将该事项提交仲裁小组,可能的情况下,应提交原仲裁小组处理,仲裁小组应在该事项向其提交后一定期限内向争端当事方提交报告。中国与巴基斯坦、智利签署的自由贸易协定将该期限设定为90日;中国与冰岛、格鲁吉亚、韩国、瑞士、澳大利亚、新加坡、秘鲁、新西兰、毛里求斯、柬埔寨签署的自由贸易协定及《中国-东盟全面经济合作框架协议争端解决机制协议》将该期限设定为60日;中国与哥斯达黎加签署的自由贸易协定将该期限设定为45日;RCEP要求仲裁小组应在90日内提交初步报告,在提交初步报告后的30日内提交最终报告。

中国与格鲁吉亚、韩国、瑞士、新加坡、秘鲁、新西兰、毛里求斯签署的自由贸易协定,《中国-东盟全面经济合作框架协议争端解决机制协议》及RCEP进一步规定仲裁小组迟延提交报告的情形。中国与格鲁吉亚、韩国、瑞士、毛里求斯、柬埔寨签署的自由贸易协定中该部分的规定同其就仲裁小组迟延确定合理期限的规定一致;中国与新西兰签署的自由贸易协定要求仲裁小组迟延的期限不得超过30日;中国与新加坡签署的自由贸易协定及《中国-东盟全面经济合作框架协议争端解决机制协议》要求仲裁小组至迟在审查事项提交后的 75 日内提交报告；RCEP 要求仲裁小组至迟在审查事项提交后的 150 日内提交最终报告。

中国与澳大利亚签署的自由贸易协定及 RCEP 要求争端当事方向仲裁小组提交将"一致性审查的相关事宜"的时间应在"合理期限届满后"或者"被诉方书面通知起诉方其已取消与协定不相符的措施或已履行协定项下的义务后"。中国与巴基斯坦、智利、哥斯达黎加签署的自由贸易协定及 RCEP 均规定应由起诉方将"一致性审查的相关事项"向仲裁小组提交。在中国与巴基斯坦、智利签署的自由贸易协定中，起诉方向仲裁小组提交应满足特定前提：被诉方认为其已经取消与协定不相符的措施，并已向起诉方提供书面通知以描述不符合协定的措施是如何被取消的，但是，起诉方对此不予认可；满足该前提后，起诉方才可以在收到被诉方书面通知后的 60 日内将该事项提交仲裁小组。

3. 中止减让或利益

中止减让或利益属于被诉方未在合理期限内执行争端解决方案情形下的临时措施。在"被诉方已使其措施与协定下的规定相符"或者"争端当事方已通过其他方式解决争端"的情况下，起诉方不得继续对被诉方中止减让或利益。

起诉方在考虑中止何种减让或利益时，应首先考虑仲裁小组所认定的不符措施所影响的相同部门中止利益，若起诉方认为中止相同部门的利益不可行或无效，则可考虑中止其他部门的利益。中国与瑞士、格鲁吉亚、澳大利亚、新加坡、韩国、秘鲁、新西兰、毛里求斯、柬埔寨签署的自由贸易协定，《中国-东盟全面经济合作框架协议争端解决机制协议》，RCEP 及 CPTPP 均对"中止减让或利益"的程度作出限定，要求其应限于被诉方在协定项下所享有的减让或利益，且应与起诉方丧失或受损的水平相等。此外，中国与冰岛、瑞士、格鲁吉亚、韩国、秘鲁、智利、新加坡、澳大利亚、新西兰、哥斯达黎加、毛里求斯、柬埔寨签署的自由贸易协定，《中国-东盟全面经济合作框架协议争端解决机制协议》，RCEP 及 CPTPP 明确要求起诉方应当向被诉方作出中止减让或利益的通知。

中国与智利、韩国、澳大利亚、新加坡签署的自由贸易协定及《中国-东盟全面经济合作框架协议争端解决机制协议》将"起诉方可以对被诉方中止减让或利益"的前提设定为：争端当事方未能在启动补偿谈判后的 20 日内就补偿达成协议；中国与新西兰签署的自由贸易协定中将该相关前提设定为：争端当事方未能在启动补偿谈判后的 30 日内就补偿达成协议；中国与格鲁吉亚签署的自由贸易协定中将该相关前提设定为：争端当事方未提出谈判要求或者争端当事方未能在启动补偿谈判后的 20 日内就补偿达成协议；中国与毛里求斯签署的自由贸易协定中将该相关前提设定为：争端当事方未提出谈判要求或者争端当事方未能在启动补偿谈判后的 15 日内就补偿达成协议；中国与哥斯达黎加、秘鲁、柬埔寨签署的自由贸易协定，RCEP 及 CPTPP 则将该相关前提设定为：争端当事方未能在启动补偿谈判后的 30 日内就补偿达成协议，或者虽达成补偿协议，但起诉方认为被诉方未能遵守补偿协议的条款和条件。

《中国-巴基斯坦自由贸易协定》仅规定：若被诉方未在收到仲裁小组最终报告后的 30 日内与起诉方达成争端解决方案，起诉方即可对被诉方中止减让或利益。中国与冰岛、瑞士签署的自由贸易协定均将"起诉方可以对被诉方中止减让或利益"的前提设定为"仲裁小组裁定被诉方未能在确定的合理期限内使其已被裁定为与本协定不一致的措施遵守仲裁小组的裁决"或者"被诉方书面通知起诉方其将不执行仲裁小组的裁决，且争端当事方未达成补偿协议"。《中国-瑞士自由贸易协定》将"争端当事方达成补偿协议的期限"明确限定为"争端当事方启动补偿谈判后的 30 日内"。USMCA 规定：若争端当事方在收到仲裁小组裁定后的 45 日内未能就争端解决方案达成一致，则起诉方可对被诉方中止减让或利益。

4. 对中止减让或利益水平的审查

经被诉方书面请求，应当组建仲裁小组，可能的情况下，应为原仲裁小组，由仲裁小组审查起诉方对被诉方中止减让或利益的程度是否明显过度，仲裁小组应在其组成后一定期限内作出裁定。在仲裁的过程中，起诉方不得对被诉方中止减让或利益。

中国与新加坡签署的自由贸易协定及《中国-东盟全面经济合作框架协议争端解决机制协议》将仲裁小组作出该项裁定的期限设定为 30 日。RCEP 将仲裁小组作出该项裁定的期限设定为 45 日。中国与巴基斯坦、冰岛、澳大利亚、智利、新西兰、韩国、秘鲁、格鲁吉亚、哥斯达黎加、瑞士、毛里求斯、柬埔寨签署的自由贸易协定将仲裁小组作出该项裁定的期限设定为 60 日。CPTPP 及 USMCA 将仲裁小组作出该项裁定的期限设定为 90 日或 120 日。中国与巴基斯坦签署的自由贸易协定允许争端当事方就仲裁小组作出该项裁定的期限进行约定。

中国与秘鲁、新加坡签署的自由贸易协定及《中国-东盟全面经济合作框架协议争端解决机制协议》还对仲裁小组延迟作出该项裁定的情形予以规定：若仲裁小组未能在上述期限内作出裁定，则应书面通知争端当事方其迟延的原因及预计提交裁定的期限。上述三项协定均允许争端当事方就该迟延期限进行约定。在争端当事方未达成约定的情况下，中国与巴基斯坦签署的自由贸易协定将迟延期限的上限设定为30日；中国与新加坡签署的自由贸易协定及《中国-东盟全面经济合作框架协议争端解决机制协议》要求仲裁小组应至迟在审查事项提交后的45日内作出裁定。

（二）特殊性条款

1. 补偿协议

补偿协议属于被诉方未在合理期限内执行争端解决方案情形下的另一项临时措施。争端当事方应基于自愿达成补偿协议，该补偿协议应与协定下的规定保持一致。在争端当事方就补偿协议进行谈判时，起诉方不得对被诉方中止减让或利益。

中国与澳大利亚、韩国、格鲁吉亚、柬埔寨签署的自由贸易协定及RCEP对"争端当事方在何种情形下可以通过谈判以达成补偿协议"规定得较为全面。具体包括三种情形：一是被诉方未能在合理期限内使其措施符合仲裁小组的裁决；二是被诉方书面通知起诉方其将不遵守仲裁小组的裁决；三是经一致性审查，仲裁小组认定被诉方未使其措施符合仲裁小组的裁决。中国与毛里求斯签署的自由贸易协定及CPTPP仅对上述情形一及情形二作出规定。中国与哥斯达黎加签署的自由贸易协定仅对上述情形一及情形三作出规定。中国与新加坡、智利、新西兰、秘鲁签署的自由贸易协定及《中国-东盟全面经济合作框架协议争端解决机制协议》仅对上述情形一作出规定。中国与巴基斯坦、冰岛、瑞士签署的自由贸易协定无相关规定。

2. 中止后的程序

在起诉方对被诉方中止减让或利益的情况下，被诉方可以书面通知起诉方其已经消除了仲裁小组认定的不一致性，并在书面通知中描述该不一致性是如何消除的。若起诉方认同被诉方的主张，则应立即停止对被诉方中止减让或利益；若起诉方不认同被诉方的主张，则可在其收到该书面通知后一定期限内将该事项提交仲裁小组，可能的情况下，应为原仲裁小组。仲裁小组应在起诉方将该事项向其提交后的一定期限内发布报告。若仲裁小组认定被诉方已消除不一致性，则起诉方应立即停止对被诉方中止减让或利益。RCEP规定：在起诉方不认同被诉方主张的情形下，争端当事方均可以将该事项提交仲裁小组，非仅起诉方一方可以提交。CPTPP 规定：无论起诉方是否认同被诉方的主张，被诉方均可在向起诉方作出书面通知后直接将该事项交由仲裁小组裁定。

中国与冰岛、韩国、秘鲁、新西兰、哥斯达黎加、毛里求斯、柬埔寨签署的自由贸易协定将起诉方向仲裁小组提交该事项的期限设定为 60 日；中国与格鲁吉亚、澳大利亚签署的自由贸易协定将起诉方向仲裁小组提交该事项的期限分别设定为 45 日和 30 日。

CPTPP 将仲裁小组发布报告的期限设定为 90 日；中国与冰岛、格鲁吉亚、澳大利亚、韩国、秘鲁、新西兰、毛里求斯、柬埔寨签署的自由贸易协定将仲裁小组发布报告的期限设定为 60 日；中国与哥斯达黎加签署的自由贸易协定将仲裁小组发布报告的期限设定为 30 日。

中国与巴基斯坦、东盟、瑞士、新加坡、智利签署的自由贸易协定未就中止后的程序作出规定。

四、示范文本

第一节 缔约方之间经贸争端解决机制

第一条 磋商

一、除非本协定另有规定，否则争端解决条款应适用于：

（一）缔约方之间与本协定解释和适用相关的争端解决；

（二）一缔约方认为另一缔约方的实际措施或拟议措施与本协定的义务不一致或将会出现不一致的情况，或另一缔约方在其他方面未能履行本协定项下的义务的情况；

（三）本协定将非违反之诉排除在争端解决的适用范围之外。

二、一被诉方应当对一起诉方提出的磋商请求给予适当的考虑并应当给予此类磋商充分的机会。争端双方应当善意地进行磋商，并且尽一切努力通过磋商达成共同同意的解决办法。

三、起诉方应向被诉方递交书面磋商请求，并同时向其他缔约方提供一份书面磋商请求的副本。被诉方收到书面磋商请求后，应当立即向起诉方以书面通报的方式确认收到磋商请求并且指明收到请求的日期，否则提出请求的日期应当被视为被诉方收到请求的日期；被诉方应当同时向其他缔约方提供一份书面通报的副本。被诉方应当不迟于收到书面磋商请求之日后 7 日内对该请求作出书面答复，并同时向其他缔约方提供一份该答复的副本。

四、书面磋商请求中须说明提出磋商请求的理由，包括确认争议措施，并且指出所指控的事实和法律基础。

五、除非磋商各方另有议定，被诉方应当在收到书面磋商请求之日起 30 日内开始磋商；在紧急情况下，包括涉及易腐货物的情况，被诉方应当在收到书面磋商请求之日起 15 日内开始磋商。

六、若被诉方未在收到书面磋商请求之日后 7 日内作出答复，或未在收到书面磋商请求之日起 30 日内开始磋商，在紧急情况下，包括涉及易腐货物的情况，被诉方未在收到书面磋商请求之日起 15 日内开始磋商，则起诉方可以直接请求设立仲裁小组。

七、起诉方可以要求被诉方确保其政府机构或者其他管理机构中在磋商事项方面具有专业知识的人员参加。

八、磋商以外的缔约方认为其在磋商中具有实质贸易利益的，该缔约方应当在收到书面磋商请求副本之日后的 7 日内将其参与磋商的请求书面通报磋商各方，并同时向其他缔约方提供一份书面通报的副本。若磋商各方均表示同意，则磋商以外的缔约方可以参与到磋商中。

九、磋商可以当面进行或者通过磋商各方具备的任何技术手段进行。

十、如磋商是当面进行的，磋商应在被诉方的首都进行，除非磋商各方另有议定。

十一、每一磋商方应提供足够信息，以便充分审议措施如何影响贸易协定的执行或适用；对于磋商过程中交换的任何保密信息或专有信息，参加磋商的每一缔约方应当按照提供该信息的缔约方同样的方式予以对待。

十二、磋商应保密，且不得损害任何缔约方在任何进一步程序中的权利。

第二条 审理

一、仲裁小组的设立

（一）设立仲裁小组的请求

1. 在符合下列条件的情况下，任一缔约方可以将争端提交仲裁小组解决。起诉方应向被诉方提交设立仲裁小组的书面请求，要求设立仲裁小组处理争端，并将上述书面请求的副本发送给其他缔约方：

（1）被诉方未在收到书面磋商请求之日起7日内作出书面答复；或者

（2）被诉方未在收到书面磋商请求之日起30日内开始磋商，在紧急情况下，包括涉及易腐货物的情况，被诉方未在收到书面磋商请求之日起15日内开始磋商；或者

（3）缔约各方未能在其一致同意的期限内解决争议事项。除此之外，对于紧急事项（包括涉及易腐货物的事项），被诉方未能在收到书面磋商请求后的30日内解决；对于一般事项，被诉方未能在收到书面磋商请求后的60日内解决。

2. 起诉方提交的书面请求中应当指出是否已举行过磋商、指明具体争议措施、提供足以明确陈述问题的事实根据和法律依据（包括协定的相关条款）。

3. 仲裁小组应自起诉方递交书面请求之日起设立。

（二）多个起诉方的程序

1. 如一个以上缔约方就同一事项请求设立仲裁小组，在可行的情况下，应设立单一仲裁小组审查与该事项相关的起诉。

2. 在设立单一仲裁小组的情况下，该仲裁小组应组织审查并将其调查结果提交所有争端当事方，以保证争端当事方在若干仲裁小组分开审查起诉时本可享受的权利不受到减损。如争端任何一方提出请求，在撰写报告时间允许情况下，仲裁小组可就争端向争端当事方提交单独的报告。每一争端当事方的书面陈述应可使其他争端当事方获得，且每一争端当事方有权在争端其他当事方向仲裁小组陈述意见时在场。

3. 如设立一个以上的仲裁小组以审查与同一事项相关的起诉，则争端各方应当努力保证由相同人员在每一单独仲裁小组中担任仲裁小组成员。此类仲裁小组应当相互协商，并且与争端各方协商，尽可能地保证仲裁小组程序

时间表的协调性。

（三）第三方参与

1. 争端各方的利益和其他缔约方的利益应当在仲裁小组程序中得到充分考虑。

2. 对仲裁小组审查的事项具有实质利益的争端各方以外的缔约方在收到设立仲裁小组的书面请求副本之日起 10 日内应向争端各方作出其参与仲裁小组审理程序的书面通知并向其他缔约方散发该书面通知的副本。

3. 对其实质利益进行通报的任何缔约方应当享有第三方的权利并且承担第三方的义务。

4. 第三方应当有权：

（1）在遵循保护保密信息的前提下，在初步报告发布前，在向仲裁小组提交书面陈述、书面形式的口头陈述和书面答复时，每一争端方应当使每一第三方可获得该争端方向仲裁小组提交的书面陈述、书面形式的口头陈述以及对问题的书面答复。

（2）在遵循保护保密信息的前提下，在初步报告发布前，出席仲裁小组与争端各方举行的第一次和第二次听证会；

（3）在第一次听证会前至少提交一份书面陈述；

（4）在第一次听证会期间为此专门安排的一场会议上向仲裁小组进行口头陈述和答复仲裁小组的提问；以及

（5）以书面形式答复仲裁小组向第三方提出的任何问题。

5. 经争端各方同意，专家组可以就任何第三方参与专家组程序授予其附加权利或补充权利。

6. 如第三方向仲裁小组提交任何陈述或其他文件，其应当将其陈述或其他文件同时提供给争端各方和其他第三方。

（四）新仲裁小组的设立

为某事项设立的仲裁小组因任何理由无法审理时，则应设立一新的仲裁小组。

二、仲裁小组

（一）仲裁小组的人数

除非争端当事方另有约定，该仲裁小组应当由 3 名仲裁小组成员组成。

(二) 仲裁小组的组成

1. 前置程序

自仲裁小组设立后的 10 日内，争端当事方应当进行磋商，同时考虑争端的事实、技术和法律方面，以就仲裁小组的组成程序达成一致。就继任仲裁员的指定和仲裁小组的重新召集而言，任何一致同意的此类程序也应当适用。如争端当事方自仲裁小组设立后的 20 日内，未能就仲裁小组的组成程序达成一致，任何争端当事方可在其后的任何时间书面通报另一争端当事方，其希望使用本协定关于仲裁小组组成所列的程序。在作出此类书面通报的情况下，仲裁小组应当按照本协定规定的仲裁小组组成程序组成。

2. 仲裁小组成员的指定

（1）起诉方应在仲裁小组设立后的 10 日内指定一名仲裁小组成员，被诉方应在仲裁小组设立后的 20 日内指定另一名仲裁小组成员；起诉方与被诉方应当就其指定的仲裁小组成员相互通知。

（2）如任一方在仲裁小组设立后的 35 日内未指定仲裁员，则另一争端方在其后的 25 日内可以请求 WTO 总干事在此后的 30 日内指定；如 WTO 总干事向争端各方通报其不能履职，或者在提出请求 WTO 总干事指定仲裁小组成员之日起 30 日内未指定，任一争端当事方可以请求常设仲裁法院秘书长迅速任命仲裁小组成员。在提请常设仲裁法院秘书长任命仲裁小组成员的情况下，不得适用联合国国际贸易法委员会（UNCITRAL）仲裁规则。

（3）如由常设仲裁法院秘书长指定仲裁小组成员，应当遵循如下规定：常设仲裁法院秘书长应当将一份至少包括三名仲裁小组成员被提名人的相同名单通报争端当事方；争端当事方在收到该份名单后的 15 日内，可以删除其反对的任何被提名人，将名单上的其余被提名人按其自行决定的顺序进行编号，然后将名单交还常设仲裁法院秘书长；常设仲裁法院秘书长应当按照争端当事方表明的优先顺序，从其收到的任何名单上剩余的被提名人中任命其余的仲裁小组成员。如因故未能按照上述流程指定仲裁小组成员，常设仲裁法院秘书长可以按照本协定的规定自行决定任命仲裁小组成员。

3. 仲裁小组主席的指定

（1）在对仲裁小组成员进行指定后，争端当事方应当就第三名仲裁小组成员的指定达成同意，该第三名仲裁小组成员为仲裁小组主席。

（2）如争端当事方在仲裁小组设立后的 35 日内未共同指定仲裁小组主

席,则任一争端当事方可以在其后的 25 日内请求 WTO 总干事在此后的 30 日内指定;如 WTO 总干事向争端当事方通报其不能履职,或者在提出请求 WTO 总干事指定仲裁小组主席之日起 30 日内未指定,任一争端当事方可以请求常设仲裁法院秘书长迅速任命仲裁小组主席。在提请常设仲裁法院秘书长任命仲裁小组主席的情况下,不得适用联合国国际贸易法委员会(UNCITRAL)仲裁规则。每一争端当事方可以向另一争端当事方提供一份至多三名仲裁小组主席的被提名人名单,每一争端方提供的被提名人名单也应当提供给 WTO 总干事或常设仲裁法院秘书长,WTO 总干事或常设仲裁法院秘书长可以将其用于作出所请求的任命。

(3)如由常设仲裁法院秘书长指定仲裁小组主席,应当遵循如下规定:常设仲裁法院秘书长应当将一份至少包括三名仲裁小组主席被提名人的相同名单通报争端当事方;争端当事方在收到该份名单后的 15 日内,可以删除其反对的任何被提名人,将名单上的其余被提名人按其自行决定的顺序进行编号,然后将名单交还常设仲裁法院秘书长;常设仲裁法院秘书长应当按照争端当事方表明的优先顺序,从其收到的任何名单上剩余的被提名人中任命仲裁小组主席。如因故未能按照上述流程指定仲裁小组主席,常设仲裁法院秘书长可以按照本协定的规定自行决定任命仲裁小组主席。

4. 仲裁小组的组成时间

仲裁小组的组成时间为仲裁小组主席被指定的时间。

5. 继任仲裁员的指定

(1)如已指定的一仲裁小组成员辞职或不能履行职责,应当在 15 日内以指定原仲裁小组成员相同的方式指定继任仲裁员。该继任仲裁员应当拥有原仲裁小组成员的所有权利和职责。仲裁小组的工作应当中止直至继任仲裁员被指定。在此类情况下,仲裁小组程序的任何相关期限应当中止直至指定继任仲裁员。

(2)如争端当事方认为一仲裁小组成员违反 WTO 文件 WT/DSB/RC/1 所规定的行为规范,争端各方应当就此磋商。在争端各方均同意的条件下,该仲裁小组成员应当被免职,继任仲裁员应当以指定原仲裁小组成员相同的方式被指定。

6. 仲裁小组的重新召集

若在执行程序中重新成立仲裁小组,该重新成立的仲裁小组应尽可能与原仲裁小组的成员保持一致；在不能保持一致的情况下，应当在 15 日内按照指定原仲裁小组成员相同的方式进行指定，仲裁小组的工作应在指定前中止；重新召集的仲裁小组成员应当拥有原仲裁小组成员所有的权利和职责。

(三) 对所有仲裁小组成员的要求

1. 针对一般领域的争端

(1) 具备法律、国际贸易、协定涵盖的其他事务、或国际贸易协定项下争端解决的专业知识或经验；

(2) 依据客观性、可靠性、公正性及良好判断力原则严格挑选；

(3) 独立且不隶属于任一缔约方或听命任一缔约方；应以个人身份任职，不得作为政府代表，也不得作为任何组织的代表；应向争端各方披露可能引起对他或她的独立性或公正性产生合理怀疑的信息；

(4) 遵守 WTO 文件 WT/DSB/RC/1 所规定的行为规范；

(5) 未曾以任何身份处理过争端事项。

2. 针对专门法律领域的争端

(1) 在"劳工"主题下产生的任何争端中，除主席外的仲裁小组成员还应具备劳动法律或实务的专门知识或经验；

(2) 在"环境"主题下产生的任何争端中，除主席外的仲裁小组成员还应具备环境法律或实务的专门知识或经验；

(3) 在"透明度和反腐败"主题下产生的任何争端中，除主席外的仲裁小组成员还应具备反腐败法律或实务的专门知识或经验；

(4) 在涉及未列明的专门法律领域的争端中，每一争端当事方还应选择具备与争端主题事项相关的专门知识或经验的仲裁小组成员。

(四) 对仲裁小组主席的要求

除争端当事方另有约定外，仲裁小组主席应当符合下列要求：

1. 不得为任一争端当事方或第三方的国民；

2. 不得在任一争端当事方境内有经常居住地；

3. 不曾以任何身份处理过此争端事项；

4. 不应为任一争端当事方所雇佣。

(五) 对 WTO 总干事及常设仲裁法院秘书长指定的仲裁小组成员的额外要求

1. 具备国际公法、国际贸易以及国际贸易协定项下争端解决的专业知识或经验；

2. 以此方式指定的仲裁小组成员（此处不包括仲裁小组主席）应是一位资深的政府或非政府个人，包括曾在 WTO 专家组或 WTO 上诉机构或 WTO 秘书处任职、曾讲授或出版国际贸易法或政策著作、或曾担任 WTO 成员高级贸易政策官员的个人；

3. 以此方式指定的仲裁小组主席在可能的情况下曾在 WTO 专家组或者 WTO 上诉机构任职。

（六）仲裁小组的职能

1. 除非争端方当事方在仲裁小组设立后的 20 日内另有议定（另有议定的情况下，争端当事方应当在仲裁小组设立后 2 日内通知仲裁小组），仲裁小组应按照协定的有关规定，审查设立仲裁小组的书面请求中提及的争端事项，就争端当事方引用协议的有关规定进行说明，并为争端解决提出事实和法律方面的调查裁决和理由；

2. 仲裁小组应当审查案件事实、协定的适用性以及案件事实与协定的一致性；

3. 当仲裁小组认定一措施与协定规定不一致时，仲裁小组应向被诉方提出建议，以使该措施与协定相符，并可就被诉方如何执行该建议提出办法；

4. 仲裁小组在其裁决和建议中不能增加、减少或改变协定所规定的权利和义务；

5. 仲裁小组应定期与争端当事方进行磋商，并为达成争端当事方满意的解决方法提供充分机会；

6. 仲裁小组应根据协议和对争端当事各方适用的国际法规则作出裁决，并在裁决中说明其做出裁决的法律、事实和理由；

7. 仲裁小组应依照《维也纳条约法公约》（1969）第 31 条和第 32 条所体现的国际法条约解释规则审议本协定。对于已纳入本协定的《WTO 协定》任何条款，仲裁小组还应审议 WTO 争端解决机构所通过的专家组报告和上诉机构报告中的相关解释；

8. 仲裁小组经与争端当事方磋商，应规范仲裁小组有关争端当事方权利和其审议的程序，"仲裁小组的设立程序"以及"仲裁小组的组成程序"除外；

9. 除非争端各方另有议定，否则仲裁小组应以与争端解决章节和仲裁小组的程序规则相一致的方式履行职能。

（七）仲裁小组的运作规则

1. 仲裁小组会议由仲裁小组主席主持；

2. 除争端当事方就仲裁小组开展活动的方式另有约定外，仲裁小组开展活动的方式不受限制，可以通过电话、传真或电脑等方式联系；

3. 仲裁小组报告的起草为仲裁小组的专属职责并禁止委托；

4. 如果仲裁小组认为需要对该程序适用的时间期限进行修改，或者在该程序中需要作其他任何程序上或管理性的调整，其应当将修改或调整的原因书面通知争端当事方，并注明需要修改的期限或者需要进行的调整；

5. 仅仲裁小组成员可以参与仲裁小组讨论，但仲裁小组可以在与争端当事方磋商后允许其助理、口译员或笔译员出席讨论；任何出席此讨论的人不得向争端当事方泄露任何在讨论期间涉及的信息；

6. 当出现本协定尚未涵盖的程序问题时，仲裁小组可以采用与协定不相冲突的适当程序。

三、仲裁小组的程序规则

（一）时间表

在与争端当事方磋商后，仲裁小组应当尽快并且在可能的情况下，在设立之日起 15 日内，确定仲裁小组程序的时间表。自仲裁小组设立之日起至仲裁小组向争端当事方提交最终报告之日止的期限一般不得超过 7 个月。若在执行程序中重新召集仲裁小组，仲裁小组应在重新召集之日起 15 日内确定执行审查程序的时间表，并同时考虑执行审查程序中规定的期限。

（二）第一次书面陈述

起诉方应当在仲裁小组组成后 20 日内提交初步书面陈述；被诉方应当在起诉方提交初步陈述后 30 日内提交书面反驳陈述。争端当事方应向每位仲裁员和另一争端当事方提交第一次书面陈述的副本，该文件的副本也应以电子形式提供。

（三）听证会

1. 仲裁小组应至少召开一次听证会；如争端当事方一致同意，仲裁小组可以组织附加听证会，听证会的召开次数不得超过两次。

2. 仲裁小组主席应与争端当事方和其他仲裁小组成员协商，确定听证会的日期、时间和地点。仲裁小组主席应就听证会的日期、时间和地点向争端当事方进行书面通知。在争端当事方无另外约定的情形下,听证会应当在被诉方领土举行。被诉方应当承担争端解决程序的后勤管理,特别是听证会的组织。

3. 所有仲裁员均应出席听证会。

4. 仲裁小组应以下列方式召开听证会:起诉方的主张;被诉方的主张;争端当事方的抗辩主张;起诉方的回应;被诉方的反回应。为确保争端当事各方获得同等时间,主席可以设定口头陈述的时间限制。

5. 仲裁小组可以在听证会的任何时间向任一争端当事方提出问题。

6. 听证会后的20日内,争端当事方可以针对听证会中出现的任何问题提交补充书面陈述。

7. 仲裁小组的听证会不应公开。

(四) 仲裁小组的书面问题

1. 在程序进展过程中,仲裁小组可在任何时间向争端当事方提出书面问题。仲裁小组应当向被提问的争端当事方提交书面问题,并在提出书面问题中对被仲裁小组提出书面问题的争端当事方进行书面回复的期限予以明确规定。

2. 被仲裁小组提出书面问题的争端当事方应迅速、充分地向仲裁小组和另一争端当事方提交书面回复,另一争端当事方有权在回复提交后5日内对此进行书面评论。

(五) 保密

1. 仲裁小组的审议和提交仲裁小组的文件应当保密。

2. 向仲裁小组提交的书面陈述应当按保密资料处理,但应当使争端当事方可获得,并且使第三方可获得。争端当事方、第三方和仲裁小组应当对一争端当事方或第三方提交给仲裁小组的指定为保密的信息保密。为进一步明确,本款的任何规定不得阻止一争端当事方或第三方向公众披露关于其自身立场的陈述,只要不披露一争端当事方或第三方向仲裁小组提供的,该方已经指定为保密的陈述或信息。应一缔约方的请求,一争端当事方或第三方应当提供可向公众披露的其书面陈述所包含信息的非保密摘要。该摘要应不迟于一缔约方提出要求或争端当事方提交书面陈述后的15日内完成。

（六）禁止单方面联络

1. 在另一争端当事方不在场时，仲裁小组不得与一争端当事方进行会晤或联络；

2. 在另一争端当事方或其他仲裁员不在场时，任一争端当事方不得联络与本争端有关的任何仲裁员；

3. 在其他仲裁员不在场时，任何仲裁员不得与一争端当事方或争端当事各方讨论该程序的任何事项。

（七）程序的中止或终止

1. 争端当事方可以随时同意仲裁小组中止其工作，中止期限自达成此类同意之日起不超过12个月。在此期限内，经任何争端当事方请求，中止的仲裁小组程序应当恢复。如发生中止，仲裁小组程序的任何相关期限应当随中止工作的期限而相应延长。如仲裁小组连续中止工作超过12个月，则设立仲裁小组的授权应当终止，除非争端当事方另行约定。

2. 最终报告散发前，在达成共同同意的解决办法的情况下，争端当事方可以同意终止仲裁小组程序。在此情况下，争端当事方应当共同通报仲裁小组主席。

3. 在仲裁小组发布最终报告前，仲裁小组可以在争端解决程序的任何阶段建议争端当事方友好地解决争端。

4. 根据1.或2.的规定，争端当事方应当共同通报其他缔约方仲裁小组程序已经中止或终止，或设立仲裁小组的授权已经终止。

（八）专家意见

1. 每一争端当事方和每一第三方应当迅速地、全面地答复仲裁小组提出的其认为必要和适当的此类信息的任何请求。

2. 仲裁小组可以应一争端当事方的请求或自发地向其认为适当的任何个人或机构寻求附加信息和技术建议。但在此之前，该仲裁小组应当寻求争端当事方的意见。如争端当事方不同意仲裁小组寻求附加信息或技术建议，则仲裁小组不得寻求此类信息或技术建议。仲裁小组应当向争端当事方提供其收到的任何附加信息或技术建议，以及提供提出意见的机会。如仲裁小组在准备报告时考虑了该附加信息或技术建议，其也应当考虑争端当事方对附加信息或技术建议所提出的任何意见。

(九) 紧急案件

针对紧急案件,包括涉及易腐货物的案件,仲裁小组应当适当调整相关程序中的时限。

(十) 时间的计算

1. 如果按照本协定或这些规则,或仲裁小组要求在一特定日期或事件后一定天数内,或此前一定天数内,或一定天数内完成一事项,该特定日期或特定事件发生的日期不包括在天数计算之内。

2. 如争端当事方提交文件的最后日期为另一争端当事方的法定节假日,则可在下一个工作日提交,任何基于收到文件而起算的时限自最后收到该文件的日期计算。

(十一) 费用

除非争端当事方因案件的特殊情况另行商定,仲裁小组的费用(包括仲裁员的报酬)及与执行程序相关的其他费用应当由争端当事方平均负担。争端当事方应自行承担仲裁程序中发生的其他费用及司法上的支出。

四、仲裁小组报告

(一) 仲裁小组裁决的作出

仲裁小组应基于一致意见作出裁决,在不能达成一致意见的情况下,应依照多数意见作出裁决;仲裁员可以就未达成一致的事项提供单独意见,但是,仲裁小组不得披露哪些仲裁小组成员做出多数或少数意见。

(二) 仲裁小组报告的起草

仲裁小组应当在争端当事方不在场的情况下,根据本协定的相关规定、争端当事方的书面陈述和主张、以及从专家处获得的科学信息或技术建议起草报告。

(三) 时间要求

1. 除非争端当事方另有议定,仲裁小组应在下列期限内向争端当事方提交初步报告:

(1) 在仲裁小组组成后的150日内,或

(2) 在紧急案件中,包括涉及易腐货物的案件,在仲裁小组组成后的90日内。

2. 在例外情况下,如仲裁小组认为不能在150日内发出初步报告,或在紧急案件中不能在90日内发出初步报告,则应书面通知争端当事方延迟的原因和

发出报告的估计期限。除非争端当事方一致同意,否则任何延迟不应超过30日。

3. 仲裁小组应当在提交初步报告后的30日内或者争端当事方另行约定的期限内,向争端当事方提交最终报告。

(四)内容要求

1. 除非争端当事方另有约定,仲裁小组报告应当以本协定的相关规定、争端当事方的书面陈述和主张以及从专家处获得的科学信息或技术建议为基础。

2. 仲裁小组报告应当包括:

(1)事实认定;

(2)对争端当事方及第三方论点的概况描述;

(3)关于争议的措施是否遵守本协定项下义务的结论,或任何其他其授权范围所要求的裁决;

(4)仲裁小组对争端解决提出的建议及办法。

(五)书面评论

任一争端当事方可以在收到初步报告之日后的15日内向仲裁小组提交对初步报告的书面评论。仲裁小组在考虑争端当事方对初步报告提出的任何书面评论后,可以进行其认为适当的任何进一步审查并修改初步报告。

(六)公开

仲裁小组应当在向争端当事方发布最终报告后7日内向其他缔约方发布最终报告,此后,在遵循保护最终报告所包含的任何保密信息的情况下,任一争端当事方可公开最终报告。

(七)效力

仲裁小组的最终报告为终局,对争端当事方具有约束力。

第三条 执行

一、执行

(一)被诉方在收到仲裁小组最终报告后,应立即执行或在合理期限内执行争端解决方案。争端解决方案可以是仲裁小组最终报告中的建议及办法,或者争端当事方一致达成的补偿协议。

(二)被诉方应当:

1. 如仲裁小组作出决定认为争议措施不符合本协定项下的义务,使措施

符合本协定；或者

2. 如仲裁小组作出决定认为被诉方未能履行其在本协定项下义务，履行此类义务。

（三）执行意向的通报

在仲裁小组向争端当事方发布最终报告之日起30日内，被诉方应当书面通报起诉方其关于执行仲裁小组最终报告的意愿。被诉方的书面通报应包括其认为已经遵守的任何措施的描述、措施生效日期以及该措施的文本。

（四）合理期限的确定

1. 争端当事方应在仲裁小组最终报告散发后的45日内议定合理期限。如果争端当事方未能在45日内确定合理期限，任一争端当事方应当在仲裁小组最终报告散发后的120日内将该事项提交仲裁小组，由仲裁小组经与争端当事方协商后确定合理期限。仲裁小组应在该事项向其提交后的45日内向争端当事方作出合理期限的决定并说明作出该决定的理由。

2. 作为一项指南，由仲裁小组确定的合理期限不得超过自仲裁小组向争端当事方发布最终报告之日起15个月。但是，此类合理期限可以根据特殊情况缩短或延长。

二、一致性审查

（一）如起诉方对被诉方遵守本协定项下义务的措施是否存在或该措施是否与本协定一致存在分歧，起诉方将该事项提交仲裁小组，可能的情况下，应提交原仲裁小组处理。仲裁小组应在该事项向其提交后的90日内向争端当事方提交初步报告，并在提交初步报告后的30日内向争端当事方提交最终报告。如仲裁小组认为在上述期限内不能发布这两份报告中的任何一份，其应当书面通报争端当事方迟延的原因和预计发布报告的期限。从起诉方将该审查事项提交仲裁小组之日起至仲裁小组提交最终报告之日止的期限不得超过150日。

（二）起诉方将上述审查事项提交仲裁小组的时间应为下列日期中较早的一个：

1. 被诉方书面通知起诉方其已取消与协定不相符的措施或已履行协定项下的义务后；或者

2. 合理期限届满后。

三、补偿协议

（一）补偿协议属于被诉方未在合理期限内执行争端解决方案情形下的临

时措施。争端当事方应基于自愿达成补偿协议，该补偿协议应与本协定项下的规定保持一致。在争端当事方就补偿协议进行谈判时，起诉方不得对被诉方中止减让或利益。

（二）如具有下列任一情况之一：

1. 被诉方书面通知起诉方其将不遵守仲裁小组的裁决；

2. 被诉方未能在合理期限内使其措施符合仲裁小组的裁决；

3. 经一致性审查，仲裁小组认定被诉方未使其措施符合仲裁小组的裁决。争端当事方可以通过谈判以达成补偿协议。

四、中止减让或利益

（一）中止减让或利益属于被诉方未在合理期限内执行争端解决方案情形下的临时措施。

（二）在被诉方已使其措施与本协定相符或者争端当事方已通过其他方式解决争端的情况下，起诉方不得继续对被诉方中止减让或利益。

（三）如果争端当事方有下列情况：

1. 未能在启动补偿谈判后的 30 日内达成补偿协议；或者

2. 同意补偿，但被诉方未能遵守补偿协议的条款和条件。

起诉方可以在随后的任何时间书面通报被诉方和其他缔约方，其打算对被诉方中止减让或利益，并且有权在被诉方收到书面通报之日后 30 日内开始对其中止减让或利益。

（四）在考虑中止减让或利益时，起诉方应当适用下列原则：

1. 起诉方应首先寻求对与仲裁小组认定不符合或未能履行本协定项下义务的一个或多个相同的部门中止减让或利益；以及

2. 如起诉方认为对一个或多个相同的部门中止减让或利益不可行或无效，其可以中止对其他部门的减让或利益。

（五）中止减让或利益的水平应当限于被诉方在本协定项下所享有的减让或利益，且应等同于起诉方利益丧失或减损的水平。

五、对中止减让或利益水平的审查

（一）如被诉方：

1. 认为其已经遵守补偿协议的条款和条件；或者

2. 反对起诉方拟议的中止水平；或者

3. 认为本协定项下考虑进行中止减让或利益的原则未被遵守。

被诉方可以在收到起诉方拟进行中止减让或利益的书面通报之日起 30 日内，以书面通报的方式请求起诉方重新召集仲裁小组审查该事项，并应当同时向其他缔约方提供一份该请求的副本。

（二）经被诉方书面请求，仲裁小组应当在其提出请求之日起 15 日内组建，可能的情况下，应为原仲裁小组，由仲裁小组审查起诉方对被诉方中止减让或利益的程度是否明显过度，仲裁小组应在其组成后 45 日内作出裁定。

（三）如仲裁小组确定被诉方已经遵守补偿协议的条款和条件，起诉方不得对被诉方中止减让或利益。如仲裁小组确定中止的水平与利益丧失或减损的水平不相等，仲裁小组应当确定其认为效果相等的适当的中止水平。如仲裁小组确定起诉方未遵守其考虑进行中止减让或利益时应遵守的原则，起诉方应当适用该原则。

（四）起诉方仅可以与仲裁小组决定相一致的方式，对被诉方中止减让或利益。

（五）在仲裁的过程中，起诉方不得对被诉方中止减让或利益。

六、中止后的程序

（一）在不影响中止减让或利益的情况下，被诉方可以书面通知起诉方其已消除仲裁小组认定的不一致性，并在书面通知中描述该不一致性是如何消除的。

（二）若起诉方认同被诉方的主张，则其应立即停止对被诉方中止减让或利益；若起诉方不认同被诉方的主张，则争端当事方应在起诉方收到该书面通知后 15 日将该事项提交仲裁小组，可能的情况下，应为原仲裁小组。仲裁小组应在争端当事方向其提交后 45 日内发布报告。

（三）若仲裁小组认定被诉方尚未消除不一致性，则仲裁小组可以根据其对被诉方所采取措施的认定，确定对被诉方中止减让或利益的水平是否仍然合适，如不合适，则确定适当的水平；若仲裁小组认定被诉方已消除不一致性，则起诉方应立即停止对被诉方中止减让或利益。

第二节　投资争端解决机制

《中国-巴基斯坦自由贸易协定》及《中国-秘鲁自由贸易协定》均在其投资章节就"缔约方之间"及"投资者与缔约方之间"的投资争端解决作出

规定。中国与东盟、哥斯达黎加另设投资协定。《中国-东盟全面经济合作框架协议投资协议》及《中国-哥斯达黎加关于促进和保护投资的协定》也均就"缔约方之间"及"投资者与缔约方之间"的投资争端解决作出规定。《中国-韩国自由贸易协定》、《中国-澳大利亚自由贸易协定》、《中国-新西兰自由贸易协定》、《中国-毛里求斯自由贸易协定》、CPTPP 及 USMCA 仅就"投资者与缔约方之间"的投资争端解决作出规定。

一、缔约方之间的投资争端解决

《中国-巴基斯坦自由贸易协定》、《中国-秘鲁自由贸易协定》及《中国-哥斯达黎加关于促进和保护投资的协定》对"缔约双方关于协定的解释或适用所产生的任何争议解决"与"缔约双方关于投资的解释或适用所产生的任何争议解决"作出区分。缔约双方关于协定的解释或适用所产生的任何争议应根据前文所述的磋商、审理、执行程序进行解决。缔约双方关于投资的解释或适用所产生的任何争议解决应首先通过外交途径协商解决,若争端未能在 6 个月内通过协商解决,任一缔约方可将争端提交专门仲裁小组解决。

《中国-东盟全面经济合作框架协议投资协议》规定,缔约方之间的投资争端解决应适用《中国-东盟全面经济合作框架协议争端解决机制协议》中的规定,即《中国-东盟全面经济合作框架协议争端解决机制协议》既适用于缔约方之间的贸易争端解决,也适用于缔约方之间的投资争端解决。

二、投资者与缔约方之间的投资争端解决

《中国-巴基斯坦自由贸易协定》、《中国-韩国自由贸易协定》、《中国-秘鲁自由贸易协定》、《中国-澳大利亚自由贸易协定》、《中国-新西兰自由贸易协定》、《中国-毛里求斯自由贸易协定》、《中国-东盟全面经济合作框架协议投资协议》、《中国-哥斯达黎加关于促进和保护投资的协定》、CPTPP 及 USMCA 均就投资者与缔约方之间的投资争端解决作出规定。上述协定将投资者与缔约方之间的投资争端解决划分为两阶段:一是友好协商解决阶段;二是若在一定期限内未能通过友好协商解决争端,则投资者可选择将争端提交作为争端一方的缔约方有管辖权的法院解决,或者提交仲裁或调解解决。

在投资者选择将争端提交仲裁或调解解决的情形下，各贸易协定或投资协定均明确可将投资争端提交至"解决投资争端国际中心"。

1965年3月18日签署、1966年10月正式生效的《解决国家和他国国民之间投资争端公约》（以下简称《华盛顿公约》）第1条规定成立"解决投资争端国际中心"（International Centre for Settlement of Investment Disputes，以下简称ICSID）。ICSID机制旨在为各缔约国与其他缔约国的国民之间的投资争端提供调解和仲裁的便利。ICSID规定了调解和仲裁两种争端解决途径，争端方既可以选择调解方式处理争端，也可以在调解未果的情况下将争端提交仲裁解决。争端双方可以协商确定仲裁庭对争端作出裁决所需依据的法律规则或者调解委员会开展工作所依据的调解规则，既可以选择国际法作为依据，也可以选择任何一国的国内法作为依据。ICSID作出的裁决对争端双方均具有约束力，但是，争端双方不得对ICSID作出的裁决进行上诉或采取其他补救方法。此外，未经争端双方同意，ICSID不得公布裁决。

根据《华盛顿公约》，只有符合ICSID管辖条件的案件，才能适用ICSID争端解决机制。ICSID的管辖条件有三项：一是投资争端双方应为缔约国和另一缔约国国民，争端所涉及的缔约国在争端提交ICSID之前均已加入《华盛顿公约》，其中，另一缔约国国民（包括自然人和法人）不得具有作为争端一方缔约国的国籍，特殊情形下，若具有争端一方缔约国国籍的国民（仅指法人）系受非缔约方控制的，在争端双方同意后，该具有争端一方缔约国国籍的国民（仅指法人）可视为另一缔约国国民（仅指法人）；二是提交ICSID的争端仅限于直接因投资而产生的任何法律争端，涉及法律权利的界定和法律义务的违背；三是争端双方必须书面同意将争端提交ICSID解决，在双方书面同意后，任何一方不得单方面撤销其同意，即使有一方撤销其同意，另一方仍可将争端提交ICSID解决。

三、示范文本

（一）缔约方之间的投资争端解决

缔约方之间的投资争端适用争端解决章节的规定。

（二）投资者与缔约方之间的投资争端解决

1. 缔约一方投资者与缔约另一方之间有关缔约另一方领土内投资的任何

法律争端，应尽可能由争端双方当事人通过协商友好解决。

2. 如争端自争端一方提出协商解决之日起 6 个月内，未能通过协商解决，争端应按投资者的选择提交：

（1）作为争端一方的缔约方有管辖权的法院；

（2）依据 1965 年 3 月 18 日在华盛顿签署的《解决国家和他国国民之间投资争端公约》设立的"解决投资争端国际中心"。前提是争端所涉的缔约方可以要求有关投资者在提交"解决投资争端国际中心"之前，用尽该缔约方法律和法规所规定的国内行政复议程序。一旦投资者已决定将争端提交相关缔约方的有管辖权的法院或"解决投资争端国际中心"，对上述场所的选择应是终局的。

3. 仲裁裁决应根据作为争端一方的缔约方包括其冲突法规则在内的法律、本协定的规定和被普遍接受的国际法原则作出。

4. 仲裁裁决是终局的，对争议双方具有拘束力。争端双方应承诺执行该裁决。

示范文本

"一带一路"经贸规则范本

第一章 货物贸易

第一节 货物的国民待遇与市场准入

第一部分 总则和货物市场准入

第一条 领域和范围

除本协定另有规定外,本章应当适用于缔约方之间的货物贸易。

第二条 定义

就本章而言:

(一)《进口许可程序协定》是指《马拉喀什建立世界贸易组织协定》附件1A中的《进口许可程序协定》;

(二)《反倾销协定》是指《马拉喀什建立世界贸易组织协定》附件1A中的《关于实施〈1994年关税与贸易总协定〉第六条的协定》;

(三)《补贴与反补贴措施协定》是指《马拉喀什建立世界贸易组织协定》附件1A中的《关于补贴和反补贴措施的协定》;

（四）关税是指针对货物进口征收的任何海关关税或进口税和任何种类的费用，包括任何形式的附加税或附加费，但不包括任何：

1. 对于一方的同类货物、直接竞争或可替代货物，或对于用于制造或生产进口货物的全部或部分货物所征收的、与《1994 年关税与贸易总协定》第 3 条 2 款的规定相一致且等于一国内税的费用；

2. 一方依据其法律，并以与《1994 年关税与贸易总协定》第 6 条、《反倾销协定》和《补贴与反补贴措施协定》的规定相一致的方式实施的任何反倾销或反补贴税；或者

3. 与所提供服务的成本相当的规费或其他费用；

（五）免税指免除海关关税；

（六）领事事务指一缔约方拟向另一缔约方领土出口的货物必须首先提交该进口缔约方在出口缔约方领土内的领事机构进行监管的要求，以获得商业发票、原产地证书、舱单、货主出口声明，或进口要求的或与进口相关的任何其他海关文件的领事发票或领事签证；

（七）出口补贴的界定应当与世界贸易组织《农业协定》第 1 条第 5 项关于出口补贴的涵义及对该条的任何修改相同；

（八）以展示、展出为目的的货物包括其部件、辅助装置和附件；

（九）进口许可指要求向相关管理机构提交申请或其他文件（除通常清关所要求的文件外），以作为进口货物进入进口方境内的前提条件的一种行政管理程序；

（十）消费是指

1. 实际消费；或

2. 进一步加工或制造从而形成货物价值、外形、用途的实质性改变或用于生产其他货物；

（十一）分销商是指一缔约方的人士在该缔约方境内负责另一缔约方货物的商业分销、代理、特许或代表；

（十二）用于体育目的的临时准许入境货物是指被准许进入一缔约方境内，在该缔约方境内用于体育竞赛、表演或培训的体育必需品；

（十三）业绩要求是指要求：

1. 一定水平或比例的货物或服务，应被用于出口；

2. 给予免除关税或进口许可的缔约方的国内货物或服务，应替代进口

货物；

3. 免除关税或进口许可的受益人应采购给予免除关税或进口许可的缔约方境内的其他货物或服务，或对该缔约方国内生产货物给予优先待遇；

4. 免除关税或进口许可的受益人在给予免除关税或进口许可的缔约方境内，生产货物或提供服务，应达到一定水平或比例的国产成分；或

5. 通过任何方式，将进口数量或价值与出口数量或价值，或与外汇流入数量挂钩；

但不包括要求一进口货物应：

6. 随后出口；

7. 用作生产其他随后出口的货物的材料；

9. 被随后出口的相同或相似货物替代。

第三条　国民待遇

每一缔约方应根据《1994年关税与贸易总协定》第3条给予另一方的货物国民待遇。为此，《1994年关税与贸易总协定》第3条经必要修正后纳入本协定，构成本协定的一部分。

第四条　关税减让或消除

一、除非本协定另有规定，缔约双方应自本协定生效之日起根据本协定附件一中减让表取消原产自另一方的原产货物（定义见对应条款）的关税。

二、除非根据本协定，任何一方不得对进口自另一方的原产货物提高任何现行关税或新设关税。

第五条　商品归类

缔约方之间的货物贸易商品归类应符合协调制度。

第六条　海关估价

为确定缔约方之间贸易货物的完税价格，《1994年关税与贸易总协定》第七条的规定以及《海关估价协定》的第一部分和附件一解释性说明的规定经必要修改后应当适用。

第七条　货物的暂准进口

一、任一缔约方应给予下述货物以临时免税入境，无论其原产地来源：

（一）专业设备，如根据进口缔约方有关法律规定有资格暂时入境的人员

用于科学研究、教学或医疗活动、新闻出版或电视以及电影所需的设备;

(二) 在展览会、交易会、会议或类似活动上陈列或展示的货物;

(三) 商业样品;以及

(四) 被认可用于体育活动的货物。

二、应相关人员请求且基于其海关认定的合法原因,一缔约方应延长原先根据其国内法律确定的临时入境的时限。

三、任一缔约方不得对第一款中所述货物的临时免税入境设置条件,除非要求该货物:

(一) 仅限于另一缔约方的国民或居民使用于或在其个人监督之下用于该人员的商业、贸易、专业或体育活动;

(二) 不在该方境内出售或租赁;

(三) 缴纳金额不超过在其它情况下入境或最终进口应付税费的保证金,保证金在该货物出口时返还;

(四) 出口时可识别;

(五) 除非延期,否则应在第一款所述人员离境时,或在该缔约方可确定的与其临时入境目的相关的其他期限内出口;

(六) 进口不得超过其预定用途的合理数量;以及

(七) 符合该缔约方法律规定的可入境的其他情况。

四、如果一缔约方在第三款中所规定的任何条件未得到满足,该缔约方可以对该货物征收正常应缴的关税或任何其他费用,以及其法律规定的其他费用或罚款。

五、缔约方,根据本条款规定,应允许由某一海关口岸暂准入境的货物可由不同海关口岸复运出境。

六、各缔约方应规定其海关或其他主管部门应免除进口者或某一货物在本条款项下许可进口的其他责任人由于货物无法复出口所产生的任何责任,若提交的关于该货物由于不可抗力原因已经损毁的证明得到进口方海关认可。

第八条 无商业价值的广告品或货样免税入境

各方应根据其法律法规,对无商业价值的广告品和货样准许免税入境。

第九条 过境货物

每一缔约方应根据《1994 年关税与贸易总协定》第五条第三款以及《贸

易便利化协定》的有关规定，继续为来自或运往其他缔约方的过境货物提供清关便利。

第十条　国营贸易企业

本协定的任何规定不得阻碍一方根据《1994年关税与贸易总协定》第十七条维持或建立一个国营贸易企业。

第十一条　货物贸易委员会

一、缔约双方特此成立由各缔约方代表组成的货物贸易委员会（下简称委员会）。

二、该委员会每年至少召开一次会议研究本章项下出现的事项，当出现特殊情况时，缔约双方应在协定规定下应任一缔约方要求随时举行会议。

三、委员会在处理与本协定项下设立的其他委员会相关的问题时，应酌情与这些委员会进行磋商。

四、委员会的职能尤其包括：

（一）促进缔约双方之间的货物贸易，包括就本协定项下的加速削减或取消关税及其他有关问题进行磋商；

（二）处理缔约双方之间的货物贸易壁垒，特别是与实施非关税措施相关的壁垒；

（三）审议未来对协调制度（HS）的修正，以保证本协定规定的缔约双方义务不变；

（四）磋商并尽力解决任何出现在缔约方间，与协调制度（HS）规定的产品分类问题相关的分歧。

第二部分　非关税措施

第十二条　进口和出口限制

一、除非本协定另有规定，任一缔约方不得对自另一缔约方进口的货物或出口至另一缔约方境内的货物实施或保持任何禁止或限制措施，但符合《1994年关税与贸易总协定》第十一条及其解释性说明的措施的除外。为此，《1994年关税与贸易总协定》第十一条及其解释性说明经必要修改后应纳入本协定并构成本协定的一部分。

二、每一缔约方应当保证第一款所允许的非关税措施的透明度，并且应当保证任何此类措施的制定、采取或实施不以对缔约方之间的贸易造成不必要的障碍为目的，或产生此种效果。

第十三条　进口许可

一、每一缔约方应当确保所有自动和非自动进口许可程序以透明和可预测的方式实施，并且根据《进口许可程序协定》实施。任何缔约方不得采取或维持与《进口许可程序协定》不一致的措施。

二、在本协定对该缔约方生效后，每一缔约方应当迅速将任何现行的进口许可程序通报其他缔约方。该通报应当包括《进口许可程序协定》第五条规定的信息。

三、每一缔约方应当尽可能在生效前30天，将其任何新的进口许可程序以及对现行进口许可程序所做的任何修改通报其他缔约方。在任何情况下，一缔约方不得迟于公告之日后60天提供该通报。本款项下规定的通报应当包括《进口许可程序协定》第五条中规定的信息。

四、在实施任何新的或修改的进口许可程序前，一缔约方应当在官方政府网站上公布新程序或者对程序的修改。在可能的情况下，该缔约方应当在新程序或对程序的修改生效前至少21天公布。

五、第二款和第三款要求的通报不影响进口许可程序是否与本协定一致。

六、在可能的范围内，每一缔约方应当在60天内答复另一缔约方关于各自许可机构采用的授予或拒绝进口许可的标准的所有合理咨询。该进口缔约方应当公布足够的信息，以便其他缔约方和贸易商了解授予或分发进口许可的依据。

七、如一缔约方拒绝另一缔约方某一货物的进口许可申请，应申请人的请求，该缔约方应当在收到该申请后的一段合理时间内向申请人解释拒绝的理由。

第十四条　行政费用和手续

一、每一缔约方应当根据《1994年关税与贸易总协定》第八条第一款，确保对进口或出口征收的或与进口或出口有关的所有任何性质的规费和费用（除了进口或出口关税、等同于国内税的费用或其他符合GATT1994第三条第二款的国内费用以及反倾销税和反补贴税）的数额限于所提供服务的近似成本，并且不构成对国内货物的间接保护，也不构成为财政目的对进口或出口征收的一种国内税。

二、每一缔约方应当迅速公布其征收的与进口或出口有关的规费和费用的细节，并且应当在互联网上提供此类信息。

三、任何缔约方不得要求与另一缔约方某一货物的进口相关的领事事务，包括相关的规费和费用。

第二节　原产地规则

第一部分　原产地实体规则

第一条　定义

就本章而言：

海关价格是指根据《关于实施〈1994年关税与贸易总协定〉第七条的协定》（以下简称《海关估价协定》）所确定的价格；

出厂价格是指向在对产品进行最后生产或加工的一方生产商支付的出厂价，包括使用的所有材料的价值、工资、其他花费以及减去出口退税的利润；

可互换材料是指出于商业目的可相互替换的，性质实质相同的材料；

公认会计准则是指一缔约方普遍接受或官方认可的有关记录收入、费用、成本、资产和负债、信息披露以及编制财务报表的会计准则。这些准则既包括普遍适用的广泛性指导原则，也包括详细的标准、惯例和程序；

货物是指任何商品、产品、物品或材料；

材料是指用于生产另一货物的货物；

生产是指获得货物的方法，包括货物的种植、开采、收获、耕种、养育、繁殖、提取、收集、采集、捕获、捕捞、水产养殖、诱捕、狩猎、制造、生产、加工或装配。

原产货物或原产材料是指根据本章规定具备原产资格的货物或材料；

协调制度是指世界海关组织编制的《商品名称及编码协调制度》，包括总则、类注、章注。

水产养殖是指对水生生物的养殖，包括鱼类、软体动物、甲壳动物、其他水生无脊椎动物以及水生植物,从卵、鱼苗、鱼种和幼体等苗种开始,在饲养或培育的过程中,通过定期放养、喂食或防止捕食者侵袭等介入方式,以提高产量;

到岸价格(CIF)是指包括运抵进口国进境口岸或地点的保险费和运费在内的进口货物价值;

离岸价格(FOB)是指包括无论以何种运输方式将货物运抵最终出境口岸或地点的运输费用在内的船上交货价值;

中性成分指在另一货物的生产、测试或检验过程中使用,但本身不构成该货物组成部分的货物;

间接材料指用于货物生产、测试或检验,但未与该货物产生物理结合的材料,或用于与货物生产有关的建筑物维护或设备运行的材料;

非原产货物或非原产材料是指根据本章规定不具备原产资格的货物或材料;

运输用包装材料及容器是指货物运输或储藏期间用于保护货物的货品,但零售用容器或包装材料除外;

生产商是指从事货物生产的人;

"章""品目""子目"是指协调制度中的章(2位数编码),品目(4位数编码),子目(6位数编码);

产品特定规则是指生产过程中所使用的非原产材料,在缔约一方或双方经过制造加工后,所得货品必须满足的税则归类改变、从价百分比或特定加工工序,或者上述标准的组合规则;以及

主管机构或主管部门是指由一缔约方指定并通知所有其他缔约方的一个或多个政府机构;

《海关估价协定》是指《马拉喀什建立世界贸易组织协定》附件1A中的《关于实施〈1994年关税与贸易总协定〉第七条的协定》;

相同货物是指《海关估价协定》规定的"相同货物";

使用的是指在产品的生产过程中花费的或消耗的。

第二条 原产货物

就本协定而言,符合下列条件之一并满足本章其他适用要求的货物应当视为原产货物:

（一）根据本章"完全获得或者生产的货物"在一缔约方完全获得或者生产；

（二）在一缔约方仅使用来自一个或一个以上缔约方的原产材料生产；或者

（三）在一缔约方使用非原产材料生产，并且符合本章附件 X（产品特定原产地规则）所列的适用要求。

第三条 完全获得或者生产的货物

根据本章"原产货物"而言，下列货物应当视为在一缔约方完全获得或者生产：

（一）在该缔约方出生并饲养的活动物；

（二）从该缔约方饲养的活动物中获得的货物；

（三）在该缔约方种植、收获、采摘或收集的植物或植物货物；

（四）在该缔约方通过狩猎、诱捕、捕捞、耕种、水产养殖、收集或捕获获得的货物；

（五）从该缔约方土壤、水域、海床或海床底土提取或得到的未包括在上述第（一）项至第（四）项范围的矿物质或其他天然生成物质；

（六）从缔约方和非缔约方领海以外的水域、海床或海床底土，由该缔约方的船只[1]获得的海洋渔获产品和其他海洋生物并且由该缔约方或该缔约方的人获得的其他货物，且符合国际法规定，对于从缔约方或非缔约方的专属经济区捕捞的海洋渔获产品和其他海洋生物，该缔约方或该缔约方的人应当有权开发[2]该专属经济区，对于其他货物，该缔约方或该缔约方的人应当依据国际法有权开采相关海床和海床底土；

（七）该缔约方船只依照国际法在公海获得的海洋渔获产品和其他海洋生物；

（八）在该缔约方加工船上仅使用第（六）项或第（七）项所述的货物进行加工或制造的货物；

---

[1] 就本条而言，"该缔约方的加工船"或"该缔约方的船只"分别指加工船或船只：1. 在该缔约方注册；并且 2. 有权悬挂该缔约方旗帜。

[2] 为确定海洋渔获产品和其他海洋生物的原产地，本项中的"有权开发"包括一缔约方与沿海国之间的任何协定或安排所产生的获得沿海国渔业资源的权利。

(九) 满足下列条件的货物:

1. 在该缔约方生产或消费中产生的,仅适用于废弃处置、原材料回收或回收利用的废碎料;或者

2. 在该缔约方收集的仅适用于废弃处置、回收原材料或回收利用的旧货物;以及

(十) 在该缔约方仅使用第(一)项至第(九)项所述的货物或其衍生物获得或生产的货物。

第四条 产品特定规则

除本章另有规定外,在缔约一方或双方境内使用非原产材料生产的货物,在确定其原产地资格时应当符合所规定的相应原产地标准,如附件 X (产品特定原产地规则) 所列的税则归类改变、区域价值成分、加工工序规则、上述规则的组合或其他要求。

第五条 税则归类改变

税则归类改变要求在一缔约方或双方境内经过加工后,货物生产过程中使用的非原产材料发生了附件 X 产品特定原产地规则) 所规定的税则归类改变。

第六条 区域价值成分计算

一、本章附件 X (产品特定原产地规则) 规定的货物的区域价值成分,应当按下列公式之一计算:

(一) 间接/扣减公式

$$RVC = \frac{FOB - VNM}{FOB} \times 100\%$$

(二) 直接/累加公式

$$RVC = \frac{VOM + 直接人工成本 + 直接经营费用成本 + 利润 + 其他成本}{FOB} \times 100\%$$

其中:

RVC 为货物的区域价值成分,以百分比表示;

FOB 是指第三章第一条(定义)第(五)项规定的 FOB 价值;

VOM 是指获得或自行生产并用于生产货物的原产材料、部件或产品的价值;

VNM 是指用于生产该货物的非原产材料价值；

直接人工成本包括工资、薪酬和其他员工福利；并且

直接经营费用成本是指经营的总体费用。

二、本章项下货物的价值应当依照 GATT1994 第七条和《海关估价协定》经必要修正进行计算。所有成本应当依照生产货物的缔约方适用的公认会计准则进行记录和保存。

三、非原产材料价值应当为：

（一）就进口材料而言，材料进口时的 CIF 价值；并且

（二）就一缔约方内获得的材料而言，最早可确定的实付或应付的价格。

四、原产地不明的材料应当视为非原产材料。

五、下列费用可以从非原产材料价值或原产地不明的材料价值中扣除：

（一）将货物运至生产商的运费、保险费、包装费和货物运至生产商过程中产生的其他运输相关费用；

（二）未被免除、返还或以其他方式退还的关税、税收和代理报关费；并且

（三）废品和排放成本，减去回收废料或副产品的价值。如第（一）项至第（三）项所列的费用未知或证据不足，则不得扣除此类费用。

第七条 加工工序

在适用第四条（产品特定规则）所规定的加工工序标准时，货物只有在缔约一方或双方境内经过附件三（产品特定原产地规则）所规定的加工工序后，才能赋予原产地资格。

第八条 累积

除本协定另有规定外，符合本章"原产货物"规定的原产地要求且在另一缔约方用作生产另一货物或材料的材料，应当视为原产于对制成品或材料进行加工或处理的缔约方。

第九条 微小加工和处理

尽管有本章的任何其他规定，但使用非原产材料生产货物时，下列操作应当视为不足以赋予该货物原产资格的加工或处理：

（一）为确保货物在运输或储存过程中保持良好状态而进行的保护性操作；

（二）把物品零部件装配成完整产品或将产品拆成零部件的简单装配或拆卸；

（三）为销售或展示目的进行的包装、拆除包装或再包装处理；

（四）动物屠宰；

（五）洗涤、清洁、除尘、除去氧化物、除油、去漆以及去除其他涂层；

（六）纺织品的熨烫或压平；

（七）简单的上漆及磨光；

（八）谷物及大米的去壳、部分或完全的漂白、抛光及上光；

（九）食糖上色或加工成糖块的工序；

（十）水果、坚果及蔬菜的去皮、去核及去壳；

（十一）削尖、简单研磨或简单切割；

（十二）过滤、筛选、挑选、分类、分级、匹配（包括成套物品的组合）；切割、纵切、弯曲、卷绕或展开；

（十三）简单的装瓶、装罐、装壶、装袋、装箱、装盒、固定于纸板或木板及其他类似的包装工序；

（十四）在产品或其包装上粘贴或印刷标志、标签、标识及其他类似的用于区别的标记；

（十五）对无论是否为不同种类的货物进行简单混合；

（十六）仅用水或其他物质稀释，未实质改变货物的性质；

（十七）以方便港口操作为唯一目的的工序；

（十八）干燥、加盐或盐渍、冷藏、冷冻；

（十九）第（一）项至第（十八）项所述的两种或两种以上操作的任意组合。

第十条 微小含量

在下列情况下，货物虽不满足附件 X（产品特定原产地规则）规定的税则归类改变要求，仍应视为原产货物，只要：

（一）按照第六条（区域价值成分计算）规定所确定的所有不满足税则归类改变要求的非原产材料的价值不超过该货物离岸价格（FOB）的 10%；并且

（二）该货物满足其所适用的本章所有其他规定。

第十一条 可互换货物或材料

在确定可互换货物或材料是否为原产货物或材料时，应当通过将每项材料或货物进行物理分离，或者运用出口缔约方的公认会计准则认可的库存管理方法在整个会计年度内使用加以判定。

第十二条 中性成分

一、在确定货物是否为原产货物时，所有符合下述第二款定义的中性成分均应不予考虑。

二、中性成分是指在另一货物的生产、测试或检验过程中使用，但本身不构成该货物组成成分的货品，包括：

（一）燃料、能源、催化剂及溶剂；

（二）用于测试或检验货物的设备、装置及用品；

（三）手套、眼镜、鞋靴、服装、安全设备及用品；

（四）工具、模具及型模；

（五）用于维护设备和建筑的备件及材料；

（六）在生产中使用或用于运行设备和维护厂房建筑的润滑剂、油（滑）脂、合成材料及其他材料；以及

（七）在货物生产过程中使用，虽未构成该货物组成成分，但能合理表明为该货物生产过程一部分的任何其它货物。

第十三条 包装、包装材料和容器的处理

一、在确定任何货物的原产资格时，运输和装运货物所使用的包装材料和容器应当不予考虑。

二、在确定货物的原产资格时，与货物一同归类的用于零售的包装材料和容器应当不予考虑，只要：

（一）该货物依照本章"原产货物"第（一）项在一缔约方完全获得或完全生产；

（二）该货物依照本章"原产货物"第（二）项在一缔约方仅使用来自一个或一个以上缔约方的原产材料生产；或者

（三）该货物遵循本章附件X（产品特定原产地规则）中规定的税则归类改变或特定制造或加工工序要求。

三、如果货物遵循区域价值成分要求，在计算该货物的区域价值成分时，

应当将该货物零售包装所使用的材料和容器的价值视具体情况作为该货物的原产材料或非原产材料予以考虑。

第十四条 附件、备件及工具

一、与货物一并报验和归类的附件、备件或工具，同时符合下列条件的，应被视为该货物的一部分：

（一）与该货物一并开具发票；以及

（二）其数量和价值都是根据商业习惯为该货物正常配备的。

二、对于适用附件 X（产品特定原产地规则）所列的税则归类改变标准的货物，在确定货物原产地时，第一款中所述的附件、备件及工具可不予考虑。

三、对于适用区域价值成分要求的货物，在计算该货物的区域价值成分时，第一款所述的附件、备件及工具的价值应当视情记入原产材料或非原产材料价值进行计算。

第十五条 成套货品

一、对于协调制度归类总规则三所定义的成套货品，如果各组件均原产于一缔约方，则该成套货品应当视为原产于该缔约方。

二、尽管有上述规定，如果部分组件非原产于一缔约方，只要按照第六条区域价值成分计算所确定的非原产货物价值不超过该成套货品 FOB 价格的 15%，则该成套货品仍应视为原产于该缔约方。

第十六条 生产用材料

如果非原产材料经过加工后符合本章要求，则无论该材料是否为后续货物的生产商生产，在确定后续生产货物的原产资格时，该材料应当被视为原产材料。

第十七条 标准单元

一、适用本章规定的标准单元为依据协调制度确定商品归类时视为基本单元的特定货物。

二、当同一批运输货物中包括大量的可归类在同一税号下的相同产品，应当分别确定每个产品是否具备原产资格。

第十八条　直接运输

一、满足下列条件的货物应当保持其根据本章"原产货物"确定的原产资格：

（一）货物直接从一出口缔约方运输至一进口缔约方；

或者

（二）货物运输途经除该出口缔约方和进口缔约方以外的一个或多个缔约方（以下称"中间缔约方"）或非缔约方，只要该货物：

1. 在中间缔约方或非缔约方海关监管之下；

2. 除装卸，重新包装，储存并且其他为保持货物良好状态或将货物运输至进口方的必要操作等物流活动外，未在中间缔约方或非缔约方进行任何进一步加工；

3. 货物在非缔约方为进入贸易或消费领域；

4. 货物的转运是基于地理原因或者仅仅基于国际运输需要。

二、应进口缔约方海关的要求，应当向进口缔约方海关提交中间缔约方或非缔约方的海关文件或其他适当文件，以证明货物满足第一款第（二）项的规定。

三、第二款所述的适当文件可以包括商业运输或货运单据，如航空运单、提单、多式联运或联合运输单据、有关货物的原始商业发票副本、财务记录、未再加工证明或进口缔约方海关可能要求的其他相关证明文件。

第十九条　优惠关税待遇

本协定项下的优惠关税待遇应当适用于符合本章要求且在双方之间直接运输的货物。

第二部分　原产地相关实施程序规则

第二十条　原产地证明

一、下列任何一项均应当视为原产地证明：

（一）本章"原产地证书"所述的签证机构所签发的原产地证书；

（二）本章"原产地声明"所述的经核准出口商出具的原产地声明。

第二十一条 原产地证书

一、原产地证书应当由出口缔约方的签证机构应出口商或生产商的申请签发。

二、原产地证书应当符合以下条件：

（一）采用所有缔约方决定的格式；

（二）载有唯一的原产地证书编号；

（三）以英文填制；并且

（四）载有出口缔约方签证机构以人工或电子方式作出的授权签名和公章。

三、原产地证书应在货物装运前或装运时签发，并自出口方签发之日起一年内有效。

四、如果由于非主观故意的差错、疏忽或其他合理原因导致原产地证书未在装运前签发，原产地证书可以在货物装运之日起一年内补发，并应当注明"补发"字样。

五、如果原产地证书原件被盗、丢失或损毁，出口商或生产商向出口缔约方签证机构书面申请签发经认证的真实副本。该副本应当符合以下条件：

（一）在原产地证书正本签发之日起一年内签发；

（二）基于初始的申请材料；

（三）载有与原产地证书正本相同的原产地证书编号和日期；并且

（四）注明"经认证的真实副本"字样。

六、在原产地证书包含不正确信息的情况下，出口缔约方的签证机构可以：

（一）签发新的原产地证书，并且作废初始的原产地证书；或者

（二）以剔除错误并进行补充或更正的方式对初始原产地证书进行修改。任何变更应当载有出口缔约方签证机构的签名和盖章。

第二十二条 经核准出口商出具的原产地声明

一、缔约一方可在本协定项下实施经核准出口商制度，允许经核准出口商出具原产地声明。出口方依照国内法核准并管理该方的经核准出口商。

二、经核准出口商应按照附件Y（原产地声明模版）所示的文字出具原产地声明。附件Y（原产地声明模版）所列格式和任何要求，可通过双方之

间的换文共同决定予以修改或改变。

三、原产地声明有效期应自签发或出具之日起一年内有效。

第二十三条 原产地文件的保存

一、每一缔约方应当要求：

（一）其出口商、生产商、签证机构或主管部门自原产地证明签发之日起3年或其相关法律法规所规定的更长的期限内，保存充分证明货物原产资格的所有必要记录；并且

（二）其进口商自该货物进口之日起3年或其相关法律法规所规定的更长的期限内，保存充分证明享受优惠关税待遇的货物原产资格的所有必要记录。

二、第一款所述的记录可以依照缔约方法律法规，存储于任何易于检索的介质中，包括数字、电子、光学、磁性或书面形式。

第二十四条 与进口相关的责任

除本章另有规定外，申请享受优惠关税待遇的进口商应当：

（一）在报关单上申明该货物具备原产资格；

（二）按第（一）项要求申明时，持有有效的原产地证明；并且

（三）应进口缔约方的要求，提交有效的证明文件以及进口货物相关的其他证明文件。

第二十五条 进口关税或保证金退还

一、在遵循各自法律法规的前提下，每一缔约方应当规定，具备原产资格的货物进口后，进口商可以在该缔约方法律法规所规定的期限内，向海关提交下列文件申请退还该货物因未享受优惠关税待遇而多付的税款或保证金：

（一）原产地证明和其他证明该货物具备原产资格的证据；以及

（二）应海关要求，与进口相关、能充分证明优惠关税待遇申请的其他文件。

第二十六条 免予提交原产地证据文件

在下列情况下，进口缔约方可以不要求提交原产地证明：

（一）进口货物的完税价格不超过600美元或与其等额的进口缔约方货币，或进口缔约方规定的其他更高金额；或者

（二）进口缔约方免除提交要求的货物，同时，该项进口不是为规避进口

缔约方关于本协定项下优惠关税待遇管理的法律法规而实施或者安排的一次或多次进口的一部分。

第二十七条 原产地核查

一、为确定一缔约方从另一缔约方进口的货物是否具备本章规定的原产资格，进口缔约方主管部门可以通过下列方式开展核查程序：

（一）书面要求进口商提供补充信息；

（二）书面要求出口商或生产商提供补充信息；

（三）书面要求出口缔约方的签证机构或主管部门提供补充信息；

（四）对出口商或生产商在出口缔约方的经营场所开展核查访问，查看厂房设施和生产加工，并审查与原产地相关的会计档案等记录[1]；或者

（五）有关缔约方共同商定的其他程序。

二、进口缔约方应当：

（一）就第一款第（二）项而言，向出口商或生产商，以及出口缔约方主管部门，提出书面要求，随附原产地证明副本并说明核查原因；

（二）就第一款第（三）项而言，向出口缔约方的签证机构或主管部门提出书面要求，随附原产地证明副本并说明核查原因；并且

（三）就第一款第（四）项而言，向拥有核查访问场所的出口商或生产商，以及出口方主管部门，请求书面同意并且说明提议访问日期、地点和具体目的。

三、应进口缔约方的请求，可在出口缔约方的同意和协助下按照双方共同商议的程序开展对出口商或生产商的经营场所的核查访问。

四、对于第一款第（一）项至第（四）项的核查，进口缔约方应当：

（一）允许进口商、出口商或生产商，或出口缔约方的签证机构或主管部门自收到第一款第（一）项至第（三）项项下书面要求之日起，至少30日但不超过90日内答复；

（二）允许出口商、生产商或主管部门在收到第一款第（四）项项下的核查访问书面要求之日起30日内决定同意或拒绝该要求；并且

（三）致力于在收到必要信息之日起90日内、最长180日内作出核查

---

[1] 本项下的核查访问应当在完成第三项规定的核查程序后开展。

决定。

五、就第一款而言，进口缔约方应当向进口商、出口商或生产商，或出口缔约方的签证机构或主管部门，书面提供核查结果并说明理由。

六、进口缔约方海关在核查期间可以暂缓给予优惠关税待遇。进口缔约方应当放行货物，但可以依照其国内法律法规对货物采取税收保全措施。

第二十八条　拒绝给予优惠关税待遇

一、在下列情况下，进口缔约方可以拒绝给予优惠关税待遇：

（一）货物不符合本章规定；

（二）进口缔约方未收到足以判定货物具备原产资格的信息；

（三）进口货物不具备原产货物资格；

（四）货物的进口商、出口商或者生产商未遵守本章关于获得优惠关税待遇的规定；

（五）原产地证据文件不符合本章规定；

（六）原产地证据文件上所列信息与所提交的证明文件上所列信息不相符；

（七）原产地证据文件所列货物名称、数量及重量、包装唛头及号码、包装件数及种类与所报验的货物不相符；

（八）货物的出口商、生产商或出口缔约方的主管部门未按照本章"原产地核查"的规定对书面要求作出答复；

（九）进口缔约方依照本章"原产地核查"提出的核查访问请求被拒绝；

（十）进口货物不符合本章"直接运输"的直接运输规则。

二、在拒绝给予优惠关税待遇时，进口方缔约方应向进出口商或生产商书面说明决定及其理由。

第二十九条　原产地电子信息交换系统

为确保本章的高效实施，缔约方可共同协商一致，开发用于原产地信息交换的电子系统，以保证本章有效且高效的实施。

第三十条　联络点

每一缔约方应指定一个或多个联络点负责本章的实施，并且向其他缔约方通知具体联络信息。如有变动，各缔约方应当及时通知其他缔约方。

第三十一条 授权机构

一、授权机构是指经缔约一方的国内法或其政府机构指定签发原产地证书的任何机构。

二、签发原产地证书的授权机构的名称、地址及其使用的官方印章样本。名称、地址以及官方印章的任何变动都应及时通知另一缔约方海关。

第三十二条 保密

一、一缔约方对于另一缔约方根据本章规定提供的信息应予以保密，并保护该信息不被公开以侵害信息提供人的竞争地位。任何泄密行为应当依照各缔约方的法律规定予以处理。

二、如未经提供该信息的人或政府明确许可，第一款所指信息不得公开。

第三十三条 微小差异和差错

若产品原产地不存在疑问，当发现原产地证据文件的陈述与为办理产品进口手续而向进口缔约方海关报验的单证上的陈述有微小差异、信息遗漏、打字错误、微小引述错误或者特定字段的突出显示时，只要原产地证书与所报验的货物相符，原产地证书仍应有效。

第三十四条 第三方发票

在满足本章要求的前提下，进口缔约方不得仅因发票不由货物的出口商或生产商开具，而拒绝给予优惠关税待遇。

第三十五条 在途货物过渡性条款

一缔约方应当在本协定对该缔约方生效之日起，在进口商在×日内按照本章"与进口相关的责任"作出有效申请的前提下，对以下原产货物给予优惠关税待遇：

（一）处于运输至该缔约方途中的原产货物且符合本章"直接运输"规定；或者

（二）尚未进口至该缔约方的原产货物。

第三十六条 原产地规则委员会

一、缔约双方特此设立原产地规则委员会（以下简称原产地委员会），委员会应当向货物贸易委员会报告。

二、该委员会由缔约双方政府主管部门组成。

三、委员会的职责包括：

（一）依据《协调制度》的转换版本，对附件X（产品特定原产地规则）进行更新；以及

（二）评估本章的实施情况，并解决任何与本章及其附件实施相关的技术问题，例如税则归类改变、区域价值成分计算等，以及在这方面加强合作。

四、委员会的会议地点及会期应当由双方共同商定。

第三十七条　处罚

每一缔约方应当采取或维持适当的处罚或其他措施打击违反与本章规定相关法律法规的行为。

第三十八条　审议及修改

应缔约一方要求，必要时可对这些规则进行审议及修改。如经双方共同同意，这些规则的审议及修改可予以开放。

第三十九条　背对背原产地证明

一、根据本章"原产地证明"，中间缔约方的签证机构、经核准出口商或出口商可以签发背对背原产地证明，并应符合下列条件：

（一）出示有效的初始原产地证明正本或其经认证的真实副本；

（二）背对背原产地证明的有效期不超过初始原产地证明的有效期；

（三）背对背原产地证明包含初始原产地证明的相关信息；

（四）除重新包装或装卸、仓储、拆分运输等物流操作，或仅根据进口缔约方法律、法规、程序、行政决定或政策要求贴标，或其他为保持货物的良好状态或向进口缔约方运输货物所进行的必要操作外，使用背对背原产地证明再次出口的货物在中间缔约方不得进行其他进一步的处理；

（五）对于经物流拆分部分出口的货物，背对背原产地证明应显示拆分后的出口数量，而非初始原产地证明上货物的全部数量，并且所有拆分再出口货物数量的总和不应超过初始原产地证明上货物的数量总和；并且

（六）背对背原产地证明载有初始原产地证明的签发日期和编号。

二、本章"原产地核查"规定的核查程序也适用于背对背原产地证明。

第三节 海关程序和贸易便利化

第一条 定义

就本章而言：

（一）海关当局指

1. 对中国而言，中华人民共和国海关总署；以及

2. 对×××而言。

（二）海关法指与货物的进口、出口、移动或储存相关，专门由海关进行管理或执行的法律规定和管理规定，以及任何由海关依法定权力制定的任何法规。

（三）海关程序指由一缔约方海关，遵循其海关法律和法规对货物及运输工具适用的措施。

（四）运输工具指进入或离开一缔约方关税领土的载有自然人、货物或物品的各类船舶、车辆以及航空器。

第二条 范围与目标

一、本章应当根据缔约双方各自的国际义务以及其国内法律法规的规定，适用于对双边贸易的货物和缔约双方之间运行的运输工具实施的海关程序。

二、本章旨在：

（一）简化缔约双方的海关程序，并且在可能的范围内使其与相关国际标准相协调；

（二）保证缔约双方海关法适用的可预见性、一致性和透明度；

（三）促进对缔约双方海关程序的有效管理，以及货物的快速通关；

（四）便利缔约双方之间的贸易，包括通过加强全球和区域供应链环境；以及

（五）在本章范围内，促进缔约双方海关当局之间的合作。

第三条 便利化

一、各缔约方应当确保其海关程序及做法可预测、一致及公开透明，以便利贸易。

二、各缔约方应使用基于适当国际标准的高效的海关程序，以减少在双

方贸易往来中的贸易成本和不必要的延误,尤其是世界海关组织《关于简化和协调海关业务制度的国际公约》(《京都公约》)有关的标准和推荐做法。

三、各缔约方应限制缔约双方间货物贸易过程中的检查、手续以及所需单证的数量,采用那些必要的、适当的方式来确保符合法律要求,从而最大限度地简化相关程序。

四、各缔约方海关当局应定期审议各自的海关程序,以寻求简化方案和加强双方互利安排,从而便利国际贸易。

五、各缔约方应当尽力提供电子或其他形式的联系点,贸易商可以通过它提交所有法定要求的信息以便通关,包括货物放行。

第四条 透明度

一、各缔约方应尽快公布其与缔约双方间货物贸易相关的普遍适用的法律、法规以及适用的行政规章或程序,包括通过互联网公布。

二、各缔约方应当指定一个或多个咨询点以处理利益相关人对海关事务的咨询,并且应当将与提出咨询程序相关的信息在互联网上公开。

三、在可行并符合其法律法规的情况下,各缔约方应提前在互联网上公开与缔约双方间贸易有关的所有普遍适用的法律法规的草案,以便给予公众特别是利益相关人发表意见的机会。

四、各缔约方应在可能的情况下确保有关缔约双方间贸易的普遍适用的新的法律法规或其修订时,在公布与生效之间有合理间隔。

五、各海关当局应当就可能对本章实施有实质性影响的关于货物及运输工具移动的海关法律或程序的重大修改及时向其他海关当局进行通报。

第五条 海关合作

缔约双方海关当局应当在其国内法律法规允许的范围内,在下列方面相互给予协助:

(一)本章的实施与操作;以及

(二)双方共同决定的其他事项。

第六条 预裁定

一、应出口商、进口商或任何具有合理理由的人员或其代表[1]提交的包

---

[1] 向中国申请预裁定须向中国海关注册。

括所有必要信息的书面请求，在货物实际入境前，各缔约方海关当局应当就下列事项作出预裁定决定：

（一）货物原产地；

（二）商品税则归类；

（三）符合《海关估价协定》规定情形下，根据特定实施用于确定完税价格的适当方法或标准及其适用；以及

（四）缔约双方同意的其他事项。

二、进口方海关当局应当自接受所有必要信息后的×日内做出预裁定决定。

三、各缔约方海关当局应规定预裁定决定自做出之日起×年有效。

四、在下列情况下，进口方海关可以修改或撤销预裁定决定：

（一）如果该预裁定所依据的事实有误；

（二）如果预裁定所依据的事实或实际情形发生了变化；

（三）为与其国内法律的变化、司法判决以及本章修订的规定保持一致；或者

（四）如果提供了不实信息或相关信息未予提供。

五、如构成预裁定基础的事实和情况是行政复议或司法审查对象，一缔约方可以拒绝作出预裁定。拒绝作出预裁定的缔约方应当以书面形式迅速通知申请人，并列明相关事实、情况，以及拒绝作出预裁定决定的依据。

第七条　复议和诉讼

一、根据其国内法律法规，各缔约方应赋予进口商、出口商或任何受其决定影响的其他人，享有以下权利：

（一）向独立于或高于做出原决定的人员或部门以外的另一海关部门提出行政复议；及

（二）依据法律法规就行政决定提起司法诉讼。

二、复议和/或诉讼的决定应送达申请人和/或申诉人，并应根据该方国内法律法规书面提供作出决定的理由。

第八条　自动化系统的应用

每一缔约方应在海关操作中应用低成本、高效率的信息技术，特别是在无纸贸易环境下，并考虑包括世界海关组织在内的相关国际组织在该领域的发展。

第九条　风险管理

一、各缔约方海关当局应当采用风险管理方法确定货物风险特征以便利低风险货物通关，集中对高风险管理进行监管。

二、各缔约方海关当局应当以风险管理为基础确定查验的人员、货物或运输工具以及这种查验的范围。

三、各缔约方海关当局应当交流风险管理技术的最佳做法。

第十条　货物放行

一、各缔约方应为高效放行货物而采用或设立简化海关程序，以便利缔约方之间的贸易。本款不得要求一缔约方放行尚未满足放行要求的货物。

二、根据第一款，各缔约方应采用或设立下列程序：

（一）规定在不超过保证其海关法律得到遵守所需的时间内放行货物，在可能的限度内，在货物抵达48小时内；

（二）规定在货物抵达前通过电子方式提交和处理海关信息，以便在货物抵达后加快海关监管放行；

（三）允许货物在抵达地点放行，而无需临时转移至仓库或其他设施；以及

（四）允许进口缔约方海关对一进口商在关税、国内税和规费最终确定前放行货物，如这些税费未在抵达前确定或未在抵达时迅速确定，但条件是货物在其他方面符合放行条件，且进口缔约方所要求的任何保证金已提供，或已应一方要求支付争议付款。争议付款指对关税和国内税规费的支付金额存在争议，并可获得解决该争议的程序。

三、为了防止易腐货物出现可避免的损失或变质，在符合所有管理要求的前提下，各缔约方应当在海关监管下提供易腐货物的放行：

（一）通常情况下，在尽可能短的时间内放行，并且在可能的范围内，在货物抵达后和提交放行所要求的信息后6小时内放行；

（二）在特殊情况下，在该做法适当的情况下，在海关的工作时间之外予以放行。

四、各缔约方在安排任何可能要求的检查时，应当适当优先考虑易腐货物。

五、各缔约方应当安排或允许进口商在等待放行时对易腐货物适当储存

作出安排。各缔约方可以要求进口商所安排的任何储存设施，均已经过其相关主管机关批准或指定。货物移动至该储存设施，包括经营者移动该货物的授权，如有要求，可能须经相关主管机关批准。应进口商请求，在可行的并且符合国内法律的情况下，各缔约方应当规定在此类储存设施中予以放行所需的任何程序。

第十一条 经认证经营者

一、各缔约方海关当局应当尽力建立经认证的经营者（AEO）制度，以促进知法守法及海关高效监管。

二、缔约双方海关当局应当尽力推动经认证的经营者互认。

三、鼓励各缔约方海关当局加强合作，在适当的情况下，指定海关关员作为协调员并解决经认证的经营者的海关事务，并考虑如何加强此类计划的实施以促进贸易。

第十二条 磋商与联络点

一、在有请求方提供的合理根据或事实的情况下，一缔约方海关当局可随时要求与另一缔约方海关当局就本章实施或执行中发生的问题进行磋商。

二、若此类磋商未能协调解决有关问题，请求方可将题提请本协定所述的海关程序和贸易便利化委员会考虑。

三、各缔约方海关当局应当为本章之目的指定一个或多个联络点。联络点的联系方式信息应向另一缔约方提供，如发生改变，应及时向对方通报。

第十三条 一致性

在可能的情况下，各缔约方应当确保在全国范围内海关法律法规实施的一致性，并应建立并采取适当措施以尽力阻止其地方海关在实施法律法规过程中可能出现的不一致情况发生。

第十四条 处罚

各缔约方应当采用或沿用措施，允许对违反海关法律法规的行为，包括在税则归类、海关估价、原产地、享受本协定规定的优惠关税待遇等方面的违法行为，进行行政处罚，必要时追究刑事责任。

第十五条 快件

各缔约方应在保持适当监管和海关检查的同时，采取或维持针对快件的单独和快速的海关程序。这些程序应：

（一）允许以该方认为合适的形式提交一件单证作为放行的条件，例如一份舱单或一份报关单。该单证涵盖一个快件中的所有货物，允许在可能的情况下以电子形式提交；

（二）在可能的情况下尽量减少快件放行要求的单证；以及

（三）一般情况下，允许快件在提交所有必要的海关单证后，一旦货物抵达尽快放行，并在可能的情况下在6小时内放行。

第十六条 后续稽查

一、海关稽查是指在货物放行之后的一段特定时间内，海关对货物进行检查、核查的过程。

二、海关应实施透明的稽查方式。缔约双方应将检查的结论、权利与义务、结论的理由和证据等通报相对人。

三、缔约双方应在可能的情况下，将海关稽查的结果运用到风险管理的应用以及经认证贸易商的确定等方面。

第十七条 海关程序和贸易便利化委员会

一、为本章的有效实施与操作，各缔约方由此成立海关程序和贸易便利化委员会（以下简称"海关程序委员会"）。

二、海关程序委员会应由海关当局代表组成，在各缔约方一致同意的情况下，可包括各缔约方相关政府部门代表。

三、海关程序委员会的职能应包括：

（一）确保本章的合理实施并解决实施中发生的所有问题；

（二）对本章节操作与实施进行评估，同时酌情对本章进行修订；

（三）确认与本章有关的便利双方贸易的改进完善领域；

（四）就各缔约方海关战略发展交换信息，以加强各缔约方之间的合作；以及

（五）向货物贸易委员会提出建议并进行报告。

四、海关程序委员会应在各缔约方同意的时间、地点会面。

第十八条 保密

各缔约方海关当局根据本章获得的信息应仅用于提供该信息时所指的目的，并不得披露该信息。

第十九条　海关程序的审议

一、各缔约方海关当局应当本着进一步简化海关程序、制定互惠安排和便利双边贸易流通的目的，定期审议其海关程序。

二、各缔约方海关当局应当定期审议其在海关监管中应用的风险管理方法的效果、有效性及效率。

第二十条　抵达前处理

一、每一缔约方应当采取或设立程序，允许提交货物进口所需的文件和其他信息，以便在货物抵达前开始处理，从而在货物抵达时加快放行。

二、每一缔约方应当在适当的情况下，规定以电子格式预先提交第一款所提及的文件和其他信息，以便在货物抵达前处理此类文件。

第二十一条　放行时间研究

一、鼓励各缔约方定期并且以一致的方式，使用例如世界海关组织发布的《货物放行时间测算指南》等工具，测算其海关放行货物所需时间，并且公布其结果，以：

（一）评估贸易便利化措施；以及

（二）考虑进一步改善货物放行所需时间的机会。

二、鼓励各缔约方与其他缔约方共享其在第一款所提及的放行时间研究方面的经验，包括所使用的方法、发现的瓶颈问题。

第四节　卫生与植物卫生措施

第一条　目标

本章的目标为：

（一）保护缔约方领土境内的人类、动物或植物生命或健康的同时，减小双边贸易消极影响，促进双边贸易便利发展。

（二）提高缔约方卫生与植物卫生措施的透明度，以及各方对该项措施的理解。

（三）加强缔约方相关主管机构的交流与合作。

（四）促进世界贸易组织附件中《实施卫生与植物卫生措施协定》的实施。

第二条 范围

本章适用于缔约方所有直接或间接影响双边贸易的卫生与植物卫生措施。

第三条 定义

世界贸易组织附件《实施卫生与植物卫生措施协定》中的定义适用于本章规定。

第四条 对《实施卫生与植物卫生措施协定》的确认

缔约方确认关于《实施卫生与植物卫生措施协定》的权利与义务规定应适用于双方,《实施卫生与植物卫生措施协定》纳入本章并作为组成部分。

第五条 技术合作

一、缔约方应在卫生与植物卫生技术领域开展合作,并增进对双方法律法规体系的了解,减少双边贸易消极影响,便利双方市场合作。

二、双方应充分考虑卫生和植物卫生措施相关的合作事项,在具体事项上以双方达成的一致条款和条件上进行。

第六条 等效性

如果缔约出口方能够客观地向进口方展示其卫生与植物卫生措施达到了对方的合理保护水平,则每一缔约方应将另一方的卫生与植物卫生措施视为与己方措施具有同等效力而予以接受。为此,应进口方请求,应当给予进口方检查、检验及其他相关程序的合理化通道。

第七条 协调

缔约方应当努力将卫生与植物卫生措施建立在已经存在的国家标准、指南或建议的基础上加强交流、合作与协调。

第八条 透明度

每一缔约方在本条中重申《实施卫生与植物卫生措施协定》的相关要求。

第九条 风险分析

一、缔约方应当依照《实施卫生与植物卫生措施协定》,同时考虑世界贸易组织卫生与植物卫生措施委员会的相关决定以及国际标准、指南和建议,加强在风险分析方面的合作。

二、进行风险分析时，一进口缔约方应当：

（一）保证风险分析存档，并且给予出口缔约方以该进口缔约方决定的方式提出意见的机会；

（二）考虑对贸易的限制不超出为达到适当的卫生或植物卫生保护水平所要求的限度的风险管理方式；

（三）在考虑技术和经济可行性的同时，选择对贸易的限制不超出为达到适当的卫生或植物卫生保护水平所要求的限度的风险管理方式。

三、应一出口缔约方请求，一进口缔约方应当告知该出口缔约方一项特定的风险分析要求的进展，以及在该程序中可能出现的任何迟延。

四、在不损害紧急措施的情况下，如一进口缔约方在审议开始时已经允许进口另一缔约方的某种货物，该进口缔约方不得仅以其正在对一项卫生或植物卫生措施进行审查为由，停止进口该另一缔约方的该货物。

第十条　审核

一、在进行审核时，每一缔约方应当考虑世界贸易组织卫生与植物卫生措施委员会的相关决定以及国际标准、指南和建议。

二、为评估出口缔约方主管机关管理控制的有效性，一项审核应当基于制度，以提供要求的保证以及符合进口缔约方卫生与植物卫生措施。

三、在审核开始前，评估所涉及的进口缔约方和出口缔约方应当就审核的目的和范围以及与审核的开始具体相关的其他事项交换信息。

四、进口缔约方应当向出口缔约方提供对审核结果提出意见的机会，并且在得出结论和采取任何行动之前考虑任何此类意见。进口缔约方应当在合理期限内，向出口缔约方以书面形式提供陈述其结论的报告或者摘要。如提供此类报告或摘要须经请求，进口缔约方应当通知出口缔约方。

第十一条　认证

一、在适用认证要求时，每一缔约方应当考虑世界贸易组织卫生与植物卫生措施委员会的相关决定以及国际标准、指南和建议。

二、一出口缔约方应当在一进口缔约方要求时，由该出口缔约方主管机关提供证明该出口缔约方满足进口缔约方的卫生与植物卫生要求的文件。

三、缔约方认识到一进口缔约方在适当的情况下，可以允许与卫生或植物卫生要求相关的保证以除证书之外的其他方式提供，以及不同的制度可以满足相同的卫生与植物卫生目标。

四、如要求对一货物贸易进行认证，进口缔约方应当保证此类认证要求仅在保护人类、动物或植物生命或健康所必要的限度内适用。

五、在不损害缔约方进口控制权的前提下，进口缔约方应当接受由出口缔约方主管机关颁发的、与进口缔约方管理要求相一致的证书。

第十二条 进口检查

一、在实施进口检查时，每一缔约方应当考虑世界贸易组织卫生与植物卫生措施委员会的相关决定以及国际标准、指南和建议。

二、依照进口缔约方的法律、法规和卫生与植物卫生要求进行的进口检查，应当基于与进口相关的卫生与植物卫生风险。如在进口检查中发现违规，进口缔约方的最终决定或采取的行动应当与进口违规产品相关的卫生与植物卫生风险相适应。

三、如一进口缔约方基于在进口检查中发现的货物的违规而禁止或限制进口一出口缔约方的该货物，该进口缔约方应当向进口商或其代表进行通报，并且如该进口缔约方认为必要，也应当向该出口缔约方通报此类违规。

四、如一进口缔约方确定存在与出口货物相关的重大的或重复的卫生或植物卫生违规，涵盖缔约方应当应其中任何一缔约方请求，对违规进行讨论，以保证采取适当救济措施减少此类违规。

第十三条 紧急措施

一、如一缔约方采取一项为保护人类、动物或植物生命或健康所必要的紧急措施，并且这一措施可能对贸易产生影响，该缔约方应当立即通过与另一缔约方已建立的沟通渠道，以书面形式向相关出口缔约方进行通报。

二、相关出口缔约方可以请求与采取第一款所提及的紧急措施的缔约方进行讨论，此类讨论应当在可行的范围内尽快举行。参与讨论的每一缔约方应当努力提供相关信息，并且应当适当考虑通过讨论提供的任何信息。

三、如一缔约方采取了紧急措施，其应当在合理期限内，自行或者应一出口缔约方请求，对该措施进行审查。在必要的情况下，进口缔约方可以请求提供相关信息，并且该出口缔约方应当努力提供相关信息，以协助该进口缔约方对已经采取的紧急措施进行评估。该进口缔约方应当应请求向该出口缔约方提供审查结果。如在审查后紧急措施被维持，该进口缔约方应该基于最近可获得的信息,定期对该措施进行审查,并且应当应请求说明继续该紧急措施的理由。

第十四条 合作和合作能力建设

一、在与本章相一致并且遵守适当资源的可用性的情况下,缔约方应当探索缔约方之间进一步合作的机会,包括能力建设、技术援助、合作以及就共同关心的卫生与植物卫生事项交换信息。

二、缔约方可以就本章项下具有共同利益的任何事项进行合作,包括针对部门的特定建议。

三、在开展合作活动中,缔约方应避免不必要的重复以及最大限度地利用资源。

第十五条 技术磋商

当一缔约方认为一项卫生与植物卫生措施正在影响其与另一缔约方的贸易时,其可以通过与缔约方已建立的沟通渠道,请求获得一份该卫生与植物卫生措施的详细解释。另一缔约方应当迅速答复对此类解释的任何请求。

第十六条 卫生与植物卫生措施委员会

一、双方借此同意成立卫生与植物卫生措施委员会(以下简称委员会),由双方卫生与植物卫生事务主管机构的代表组成。

二、该委员会的目的是促进各方对《实施卫生与植物卫生措施协定》的实施,保护人类、动物和植物的生命和健康,加强有关卫生与植物卫生事务的合作与磋商,并最大限度减少对双边贸易的消极影响。

三、认识到处理卫生与植物卫生事务必须依赖科学并基于风险评估,且最好通过双边技术合作和磋商的形式进行。

四、委员会应力求加强双方卫生与植物卫生主管机构当前或未来的联系。为此,委员会应:

(一)认识到科学风险分析应由双方相关管理机构开展和评估;

(二)加强双方对彼此卫生与植物卫生措施以及与这些措施相关的管理程序的相互了解;

(三)就影响或可能影响双边贸易的卫生与植物卫生措施的制定或实施事宜进行磋商;

(四)通过双方联系点,及时沟通重大的、持续或反复出现的不符合卫生与植物卫生要求的情况；

（五）当一方认为另一方卫生与植物卫生措施的实施已造成或可能会造成任意、不合理的歧视或变相限制，应一方要求，如必要，考虑以委员会同意的条款和条件开展技术磋商，以寻求合理解决双方共同关心的卫生与植物卫生问题。此类磋商应在提出磋商要求后的合理时限内举行；

（六）相互协调双方在涉及食品安全、人类、动物和植物生命健康的国际和区域组织或论坛中的立场、会议议程和议题等；

（七）加强对有关制定、实施和采用卫生与植物卫生措施的技术合作活动的协调；以及

（八）增进对有关《实施卫生与植物卫生措施协定》具体实施问题的相互理解，包括澄清各方的管理框架及规则制定程序。

五、双方应在本协定生效合理期限内成立委员会，通过换文的形式确定各自委员会的主要代表，并确定委员会的职责范围。

六、除双方另有约定外，委员会每年至少召开一次会议。会议地点由双方共同决定，主席由双方轮流担任。

七、双方应确保相关贸易和监管机构或部门中负责制定、实施和执行卫生与植物卫生措施的适当人员参加委员会会议。

八、为协调本章的实施，特别是委员会会议的召开，并在合理期限沟通信息，双方应指定如下联系点：中方为国家质量监督检验检疫总局，或其继任者；另一缔约方待定。

第十七条 实施

在共同同意的情况下，缔约方可以制定双边或者多边安排，以列出共同确定的谅解和本章在适用时的细节。

第五节 技术性贸易壁垒

第一条 目标

本章旨在：

（一）确保标准、技术法规和合格评定程序不会造成不必要的技术性贸易壁垒，以便利和促进缔约双方之间的货物贸易；

（二）加强合作，包括就标准、技术法规和合格评定程序的制定、采纳与适用有关方面开展信息交换；

（三）增强对各缔约方标准、技术法规和合格评定程序的相互理解；以及

（四）促进《马拉喀什建立世界贸易组织协定》附件1A中的《技术性贸易壁垒协定》（以下简称《TBT协定》）原则的实施。

第二条 适用范围

本章适用于可能直接或间接影响缔约方之间货物贸易的所有标准、技术法规和合格评定程序。本章不适用于：

（一）本协定卫生与植物卫生措施章节涵盖的卫生与植物卫生措施；以及

（二）依据世贸组织《政府采购协议》规定实施的，政府机构为其自身的生产或消费要求而制定的采购规格不受本协定约束。

第三条 定义

就本章而言，《TBT协定》附件1所列定义应予以适用。

第四条 对《TBT协定》的确认

除非本章另有规定，缔约双方应适用《TBT协定》，经必要修改后，在此并入本协定并成为本协定的一部分。

第五条 标准

一、缔约方应鼓励各自领土内的标准化机构与对方标准化机构合作，这些合作应包括但不限于标准方面的信息和经验。

二、如需要制定技术法规或合格评定程序，而相关国际标准已经存在或即将拟就，各方应使用这些国际标准或其中的相关部分作为其技术法规或合格评定程序的基础，除非这些国际标准或其中的相关部分对达到其追求的合法目标无效或不适当。

三、在决定《TBT协定》第二条、第五条和附件三意义上的国际标准、指南或建议是否存在时，每一缔约方考虑WTO技术性贸易壁垒委员会（下称"WTO TBT委员会"）发布的《委员会关于制定与第二条、第五条和附件三有关的国际标准、指南和建议的原则的决定》（G/TBT/9，2000年11月13日，附件四）以及随后与此相关的决定和建议中列出的原则。

第六条 透明度

一、每一缔约方重申按照《TBT 协定》相关要求，公开新提议的或修改的有关技术法规、标准和合格评定程序的有关信息。应另一缔约方请求，每一缔约方应当提供与被请求缔约方已经实施或拟实施的技术法规或合格评定程序的目标和理由相关的信息。

二、每一缔约方应在收到书面请求的 15 个工作日内以可用的语言，向请求方提供其通告的技术法规和合格评定程序的全文。

三、除因发生或可能发生健康、安全和环境风险而采取的紧急措施外，每一缔约方在向世界贸易组织通报其技术法规和合格评定程序时，应给予另一方不少于 60 天的评议期。每一缔约方应考虑另一方的建议并尽力应请求回复建议。

四、各缔约方有权要求另一缔约方提供有关本章所述事项的信息，被请求方应努力在合理期限内向请求方提供可获得的信息。

第七条 技术磋商

一、如一缔约方认为另一缔约方有关技术法规或合格评定程序对其出口构成不必要的障碍，其有权要求进行技术磋商。被请求方应尽早答复这一请求。

二、被请求方应在缔约方商定的时间内进行技术磋商，以达成解决方案。技术磋商可以通过缔约方商定的任何方式进行。

第八条 合作

为增进对彼此制度的了解，便利双边贸易，缔约方应加强在以下领域的技术合作：

（一）缔约方主管机构之间的沟通；

（二）交换有关标准、技术法规、合格评定程序和良好监管实践的信息；

（三）尽可能鼓励缔约方标准化和合格评定机构之间的合作，包括培训项目、研讨会和相关活动；

（四）在有关区域和国际组织工作中，在与标准和合格评定程序的制定和适用有关的共同关注领域开展合作；

（五）国际标准化组织（ISO）/国际电工委员会（IEC）指南 2 中定义的活动；以及

(六) 缔约方商定的其他领域。

第九条 联络点

一、各缔约方应指定联络点,负责协调本章的实施。

二、各缔约方应向另一缔约方提供各自联络点相关工作人员的联系方式,包括电话、传真、电子邮件和任何其他相关信息。

三、各缔约方应就其联络点的变更或代表该联络点的相关工作人员信息的更改及时通知另一缔约方。

第十条 技术性贸易壁垒委员会

一、缔约方特此成立技术性贸易壁垒委员会(以下简称"委员会"),由第四款规定的缔约方代表组成。

二、委员会职责包括:

(一) 促进本章的实施以及缔约方在与本章有关的事项中的合作;

(二) 监督和鼓励本章的实施、执行和管理;

(三) 迅速处理一方提出的有关标准、技术法规和合格评定程序的制定、采用、应用或实施的问题;

(四) 加强缔约方在(合作)条款所述领域的合作;

(五) 应一方要求,就标准、技术法规和合格评定程序进行信息交流;

(六) 交流涉及标准、技术法规和合格评定程序活动的非政府、区域和多边论坛的进展情况;

(七) 鼓励就相互认可在对方领土内做出的合格评定结果进行讨论;

(八) 根据世界贸易组织技术性贸易壁垒委员会下的任何进展审议本章,如需要,可为本章的修订提出建议;

(九) 采取缔约方认为有助于本章执行的其他措施;

(十) 应一方书面要求,在合理的时限内进行磋商以解决本章项下出现的问题。

三、除缔约方另有约定外,委员会每年至少召开一次会议,会议可当面或通过电话会议、视频会议、或双方同意的其他方式举行。

四、为达本条之目的,技术性贸易壁垒委员会应由以下机构负责协调:

(一) 中方为:国家质量监督检验检疫总局,或其继任者;

(二) ××方为:

根据议题情况，有关部门或管理机构应参与委员会会议。

五、第四款确定的机构应负责协调各自境内的相关部门和人员，并确保有关部门和人员参与其中。委员会应通过双方同意的沟通渠道开展工作，包括电子邮件、电话会议、视频会议或其他方式。

第六节　贸易救济

第一部分　保障措施

第一条　定义

就本章而言：

（一）国内产业是指相对于某一进口产品而言，其同类产品或直接竞争产品的全体生产者，或者占国内同类产品或直接竞争产品产量主要部分的生产者；

（二）严重损害是指一国内产业状况遭受重大全面减损；

（三）严重损害威胁是指建立在事实基础上的，而非仅凭指控、推测或极小的可能性的，明显迫近的严重损害。

第二条　保障措施的实施

一、如果由于按照本协定规定降低或消除关税，导致一受益于本协定项下优惠关税待遇的原产产品被进口至一缔约方领土内的数量绝对增加或与国内生产相比相对增加，且构成对生产同类产品或直接竞争产品的国内产业造成严重损害或严重损害威胁的重要原因，进口缔约方可仅在过渡期内采用第二款所规定的保障措施。

二、如果符合第一款所规定的条件，一缔约方可以在防止或补救严重损害或严重损害威胁和便利调整所必需的限度内：

（一）中止按本协定的规定进一步降低此产品关税；或者

（二）提高此产品的关税税率，但不应超过下列税率两者之中较低水平：

1. 在采取此措施时，正在实施的最惠国关税税率；或者
2. 本协定正式生效前一日正在实施的最惠国关税税率。

三、缔约方理解，关税配额或数量限制均不是允许实施的保障措施的

形式。

第三条 全球保障措施

一、每一缔约方保留其在《1994年关税与贸易总协定》第十九条和WTO《保障措施协定》下的权利和义务。

二、任何缔约方不得同时针对同一货物实施：

（一）双边或临时或过渡性保障措施（即本协定规定的保障措施）；及

（二）根据《1994年关税与贸易总协定》第十九条和WTO《保障措施协定》实施的保障措施。

第四条 调查程序

一、一缔约方只有经主管机关按照WTO《保障措施协定》第三条和第四条第二款（三）进行调查后，才能采取保障措施；为此目的，WTO《保障措施协定》第三条和第四条第二款（三）在细节上作必要修改后被纳入本协定并成为本协定的一个组成部分。

二、在确定原产于另一缔约方的产品进口增加是否对一国内产业已经造成严重损害威胁时，进口缔约方的主管机关应遵守WTO《保障措施协定》第四条第二款（一）和（二）的规则；为此目的，WTO《保障措施协定》第四条第二款（一）和（二）在细节上作必要修改后被纳入本协定并成为本协定的一个组成部分。

第五条 临时措施

一、在延迟会造成难以弥补的损害的紧急情况下，一方可根据关于存在明确证据表明进口增加已经对国内产业造成严重损害或严重损害威胁的初步裁定，采取临时过渡性保障措施。

二、实施保障措施的缔约方应在采取临时措施之前通知另一方，应在实施该措施后应另一方的要求启动磋商。

三、临时过渡性保障措施的期限不得超过200日，在此期间应满足本章实施保障措施的相关程序及水平要求。如随后根据本章规定进行的调查确定进口增加对国内产业未造成严重损害或者严重损害威胁，则额外征收的任何关税应予以迅速返还。

四、任何此类临时过渡性保障措施的期限都应计为一项保障措施的原有期限和任何延长期限的一部分。

第六条 通知和磋商

一、一方应立即以书面形式通知另一方以下事项：

（一）发起保障措施调查；

（二）做出进口增加造成严重损害或严重损害威胁的认定；

（三）做出实施或延长一项保障措施的决定。

二、在做出本条第一款所指的通知时，实施保障措施的一方应向另一方提供所有相关的信息。

三、提议实施或延长保障措施的一方应向另一方提供事先磋商的充分机会。

第七条 技术磋商

一、如一缔约方认为另一缔约方有关技术法规或合格评定程序对其出口构成不必要的障碍，其有权要求进行技术磋商，被请求方应尽早答复这一请求。

二、被请求方应在双方商定的时间内进行技术磋商，以达成解决方案。技术磋商可以通过缔约双方商定的任何方式进行。

第八条 补偿

一、延长或实施（过渡性）保障措施的一方应通过与另一方的磋商，向另一方提供双方同意的补偿；补偿采用与此保障措施预期导致的贸易影响实质相等或与额外关税价值相等的减让的形式，磋商应于过渡性保障措施延长实施后30日内开始。

二、如磋商开始后30日内缔约双方无法就补偿达成一致，出口方有权对延长过渡性保障措施一方的贸易中止适用实质相等的减让。

三、一方应在根据本条第二款中止减让前至少30日书面通知另一方。

四、延长实施方根据本条第一款提供补偿的义务和另一方根据本条第二款中止减让的权利，应在（过渡性）保障措施终止之日终止。

第二部分 反倾销和反补贴措施

第九条 反倾销和反补贴措施

一、缔约方保留其在《马拉喀什建立世界贸易组织协定》附件1A中的

《1994年关税与贸易总协定》第6条、WTO《关于实施〈1994年关税与贸易总协定〉第六条的协定》和《补贴与反补贴措施协定》项下的权利和义务。

二、缔约方依据《1994年关税与贸易总协定》第6条、WTO《关于实施〈1994年关税与贸易总协定〉第六条的协定》和WTO《补贴与反补贴措施协定》所采取的措施不适用于本协定争端解决章节的规定。

第二章 服务贸易

第一条 国民待遇

一、根据具体承诺表作出承诺的一缔约方,对于列入的部门,在遵守服务具体承诺表所列任何条件和资格的前提下,在影响服务提供的所有措施方面给予其他任何缔约方的服务和服务提供者的待遇,应当不低于其给予本国同类服务和服务提供者的待遇。[1]

二、根据不符措施承诺表作出承诺的一缔约方,在遵守不符措施承诺表规定的其不符措施的情况下,在影响服务提供的所有措施方面给予其他任何缔约方的服务和服务提供者的待遇,应当不低于其给予本国同类服务和服务提供者的待遇。[2]

三、一缔约方可通过对其他缔约方的服务或服务提供者给予与其本国同类服务或服务提供者的待遇形式上相同或不同的待遇,以满足第一款或第二款的要求。

四、如形式上相同或不同的待遇改变竞争条件,与任何其他缔约方的同类服务或服务提供者相比,有利于该缔约方的服务或服务提供者,则此类待遇应被视为较为不利的待遇。

第二条 市场准入

一、对于通过定义确定的服务提供模式实现的市场准入,一缔约方给予任何其他缔约方的服务和服务提供者的待遇,不得低于其在服务具体承诺表

---

[1] 根据本条承担的具体承诺不得解释为要求任一缔约方对由于有关服务或服务提供者的外国特性而产生的任何固有的竞争劣势做出补偿。

[2] 根据本条承担的具体承诺不得解释为要求任一缔约方对由于有关服务或服务提供者的外国特性而产生的任何固有的竞争劣势做出补偿。

所同意和列明的条款、限制和条件。[1]

二、在作出市场准入承诺的部门，不论是根据具体承诺表作出具体承诺，或根据不符措施承诺表遵守不符措施，一缔约方不得在其一地区或在其全部领土内采取或维持按如下定义的措施：

（一）无论以数量配额、垄断、专营服务提供者的形式，还是以经济需求测试要求的形式，限制服务提供者的数量；

（二）以数量配额或经济需求测试要求的形式限制服务交易或资产总值；

（三）以配额或经济需求测试要求的形式，限制服务业务总数或以指定数量单位表示的服务产出总量；[2]

（四）以数量配额或经济需求测试要求的形式，限制特定服务部门或服务提供者可雇佣的、提供具体服务所必需且直接有关的自然人总数；

（五）限制或要求服务提供者通过特定类型法律实体或合营企业提供服务的措施；以及

（六）以限制外国股权最高百分比或限制单个或总体外国投资总额的方式限制外国资本的参与。

第三条 最惠国待遇

一、一缔约方依照具体承诺表作出承诺，并选择根据承诺表作出最惠国待遇承诺的，应当：

（一）对于列在该缔约方服务具体承诺表中，被确定为"最惠国待遇"的服务部门及其分部门；

（二）对于在该缔约方服务具体承诺表附录中的最惠国待遇部门范围中所列的服务部门及其分部门；或者

（三）对于未包含在该缔约方服务具体承诺表附录中的最惠国待遇部门豁免清单的服务部门及其分部门；

（四）并且在遵守其中所列任何条件和资质的前提下，该缔约方给予另一

---

〔1〕 如一缔约方就服务贸易定义跨境提供模式所指方式提供服务作出市场准入承诺，且如果资本的跨境流动是该服务本身必需的部分，则该缔约方由此已承诺允许此种资本跨境流动。如一缔约方就服务贸易定义商业存在模式所指方式提供服务作出市场准入承诺，则该缔约方由此已承诺允许有关的资本转移进入其领土内。

〔2〕 该项不涵盖一缔约方限制服务提供投入的措施。

缔约方的服务和服务提供者的待遇，不得低于其给予任何其他缔约方或非缔约方服务和服务提供者的待遇。

二、在遵守列入其服务与投资保留及不符措施承诺表中的不符措施的前提下，一缔约方依照不符措施承诺表作出承诺时应当给予另一缔约方的服务和服务提供者的待遇，不得低于其给予任何其他缔约方或任何非缔约方服务和服务提供者的待遇。

三、尽管有第一款和第二款的规定，每一缔约方保留依照任何已生效的或于本协定生效之日前签署的双边或多边国际协定采取或维持任何措施的权利，以给予任何其他缔约方或非缔约方服务和服务提供者不同的待遇。

四、为进一步明确，就有关货物贸易、服务贸易或投资的自由化协定而言，第三款所述还包括相关协定缔约方之间为实现更广泛经济一体化或进一步贸易自由化而采取的任何措施。

五、服务贸易章节的规定不得解释为阻止任何缔约方对任何毗邻国家授予或给予利益，以便利仅限于毗邻边境地区的在本地生产和消费的服务的交换。

第四条　具体承诺表

一、各缔约方应当根据具体承诺表或不符措施承诺表的规定作出国民待遇和市场准入下的承诺。

二、根据具体承诺表作出承诺的一缔约方应当根据国民待遇、市场准入中的适用条款作出承诺，并且还应当根据最惠国待遇或透明度清单作出承诺。根据具体承诺表作出承诺的一缔约方也可以根据附加承诺作出承诺。

三、根据不符措施承诺表作出承诺的一缔约方应当根据国民待遇、市场准入、最惠国待遇和本地存在中的适用条款作出承诺。根据不符措施承诺表作出承诺的一缔约方也可根据附加承诺作出承诺。

四、与本协定国民待遇和市场准入均不一致的措施应列入与本协定市场准入有关的栏目。在这种情况下，所列内容将被视作也对本协定国民待遇规定了条件或资格。

五、具体承诺表和不符措施承诺表作为本协定附件附于本协定之后，并应成为本协定的组成部分。

第五条 透明度

一、缔约方认识到，管理服务贸易的透明度措施对于便利服务提供者进入彼此市场并在其中开展业务的能力具有重要意义。每一缔约方应当促进服务贸易中管理的透明度。

二、除紧急情况外，最迟应当在措施生效之时，每一缔约方应当迅速公布下列措施：

（一）影响服务贸易的普遍适用的所有相关措施；以及

（二）一缔约方为签订国的所有有关或影响服务贸易的国际协定。

三、在可能的范围内，每一缔约方应当通过互联网使第二款所提及的措施和国际协定可公开获得，并在其法律框架所规定的范围内以英文提供。

四、如第二款和第三款所提及的公布不可行，则应当以其他方式使此类信息[1]可以公开获得。

五、每一缔约方应当指定一个联络点，以便缔约方就本章所涵盖的任何事项进行沟通。应另一缔约方请求，该联络点应当：

（一）确定负责相关事项的机构或官员；以及

（二）在必要时为便利与请求方就该事项进行沟通提供协助。

六、每一缔约方应当迅速回应任何其他缔约方提出的关于下列具体信息的任何请求：

（一）第二款第（一）项所提及的任何措施，或者第二款第（二）项所提及的国际协定；以及

（二）对服务贸易具有重大影响的任何新的法律、法规或行政指南或者现行法律、法规或行政指南的任何变动。

第六条 国内监管

一、每一缔约方应当保证影响服务贸易的所有普遍适用的措施以合理、客观和公正的方式管理。

二、每一缔约方应当维持或在可行时尽快设立司法、仲裁或行政庭或程序，应受影响的服务提供者请求，对影响服务贸易的行政决定进行迅速审查，并在有正当理由的情况下提供适当救济。如此类程序并不独立于作出相关行

---

[1] 为进一步明确，缔约方同意此类信息可以以每一缔约方选择的语言公布。

政决定的机构，该缔约方应当保证此类程序在事实上提供客观和公正的审查。

三、第二款中的任何规定不得解释为要求一缔约方设立与其宪法结构或其法律体系的性质不一致的法庭或程序。

四、如果与 GATS 第六条第四款有关的谈判结果生效，缔约方应当审查该此类谈判的结果，并且应当在适当的情况下，在缔约方之间磋商后对本条进行修正，使此类谈判的结果在本章项下生效。

五、为保证与资质要求和程序、技术标准和许可要求相关的措施不对服务贸易构成不必要的壁垒，在认识到能够进行监管以及采用新的与服务的提供相关的法规以实现其政策目标的同时，每一缔约方应当努力保证其采取或维持的此类措施是：

（一）基于客观和透明的标准，例如提供服务的资格和能力；

（二）不得超过为保证服务质量所必需的限度；以及

（三）在许可程序的情况下，程序本身不成为对服务提供的限制。

六、在确定一缔约方是否符合第五款第（一）项的义务时，应当考虑该缔约方适用的相关国际组织[1]的国际标准。

七、如一缔约方要求服务的提供得到授权，该缔约方应当保证其主管机关：

（一）保证为完成相关申请程序而收取的任何授权费用是合理的、透明的，并且这些程序本身不成为对服务提供的限制。就本项而言，授权费用不包括使用自然资源的费用、支付拍卖费用、招标费用或其他以非歧视方式授予特许权的费用，或者提供普遍服务的法定出资；

（二）当申请人根据其法律和法规提交完整申请后，在合理期限内通知该申请人与该申请相关的决定；

（三）在可行的范围内，就申请的处理进度制定时间表；

（四）应该申请人请求，不得无故迟延地提供与申请状态相关的信息；

（五）在申请不完整的情况下，应该申请人请求，在可行的情况下，确定为使申请完整所要求的所有附加信息，并且提供在合理的时间表内对遗漏进行补全的机会；以及

（六）如果申请被终止或驳回，在可能的范围内，不得无故迟延地以书面

---

[1]"相关国际组织"指其成员资格对本协定所有缔约方的相关机构开放的国际组织。

形式将此类行动的理由告知该申请人。申请人将有可能自行决定重新提交一份新的申请；

（七）在其法律和法规允许的范围内，在提交许可证或资质申请时，不要求在一缔约方领土内实际存在；

（八）根据其法律和法规，在与纸质提交材料具有同等条件的真实性时，努力接受以电子格式的提交申请；以及

（九）如其认为适当，接受根据其法律和法规认证的文件副本，以代替文件正本。

八、每一缔约方应当规定适当的程序，以核实另一缔约方专业人员的资格。如许可或资质要求包括通过考试，每一缔约方应当在可行的范围内保证：

（一）考试应当有合理的时间间隔安排；以及

（二）提供合理期限，使利害关系人能够提交申请。

九、每一缔约方应当在遵守其法律和法规的情况下，允许另一缔约方的服务提供者在不受不适当限制的情况下，使用其在该另一缔约方领土内进行贸易的企业名称。

十、如一部门或措施是由于一缔约方依照具体承诺表或不符措施承诺表作出承诺，而因此不受国民待遇或市场准入的约束，则第一款至第九款不适用于该部门或措施。

第七条 承认

一、为全部或部分满足服务提供者获得授权、许可或证明的标准或准则，在遵守第四款要求的前提下，一缔约方可以承认在一特定国家获得的教育或经历、满足的要求、或给予的许可或证明。此类承认可以通过协调或其他方式实现，或者可以基于与相关国家的协定或安排，或者可以自动给予。

二、属于第一款所提及的类型的协定或安排参加方的一缔约方，无论此类协定或安排已经存在或在未来订立，应当应请求，为其他缔约方提供充分的机会为加入此类协定或安排进行谈判，或与其谈判类似的协定或安排。如一缔约方自动给予承认，其应当向任何其他缔约方提供充分的机会，以证明在该其他缔约方领土内所获得的教育、经历、许可或证明或所满足的要求应该得到承认。

三、服务贸易章中最惠国待遇的任何规定不得解释为要求任何缔约方对

在另一缔约方获得的教育或经验、满足的要求或给予的许可或证明给予此类承认。

四、在适用服务提供者获得授权、许可或证明的标准或准则时,一缔约方不得以可能构成其他缔约方之间的歧视的手段或者构成对服务贸易变相限制的方式给予承认。

(一)在适当的情况下,应该基于多边同意的准则进行承认。在适当的情况下,缔约方应当与相关政府间组织和非政府间组织合作,以制定和采取与承认相关的共同的国际标准和准则,以及与服务贸易和专业的实践相关的共同的国际标准。

(二)每一缔约方应当努力便利专业服务贸易,包括通过鼓励其领土内的相关机构就与承认相关的协定或安排进行谈判。

第三章 竞争政策

第一条 目标

本章的目标是,通过采取和维持禁止反竞争行为的法律和法规,以及通过缔约方在制定和实施竞争法律和法规方面的区域合作,促进市场竞争,提高经济效率和消费者福利。追求此类目标将有助于缔约方从本协定中获益,包括便利缔约方之间的贸易和投资。

第二条 基本原则

一、每一缔约方应当以与本章的目标一致的方式实施本章。

二、在承认每一缔约方在本章项下的权利和义务的情况下,缔约方认识到:

(一) 每一缔约方拥有制定、规定、管理和执行其竞争法律、法规和政策的主权权利;以及

(二) 缔约方在竞争法和竞争政策领域的能力和发展水平存在重大差异。

第三条 定义

就本章而言:

一、反竞争商业行为是指不符合本协定的正常运行,并且可能影响缔约双方之间贸易的商业行为或交易,例如:

(一) 在任一缔约方全境或大部分地区,试图造成或者实际具有排除、限制、扭曲竞争效果的企业协议、联合决定或协同行为;

(二) 在任一缔约方全境或大部分地区,一家或数家具有支配地位企业滥用支配地位的行为;或者

(三) 在任一缔约方全境或大部分地区,显著妨碍有效竞争,特别是形成或加强市场支配地位的经营者集中。

二、竞争法:

（一）对中国而言，是指《反垄断法》及其实施规定和修正案；

（二）对另一缔约国而言，是指……

第四条 竞争法和竞争机构

一、每一缔约方应制定或保留竞争法，以便通过禁止反竞争商业行为，促进和保护市场竞争机制。

二、每一缔约方应保留设立一个或多个机构，负责全国竞争法的实施。

三、每一缔约方应当保证其一个或多个主管机关在执行其竞争法律和法规方面的决策独立性。

四、每一缔约方可规定某些免于适用其国内竞争法的情况，条件是此类免于适用公开透明且基于公共政策理由或公共利益理由。

五、本章并不妨碍一缔约方创立和保持公用企业，或者赋予企业以特殊权利或排他性权利。

六、对于公用企业，以及享有特殊权利或排他性权利的企业：

（一）缔约任一方均不应该采取或维持与本章所列原则不一致的措施；且

（二）缔约双方应保证上述企业受本章所列的本国竞争法约束，上述原则和竞争法的实施不应在法律上或事实上阻碍上述企业执行指派给该企业的特殊任务。

第五条 执法原则

一、每一缔约方应确保竞争执法遵循透明、非歧视和程序正义原则。

二、在竞争执法过程中，在类似条件下，每一缔约方应给予非本方当事人的待遇应不低于对方当事人享有的待遇。

三、每一缔约方应确保在调查过程中，确认当事人行为是否违反竞争法时，或者在确定对当事人的违法行为需要进行处罚或采取救济措施时，向当事人提供表达意见、提出证据、由律师代理等为自己辩护的机会。

四、对违反竞争法而进行处罚或采取救济措施时，每一缔约方应为其提供依照本国法律法规申请复议或提起行政诉讼的机会。

五、每一缔约方应规定保护国内竞争主管机关在调查过程中获得的商业机密信息及依据其法律被认定为机密的其他信息。如缔约方的国内竞争主管机关在执法过程中使用或有意使用此类信息，在其法律允许并适当的情况下，该缔约方应制定程序使被调查人可及时获得必要信息，以针对国内竞争主管机关的指控准备充分抗辩。

六、每一缔约方应保证其国内竞争主管机关向可能违反该缔约方国内竞争法的被调查人提供合理机会,就调查过程中出现的重大法律、事实或程序问题咨询国内竞争主管机关。

七、每一缔约方应认识到及时处理竞争案件的重要性。

第六条 透明度

一、缔约方认识到尽可能提高竞争执法政策透明度的重要性。

二、每一缔约方应当使其竞争法律和法规以及实施此类法律和法规的任何指南可公开获得。

三、每一缔约方应确保所有认定违反竞争法的最终行政决定以书面形式作出,且就非刑事案件,提供作出该决定的事实和法律依据。

四、每一缔约方应根据本国法律法规公开最终决定和相关命令。每一缔约方应保证公开决定或命令的版本不应包含依据本国法律规定禁止公开的商业秘密信息或按照法律规定不宜公开的其他信息。

第七条 合作

一、缔约方认识到其各自竞争主管机关之间相互合作对于促进有效竞争执法的重要性。为此,每一缔约方应通过通报、磋商和技术合作等方式开展合作。

二、一缔约方的国内竞争主管机关可考虑通过与另一缔约方的国内竞争机关签署合作安排或协定,规定双方同意的合作条款。

三、缔约双方同意在可合理利用的资源范围内,以与各自法律、法规和重要利益相一致的方式开展合作。

第八条 信息保密

一、本章不得要求缔约方共享与其法律、法规和重大利益相抵触的信息。

二、如一缔约方在本章项下请求提供保密信息,提出请求的缔约方应当通报被请求的缔约方:

(一)请求的目的;

(二)被请求信息的预期用途;以及

(三)提出请求的缔约方可能影响信息保密性的任何法律或法规,或者可能要求将信息用于被请求的缔约方未同意的目的的任何法律或法规。

三、如本章项下共享的信息是在保密基础上共享，则除遵守其法律和法规外，接收该信息的缔约方应当：

（一）对收到的信息保密；

（二）收到的信息仅能用于请求时披露的目的，除非提供信息的缔约方另行授权；

（三）不向未经提供信息的缔约方授权的任何其他机关、实体或者人披露收到的信息；以及

（四）遵守提供信息的缔约方要求的任何其他条件。

第九条　技术合作

缔约方同意在考虑缔约方资源可获得性的情况下，就技术合作活动方面开展双边或者多边合作，以建设必要的能力用以增强竞争政策制定和竞争执法工作符合其共同利益。技术合作活动可以包括：

（一）共享制定和实施竞争法律和政策相关的经验和非保密信息；

（二）竞争法律和政策方面的顾问和专家之间的交流；

（三）为培训目的而进行的竞争主管机关官员之间的交流；

（四）竞争主管机关官员参与倡议项目；以及

（五）缔约方同意的其他行动。

第十条　竞争机构的独立性

本章不应干预每一缔约方各自执行竞争法律的独立性。

第十一条　私人诉权

一、就本条而言，私人诉权指一人独立或在国内竞争主管机关作出违法认定后，向法院寻求就违反国内竞争法的行为对其造成的损害进行救济的权利。

二、认识到私人诉权是对国内竞争法公共执法的重要补充，每一缔约方应通过或维持提供独立的私人诉权的法律或其他措施。

三、如一缔约方未通过或维持提供独立的私人诉权的法律或其他措施，则该缔约方应通过或维持法律或其他措施以允许一人有权：

（一）请求国内竞争主管机关对主张的违反国内竞争法的行为发起调查；及

（二）在国内竞争主管机关作出违法认定后向法院寻求救济。

四、每一缔约方应保证依据第二款或第三款给予另一缔约方人的权利不低于该缔约方给予本国人的权利。

五、缔约方可制定合理标准,以行使依据本条所产生或维持的任何权利。

第十二条 消费者保护

一、缔约方认识到消费者保护法律和此类法律执法的重要性,以及缔约方就消费者保护相关事项开展合作以实现本章目标的重要性。

二、每一缔约方也认识到提高对消费者投诉机制的认识和利用这些机制的重要性。

三、缔约方可以在具有共同利益的与消费者保护相关的事项上进行合作。此类合作应当以符合缔约方各自法律和法规的方式,在其各自可获得的资源范围内进行。

第十三条 争端解决

对于本章下产生的任何事项,任何一方不得诉诸第十章(争端解决)。

第十四条 磋商

一、为促进缔约双方相互理解,或者为处理本章执行过程中出现的特定事项,一缔约方应另一缔约方要求,应就对方提出的关注与其进行磋商。提出磋商请求的一缔约方应当在请求中指明相关事项如何影响缔约双方间的贸易或投资。

二、一缔约方对提出磋商请求的另一缔约方的关注应当给予充分谅解和考虑。

三、为便于就有关事项进行磋商,一缔约方应尽量向另一缔约方提供相关非保密信息。

第四章　电子商务与数字贸易

第一节　一般条款

第一条　定义

就本章而言：

1. 计算设施指用于商业用途的信息处理或存储的计算机服务器和存储设备；

2. 电子认证指为建立对一电子声明或请求可靠性的信心而对该声明或请求进行核实或检测的过程；以及

3. 非应邀商业电子信息指出于商业或营销目的，未经接收人同意或者接收人已明确拒绝，仍向其电子地址发送的电子信息。[1]

第二条　原则和目标

一、缔约方认识到电子商务提供的经济增长和机会、建立框架以促进消费者对电子商务信心的重要性，以及便利电子商务发展和使用的重要性。

二、本章的目标为：

（一）促进缔约方之间的电子商务，以及全球范围内电子商务的更广泛使用；

（二）致力于为电子商务的使用创造一个信任和有信心的环境；以及

（三）加强缔约方在电子商务发展方面的合作。

---

[1] 一缔约方可以将该定义适用于通过一种或多种方式传递的非应邀商业电子信息，包括短信服务（SMS）或者电子邮件。尽管有此脚注，缔约方应该努力采取或维持与第四章第八条（非应邀商业电子信息）相一致的措施，这些措施适用于非应邀商业电子信息的其他传递方式。

第三条　范围[1]

一、本章应当适用于一缔约方采取或维持的影响电子商务的措施。

二、本章不得适用于政府采购。

三、本章不得适用于一缔约方持有或处理的信息，或者与此类信息相关的措施，包括与该信息收集相关的措施。

四、计算设施的位置和通过电子方式跨境传输信息不得适用于一缔约方采取的与服务贸易义务不符的措施，只要该措施的采取或维持是根据下列内容：

（一）一缔约方依照最惠国待遇或具体承诺表作出的承诺中所规定的，或者与不受一缔约方上述承诺所限制的部门相关的任何条款、限制、资质和条件；或者

（二）适用于服务贸易义务的任何例外。

五、为进一步明确，影响以电子方式交付所提供服务的措施应遵循以下相关条款所包含的义务：

（一）服务贸易；以及

（二）服务具体承诺表以及适用于此类义务的任何例外。

第二节　贸易便利化

第四条　无纸化贸易

一、每一缔约方应当：

（一）考虑包括世界海关组织在内的国际组织商定的办法，致力于实施旨在使用无纸化贸易的倡议；

（二）努力接受以电子形式提交的贸易管理文件与纸质版贸易管理文件具有同等法律效力；

（三）努力使电子形式的贸易管理文件可公开获得。

二、各缔约方为确保贸易过程的安全，可以根据国际标准要求特定证书提供电子签名。

---

[1] 为进一步明确，缔约方确认本章项下的义务不损害任何缔约方在 WTO 的立场。

三、各缔约方应致力于发展政府单一窗口，在贸易管理中纳入有关国际标准，但同时也认识到各缔约方可有其独特的要求和条件。

第五条 电子认证与电子签名

一、除非其法律和法规另有规定，一缔约方不得仅以签名为电子方式而否认该签名的法律效力。

二、考虑到电子认证的国际规范，每一缔约方应当：

（一）允许电子交易的参与方就其电子交易确定适当的电子认证技术和实施模式；

（二）不对电子认证技术和电子交易实施模式的认可进行限制；

（三）允许电子交易的参与方有机会证明其进行的电子交易遵守与电子认证相关的法律和法规。

三、尽管有第二款的规定，对于特定种类的电子交易，每一缔约方可以要求认证方法符合某些绩效标准或者由根据法律和法规授权的机构进行认证。

四、缔约方应当鼓励使用可交互操作的电子认证。

五、缔约方应鼓励数字证书在商业部门中的应用。

第三节 为电子商务创造有利环境

第六条 线上消费者保护

一、缔约方认识到采取和维持透明及有效的电子商务消费者保护措施以及其他有利于发展消费者信心的措施的重要性。

二、每一缔约方应当采取或维持法律或者法规，以保护使用电子商务的消费者免受欺诈和误导行为的损害或潜在损害，其保护应相当于其他商业形式的消费者在相关法律法规和政策项下所享有的保护。

三、各缔约方应制定或维护以下法律或法规：

（一）要求供应商所提供的货物和服务具有可接受和令人满意的质量，符合其关于货物和服务质量的要求；和

（二）为消费者提供适当的补救措施。

四、缔约方认识到各自负责消费者保护的主管部门间在电子商务相关活动中开展合作，以增强消费者保护的重要性。

五、每一缔约方应当发布其向电子商务用户提供消费者保护的相关信息，包括：

（一）消费者如何寻求救济；以及

（二）企业如何遵守任何法律要求。

六、为方便解决与电子商务交易有关的索赔事项，各缔约方应努力探索各种机制的优点，包括替代性争端解决办法。

第七条 个人信息保护

一、缔约方认识到保护电子商务用户个人信息的经济和社会效益，及其对增强消费者对电子商务的信心所作贡献。

二、每一缔约方应采用或维持规定保护电子商务用户个人信息的法律框架。在制定其个人信息保护的法律框架时，每一缔约方应考虑相关国际机构的原则和指南。

三、双方认识到，保护个人信息的健全法律框架的基本原则应包括：

（一）限制收集原则；

（二）数据质量原则；

（三）目的明确原则；

（四）限制利用原则；

（五）安全保障原则；

（六）公开原则；

（七）个人参与原则；以及

（八）问责制。

四、每一缔约方应当公布其向电子商务用户提供个人信息保护的相关信息，包括：

（一）个人如何寻求救济；以及

（二）企业如何遵守任何法律要求。

五、每一缔约方在保护电子商务用户免受其管辖范围内发生的个人信息保护侵害方面应努力采取非歧视做法。

六、认识到缔约方可能采取不同法律方式保护个人信息，每一缔约方应鼓励建立促进这些不同体制之间兼容性的机制。为此，缔约方应努力就其管辖范围内适用的此类机制交流信息，并探索扩大此类安排或其他适当安排的途径以促进各机制之间的兼容性。

第八条　非应邀商业电子信息

一、每一缔约方应当对非应邀商业电子信息采取或维持下列措施：

（一）要求非应邀商业电子信息提供者为接收人提升阻止接收此类信息的能力提供便利；

（二）根据其法律和法规规定，要求获得接收人对于接收商业电子信息的同意；或者

（三）将非应邀商业电子信息减少到最低程度。

二、每一缔约方应当针对未遵守根据第一款规定而实施措施的非应邀电子信息提供者，提供相关追索权。

三、缔约方应当努力就非应邀商业电子信息的监管，在共同关切的适当案件中进行合作。

第九条　国内监管框架

一、每一缔约方应当，在考虑《联合国国际贸易法委员会电子商务示范法（1996年）》、2005年11月23日订于纽约的《联合国国际合同使用电子通信公约》，或其他适用于电子商务的国际公约和示范法基础上，采取或维持监管电子交易的法律框架。

二、每一缔约方应当努力避免对电子交易施加任何不必要的监管负担。

三、每一缔约方在制定电子交易法律框架的过程中应为利害关系人提建议提供便利。

第十条　海关关税

一、每一缔约方应当维持其目前不对缔约方之间的电子传输征收关税的现行做法。

二、第一款所提及的做法是根据2017年12月13日世贸组织部长会议关于电子商务工作计划的部长决定（WT/MIN（17）/65）。

三、每一缔约方可在电子商务工作计划框架下，根据世贸组织部长会议就电子传输关税作出的任何进一步决定而调整第一款所提及的做法。

四、缔约方应当根据世贸组织部长会议关于电子商务工作计划的任何进一步决定对本条款进行审议。

五、为进一步明确，第一款不得阻止缔约方对电子传输征收税费、费用

或其他支出,条件是此税费、费用或其他支出应以符合本协定的方式征收。

第十一条 网络安全

缔约方认识到下列各项的重要性:

(一)增强负责计算机安全事件应对的国家实体的能力。

(二)利用现有合作机制,在识别和减少影响缔约方电子网络的恶意侵入或恶意代码传播方面开展合作,并利用这些机制迅速处理网络安全事件,以及分享信息以提高认识和最佳实践。

(三)网络安全领域的劳动力发展,包括通过与资格相互承认、多样性和平等性相关的可能举措。

(四)在应对网络安全威胁方面采用基于风险的办法。为此,各方应努力采用并鼓励其管辖范围内的企业使用基于风险的方法,这些方法依赖于基于共识的标准和风险管理最佳实践,以识别和防范网络安全风险,并从网络安全事件中发现、应对和恢复。

第四节 促进跨境电子商务

第十二条 计算设施的位置

一、缔约方认识到每一缔约方对于计算设施的使用或位置可能有各自的措施,包括寻求保证通信安全和保密的要求。

二、缔约方不得将要求涵盖的人使用该缔约方领土内的计算设施或者将设施置于该缔约方领土之内,作为在该缔约方领土内进行商业行为的条件。

三、本条的任何规定不得阻止一缔约方采取或维持:

(一)任何与第二款不符但该缔约方认为是实现其合法的公共政策目标所必要的措施,[1]只要该措施不以构成任意或不合理的歧视或变相的贸易限制的方式适用;或者

(二)该缔约方认为对保护其基本安全利益所必要的任何措施。其他缔约方不得对此类措施提出异议。

---

[1] 就本项而言,缔约方确认实施此类合法公共政策的必要性应当由实施政策的缔约方决定.

第十三条 通过电子方式跨境传输信息

一、缔约方认识到每一缔约方对于通过电子方式传输信息可能有各自的监管要求。

二、一缔约方不得阻止涵盖的人为进行商业行为而通过电子方式跨境传输信息。

三、本条的任何规定不得阻止一缔约方采取或维持：

（一）任何与第二款不符但该缔约方认为是其实现合法的公共政策目标所必要的措施，[1]只要该措施不以构成任意或不合理的歧视或变相的贸易限制的方式适用；或者

（二）该缔约方认为对保护其基本安全利益所必需的任何措施。其他缔约方不得对此类措施提出异议。

---

[1] 就本项而言，缔约方确认实施此类合法公共政策的必要性应当由实施的缔约方决定．

第五章　争端解决

第一节　缔约方之间经贸争端解决机制

第一条　磋商

一、除非本协定另有规定，否则争端解决条款应适用于：

（一）缔约方之间与本协定解释和适用相关的争端解决；

（二）一缔约方认为另一缔约方的实际措施或拟议措施与本协定的义务不一致或将会出现不一致的情况，或另一缔约方在其他方面未能履行本协定项下的义务的情况；

（三）本协定将非违反之诉排除在争端解决的适用范围之外。

二、一被诉方应当对一起诉方提出的磋商请求给予适当的考虑并应当给予此类磋商充分的机会。争端双方应当善意地进行磋商，并且尽一切努力通过磋商达成共同同意的解决办法。

三、起诉方应向被诉方递交书面磋商请求，并同时向其他缔约方提供一份书面磋商请求的副本。被诉方收到书面磋商请求后，应当立即向起诉方以书面通报的方式确认收到磋商请求并且指明收到请求的日期，否则提出请求的日期应当被视为被诉方收到请求的日期；被诉方应当同时向其他缔约方提供一份书面通报的副本。被诉方应当不迟于收到书面磋商请求之日后7日内对该请求作出书面答复，并同时向其他缔约方提供一份该答复的副本。

四、书面磋商请求中须说明提出磋商请求的理由，包括确认争议措施，并且指出所指控的事实和法律基础。

五、除非磋商各方另有议定，被诉方应当在收到书面磋商请求之日起30日内开始磋商；在紧急情况下，包括涉及易腐货物的情况，被诉方应当在收到书面磋商请求之日起15日内开始磋商。

六、若被诉方未在收到书面磋商请求之日后 7 日内作出答复，或未在收到书面磋商请求之日起 30 日内开始磋商，在紧急情况下，包括涉及易腐货物的情况，被诉方未在收到书面磋商请求之日起 15 日内开始磋商，则起诉方可以直接请求设立仲裁小组。

七、起诉方可以要求被诉方确保其政府机构或者其他管理机构中在磋商事项方面具有专业知识的人员参加。

八、磋商以外的缔约方认为其在磋商中具有实质贸易利益的，该缔约方应当在收到书面磋商请求副本之日后的 7 日内将其参与磋商的请求书面通报磋商各方，并同时向其他缔约方提供一份书面通报的副本。若磋商各方均表示同意，则磋商以外的缔约方可以参与到磋商中。

九、磋商可以当面进行或者通过磋商各方具备的任何技术手段进行。

十、如磋商是当面进行的，磋商应在被诉方的首都进行，除非磋商各方另有议定。

十一、每一磋商方应提供足够信息，以便充分审议措施如何影响贸易协定的执行或适用；对于磋商过程中交换的任何保密信息或专有信息，参加磋商的每一缔约方应当按照提供该信息的缔约方同样的方式予以对待。

十二、磋商应保密，且不得损害任何缔约方在任何进一步程序中的权利。

第二条　审理

一、仲裁小组的设立

(一) 设立仲裁小组的请求

1. 在符合下列条件的情况下，任一缔约方可以将争端提交仲裁小组解决。起诉方应向被诉方提交设立仲裁小组的书面请求，要求设立仲裁小组处理争端，并将上述书面请求的副本发送给其他缔约方：

(1) 被诉方未在收到书面磋商请求之日起 7 日内作出书面答复；或者

(2) 被诉方未在收到书面磋商请求之日起 30 日内开始磋商，在紧急情况下，包括涉及易腐货物的情况，被诉方未在收到书面磋商请求之日起 15 日内开始磋商；或者

(3) 缔约各方未能在其一致同意的期限内解决争议事项。除此之外，对于紧急事项（包括涉及易腐货物的事项），被诉方未能在收到书面磋商请求后的 30 日内解决；对于一般事项，被诉方未能在收到书面磋商请求后的 60 日

内解决。

2. 起诉方提交的书面请求中应当指出是否已举行过磋商、指明具体争议措施、提供足以明确陈述问题的事实根据和法律依据（包括协定的相关条款）。

3. 仲裁小组应自起诉方递交书面请求之日起设立。

（二）多个起诉方的程序

1. 如一个以上缔约方就同一事项请求设立仲裁小组，在可行的情况下，应设立单一仲裁小组审查与该事项相关的起诉。

2. 在设立单一仲裁小组的情况下，该仲裁小组应组织审查并将其调查结果提交所有争端当事方，以保证争端当事方在若干仲裁小组分开审查起诉时本可享受的权利不受到减损。如争端任何一方提出请求，在撰写报告时间允许情况下，仲裁小组可就争端向争端当事方提交单独的报告。每一争端当事方的书面陈述应可使其他争端当事方获得，且每一争端当事方有权在争端其他当事方向仲裁小组陈述意见时在场。

3. 如设立一个以上的仲裁小组以审查与同一事项相关的起诉，则争端各方应当努力保证由相同人员在每一单独仲裁小组中担任仲裁小组成员。此类仲裁小组应当相互协商，并且与争端各方协商，尽可能地保证仲裁小组程序时间表的协调性。

（三）第三方参与

1. 争端各方的利益和其他缔约方的利益应当在仲裁小组程序中得到充分考虑。

2. 对仲裁小组审查的事项具有实质利益的争端各方以外的缔约方在收到设立仲裁小组的书面请求副本之日起10日内应向争端各方作出其参与仲裁小组审理程序的书面通知并向其他缔约方散发该书面通知的副本。

3. 对其实质利益进行通报的任何缔约方应当享有第三方的权利并且承担第三方的义务。

4. 第三方应当有权：

（1）在遵循保护保密信息的前提下，在初步报告发布前，在向仲裁小组提交书面陈述、书面形式的口头陈述和书面答复时，每一争端方应当使每一第三方可获得该争端方向仲裁小组提交的书面陈述、书面形式的口头陈述以及对问题的书面答复。

(2) 在遵循保护保密信息的前提下,在初步报告发布前,出席仲裁小组与争端各方举行的第一次和第二次听证会;

(3) 在第一次听证会前至少提交一份书面陈述;

(4) 在第一次听证会期间为此专门安排的一场会议上向仲裁小组进行口头陈述和答复仲裁小组的提问;以及

(5) 以书面形式答复仲裁小组向第三方提出的任何问题。

5. 经争端各方同意,专家组可以就任何第三方参与专家组程序授予其附加权利或补充权利。

6. 如第三方向仲裁小组提交任何陈述或其他文件,其应当将其陈述或其他文件同时提供给争端各方和其他第三方。

(四) 新仲裁小组的设立

为某事项设立的仲裁小组因任何理由无法审理时,则应设立一新的仲裁小组。

二、仲裁小组

(一) 仲裁小组的人数

除非争端当事方另有约定,该仲裁小组应当由 3 名仲裁小组成员组成。

(二) 仲裁小组的组成

1. 前置程序

自仲裁小组设立后的 10 日内,争端当事方应当进行磋商,同时考虑争端的事实、技术和法律方面,以就仲裁小组的组成程序达成一致。就继任仲裁员的指定和仲裁小组的重新召集而言,任何一致同意的此类程序也应当适用。如争端当事方自仲裁小组设立后的 20 日内,未能就仲裁小组的组成程序达成一致,任何争端当事方可在其后的任何时间书面通报另一争端当事方,其希望使用本协定关于仲裁小组组成所列的程序。在作出此类书面通报的情况下,仲裁小组应当按照本协定规定的仲裁小组组成程序组成。

2. 仲裁小组成员的指定

(1) 起诉方应在仲裁小组设立后的 10 日内指定一名仲裁小组成员,被诉方应在仲裁小组设立后的 20 日内指定另一名仲裁小组成员;起诉方与被诉方应当就其指定的仲裁小组成员相互通知。

(2) 如任一方在仲裁小组设立后的 35 日内未指定仲裁员,则另一争端方在其后的 25 日内可以请求 WTO 总干事在此后的 30 日内指定;如 WTO 总干事向争端各方通报其不能履职，或者在提出请求 WTO 总干事指定仲裁小组成员之日起 30 日内未指定，任一争端当事方可以请求常设仲裁法院秘书长迅速任命仲裁小组成员。在提请常设仲裁法院秘书长任命仲裁小组成员的情况下，不得适用联合国国际贸易法委员会（UNCITRAL）仲裁规则。

（3）如由常设仲裁法院秘书长指定仲裁小组成员，应当遵循如下规定：常设仲裁法院秘书长应当将一份至少包括三名仲裁小组成员被提名人的相同名单通报争端当事方；争端当事方在收到该份名单后的 15 日内，可以删除其反对的任何被提名人，将名单上的其余被提名人按其自行决定的顺序进行编号，然后将名单交还常设仲裁法院秘书长；常设仲裁法院秘书长应当按照争端当事方表明的优先顺序，从其收到的任何名单上剩余的被提名人中任命其余的仲裁小组成员。如因故未能按照上述流程指定仲裁小组成员，常设仲裁法院秘书长可以按照本协定的规定自行决定任命仲裁小组成员。

3. 仲裁小组主席的指定

（1）在对仲裁小组成员进行指定后，争端当事方应当就第三名仲裁小组成员的指定达成同意，该第三名仲裁小组成员为仲裁小组主席。

（2）如争端当事方在仲裁小组设立后的 35 日内未共同指定仲裁小组主席，则任一争端当事方可以在其后的 25 日内请求 WTO 总干事在此后的 30 日内指定；如 WTO 总干事向争端当事方通报其不能履职，或者在提出请求 WTO 总干事指定仲裁小组主席之日起 30 日内未指定，任一争端当事方可以请求常设仲裁法院秘书长迅速任命仲裁小组主席。在提请常设仲裁法院秘书长任命仲裁小组主席的情况下，不得适用联合国国际贸易法委员会（UNCITRAL）仲裁规则。每一争端当事方可以向另一争端当事方提供一份至多三名仲裁小组主席的被提名人名单，每一争端方提供的被提名人名单也应当提供给 WTO 总干事或常设仲裁法院秘书长，WTO 总干事或常设仲裁法院秘书长可以将其用于作出所请求的任命。

（3）如由常设仲裁法院秘书长指定仲裁小组主席，应当遵循如下规定：常设仲裁法院秘书长应当将一份至少包括三名仲裁小组主席被提名人的相同名单通报争端当事方；争端当事方在收到该份名单后的 15 日内，可以删除其反对的任何被提名人，将名单上的其余被提名人按其自行决定的顺序进行编号，然后将名单交还常设仲裁法院秘书长；常设仲裁法院秘书长应当按照争端当事方表明的优先顺序，从其收到的任何名单上剩余的被提名人中任命仲裁小组主席。如因故未能按照上述流程指定仲裁小组主席，常设仲裁法院秘书长可以按照本协定的规定自行决定任命仲裁小组主席。

4. 仲裁小组的组成时间

仲裁小组的组成时间为仲裁小组主席被指定的时间。

5. 继任仲裁员的指定

（1）如已指定的一仲裁小组成员辞职或不能履行职责，应当在15日内以指定原仲裁小组成员相同的方式指定继任仲裁员。该继任仲裁员应当拥有原仲裁小组成员的所有权利和职责。仲裁小组的工作应当中止直至继任仲裁员被指定。在此类情况下，仲裁小组程序的任何相关期限应当中止直至指定继任仲裁员。

（2）如争端当事方认为一仲裁小组成员违反WTO文件WT/DSB/RC/1所规定的行为规范，争端各方应当就此磋商。在争端各方均同意的条件下，该仲裁小组成员应当被免职，继任仲裁员应当以指定原仲裁小组成员相同的方式被指定。

6. 仲裁小组的重新召集

若在执行程序中重新成立仲裁小组，该重新成立的仲裁小组应尽可能与原仲裁小组的成员保持一致；在不能保持一致的情况下，应当在15日内按照指定原仲裁小组成员相同的方式进行指定，仲裁小组的工作应在指定前中止；重新召集的仲裁小组成员应当拥有原仲裁小组成员所有的权利和职责。

（三）对所有仲裁小组成员的要求

1. 针对一般领域的争端

（1）具备法律、国际贸易、协定涵盖的其他事务、或国际贸易协定项下争端解决的专业知识或经验；

（2）依据客观性、可靠性、公正性及良好判断力原则严格挑选；

（3）独立且不隶属于任一缔约方或听命任一缔约方；应以个人身份任职，不得作为政府代表，也不得作为任何组织的代表；应向争端各方披露可能引起对他或她的独立性或公正性产生合理怀疑的信息；

（4）遵守WTO文件WT/DSB/RC/1所规定的行为规范；

（5）未曾以任何身份处理过争端事项。

2. 针对专门法律领域的争端

（1）在"劳工"主题下产生的任何争端中，除主席外的仲裁小组成员还应具备劳动法律或实务的专门知识或经验；

（2）在"环境"主题下产生的任何争端中，除主席外的仲裁小组成员还应具备环境法律或实务的专门知识或经验；

（3）在"透明度和反腐败"主题下产生的任何争端中，除主席外的仲裁小组成员还应具备反腐败法律或实务的专门知识或经验；

（4）在涉及未列明的专门法律领域的争端中，每一争端当事方还应选择具备与争端主题事项相关的专门知识或经验的仲裁小组成员。

（四）对仲裁小组主席的要求

除争端当事方另有约定外，仲裁小组主席应当符合下列要求：

1. 不得为任一争端当事方或第三方的国民；

2. 不得在任一争端当事方境内有经常居住地；

3. 不曾以任何身份处理过此争端事项；

4. 不应为任一争端当事方所雇佣。

（五）对WTO总干事及常设仲裁法院秘书长指定的仲裁小组成员的额外要求

1. 具备国际公法、国际贸易以及国际贸易协定项下争端解决的专业知识或经验；

2. 以此方式指定的仲裁小组成员（此处不包括仲裁小组主席）应是一位资深的政府或非政府个人，包括曾在WTO专家组或WTO上诉机构或WTO秘书处任职、曾讲授或出版国际贸易法或政策著作、或曾担任WTO成员高级贸易政策官员的个人；

3. 以此方式指定的仲裁小组主席在可能的情况下曾在WTO专家组或者WTO上诉机构任职。

（六）仲裁小组的职能

1. 除非争端方当事方在仲裁小组设立后的20日内另有议定（另有议定的情况下，争端当事方应当在仲裁小组设立后2日内通知仲裁小组），仲裁小组应按照协定的有关规定，审查设立仲裁小组的书面请求中提及的争端事项，就争端当事方引用协议的有关规定进行说明，并为争端解决提出事实和法律方面的调查裁决和理由；

2. 仲裁小组应当审查案件事实、协定的适用性以及案件事实与协定的一致性；

3. 当仲裁小组认定一措施与协定规定不一致时，仲裁小组应向被诉方提出建议，以使该措施与协定相符，并可就被诉方如何执行该建议提出办法；

4. 仲裁小组在其裁决和建议中不能增加、减少或改变协定所规定的权利和义务；

5. 仲裁小组应定期与争端当事方进行磋商，并为达成争端当事方满意的解决方法提供充分机会；

6. 仲裁小组应根据协议和对争端当事各方适用的国际法规则作出裁决，并在裁决中说明其做出裁决的法律、事实和理由；

7. 仲裁小组应依照《维也纳条约法公约》（1969）第 31 条和第 32 条所体现的国际法条约解释规则审议本协定。对于已纳入本协定的《WTO 协定》任何条款，仲裁小组还应审议 WTO 争端解决机构所通过的专家组报告和上诉机构报告中的相关解释；

8. 仲裁小组经与争端当事方磋商，应规范仲裁小组有关争端当事方权利和其审议的程序，"仲裁小组的设立程序"以及"仲裁小组的组成程序"除外；

9. 除非争端各方另有议定，否则仲裁小组应以与争端解决章节和仲裁小组的程序规则相一致的方式履行职能。

（七）仲裁小组的运作规则

1. 仲裁小组会议由仲裁小组主席主持；

2. 除争端当事方就仲裁小组开展活动的方式另有约定外，仲裁小组开展活动的方式不受限制，可以通过电话、传真或电脑等方式联系；

3. 仲裁小组报告的起草为仲裁小组的专属职责并禁止委托；

4. 如果仲裁小组认为需要对该程序适用的时间期限进行修改，或者在该程序中需要作其他任何程序上或管理性的调整，其应当将修改或调整的原因书面通知争端当事方，并注明需要修改的期限或者需要进行的调整；

5. 仅仲裁小组成员可以参与仲裁小组讨论，但仲裁小组可以在与争端当事方磋商后允许其助理、口译员或笔译员出席讨论；任何出席此讨论的人不得向争端当事方泄露任何在讨论期间涉及的信息；

6. 当出现本协定尚未涵盖的程序问题时，仲裁小组可以采用与协定不相冲突的适当程序。

三、仲裁小组的程序规则

（一）时间表

在与争端当事方磋商后，仲裁小组应当尽快并且在可能的情况下，在设立之日起 15 日内，确定仲裁小组程序的时间表。自仲裁小组设立之日起至仲裁小组向争端当事方提交最终报告之日止的期限一般不得超过 7 个月。若在执行程序中重新召集仲裁小组，仲裁小组应在重新召集之日起 15 日内确定执行审查程序的时间表，并同时考虑执行审查程序中规定的期限。

（二）第一次书面陈述

起诉方应当在仲裁小组组成后 20 日内提交初步书面陈述；被诉方应当在起诉方提交初步陈述后 30 日内提交书面反驳陈述。争端当事方应向每位仲裁员和另一争端当事方提交第一次书面陈述的副本，该文件的副本也应以电子形式提供。

（三）听证会

1. 仲裁小组应至少召开一次听证会；如争端当事方一致同意，仲裁小组可以组织附加听证会，听证会的召开次数不得超过两次。

2. 仲裁小组主席应与争端当事方和其他仲裁小组成员协商，确定听证会的日期、时间和地点。仲裁小组主席应就听证会的日期、时间和地点向争端当事方进行书面通知。在争端当事方无另外约定的情形下，听证会应当在被诉方领土举行。被诉方应当承担争端解决程序的后勤管理，特别是听证会的组织。

3. 所有仲裁员均应出席听证会。

4. 仲裁小组应以下列方式召开听证会：起诉方的主张；被诉方的主张；争端当事方的抗辩主张；起诉方的回应；被诉方的反回应。为确保争端当事各方获得同等时间，主席可以设定口头陈述的时间限制。

5. 仲裁小组可以在听证会的任何时间向任一争端当事方提出问题。

6. 听证会后的 20 日内，争端当事方可以针对听证会中出现的任何问题提交补充书面陈述。

7. 仲裁小组的听证会不应公开。

（四）仲裁小组的书面问题

1. 在程序进展过程中，仲裁小组可在任何时间向争端当事方提出书面问题。仲裁小组应当向被提问的争端当事方提交书面问题，并在提出书面问题中对被仲裁小组提出书面问题的争端当事方进行书面回复的期限予以明确规定。

2. 被仲裁小组提出书面问题的争端当事方应迅速、充分地向仲裁小组和另一争端当事方提交书面回复，另一争端当事方有权在回复提交后 5 日内对此进行书面评论。

（五）保密

1. 仲裁小组的审议和提交仲裁小组的文件应当保密。

2. 向仲裁小组提交的书面陈述应当按保密资料处理，但应当使争端当事方可获得，并且使第三方可获得。争端当事方、第三方和仲裁小组应当对一争端当事方或第三方提交给仲裁小组的指定为保密的信息保密。为进一步明确，本款的任何规定不得阻止一争端当事方或第三方向公众披露关于其自身立场的陈述，只要不披露一争端当事方或第三方向仲裁小组提供的，该方已经指定为保密的陈述或信息。应一缔约方的请求，一争端当事方或第三方应当提供可向公众披露的其书面陈述所包含信息的非保密摘要。该摘要应不迟于一缔约方提出要求或争端当事方提交书面陈述后的 15 日内完成。

（六）禁止单方面联络

1. 在另一争端当事方不在场时，仲裁小组不得与一争端当事方进行会晤或联络；

2. 在另一争端当事方或其他仲裁员不在场时，任一争端当事方不得联络与本争端有关的任何仲裁员；

3. 在其他仲裁员不在场时，任何仲裁员不得与一争端当事方或争端当事各方讨论该程序的任何事项。

（七）程序的中止或终止

1. 争端当事方可以随时同意仲裁小组中止其工作，中止期限自达成此类同意之日起不超过 12 个月。在此期限内，经任何争端当事方请求，中止的仲裁小组程序应当恢复。如发生中止，仲裁小组程序的任何相关期限应当随中止工作的期限而相应延长。如仲裁小组连续中止工作超过 12 个月，则设立仲裁小组的授权应当终止，除非争端当事方另行约定。

2. 最终报告散发前，在达成共同同意的解决办法的情况下，争端当事方可以同意终止仲裁小组程序。在此情况下，争端当事方应当共同通报仲裁小组主席。

3. 在仲裁小组发布最终报告前,仲裁小组可以在争端解决程序的任何阶段建议争端当事方友好地解决争端。

4. 根据1. 或2. 的规定,争端当事方应当共同通报其他缔约方仲裁小组程序已经中止或终止,或设立仲裁小组的授权已经终止。

(八)专家意见

1. 每一争端当事方和每一第三方应当迅速地、全面地答复仲裁小组提出的其认为必要和适当的此类信息的任何请求。

2. 仲裁小组可以应一争端当事方的请求或自发地向其认为适当的任何个人或机构寻求附加信息和技术建议。但在此之前,该仲裁小组应当寻求争端当事方的意见。如争端当事方不同意仲裁小组寻求附加信息或技术建议,则仲裁小组不得寻求此类信息或技术建议。仲裁小组应当向争端当事方提供其收到的任何附加信息或技术建议,以及提供提出意见的机会。如仲裁小组在准备报告时考虑了该附加信息或技术建议,其也应当考虑争端当事方对附加信息或技术建议所提出的任何意见。

(九)紧急案件

针对紧急案件,包括涉及易腐货物的案件,仲裁小组应当适当调整相关程序中的时限。

(十)时间的计算

1. 如果按照本协定或这些规则,或仲裁小组要求在一特定日期或事件后一定天数内,或此前一定天数内,或一定天数内完成一事项,该特定日期或特定事件发生的日期不包括在天数计算之内。

2. 如争端当事方提交文件的最后日期为另一争端当事方的法定节假日,则可在下一个工作日提交,任何基于收到文件而起算的时限自最后收到该文件的日期计算。

(十一)费用

除非争端当事方因案件的特殊情况另行商定,仲裁小组的费用(包括仲裁员的报酬)及与执行程序相关的其他费用应当由争端当事方平均负担。争端当事方应自行承担仲裁程序中发生的其他费用及司法上的支出。

四、仲裁小组报告

(一)仲裁小组裁决的作出

仲裁小组应基于一致意见作出裁决,在不能达成一致意见的情况下,应依照多数意见作出裁决；仲裁员可以就未达成一致的事项提供单独意见，但是，仲裁小组不得披露哪些仲裁小组成员做出多数或少数意见。

（二）仲裁小组报告的起草

仲裁小组应当在争端当事方不在场的情况下，根据本协定的相关规定、争端当事方的书面陈述和主张、以及从专家处获得的科学信息或技术建议起草报告。

（三）时间要求

1. 除非争端当事方另有议定，仲裁小组应在下列期限内向争端当事方提交初步报告：

（1）在仲裁小组组成后的 150 日内，或

（2）在紧急案件中，包括涉及易腐货物的案件，在仲裁小组组成后的 90 日内。

2. 在例外情况下，如仲裁小组认为不能在 150 日内发出初步报告，或在紧急案件中不能在 90 日内发出初步报告，则应书面通知争端当事方延迟的原因和发出报告的估计期限。除非争端当事方一致同意，否则任何延迟不应超过 30 日。

3. 仲裁小组应当在提交初步报告后的 30 日内或者争端当事方另行约定的期限内，向争端当事方提交最终报告。

（四）内容要求

1. 除非争端当事方另有约定，仲裁小组报告应当以本协定的相关规定、争端当事方的书面陈述和主张以及从专家处获得的科学信息或技术建议为基础。

2. 仲裁小组报告应当包括：

（1）事实认定；

（2）对争端当事方及第三方论点的概况描述；

（3）关于争议的措施是否遵守本协定项下义务的结论，或任何其他其授权范围所要求的裁决；

（4）仲裁小组对争端解决提出的建议及办法。

（五）书面评论

任一争端当事方可以在收到初步报告之日后的 15 日内向仲裁小组提交对初步报告的书面评论。仲裁小组在考虑争端当事方对初步报告提出的任何书

面评论后，可以进行其认为适当的任何进一步审查并修改初步报告。

（六）公开

仲裁小组应当在向争端当事方发布最终报告后 7 日内向其他缔约方发布最终报告，此后，在遵循保护最终报告所包含的任何保密信息的情况下，任一争端当事方可公开最终报告。

（七）效力

仲裁小组的最终报告为终局，对争端当事方具有约束力。

第三条 执行

一、执行

（一）被诉方在收到仲裁小组最终报告后，应立即执行或在合理期限内执行争端解决方案。争端解决方案可以是仲裁小组最终报告中的建议及办法，或者争端当事方一致达成的补偿协议。

（二）被诉方应当：

1. 如仲裁小组作出决定认为争议措施不符合本协定项下的义务，使措施符合本协定；或者

2. 如仲裁小组作出决定认为被诉方未能履行其在本协定项下义务，履行此类义务。

（三）执行意向的通报

在仲裁小组向争端当事方发布最终报告之日起 30 日内，被诉方应当书面通报起诉方其关于执行仲裁小组最终报告的意愿。被诉方的书面通报应包括其认为已经遵守的任何措施的描述、措施生效日期以及该措施的文本。

（四）合理期限的确定

1. 争端当事方应在仲裁小组最终报告散发后的 45 日内议定合理期限。如果争端当事方未能在 45 日内确定合理期限，任一争端当事方应当在仲裁小组最终报告散发后的 120 日内将该事项提交仲裁小组，由仲裁小组经与争端当事方协商后确定合理期限。仲裁小组应在该事项向其提交后的 45 日内向争端当事方作出合理期限的决定并说明作出该决定的理由。

2. 作为一项指南，由仲裁小组确定的合理期限不得超过自仲裁小组向争端当事方发布最终报告之日起 15 个月。但是，此类合理期限可以根据特殊情况缩短或延长。

二、一致性审查

（一）如起诉方对被诉方遵守本协定项下义务的措施是否存在或该措施是否与本协定一致存在分歧，起诉方应将该事项提交仲裁小组，可能的情况下，应提交原仲裁小组处理。仲裁小组应在该事项向其提交后的 90 日内向争端当事方提交初步报告，并在提交初步报告后的 30 日内向争端当事方提交最终报告。如仲裁小组认为在上述期限内不能发布这两份报告中的任何一份，其应当书面通报争端当事方迟延的原因和预计发布报告的期限。从起诉方将该审查事项提交仲裁小组之日起至仲裁小组提交最终报告之日止的期限不得超过 150 日。

（二）起诉方将上述审查事项提交仲裁小组的时间应为下列日期中较早的一个：

1. 被诉方书面通知起诉方其已取消与协定不相符的措施或已履行协定项下的义务后；或者

2. 合理期限届满后。

三、补偿协议

（一）补偿协议属于被诉方未在合理期限内执行争端解决方案情形下的临时措施。争端当事方应基于自愿达成补偿协议，该补偿协议应与本协定项下的规定保持一致。在争端当事方就补偿协议进行谈判时，起诉方不得对被诉方中止减让或利益。

（二）如具有下列任一情况之一：

1. 被诉方书面通知起诉方其将不遵守仲裁小组的裁决；

2. 被诉方未能在合理期限内使其措施符合仲裁小组的裁决；

3. 经一致性审查，仲裁小组认定被诉方未使其措施符合仲裁小组的裁决。

争端当事方可以通过谈判以达成补偿协议。

四、中止减让或利益

（一）中止减让或利益属于被诉方未在合理期限内执行争端解决方案情形下的临时措施。

（二）在被诉方已使其措施与本协定相符或者争端当事方已通过其他方式解决争端的情况下，起诉方不得继续对被诉方中止减让或利益。

（三）如果争端当事方有下列情况：

1. 未能在启动补偿谈判后的 30 日内达成补偿协议；或者

2. 同意补偿，但被诉方未能遵守补偿协议的条款和条件。

起诉方可以在随后的任何时间书面通报被诉方和其他缔约方，其打算对被诉方中止减让或利益，并且有权在被诉方收到书面通报之日后30日内开始对其中止减让或利益。

（四）在考虑中止减让或利益时，起诉方应当适用下列原则：

1. 起诉方应首先寻求对与仲裁小组认定不符合或未能履行本协定项下义务的一个或多个相同的部门中止减让或利益；以及

2. 如起诉方认为对一个或多个相同的部门中止减让或利益不可行或无效，其可以中止对其他部门的减让或利益。

（五）中止减让或利益的水平应当限于被诉方在本协定项下所享有的减让或利益，且应等同于起诉方利益丧失或减损的水平。

五、对中止减让或利益水平的审查

（一）如被诉方：

1. 认为其已经遵守补偿协议的条款和条件；或者

2. 反对起诉方拟议的中止水平；或者

3. 认为本协定项下考虑进行中止减让或利益的原则未被遵守。

被诉方可以在收到起诉方拟进行中止减让或利益的书面通报之日起30日内，以书面通报的方式请求起诉方重新召集仲裁小组审查该事项，并应当同时向其他缔约方提供一份该请求的副本。

（二）经被诉方书面请求，仲裁小组应当在其提出请求之日起15日内组建，可能的情况下，应为原仲裁小组，由仲裁小组审查起诉方对被诉方中止减让或利益的程度是否明显过度，仲裁小组应在其组成后45日内作出裁定。

（三）如仲裁小组确定被诉方已经遵守补偿协议的条款和条件，起诉方不得对被诉方中止减让或利益。如仲裁小组确定中止的水平与利益丧失或减损的水平不相等，仲裁小组应当确定其认为效果相等的适当的中止水平。如仲裁小组确定起诉方未遵守其考虑进行中止减让或利益时应遵守的原则，起诉方应当适用该原则。

（四）起诉方仅可以与仲裁小组决定相一致的方式，对被诉方中止减让或利益。

（五）在仲裁的过程中，起诉方不得对被诉方中止减让或利益。

六、中止后的程序

（一）在不影响中止减让或利益的情况下，被诉方可以书面通知起诉方其已消除仲裁小组认定的不一致性,并在书面通知中描述该不一致性是如何消除的。

(二)若起诉方认同被诉方的主张,则其应立即停止对被诉方中止减让或利益;若起诉方不认同被诉方的主张,则争端当事方应在起诉方收到该书面通知后15日内将该事项提交仲裁小组,可能的情况下,应为原仲裁小组。仲裁小组应在争端当事方向其提交后45日内发布报告。

(三)若仲裁小组认定被诉方尚未消除不一致性,则仲裁小组可以根据其对被诉方所采取措施的认定,确定对被诉方中止减让或利益的水平是否仍然合适,如不合适,则确定适当的水平;若仲裁小组认定被诉方已消除不一致性,则起诉方应立即停止对被诉方中止减让或利益。

第二节 投资争端解决机制

第一条 缔约方之间的投资争端解决

缔约方之间的投资争端适用争端解决章节的规定。

第二条 投资者与缔约方之间的投资争端解决

一、缔约一方投资者与缔约另一方之间有关缔约另一方领土内投资的任何法律争端,应尽可能由争端双方当事人通过协商友好解决。

二、如争端自争端一方提出协商解决之日起6个月内,未能通过协商解决,争端应按投资者的选择提交:

(一)作为争端一方的缔约方有管辖权的法院;

(二)依据1965年3月18日在华盛顿签署的《解决国家和他国国民之间投资争端公约》设立的"解决投资争端国际中心"。前提是争端所涉的缔约方可以要求有关投资者在提交"解决投资争端国际中心"之前,用尽该缔约方法律和法规所规定的国内行政复议程序。一旦投资者已决定将争端提交相关缔约方的有管辖权的法院或"解决投资争端国际中心",对上述场所的选择应是终局的。

三、仲裁裁决应根据作为争端一方的缔约方包括其冲突法规则在内的法律、本协定的规定和被普遍接受的国际法原则作出。

四、仲裁裁决是终局的,对争议双方具有拘束力。争端双方应承诺执行该裁决。

致　谢

本书由上海政法学院中国-上合基地资助。同时，本书还是国家社科基金重大项目（项目编号：22VMG042）、2019年度上海浦江人才项目（项目编号：2019PJC059）、上海对外经贸大学国际经贸治理研究中心的研究成果。